北碚抗战史

周继超　潘　洵／主编

重庆出版集团　重庆出版社

图书在版编目（CIP）数据

北碚抗战史 / 周继超，潘洵主编. —重庆：重庆出版社，
2021.11（2022.3重印）
ISBN 978-7-229-16146-0

Ⅰ.①北…　Ⅱ.①周…②潘…　Ⅲ.①抗日战争—史料—
北碚区　Ⅳ.①K265.06

中国版本图书馆CIP数据核字（2021）第227167号

北碚抗战史
BEIBEI KANGZHANSHI
周继超　潘　洵　主编

责任编辑：李云伟
责任校对：刘小燕
封面设计：何海林
装帧设计：百虫广告

重庆出版集团
重庆出版社　出版

重庆市南岸区南滨路162号1幢　邮编：400061　http://www.cqph.com
重庆豪森印务有限公司印刷
重庆出版集团图书发行有限公司发行
E-MAIL:fxchu@cqph.com　邮购电话:023-61520417
全国新华书店经销

开本：787mm×1092mm　1/16　印张：42.5　字数：656千
2021年11月第1版　2022年3月第2次印刷
ISBN 978-7-229-16146-0

定价：68.00元

如有印装质量问题,请向本集团图书发行有限公司调换:023-61520417

研究成果得到国家社科基金抗日战争研究专项"中国抗战大后方文献资料整理与研究"（批准号19KZD005）、重庆市社会科学规划项目抗战工程专项重大委托项目"北碚抗战史料整理与研究"（批准号2018ZDKZ01）的资助。

《北碚抗战史》编纂委员会

学 术 顾 问：徐　勇　北京大学历史系教授，中国抗日战争史学会副会长

　　　　　　周　勇　中国抗日战争史学会副会长，重庆市地方史研究会
　　　　　　　　　　会长，西南大学中国抗战大后方研究协同创新中心
　　　　　　　　　　主任、教授

主 任 委 员：周继超　北碚区政协主席、党组书记

　　　　　　潘　洵　西南大学党委副书记、教授、博导，中国现代史学
　　　　　　　　　　会副会长、重庆市历史学会会长

副主任委员：陈　全　中共重庆市委台湾事务办公室主任

　　　　　　杨清明　重庆市政协常委、学习及文史委员会副主任

　　　　　　徐光煦　重庆市委党史研究室副主任

　　　　　　潘　樱　重庆市档案馆副馆长

　　　　　　唐润明　重庆市档案馆副馆长、研究员

　　　　　　刘重来　西南大学卢作孚研究中心教授，原北碚区政协副主席

　　　　　　韩　燕　北碚区政协副主席、党组副书记

　　　　　　秦远好　北碚区政协副主席，西南大学经济管理学院教授

　　　　　　梁　萍　原北碚区政协副主席

　　　　　　袁　宏　北碚区政协副主席、党组成员

　　　　　　李　静　北碚区政协副主席，西南大学学前教育学院院长

　　　　　　张　奕　北碚区政协副主席，农工党北碚区委主委

　　　　　　胡昌华　北碚区政协副主席、致公党北碚区委主委、西南大
　　　　　　　　　　学科技处处长

　　　　　　李　航　北碚区政协副主席，西南大学资源环境学院教授

廖本涛　北碚区政协副主席、党组成员

方　艳　北碚区政协党组成员、机关党组书记、秘书长、办
公室主任

委　　员：王本朝　西南大学文学院院长、教授、博导

黄贤全　西南大学图书馆馆长、教授、博导

张守广　西南大学历史文化学院教授、博导

赵国壮　西南大学历史文化学院副院长、教授、博导

张汝国　北碚区委宣传部常务副部长、区政协委员

徐　玲　北碚区委党史研究室主任

毛君德　北碚区政协常委、教科卫体和文化文史学习委主任

肖玉勤　北碚区政协教科卫体和文化文史学习委调研员

辛国民　北碚区政务服务办党组书记、主任
（原北碚区档案馆馆长）

蒋明洲　北碚区地方志编纂中心主任

寇韦弦　北碚区缙融公司董事长、西部科学城北碚园区开发
建设有限公司董事长（原北碚区文化旅游委员会党
组书记、主任、体育局局长）

编撰写作组

主　　编：周继超　潘　洵

副 主 编：赵国壮　郭　亮

成　　员：张武军　陈志刚　李　军　谢　健　高　佳　闫李熠
林　坤　刘小苑　冯辰煜　王秋菊　朱明钰　翟二猛
邱迁益　李　怡　王梓璇　高少博

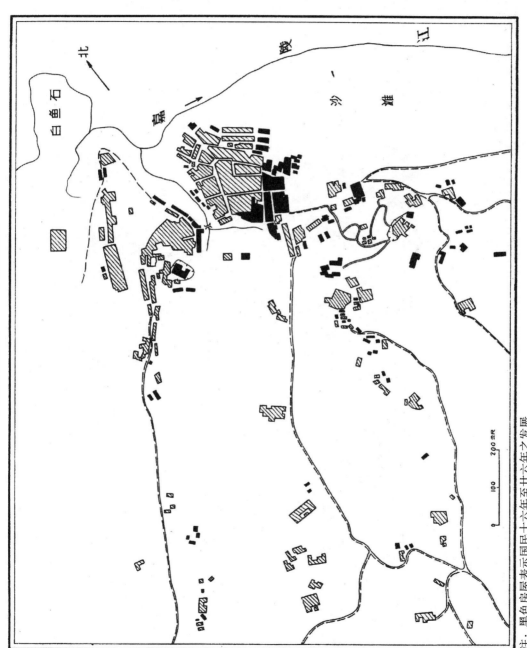

实验区初期（1937年）区治图

白鱼石

嘉　陵　江

北

沙　雄

0　　100　　200　2R

注：黑色房屋表示国民十六年至廿六年之发展

北碚管理局初期（1943年）局治图

嘉陵江

白鱼石

北

分 碓 机 场

滨 纲 机 场

体 育 场

平 民 公 园

200 公尺

100

0

① 南北中心区
② 河街区
③ 旧住宅区
④ 新村区

2.5公尺

0

北碚管理局行政区划图

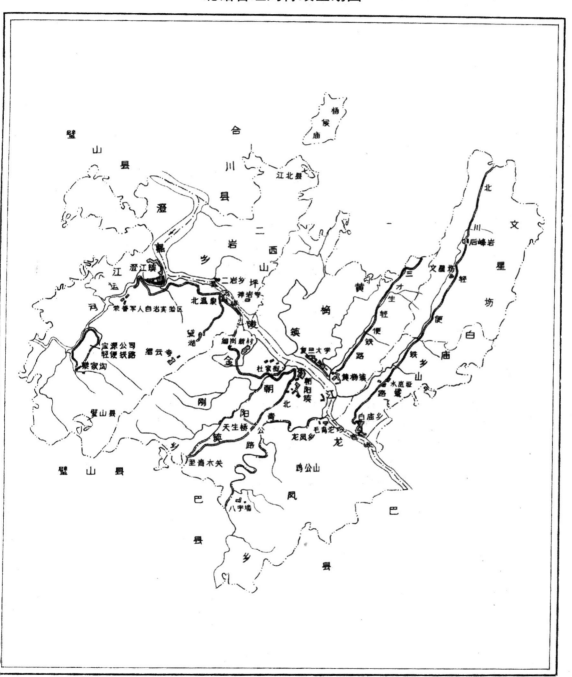

抗战时期迁建北碚的重要机构

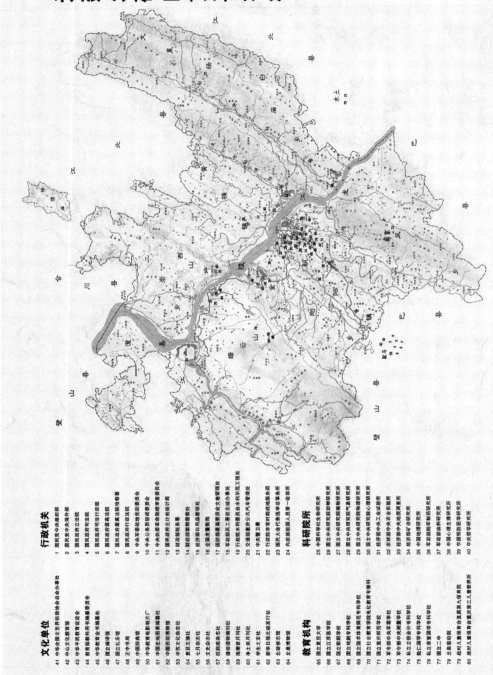

行政机关

1 国民党中央组织部
2 国民党中央海外部
3 国民党立法院
4 国民党教育促进会
5 国民政府司法行政部
6 国民政府最高法院
7 国民政府最高法院检察署
8 国民政府行政法院
9 中华民国政府行政法院
10 中央抗敌后援委员会
11 中央工业试验委员会
12 国民政府主计处统计局
13 财政部盐务总局
14 财政部关务署
15 经济部日用品管理处
16 全国度量衡局
17 国防部最高委员会文物管理处
18 军政部兵工署工业北碚办事处
19 行政院水利委员会水利所施工程处
20 交通部国营公共汽车管理处
21 中央卫生署
22 行政院军官团战地服务团
23 国民大会代表选举事务第一收容所
24 内政部职员人民第一收容所

科研院所

25 中国科学社生物研究所
26 国立中央研究院动物研究所
27 国立中央研究院植物研究所
28 国立中央研究院气象研究所
29 国立中央研究院地理研究所
30 国立中央研究院心理研究所
31 经济部中央工业试验所
32 农林部中央农业实验所
33 经济部中央地质调查所
34 经济部中央地质调查所
35 中国地理研究所
36 军政部陆军制药研究所
37 军政部陆军研究所
38 中国心理生理研究所
39 中国陆军医学研究所
40 中央哲学研究所

文化单位

41 中华全国文艺界抗敌协会总会办事处
42 中山文化教育馆
43 中华平民教育促进会
44 教育部教科用书编纂委员会
45 中华教育全书编辑处
46 国立编译馆
47 国立礼乐馆
48 中国国药馆
49 中国剧艺社
50 中华教育电影制片厂
51 中国史地图表编绘社
52 中国画院博物馆
53 中苏文化协会
54 复旦文摘社
55 七月诗社
56 文会茶社
57 抗敌剧运社
58 连环图画研究社
59 海潮音月刊社
60 冰玉月刊社
61 读书之友社
62 新华日报北碚发行站
63 北碚图书馆
64 北碚博物馆

教育机构

65 国立复旦大学
66 国立江苏医学院
67 国立戏剧学校
68 国立戏剧专科学校
69 国立江苏水产专科学校
70 国立社会教育学院电化教育专修科
71 国立重庆师范学校
72 军令部中央军官学校
73 军令部中央测量学校
74 私立立信会计专科学校
75 勉仁国学专科学校
76 私立重庆高等专科学校
77 国立二中
78 北碚初级中学
79 战时儿童保育会重庆第八保育院
80 战时儿童保育会重庆第三儿童教养所

前　言

　　《北碚抗战史》是北碚区政协联合西南大学中国抗战大后方研究中心共同开展的"北碚抗战史料整理与研究"项目形成的重要成果,是对北碚抗战历史进行深入系统研究的第一部历史专著,也是一部全面客观地反映抗战时期北碚政治、经济、文化、科技、教育、社会等方面建设发展历程及历史贡献的学术著作。

　　北碚地处缙云山下、嘉陵江畔,是重庆主城都市区中心城区。这里不仅自然风光秀丽,更有深厚的历史文化底蕴,特别是沉淀着非常浓厚的抗战文化。从1931年9月九一八事变爆发到1945年8月中国抗日战争胜利,在长达14年的中国抗日战争中,西南一隅的重庆北碚始终紧扣抗日救亡的主旋律,为中华民族抗日战争胜利做出了巨大牺牲和重要贡献。抗战时期,北碚人民以国家和民族利益为重,虽处艰难困苦境地,但从不懈怠自己肩负的责任。九一八事变后,卢作孚即在峡区成立东北问题研究会,倡议抗日救亡主张;全面抗战爆发后,北碚人民以炽热的爱国热忱和宽广的胸襟,热情接纳迁碚的单位和人员,开展了轰轰烈烈的志愿兵运动,积极投入抗日救亡,万众一心、同仇敌忾,用实际行动支援抗战、报效祖国,形成了独特的抗战历史文化,并成为北碚刻骨铭心的最珍贵历史文化资源之一。

　　北碚是战时中国的乡建明珠。全面抗战时期北碚的乡村建设在全国首屈一指,教育家陶行知赞誉北碚为"建设新中国的缩影"。卢作孚任江巴璧合峡防团务局局长后，在肃清匪患的同时，以北碚为基地，逐步实现开发嘉陵江小三峡、建设北碚的夙愿，探索出现代化城镇建设的"北碚模式"。卢作孚不仅是"乡村建设"的早期实践者，而且也对其内涵作了深刻的阐释，从而使其在中国乡村建设史上占有极为重要的地位。卢作孚提出乡村建设的根本问题为秩序建设、"建设现代的集团生活""乡村现代化""以经济建设为中心"等思想，至今仍有重要的现实意义。全面抗战时期，近代乡村建设运动的各位倡导者黄炎培、晏阳初、梁漱溟等人齐集北碚，既对北碚以往在乡建设工作上所取得的成绩极为推崇，又致力于北碚乡村建工作，促使昔日以匪窟闻名的嘉陵江小三峡地区呈现出浓郁的现代气息，俨然成为全国闻名的初具规模的现代化城镇。

北碚是战时重庆的重要疏建区和迁建区。全面抗战爆发后，国民政府迁都重庆，重庆成为战时首都，北碚紧邻重庆母城、交通便利而成为内迁机构和民众的热门选择，随即成为重庆的重要疏建区和迁建区。以河南中福煤矿为代表的9家工矿企业，以复旦大学为代表的超过30个科教文卫单位，以国民政府立法院为代表的29家党政机关迁入北碚，并铸就了以1937年末至1938年末及1939年后至1943年两次内迁高潮。北碚热情接纳了这些内迁机构，一方面尽最大努力提供便利条件，帮助其顺利完成迁碚工作，另一方面，扶助其重建及事业发展。疏建区和迁建区的建成，既推动了北碚地方社会经济发展，又为抗战建国大业作出了重要贡献。

北碚是战时重庆的能源基地。全面抗战时期，嘉陵江小三峡地区是抗战大后方的重要煤炭基地之一，有天府、宝源、三才生等多家煤矿，年产原煤70多万吨，沿江出煤码头有吴粟溪、草街子、夏溪口、二岩、金刚碑、黄桷镇、白庙子等7处，日运量在2000吨以上。北碚丰富的储藏能源与星罗棋布的工厂企业让时人不禁赞叹。北碚被四川省府划为工业区之后，被赞誉为"东方利物浦""新中国之工业中心"[①]，专门研究过北碚地区的煤矿资源地理学者蒋君章认为"四川的煤矿以江巴为最著"。北碚的煤炭在一定程度上满足了抗战后方尤其是重庆的煤炭需求，为持久抗战提供

---

① 《北碚之行》，《重庆校刊（半月刊）》，1938年第25期。

了重要物资支持。据统计，1945年，天府矿业公司为电力部门供应的煤炭数量是其使用燃料总数的60%，为兵工业提供的煤炭数量是其使用燃料总数的55%，为航业及纺织部门提供的煤炭数量是其使用燃料总数的80%，为化工部门提供的煤炭数量是其使用燃料总数的25%，为日常用煤及其他提供的煤炭数量是其使用燃料总数的55%。[①]

北碚是大后方的科技重镇。全面抗战爆发前，中国科学事业的发展总体上呈现出东强西弱的局面，形成了北平、上海、南京三大科学重镇。而在中国广大西部地区，由于经济、文化发展长期滞后，科研机构寥寥无几。1930年10月，卢作孚在北碚创建了中国西部第一个综合性科研机构，即中国西部科学院。在此后的数年间，中国西部科学院对以川康为重点的西南地区开展了生物、理化、农林、地质调查研究，取得令人瞩目的成就。全面抗战爆发后，在卢作孚和中国西部科学院的鼎力帮助之下，中央研究院五个研究所、中央地质调查所、中央工业试验所、中央农业实验所、中国科学社生物研究所、矿冶研究所等大批科研机构及其科研工作者纷纷内迁于此，中国地理研究所、中国西部科学博物馆等科研机构也在此成立。抗战时期中国科学事业机构西迁，是一项具有战略意义的举措，它在战火中基本完整地保存了中国近现代科学事业的根基，并在抗战烽火中得以发展壮大。各研究机关及其科学工作者历经艰辛，跋山涉水，从灯火辉煌的上海、南京，辗转江西、湖南、湖北、广西、香港等地，来到偏于西南一隅的小城北碚。他们克服研究经费短缺、大后方物资缺乏、通货膨胀等诸多困难，在抗战烽火中进行重建，并因地制宜、因时制宜继续开展科学研究，将科学研究与抗战建国相结合。广大科学工作者在大后方艰难的生活及科研环境中，不忘抗战救国，将科学研究与维护民族独立、夺取抗战胜利的神圣目标紧密结合，以其独特的方式支援民族抗战，为中国抗日战争的胜利做出了不可磨灭的贡献。

北碚是战时后方"文化的诺亚方舟"。全面抗战爆发后，随着中国东

---

① 文集成、章体功：《官僚资本主义的天府煤矿》，《四川文史资料．第九辑》，1963年，第122页。

北、东部、中部地区大面积国土相继沦陷，中华民族和中华文化面临着日益严峻的生存危机。相对而言，北碚深居中国内陆腹地，除却日机轰炸以外，较少受到战争冲击。这样的条件使得北碚有充足的空间继续开发建设，而且北碚在大后方的建设亦有了坚守中华文化火种的意味。在卢作孚十数年的苦心经营下，北碚的基础设施和文化环境已有相当的基础。加之北碚与重庆母城间水陆交通都较方便，周围的山林环境隐蔽性较好，全面抗战爆发后，北碚被划为重庆的疏建区和迁建区。短时间内，老舍、梁实秋、晏阳初、陶行知、洪深、翦伯赞、侯外庐、吕振羽等一大批文化名人云集北碚，中国的科教文卫事业重新在北碚生根发芽，并开出璀璨的花朵，使得北碚成为战时后方"文化的诺亚方舟"。因为有了广大文化教育工作者的砥砺奋斗，中华文化之魂不仅得以保存，而且教育、文艺、传媒等各项事业都有新的开拓与探索，为战后重建积累了宝贵的经验。

"鉴往事，知来者"。历史无言，精神永存。习近平总书记指出："伟大抗战精神，是中国人民弥足珍贵的精神财富，将永远激励中国人民克服一切艰难险阻、为实现中华民族伟大复兴而奋斗。"缘于一种强烈的历史自觉和责任担当，2018年3月，我们开始编纂《北碚抗战史》，不仅是为了铭记那段历史，更是为了文化的传承和发展，让北碚、重庆乃至全国的读者更好地了解北碚、更好地了解北碚抗战史，进一步弘扬伟大的抗战精神，凝聚宏大的民族力量，激励我们为实现"两个百年"目标而努力拼搏，为实现中华民族伟大复兴中国梦作出更大贡献。

《北碚抗战史》正文分为四个部分，共十二章。第一部分为第一章，反映抗战爆发前北碚的自然环境与社会状况；第二部分为第二、三章，反映九一八事变后至全面抗战爆发，北碚抗日救亡运动的兴起，民族危机下的乡村建设；第三部分为第四至第十一章，反映全面抗战时期北碚疏建区和迁建区的形成、市政变迁、中国共产党领导的抗日救亡运动、抗战动员与反轰炸斗争以及经济、科技、文化发展与社会建设情况；第四部分为第十二章，反映北碚抗战胜利与复员情况。

　　《北碚抗战史》编写历时三年有余，如期付梓出版。作为编纂反映一个区县抗战史学术著作领域的一块铺路石和抛砖引玉之作，相信会对今后该领域的进一步探索、研究和发展起到积极的促进作用，同时也期待能为全国其他区县在编纂本地区历史学术著作等方面提供借鉴参考。

目　录

第一章　抗战爆发前的北碚

地处嘉陵江畔的北碚，在清代仅为巴县北部一个普通乡场。随着煤炭的开采、嘉陵江航运的发展，以及区域商贸的活跃，清代中后期逐渐繁盛起来。然而，晚清随着清王朝内忧外患的加剧，北碚社会秩序也趋于动荡。

辛亥革命后，四川军阀混战愈演愈烈，北碚所在的嘉陵江小三峡地区盗匪横行，民不聊生，竟沦为匪窟。1916年春，在地方士绅的请求下，东川道尹下令设立峡防营，屯驻北碚场，专负峡区治匪之责。峡防营虽尽力治匪，但效果不佳。1923年，江（北）、巴（县）、璧（山）、合（川）4县人士为维持嘉陵江三峡区域场镇的治安和清匪任务，改组成立"江巴璧合四县特组峡防团练局"（后改称江巴璧合四县特组峡防团务局）。1927年2月，已经创办民生实业公司的卢作孚被任命为峡防局长。他在肃清匪患的同时，发起了嘉陵江三峡地区乡村建设运动，希望借此将农村带入现代化的新生产和新生活。短短几年，峡区建设就取得了令人瞩目的成就，展现了民国时期中国乡村现代化的"北碚现象"，为日后成为战时重庆的能源基地和科学文化中心奠定了基础。

第一节　自然环境与社会发展

在传统农耕时代，北碚的资源禀赋简直乏善可陈，境内丘陵起伏，沟壑纵横，地瘠民贫。在地理方位上，北碚位于重庆、合川两城之中点，四县接壤，相对偏僻。但北碚盛产煤炭，又因地处嘉陵江小三峡，为商旅要道、军事要冲，为其在近代的崛起提供了有利条件。清代的北碚还只是巴县众多乡场中的普通一员，和其他乡场一样，因湖广移民而重建，靠场市贸易而兴盛。时至晚清，煤炭经济和交通因素对北碚社会发展的影响开始凸显，北碚也开启了颇具特色的现代化之路。

一、自然地理概况

北碚处于四川盆地平行岭谷地区。华蓥山自东北而来，分成九峰、缙云与中梁三大支脉，平行成带状排列，夹贯本境。嘉陵江则自西北流经境内，穿过东西两面高山峡谷，下流至重庆，注入长江。在此过程中，嘉陵江横切华蓥山三支脉而形成沥鼻、温塘、观音三个峡口，每峡相距约30里。因其山高崖陡、峭拔幽深、瑰丽雄奇之势，犹长江三峡之险胜，但较之短小，故名嘉陵江小三峡。[1]民国时期，三峡从合川县沙溪庙入峡起，下至江北县悦来场出峡止，长90余里，共39镇，位于江北、巴县、璧山、合川4县之间，人口50余万。[2]北碚的面积全在小三峡之内，故常以"峡区"代称。

嘉陵江是川东水运要道，其流域涵盖秦陇南部，在四川境内自北而南，流经广元、阆中、南充、武胜、合川等名城重镇。嘉陵江流至合川后，东纳渠江，西汇涪江，流量倍增，河谷开阔，复由沙溪庙入峡，而达重庆。渝合段是嘉陵江水运最为繁忙的河段，三峡则是其咽喉，北碚扼守当中，重要地位自不待言。正如乾隆《巴县志》所云："（温塘峡）束江水一线，渝州而上，川北而下，舟楫必由。此峡亦西北之门户也。"[3]民国时期本地乡绅李昌运亦言："（峡区）上达秦陇，蜀东西北山货必由；下达武汉，广洋广货运赴省垣、秦陇，较外江捷。两岸山势蜿蜒，一通铜梁、大

---

[1]《四川省重庆市北碚区地名录》，重庆：重庆市北碚区地名领导小组编印，1986年，第79页。

[2] 徐亚明：《四川新建设中之小三峡》，《复兴月刊》1935年第3卷第6—7合期，第1页。

[3] 乾隆《巴县志》卷2《建置志·关隘》，李勇先、高志刚主编：《日本藏巴蜀稀见地方志集成》，成都：巴蜀书社，2017年影印本，第12册第274页。

足、璧山、巴县而有葫芦滩、茨竹沟，可住可宿，并可消〔销〕赃；一通邻水、岳池、广安、江北而有瓯子坝、华银山、太和场，其场虽不能消〔销〕赃、亦可住宿。"①可知，峡区水路交通较便利，是川东乃至更大区域的商贸流通节点。正因如此，每当政局动荡时，此地便成土匪啸聚之所。

峡区四围丛山深阻，山路崎岖，耕地稀缺。一份1938年出版的地情资料描述道：

> 全区岗峦峥嵘，无较大之平地，田土依山之凸凹而开垦之，低者多田，高者多土。唯西山坪，乃系境中二岩镇属之一大高原，尚系荒芜，未大事开垦，年来已有中国西部科学院设农场于斯，致力垦荒。已获成效，因本区多山，故低处皆因山洪聚流而成大溪，分布沿江两岸，溪间盛产竹。②

峡区地瘠多山，农业资源禀赋较差。现代土地调查数据显示全区山地约占42.78%，丘陵约占48.13%，两者合计竟达总面积的九成；而适合农业耕作的平坝，面积仅18平方公里，约占4.81%。③受此影响，峡区粮食产量有限，无法自给，"以北碚一镇而论，人口二万余，每年产谷仅七千石，加上麦粟等粮食数千石，至少尚差一半，所以此须依赖外方运米供给。人民最艰苦，多以织布、挖煤炭谋生"④。

尽管耕地稀少，粮食短缺，峡区却有一项极为丰富的资源——煤炭。1930年代初地质专家李元靖曾对峡区煤矿进行过深入考察，对于煤炭藏量有如下记录：

① 李昌运：《磨子沱老二记》，民国《合川县志》卷68《丛谭》，台北：学生书局，1968年影印本，第10册第4500页。
② 《嘉陵江三峡乡村建设实验区概况》，北碚：嘉陵江三峡乡村建设实验区北碚月刊社编印，1938年，第4页。
③ 重庆市北碚区地方志编纂委员会编：《重庆市北碚区志·总述》，重庆：科学技术文献出版社重庆分社，1989年，第40页。
④ 徐亚明：《四川新建设中之小三峡》，《复兴月刊》1935年第3卷第6—7合期，第3页。

　　峡区煤矿有"小山""正山"之分。正山为煤之主要产地，即煤矿之正脉，地段下起距白庙子约十里之麻柳湾，上至距白庙子四十里之大岩湾吊耳，全脉之长，约四十余里。炭层有内七连、外七连之别……内外七连之间，有一种骑山煤，为主脉中主要炭层，每层之厚薄，由数寸以致数尺不等，最厚处，地方人呼为炭仓，意谓炭洞里上下四方全是炭。层与层间，相隔有厚薄不等之灰岩石。在此内外七连之外，又有所谓内反连、外反连各七层。虽不及内外七层丰富，而与之合计，仅正山一脉，除骑山炭不算，已经有二十八层。各层相互平行而成倾斜状，与地平面约成角度四十余度，若用新法开采，可掘至地平面下五百余尺，在地平面上，有炭层出至山顶。小山即沿嘉陵江岸与正山后方之零星炭层，厚薄多寡不一。据本人估计，合正山小山之炭，至少可供全川需用三四十年。①

　　峡区煤炭具有储量大、埋藏浅的特点，这也引起了先民的注意。早在明末清初，北碚后丰岩地区的山民就已开挖外山草皮炭作为燃料之用。②到了清中期，各种大小人工矿洞分布在峡区，且矿洞的所有权转移模式已较为成熟。③根据现存的峡区矿洞买卖的契约文书来看，嘉庆十二年（1807）即有关于矿洞买卖的记录。到了清末民初，小煤窑已星罗棋布于几十里矿区并逐步发展兼并成为较大的煤厂。此时的煤矿全靠土法开采，从山腰掘洞，逐步用木材顶架两旁岩石。矿工屈身入洞，用铁锹掘取，再用竹筐盛煤，用绳索拖拉出洞。洞内无空气，则用木制风车扇空气入内。洞内有水则用大竹筒汲水出外。这种土法开采的小矿洞经营形式一直延续到了二十世纪30年代初。④尽管传统时代峡区的煤炭开采技术和规模无法与日后的

---

　　① 李元靖：《嘉陵江峡区煤矿产销概况》，《四川月报》第10卷第5期，1937年5月。
　　②《天府矿务局志（1933—1985）》，北碚：天府矿务局志编审委员会编印，1991年，第1页。
　　③ 吴晓璐：《天府煤矿的现代企业转型初探（1925—1945）》，《国家航海》第12辑，2015年。
　　④ 李元靖：《嘉陵江峡区煤矿产销概况》，《四川月报》第10卷第5期，1937年5月。

工业化时代相比，然而煤炭行业持续发展，逐渐成为峡区的支柱产业，对峡区社会、经济产生着重要影响。

二、社会发展概貌

明后期到清初期，巴蜀大地战乱不休，社会剧烈动荡。除了康熙初年短暂的几年外，基本上处于持续的战争状态，导致巴蜀社会残破，其情状之惨烈，令人触目惊心。清代川渝各地方志对于这一时期户口多有"靡有孑遗"、"人烟断绝"的记录。当代学者研究表明，清初四川人口在50万～60万左右①，仅及今天四川一个中等县的人口数。

清初巴蜀土地荒芜、人口锐减、民生凋敝的状况，使清政府面临着严峻的社会危机。为恢复生产，安定民心，巩固政权，清王朝下达了一系列招徕移民特别是鼓励外省移民入川移垦定居和恢复生产的政策条例。受此感召，各省民众纷至沓来，形成大规模的移民运动。这次移民大潮始于清顺治十六年（1659），历经康雍乾延续到嘉庆初年，持续了130余年，数量在百万人以上。计有湖广省（雍正初年分成湖北、湖南两省）、广东、福建、江西、云南、贵州、广西、陕西、山西、浙江、江苏、安徽、山东等十余省的移民入川，而以湖广籍人数最多，约占总移民数量的一半以上，因而有"湖广填四川"的说法。

对土地占有的渴望是驱使移民入川的最大动力。早期移民入川大都以务农为业，以自耕农为主，乾隆以后，佃农比例增多。与华南村落聚族而居、华北村落以屯、堡聚落形态不同，川渝地区特别是山区的乡里农舍并不形成聚落，而是呈散点状分布。②乾隆《巴县志》对此有生动的描述：

　　（巴县）十二里刀耕火种，楚豫两粤之人为多。倚岩傍峪，星散离居，既少村落聚族，兼之编竹为篱，墙垣不备，狗偷鼠

---

① 李世平：《四川人口史》，成都：四川大学出版社，1997年版，第155页；蓝勇：《乾嘉垦殖对四川农业生态和社会发展影响初探》，《中国农史》1993年第1期。

② 梁勇：《移民、国家与地方权势——以清代巴县为例》，北京：中华书局，2014年版，第76页。

窃，易扰蔀屋。然梯云犁巘，绣壤交错，无逸手足，便致富饶。①

从这段文字可知，清初巴县的乡民以湖广和广东移民为主，他们多是分散地居住在山区，少有村落聚族。生活条件艰苦，筚路蓝缕，甚至还通过刀耕火种的方式开垦耕作。由于居地分散，缺乏围墙等防护设施，因而常有盗窃发生。不过，只要勤劳耕作，生活还是能够有所保障的。

清代北碚在巴县北部，移民来到此地后的生活情形与上述文字相符，本地的族谱资料也可印证。例如虎头《王氏族谱》记载，先祖王志贵于清雍正二年（1725）携妻子卢氏辗转来到歇马甘家槽（红庙）。起初，住在虎头村茅坪寺，开垦荒地度日。竹篱茅舍，遮风避雨，非常艰辛。后来生有两子，只有王仲元成了家。到第三代王芝贤时，家境稍好转，才修老屋院子。②柳荫《桂氏族谱》记载，"始迁祖"清台公本是湖广永州府祁阳县文明乡人，"康熙丁丑年（1697），弃楚入蜀，于合州买卖生理。又于康熙丙戌年（1707）下乡德配祖母钱氏，乐业于重庆理民府礼里六甲地名谭家岩坎上板沟（今属北碚柳荫镇永兴村）开辟田畴，修造房廊。及其闲暇，课读诗书"③。可知，桂氏的"始迁祖"入蜀后，先在合川从事了十年的贸易，可能有所积蓄，其后搬到邻近的柳荫永兴村务农垦殖，并娶妻生子，修造屋舍。"及其闲暇，课读诗书"，表明桂氏移居后生活较为安定、富足。艰苦的创业和开发，铸就了川渝民众特有的吃苦耐劳的气质，这种气质代代相传，至今不衰。④在广大移民和土著居民的辛勤努力下，经过五十余年的恢复，至康熙后期重庆的人口和土地都渐渐增加

① 乾隆《巴县志》卷2《建置志·里社》，李勇先、高志刚主编：《日本藏巴蜀稀见地方志集成》，第12册第249页。
② 虎头《王氏族谱》，2013年重修版，第80页，存北碚区歇马镇虎头村。
③ 柳荫《桂氏族谱》，"续修谱序"，2001年重修版，存北碚柳荫镇永兴村板沟。
④ 王笛：《跨出封闭的世界——长江上游区域社会研究（1644—1911）》，北京：中华书局，2001年版，第58页。

到明代的规模。以耕地面积为例，康熙十年（1671）仅12.4万亩，至康熙六十一年（1722）已达584.39万亩，到雍正六年（1728）清丈土地时更达到1259.76万亩。①

与此同时，乡村的商品经济也逐渐繁荣，兴起了许多乡场。场是巴蜀地区的集市，分布广，数量大，川人赶集多称"赶场"，是日常生活的重要内容。乾隆《巴县志》谈道："巴境地广阔，纵横千余里，越岭渡涧，离城弯远。日用所需，取给场镇，日中为市，以有易无，民咸便之。"②巴渝多山，居民傍麓依山，星罗棋布，需要借助赶场和集市来进行商品交易和社会交往。③到乾隆中期，北碚地区的乡场便已形成了相当数量。撰修于乾隆二十五年（1760）的《巴县志》记录道：

　　白碚镇，（祥里）九甲，离城百五十里，三、六、九期。
　　蔡家场，（正里）二甲，离城五十里，二、五、八期。
　　金刚铺，（正里）七甲，离城五十里。
　　静观场，（礼里）八甲，离城百二十里，三、六、九期。
　　东阳镇，（礼里）三甲，离城一百里。
　　石坝场，（礼里）六甲，离城百四十里，二、五、八期。
　　接龙场，（礼里）六甲，离城百二十里，一、四、七期。④

随着时间的推进，北碚地区的乡场继续增加，出版于道光二十四年（1844）的《江北厅志》中出现了一些新的乡场记录，它们都归江北厅礼里

---

① 康熙《四川总志》卷10《贡赋》；雍正《四川通志》卷5，皆转引自周勇主编：《重庆通史》第1册，重庆：重庆出版社，2014年第2版，第160页。
② 乾隆《巴县志》卷2《建置志·里社·场镇》，嘉庆二十五年刻本，第32页。
③ 常建华：《清代乾嘉时期的四川赶场：以刑科题本、巴县档案为基本资料》，《四川大学学报》（哲学社会科学版）2016年第5期；李德英：《民国时期成都平原乡村集镇与农民生活——兼论农村基层市场社区理论》，《四川大学学报》（哲学社会科学版）2011年第3期。
④ 乾隆《巴县志》卷2《建置志·里社》，李勇先、高志刚主编：《日本藏巴蜀稀见地方志集成》，成都：巴蜀书社，2017年影印本，第12册第256—258页。

所辖：

> 水土沱，去城八十里，一、四、七期。
>
> 复兴场，去城九十里，二、五、八期。
>
> 黄葛树，炭码头，去城九十五里，无赶集日期。
>
> 三圣场，去城一百二十里，一、四、七期。[①]

　　清代北碚的乡场场期都是三天一次，乡场的相互间隔距离为20～30华里。作为附近几十里的经济文化中心，乡场的地理位置一般处于交通便利且相对平缓的坪坝区域。如果两个乡场间行人来往频繁，可能每隔五里或十里产生一个幺店子（小店铺），如由北碚至歇马场大道途中，五里天生桥，十里双柏树，十五里回龙桥，三十里歇马场。也有不限距离的，如北碚至蔡家场途中，有龙凤山、马道子、万家垭口等幺店子，相距很近。[②]

　　在前工业社会，水运是极为重要的交通运输方式，许多城镇都是沿河或沿海分布。北碚地区同样如此，北碚场（白碚场）、澄江口、东阳镇、黄葛树、蔡家场、水土沱等都沿嘉陵江分布。

　　北碚场在聚落形成之初并不靠近江边。相传明代北碚的场市名为义和场，在今雨台山公园、梅花村一带。明末战乱后，义和场成为废墟。清初，场市移至江边杜家街（今文星湾附近），但常遭水患。嘉庆时期被洪水冲毁，场市迁往正码头附近。这是嘉陵江的一处渡口。因有碚石伸入江心，江流受阻，东折流向东阳镇，于是其南边形成一宽阔沱湾，清代的聚落便位于沱畔。沱中水流平缓，遇碚石而上下行的木船，大都在这里停泊，略作休整。[③]北碚的马鞍山与对岸东阳镇的石子山一脉相连，两山之脊各有大道一条，遥相对应。北碚和东阳则是这两条大道的渡口，水陆交汇

---

　　① 道光《江北厅志》卷2《舆地·场镇》，清道光二十四年刻本，第4—5页。

　　② 孙承烈：《北碚聚落志》，载杨家骆主编：《以科学论文方式撰写方志之试验——北碚九志》，台北：鼎文书局，1977年版，第122页。

　　③ 孙承烈：《北碚聚落志》，载杨家骆主编：《以科学论文方式撰写方志之试验——北碚九志》，第122页。

渐成场市。诚如清末本地乡绅所言："北碚九保路当梁滩，接壤江、璧、合孔道。"①北碚与江北、璧山、合川接壤，是巴县北部的交通枢纽。

水土沱也是由码头而演变成场镇。因嘉陵江流经而形成回水沱湾，又因沙土淤积岸畔，故名。康熙年间设水土铺驿站，后又在此设置塘汛关卡。乾隆中期，水土铺场镇日渐兴起，逐步取代昔日古镇——亭溪镇，成为嘉陵江下游重要的码头场镇。②清末设水土镇，隶属江北县，1995年划归北碚区管辖。民国《江北县志稿》记云："水土沱，镇濒嘉陵江，上接合川，下连重庆，后通华蓥山麓一带乡村。故上下游运来之米粮、盐糖，与由山运出之煤、铁、磺矿，以此为最大集散场，市面繁荣，为本县各乡镇之冠。"③旧时又有"白天千人躬首，夜晚万盏明灯"的诗句，足见其繁华兴旺。

有些乡场虽不沿江，但陆路交通便利，商旅汇集，被称为"旱码头"。例如静观场，地处华蓥山下盆地，"农产丰牣，民物殷阜，环拥各乡，交易有无，咸萃于斯，退各得所。故旱码头市面繁荣者，推此为最"④。清道光年间，当地文人凌云《静观鳞集》诗中有"懋迁云集密如鳞，四面山光接水滨"之句⑤，反映出当时商贸的繁茂盛况。又如，偏岩场位于华蓥山南麓，是连接合川、邻水、江北三县的要冲。清初社会重建时，人们先是在上场横街修建房屋、商铺。后随商贸兴盛，扩建街市，形成上、中、下三段，乾隆二十年（1755）开设乡场。扩建后的偏岩场有戏楼、禹王庙（湖广会馆）、万寿宫（江西会馆）、武庙、端蒙书院等场所，店铺鳞次，商贾云集。⑥

---

① 《北碚场里正刘东轩等禀刘茂林等合办烟馆估卖私膏阻塞官膏恳封禁卷》，档案号：清6-31-849，四川省档案馆藏。

② 北碚区水土镇人民政府编印：《水土镇志》，2005年版，第33页。

③ 民国《江北县志稿》卷3《食货志》，重庆市渝北区地方志办公室整理本，2015年版，第219页。

④ 民国《江北县志稿》卷3《食货志》，重庆市渝北区地方志办公室整理本，2015年版，第220页。

⑤ 凌云等：《咏塔坪八景组诗》，诗文刻于重庆市北碚区静观镇集真乡塔坪村塔坪寺清代古碑，笔者2016年8月17日抄录。

⑥ 北碚区偏岩镇人民政府编印：《偏岩镇志》，2005年版，第26页。欧代群：《偏岩名称的由来》，收入氏著《古镇老侃》，自印本，2009年版，第1页。

北碚境内煤炭资源丰富，到20世纪初北碚境内文星场、代家沟、二岩、缙云山南北坡已有煤矿数十家。较大的煤矿有代家沟至文星场一带的福和煤厂、天泰煤厂、和泰煤厂、公和煤厂，二岩一带的复兴和炭厂、兴发公炭厂，缙云山南北坡的双连煤厂、屋基煤厂、翕和煤厂、久大煤厂等。煤炭的开采对于聚落的形成与兴衰影响很大。

煤炭主要依托嘉陵江水系运销重庆及川北各地，因而，江边的煤矿出口港，往往成为繁华的聚落，甚至形成乡场。金刚碑的例子尤为典型。此地位于缙云山麓，温塘峡口，嘉陵江右岸，街市在一狭长沟谷中，傍溪而筑，狭窄场镇。因距离北碚及澄江口两处场镇太近，本来很难发展成为商业聚落，清康熙年间，缙云山南坡所采煤炭多由此地出港，运销外地，因此形成一个销售和转运煤炭的场市。同治时期，煤业兴盛，金刚碑成为当地煤商、船商、力夫们的聚居之地，商贾云集，相继形成何、杨、姚、张、刘等几大家族和七帮公所（船帮、力帮、米帮、油帮、马帮、炭帮、牛帮）。光绪末年，重庆开办铜元局，因本地煤炭适于锅炉燃烧，大量采用。至1920年代初，重庆轮船亦采用本地煤炭，极大地促进了煤业的繁荣。有炭坪二三十家，驮马三百余匹。船帆如林，河滩成市，商业十分繁荣。何家大院、姚家大院、刘家大院、洋房等几大民居建筑群，以及财神庙、观音阁等庙宇陆续建成。1923年左右，重庆铜元局停办，煤业逐渐衰败。全面抗战爆发后，呈现出一点复苏景象，战后又重归衰败。[①]

民国时期北碚境内较有代表性的煤港聚落还有黄桷树、夏溪口、白庙子、干洞子、芭蕉沟。除黄桷树情形比较不同以外，其他完全依赖煤业而生存，可见煤业对于北碚社会经济有着极端重要的影响。

第二节　军事驻防与匪患的初步治理

辛亥革命后，四川受军阀割据之祸，征战连年，兵痞盗匪伺机而动，

---

① 孙承烈：《北碚聚落志》，载杨家骆主编：《以科学论文方式撰写方志之试验——北碚九志》，第126页。

杀人越货，啸聚峡中，致使商旅难行，民不聊生。峡防营采取了一些治理措施，但未能根治。1927年2月，卢作孚接任江北璧合四县特组峡防团务局长，迅即采用整饬团务、剿抚并举等强有力措施，峡区的匪患治理才取得了实质性成效。

一、军阀割据与社会失序

嘉陵江三峡是江、巴、璧、合四县交界地区，各县政权对此鞭长莫及，治安难保。加上境内大山连绵，森林茂密，自然是土匪隐藏出没的好地方。清代后期便有土匪在此聚集，后虽被诛灭，但其爪牙仍隐匿峡中，为非作歹。到民国初期，军阀割据，成王败寇，一批又一批被打败的散兵游勇，结成一股又一股土匪盘踞峡中，或打家劫舍、奸淫掠夺，或抢劫过往客商、杀人越货。

当时，峡中土匪众多，影响大的土匪就近十股。从沥鼻峡到观音峡，无处没有土匪出没。沥鼻峡的磨子沱（又称磨儿沱，今属澄江镇）、草街子、温塘峡的温泉寺，以及金刚碑、北碚、黄桷等地都有匪巢。[①]民间有歌谣唱道："得活不得活，且看磨儿沱；得死不得死，且看草街子"[②]，匪患之猖獗，由此可见。

民国时期峡区乡绅李昌运根据多年见闻撰写《磨子沱老二记》一文，对峡区匪患有深入而细致的考察。他谈道：

慨自民国成立，"大同胞"三字，误尽少年。狂嫖浪赌，以二万钱一两之禁物，日嗜两许几钱不等，不给则老二之世界一新……老二名目有"老窑"，有"老板"，有"内外管事"，自呼曰"票子"。呼有钱人曰"肥猪"，又曰"绅士"，呼军人曰"扒壳"。彼此自谓，两相诩曰"对红心"，所最恶者曰"卖客"。其不法行为有四："扫窑基"谓进屋也；"扯路板"谓拦劫也；"清

① 李萱华编撰：《北碚乡建故事》，北碚抗战历史文化丛书编委会编印，2012年版，第10页。
② 罗玉章主编：《（北碚区）转龙乡志》第七篇《社会》，自印本，1987年版，第170页。

底底"谓抢船也；拉小孩谓之"抱童子"，拉妇女谓之"接观音"，总名曰"摸姜"，公然谬谓"出差"。[①]

由此可知，峡区匪患与民国成立以来峡区社会风气的败坏有密切关系，许多青壮年染上吃喝嫖赌、吸食鸦片的恶习，以致无以为生，铤而走险，落草为寇。他们的罪行主要有四点：一是入室抢劫，称为"进屋"；二是拦路抢劫，称作"扎路板"；三是劫掠行船，叫做"清底底"；四是抢夺妇幼，总称"摸姜"，又把拉小孩叫做"抱童子"，拉妇女谓之"接观音"。

峡中劫船案件的发生始于1913年2月20日，地点是鲤拐滩，不久波及到磨子沱。从当年六月往后愈演愈烈，发案频率剧增。尤其1915年7月、1916年11月、1917年12月最为严重，整月都有发案。"每迟明，由南岸来，南岸居民先受其灾；由北岸来，北岸居民先受其灾。快枪制其出入，勒供饮食。舟至，快枪并发，死不免。——舣岸，胁各水手负货去。不足又灾及居人，负戴稍有遗失及挫折等事，则群以为卖客，百口莫辩，大则殒命，小则被拉被劫，不胜纪。"[②]可知，盗匪劫船时间一般选择在黎明，沿岸居民也常被裹挟成其帮凶，既要供应饮食，还要出力搬运赃物。稍有闪失，生命财产即遭受威胁。

民国初期四川军阀混战，1918年以后峡区匪患有增无减。"（土匪）至则号召团甲，索草索被，索鸡索鸭，索酒肉。一或不周，放肆搂抢，或拘留团甲，百般毒虐。此地居人，无不被其灾者。河下过往船只，上下搜刮，如秦关百二，历历可指，一索，再索，三索，脱衣解带，剥落净尽，始能出走。"匪徒极为贪婪残暴，"不以过客、力夫、舟子及近地贫民而或异焉"。不论是本地居民，还是外来旅客，都是其劫掠对象，达官贵人也难逃劫难。

即使是正规军过小三峡，也得找人保护。1923年川军秦汉三旅自重庆移驻合川，取道三峡，行至黄桷镇被土匪阻挡，不敢前进。便委任北碚乡

---

① 李昌运：《磨子沱老二记》，民国《合川县志》卷68《丛谭》，第10册第4498页。
② 李昌运：《磨子沱老二记》，民国《合川县志》卷68《丛谭》，第10册第4500页。以下引文未注明出处的，都出自该文，恕不一一标注。

长熊明甫为峡防司令，补给两个连的枪支弹药，扩充民团。熊明甫随即招安匪首唐大鼻子，调遣团丁，分水陆两路护送，秦汉三旅才得以通过。①

唐大鼻子本名唐海清，招安后被委任为川军二师五营营长，他来北碚后，自称峡防司令，公开向民众保证北碚不出枪案，其交换条件是地方须缴纳"保证金"。他的人马大部住金刚碑，不抢北碚抢四邻。当时盘踞黄桷镇的匪首是三眼童儿周吉瑞，两股匪徒势不两立，争霸夺势，不断制造摩擦，相互残杀。三眼童儿将唐大鼻子骗到黄桷镇赴宴，在席间将其枪杀。唐大鼻子的心腹又展开报复，夜袭三眼童儿，使其丧命。

由于匪势猖獗，"通计（1918）十月以后，一冬无一人完全无失过此峡者"。过往客商无法，只得求助驻军。于是某师推出护送货船名目，他们在重庆和合川通商码头，大张告示，设局征收。要求过往船只，按估定价，值百抽二，先收后送，给票过关，武装保护，称为"硬护送"。同时，一些著名土匪也在重庆、合川码头，仿照驻军办法，对商船值百抽二，自称"软护送"，并扬言"我队抵关交涉，较硬护送尤为可靠"。可怜普通商家，既要缴硬护送，又要缴软护送，以图无灾无难，清静过关。

民国初期峡区匪患肆虐，不过也有一些幸运儿虎口脱险的故事流传至今。1922年6月，时任陕西靖国军总司令的于右任，兵败后只身入蜀，取道嘉陵江东下，舟过温塘峡，见峡谷阴森苍莽，景色秀丽，便停船登岸。他见一方温泉，雾气氤氲，泉水涟漪。于是入池沐浴，浴罢登船而去。当时的温泉寺是一处匪巢，于右任竟敢在此沐浴，且得全身而退。此事一时在重庆传为佳话。②抗战期间，于右任重游北温泉公园，感慨万千，当即作曲一首《中吕·醉高歌》：

> 当年日落停桡，一浴荒山野庙。
>
> 重来小坐江天好，绿水青山白鸟。

---

① 李萱华编撰：《北碚乡建故事》，北碚抗战历史文化丛书编委会编印，2012年版，第12页。
② 兰梦宁：《于右任结缘北温泉》，《重庆晚报》2007年11月4日第14版。

又即兴创作《生日游北温泉遇雨》七绝三首，其中一首诗云：

往事惊心十九年，民间佳话尚流传。

髯翁战败西来日，一浴荒当震两川。

当然，像于右任一样洒脱舒畅过峡者毕竟是少数，大多数客商都因担心土匪的劫掠而胆战心惊。一个山明水秀的小三峡，竟沦为令人望而生畏的匪窟，这不免让人感到悲哀和气愤。但嘉陵江小三峡毕竟是渝北门户、商旅要道，待时局稍安，剿匪工作便渐次展开了。

二、从峡防营到峡防局

1916年春，在地方士绅的请求下，东川道尹下令设立峡防营，专负峡区治匪之责，委任黄桷场团总王锡五兼营长，屯驻北碚场。"由黄角[桷]树招丁一营，各场共招一营，统编峡防营，炮船两只，巡游上下。有擒送，道署立决"。①其时，峡防营只是个松散的乡村团练联盟，"各场自由参加联防，并无一定之法定范围"。②大体而言，防区涵盖由合川南津街起至巴县磁器口止的嘉陵江流域，长二百余华里，约四十个乡场，是日后北碚管理局辖境的五倍。

王锡五接任峡防营长后，更是身先士卒，"一旦闻警，或汹汹不易敌，即鞭马先驰，而士卒随属其后，必变定乃还"③。因其防患有方，匪势稍有收敛，几个匪首"或降或缚"，"无脱者"。黄桷、北碚也获得了暂时的安宁。诚如乡绅熊正伦所言："今环峡诸乡埠，其所劫者不可一二数，而独是地安然无恙！"④

---

① 李昌运：《磨子沱老二记》，民国《合川县志》卷68《丛谭》，第10册第4502页。

② 民国《北碚志稿·官制志》，1945年未定本，收入北碚图书馆编：《北碚图书馆藏方志珍本丛刊》，北京：中华书局，2018年，第2册第4页。

③ 熊正伦：《王锡五墓志铭》，民国《北碚志稿·警卫篇》，北碚图书馆编：《北碚图书馆藏方志珍本丛刊》，第2册第409页。

④ 熊正伦：《董办峡江团防王君纪念碑铭》，民国《北碚志稿·警卫篇》，北碚图书馆编：《北碚图书馆藏方志珍本丛刊》，第2册第406页。

治匪初见成效，峡防营却陷入困境。峡防营经费本由草街子的猪厘中拨出，但遭到了合川县绅的阻挠。王锡五本人也屡遭非议，屡受打击，"忌者必欲陷君，因辞职，迄不获。乃北游入京，及归，未几而其祸又作焉。虽寻白，然自是郁郁感愤甚"①。1917年，年仅48岁的王锡五郁郁而终，临终前仍将先前缴获的20余具火炮捐赠公家，以助峡防。

王锡五死后，随着重庆地区驻防军队的变动，峡防机构几经更名。1918年，东川道尹改峡防营为三峡警备队，委任二岩团总周宝箴为警备队长。周宝箴，峡区二岩场（今北碚西山坪）人，周家系峡区煤商富绅。光绪三十年（1904），周宝箴继承祖业，自任复兴和炭厂经理。因其经营得法，炭厂逐步扩大，矿工达1000余人，垄断着重庆铜元局和川北一带煤炭销售市场。1914年，四川军阀混战，土匪四窜。为保卫乡里，周宝箴买枪招兵，发展武装。后又与刘湘搭上关系，掌握了北碚区域地方团练。当时峡区土匪啸聚，二岩周围却无匪来犯。许多地主绅士都迁至二岩，寻求庇护。周宝箴任职3年间，其煤炭生意蒸蒸日上，同时，也积极为军阀招安，号称江防司令。②

峡防营成立以后，虽积极剿匪，但因地域广阔，一时无法肃清。③1919年，江、巴、璧、合四县合谋，特组峡防司令部，设司令一人，由重庆卫戍总司令委任。调四县壮丁各一排，仍驻北碚。月饷仍然由四县共同拨付，四县按月分别拨付50元，作为司令部公费。④同年夏，随军驻扎北碚的川军第一军第六师军法处长吴象痴被委任为峡防司令。吴象痴主持峡防，首先恢复各场民团组织，整练壮丁；同时，购买枪弹，修建碉堡，并率队剿匪数十次。其治匪以嗜杀著称，仅1920年就杀戮数百人，人称"屠夫"⑤。在严酷的清剿下，峡区匪患暂时平息，诚如民国《北碚志稿·警卫志》所言："自峡防成立后，迭与盗徒激战，多所擒杀，始各飑去，江途一清"。

---

① 熊正伦：《王锡五墓志铭》，民国《北碚志稿·警卫篇》，北碚图书馆编：《北碚图书馆藏方志珍本丛刊》，第2册第409页。

② 重庆市北碚区地方志编纂委员会编：《重庆市北碚区志·人物志》，第536页。

③《北碚社会概况调查》，重庆：国民政府社会部统计处编印，1943年，第11页。

④ 民国《北碚志稿·警卫篇》，北碚图书馆编：《北碚图书馆藏方志珍本丛刊》，第2册第383页。

⑤ 重庆市北碚区地方志编纂委员会编：《重庆市北碚区志·人物志》，第539页。

　　然而，好景不长。不久，吴象痴调往别处，"迨其去，而匪复炽，尤无忌"①。而峡防司令也易名为峡防督办，归川东道尹节制。绅民苦不堪言。于是商议呈清川东道尹任命吴象痴调回小三峡。1921年春，川东道尹叶丕诚委任吴象痴为川东道峡防团务督办。吴象痴还任后，继续对峡匪进行清剿，但单纯的军事剿杀策略并不能根治匪患，时常无功而返。例如，1923年初，川军第一、二军混战，由于峡区处两军割据交界处，匪患猖獗，匪徒众多，且武器优良。吴象痴令合川团务局长赵璧光，率队沿嘉陵江向下进攻，他同二岩周宝箴分别由嘉陵江两岸向上进攻，以期会剿。不料进攻日期发生新旧历计算差错，合川赵璧光以新历出兵，探知北碚吴、周尚未出动，旋即率兵返回合川，此次清剿只擒获部分匪众。②

　　1923年4月6日，川军第二军杨森部重占重庆等地。③第二军在追击退却的第一军时，北路要经过嘉陵江峡区，第二军军长杨森因担心峡区团练武装被第一军利用而扰乱其后方，阻扰其军事进展，特委任卢作孚三弟卢尔勤（即卢诚）为峡防司令。开始时，卢尔勤因担心自己未掌握正规军力，难以控制地方团练，又恐峡防司令部经费不足而犹豫不决。卢作孚知道后，便鼓励其大胆去干。于是卢尔勤遂下定决心，前往峡区赴任，并取得了一定的成绩，他后来回忆说：

　　　　就职后就与四县联系，划定了峡防区域，并将四县在峡区的几十个场镇中编组地方团队，共建了峡防三个大队，共有十二个中队的保安团队，由峡防司令部指挥。接着回重庆向军部请领弹药，返峡清除了夹江南北两岸山地茨竹沟、太和场、白峡口等地的土匪。在一个月之内，渝合间的水陆交通，遂告平安，商客往

---

　　①熊正伦：《文昌宫复建碉记》，民国《北碚志稿·警卫篇》，北碚图书馆编：《北碚图书馆藏方志珍本丛刊》，第2册第397页。

　　②重庆市北碚区地方志编纂委员会编：《重庆市北碚区志·人物志》，第540页。

　　③周开庆编著：《民国川事纪要》（1911—1936），台北：四川文献研究社，1974年，第293页。

来、军运往来，均得顺利通行。①

可知，卢尔勤同样也是采取了军事清剿的治匪策略，通过划定峡防区域，整编地方武装，凭借第二军精锐武器的援助，在短期内取得剿匪的胜利。

与此同时，一度驻峡区的川军第二军秦汉三旅长曾自任司令，任命熊明甫为副司令。②驻峡区军队的频繁变动显然不利于峡区的长治久安。1923年秋，"峡区士绅不胜军队之扰，又苦匪风益炽"③，于是协议呈准撤销司令。此后，卢尔勤辞去峡防司令一职，并根据峡区绅民的请求，将峡防司令部改组为地方性质的江巴璧合四县特组峡防团练局，推荐合川名绅胡南先、北碚商绅熊明甫分任正副局长，设治北碚场④，"月饷及办公等费，则取之往来商舶，名曰过道捐"⑤。

从1916年春峡防营成立算起，在短短的9年中，峡防机构先后更名为三峡警备队、峡防督办署、峡防司令部、江巴璧合四县特组峡防团练局，几易其主，这一方面表明辛亥革命后峡区的匪患治理深受四川军阀混战的影响，另一方面也反映出峡区绅民对于治匪策略的艰难摸索。峡防局的成立标志着峡区的匪患治理进入了更为成熟的新阶段。此后，虽然仍然偶尔有波折（例如1924年春，援川各军前敌总司令袁祖铭委施辉为峡防司令，旋即撤销；稍迟又有刘崇高受任某师招安团长，据澄江镇设卡抽捐，为峡防局所逐），但总体而言，峡防局的制度日渐完善，匪患治理也卓有成效，为日后转入社会建设奠定了基础。

---

① 《卢尔勤回忆卢作孚》，卢国模整理，未刊。转引自张守广：《卢作孚年谱长编》，北京：中国社会科学出版社，2014年，上册第73页。按，关于卢尔勤任职峡防司令的时间，民国《北碚志稿·官制志》、《北碚社会概况调查》均记为1922年。此处采用卢尔勤的回忆，即1923年春。

② 庄泽宣：《陇蜀之游》，上海：中华书局，1937年，第152页。

③ 民国《北碚志稿·官制志》，北碚图书馆编：《北碚图书馆藏方志珍本丛刊》，第2册第4页。

④ 《卢尔勤回忆卢作孚》，卢国模整理，未刊。转引自张守广：《卢作孚年谱长编》，北京：中国社会科学出版社，2014年，上册第81页。

⑤ 民国《北碚志稿·警卫篇》，北碚图书馆编：《北碚图书馆藏方志珍本丛刊》，第2册第383页。

三、峡防局的匪患治理

1923年秋，胡南先起任峡防局长，作为首任局长，胡南先政绩颇著。民国《北碚志稿·官制志》评价道："胡氏历大小数十战，匪风日敛，而峡防局根基于焉奠定"。1923年上半年，他便倡议筹设四川省民团联合会，到会60余县，被公推为联合会委员长。[1]同年秋，江巴璧合峡防司令部改组为特组峡防团务局，胡南先担任局长，设治北碚场。防区上起沙溪庙，下到土沱场，方圆百余里，两岸自江干至山内60里。峡防局设峡防常练大队（40人），并编制预备丁数大队，受峡防局指挥。后常练大队增至百名，于大队下分设2~3个中队，担任沿江两岸场镇的治安任务。

其章程规定：

> 峡防局所有团练事宜，除遵省颁行《团练章程》外，余悉依照本章程办理；各县各设常备丁一大队，就峡区民团编成之，且每大队须拨丁一班到局服务以备临时调遣；局长有统率各队之权；局长副局长有会同知事调遣沿峡附近各乡团练之权，但紧急时勿须会同亦得调遣；局长有剿匪捕匪之权责，除拒捕追逃格毙外，所获匪犯就地段所属，函交该县知事处理；局长对于各县知事、各县团练局以及驻防军队应得随时联络，互通声气，如遇股匪尤得互相请求援助。[2]

胡南先命峡区各县设常练丁大队，分别让巴县大队驻扎北碚，江北大队驻扎二岩，合川大队驻扎沙溪庙，璧山大队驻扎澄江口，并将峡区各县民团编制预备丁数队，统一布置在盐井溪、草街子、清坪场、蔡家场、歇马场和八塘、七塘等10多个山区场镇。发现匪情，全面出击，相互支援，就地清剿。他在任三年多，布防严密，清剿及时，匪患大减。他性格戆直刚强，嫉恶如仇，难免得罪一些豪绅，招致嫉恨。这些士绅控告他先贪污

---

① 重庆市北碚区地方志编纂委员会编：《重庆市北碚区志·人物志》，第539页。
② 《江巴璧合四县特组峡防团练局章程》（1923年11月），档案号：00810001004880000014000，重庆市档案馆藏。

船捐，要求撤销其峡防局长之职。1926年12月中旬，他辞职告休，举荐卢作孚继任峡防局长。①

胡南先治理峡区的几年间，匪患有所平息，但未能根治。当时，四川防区制尚未打破，重庆是国民革命军第二十一军刘湘部王陵基（字方舟）的防区，合川则是第二十八军邓锡侯部陈书农的防区，峡区处于两军防区中间。双方为巩固地盘，扩充势力，都想安置亲信执掌峡防局，而长期相持不下。于是，地方人士举荐卢作孚。1926年6月，卢作孚创办民生实业公司，开辟嘉陵江航线，船行重庆与合川之间。此航线正处于嘉陵江小三峡江段，峡中盗匪啸聚，航线经常受阻。为了扫除航线障碍，保证航程安全，实现开发峡区的愿望，卢作孚有意出任北碚峡防局长。卢作孚同时对两军展开工作：一方面通过郑东琴等地方势力，争取陈书农的支持，陈为了增加税收，也乐意入股，扶持民生公司；另一方面结交了刘湘手下的何北衡、刘航琛，利用四川"北大系"的关系，通过陈学池在刘湘面前推荐自己，取得了刘湘的同意。经过他在两方面奔走，终于促成二十八军和二十一军在北碚地区的和解。②

1927年2月15日，卢作孚正式接任江巴璧合四县特组峡防团练局③局长。他一改前几任峡防营局长专重军事征剿的治匪策略，提出了把匪患治理与峡区建设同时并举的系统方略。其中心思想是要把北碚地区建设成一个现代化的区域。他提出"打破苟安的现局，建设理想的社会"的口号，认为要彻底肃清匪患，必须杜绝产生匪患的根源。为此，先应创造安宁的环境和有秩序的社会，让百姓安居乐业，土匪便无机可乘。他订定计划，首先解决地方治安秩序问题，其次是解决如何为民众服务的问题。

卢作孚先是整顿队伍，淘汰不合格人员，将常练队改为常备队，编组成3个中队，士兵130名，设督练长1人管理训练。当年11月组织手枪队

---

① 重庆市北碚区地方志编纂委员会编：《重庆市北碚区志·人物志》，第539页。

② 卢子英：《怀念二哥卢作孚》，周永林、凌耀伦主编：《卢作孚追思录》，重庆：重庆出版社，2001年版，第34页。童少生：《回忆民生轮船公司》，周永林、凌耀伦主编：《卢作孚追思录》，第189页。

③ "江巴璧合四县特组峡防团练局"于1927年5月改称"江巴璧合四县特组峡防团务局"，参见张守广：《卢作孚年谱长编》，北京：中国社会科学出版社，2014年版，上册第124页。

（至 1935 年扩充至 80 人），"随时密察峡区各场及合渝盗匪"。1928 年至
1934 年先后招收峡区青年 486 名，编组为少年义勇队、模范学生队和特务
学生队，1928 年春又成立学生二队，施以政治、军事训练，委任曾在黄埔
军校学习的胞弟卢子英为队长，一面讲学，一面捍卫乡里。[①]

卢作孚清剿土匪，采取军事、政治并重的策略和以攻为守的方针，一
有匪警，不管远近，均及时派队出击。除匪首尽力逮捕归案外，还采取
"以匪治匪、鼓励自新"的办法。在清剿的压力下，派人说服匪首投诚自
新。凡自新的都给予生活出路，"化匪为民"，本地的回乡生产，外地的予
以资遣。对士兵则实行"寓兵于工"的方针。峡防局士兵，除剿匪和军训
外，平时要学习职业技能，要求每人要掌握一种专门技术。

在剿匪过程中，首先向民众宣讲没有安宁的社会，就没有个人或家庭
的安宁的道理，动员群众一齐参加清匪斗争。当时，峡防局所辖 39 个乡
镇，纵横百里，卢作孚除了负责峡区内治安外，还主动协助周围 13 个县的
剿匪工作。有人不理解，他说，要境内安宁，要先使境外安宁；要使地方
安宁，必须使匪不安宁。卢作孚主张以攻为守、主动出击，不给土匪有藏
身之地、喘息之机。他亲率学生、士兵巡回各乡镇、山区，清除匪患；不
仅帮助本地区，而且帮助周围地区；不仅不让匪活动，而且不让匪藏匿。

与此同时，卢作孚经常率领学生队和峡防局官兵，巡回各乡镇，开周
会、演戏剧，作体育表演，宣传卫生，破除迷信，改造社会风俗。亲率官
兵打扫市街公共卫生，清除污水垃圾，扩修街道，改造街房，并专门派了
一队士兵担负警察任务，维护公共秩序，管理公共卫生，调查户口，整顿
市政，施行民众教育，预防灾害病疫。在北碚街上利用古庙建立了地方医
院，为人治疗疾病，免费打防疫针。1927 年始，每年春秋两季派人到附近
各乡镇免费种痘，每季多达数万人。[②]

卢作孚将匪患平定与乡村建设结合的社会治理模式取得了不错的效
果。不到几年，峡区的土匪次第肃清，社会治安逐渐稳定下来，为接下来

---

① 重庆市北碚区地方志编纂委员会编：《重庆市北碚区志·军事志》，第 160 页。
② 重庆市北碚区地方志编纂委员会编：《重庆市北碚区志·人物志》，第 542 页。

的北碚建设奠定了良好的基础。

第三节　乡村建设运动的发轫

　　1927年卢作孚正式接任江巴璧合峡防团务局局长后，首先肃清匪患，接着开始以北碚为基地，逐步实现了他开发三峡、建设北碚的凤愿，探索出现代化城镇建设的"北碚模式"。仅数年时间，将一个贫困落后的北碚迅速改造成一个初具规模、社会安定、经济文化发达的现代化城镇，成为中国乡村建设的楷模。

一、卢作孚的乡村建设理念

　　在20世纪三四十年代，卢作孚以其成效显著的建设业绩为社会所称道。

　　1893年卢作孚出生在重庆合川县一个小商贩家庭。少年时代，卢作孚进入瑞山书院（小学）学习，成绩优异，惜因家庭困难，被迫辍学。1908年，卢作孚到成都的一所补习学校专攻数学，16岁即著有《卢思数学难题解》一书。同时，他接触了卢梭的《民约论》、达尔文的《进化论》等西方名著，在清末资产阶级革命思潮的影响下，接受了孙中山先生的三民主义思想，1911年在成都参加了保路同志会和同盟会。[1]

　　1914年，卢作孚出川去上海，结识了著名教育家黄炎培，深受其"教育救国"思想的启迪。1916年起，他应邀任成都宣传新文化的主阵地《群报》《川报》的记者、编辑、社长兼总编。1919年，加入少年中国学会，投身于"五四"运动。1921年，卢作孚任四川永宁公署教育科长，在泸州创设通俗教育会，开展民众教育和新教育改革。1924年，热衷于"教育救国"的卢作孚创办了成都通俗教育馆，传播新思想、新文化和新道德。[2]尽管他在教育实践中表现出色，但在军阀混战的情况下，仅仅一年半时间，

---

　　① 卢国纪：《我的父亲卢作孚》，北京：人民出版社，2014年版，第14页。
　　② 张守广：《卢作孚年谱长编》，北京：中国社会科学出版社，2014年版，上册第80—90页。

这一实验便告夭折。于是，他萌生出创办实业的设想，寻求"实业救国"之路。

从1925年开始，卢作孚在合川募集资金创办民生实业股份有限公司，"以服务社会、便利人群、开发产业、富强国家"为宗旨。在卢作孚的出色经营和重庆军政当局的有力支持下，民生公司业绩突出，迅速崛起，到1935年，统一了川江航运，将曾经不可一世的外国轮船公司逐出了长江上游水域。卢作孚明确将民生公司定位为社会企业，他说："民生公司绝不是一个自私自利的组织，绝对是一个帮助社会的事业……不仅要求公司本身有继续不断的生长，更须进一步帮助开发四川的各种生产事业[1]"。"这个西部中国崭新的现代企业所蕴涵的现代理念远远超越了经济现代化的范畴，是卢作孚现代化思想最好的诠释"。[2]

卢作孚"实业救国"的中心内容便是建设现代化的中国。在《从四个运动做到中国的统一》一文中，他明确使用了"现代化"的概念，并提出了以世界先进国家为目标，以中国实际状况为出发点的现代化模式。从1932年到1936年间，他发表多篇文章论述现代化。[3]他提出"中国的根本问题是人的训练"的思想，"尤其注重提倡国家意识，创造集团生活和发挥创造力的教育和训练"[4]。

民生轮船公司的创办及其成功经营，提升了卢作孚开拓内陆地区现代化之路的信心。以此为基础，卢作孚逐步探索出现代化乡村建设的"北碚模式"。卢作孚对乡村建设有着深入的思考。早在接任峡防局长前两年，他便在峡区合川段作过社会和自然调查，撰写报告《两市村之建设》，其中之一就是《辅助渝合间三峡诸山经营采矿之意见》，介绍了"三峡的矿产、森林和亟待开发"的理由外，还提出了林业、矿产、交通、治安的建设计

---

[1] 卢作孚：《在民生公司八周年纪念大会上的开会词》（1933年10月），《卢作孚文集》，北京：北京大学出版社2012年增订本，第209页。

[2] 张瑾：《权力、冲突与变革：1926—1937年重庆城市现代化研究》，重庆：重庆出版社，2003年版，第318页。

[3] 卢作孚：《中国的建设问题与人的训练》，生活书店，1935年版，第84页。

[4] 周开庆：《卢作孚传记》，台湾川康渝文物馆，1987年版，第17页。

划。①1929年10月1日卢作孚出版《乡村建设》小册，这是他第一篇关于乡村建设的理论专著，首次提出"乡村建设"一词。书中对乡村的重要地位和乡村教育、经济、交通、治安、卫生、自治等方面的建设系统阐述了自己的主张。②卢作孚对"乡村建设"的内涵进行了较为系统的阐释。③

首先，卢作孚推行乡村建设的终极目标在于"创造出现代需要的新社会"和建立一个"完全独立自主的民主国家"。1929年卢作孚在谈到乡村的重要性时指出："政治上最后的问题是全国的问题，他的基础却在市村……一个乡村问题放大起来，便是国家的问题。"④1934年3月，卢作孚在回答"如何训练人使能创造中国的新社会使成现代的？"这一问题时强调要"训练成功许多训练的人才，使他们能够从旧社会当中创造出新的社会来"⑤。10月卢作孚进一步提出："中华民国根本的要求是要赶快将这样一个国家现代化起来。所以我们的要求是要赶快将这一个乡村现代化起来。"⑥

其次，卢作孚乡村建设思想的核心是"乡村现代化"，尤其是"人"的现代化。在1929年12月关于"将来的三峡"的展览会介绍中，"用机器解决采煤问题，创设水门汀厂，创设造纸厂，创设水电厂"，"改革现有农业、工业"以及修建铁路、公路、普及电话、乡村邮递；"设立科学院"等，应属于"现代化"的范畴。⑦1939年前后，"大规模开发矿产——由土法采煤到机械采煤"，"大规模创办工业——由手工业到机械工业"，人民

---

① 张守广、项锦熙主编：《卢作孚全集》，北京：人民日报出版社，2014年，第1卷，第69页。

② 刘重来：《卢作孚与民国乡村建设研究》，北京：人民出版社，2007年版，第18页。

③ 熊亚平：《卢作孚乡村建设思想的历史定位——从乡村建设最早提出者问题谈起》，《福建论坛》（人文社会科学版），2014年第4期。

④ 卢作孚：《乡村建设》（1929年10月1日），张守广、项锦熙主编：《卢作孚全集》，第1卷，第150页。

⑤ 卢作孚：《中国的根本问题是人的训练》（1934年3月20日），张守广、项锦熙主编：《卢作孚全集》，第2卷，第543页。

⑥ 卢作孚：《嘉陵江三峡的乡村运动》（1934年10月1日），张守广、项锦熙主编：《卢作孚全集》，第2卷，第602页。

⑦ 《峡防团务会议记录》，《嘉陵江报》1929年12月6日。转引刘重来：《卢作孚与民国乡村建设研究》，第123页。

"皆有现代的知识和技术"等更具"现代化"色彩的表述又被加入其中。①
由于这些内容与卢作孚的《四川嘉陵江三峡的乡村运动》中的相应部分在
表述方式上颇为接近，因此应是卢作孚本人思想的反映。

再次，秩序建设是乡村建设、社会建设和国家建设中的根本问题。
1929年，卢作孚指出："现在我们应该知道建设的根本问题在哪的？不在经
济，也不在教育，……却在秩序。无论何种事业，秩序建设不起来，绝对
不会有良好结果的。我们对于任何事业，事前应有精密的计划，事后应有
精密的整理，其性质都是建设秩序。秩序问题，是包含着自治事业的经营
问题和组织问题，是乡村建设中不可避免亦不可疏忽的根本问题。"②1934
年再次强调："创造一个现代的物质建设和社会组织"的工作"要在安定的
秩序下面才能前进起来；所以首先要创造的尤其是安定的秩序"。③

最后，由于认为"现代世界上最显著的特征是组织科学的方法"④，因
此，组织建设便成为卢作孚实现其乡村建设、现代新社会建设和国家建设
目标的重要桥梁。1933年，卢作孚强调："现代文明因为有了科学方法，适
用在社会上，便有了科学的组织方法。社会愈进化，便是组织愈扩大。一
个组织形成一个集团。"⑤1934年1月提出要将整个中国现代化，应重视社
会组织建设，"换句话说：就是促使中国完成现代的物质建设和现代的社会
组织。"⑥基于以上认识，卢作孚一方面认为，通俗教育馆、民生公司以及
"将嘉陵江三峡布置成功一个生产的区域，文化的区域，游览的区域"等，
都是创造集团生活的试验。另一方面他十分重视作为企业组织的民生公司

① 《将来的三峡》，《北碚月刊》第3卷第2期（1939年12月）。

② 卢作孚：《乡村建设》（1929年10月1日），张守广、项锦熙主编：《卢作孚全集》，第1卷，
第162页。

③ 卢作孚：《嘉陵江三峡的乡村运动》（1934年10月1日），张守广、项锦熙主编：《卢作孚全
集》，第2卷，第602页。

④ 卢作孚：《四川的问题》（1931年6月2日），张守广、项锦熙主编：《卢作孚全集》，第1
卷，第318页。

⑤ 卢作孚：《民生公司的三个运动》（1933年4月1日），张守广、项锦熙主编：《卢作孚全
集》，第1卷，第438页。

⑥ 卢作孚：《从四个运动做到中国统一》（1934年1月29日），张守广、项锦熙主编：《卢作孚
全集》，第2卷，第509页。

的作用。"民生公司最后的意义决不是帮助本身，而是帮助社会。"[①]

　　综上所述，卢作孚不仅是"乡村建设"的最早提出者，而且对其内涵作了深刻的阐释，从而使其在中国乡村建设思想史上占有极为重要的地位。[②]卢作孚提出乡村建设的根本问题为秩序建设、"建设现代的集团生活""乡村现代化""以经济建设为中心"等重要认识，是服从和服务于"创造出现代需要的新社会"和建立一个"完全独立自主的民主国家"这一终极目标的。

二、峡区建设的初步实践

　　1927年卢作孚就任峡防局长后，峡防局在剿匪的同时，开始在"乡村建设"、"乡村运动"名义下，大张旗鼓地从事各项建设事业。其宗旨十分明确，就是要"赶快将这一个乡村现代化起来"[③]。其理想是将以巴县北碚乡为中心的嘉陵江三峡地区"布置成一个生产的区域、文化的区域、游览的区域"[④]。把峡区"经营成一个灿烂美妙的乐土，影响到四周围的地方，逐渐都经营起来，都成为灿烂美妙的乐土"[⑤]。峡区的建设主要围绕剿匪安民、发展经济、开展文化建设与推进社会公共建设四个方面展开。关于匪患治理，前文已有论及，此不赘述，以下仅对其他三方面的工作进行论述，时间主要涉及1927年至1931年之间，九一八事变以后峡区的建设将在下章探讨。

　　（一）吸引新的经济事业

　　要繁荣地方、开发富源需仰赖经济事业的发展。峡区乡村建设的最大特点就是以经济建设为中心，以交通建设为先行。卢作孚在北碚治理险

---

　　①卢作孚：《民生公司的三个运动》（1933年4月1日），张守广、项锦熙主编：《卢作孚全集》，第1卷，第438页。

　　②王先明：《中国乡村建设思想的百年演进（论纲）》，《南开学报》（哲学社会科学版）2016年第1期。

　　③卢作孚：《嘉陵江三峡的乡村运动》（1934年10月1日），张守广、项锦熙主编：《卢作孚全集》，第2卷，第602页。

　　④卢作孚：《建设中国的困难及其必循的道路》（1934年8月），张守广、项锦熙主编：《卢作孚全集》，第2卷，第581页。

　　⑤《两年来的峡防局》，江巴璧合四县峡防团务局编印，1929年9月，第2页。

滩、疏通河道、开发矿业、兴建工厂、开通邮电、创办银行等等，使地方经济实力迅速增强。①

卢作孚认定交通闭塞是北碚乃至于四川落后的重要原因，要实现乡村现代化，必须首先从现代交通事业入手。为畅通渝合航线，峡防局派人沿嘉陵江一带划水表，使船商知道水的深浅；限定客船揽载人数，在峡江各揽载船上画保险线，载重不许超过保险线以上；统一规定船资，无论洪水枯水，上行下行，每峡均定为六百文。1927年冬，峡防局三个中队的官兵利用冬季枯水季节，分赴嘉陵江重庆至合川段沿河淘滩，拓宽航道，随即又凿整了大小巨梁滩，使轮船在枯水季节能畅通无阻。为保障行船安全，峡防局应各方之请，派出一分队常住重庆汽船码头，帮助航务处严密检查，并派手枪队士兵沿河护送往来汽船，以防匪徒匿迹船内，中途行劫。②

峡区煤炭资源丰富，是峡区经济发展的支柱产业。但大大小小的煤矿都分布在深山之中，运输极不方便。1927年卢作孚担任峡防局局长后，着力稳定地方秩序，并有计划地积极地进行了现代化乡村建设的实验。首先是他引入新的经济事业，三峡有丰富的煤炭资源，但产煤都在山间，运输不便，1927年卢作孚、唐建章、张艺耘等人邀集江北县、合川县士绅及文星地区各煤矿负责人，重组北川民业铁路股份有限公司，集资41.38万元兴建一条轻便铁路，建造这条铁路的目的就是方便煤炭的运输。公司聘请丹麦人守尔慈为铁路总工程师，并派人从上海购置机车及铁路器材。北川铁路于1928年11月6日动工，1934年3月全线通车。因当时行政区划铁路在江北与合川两县之间，故名北川铁路。北川铁路从大田坎至白庙子，全长16.5公里，设有11个火车站和两段绞车道，铁路轨距0.75米，有机车8台和5吨自动卸煤箱118辆。全面抗日战争时期，北川铁路并入天府矿业股份有限公司。③这条铁路既解决了文星、代家沟一带的煤炭运输问

---

① 潘洵、李桂芳：《卢作孚与中国近代乡村现代化的"北碚现象"》，《重庆师范大学学报》（哲学社会科学版）2011年第5期。

② 《两年来的峡防局》，江巴璧合四县峡防团务局编印，1929年9月，第13—14页。

③ 重庆市北碚区地方志编纂委员会编：《重庆市北碚区志》，重庆：科学技术文献出版社重庆分社，1989年版，第284页。

题，又方便了往来重庆、广安、岳池一带的商旅，促进了城乡物资交流，发挥了较大的作用。这是四川第一条铁路。铁路的建成，大大提高了生产效率。使矿区煤的"日运量由400吨上升到2000吨"①。北碚煤业获得了很大发展，为后来成为抗战时期陪都重庆的主要燃料供应基地奠定了基础。

在工矿事业方面，卢作孚看到了北碚发展采煤业的巨大潜力，为改善矿小分散、各自为政的弊端，卢作孚将邻近的6个煤厂与北川铁路公司、民生公司联合起来，组成了天府煤矿公司，采用先进管理和技术设备，使煤炭产量有了大幅度提高。特别是全面抗日战争爆发后，卢作孚又不失时机地与内迁企业河南中福煤矿公司联合，重组天府矿业股份有限公司，实现了机械化采煤，年产原煤超过50万吨，占了整个重庆地区全年煤产量的一半左右。

1930年，卢作孚还在北碚创办了四川省第一家使用电力的机器织布厂——三峡染织厂。该厂除派人去上海学习染织技术外，还大力购买先进设备，聘请技师到厂指导。在两年内，三峡染织厂的资本由五万元增加到十万元。每年营业额将近十七八万元。当时，厂里共有各型织机六十五台，生产各类色布一千二三百匹，棉线袜子六百多打，还有印花床毯、毛巾、线背心等多色多样的商品应市。②

此外，峡防局还在北碚创办了重庆最早的乡村电话。1928年秋，卢作孚亲自设计线路，率员施工，开始架设乡村电话线路。购有30门电话总机1部，分机10多部，到1930年3月，重庆至合川间及北碚各场镇全部通电话。随后又建立了北碚邮局。邮电通讯的兴起，大大促进了北碚与外界信息的畅通。同时，峡防局还集股一万元，创办农村银行。设总行于北碚，设代办所于合渝，以便农民办理借贷、储蓄、汇兑等业务。农村银行附设消费合作社，采办日常生活必需品，如米炭油盐，布袜之类。所得红利，由消费人依照消费之多寡按比例摊分。③

---

① 重庆市北碚区地方志编纂委员会编：《重庆市北碚区志·交通邮电志》，第284页。

② 陈淑宽：《卢作孚与大明厂的创办和发展》，《北碚开拓者卢作孚》（《北碚文史资料》第3辑），重庆：重庆市北碚区政协文史资料委员会编印，1988年，第145—149页。

③ 《两年来的峡防局》，江巴璧合四县峡防团务局编印，1929年9月，第16—17页。

（二）创造文化事业

峡防局积极创造文化事业，希望营造成一种社会环境，启迪民智，促使人们的思想和行为发生转变。1928年初，为了加强正规教育，峡局创办了实用小学，提倡教学与社会实用相结合，"每科都从实际生活中提出问题，作为教材，不限于讲堂上，不限于教科书，随时随地用各种方法训练儿童运思、谈话、作事、作文"①。1930年9月，在卢作孚的努力下，峡防局创办了兼善中学，以江北贫儿院学生为基础，招收23人，设立初中第一班，聘请郑献征任校长，卢作孚被推为董事。1932年在火焰山公园修建了一幢古朴典雅的红色楼房（今北碚美术馆红楼）作为兼善学校教室，又聘请南开大学毕业的张博和任校长。同年春，将实用小学划入兼善学校，改组为兼善小学。

在社会教育方面，峡防局创办了图书馆，收藏书籍2000余册，及各种新闻杂志，每日定时开放，并于温泉公园设借书处，供给游人阅览。图书馆还在土沱、澄江、静观各场设立分馆，方便乡民借阅；建立巡回文库，准备大批图画书报，轮流巡回各分馆；举办场期学校，每逢场期，招集市民，实施通俗教育，灌输市民以切要常识。②

卢作孚早年投身新闻界，深谙报纸对于民众教育、事业宣传的巨大作用。1928年春，峡防局创办了《嘉陵江报》，卢作孚任社长，亲自主持报社事务。3月4日，他以"努力的同人"署名题写发刊词《介绍〈嘉陵江〉》。发刊词介绍了创办该报的目的和意义：刊载国内外各种新消息和峡区事业的进展情况，"三峡有许多地方，我们要在三峡做许多事业，各位不晓得，可以在《嘉陵江》上去看它。我们做些甚么事业，做到甚么程度，怎样做，各位朋友，都可以从《嘉陵江》上看出来呵！"③卢作孚还为《嘉陵江报》规定了六大特色：白话浅显、编发简要、送达迅速、有娱乐消遣、有助于职业和生活。《嘉陵江报》初发行时，每期500份，石印，除分送各地大队长、团总、团正、学校及有关团务人员外，并在峡区各场街

---

① 《两年来的峡防局》，江巴璧合四县峡防团务局编印，1929年9月，第15页。
② 《两年来的峡防局》，江巴璧合四县峡防团务局编印，1929年9月，第16页。
③ 卢作孚：《介绍〈嘉陵江〉》（1928年3月4日），《嘉陵江》1928年3月4日。

上、腰店子等处张贴。内容通俗易懂，又与峡区人民生活贴近，很受欢迎。1928年10月，改三日刊为二日刊。1931年1月，改成日刊，更名《嘉陵江日报》。为对不识字的乡民施以教育，峡局还办《新生命画报》作为《嘉陵江报》的附属刊物发行，用图画宣传地方事业，引发人们对乡村建设的兴趣。[1]

此外，峡区还创办民众体育场，倡导民众进行体育活动，并成功地举办了四川省最早的一次大规模运动会。

卢作孚十分重视科学研究对于经济建设、社会教育的指导意义。早在"五四运动"时期，他就深刻地认识到，社会的进步、落后与科学是否发达关联极大。[2]因此，卢作孚1927年担任峡防局局长后，即想方设法发展当地的科学事业。

1928年底，峡区地方经济和文化事业有了初步发展，卢作孚开始考虑建立一个既是科学研究组织也是科学教育单位的机构，优化学生的科学环境，加强学校的科学教育。他最初打算在温泉公园内建一所"嘉陵江科学馆"，内分物理试验室、化学试验室、生物研究室、地质研究所、卫生陈列室"以备一般人之参观研究"[3]。其机构设置已具备后来成立的西部科学院的雏形。1928年北伐完成，全国政局大体统一，南京国民政府先后成立中国科学社、中央研究院等科研机构，中外学者也多有到四川进行自然科学采集、调查者。卢作孚不断加强同省外来川的学术团体的交流合作，派正在训练中的少年义勇队学员随同专家进行调查和标本采集活动，为正式成立科学研究机构而积极准备。

1930年初，卢作孚加快了建立科学院的步伐，一方面派出少年义勇队随同专家、学者进行标本采集和科学考察，并不断加强与其他科研机构的交流和联系；另一方面积极向重庆军政商界募集资金，并捣毁火焰山东岳庙神像，建立民众博物馆，开展科普宣传。同年2月下旬，卢作孚草拟了

① 李萱华：《开拓北碚第一人》，《北碚志》1992年第2期。
② 高孟先：《卢作孚与北碚建设》，政协全国委员会文史资料研究委员会编：《文史资料选辑》第74辑，北京：文史资料出版社，1981年版，第104页。
③ 《嘉陵江上科学馆》，《嘉陵江报》1928年11月11日，第1版。

《科学院计划大纲》，并刊登于4月2日的《嘉陵江报》上。这份大纲较为简略，只有四百多字，内容分为设备、采集、交换、研究、建筑五个部分。从设备配置来看，不仅有自然方面（植物、动物、地质、理化用具与药品等）的，而且包括社会方面（衣食住与用具、政治与战争、教育与宗教、风俗习惯与人口统计等）的，表明当时卢作孚设想建立的科学院，是一个包括自然科学和社会科学的综合性科学院。在标本采集和交换方面，大纲不仅计划在省内国内进行，而且准备到日本、南洋进行采集，与日、德、英、美等国机构进行交换。尽管《科学院计划大纲》还非常粗略，特别是在研究方面的设想远不能达到一个专业研究机构的要求，但计划大纲的草拟，表明卢作孚创立科学院的构想又向前迈进了一大步。而紧随其后的华东和东北考察，则更加坚定了卢作孚要创立"中国西部科学院"的决心，并促成其诞生和完善。①

（三）发展社会公共事业

为把北碚建设成为"皆清洁，皆美丽，皆有秩序，皆可居住，皆可游览"的胜地，卢作孚在此兴办了大量为民众和社会服务的公共事业。他全面整修北碚市街，拆除过街凉亭，加宽街道路面，改建临街商业用房，亲自率领峡防局士兵掏挖污水沟淤泥，清除垃圾粪凼。

当时，一般人都认识到治安建设很紧要，知道必须办理团练，但对于卫生建设不甚重视。卢作孚却看到"仅仅有了团练，生命还没有保障，疾病传染的危险，比匪徒抢劫的危险还厉害"，指出"卫生建设是更紧要的事业"②。对于如何开展卫生建设，卢作孚有一套较为系统的方案：首先是设立乡村医院，每个乡场至少应有一处，不但医病，还要进行点种牛痘之类的预防工作。其次应注重公共场所的卫生。他提出清洁厕所、掩埋垃圾、填平死水坑、规划下水道、管理食物摊贩、清扫街面、改修市场等系列工作要求。再次，要加强个人卫生和家庭卫生宣传，促使民众养成健康的卫生习惯。

---

① 潘洵：《中国西部科学院创建的缘起与经过》，《中国科技史杂志》2005年第1期。

② 卢作孚：《乡村建设》（1929年10月1日），张守广、项锦熙主编：《卢作孚全集》，第1卷，第159页。

在卢作孚的布局规划下，峡区的卫生建设依次开展起来。1928年秋北碚在天上宫庙宇开办了地方医院，普遍送诊、送药、送种牛痘，住院亦不纳费。场期求诊者有百余人，非场期亦有八九十人。地方医院最初仅有诊疗室一间，其后陆续改修下殿为内科室、外科室、待诊室、药具室及病室，并购置医疗器械，添聘产科医生1名。①峡防局积极为乡民，特别是儿童点种牛痘。1927年，计种3万余人；1928年，计种1.5万余人；1929年春，计种1万余人。②卢作孚又亲率学生队官兵在北碚乘大雨倾盆之际，洗刷街巷。发起各场街道的清洁运动，帮助北碚水土沱、八塘场扫除街道，又在北碚实施杀蛆运动，减蝇运动，宣传剪指甲，洗牙齿，不断地检查街面清洁。③峡防局还派士兵训练了一队学生，担任北碚地方警察，负责维持公共秩序，管理公共卫生，发起灭蝇、灭鼠运动；组建消防队；在江边设饮水消毒站，供应民众的饮水；进行家庭卫生、个人卫生的建设和宣传。④

北碚附近的温塘峡风景幽绝，温汤氤氲，峡中千年古刹温泉寺在当时已破败不堪。住持隆树和尚乘辛亥革命之机收回了温泉寺的一些庙产，因担心无力保护，便向峡防局提出把温泉寺开辟成公园，想以此保住温泉寺的庙产。卢作孚认为此事对于峡区建设很有意义，在接任峡防局长后，便主动与隆树和尚联系，决定以温泉寺为中心创办温泉公园。为此成立了温泉公园董事会，何北衡担任董事长，邓少琴为主任，驻园内办事，借用峡防局40元公款为经费。1927年5月14日，卢作孚亲率峡防局职员和士兵30人，奔赴温泉寺，破土动工。从开荒整地，筑路修池，到栽花种树，营造亭宇，都亲自动手，迅速铺开建园初期工程。⑤

卢作孚又到重庆，商请刘湘等当时川渝军政绅商领衔向川中各方人士

① 江巴璧合四县特组峡防团务局：《峡区事业纪要》，重庆：重庆新民印书馆，1935年，第1—2页。
② 《两年来的峡防局》，江巴璧合四县峡防团务局编印，1929年9月，第14页。
③ 卢作孚：《过去一年中所做的事》（1929年1月6日），《嘉陵江》1929年1月9日，第1版。
④ 潘洵、李桂芳：《卢作孚与中国近代乡村现代化的"北碚现象"》，《重庆师范大学学报》（哲学社会科学版）2011年第5期。
⑤ 江鸿：《卢作孚先生开拓温泉公园》，周永林、凌耀伦主编：《卢作孚追思录》，重庆：重庆出版社，2001年版，第515页。

募捐。卢作孚亲笔撰写了《建修嘉陵江温泉峡温泉公园募捐启》，这是他出任峡防局长后的第一篇文告。《募捐启》写道：

> 温泉前瞰大江，后负苍岩，左右旷宇天开，林木丛茂……将来经营有绪，学生可到此旅行；病人可到此调摄；文学家可到此涵养性灵；美术家可到此即景写生；园艺家可到此讲求林圃；实业家可到此经营工厂、开拓矿产；生物学者可到此采集标本；地质学家可到此考察岩石；硕士宿儒可到此勒石题名；军政绅商都市生活之余，可到此消除烦虑。人但莅此，咸有裨益。事在必举，端赖众擎。敬乞各界人士慷慨捐输，玉成此役……①

卢作孚采取了边募捐边施工的做法，如此，历时仅两年，公园便初具规模。亭台楼阁，星罗棋布。浴室、游泳池相继建成开放。从1927年到1936年的9年间，温泉公园董事会先后共募得捐款3.29万元，公园的建设也逐步推进，至抗战前夕，温泉公园集山、水、峡、泉、洞、石、寺于一体，成为重庆著名的旅游胜地。

在卢作孚的领导下，举凡峡区内的经济、教育、文化、医疗卫生、旅游等事业，都有次序、有步骤地开展起来。创造了以治理社会秩序为先导，以经济建设为中心，全面开展文化建设和社会公共建设的乡村现代化模式。②

---

① 卢作孚：《建修嘉陵江温泉峡温泉公园募捐启》（1927年5月），张守广、项锦熙主编：《卢作孚全集》，第1卷，第85—87页。
② 潘洵、李桂芳：《卢作孚与中国近代乡村现代化的"北碚现象"》，《重庆师范大学学报》（哲学社会科学版）2011年第5期。

第二章　九一八事变后抗日救亡运动的兴起

　　20世纪30年代，北碚的民族主义和爱国主义运动经历了先行者的推动和大众觉醒的两个阶段。在此过程中，中国共产党的重要引导和动员，峡防局的发动及组织均发挥了至关重要的作用。九一八事变后，中共党员到北碚宣传马克思主义，宣传抗日主张，峡防局通过再版《东北游记》、成立东北问题研究、发起民众捐款、请愿等活动，推动民众民族救亡意识的日渐形成。全面抗战爆发前夕，重庆救国会骨干来到北碚积极发动群众，开展抗日救亡活动。这些努力均促进了抗日救亡运动在北碚的兴起。

第一节　中国共产党的早期活动与救亡运动的兴起

　　20世纪20年代，北碚地区在外求学的部分先进知识青年，参加了中国共产党和共产主义青年团，回乡时进行革命宣传活动。土地革命时期，川北党组织在北碚发展了第一个共产党员。与此同时，外地一些党员、团员和进步人士到北碚进行革命活动和爱国宣传。全面抗战爆发前夕，又有重庆救国会骨干来到北碚开展抗日救亡活动，这些均促进了抗日救亡运动在北碚的兴起，也为北碚党组织的建立创造了条件。

一、中国共产党在北碚的早期活动

　　重庆是一个革命传统极其浓郁的地方。20世纪初期，随着新文化、新思想的传入，重庆人民的思想顿时活跃起来，宣传新思想、新文化的刊物如《川东学生周刊》《新蜀报》等几十种报刊如雨后春笋般创办起来，新文化运动的开展推动了马列主义在重庆传播，随之一批激进的青年知识分子和民主主义者，在国内崭露头角。1922年10月9日，重庆地区的第一个马克思主义组织——中国社会主义青年团重庆地方团成立。在重庆建党和大革命时期，涌现了一批土生土长的共产主义者，其中的代表人物有杨闇公、冉钧、童庸生、周贡植等。他们在接受新思想和不断探索中选择了马克思主义，走上了革命道路，并为中国共产主义运动献出了年轻的生命。

在20世纪二三十年代，一批又一批中共党员到重庆开展工作。1921年7—8月，邓中夏来到重庆，宣传进步思想、提倡革新精神。1921年10月，恽代英来到重庆，主持川南师范教务。1923年1月，他受团中央委托考察重庆，了解重庆地方团组织的情况，加强了重庆与中央团组织的联系。1924年11月，张闻天到重庆第二女子师范任教，他与萧楚女在重庆团地委的支持下，联合重庆进步力量，与教育界的顽固势力展开了一场激烈的舆论斗争。1922—1924年间，萧楚女多次来重庆，他根据团中央的指示精神，将重庆团地委改组成为真正的马克思主义组织。邓中夏、张闻天、恽代英、萧楚女等人在重庆的革命活动，促进了马克思主义的传播，为重庆地方党组织的建立奠定了思想基础和组织基础。[1]

（一）本地党员的活动

1924年至1927年国共第一次合作时期，北碚诞生了最早的一批中共党员，有了马列主义思想的传播和党员的活动。

在革命先驱的影响下，静观镇的喻凌翔、三圣镇的陈晓寅等接受了共产主义思想，于1924年加入社会主义青年团，又同时于1925年夏秋之际参加中国共产党。两人介绍偏岩镇的龙子仁参加马克思评论读书会、学生励进会，并加入社会主义青年团。1926年5月，龙子仁在黄埔军校转为中共党员。龙子仁参加过北伐和南昌起义，后在偏岩响水小学担任校长，传播

---

① 陈全：《用生命和热血为共和国奠基——记民主革命时期的重庆党史人物》，《红岩春秋》，2004年第6期。

革命理论。1925年秋，在巴县国民师范学校任教的蔡家场人李嘉仲，经童庸生、吴玉章介绍也加入了中国共产党。李嘉仲于1923年考入北京师范大学教育研究所，怀抱救国之志，1924年参加了吴玉章、杨闇公牵头在成都组建的"中国青年共产团"。

1926年1月，国民党召开第二次代表大会。四川代表吴玉章、杨闇公返川后，即于2月成立了全川党的领导机构——中共重庆地方执行委员会和国民党四川新的临时执委会。7月，中共江北县特支成立。李嘉仲被选为中共重庆地委候补委员、国民党四川临时执委会监察委员会主席。喻凌翔和陈晓寅积极参加重庆地委与江北特委的工作，并回乡发展党员，先后在静观和三圣分别建立了中共党支部。1926年春喻凌翔在静观场文庙小学建立的中共静观党支部，是北碚第一个中共党组织。他们还在静观、三圣、东阳等场镇发展国民党党员，建立国民党区党部。开展声势浩大的反帝、反封建、反军阀的运动，宣传孙中山先生的联俄、联共、扶助农工的三大革命政策，宣传马列主义，建立农会、工会、商会等进步的群众组织，在学校组织读书会。在静观、黄桷组织反帝反封建大游行。

1926年，北碚东阳乡人张蕴经在江北中学读书，经中共党员喻凌翔、邓红慈（一作邓鸿池）介绍加入共青团，在家乡宣传革命思想。

1927年3月31日，重庆各界在打枪坝召开反对英帝国主义炮击南京市民大会，受到军阀镇压，重庆地委书记杨闇公等牺牲，喻凌翔被通缉。"三三一"惨案后，李嘉仲去了武汉，以后参加南昌起义，在行军途中负伤，后来辗转返回蔡家场隐蔽。1928年9月至1930年，他在黄桷镇以教师身份作掩护，宣传党的反帝反封建主张，在青年学生中传播马克思主义，发展进步力量。[①]

1929年，中共华蓥山特支副书记兼武装起义支队长廖玉璧在北碚建立联络站，通过其在峡防局任职的内弟陈新奇开展工作。经过实际斗争考察，1930年11月，廖玉璧发展陈新奇入党，陈是在北碚被吸收入党的第一位党员。1931年4月，陈因为华蓥山游击队购运枪支弹药而暴露，旋即转

---

① 《中国共产党重庆市北碚区组织史资料》中共北碚区委组织部等编印，1988年版，第7页。

移至重庆及南京等地，1936年返回北碚后，继续从事革命活动至北碚解放。①

由于蒋介石叛变革命，四川军阀到处捕杀共产党人，到1930年后，江北县党组织已不存在，多数党员与组织失去联系，革命进入低潮。1936年西安事变后，国共实现第二次合作，联合抗日。中共的外围组织重庆救国会来到北碚开展革命活动，北碚民众的革命热情不断高涨。1938年秋冬，江北县委、北碚中心县委相继成立，各自在朝阳、黄桷、蔡家、水土、复兴、静观等场镇发展党员。在水土成立了以余兆楠为书记的党支部，召开有静观、水土、偏岩、复兴、蔡家等场镇党员和进步青年参加的联系会议，开展抗日救亡运动。②

（二）外来党员、团员的活动

土地革命战争时期，主持北碚地方工作的爱国人士卢作孚、卢子英兄弟，积极推行乡村建设，多方招揽人才。卢作孚、卢子英与中国共产党有着长期接触，对中共保持开明态度。卢作孚与邓中夏、恽代英、萧楚女等革命先驱同是少年中国学会成员。萧楚女组织中国公学，卢作孚热情支持，是中国公学的董事。1921年卢作孚到泸州任永宁道尹公署教育科长，聘请恽代英为川南师范学校校长。年轻的卢子英得到萧楚女和恽代英的关怀教育，1925年，经恽代英介绍，卢子英进入黄埔军校学习，1926年在上海参加社会主义青年团。卢作孚、卢子英在北碚的建设中，得到许多中共党员的支持和帮助，北碚的特殊地位，也给中共党员的革命活动创造了较好的条件。③

1931年1月，民生公司轮机工人党员陈以承在罢工中被开除后，来到北碚，先后在白庙子嘉陵煤球厂和北碚三峡染织厂做工。他向工人宣传苏联的社会主义建设，以《苏联新观察记》教育工人，还在工人中组织"互

①《中国共产党重庆市北碚区组织史资料》中共北碚区委组织部等编印，1988年版，第8页。
②《中国共产党复兴、静观地区党史概略》，唐宦存：《嘉陵风云：中共重庆市北碚地区党史文集》，重庆：重庆出版社，2004年版，第354页。
③《中国共产党民主革命时期北碚地方史概略》，唐宦存：《嘉陵风云：中共重庆市北碚地区党史文集》，重庆：重庆出版社，2004年版，第301页。

助互救"活动。

1933年，曾仲牧到北碚兼善小学任教。同年，席纪仁来碚，先后在兼善中学、中国西部科学院任职。他们不但在师生中开展工作，还到工农群众中开办文化夜校。

1934年，刘披云应卢子英之邀由上海来碚，不久因家人相继病故，返回上海，介绍其弟刘忠义来碚。刘忠义先后在兼善中学和嘉陵江三峡乡村建设实验区署任职。他通过职务之便，在师生中宣传马克思主义，宣传抗日主张，并介绍一批中共党员和进步青年到北碚中小学任教。

1935年初，罗中典应卢子英之邀，从内江来北碚任实验区民众教育馆长。罗中典是合川人，早在1926年便已入党。到北碚后，他利用民众教育馆开展各种进步活动，办壁报，设阅览室，揭露日本帝国主义侵略罪行，宣传党的抗日主张。他还组织曲艺队、川剧团，公开演出进步剧目，受到广大群众的赞扬，培养了一批进步青年。

有两位女党员的事迹值得一提。一位是雷晓晖，广安人，1925年入党，她是中共五大的代表，北伐时任武汉市妇女部长。1936年她辗转来碚，在朝阳小学任教，进行革命活动。另一位是余曼琪，北碚土沱人，1927年入党，曾在黄埔军校女生队学习，参加北伐。四一二反革命政变后来到北碚，在树人小学任教。①

外地一些与组织失去联系的中共党员、共青团员和进步人士，或因在原地政治身份暴露，或由北碚地方人士邀请，来碚任职。他们以合法身份，在工人、学生中传播马克思主义思想，宣传反帝反封建的革命主张，培养了一批积极分子，为党的建设打下了基础。

（三）农民运动蓬勃发展

中共重庆地委成立后，建立了中共江北县委，接着又成立了国民党左派江北县党部，大力宣传新三民主义，开展反对帝国主义和军阀的斗争，多次在北碚和江北组织发动农民运动。陈晓寅根据党的指示，在三圣建立

---

① 《中国共产党重庆市北碚区组织史资料》中共北碚区委组织部等编印，1988年版，第8页。《中国共产党民主革命时期北碚地方史概略》，唐宦存：《嘉陵风云：中共重庆市北碚地区党史文集》，重庆：重庆出版社，2004年版，第304页。

了农民支部，发展了十几位农民党员。静观场有较好的群众基础，农民运动发展很快。早在1925年下半年，喻凌翔受国民党（左派）省党部派遣，即开始在此地筹建农民协会，组织了3个乡的农会，发展会员700多人。到1926年底，静观、人和、石船等场已有4个乡农会，会员2000余人。

在党组织的领导下，静观场农会积极活动，成效突出。1926年6月14日的端午节，农会组织了规模盛大的旱龙船会。旱龙船用木板制作，下安铁轮，用人力拉着走。船上披红挂彩，锣鼓喧天，表演川剧。随旱龙船游行的群众达1000余人。游行队伍高呼"取消一切苛捐杂税！打倒军阀！打倒土豪劣绅！打倒帝国主义！"等口号。游行队伍中还有几十头耕牛，牛角披红戴绿，十分醒目。这次活动，融政治宣传和文娱形式于一体，充分显示了农民群众的革命热情和聪明才智，达到了教育群众，打击封建势力的目的。

1927年2月13日，为庆祝北伐战争节节胜利，党组织派邓红慈到静观，以国民党第四区分部的名义组织了各界群众数千人参加的提灯游行。由共产党员带领，游行队伍分为学生队、农民队、工人队、商人队，每人手提灯笼，工人还手拿织布梭子、打石钻子，农民拿锄头、钉耙，商人拿算盘，学生拿书本，4人一排，在静观五里长街游行，高呼"打倒帝国主义"、"打倒贪官污吏"、"打倒土豪劣绅"口号，队伍浩浩荡荡，很有气势。①

1927年3月，中共江北县委派党员邓红慈、共青团员张蕴经和在江北中学读书的十几位蔡家乡、静观场籍进步青年，来到黄桷镇，协同国民党树人小学区分部及进步教师，在工人、农民和船民中宣传孙中山新三民主义，发动农民抗租抗税，组织农民自卫军，写标语、呼口号。3月31日，邓红慈等人在黄桷镇紫云宫召开群众集会，抗议英舰炮击南京和万县市民，大唱"打倒列强、除军阀……"歌曲。大会由张蕴经主持，有工、农、商、学各界数百人参加。大会进行中，黄桷镇乡政府派乡丁到会场鸣

---

① 《党组织的建立和在大革命时期的活动》，唐宦存：《嘉陵风云：中共重庆市北碚地区党史文集》，重庆：重庆出版社，2004年版，第359—360页。

枪恐吓，被愤怒的群众缴枪。会后进行了游行示威，群情激愤，声势浩大。①这是北碚场地方党史上第一次规模较大的反帝反封建活动。

二、重庆救国会在北碚的活动

1935年，日本悍然发动"华北事变"，中华民族面临亡国灭种的危机，然而国民政府仍坚持不抵抗政策。在这危急关头，中国共产党于8月1日发出了《为抗日救国告全体同胞书》（简称"八一宣言"），提出"停止内战、共同抗日"的号召。北平学生受宣言感召，于12月9日齐聚街头宣传抗日主张。"一二·九"运动的消息传到重庆后，各界纷纷响应，抗战热情高涨。但此时的重庆革命氛围处于低潮时期，尚无任何组织团体引导民众进行抗日救亡运动。有鉴于此，当听闻全国各界救国联合会于1936年5月底在上海成立后，以漆鲁鱼为首的几位与党组织失去联系的中共党员及重庆一批进步青年深受启示，决定成立一个抗日救亡团体来领导重庆人民的抗日救亡运动。

1936年6月，漆鲁鱼、侯野君、温嗣翔、陶敬之、饶友瑚等召开会议，正式成立了重庆各界救国联合会（简称"重庆救国会"），漆鲁鱼任总干事。其下属组织有重庆学生救国联合会（简称"学救会"）、重庆职业青年救国联合会（简称"职救会"）、重庆文化界救国联合会（简称"文救会"）以及重庆妇女界救国联合会（简称"妇救会"）。重庆救国会及其下属各团体是党直接领导的外围组织，自成立后迅速成为重庆抗日救亡运动的领导核心。1938年底，根据党的指示，救国会停止活动。

1936年6月至1938年，重庆救国会总干事漆鲁鱼、学救会负责人刘传蒪等，通过各种渠道，先后几次在北碚发展救国会组织，领导各界群众积极开展抗日救亡活动。特别是1938年初复旦大学迁来北碚后，在复旦土木系学生兼助教沈钧与四川中学学生党员沙轶茵领导下，除在复旦大学、四川中学、兼善中学等校发展40多名救国会成员外，还在地方上发展了救国

---

① 《中国共产党民主革命时期北碚地方史概略》，唐宦存：《嘉陵风云：中共重庆市北碚地区党史文集》，重庆：重庆出版社，2004年版，第304页。

会成员刘忠义、罗中典、周远侯等20余人。在北碚没有建立起党的组织以前，作为党领导下的外围组织，救国会在北碚的革命斗争中发挥了重要作用。具体而言，体现在以下四个方面：

首先，在思想上、组织上为北碚地方党组织的建立打下了基础，救国会成员后来基本上都加入了中国共产党。

其次，领导了北碚抗日救亡运动。救国会成员深入学校、工厂、农村、街道办夜校、办壁报，组织演出，发动群众努力生产支援抗战。

再次，进行统战工作，团结各阶层人士为抗战出力。漆鲁鱼赠予卢氏兄弟一些毛泽东和朱德同志及美国进步作家斯诺的论著，如《抗日救国告全体同胞书》《中国共产党致国民党书》等，实验区把这些书翻印出来，发给峡区职员和教师阅读。

最后，在大中学校和一些单位建立读书会，组织进步师生学习马克思主义著作和党的方针政策，在工厂、农村发展社团，开展各种进步活动，同反动势力斗争，安排进步青年去延安和抗战前线。

重庆救国会的各下属组织也在北碚开展抗日救国活动。1936年秋，兼善中学学生黄世元（黄友凡），经重庆学生救国会主席刘传茀介绍加入学救会后，在学校团结进步同学，建立读书会，学习进步书籍，开展抗日救亡活动。黄毕业后，到中国西部科学院工作，1937年春他与西部科学院、兼善中学的进步青年王道济、唐建中、李亚君、陈治谟等组织"业余生活社"，编印了4期《业余生活》刊物，刊载时事评论、散文、诗歌等作品，进行抗日宣传。1937年春，兼善中学学生刘世济（刘征鸿），经北碚《嘉陵江日报》记者周远侯介绍，与漆鲁鱼直接联系后，和邓承超（金石）、杨世银、周子芹、倪雪松等于4月在兼善中学成立了救国会组织，发展同学周升禄、黄桷镇民教助理罗世金（罗布）等入会，并以"兼善中学读书会"名义进行活动，团结广大学生开展救亡活动。周子芹等还积极参加援绥募捐活动，支援前线抗战将士。1938年7月，经八路军驻渝联络处介绍，刘世济、邓承超、杨世银等都前往延安工作。

应卢子英之请，由重庆文化救国会萧崇素、高孟觉领导的"移动演剧队"，到北碚城乡宣传抗战。萧崇素借着卢子英为他举办欢迎会和茶话会的机会，陈述重庆救国会的主张，宣传中共团结抗日的统战政策，批判投降派错误言行，批驳国民党中一些人所谓的"柏林路线""罗马路线"等错误观点。高孟觉还在北碚开设了专售进步书籍的"五月书店"。

1937年初，重庆救国会派学救会骨干张西洛、温厚华进入三峡织布厂作艺徒，在工人和居民中进行宣传、演讲，教唱抗日歌曲，组织阅读进步书刊，直至8月被解雇回重庆。同年下半年，文救会的"移动演剧队"和学救会的"课余农村宣传队"先后到北碚，在朝阳、白庙、文星场、代家沟、蔡家等地宣传，演出抗日歌曲、戏剧，进行社会调查，举办工农识字班，发动群众投入抗日救亡运动。①

重庆妇女救国会也在北碚活动。1938年1月，中共党员沙轶茵到重庆经漆鲁鱼联系上党组织，并参加重庆妇女救国会和抗日妇女慰劳会工作。受组织委派，她来到刚迁至北碚不久的国立二中女子部读书，开展学生和妇女工作。国立二中的妇女救国会成员不但在校内组织读书会，学习进步书籍，开展进步活动，而且在校外为工人、店员、居民开办夜校。在正码头体育场附近的东南茶社，便有一所夜校。他们还自带被盖、伙食到合川草街等地宣传抗日。北碚妇女救国会还成立全区性的北碚妇女抗敌后援会、慰劳会。北碚救国会的重要成员刘忠义、罗中典等都重视妇女工作，他们发动妇女搞募捐、做衣鞋，送到抗日前线，激励战士英勇杀敌。

第二节　东北之行与东北问题研究

1930年的东北之行，让卢作孚和考察团员对日本人经营产业之用心，以及日本人对东北之野心有了切身感受。这些都强烈地激发了他们的民族忧患意识，使他们成为北碚抗日救亡运动的先觉者。九一八事变后，北碚

---

① 《中国共产党民主革命时期北碚地方史概略》，唐宦存：《嘉陵风云：中共重庆市北碚地区党史文集》，重庆：重庆出版社，2004年版，第306—309页。《中国共产党重庆市北碚区组织史资料》中共北碚区委组织部等编印，1988年版，第8—9页。

峡防局成立东北问题研究会，引导职员通过学习研究东北问题。随后，峡局成立义勇军，将此爱国主义由学习研究扩及军事训练，动员对象也从少数职属扩展到一般民众之中，演化成轰轰烈烈的北碚群众爱国运动。

一、东北之行与《东北游记》的编印

1930年3月8日到8月21日，卢作孚率领联合组考察团出川，前往华东、华北和东三省各地考察农林科技、实业发展、时政经济与城市建设，考察历时半年之久。①此行的目的原本是为发展峡局事业，到沿海和华北寻求突破瓶颈的人才和技术。参与人员主要是民生公司、峡防局、北川铁路公司等机构的负责人和青年骨干，一行15人，包括卢作孚、李云根、李佐臣、舒承谟、梁仑、胡绶若、陈德、卢魁杰、唐瑞五、李公辅、高孟先、李趾青、袁伯坚、李慕尧、邓愚山等。

1930年3月5日晚，考察团在民生公司开会，明确了考察期间各事务的负责人，拟定了考察方向和目标。卢作孚把考察分作三个方面②：

（1）特殊事业，包括教育、交通铁路和矿业3类。

（2）普通社会问题，包括币制、物价、主要食品、生活程度、交通用具、地价、农业、方言、各地人民娱乐、普通教育状况、主要燃料、风俗信仰等12类。

（3）精密考察的事业，包括水门汀厂、轻便铁路、煤矿、造纸厂、精盐、制糖、水力、造船厂、发电、纺纱、磨面、榨油、铁工、织造染色、煤球厂、煤气厂、化钢炼铁厂、优良学校（晓庄、开原、燕子矶）、博物院（小东益智院）等19类。

---

① 参见张守广：《卢作孚出川考察的背景、活动及其意义》，《卢作孚研究》2009年第3期；刘重来：《试论卢作孚乡村建设思想的转变——1930年出川考察的重大收获之一》，《卢作孚研究》2009年第3期。

② 《高孟先日记》，高代华、高燕编：《高孟先文选》，重庆：西南师范大学出版社，2016年版，第181页。

应该说，考察团的目的十分明确。他们关注的交通、铁路、矿业、纺织、印染，是峡防局重点培育的支柱产业，而教育、文博、科学院等领域，也是打算以后重点发展的社会事业。他们围绕这些内容，安排了考察路线，在上海、南京、杭州、天津、大连、青岛、北平等地拜访了黄炎培、蔡元培、秉农三、周孝怀、张伯苓等人，访问了中央研究院、中国科学社、中央大学、南开大学、江苏省昆虫局、江浙各大工厂等机构，为下一步的发展争取技术和人脉网络的支持。

不过，此行对考察团刺激最大的还是日本经营东北的图谋和手段。6月下旬开始，卢作孚一行考察了青岛、大连、旅顺、沈阳、抚顺、哈尔滨、长春、吉林、敦化等地，参观了日本人经营的矿山、工厂、铁路、学校、商场、博物馆等等。他在游记中写道，"日本人之经营东三省以满铁会社为经济事业中心，以大连为经济市场的中心，以旅顺为军事政治的中心，用尽全力""实在是中国人应该注意的问题。最要紧的办法是自己起来经营，才能杀灭日本人的野心"[①]。

考察团感受到的帝国主义野心，不仅表现在直接的剥削与侵略，更体现为"经营"的手段与办法。在应对办法上，考察团"以其人之道，还治其人之身"，强调通过"自己起来经营""杀灭日本人的野心"。卢作孚在游记中写道："德国人对于山东过去的经营，是以胶济铁路为中心，于全局为经济的""日本人之经营满蒙，以南满铁道为中心，以经营南满铁路的满铁会社"，经营各项事业，"各方面侵略的武器，都随铁路以深入了""俄国人对满蒙的经营，是以中东路为中心；延铁路的森林矿产，都会被他攫取""综三国的经营，都是以铁路为中心；同时攫取铁路附近的地利，如矿产、森林，工商业亦随以前进"[②]。

对于日本人在东北所经营的事业，卢作孚却觉得他们不仅有其事业，而且有其精神，值得特别注意。第一是秩序，从大连码头，沿着南满铁

---

① 卢作孚：《东北游记》（1931年11月再版），收入张守广、项锦熙主编：《卢作孚全集》，第1卷，第232页。

② 卢作孚：《东北游记》（1931年11月再版），收入张守广、项锦熙主编：《卢作孚全集》，第1卷，第276页。

路，凡日本人经营的市场，车站和火车都秩序井然；第二是准确、清楚，从指引方向的地图、路标，到参观时的介绍情况，凡数字都准确，情况都清楚。事业中的工作人员都明了事业的全部情况。从这里，他感到应该汲取日本人办事认真的精神。①

东北之行给卢作孚等人留下了深刻的印象。在一年后的《〈东北游记〉再版序》中卢作孚写道："我们一度游历东北，见日本人在东北之所为，才憬然于日本人之处心积虑，才于处心积虑一句话有了深刻的解释，才知所谓东北问题者十分紧迫，国人还懵懵然未知，未谋所以应付之。"②东北考察让他们对日本人经营产业之用心，以及日本人对东北之野心有了切身感受。这些都强烈地刺激着考察团的神经，使他们成为北碚抗日救亡运动的先行者。

作为考察团的组织者，卢作孚坚持日记写作，其内容十分详实，既有旅途见闻，也有反思总结。他希望将这些情形及时传递回川，"报告三峡中共同努力的青年，盼望由此而更加努力"③。卢作孚在东北考察后期便将部分日记邮寄回峡，峡局即于1930年9月1日将其印成小册，分赠友人。不久，又将其余部分再印一册，亦作赠品。

《东北游记》刊印后，反响颇佳。"各地友人先后索取，或仅得前一册，或仅得后一册。每以不全为憾。然而公私交困，无钱再印，终于置之"。因经费紧张，印数有限，很快便供不应求。9月28日，合川县实业局局长赵杓致信卢作孚索书。他先谈了读《东北游记》后的体会，"情景宛然恍如身经其地，深恨春间无决心、无毅力，未能舍此区区职务，附骥以行，一睹崂山胜景、国际建设，涤我俗虑，启我心志"。接着说到合川、铜梁的官长、同事都争相传阅，而无法应付。请求"再赐二份，以便转送，或由兄迳寄更好。如能多赐数册，以应铜梁各友之求，则更感矣"。然而，

① 卢国纪：《我的父亲卢作孚》，北京：人民出版社，2014年版，第113页。

② 卢作孚：《〈东北游记〉再版序》（1931年10月20日），张守广、项锦熙主编：《卢作孚全集》，第1卷第364页。

③ 卢作孚：《〈东北游记〉再版序》（1931年10月20日），张守广、项锦熙主编：《卢作孚全集》，第1卷第364页。

卢作孚也没法子，只得回信："《东北游记》第一册印刷无多，近已发送无余。谬承赞赏，曷胜惭汗，容俟续集出版再检奉也。"①

1931年九一八事变后，人皆欲知东北情形，卢作孚深感有必要把《东北游记》著成单行本印刷出版。是年11月，《东北游记》以川江航务管理处的名义，交重庆肇明印刷公司印刷出版。该书顺应了四川民众急切想要了解日本人在东北所作所为的心理，书出后很快被索购一空。一些报纸杂志也予以转载。如1932年由世界青年杂志社编辑，重庆书店发行的《青年世界》便连载《东北游记》。②随着《东北游记》的流传，卢作孚的名声在川省民众心中日渐提高。③卢作孚去东北考察的本意是想把那里的外资企业如何经营的情况介绍给"有心办实业"之同仁。然而，人们从这本小册子中却看到了日本帝国主义对东北的狼子野心，增强了民族危亡意识和抗日救亡观念。

再版的《东北游记》共计约4.2万字，由蜀中名流蒲殿俊（字伯英）题写书签。内容则按照考察时间和路线的脉络，分作十个部分，包括一、由上海到青岛；二、由青岛到大连；三、由大连到沈阳；四、由沈阳到哈尔滨；五、由哈尔滨回长春转敦化；六、由敦化回沈阳到山海关；七、由山海关到唐山；八、由唐山到北平；九、由天津回上海，以及结语《匆匆游历中之所偶得》。卢作孚还根据朋友的建议，开列了168种有关东北问题的图书目录附于文末，以供读者参考。

《东北游记》对于外国在东北的"经营"手段与办法尤为留心。结语中专门总结了德国、日本与俄国三国的经营特点。从日本人在东北的活动中，卢作孚深深感到外患已迫在眉睫，他提醒国人："德国已成过去，俄国尚有所未知，日本则方进取未已，为东北最可顾虑的问题，十分紧迫，尤其是我们应得觉悟的。"④

---

① 黄立人主编：《卢作孚书信集》，成都：四川人民出版社，2003年版，第217页。
② 王绿萍编著：《四川报刊五十年集成（1897—1949）》，成都：四川大学出版社，2011年版，第265页。
③ 周凝华、田海蓝：《卢作孚和民生公司》，郑州：河南人民出版社，1998年版，第73页。
④ 卢作孚：《东北游记》（1931年11月再版），张守广、项锦熙主编：《卢作孚全集》，第1卷第275—276页。

值得注意的是，《东北游记》不只是展现了列强企图侵略东北的野心，让民众有所"刺激"，更为重要的是，书中不断地引导国民进行反思，希望民众"奋起而有所作为"，能停止内耗，协力经营，集中精力，投身于地方事业的建设之中。卢作孚认为日本人办事的精神有两点值得特别注意：第一是秩序，第二是准确、清楚。他提出应该汲取日本人办事认真的精神。在卢作孚的巧妙引导下，北碚民众的抗日救亡热情不断高涨，最后将帝国主义对国家领土侵略的激愤，化解为地方建设的动力，形成了大后方以建设为主要特征的民族主义和爱国主义。①

二、东北问题研究会的成立

九一八事变后，峡防局机关报就及时报道了东北事件。9月22日卢作孚专门从重庆致函峡防局各主管人员，对时局发表了自己的看法，同时对峡防局的应对之策作出指示。卢作孚在信函中写道，九一八事变"非偶然激于意气之举，日人之处心积虑，非一朝夕。去年游历东北，即深觉之。读关于东北之一切著作，尤其出于日人之笔者，更可明了矣"。他认为此事关系重大紧迫，"吾人不可不加以深刻之研究！"他对各股负责人说②：

> 请各领导人员，倡读东北问题诸书，搜集万宝山案以来事实，加以整理。万分希望全国自当局以至人民，经此刺激，有所振拔，顾以以往事迹证之，最显著莫如中日交涉之役。曾几何日，便以置诸脑后，吾人不能望诸远大，乃不能不退而自责，"集中精神""加速前进"，期以事业所著之成绩，影响周围，促成一般人由作人群之活动，以有人群之认识，……力须完全用在公众身上，乃能振起一时萎靡之习，而矫各为一时、各为一己之病。

---

① 王果：《民族主义的在地化：九·一八前后北碚的爱国救国运动》，《四川大学学报》（哲学社会科学版）2018年第5期。

② 卢作孚：《致峡局各股负责人函》（1931年9月21或22日），《嘉陵江日报》1931年9月25日。

卢作孚开的"对症之药"主要在两方面。一是研读东北问题诸书，通过学习认识了解东北，建立东北、北碚休戚相关的共同体意识。二是化民族危机的激愤，为地方建设事业的动力，"振起一时萎靡之习"，集中精力，"期以事业所著之成绩"。①

九一八事变后，国难当头，卢作孚为何要指示以维护地方治安为职责的峡防局职员开展东北问题的学习和讨论呢？这还得从一年前的出川考察谈起。1930年7月19日，卢作孚刚结束东北考察，来到天津。当他们见到南开大学校长张伯苓时，谈起东北情形，张校长告诉卢作孚南开组织师生成立了一个东北问题研究会，并将研究会近期成果拿给他看。②原来1927年9月张伯苓到大连等地考察东北情况，目睹日本侵略中国之野心，深感"不到东北，不知中国之险"，回校后旋即筹备南开大学满蒙研究会（后改称东北研究会），"专事收集满蒙问题之材料，而用科学的方法，以解决中国之问题"，组织师生亲赴东北开展实地调查研究，搜集日本侵略东北的铁证。③卢作孚看后颇为感动，也大受启发。

卢作孚回到北碚后，立即决定在峡防局也成立东北问题研究会，要求峡防局全体机关人员都来参加，都来关心东北问题。因此，九一八事变后卢作孚想到的应对之策首先便是组织峡防局职员研究东北问题。10月4日，为搜求研究东北问题的资料，卢作孚致函张伯苓说，去年参观南开大学时，得知学校有东北研究会，研究中日满蒙问题。近来，东北沦陷，非常佩服张校长的远见卓识。峡防局同人也想进行东北问题研究，苦于缺乏材料。"拟请先将研究所得检赐一份，俾作参考，并祈介绍研究资料，以便购买。此后研究如有疑问，更盼指导"④。

① 王果：《民族主义的在地化：九·一八前后北碚的爱国救国运动》，《四川大学学报》（哲学社会科学版）2018年第5期。

② 卢作孚：《东北游记》（1931年11月再版），张守广、项锦熙主编：《卢作孚全集》，第1卷第268页。

③ 南开大学党委宣传部，南开大学校史研究室编：《抗战烽火中的南开大学》，开封：河南大学出版社，2015年版，第551页。

④ 卢作孚：《致张伯苓函》（1931年10月4日），张守广、项锦熙主编：《卢作孚全集》，第1卷第362页。

　　由此信可知，卢作孚在峡区成立东北问题研究会的目的，也是要使峡防局机关人员在学习、研究东北问题时养成严谨、务实的工作态度，以及树立爱国精神和忧患意识，时时关心沦陷的祖国领土，不忘国耻。①

　　接到卢作孚的指示后，峡防局各主管即于9月23日晚举行会议，在北碚发起成立东北问题研究会，由图书馆尽量供给材料，共同研究东北问题。他们把学习内容分为文化、政治、经济、军事、交通五大类，分别由峡防局各机关负责人牵头组织学习。其中，文化类，包括教育、新闻、慈善等，由峡防局教育指导员兼任兼善中学训育主任张从吾等负责；政治类，包括移殖、警察、外交等，由峡防局政治股主任黄子裳等负责；经济类，包括农业、工商、矿业等，由聚兴诚银行职员伍玉璋、峡局工务股主任缪成之等负责；军事类，包括海陆空等，由军事股主任卢子英等负责；交通类，包括邮、电、路、航等，由局长卢作孚负责。②

　　一个月后，他们构建了一个更为全面的东北知识框架，大体以东北史地和中日关系为总论，以地理、交通、交涉、文化、军事、政治、经济为延伸，一共八个方面，基本囊括了日本经略东北的关键方面。在每个方面之下，又设计了具体题目，突出需要注意的关键环节。比如"总记"，包括东北问题总论、满洲之国际关系、满洲的中日关系论、从日本方面所见之满蒙、日本侵略满洲的主要工具、满洲的历史研究、我国方面所见的满蒙等等。在政治方面，包括日本政党、对华政策、日本在东省的政治势力、殖民等项。其中"殖民"项下又包括：日本殖民我国情况、日本反华势力的增长、日本人在满洲的职业、殖民区域、朝鲜人的北侵、东省之国权丧失等等。在经济方面，包括日本人与东北、人口与移民、土地垦殖与地租、土壤与作物、牧畜与渔业、地质与矿产、煤、棉与纱、事业与劳动、商业与运输、贸易与国税、银行货币与金融市场等12项内容。③

　　这个框架将零散的、庞杂的、大量的知识，纳入了一个带有很强民族主义色彩的知识大纲中。有利于在最短的时间内迅速了解日本经营东北的

---

① 刘重来：《1930年卢作孚东北考察：忧心如焚与应对之策》，《世纪》2016年第4期。
② 《峡局全体人员研究东北问题》，《嘉陵江日报》1931年9月25日，第1版。
③ 《峡局职员研究东北问题之分类大纲》，《嘉陵江日报》1931年10月23日，第1版。

方式和手段，尽快掌握日本人殖民东北的控制逻辑。照着这个思路，民族忧患意识与抗日救亡观念从峡防局主要负责人和青年骨干进一步扩展到全体士兵和职员之中，形成了从学习认识东北，到捍卫东北、保卫国家的热潮。①

东北问题研究会成立后，峡防局职员一体加入，"竟日竟夜开会，讨论研究及整理办法，每日午后和晚间均有一定之研究时间，以供研究"②。峡区图书馆为此专辟东北研究室两间，并添制东北地图及中西东元历对照表与各国对照表，以助研究。除了各职员对东北问题作专门研究外，负责峡区治安警戒的常备队及北碚特务队也加入其中，"每周除训练学术科外，更兼教以东北各种问题，俾得知东北现况，促进其爱国热诚"③。同年11月22日《嘉陵江日报》在报道北碚读书学习蔚然成风时，便提到"一到晚上八点以后，随处都可碰到手里拿着书本的人，不是民众学校出来的学生们，就是在图书馆研究东北问题的峡局职员"。由此可以想见当时卢作孚领导的峡防局研究东北问题的热烈场面。

三、民众民族救亡意识的形成

经过三个月的突击学习，峡防局职员中的民族忧患意识与抗日救亡热忱高涨。随后，峡防局成立义勇军，将此爱国主义由学习研究扩及军事训练，动员对象也从少数职属扩展到一般民众之中，演化成轰轰烈烈的北碚群众爱国运动。民众民族救亡意识的形成，其标志是1932年2月初撤销"东北问题研究会"，成立"北碚抗日救国义勇军"。此举是为将"托之空言"的意识形态付诸实践。在成立时的致各界书中，义勇军坦承成立原委："同人等埋头作事于穷乡僻壤，但知眼前问题之多，解决之难，向未能空言无补，以周国家大事，顾以生息于此国家保障之中"，"大难之临，安

---

① 王果：《民族主义的在地化：九·一八前后北碚的爱国救国运动》，《四川大学学报》（哲学社会科学版）2018年第5期。

② 《峡局的东北研究会结束》，《嘉陵江日报》1932年2月6日，第2版。

③ 《江巴璧合四县特组峡防团务局二十年十月份工作报告书》，重庆市档案馆藏，档案号：0081001003250000001000。

得无所怵动"，"最令人痛心者，不在东北问题之起，乃在大多数人不知东北之为问题，犹是醉生梦死、骄奢淫逸者，犹是穷其精力于骄奢淫逸"，"犹是穷其精力于结党营私。国家如何可恃此以生存也"。[1]按照宣言的意思，义勇军成立的动因，已经从东北沦陷的激愤，转移到民众国家观念之淡漠上。如此，"民族主义已从东北的特定时空中抽离，成为一种普遍意义上忠于国家的观念，即使身处'穷乡僻壤'，也同样需要遵循"[2]。

1931年12月30日《嘉陵江日报》刊载了峡防局正在筹备成立抗日救国义勇军的消息。报道提道："峡防局当道诸人鉴于国难临头，不可退让，更恐一旦波及四川，遂毅然起而组织抗日救国义勇军，群起武装，集中训练。不幸一旦中国正式宣战，则全体直前交锋，齐殉国难。"抗日救国义勇军的装具也作了革新，臂章上印"毋忘东北"四字，毯子上则印"卧薪尝胆"。同时，在嘉陵江文笔沱及庙嘴石壁上大书"毋忘东北"四字，既以刺激民众，也作为该军的纪念。

报道指出，义勇军有两大特殊纪律：一有排难解纷的义务；二有扶助老弱的义务。一旦所有装具设置完善，即举行宣誓典礼，正式成立，发给枪弹，实弹打靶，加授军事训练，希望随时随地均保持作战状态。该军成员均并入东北研究会，计划于1932年1月底研究结束后到重庆开展扩大宣传，借以联络各方青年朋友，共同起来组织作与日宣战准备。

报道还附录了《峡防局抗日救国义勇军简章》，兹转引如下：

　　第一条　本军定名为"峡防局抗日救国义勇军"，由峡防局职员及少年义勇队队员联合组织之。

　　第二条　本军编为两队，峡防局职员为一队，少年义勇队为第二队。

　　第三条　本军设指挥部于峡防局，及副指挥各一人，由峡局局长及副局长任之。

---

① 《北碚抗日救国义勇军致各方之快邮》，《嘉陵江日报》1932年2月5日，第2版。
② 王果：《民族主义的在地化：九·一八前后北碚的爱国救国运动》，《四川大学学报》（哲学社会科学版）2018年第5期。

第四条　每队设队长一人，副队长一人，每班设班长一人，由指挥部选任之。

第五条　本队选定余时间施行军事训练，各队队员应守军律。

第六条　国家如对日宣战时，本军有全部应征赴战之义务。

第七条　各队队员须在任何机会当中努力，于有规律之抗日救国工作。

第八条　各队队员在任何需要上不得购用日货，只能购用国货。

第九条　本简章自公布日施行。①

1932年2月初，峡防局东北问题研究会宣告结束，政治、经济、文化、军事、外交、交通、时事等各研究组将所有研究结果，整理成大纲及各种图表，缴交峡防局政治股汇集，以此作为职员成绩考核之一。同时，还准备将学习成果编辑出专书，供一般社会人士之参阅。②

2月1日，峡防局抗日救国义勇军正式成立，并联合中国西部科学院、北碚乡公所、北碚农村银行、三峡染织工厂、嘉陵江温泉公园、峡区地方医院、峡区图书馆、兼善中学校、峡区实用小学校、北碚第一民众学校、北碚民众第二学校、北碚民众俱乐部、北碚平民公园、峡防局少年义勇队、峡防局常备一中队二中队、手枪队、北川铁路特务队、北碚特务队等机构同人致电重庆的刘湘、成都的刘文辉、邓锡侯、潼川田颂尧、广安的杨森等川军将领及川渝各报馆、各机关、各团体、各学校。电文先言明义勇军成立之原委，即在东北沦陷，国难当头之际而"大多数人不知东北之为问题，犹是醉生梦死、骄奢淫逸者，犹是穷其精力于骄奢淫逸，植党营私，犹是穷其精力于结党营私"③。义勇军成立的动因正是为唤醒国家观念淡漠的民众。

① 《峡防局抗日救国义勇军》，《嘉陵江日报》1931年12月30日，第1版。
② 《峡局的东北研究会结束》，《嘉陵江日报》1932年2月6日，第2版。
③ 《北碚抗日救国义勇军致各方之快邮》，《嘉陵江日报》1932年2月5日，第2版。

电文提出各方应秉持民族国家至上的原则，倡议"各方党争当可立刻停止，携手救此国家之眉急。各省拥有兵力之领袖尤当如何大声疾呼，有以协力促成之"①。川中各军也应团结协作，以大部分开往中原，加入前线。不足征义勇军，急施训练以助之；以小部实力留于川康维持治安，不足则助以民团，并急施训练，以作后援。军费则全省统筹比例分配，或暂维目前现状，各就地方收入供给，其有不足，另谋协济。电文还呼吁地方团体"起而联合民众，各就当地请愿，当局不达期望绝不停止。更起而集义勇军以当出征，或维持后方治安之责任。竭力筹饷以助出征之部队"。各部队、各机关、各团体、各学校一致动员，举行讲演，发布刊物，加强训练。

《成立北碚抗日救国义勇军宣言》则明确提出义勇军的工作方向主要体现在两个方面：一是全力对当局请愿，对民众宣传，即日出发，从重庆以致广安、潼川、成都，促起各方共赴国难；二是急施训练，以此为倡导，促起民众共作后援，发挥预备役的作用。②

2月3日，北碚各界请愿团在峡防局副局长熊明甫的率领下前往重庆市区向刘湘请愿。请愿团一行73人，其中义勇军35名，市民38人，共携带各种传单及宣言，沿途宣传"只有战争才能救中国"③。请愿团派出五位代表，分别就请愿团成立经过、列强对华态度、四川当局应对策略、出川抗战应做的准备、四川抗战与中央政府的关系等五个方面向刘湘做了汇报。这些汇报中最核心的内容是对川军当局出兵的建议。

刘湘首先肯定了请愿团的爱国热忱，"今天看见大家组织义勇军起来愤慨激昂的，要救国家的危难，很辛苦的来到这个地方，实在是民气还不曾死，中国还很有希望"④。接着，他把话锋转向行动层面，将请愿团对抗性的出兵要求，转换成相对缓和的建设性行动。表面上，他并没有直接反对

① 《北碚抗日救国义勇军致各方之快邮》，《嘉陵江日报》1932年2月5日，第2版。
② 《成立北碚抗日救国义勇军宣言》，《嘉陵江日报》1932年2月6日，第2版。
③ 《北碚抗日救国义勇军向刘军长请愿经过》，《嘉陵江日报》1932年2月8—9日，第1、2版。
④ 《刘军长向北碚抗日义勇军的谈话》，《嘉陵江日报》1932年2月10日，第1版。

"只有战争才能救中国"，不过他提出了不同的"战法"。认为不能采取"欧洲战争的战法"，与日军硬碰硬。他提出正确的策略是用至少两年的时间拉长战线，拖垮日本，同时抓好四川的建设，特别要抓"教、建两个问题"，壮大自身实力。刘湘的答复很巧妙，且在行动层次上，更具有建设性的特点。这在本质上与请愿团是一致的。

在民众宣传方面，义勇军的工作重点是广泛宣传，让民众树立民族主义观念。"尽使军民了解国家根本问题，及此次东北事变之所由起，日人之处心积虑，国人应有之训练及行为，举行讲演，发布刊物，各部队、各机关、各团体、各学校一致动员，乃克于事有济"①。

对民众宣传的直接效果是，北碚兴起了捐输财货、参加义勇军的民族救亡运动。峡区北碚乡最早募集"救国捐"，1932年2月8日，北碚乡长、当地小学校长、商人、市民代表联合发起组织"四川出兵抗日作战费北碚募捐团"，帮助筹集川军出川抗日军费。成立大会上，各代表带头捐赠以后，"北碚及附近各场热心救国之市民，与峡局各机关主任人员，或捐十元，或捐两吊不等。计有卅余人。颇形踊跃，顷刻间即募到两百余元之多"②。此次捐款之后，北碚乡公所再派人下乡宣传，向该乡一万七千人募集救国捐。按照北碚熊明甫乡长的看法，每人至少须捐两百文。③

北碚的爱国主义并没有停留在豪言壮语式的宣传鼓动层面。随着东北研究会的终结和义勇军请愿活动的结束，峡防局工作的主题再次转回到地方性的经济事业和公共秩序的建设之上。④这也为5年后全面抗战爆发之时北碚成为大后方重要迁建区奠定了坚实的基础。

---

① 《北碚抗日救国义勇军昨到重庆请愿》，《嘉陵江日报》1932年2月4日，第1版。

② 《四川出兵抗日作战费北碚二十分钟募得两百余元》，《嘉陵江日报》1932年2月8日，第1版。

③ 《北碚乡个个出救国捐》，《嘉陵江日报》1932年2月16日，第1版。

④ 王果：《民族主义的在地化：九·一八前后北碚的爱国救国运动》，《四川大学学报》（哲学社会科学版）2018年第5期。

第三节　华北事变后峡区的因应

东北沦陷之后，日本侵略军随即向华北地区进一步扩张。1933年长城抗战《塘沽停战协定》签订之后，日本暂时将对中国"武力鲸吞"的露骨侵略方式转变为有序推进的"渐进蚕食"方式。1935年日军先后制造河北事件、张北事件、华北自治运动等系列事件，统称华北事变，妄图将华北五省（河北、山东、山西、察哈尔、绥远）从中国分离出去。内忧外患之下，华北告急，中华民族处于生死存亡的危机之中。

一、关注华北局势

日益严峻的华北危机牵动着全国人民的心，远在千里之外的峡防局通过《嘉陵江日报》持续报道华北事件，警惕日本在华北的经济侵略，积极宣传"一二·九"学生爱国运动，借此提醒民众关注华北局势，唤起民众的抗日救亡热情。

（一）持续报道华北事件

日军在华北进行侵略扩张，基本手段是制造阴谋事件，以此为借口，进行讹诈，劫夺权益。在河北方面，利用的借口和制造的阴谋事件主要有：孙永勤事件和胡、白被暗杀事件等。因二者均发生在河北省，故又被合称为"河北事件"。

孙永勤系河北兴隆县黄花川人，日军侵占热河后，在家乡组建"民众军"，发动抗日武装斗争，打击日伪势力。1934年2月，中共冀东特委派特委委员王平陆会见孙永勤，民众军从此接受中国共产党的领导。经过整编，改名为"抗日救国军"，孙永勤任军长，队伍发展到5000余人。在之后一年多的时间里，救国军击退了日伪多次"围剿"，战绩卓著。1935年2月，救国军在日伪协剿之下，被迫转移到河北遵化县境内。5月，遭5000余日军包围和国民党军的协同"会剿"。日本方面对救国军进行镇压，接着又借口孙军进入非武装区，得到国民党地方政府的庇护等大做文章，对中国政府横施压逼,这就是孙永勤事件。[1]

1935年5月2日晚11时,天津《国权报》社长胡恩溥在日租界住处被人枪杀。5小时后,天津《振报》社长白逾桓也在日租界住宅内被人暗杀。胡、白二人均系亲日派人物,经常往来于伪满地区及日本,二人所办报纸受日本驻天津军事机构资助,并为日本侵华政策作宣传辩护。胡、白二人在戒备森严的日租界被杀,日本即借机说这是中国排日运动的表现,向中国施加压力,要求将平津等地区纳入"非武装区",是为胡、白被杀事件。[2]

河北事件后日本立即抓住时机压迫中国,导致华北局势急剧尖锐化。5月29日天津驻屯军参谋长酒井隆与驻华使馆武官高桥坦向北平军分会代理委员长何应钦口头提出抗议,向国民政府提出事先预谋的无理要求。《嘉陵江日报》对此密切关注,6月1日登载消息:"驻津日军,昨(29日)下午又举行示威游行,百余步兵全副武装畅游河北各街道,并携钢炮等战具,同时以铁甲车等满载士兵,任意游驶。日军飞机亦盘旋高空。据谓北平、察省两方,近亦有日机高飞。驻津日军酒井参谋二十九日到平,偕高桥于下午访王克敏未晤,复访何应钦。"[3]短短百余字,将日军的嚣张与局势的紧张展露无遗。

6月2日《嘉陵江日报》继续跟进事态,以《日对华北提出要求》为题,报道日本采取使事件恶化的军事恫吓手段,并提及国民政府有可能将河北省政府、省党部及五十一军部迁往保定。"日有日兵二百余名,携来福枪,乘武装汽车二辆,坦克车一辆,集冀省府外院,行动约一小时乃散,幸未肇事。冀省府及五十一军部有迁保定讯。省党部闻亦将由平迁保云。"对于日本的无理要求,"此间华人各界闻此消息大为震动",认为日军此举证明陆军部与外务省矛盾深厚,"因中日互换大使成功后,日外省乃自鸣得意,以为战胜陆军派,于是陆军派乃决计在华北行动以报之"[4]。

---

① 军事科学院军事历史研究部:《中国抗日战争史》(上卷),北京:解放军出版社,2015年版,第260页。

② 军事科学院军事历史研究部:《中国抗日战争史》(上卷),北京:解放军出版社,2015年版,第261页。

③《天津日军又举行示威游行》,《嘉陵江日报》1935年6月1日,第2版。

④《日对华北提出要求》,《嘉陵江日报》1935年6月2日,第2版。

6月11日报道：日本步步紧逼，而国民政府当局一味妥协退让。"于学忠调任，张廷谔免职，宪兵第七团南移，政训处结束，省党部移保，取缔平津团体等。"日本对此仍不满意，"华北日军参长酒井九日晨由津抵平，午访问何（应钦）提出最后通牒"①。对于如此无理的压逼，国民党竟再度让步。《嘉陵江日报》又转引中央社消息称："何应钦为谋中外邦交之敦睦，八日特手谕办公厅，着严令平津军政宪警机关，严密取缔有害邦交之秘密团体。"至此，国民政府中央系和东北系势力退出华北，日本帝国主义实际取得了对华北的控制权。《嘉陵江日报》无奈地发出了"中国人当自问何以至此！"②的感叹。

6月16日跟进报道：河北驻军南调后，日方仍不满意，仍旧以河北省府为交涉对象，且调集两驱逐舰由塘沽抵津。《嘉陵江日报》特意在这则新闻标题后加上了"愿国民认清环境事实"③，提醒民众注意政府的妥协退让并不能满足日本侵略者的狼子野心。

"河北事件"一波未平，日本人又在极力寻找压迫宋哲元的机会。1936年6月5日，4名没有护照的日本特务机关人员潜入察哈尔省境内绘制地图，行至张北县，被29军宋哲元部扣留，察哈尔省主席宋哲元为避免引起事端，即令释放。日本方面抓住这一机会，称其为"张北事件"，展开了把宋哲元逐出察哈尔的政治、军事行动。④

《嘉陵江日报》对此事件也非常关注，刊发系列消息。6月21日发布三条消息《长城线日军举行陆空军呼应演习》《日机飞保侦察》《日机又飞平侦察》，报道华北日军动态，揭露其利用军事恫吓向国民政府施压的企图。在日方的胁迫下，国民政府再次屈服。6月27日，察哈尔省民政厅长秦德纯和日军特务头子土肥原贤二达成《秦土协定》，认可了日本先前提出的逐

---

① 《日军在平津又提出最后通牒》，《嘉陵江日报》1935年6月11日，第2版。按，宪兵第七团应为第三团之误。

② 《日军在平津又提出最后通牒》，《嘉陵江日报》1935年6月11日，第2版。

③ 《我河北驻军南调后日准备出发两路兵》，《嘉陵江日报》1935年6月16日，第2版。

④ 张宪文主编：《中国抗日战争史：1931—1945》，南京：南京大学出版社，2001年版，第174页。

项要求。《嘉陵江日报》对双方的谈判进行了全程报道。^①至此，日本侵略者实际控制了冀察两省，日本在华北扩张的地位进一步巩固。

日本在迫使国民政府中央的势力退出华北后，随即积极策动华北五省所谓的自治运动，炮制了各种大大小小的"自治"事件。^②1935年12月4日《嘉陵江日报》报道日人在冀各县煽动"自治"，其文曰："二十九日有某国人天步武雄者，率领该国八十余名内着黄呢军衣，暗带手枪，外罩便服，先至静海，转至独流镇沿河测量。并演说伪组织如何好，南京政府如何不好。诱乡民参加自治运动，迫乡长等在其所持册上签字盖章。旋至大成殿之王口镇，举动亦同。同时，大成县亦有某国便衣队在该县某村胁迫乡长等签字，实行自治情事。"^③

1935年11月23日，殷汝耕在天津与土肥原密谋后，当晚召集停战区各保安队总队长开会，决定宣布停战地区自治。24日，殷汝耕返回通县，当夜发表"自治宣言"，25日便在通县宣布建立"冀东防共自治委员会"，使冀东22县脱离了中国政府的管辖。这就是"冀东事变"。冀东伪组织在日军卵翼之下不断扩充势力。12月25日《嘉陵江日报》刊载《殷汝耕力图扩充伪组织》一文谈道："冀察政委会成立以来，对于冀东伪组织犹未谈到解决途径……现在殷逆之伪区域日渐扩大，盖已逼近津市。"提醒当局"倘冀察政委会犹无力撤销冀东组织办法，则天津市亦有被囊括以去之势。此诚堪注意者也！"^④这个伪自治委员会在一个月之后，改称"冀东防共自治政府"，《嘉陵江日报》对此以《冀东伪组织扩大范围改组》为正标题，并以"殷逆僭称政务长官，张之洞幼子竟亦附逆"为副标题进行报道。^⑤从其用语可见北碚地方政府对于汉奸的痛恨之情。

①《张北事件和平处理》，《嘉陵江日报》1935年6月23日，第2版。《秦德纯将在平折冲张北事》，《嘉陵江日报》1935年6月24日，第2版。《王克敏语"察省不另生枝节"》，《嘉陵江日报》1935年6月27日，第2版。《察事谈判日方接受我答复》，《嘉陵江日报》1935年6月28日，第2版。

②贺江枫：《华北自治运动与地方实力派的政治选择》，《历史研究》2019年第1期。

③《日人在冀各县煽动"自治"》，《嘉陵江日报》1935年12月4日，第2版。

④《殷汝耕力图扩充伪组织》，《嘉陵江日报》1935年12月25日，第2版。

⑤《冀东伪组织扩大范围改组》，《嘉陵江日报》1936年1月2日，第2版。

（二）紧盯日本的经济侵略

掠夺经济资源是日本在华北扩张战略的重要一环，《嘉陵江日报》对此密切留意。1935年8月17日推送消息："日人积极计划开发华北，决定创设兴中公司，向关内推销满洲特产。"①为了对华北实施经济掠夺，日本首先进行经济情报方面的刺探和搜集。8月26日《嘉陵江日报》报道："日军部近日在晋绥各地设置特务机关，负调查使命，绥特务机关长羽山已抵平，定日内前往。又满铁近亦派专门技师八人，由地质技师木原率领来平。二十三日赴宣化调查矿产，俾作开采准备。"9月17日报道日本组织商人、学生赴晋考察，络绎不绝。②

满铁是日本刺探华北经济情报的领头执行机构。1935年8月13日《嘉陵江日报》注意到南满铁路公司补助机关，经营华北经济，资本一千万元。③10月5日该报以《日对华北经济侵略益急》为题，大版面介绍满铁的运作情况："日为开发华北及内蒙各地产业，特由南满株式会社根据调查报告，作成具体方案。并在津设事务所，察绥两省各置调查机关，专司收集产业情报及调查经济资料工作。此外多伦亦设一分机关，派渡边前往筹备，均归津事务所管辖。""满铁对华北之经济调查，第一步似已完竣，第二步则正值开始。负责调查使命之满铁本社经济调查部长野中时雄，上周复偕团员五人，由沈抵津，留一日后，即转平赴张化、宣北、涿鹿、万德一带，对矿产为进一步之考察，在当地工作后，即转往晋北考察特种矿产。日方对于察省宣化龙姻铁矿之开掘，以需超过千万之资本，如何开采，已有熟筹详审之必要。"④

随着分离华北政策的形成，日本加紧了在华北的非法调查。10月5日《嘉陵江日报》援引天津通信提到："主持中日提携计划之沈阳关东军特务机关长土肥原特于二十三日搭飞机往察调查，并拟偕关东军驻察军事联络

---

① 《日人积极开发华北》，《嘉陵江日报》1935年8月17日，第3版。
② 《日在晋绥各地设特务机关》，《嘉陵江日报》1935年8月26日，第2版。《日人赴晋考察，商人学生络绎不绝》，《嘉陵江日报》1935年9月17日，第2版。
③ 《南满铁路公司经营华北经济》，《嘉陵江日报》1935年8月13日，第2版。
④ 《日对华北经济侵略益急》，《嘉陵江日报》1935年10月5日，第4版。

员松井大佐赴晋一行，接洽经济开发诸端，以为共策划进行上决定。惟日本国内朝野对于华北投资，经济提携，颇多怀疑，资本家踌躇不前，即东拓公司、东棉公司亦认为太少，故考察研究团体继续而来。一为材料搜集，供于各方研究。本星期内即有两团体莅津。其一为东拓公司内所组织之东方协会，由会长离濑龙雄，干事山本北庸，矿业专家田村喜秋、上田清野、本村雄等五人，作纺织工商业、出口贸易各事考察。在津留三日，即赴晋绥。一则为日野田经济研究所长野田丰，偕御手洗辰雄，并大阪山崎研究室主任，东京《读卖新闻》经济评论专家山崎靖纯等七人，作工商水利、矿山各类材料之搜集。在津留二日，赴平转察，然后再返鲁冀调查。"①该文提醒读者为达侵略目的，日本作了一系列的组织准备："满铁为推行经济提携办法，定于十月一日扩大津事务所组织，设调查、庶务、营业、拓务四课，并附设经济顾问部，与关东军部华北驻屯军部采取联络，平青济三地事务所均划入津事务所管辖，规模大于从前数倍。责任亦不仅限于铁路本身营业，是则可资注意者与！"

《嘉陵江日报》注意到经过机构整合，满铁实力大增，效率也大为提高。"日方对察、绥、内经济工作，现已开始，各负责人员于本月初旬起，即开始调查各地产业情况。闻察绥两地调查机关均归满铁天津事务所管辖，俾得统一工作效率，满铁驻津事务所现由满铁理事石本主持一切，主要工作人员，计有太田、雅雄、崎登等，均为经济专家，对华北产业情形亦极明晰。石本、太田及崎登等，均定日内由沈来津开始工作。"②

日本通过满铁、驻军等各种组织以公开的和隐蔽的，合法的和非法的手段，对华北经济情报进行了具体细致的攫取。依据上述调查，为日本军部和政府制定了掠夺华北资源的具体大纲："（一）以平津为基点，与华北内地联络交通网络，如铁路、汽车路等。图日货得以低廉之运费输入华北各内地及农村。（二）着手开采各矿产，经营各农业。最初特以全部力量栽培棉花，供日本纺织之原料。（三）断然要求华北现当局特别减少口货之关

①《日对华北经济侵略益急》，《嘉陵江日报》1935年10月5日，第4版。

②《对察绥内蒙经济工作，各负责人已开始调查》，《嘉陵江日报》1935年10月14日，第2版。

税。（四）以兴中公司为中介，向日本内地吸收资本，向华北投资，加紧造成华北为日本资华势力之隶属化，实握华北经济之咽喉。"

（三）积极宣传"一二·九"运动

日本帝国主义积极策动所谓华北五省"防共自治运动"，策划成立由其直接控制的傀儡政权，全面在华北进行政治、经济、文化侵略。在这民族危亡的时刻，北平学生首先发出抗日救亡的怒吼。中共中央北方局积极支持和领导了学生的爱国运动。1935年12月9日，北平大中学生数千人举行了抗日救国示威游行，反对华北自治，反抗日本帝国主义，要求保全中国领土的完整，掀起全国抗日救国新高潮。

12月14日《嘉陵江日报》以简讯形式向北碚民众传递了"一二·九"运动的消息："北平各大中学生举行对华北自治运动示威运动后，全国各地学生均有纷起响应之势。据教界悉，上海各大中心小学生正在酝酿。教育部有电致沪教育局劝导防止。"①

12月14日中共北平临时工委获知当局不顾广大人民的强烈反对，将在12月16日成立"冀察政务委员会"，决定在这一天举行更大规模的示威游行。《嘉陵江日报》转引中央社消息，对事件作了详细报道："平市各校学生十六日晨大举请愿，城内师大学生在校集合后，因四面均被警宪包围，无法出发。北大学生约三百余人，九时自沙滩陆续出发，沿后门厂桥列队前行，散发各种传单，并高呼'反对自治'及'打倒汉奸'等口号。东大学生除三五分别离校沿途集合外，余大部多被禁校内。燕京、清华两校学生共千余人，组先锋敢死各队，于晨五时出发，六时四十分抵西直门。驻在城厢警宪即将城门紧闭，阻其入城。历半小时学生复向阜成门而去，抵达后亦为警宪所阻。至午始陆续散去。西北各城及城内和平门等处均关闭，西单牌标楼与南新华街逮捕学生三十余人，送公安局究办。另有数校学生分别在天安门午门、后门集合，俟能成队再游行请愿，然途中多为警察驱逐，不准逗留，故皆未达到目的。"②新闻描述了北平各校学生的参加

---

① 《由收音机得来的最后消息·一》，《嘉陵江日报》1935年12月14日，第3版。
② 《前日北平各校学生大举请愿》，《嘉陵江日报》1935年12月18日，第2版。

爱国游行的细节，也披露出国民党当局对此爱国行动极为恐慌，下令严禁，派军警封锁、阻截的恶劣行径。

北平学生"一二·九""一二·一六"示威游行，立即得到全国各地的广泛响应，掀起了全国抗日救亡的热潮。《嘉陵江日报》先后转引上海、南京电讯，报道沪宁学界对"一二·九"运动的声援："复旦、大夏、暨南等二十一大学代表六十余人，十三日开会议决：1.组上海各大学生救国联合会。2.发表救国宣言。3.通电声援平学生爱国运动。4.通电全国一致坚决反对倪〔伪〕组织，保障国家领土完整。5.请政府保障爱国运动及言论自由。"①16日"南京各大中学校学生召开代表谈话会，决议招待北平来京请愿代表，并发表通电：1.慰问平各校同学。2.电全国学生一致声援。"②

北平学生的爱国运动道出了许多有识之士的心声，华北文化协会也致函各方给予声援，公函写道："（日本）今更效法东印度公司故事，以满铁会社、兴中公司等组织建立中日（满）经济集团。今日冀东宣布独立，假借'防共''自治'名利，飞越黄河、长江。为今之计，应立即停止内战，动员全国民众乃中国自由之唯一出路。故为发挥民族自卫力量计，宜实现民众集会结社言论出版之绝对自由。对外更宜联合被压迫民族及以平等待我之民族，以博取国际上公道之援助。"③公函表达了对华北危机的担忧和对当局妥协退让的愤慨，发出了"立即停止内战，动员全国民众"的正义呼声。《嘉陵江日报》大段转载，其用意不言自明。

对于事态的发展，《嘉陵江日报》密切关注。12月18日报道"平市各大中学校十七日仍未上课。现对各校监视甚严。但学生仍在激昂，运动一时恐难平息。平市当局十六日晚邀各校长讨论制止学生请愿问题，决由各校负责劝导。一面由当局通令军警，如遇学生游行示威，应以和平方法阻止。"④19日报道上海各大学为集中力量，响应北平学生运动，各大学生会及救国会代表，于18日下午三时借交通大学举行谈话会，讨论今后救国方

①《由收音机得来的最后消息·七》，《嘉陵江日报》1935年12月16日，第2版。
②《京沪各校援助平学生》，《嘉陵江日报》1935年12月18日，第3版。
③《文化协会函中国可以自卫》，《嘉陵江日报》1935年12月17日，第2版。
④《由收音机得来的最后消息·三、四》，《嘉陵江日报》1935年12月18日，第2版。

针。22日报道湖南教育界通电援助平学生爱国运动，各校学生开会决定一致声援，并电中央保障学生运动。①23日报道河南大学学生十九日通电全国，吁请援助平市学生爱国运动，并刊载其电文："南京中央社转全国同胞公鉴，国难日亟，民族日危，学生等悉切救亡，谨揭誓言，吁请全国：1.援助平市学生爱国运动。2.反对假名自治，破坏统一。3.扑灭一切汉奸。4.实力收复失地。河南大学全体学生叩皓。"②总之，在北平"一二·九"运动爆发后，《嘉陵江日报》积极报道，向北碚民众宣传学生的爱国主张以及各地积极响应的举措。在一定程度上，起到了舆论声援的作用。

二、加强国防教育

1928年"济南惨案"后，南京国民政府明确提出要将国耻教育作为救亡图存的重要手段，学校国防教育开始发轫。九一八事变的发生，刺激了中国国防教育的发展与抗日情绪的漫延。华北事变后，国防教育迅速迎来一个发展高潮。③在此过程中，北碚地方政府通过机关报刊《嘉陵江日报》普及国防理念与军事知识，介绍国际军情动态，开展防空教育与宣传，倡导现代国防教育的知识和理念，促进了抗战救亡运动的开展。

（一）普及国防观念与军事知识

民族危机的日益深重不断刺激着北碚峡防局工作者，使他们产生了强烈的国防危机意识，成为抗日救亡运动的先觉者。他们通过《嘉陵江日报》普及着现代国防意识，号召人们关心国家和民族生存与发展。

在一篇名为《战争方式演进》的专论，作者将近代战争方式分作三个时期，并归纳各自的特点："第一时期：欧战以前著名大战，如普法战争、日俄战争，彼时作战前线与后方有别，战斗员与非战斗员有别，决战胜败限于战线。第二时期：欧战期间战争方式，形成阵地争夺，逐一变局地战

---

① 《沪市各大学谋统一救国运动》，《嘉陵江日报》1935年12月19日，第3版。《湘教育界援助平学生爱国运动》，《嘉陵江日报》1935年12月22日，第2版。

② 《河南大学生请援助平学生运动》，《嘉陵江日报》1935年12月23日，第2版。

③ 曹关群：《民族危机视域下的民国时期学校国防教育——以1937年〈中华教育界〉为考察中心》，《安顺学院学报》2018年第1期。

线而扩大为战斗地带。第三时期：现在空军突起，爆击机之威力，及其飞行半径日益增大。凡是飞机能到之处，即是战斗地域，所有从前战争方式中之前线、后方等区别，已皆无从判别，被害者无论白发、青年，以及妇女、幼童，均将不能避免，非若昔时之仅限于荷戈执戟之将士也。"①作者特别指出，现代为国民总动员战争，一旦战争爆发，全体国民都要参与到战争准备当中，无人能置身事外。

另一篇专论也强调未来的战争是总体战，不只是前线战士的使命，所有国民都应增强国防观念，支持国防建设。"此后的战争范围已由战场推广到整个国土，参与战争的人员，亦由军人扩大到全国民众，远离战场的都市居民，与前线的战士有同样的危险。而其对于战争所负担之使命，亦与前线战士于同样的重要。所以国民欲求和平与安全之保证，一方面须协助政府努力于防空事业的建设，一方面须服从政府的指导，受充分的训练。"②

《嘉陵江日报》还注重世界国防教育的发展动态，不时刊载介绍各军事强国国防制度、方法、发展状况的文章。例如，《苏联学校之儿童军事训练》《徐观余考查美国童子军内容》《日本国防妇人会一瞥》等文章分别介绍了苏联、美国和日本对妇女儿童的国防动员情况。近代中国人对德国的关注度颇高，对于与德相关的重要政治事件或是德国先进的思想文化等，中国人多会关注并加以分析评论。③《嘉陵江日报》也有不少关于德国国防观念和制度的文章，有《德国青年运动》《德国青年驿馆运动》《德国之"劳动军"》《德国的新征兵制度》《德意志的民众组织》等文。《德意志的民众训练》一文介绍德国对民众训练同时进行精神与身体训练。精神训练方面，通过民族意识的培养、服从领袖的训练、政治训练等方式，促醒民众的政治认识，激发爱国热情。身体训练方面，则包括军事训练和体格训练。文章详细列举了德国军事训练的要点："全国男女都必须实习行军，各

① 《战争方式演进》，《嘉陵江日报》1935年11月17日，第4版。
② 《无防空即无国防》，《嘉陵江日报》1935年11月16日，第4版。
③ 覃元节：《晚清民初中国人对德国的认知及其影响——以"知识界"为中心的考察》，中国社会科学院研究生院博士学位论文，2017年4月。

种汽车队操演射击、掘壕，骑马和其他关于军事的技术。各地遍设防空训练班，一切公民都须前往听讲，借获防空常识，各学校也办防毒课程，讲授毒气面具使用方法，救护方法及其他关于防毒应有常识与设备"①。《德意志的民众组织》则介绍德各种团体的目的不是追求他们自己的特殊利益和完成各自的任务，而是实现每个公民必须努力从事的一个伟大的理想，就是"造成一个思想行动都以民族为基础的'政治的人'"和"一个完全不能同民族的历史和命运相分离的人"，提出"这种性质的民众组织很可作我国借镜"②。值得注意的是，《嘉陵江日报》对于德国的军事强权并非一味赞扬，而有一定清醒的认识，《日德勾结》《德国黩武甚于意，欲割苏俄一部》等文便是反思和谴责德国的军国主义与强权政治。

这一时期，《嘉陵江日报》专门在第四版开设《现代园地》专栏刊载军事知识科普文，涉及的内容包括以下三类：一是战车、战舰、飞机、枪械和炸弹等武器装备的介绍，有《新发明两栖战车》《美国航空母舰》《苏俄开始建造十六巨型机》《德国新制成世界最大飞机》《法国新武器巨型潜艇下水》《活动炮台式的射击飞机的枪》等文。二是防火、防震、防空、防毒知识普及，有《德国最新式之防空区》《最新的防空建筑》《灯火管制浅说》《巴黎防毒新设备》等文。三是介绍各种科学常识和新式发明、尖端科技，有《新发明的飞机音响侦查器》《英国马修士发明国防利器》《同温层火箭》《神秘光线》等文。

这些报道多为短消息，简短精悍，具有通俗性、趣味性和前沿性的特点。例如，《小战车》："此种战车为美国所发明，其速度甚快，每小时能达五十至六十里，预定本年底造成六十辆，以供美军使用。"③《超特高射炮》："美国最近发明一种超特高射炮，射力极大，可达五万尺高。此为任何飞机所不能飞达之高度。用以防空极为有效。"④《炸弹机关枪》："此枪

---

① 《德意志的民众训练》，《嘉陵江日报》1935年12月24日，第4版。
② 《德意志的民众组织》，《嘉陵江日报》1935年12月24日，第4版。
③ 《小战车》，《嘉陵江日报》1935年12月23日，第4版。
④ 《超特高射炮》，《嘉陵江日报》1935年12月31日，第4版。

为美国所发明。其轰炸力极大，每分钟能射掷一磅重之炸弹一百枚云。"①
这些基本都是一句话消息，语句通俗，不作分析。有些报道则更细致，分
条缕析。例如《炸弹浅说》，先介绍"现代的飞机可载一千公斤以上的炸
弹，一小时可行四五百华里，能在空中十几小时，其高度可达六千米以
上。当飞机对都市袭时，投下弹有三种"，接着，依次说明不同炸弹的威
力，使读者有更深入的认识："1.爆裂弹是一种装满炸药，炸伤人马及建筑
物的炸弹，现今通常用的五十公斤至一千公斤。普通的钢骨水泥的建筑都
能炸毁。2.瓦斯弹是一种装满毒气的炸弹，炸裂时毒气可以伤害敌人，大
约一方里内的人畜，用三十公斤毒气，即可生效。3.燃烧弹是装满燃烧的
炸弹，炸裂后发生三千度以上高热，约在三十平方公尺内之建筑，用二十
公斤之燃烧弹即可烧毁净尽，并使一百平方公尺内受其重大的影响。"②

有些科普文的标题和行文用语非常生动有趣。例如一篇关于对类似于
雷达设备的报道，以《神秘光线》为题，给人以诸多想象，文章写道："据
闻美国陆军今已完成一种神秘光线之秘密试验。此种光线对于五十英里之
任何物件，即能自动瞄准。因此能协助大炮毁灭远不可见之战舰及飞机，
并悉以历试三十六次，不爽毫发。若能成功则今后之海空战争将改观
矣。"③一篇名为《鼻尖着地的坦克车》的报道，形象地介绍了新式坦克：
"新近意大利陆军操演时，公开表演军用坦克车的驾驶技术。有一对笨重的
钢怪物，表演它们能够从峻峭的堤上安然冲下。因为它的重心极低，所以
能不致翻身。"④

（二）介绍国际军情动态

1930年代世界经济大危机加剧了国际关系的紧张，世界局势动荡不
安。《嘉陵江日报》观察到帝国主义之间竞相开展军备竞赛。"为了积极准
备未来的大战，各国都在努力及发展军事航空的研究"⑤。关于列强军事演

---

① 《炸弹机关枪》，《嘉陵江日报》1935年12月31日，第4版。
② 《炸弹浅说》，《嘉陵江日报》1935年11月17日，第4版。
③ 《神秘光线》，《嘉陵江日报》1935年12月23日，第4版。
④ 《鼻尖着地的坦克车》，《嘉陵江日报》1935年8月8日，第4版。
⑤ 《新发明的飞机音响侦查器》，《嘉陵江日报》1935年8月4日，第4版。

习和军备竞赛的报道频繁见诸报端。①军备扩张自然导致军费膨胀，1935年
8月17日报道英国将发二万万英镑公债，以供海陆空三部国防经费之用。②
8月30日报道美国会通过本年度国防预算，数额达八万万余元，海陆空军
费均有增加。③德国重整军备，经济部长强迫民间买库券，年来已用款一亿
余美元。法国财政部也将发行三十年期公债二十万万法郎，用于扩充国防
用途。④

《世界七强之军费》一文写道：近两年来，因为急速备战的结束，世界
七大强国（俄、法、美、英、德、意、日）军费负担大大增加，较之一战
以前尤重为，即以1935—1936年度之预算而论，七强之国防军费总数达
5160000000金元，较大战以前高出3倍有余。现在意阿战争已起，各国之
军费预算必又增加。⑤该文将美、英、德等七大军事强国在1935年度与
1910年度的军费列表对比，发现法国的军费较一战前几乎增加了4倍；美
国和日本增加了4倍；英国增加了2倍。意大利增加了3倍有余，自东非战
事爆发后，其数当不止于此。德国自从否认《凡尔赛条约》及其军备限制
后，积极扩充军备，至1935年4月1日止，已超过战前的数目。其数目最
大为苏联，俄几乎增加了5倍。

《嘉陵江日报》对日本的军费预算尤为警惕。1935年8月9日报道日
本陆军预算总额达六亿余元，海军预算亦达七亿元。⑥10月31日的报道以
表格形式列出了1931至1934年日、英、美、德、法、意六国军费占国家

① 例如《意在奥边境月底举行大规模军事演习》，《嘉陵江日报》1935年8月8日，第2版。
《军扩拾零》，《嘉陵江日报》1935年9月1日，第4版。《法国陆军操演，德空军同时举行大操》，
《嘉陵江日报》1935年9月5日，第2版。《英法德俄四国举行陆军大操》，《嘉陵江日报》1935年9
月7日，第2版。《美将增强太平洋防务》，《嘉陵江日报》1935年9月24日，第2版。《保加利亚举
行陆军大操》，《嘉陵江日报》1935年9月26日，第2版。《英国六年造舰计划》，《嘉陵江日报》
1935年12月13日，第4版。《英美日远东航空竞争》，《嘉陵江日报》1935年12月28日，第4版。
② 《英将发二万万英镑公债》，《嘉陵江日报》1935年8月17日，第3版。
③ 《美国会通过本年度国防预算》，《嘉陵江日报》1935年8月30日，第2版。
④ 《德重整军备代偿》，《嘉陵江日报》1935年9月26日，第2版。《法新发公债扩充国防》，
《嘉陵江日报》1935年12月14日，第3版。
⑤ 《世界七强之军费》，《嘉陵江日报》1935年12月5日，第4版。
⑥ 《日本陆军预算总额达六亿余元，海军预算亦达七亿元》，《嘉陵江日报》1935年8月9日，
第2版。《军费膨胀，日预算难编成》，《嘉陵江日报》1935年8月13日，第2版。

财政总预算的百分比，发现日本军费百分比占世界第一。1934年日本军费占比达46.82%，远远高于其他列强（英13.57%、美18.14%、德13.85%、法21.07%、意21.22%）[1]日本的狼子野心，昭然若揭。12月24日该报援引美国参院外交委员会主席毕德门演讲，揭露日本侵略中国只是其帝国主义的初步计划，最终目的是征服全球。"日本每伺世界各国多事之秋扩张领土。日本现正利用英国在欧之纠纷，及美国之非战主义，致使此等国家措手不及"。他提醒道："惟美国国人应有人告以危险所在也，日本一旦统治中国，即将成为世界莫敌之强国。可进而实行其征服全球之迷梦矣！"[2]

1935年12月9日国际海军裁军会议在伦敦召开了。1922年华盛顿会议中的《五国海军军备条约》限定了列强的主力战舰比例，1930年伦敦海军裁军会议限制列强辅助战舰的比例，但随着世界局势的演变尤其是1931年九一八事变日本侵华之后，各国实际上都突破条约的束缚。1935年，《五国海军军备条约》《1930年伦敦海军条约》等条约即将到期，于是列强在伦敦召开了这次海军会议。但日本侵华之心已经坚定，拒绝一切妥协，退出了会议，在军国主义道路上越走越远。[3]《嘉陵江日报》对会议进行了关注，转载了《各国海军总吨数》《五大海军国海军力比较》《日本政府对海缩之主张》《日本坚持均等要求，海会顿挫在即》等报道，向北碚民众介绍会议进展、各方诉求，提醒大家警惕日本海军势力的扩张。

1935年10月发生的意大利第二次侵略埃塞俄比亚（时人译作阿比西尼亚）的战争[4]，是一次严重挑战当时国际政治秩序的事件。当时远离意阿战场的中国知识分子对这场战争表现出了浓厚的兴趣，《嘉陵江日报》也刊载了不少报道，供读者阅读和研究。值得注意的是，《嘉陵江日报》对军事实

---

① 《日本军费百分比占世界第一》，《嘉陵江日报》1935年10月31日，第4版。

② 《美国参院外委主席揭露日本野心》，《嘉陵江日报》1935年12月24日，第2版。

③ 刘景瑜：《1935年伦敦海军会议及对日本政局的影响探析》，《历史教学问题》2016年第5期。

④ 即第二次意大利埃塞俄比亚战争。因时人多将埃塞俄比亚称为阿比西尼亚，故为更准确地描述当时中国观察者的语境，本文在行文中基本采用阿比西尼亚这一当时译法，并将它与意大利之间的冲突和战争简述为意阿战争。

力处于明显弱势的埃塞俄比亚抱持同情和支持态度，赞赏其对侵略的反抗精神。8月7日报道中东各阿拉伯国家青年积极支援埃国，"回教青年协会在埃及举行示威游行，反对意大利人侵阿比西尼亚。埃及退职军官求入伍"①。放置了"预祝民族抗战胜利！！"的标语。②

华北事变以来随着日本对中国侵略的加深，中国是否应该妥协退让以及能否对日一战，已经逐渐成为社会公众瞩目的焦点问题。意阿问题的出现对他们来说无异于中日问题乃至中日战争的预演，基于这样的考虑，阿比西尼亚对意大利侵略的态度和实际作战的情形，顺理成章地被处境相似的中国人当作了自我参考的镜鉴。这种对阿比西尼亚看似世界主义的关怀，通过意阿与中日之间的比较，进一步推动了民族忧患意识的继续高涨。③

（三）开展防空教育与宣传

中国遭受日本空袭始于九一八事变期间。"一·二八"事变爆发后，日本海军航空队又对上海、杭州等地多次进行空袭。日军的空袭极大地震动了中国国民，"无防空即无国防"的现实也迫使国民政府开始制定应对之策，着手开展防空建设。1932年9月，南京警备司令部制定了中国第一部都市防空计划——《南京临时防空计划》。1934年11月，南京防空大演习正式举行。1935年以后，国民政府决定在全国范围内展开防空演习，以期加强对民众防空知识的训练。此外，还设立防空学校培养防空专门人才，通过各种措施和手段开展了对民众的防空教育与宣传。④

在这样的背景下，北碚地方政府也注重开展防空教育与宣传。1935年8月以来《嘉陵江日报》关于防空的报道明显增加，9月下旬以后，相关新闻更为密集，有时还有长篇大论。

《无防空即无国防》一文强调防空的必要性。文章先以实例说明空袭的

---

① 《东方各回教青年愿为阿国奋斗后援》，《嘉陵江日报》1935年8月7日，第2版。

② 《亚军即开始总攻》，《嘉陵江日报》1935年12月3日，第2版。

③ 周海建：《旁观者的政治：中国知识阶层对意阿战争的反应与回响》，《武汉大学学报》（人文科学版）2016年第1期。

④ 袁成毅：《简论抗战前国民政府的对日防空准备》，《抗战史料研究》2014年第2期。

危害性："'一·二八'事变闸北的火焰，尚在我们的回忆中，将来科学战争爆发，国家由空袭所生的危机，比在闸北的惨状，更在千百倍以上。"所以，俄国远东军总司令布鲁黑鲁曾说："如果有三吨的炸弹，就可使日本的东京，像大震灾一样的溃灭！""空袭既如此残酷悲惨，而此种惨祸的临头，又在战争的爆发的瞬间即可实现"。进而提醒民众"空袭是战争的重要关键，确非铁一般的事实了。我们的重要城市，不特在战时，就是战祸勃发的前夜，时时都有空袭临头的危险"。文章最后呼吁民众重视防空建设事业，"以毫无防空准备的我国，处此国际战云密布的漩涡中，更应奋起直追，将腹心一般的重要的都市，努力建设起来"[1]。

　　知道了空袭的危害如此重大，那么该如何防空呢？《嘉陵江日报》刊载了许多实用防空知识，例如《防空常识》《灯火管制浅说》《都市重要地遮蔽》等。《防空常识》给出了10个防空建议，包括认真研究防空要领、学习防卫知识、民众防空掩体的建造、如何躲避敌机、灯火管制、如何防毒、注意秩序防止践踏等方面。[2]《防空标语》则列举了10条标语，简单实用：

　　　　一、防空即是国民自卫。

　　　　二、一人没有防空智识，即减少防空事业的一分力量。

　　　　三、要巩固国防，先要巩固防空。

　　　　四、敌人的飞机来到我们的国境以内掷炸弹，放毒气，射击人畜，这就是叫做空袭。

　　　　五、空袭可以在日间，也可以在夜间。

　　　　六、都市防空，要市民全体来负担。

　　　　七、建筑房屋应合于防空要求。

　　　　八、市民应有防毒及救护的常识。

　　　　九、遇敌机夜袭时，灯火应全行熄灭。

---

① 《无防空即无国防》，《嘉陵江日报》1935年11月16日，第4版。

② 《防空常识》，《嘉陵江日报》1935年11月22日，第4版。

十、万事莫如防空急。①

北碚在开展防空教育与宣传时也常介绍国际经验。例如有报道介绍："德国都市中最新的防空建筑完全用钢铁制成，其窗门及通气的孔道都有防毒设备。在每幢房屋的附近有宽大的天井及花圃，屋顶平整，房屋的高度亦划一，并且每幢之下，有防毒地窖的设备。"②另一篇新闻报道日本中央邮局的建筑，所用的材料，可以抵抗大炸弹的爆发。并且室内还有消防防毒的设备，其下还有极坚固的地下室。③《都市防空烟幕》介绍美国举行都市防空演习时，能在五分钟内用烟幕将都市的真相遮蔽起来。④此外，还有《防卫阿拉斯加，美增航空根据地》《世界防空运动德国居第一》《德国最新式之防空区》《苏俄航空机关之发达》等文章介绍发达国家的防空经验。

为了向全国民众宣传防空之重要性，普及防空常识，1935年国民政府军事委员会防空委员会先后在南京、长沙、南昌、武汉各地举办巡回防空展览。9月防空委员会特派蔡继伦委员来川主持防空展览事宜，定于10月先在重庆举行。这是重庆防空史上的大事，《嘉陵江日报》对此进行了持续报道。10月8日详细介绍了重庆防展会的筹备情况："蔡氏已于日前抵渝……四日约渝市当局会商各情。五日召集各机关各团体代表开筹备会议，成立防空展览筹备会，推定各组负责人。昨日起已正式开始联席办公。各组应办事件，当分别加紧筹办。宣传组对于宣传事项，决采文字、口头、电影、图书、戏剧等六种方式。关于文字者，除印发标语、传单、专刊之外，并翻印防空委员编印之防空常识暨有防空书籍，计有《民众防毒须知》《瓦斯弹之防护》《燃烧弹之防护》《爆炸弹之防护》《飞机和炸弹说明》《防空展览会宣传大纲》《空军性能及防空种类》《灯火管制》《交通管制》《消防》《防毒》《防爆裂弹》《救护》《伪装及遮蔽》《防空警报》等十五种。该组已交印局付印。关于口头宣传者，除播音演讲，暨指定地点

---

① 《防空标语》，《嘉陵江日报》1935年11月25日，第4版。

② 《最新的防空建筑》，《嘉陵江日报》1935年11月25日，第4版。

③ 《日本防空式的中央邮局》，《嘉陵江日报》1935年12月2日，第4版。

④ 《都市防空烟幕》，《嘉陵江日报》1935年12月1日，第4版。

延请名人演讲外，并组宣传队七十二组，五人一组，共计二百六十人。由本市各男女中校学生担任，该会并定本月八日召集各队队员谈话。刻已通知各该校校长，照规定人数，选出长于言词之学生，届时率领到督署行营谈话。关于电影者，将中央防空会所运来之各种防空影片在各影院演映。至图书、戏剧，当此审订中，并订九日召集各影戏院负责人谈话。"①

　　10月15日重庆防展会如期开幕，据《嘉陵江日报》可知防展会盛况空前，"防空建设声浪响彻云霄，二千余人冒雨游行"，"远道各方派人来渝参观者，至为踊跃"，"本市民众每日俱在五六万人之谱"。②由于场面太过火爆，许多市民感到时间仓促，大会也由原定的一周，延长为10天。防展会的成功举办将重庆的防空宣传推向了高潮。

三、广泛动员民众

　　全面抗战前夕，峡防局常利用各种节日，开展大规模的民众活动，如举办运动会、展览会、游艺表演等，其内容均富有深厚的教育意义，其目的主要在训练民众和养成集体生活的风尚。③

　　峡防局工作人员在开展民众组训工作过程中，逐渐认识到"民间大规模的团体娱乐虽然不多，但它的吸引力却非常大，在教育上也有相当的价值"。"许多地方建设事业和民众教育工作，大都是民间的生活习惯和特殊风俗中找机会做出的，而且也曾收到相当的效果。"④其中，以春节和夏节最为典型。

　　春节是传统节日中最为重要的一个，"无论怎样的人，都要暂时停止他的工作，来尽量欢乐一会"。不过，在峡防局工作人员看来，春节的娱乐活动"总是顺着习俗做去，常没有经过合理的研究组织，尤其是往往含有极

---

①《防展会积极筹备》，《嘉陵江日报》1935年10月8日，第3版。

②《今日渝市防展会开幕》，《嘉陵江日报》1935年10月15日，第3版。《防空建设声浪响彻云霄，二千余人冒雨游行》，《嘉陵江日报》1935年10月17日，第3版。《渝防展会第二日参观仍超三万人》，《嘉陵江日报》1935年10月18—19日，第3版。

③舒杰、葛向荣：《一年来的北碚民众教育》，（北碚）《工作月刊》第1卷第1期，1936年9月。

④雪西（高孟先）：《北碚的夏节》，（北碚）《工作月刊》第1卷第1期，1936年9月。

丰富的迷信意味"，与"现代化的乡村"追求是格格不入的，有必要"慢慢地改善"。以1936年的春节为例，主要的活动有两类：

1.发送《新年联语》。过春节时家家户户要张贴春联，峡防局民教处便选编了一本《新年联语》的小册子，其内容都是一些含有教育意义的标语，希望以它来代替春联，"随时随地可以警惕民众，影响他们的生活向美向善"。联语印成后，即免费散发各乡场、乡公所、学校，许多市民到民教处领取，"非常踊跃"。①

2.组织娱乐比赛。元旦日（即大年初一），峡防局在公共体育场举行踢毽子、象棋、打核桃、田径赛、各类球赛等活动。还专门邀请了3000多名煤矿工人来参加活动，"使他们感激不已"。给各项比赛的优胜者颁发奖品，在简报上公布成绩，在民众会场向大家介绍，借以鼓励民众参加公众活动的兴趣，"并得借此多认识民众，组织民众，训练民众"。一般乡民对于元宵节的舞龙灯和打莲箫等传统活动最感兴趣。②峡防局对此进行改良，编了一些莲箫词来散发民众，以戒烟、戒赌、戒缠脚、剪指甲、刷牙、灭苍蝇为唱词的内容，并规定元宵节活动办法，强调秩序与安全。活动的成功让组织者深切体会到"改良旧有活动来实施民教，是最好不过的机会"，希望明年将玩龙灯改为防空演习。③

在所有传统节日中，最受峡防局重视的莫过于端午节（别称夏节）了。峡防局工作人员认为要在传统节日"找出有意义，有组织，而含有群众体育性的，实在很少"，这些节日"有的现已被人渐渐遗忘或消灭下去，就是存在的，也不脱为封建的色彩，而且每每又只限于一家人或少数人作无聊的消遣罢了，从没有成千成万的人全国一致的在一个时间轰轰烈烈地

---

① 舒杰、葛向荣：《一年来的北碚民众教育》，（北碚）《工作月刊》第1卷第1期，1936年9月。

② 按，莲箫又称金钱棍，是一种流行于川渝地区的民间表演道具。表演者手拿一根三尺长并装有铜钱的竹棍，用两端均匀而有节奏地敲打身体的脚、腿、手、肩、等部位，口中哼着唱词，这便是打莲箫。

③ 舒杰、葛向荣：《一年来的北碚民众教育》，（北碚）《工作月刊》第1卷第1期，1936年9月。

作有积极意义的活动"①。而夏节则不同，优点颇多：

第一，当此农村经济衰落，农民生活凋敝……景象中间，端午竞渡为民间唯一之高尚娱乐，我们作为乡村建设运动的人，不应忽视。应该借此机会教育农民并唤起他们向上的意识。发抒他们的情感。

第二，当此空前国难的时期，我们应当尽量利用原有季节活动，施行民众教育及体魄锻炼来应付时艰。

第三，我国人一向只有家庭和亲戚邻里间的门阀比赛，缺乏集团生活比赛，所以我们应提出集团的比赛，来改变过去旧的生活习惯。

第四，这种群众娱乐有一种发扬民众精神的涵义，值得我们总动员来因势利导，加以培养组织。②

在峡防局工作人员看来端午节龙舟竞渡活动具有团体性、组织性与娱乐性的特质，与民众教育、民众组训的精神最为契合。正因如此，峡区将其定位为"民教节"每年必要举行的民教运动，而且"范围一次比一次扩大，组织一次比一次严密，活动一次比一次增多，方法一次比一次进步。意义一次比一次加深，自然收效一次也比一次宏大了"。每年夏节一到，峡江各场的龙舟，都齐集北碚来竞赛，往往从数十里以外赶来。除了江上的活动外，在陆上的活动更多，如演剧（川剧、新剧）歌舞，电影，讲演，展览及各种竞技比赛，往往几十个团体参加。

1936年和1937年北碚的夏节活动特别丰富热闹。节日到来前20天，峡防局便开始筹备布置。夏节当天黎明，各机关职员就开会布置工作。从四乡来看热闹的民众，扶老携幼，陆续赶来，体育场上人头攒动，人声鼎沸。除了北碚及附近乡镇的民众，还有重庆、合川的民众也赶来参加活

① 《北碚的夏节运动》，（北碚）《工作月刊》第1卷第2期，1936年10月。
② 《北碚的夏节运动》，（北碚）《工作月刊》第1卷第2期，1936年10月。

动，估计参加人数在四万人以上。人们怀着好奇与兴奋的心情，看完了龙舟比赛，又去看展览，看演出。活动一直到晚上十点才结束。[1]各类活动丰富多样，归纳起来主要有以下几类[2]：

1.教育活动

夏节这天，兼善学校的男女学生在街头讲演，讲抗日救亡、讲庄稼人应该知道的农业常识；少年义勇队队员在临时招待处担任引导，领着人们在各机关企业参观；各公安队除在各路要口放哨站岗，还专有一队在市场维持秩序。[3]

北碚各机构办公室内布置整齐，墙上挂着关于教育方面或新知识的图画，办公室门边墙上，都张贴着关于该机构的简介。办公室、员工宿舍、食堂，包括卫生间，一律向民众开放，若有人进来参观，还有该机构工作人员引导介绍，让民众了解。北碚实验区署以这种方式，对民众进行现代化的教育。

在兼善中学的大礼堂内，举办了专门的展览，有打谷机、脱粒机等，有专人在那里解说，既讲这些机器的功效，又讲授使用方法。礼堂内，还展示了各种货币、农产品及各种新奇的物种标本，墙上还布满了各种书画。只要有人来观看，就有工作人员前来讲解。成百上千的人前来参观，络绎不绝，以至于工作人员晚上才吃午饭。

体育场内陈列了民生公司赶制的三种现代交通工具模型——军车、飞机、轮船，三种模型并排摆放，还能开动。专门负责讲解的工作人员，十分细致的讲解着。观看了模型展览的人们，觉得十分奇异，有的离开后，又来观看，有的在外圈没有挤进去观看的人，还自叹没有福气见到稀奇。

夏节活动筹备会宣传组事先印制了宣言、传单、标语等材料。宣传的内容有关于社会常识的，如农村妇女运动、推行新度量衡；有关于农业常识的，如苞谷抽花、盐水选种、畜牧推广等；也有时事新闻，如"两广"

① 雪西（高孟先）：《北碚的夏节》，（北碚）《工作月刊》第1卷第1期，1936年9月。
② 郭肖：《1936年，北碚的夏节》，载北碚政协网 http://bbzx.beibei.gov.cn/wszl/content_55647，2019年8月12日访问。
③ 赵晓铃：《卢作孚改革实践中的北碚夏节》，《红岩春秋》2004年第2期。

问题、抗日问题、世界大势等。各校的学生都动员起来了。学生们手里都拿着一面制作的小彩旗，奔走于各个活动场地，向民众作各种教育宣传，很受民众欢迎。

2.体育比赛

午前嘉陵江举行龙舟比赛。十九个码头的三十只龙舟齐集江畔，"两岸人山人海，迤延数里，江中游船星罗棋布，往来如梭"[1]。江边的民生趸船上，设着大会主席团和来宾招待处。地方医院的紧急救护组则设在红十字旗下，随时待命。岸边排着一列桌案，摆放着号旗，堆着酒、肉、馒头、毛巾等奖品，还有红绸奖旗。

前来参赛的龙舟在北碚江边登记后，各插一面号旗，以示区别。每只龙舟上都有一位有经验的"龙头老人"指挥一切。三声炮响后，三十只龙舟如离弦的箭，向江对岸齐发。龙舟上有节奏的锣鼓声威武有力。各船的踩头就是指挥，也叫龙头老人，他们的动作千奇百怪，博得岸上观众的热烈鼓掌和喝彩，使夏节活动达到高潮。比赛结束，组织者依照优胜等级，发给毛巾、布匹、衣服、猪肉等奖品，参者有份，大家无一不尽兴而归。

3.文艺演出

龙舟比赛结束后，民众会场开始文艺演出。表演的节目有川剧、京剧、歌舞、魔术、杂技、双簧等，少数演员是在重庆、合川外请的，其中专业的极少，多数节目由区署各机关学校的职员、士兵、教师、学生表演。称得上有些专业的，只有民教处组织不久的游艺学生班。这些只有十多个十几岁的青少年，一边学文化一边学川剧表演，一个月左右便登台。演出一直到晚上十点才结束，观众们反应热烈，大加赞赏。

1936年夏节的晚上，民众会场外还放起了电影。电影放映过程中，在休息和换片的间隙，还放幻灯片、播放新闻。1937年夏节的电影晚会则在体育场，观众约有2万。当晚放了两部电影，一名《乱世忠臣》，一名《○○○○》。那时尚未对日宣战，凡公开出版物上有涉日本国的字样都用叉叉

---

[1] 舒杰、葛向荣：《一年来的北碚民众教育》，（北碚）《工作月刊》第1卷第1期，1936年9月。

或"○○"代替，以免日本人找事。[1]可以想象这部《○○○○○》很可能是抗日爱国的电影。

4.商品展销

在北碚的嘉陵路口，由龙舟大会制定设立了"峡区特产代销处"，专门收集了各种特产集中销售，有北泉面、缙云甜茶、土沱渝北酒、三汇白橙糖、兴隆场的草帽、三峡的碑石磨子、峡区的风景照片等，物美价廉。为了促销土货，提倡国货，抵制外货，三峡印染厂特在几天前就减价销售廉价布，又在体育场树荫下设立临时销售点，专门销售廉价布。但是，由于经济不景气，民众的购买力弱，销售的总量却不如往年。

节日里供应游人的食店客栈，生意红火。而公安队要做的是将河边的零食摊规范在划定的区域，尽可能地保持清洁卫生，还要关照所有食店客栈和力夫，不能乘节日人多业务好便高抬市价。另外，峡防局还设有临时餐室，备有简单的饮食，让游人们少花钱又得方便。

华北事变后，随着民族危机的加深，北碚地方政府通过改造传统节日、借助政治节日和纪念日，将爱国宣传和民众启蒙融入节庆活动中，为峡区的建设事业和抗战动员营造了良好氛围。

---

[1] 赵晓铃：《卢作孚改革实践中的北碚夏节》，《红岩春秋》2004年第2期。

第三章 民族危机下的乡村建设

1931年九一八事变爆发后，峡区的抗日爱国热情高涨。在卢作孚的引导下，北碚民众将帝国主义对国家领土侵略的激愤，化解为地方建设的动力，各方面建设事业蒸蒸日上。峡区的组织机构也日趋丰富，制度建设更加完备。峡防局制定了一套严密的规章制度，规范职员的工作和生活。还通过创办学生队、少年义勇队等临时性的办法训练建设人才、培养骨干力量。北碚的崛起，得到了川渝军政当局的支持和肯定，并获得了社会各界的高度赞赏。

第一节 峡区的组织机构与制度建设

现代北碚政区的形成可追溯至民国初期的峡防局。从1923年至1949年，峡区经历了三个发展阶段，组织机构也不断发展、完备。特别是1927年卢作孚担任峡防局长后，积极推行乡村建设运动，扩大行政职能，新增组织机构，峡区逐渐由单一的治安联防机构转变为综合的县级行政区。卢作孚强调：训练青年的中心意义是要让他们充满了社会的要求、社会的理想、社会的活动，使其既明白现在世界的趋势，国家的危亡，也明白峡区建设的重要社会意义。这些举措使得峡区形成了讲究效率、雷厉风行的工作作风，为建设事业的进一步发展提供了制度保障。

一、组织机构的调整

1923年峡防营改设江巴璧合四县特组峡防团务局，驻巴县北碚乡文昌宫。[①]由此算起，峡区组织机构的演变可大致划分为三个阶段，即峡防局阶段、实验区阶段和北碚管理局阶段。1942年，实验区改组为北碚管理局，后文对此将有详述，本节主要介绍前两个发展阶段的机构设置和管理情况。

（一）峡防局时期（1923—1936）

峡防局的发展，又可分为两个时期，前期是草创时期，专以治安任务为主，因而其组织行政也局限于此，极为单纯。后期是发展时期，在治安之外兼及其他各种建设事业。

1.草创时期

1923年秋，成立江巴璧合四县特组峡防团务局，其机构设置为：正副局长会议，文书，庶务处，卡捐收验员、财务监察委员会，常练大队。此外，还有调查员、军医、修械厂和管理员等其他职员。

2.发展时期

1927年3月，卢作孚接任峡防局长，他召集峡防会议，提出峡区改进计划，在剿除匪患之外，还举办各项乡村建设事业。峡防局的组织机构也相应发展。1928年，峡防局行政机构分作总务、政治、军事、稽核四股。[②]

卢作孚继任峡防局长后，经营实业、开展地方建设，于是峡局在行政机构之外，又多了不少事业机构。这些机构大致可分为治安、教育、社会、经济四类。

（1）治安。治安为峡防局工作的中心，但其工作则涉及民众教育、社会、经济各种实业的经营，这也是峡局的一大特色。治安机构有常备队（特务队）、手枪队、模范学生队、少年义勇队、特务学生队等名目。

（2）教育。峡防局特别注意教育事业，以提高民众智识程度，促进其他事业发展，其中社会教育，尤被峡局所重视。开办有实用小学校、公共图书馆、民众教育办事处、《嘉陵江日报》。《嘉陵江日报》作为一般新闻事

---

① 重庆市北碚区地方志编纂委员会编：《重庆市北碚区志·总述》，第1页。

② 民国《北碚志稿·官制志》，北碚图书馆编：《北碚图书馆藏方志珍本丛刊》，第2册第12—24页。

业外，并伴有很强的社会教育功能。

（3）社会。峡防局很重视社会事业，提倡卫生健康，积极健身，设有体育部、体育场、地方医院，皆高薪聘请人才专任其事。1931年的职员调查表显示，"全局职员，以体育指导员及医院长、医生薪最高，可知当局之注意矣"[1]。

（4）经济。峡区经济事业众多，有三峡染织厂、天府煤矿、北川铁路、北碚农村银行、消费合作社等。其中，只有三峡染织厂及消费合作社为峡防局附设事业，其他都是以招商引资或合资开发的形式开办的。这些企业为峡区经济的繁荣发挥了很大作用。

（二）实验区时期（1936—1942）

1935年秋，峡防局鉴于峡区治安已无问题，教育、文化、建设等事业已有基础，于是拟具改组峡防局为嘉陵江三峡乡村实验区署的计划，认为实验区的意义有三：一是试验乡村建设方法；二是培养乡村建设人才；三是造起乡村建设影响。[2]经四川省政府转报国民政府行政院批准，于1936年4月1日划江北县黄桷镇、文星乡、二岩乡，巴县北碚乡，璧山县澄江镇五个乡镇，成立"嘉陵江三峡乡村建设实验区"。实验区为临时性政区，隶属四川省第三行政督察区，其管理权限于民政、保安、建设、教育四项，各乡镇之财政、司法两权，仍分属各县。[3]

1.行政机构

四川省府委任唐瑞五担任实验区区长、卢子英担任副区长（1938年春唐瑞五去世后，卢子英接任区长）。同时，实验区署以其"旨在促进乡村新建设"，自行组织乡村设计委员会。由区长聘请何北衡、卢作孚任正副主席，聘请区内文化、经济、游览、治安、卫生等事业的负责人及专家：黄云龙、邓少琴、张博和、卢尔勤、熊明甫、守尔慈（丹麦人，北川铁路工程师）等20余人为委员。

---

① 民国《北碚志稿·官制志》，北碚图书馆编：《北碚图书馆藏方志珍本丛刊》，第2册第32页。

② 黄子裳：《嘉陵江三峡乡村建设实验区成立经过》，（北碚）《工作月刊》第1卷第1期，1936年9月。

③ 重庆市北碚区地方志编纂委员会编：《重庆市北碚区志·总述》，第1页。

正副区长之下，设秘书室、内务股、教育股、建设股、财务股。任用秘书、主任5人。各股室职员及所属事业单位人员共112名。另辖3个公安中队，官佐兵夫324名。人员编制时有变动。1941年，于内务股内增设警察督察室、户籍室和兵役室；于建设股内增设合作指导室。各股室职掌设置如下：

（1）秘书室。主任1人，办事员若干人。协助区长处理署务，掌理机要，核理文件审订计划，及其他不属于各股之事项。

（2）内务股。主任1人，办事员、书记、录事若干人。掌管文电收发缮印、编辑，户口调查统计，壮丁训练，公共卫生，结社集会，公安与消防，救济，调解民众纠纷等事项。

（3）教育股。主任1人，办事员、书记、录事若干人。负责小学教育、民众教育之普及与改进，私塾教育之改良与取缔，实业教育之实施，教师训练，教育经费，学校督察，教育调查统计等。

（4）建设股。主任1人，办事员、书记、录事若干人。负责管理全区市政、道路、电话、电灯，农田水利，植物改良，工业改良与提倡，物产查验等。

（5）财务股。主任1人，办事员、书记、录事若干人。从事审编预决算；收支出纳；财务统计；公产登记等事项。[①]

2. 司法机关——军法室

峡防局的职责在于剿匪，卢作孚任局长时，呈准国民革命军第二十一军司令部，遵照《惩治盗匪暂行办法》处理盗匪案件。1935年，此种特权奉令停止。1936年实验区署成立，复呈准军事委员会委员长行营遵据《剿匪区内县长兼军法官暂行条例》设行营军法承审室，由区长兼任军法官，特权处理军事犯、烟犯、盗匪案件。又以本署既与县府同一待遇，故于本区行政案件亦有直接处理之权。至于民事与刑事案件，本无受理之权，但如果案情轻微，民众若申请调解，军法室也会受理调解。军法室设兼任军

---

① 民国《北碚志稿·官制志》，北碚图书馆编：《北碚图书馆藏方志珍本丛刊》，第2册第46—52页。

法官，综理审判职务。下设承审员1人，协助军法官办理审判，宣判及撰拟判词等项，由兼军法官甄选法律专业人员，呈报实验区署任命。其余职员包括书记员、管狱员、检验员、录事、传达、庭丁、军法警察。①

3.事业机构

实验区署设置的目的在于推行各种建设，故除上述行政与司法机构外，还有种种事业机关。大致可分为五类②：

（1）教育类。峡防局时代治安为全局事业的中心，至实验区时代则以促进乡村新建设为目标，尤其侧重民众教育。教育类事业机构包括民众教育委员会、民众教育馆、博物馆、图书馆、体育场及四所小学。

（2）社会类。包括地方医院卫生所、戒烟所、旅客服务处。随着实验区游览业的发展，游人增多，1938年2月特成立旅客服务处，内分讯问、接待两组。设主任、副主任、服务生各1人。

（3）经济类。包括农业推广所、消费合作社、屠宰场、市场整理委员会、白庙子公称管理处、电力厂、工程处。

（4）治安类。包括公安队三个中队（分驻北碚、白庙子、澄江镇），防空支会（1939年设主任、副主任，国术教官及办事员各1人，其后改组为防护团，并于北碚、白庙子、文星、黄桷、二岩、澄江各设分团）及兵役协会、国民兵团（后备队）。

（5）出版类。包括《嘉陵江日报》社和《北碚月刊》社。《嘉陵江日报》社为峡区事业的报道机关，历史悠久，但日报篇幅较短，且以时事为主，难以全面挂帅峡区事又因实验区署成立，即创月刊社，发行月刊，全面汇集峡区事业总汇。月刊社设主任1人，编辑2人，整理各机关之稿件，按月出版。

---

① 民国《北碚志稿·官制志》，北碚图书馆编：《北碚图书馆藏方志珍本丛刊》，第2册第53页。

② 民国《北碚志稿·官制志》，北碚图书馆编：《北碚图书馆藏方志珍本丛刊》，第2册第55—72页。

二、人事管理的完善

嘉陵江三峡地区乡村建设运动之所以能取得显著成就，除与重视经济文化建设有莫大联系外，也与北碚峡防局卓有成效的廉政建设有重要关系。①卢作孚一上任，就针对过去的积弊，狠抓人事管理，而重点是廉政建设，制定了一套严密的管理制度，包括薪资、考核、工作和生活纪律诸方面。

（一）薪资规定

峡防局职员薪资分为六等十八级，及特等三级，试用三级，从入局时所定之登记起薪。1934年12月的等级、薪额如下：

峡防局职员薪资等级(1934年12月)②

试用：三级 薪三元；　二级 薪四元；　一级 薪五元。

六等：三级 薪六元；　二级 薪七元；　一级 薪八元。

五等：三级 薪十元；　二级 薪十二元；　一级 薪十四元。

四等：三级 薪十六元；二级 薪十八元；一级 薪二〇元。

三等：三级 薪二四元；二级 薪二八元；一级 薪三二元。

二等：三级 薪四〇元；二级 薪四八元；一级 薪五六元。

一等：三级 薪六六元；二级 薪七六元；一级 薪八六元。

特等：三级 一〇〇元；二级 一二〇元；一级 一四〇元。

职员的薪资等级并非固定不变，而是根据其考核表现进行上下浮动。1934年通过的《峡防局职员成绩考核办法》规定："在试用，及六等、五等各级者，每月考核成绩升降一次；在四等各级者，每半年考核升降一次；在三等以上至特等各级者，按年考核升降一次。"

全面抗战时期，区署按国民政府规定对薪资制度进行调整，自区长以下，分六级：主任、一级办事员、二级办事员、三级办事员、见习办事

---

① 刘重来、陈晓华：《论卢作孚在北碚峡防局的廉政建设》，《重庆社会科学》2001年第1期。

② 《峡防局职员成绩考核办法》(1934年12月)，档案号：00810001002860000001000，重庆市档案馆藏。

员、服务生。1939年下半年度正薪为区长80元，秘书及主任80元，一级办事员50元左右，二级办事员40元左右，三级办事员30元左右，见习办事员20元左右，服务生10元左右。[1]

总体而言，峡防局的薪资低薄，职员的生活较清苦。正如葛向荣所言："我们的俸酬低的有两老斗多米，高的可养活五口之家。有时不如一个中央的工役，更远不及一个轮船的茶房。每月所入，不能有社交的应酬，不管疾病的侵袭，更不去远防衰老意外，子女教育等还得以毁家纾难的精神，仰给于原有家庭的财富。"尽管如此，他的工作热情却很高涨，充满了乐观和理想主义，认为自己的生活充实而有意义。希望"只从创造中求快乐，从贡献上求伟大，从成绩上得安慰，想塑制成功一个地方建设的理想模型，影响周围社会，奉献给国家"[2]。

（二）严格考核

峡防局制定了严密的管理规定，对各机构职员严格考核，以考绩决定奖惩升降。考核标准反映出卢作孚对峡防局上下全面、严格、高标准、高品位的要求。1930年的《嘉陵江报》便有报道：

> 峡局对于在局及常备各队、学校、医院、报社、各处服务人员，自来厘订考核成绩办法，按月升级降级，以示鼓励。兹值十八年度（1929年）已届终了，该局局长卢作孚，副局长熊明甫，特于日前召集所属各股主任，各队官长，各处主管人员，对于全局服务人员，分别加以考核，其标准系以工作、读书、运动、行为、特殊情形作为标准。工作一项，又细分能力、努力状况、成绩效率；读书一项，分为规定时间出席读书，及报告所得成绩与进步；运动一项，又分出席次数多寡，参加比赛成绩及进步；行为则以有无嗜好奇癖、语言、德性等等，与夫特殊情形为标准。事先列表填明，与众提付讨论，何人有功，何人有过，一一考试

---

[1] 民国《北碚志稿·官制志》，北碚图书馆编：《北碚图书馆藏方志珍本丛刊》，第2册第83页。

[2] 葛向荣：《我们的生活》，载《北碚概况》，北碚管理局编印，1949年版，第60—61页。

评判其结果。①

由上可知，峡防局的考核对象覆盖局长以下的全体职员，包括行政机构各股室人员和属于事业机构的常备队、学校、医院、报社、各处服务人员。考核内容包括工作、读书、运动、行为、特殊情形。1934年12月通过的《峡防局服务成绩考核办法》（简称《考核办法》）是一份峡局较为成熟完善的考核标准，在此不妨略作介绍。《考核办法》共17条，涉及工作、读书、运动、游戏以及其他事项五个方面。工作占考核总分的8/12，读书占3/12；运动占1/12。

工作方面，为提高效率，严明纪律，主要考查五种情况：1.供职；2.处理事务及解决问题；3.能力进退；4.对于公共秩序；5.请假。②峡防局对于财物工作特别要求严格，规定各处账目：每日午前十钟以前必须送到稽核股，由经手会计负责；每月五号以前，应将每月的开支报告表制好送核；各机关每月预算表应在前月廿五日以前造报，送稽核股核转。若违反规定，都将受到责罚。③

对于读书、运动、游戏方面，《考核办法》规定如下：

6.读书 守时出席，不得随便谈笑，必须说话，应极细声。迟到三次，作为缺席一次；早退未经声明，以缺席论。缺席一次，存记；缺席三次，记小过；任意谈话高声者，记过。读书大纲定星期四连同生活日报并缴政治股，不缴大纲者，记过；迟缴者，存记。

---

① 《峡防局考核服务人员》，《嘉陵江报》1930年1月18日，第1版。

② 《峡防局职员成绩考核办法》（1934年12月），档案号：00810001002860000001000，重庆市档案馆藏。

③ 《峡防局服务成绩考核办法》（1934年12月21日），档案号：00810001002860000001000，重庆市档案馆藏。

7. 运动　出席与读书同，但到场不运动者，以不到运动论。一月仍无一项运动进步者，以运动不及等论。运动不及等者，记小过一次。

8. 游戏　晚会迟到三次，为作缺席一次；无故缺席五次以上，记一小过。到晚会中，须择一次乐器练习（京戏或川剧，作乐器论），一概未弹习者，以缺习论。在晚会中高声喧嚷者，存记；不听乐音指导者，记过；无故早退，作为缺席。

9. 凡本局人员对于读书、运动、游戏，除因特殊职务及公差，或经局长特准免参加，或有主管人通知确无他故者外，其余一律照规定报行。

在《考核办法》中加入关于读书、运动、游戏方面的规定，是峡防局人事考核的特色，也是卢作孚独特的管理思维与人才培养观念的反映。在他看来，峡区的乡村建设事业，是"打破苟安的现局，建设理想的社会"的尝试，是一次对于乡村现代化之路的探索。要使每一个峡局职员都感受到自己所从事的事业是崇高的，伟大的，如此，工作才有动力和积极性。而充满现代化意味的读书、运动和游戏活动，正是塑造职员集体合作观念和树立崇高事业目标的重要途径。

《考核办法》还规定，服务员成绩考核由主任联席会议决之，并每半年举行一次。主任人员考核由局长定之，并每年举行考试一次，考试成绩加入考核成绩之内。普通职员则每月考核，"考核决定之等级，在核定之下月实行"。考核结果有记功和记过两种。"记功分为嘉奖、记小功、记大功、升级四款。记小功一次，给月薪十分之一奖金；记大功一次，给月薪十分之三奖金。记过分为警告、记小过、记大过、降级、免职五款。记小过一次，罚月薪十分之一；记大过一次，罚月薪十分之三"。职员有特别劳绩或特别情况，局长随时予以升级。这样的考核使标准公开，既严格，又合情理，所以令人信服。

（三）严明纪律

1929年9月，在峡防局编印的《两年来的峡防局》的小册里，开宗明义，指出峡防局全体同仁之所以来到荒僻的嘉陵江三峡地区进行乡村建设的目的是有感于一些国人缺乏为公众造幸福的精神，自私自利，糊涂享乐，"我们一方悲痛中国的黯淡，一方想从这黯淡当中开辟出一条光明平坦的生路来"①。为了与那些只知道享受、刮钱、敷衍塞责的人划清界限，在这个小册子里，卢作孚对峡防局全体同仁提出五条清正廉洁，尽职尽责的工作要求："一、不沾染一切不良的恶习；二、建设我们生活上的秩序；三、依靠人力解决一切人们认为不易解决的问题；四、努力创造，努力生产，为公众谋福利；五、尽力帮助一般知识低微，受经济压迫的人们，增进他们谋生的能力。"

为了实现既定目标，卢作孚对下属既爱护，也严格要求。峡防局职员的工作生活是这样安排的：

每晨黎明放炮起床，全局职员到公共体育场运动半小时，午前午后办公四小时，完毕后到运动场自由运动一小时，晚上开各种会议或练习音乐一小时。士兵每日晨早场操两小时，午前或午后作社会工作，如挖土、扫路、修花园、栽树子八小时……②

卢作孚还严格要求峡防局的工作人员不准喝酒，不准抽烟，不准赌博，使峡防局"职员官兵一律禁绝嗜好"。《两年来的峡防局》就明确记载峡防局的"戒条"是"不饮酒、不吸烟、不嫖、不赌、不妄取公家或他人一钱，对人不欺哄"。1931年10月，卢作孚又要求峡区青年："1.不应酬；2.不说废话；3.不扯闲经；4摒除一切（不良）嗜好。"③为此卢作孚还派人每夜二更后秘密巡察，以检查遵守情形。一经发现违纪，坚决惩处。

峡防局还将纪律要求订立规章，形成制度。1934年12月摘编的《峡防局职员成绩考核以外的各项罚则》中便有许多针对职员生活纪律的规定，可做例证。例如，峡防局要求职员养成健康的卫生习惯，树立良好的个人

① 《两年来的峡防局》，江巴璧合四县峡防团务局编印，1929年9月，第1页。
② 《江巴璧合特组峡防团务局概况一览》，《嘉陵江日报》1931年1月7日，第1版。
③ 《卢局长勉励青年》，《嘉陵江日报》1931年10月29日，第1版。

形象，于是规定："各部职员有蓄发者，期限剪去，若至期不剪者开除，由局长另以命令通报（六月廿五日，主任会）。寝室走廊上排每间派值日生十人纠察卫生，每周轮流，由张敦廉负责制表。如有不守清洁者，查出记过；纠举人明知亦不报者，亦记过（八月十六日）。凡受过军事训练员，武装要完全穿衬衣和翻领，必扎在里面，不然，由军事干涉记过。凡各员在外面必须行敬礼，两人以上在外面走，必须合着脚步。"①为防止职员出现吃喝之风，规定"由军事股组织纠察队发现职员入酒馆吃酒，当地处罚。禁止入酒馆吃酒，有必须安客处，指定民众俱乐部为招待地点"。

在旧式军伍中，常有老兵欺压新兵、兵丁欺负民夫的问题，峡防局为防范此类问题出现，规定："以后处罚夫子、勤务兵应由值日主任处，服务员不得自行处。局上勤务兵非军事主任及值日主任，各职员不得擅行处罚。凡属一切机关的职员，非带兵官不得处罚士兵"②。在严明的纪律约束下，峡防局上下遵守纪律，作风正派，深得人心。③

三、青年人才的培养

卢作孚对文化教育事业有很长时间的探索与思考。他把主持的主要事业——成都通俗教育馆民众教育事业、北碚峡防局的乡村建设事业、民生实业公司的经济事业成为现代集团生活的三个试验。其目的不在于成为富豪，也不在于一己之成功。根本目标在于训练能够适应于现代新社会的人。他认为："我们必须知道人的新的行动没有训练完成之前，新社会是不容许产生的……今天中国什么都不缺乏，只缺乏人，只缺乏有训练的人，所以根本在先解决人的问题，解决人的训练问题"④。所谓"人的训练"，不仅包括技术层面的训导培训，也包括生活习惯和思维方式方面的教育和

---

① 《峡防局职员成绩考核以外的各项罚则》（1934 年 12 月 21 日），档案号：0081000100286000001000，重庆市档案馆藏。

② 《峡防局职员成绩考核以外的各项罚则》（1934 年 12 月 21 日），档案号：0081000100286000001000，重庆市档案馆藏。

③ 刘重来：《卢作孚与民国乡村建设研究》，北京：人民出版社，2007 年版，第 169 页。

④ 凌耀伦等编：《卢作孚文集（增订版）》，北京：北京大学出版社，1999 年版，第 239—241 页。

熏陶。进而，卢作孚期望倡导新的文化，倡导新的人与人之间的社会关系、倡导新的生活方式、倡导以新的人带来现代的社会建设。

从1927年卢作孚到任开始，北碚地方的人才培养工作就系统全面地展开。学生队、峡区实用小学、民众学校、兼善中学、平民图书馆、短期培训班……多种教育文化设施逐渐设立，同时还有更为灵活广泛的民众教育。①其中很有特色的是北碚的学生队（少年义勇队）。卢作孚担任峡防局长伊始，就发现依靠旧的团练组织方式不足以建设新的社会秩序，故尝试采用新的措施培养既有牺牲精神，又能带动民众、推动社会建设的新生力量。"从1927年起，卢作孚亲自主持，采取公开招考的办法，在峡区内招收了500余名16至25岁的青年，组建起学生一队、二队、警察学生队、以及少年义勇队一、二、三期。"②学生队和少年义勇队由毕业于黄埔军校的卢子英亲自担任队长，他强调"成人重于成事，人才重于资财"。③采用军事化的管理方式对青年们进行体质、组织、能力、思想等多方面的训练，并率领他们参加峡区各项公共建设。毕业后，队员们很多成为北碚地方事业或民生公司的骨干人才。可以说，在资金匮乏、资源短缺、匪乱横行的社会背景下，学生队（少年义勇队）的组建，为重振社会风气、维护社会稳定、发展社区建设做出了重要贡献。

卢作孚认为，廉政建设与人才培养光靠纪律法规约束是远远不够的，其根本基础是要提高峡防局人员的文化素质和修养，使他们有遵守纪律、爱国尽责的觉悟。为此，卢作孚组织全局职员开展读书运动，并定于每周星期五举行读书会，报告学习心得，并组织评奖，凡获第1—3名的还发给奖品。为了使读书会形式得以巩固，使读书活动蔚然成风，卢作孚特别规定"凡不到读书会及不缴读书大纲者，皆依照讨论会、周会例各罚金三角，用敬效尤"④。

为了让大家能多读书，卢作孚到峡局后就开始兴办图书馆。1929年，

---

① 凌耀伦等编：《卢作孚文集（增订版）》，第186页。
② 卢国模：《八十年前的北碚少年义勇队》，《红岩春秋》2010年第2期。
③ 卢国模：《八十年前的北碚少年义勇队》，《红岩春秋》2010年第2期。
④ 《各方要议》，《嘉陵江报》1930年7月16日，第1版。

是卢作孚上任第3年，一个藏书2000多册的峡区图书馆建成。1931年九一八事变爆发，卢作孚又组织峡防局人员研究东北问题，并将自己到东北考察后写的揭露日本帝国主义处心积虑对东北侵略的《东北游记》重印，进行爱国主义教育。

除了自学外，峡防局还安排了课程，组织职员听讲，课程以"增长基本常识和办事能力为准"，"课程如峡局的生活方法、数学、簿记、统计、公文信札、自然科学、历史、地理、中国问题"。[①]卢作孚还亲自担任讲授。在卢作孚、卢子英的大力倡导下，峡区学习蔚然成风，职员的工作热情得到提升，也训练了他们掌握现代知识和技能，坚定了为社会服务的志向。[②]

第二节 嘉陵江三峡乡村建设的进一步发展

20世纪30年代，面对不断加深的民族危机，卢作孚主张"把事业做好就是救国"[③]，面对强敌，"中国的根本办法是建国不是救亡，是需要建设成功一个现代的国家，使自有不亡的保障"。他提出，实现国防、交通、产业、文化等建设事业的现代化是国家的根本，而"建设现代的集团生活更是建设一切事业以至于整个国家的根本"[④]。在此理念的指引下，卢作孚努力将嘉陵江三峡布置成为一个生产的区域、文化的区域、游览的区域，借以探求实现中国现代化与创造集团生活的路径，以应对民族危机。

一、经济事业日益兴盛

卢作孚在嘉陵江三峡地区推行乡村建设的过程中，明确提出"建设应

---

① 《峡局职员实行上课》，《嘉陵江日报》1931年1月7日，第1版。

② 高孟先：《卢作孚与北碚建设》，政协全国委员会文史资料研究委员会编：《文史资料选辑》第74辑，第111页。

③ 卢作孚：《把事业做好就是救国》（1934年1月1日），张守广、项锦熙主编：《卢作孚全集》，第2卷，第501页。

④ 卢作孚：《建设中国的困难及其必循的道路》（1934年8月），张守广、项锦熙主编：《卢作孚全集》，第2卷，第588—589页。

以经济为中心"的主张。在此思路的指引下，峡区对于经济建设尤为重视。九一八事变后，民族危机不断加深，峡区加大了经济建设的力度，地方经济实力迅速增强。

（一）工矿业

峡区内矿业有煤、铁、石灰三种，尤以煤为大宗。北碚煤矿由于系土法开采，管理落后，加之采地分散，各自为政，难有大发展。1933年地处北川铁路沿线的同兴、福利、天泰等6个煤厂协商重组，进行统一经营和革新，并邀集北川铁路公司、民生公司参加。经商议，原6个煤厂以资产折价12万元作为资本投入，民生公司投资10万元，北川公司投资2万元，合计资本24万元，于1933年6月组成"天府煤矿股份有限公司"，卢作孚任董事长。[1]天府公司成立后，根据卢作孚的"自产、自运、自销"的生产经营方针，公司总工程师刘宗涛提出了具体的改革方案，包括逐步推行包工制以代替租客制，进行生产技术改革，广开门路、增加销售、杜绝中间转手。其"关键是实现原煤生产的机械化和发展炼焦生产"，以改变天府煤矿的落后现状，实现现代转型。[2]尽管进行了不少改进措施，但由于缺乏大量的现代机械设施和专业人才，故仍摆脱不了人力开采方式，且人事管理制度并无多大改进，因而天府公司的煤产量没有大幅提升。公司成立后5年的平均产量为10.03万吨，而合并前6个煤厂的年产原量已达9.72万吨。[3]全面抗日战争爆发后，河南中福煤矿公司搬迁至重庆，与天府公司合作，重组"天府矿业股份有限公司"[4]。

除了天府煤矿，北碚还有几家规模较大的煤矿。宝源煤矿公司在1928年成立时只有一口煤窑，以后陆续添凿数口。公司的总部设在重庆，办事处设夏溪口，蓝文彬任总经理，资本为25万元。每日产煤约100担（每担

---

① 江巴璧合四县特组峡防团务局编：《峡区事业纪要》，重庆：重庆新民印书馆，1935年版，第57页。

② 《天府矿务局志（1933—1985）》，北碚：天府矿务局志编审委员会编印，1991年版，第12页。

③ 肖宇柱：《天府煤矿的历程》，《卢作孚研究》2012年第1期。

④ 郭文弋、姚友兆：《卢作孚与天府煤矿》，周永林、凌耀伦主编：《卢作孚追思录》，重庆：重庆出版社，2001年版，第521页。

约4吨）。①1928年宝源煤矿在璧北河下段梁家嘴筑坝蓄水，以利航运。1931年建成澄江堰河，从官斗石到梁家嘴，全长3780米，河宽70至80米，不仅解决了其煤炭运输，而且使当地农副业产品亦改由堰河输出。②

燧川煤矿公司成立于1927年，有职工400多名，资本4万元，每日出煤20余担。用人力挑运出嘉陵江上炭船，运销重庆。③嘉陵煤球厂于1931年春开始生产，利用蒸汽机制造煤球，职工共约20人，资本股额3万元。④

到1938年，峡区原煤日产量达千吨以上，其中宝源煤矿400吨，天府煤矿270吨，三才生煤矿190吨，日产百吨以上的矿井有天府后峰岩井、三才生代家沟井、宝源蔡家沟井。⑤煤炭业的繁荣成为峡区经济发展的强劲动力，"区内大小煤窑不下数十余家，贩运煤业之炭坪不下数百处，雇用工人在数万人以上。直接间接倚煤为生活者，无虑数十万人"⑥。

在钢铁炼造方面，有金刚碑炼钢厂，系王姓独资经营，资本数千元。用土法炼钢，销行成都、云南等地，年出货千余担；歇马富华铁厂，资本3万元，出品销合川、遂宁各处；江北青平场盛敬之铁厂，产铁质料颇好，可供炼钢之用，其销场为自流井一带。⑦

此外，峡区还盛产石灰、石料、陶泥，相关的工厂也很多。有石灰窑数十家，工人数百名，年产在一万吨以上。石材厂加工的磨石、碑石、砚石、方解石、耐火石等，行销省内外，年产值6万元。区内砖瓦厂9家，用手工制作黏土砖瓦，年产值3万余元。碗厂有7家，年产量5万副，产值万元。⑧

综上可见，在全面抗战爆发前，北碚形成了以煤炭业为支柱的工矿产

①江巴璧合四县特组峡防团务局编：《峡区事业纪要》，第61页。

②重庆市北碚区地方志编纂委员会编：《重庆市北碚区志·交通邮电志》，第284页。

③江巴璧合四县特组峡防团务局编：《峡区事业纪要》，第63页。

④江巴璧合四县特组峡防团务局编：《峡区事业纪要》，第63页。

⑤重庆市北碚区地方志编纂委员会编：《重庆市北碚区志·工业志》，第196页。

⑥黄子裳、刘选青：《嘉陵江三峡乡村十年来之经济建设》，《北碚月刊》第1卷第5期，1937年1月。

⑦江巴璧合四县特组峡防团务局编：《峡区事业纪要》，第64页。

⑧黄子裳、刘选青：《嘉陵江三峡乡村十年来之经济建设》，《北碚月刊》第1卷第5期，1937年1月。

业，其中以天府煤矿、宝源煤矿公司、燧川煤矿公司规模较大，机械化水平较高，产值也较为可观。卢作孚在嘉陵江三峡进行的乡村建设明确以经济建设为中心，要把峡区建成一个"生产的区域"，而这些都是基于地方的资源、地方的实际情况而有序展开的。

（二）制造业

在全面抗战爆发前，北碚的制造业也迅速发展起来，涉及纺织、化工、印刷、建材、电力、玻璃、造纸、食品等多个工业门类：

北碚纺织业的龙头企业是三峡染织工厂。1931年九一八事变后，国人抵制日货，提倡国货的呼声日益高涨，这给三峡染织厂的经营发展增加了新的政治意义和推动力。一时间三峡染织厂的产品畅销川内，事业日益发展。在两年间，资本由5万元增到10万元，每年营业额十七八万元。当时，厂里有织机65部，月产布1200匹，色单、毛巾毯200床，毛巾60打，袜子300打；此外还有葛纱、导纤等机器多件，漂染等设备基本上机械化。三峡厂除在北碚厂部设立门市部外，还附设服装、石印门市部，自制应时服装。业务逐渐扩及重庆、合川、广安、南充、岳池等地。当时特别注重生产男式中山服、学生服和女用新式服装等所需布料。卢作孚本人就爱穿三峡厂中山呢缝制的中山服，带动了他领导的民生公司和峡区各事业人员都穿上了三峡布制服。后来北碚、合川、重庆人们穿用三峡布曾风行一时。1933年5月，为使文化事业有可靠的资金来源，卢作孚将三峡染织厂交由中国西部科学院管理，增资到10万元，扩大生产。这时大部分机器都安装了电动机，大部分产品实现了机械化。以"兵工牌"为商标的各色三峡布销路极佳，供不应求。到全面抗战前夕，全厂职工增至370多人，经销点由5个扩大到19个，年营业额达到20多万元，产品行销西南各地。1938年三峡染织厂与内迁北碚的常州大成纺纱厂合组，改名为大明纺织染公司，成为抗战大后方最大的纺织企业。①

峡区也欢迎企业界人士来开发资源，兴建工厂。这些企业有洪济造冰

---

① 陈淑宽：《卢作孚与大明厂的创办和发展》，《北碚开拓者卢作孚》（《北碚文史资料》第3辑），重庆：重庆市北碚区政协文史资料委员会编印，1988年版，第145—149页。

厂、惠利火柴厂、利华玻璃厂、广益化学工厂、广利化学工业公司肥皂厂、白矾厂、炼焦厂、自然电池厂、霍胥洞水电厂、燧川水电厂、富源水电厂等。[①]

制造业的发展，对于满足北碚市场需要，促进社会经济繁荣，发挥了重要作用，同时也为北碚教育、文化、卫生的发展和城市建设提供了坚实的物质基础。由于工业经济的发展，促使北碚从一个乡场迅速建成一座有近10万人口，逐渐以工业经济为主体的具有现代风貌的中等城市。

（三）垦殖业

1930年代随着乡村建设事业的推进，北碚的垦殖业发展起来，许多荒地得到了开垦。1933年峡防局团务指导员、卢作孚三弟卢尔勤因公路过西山坪，发现此地森林被火焚烧，荒废可惜。于是向卢作孚汇报，建议利用该地作垦殖和农业试验之用。后经交涉，中国西部科学院租到西山坪禅岩寺和点灯寺庙产荒地2000亩，科学院与峡防局共同发起屯垦运动，从事垦殖，兴办农场，将收益作为科学院文化事业基金。1934年2月，卢作孚亲率峡防局官兵屯垦西山坪，提出"举锄将大地开拓，提兵向自然进攻"，创办西山坪植物园，又名兼善农场。

农场制定了周密的垦殖计划，将垦地分为果树、油桐、森林、畜牧4区，分期开垦。如此，不到一年，开荒、建屋、筑路，农场基本建成，初具规模。1935年春，修筑水库，分段凿塘，挖掘沟渠，建立了可覆盖200余亩的灌溉系统。又从各地购回优良果树3500多株（包括樱桃、苹果、葡萄、海棠、李、梨、桃、杏、柿等），利用80多亩种西瓜的空地，作栽培试验。这些水果中，尤以西瓜最受青睐。北碚原本不产西瓜，西山坪农场创办后，从外地购回大批西瓜种子，试栽成功，品质良好，风味俱佳，畅销重庆、合川，成为科学院的一大利源。农场还对油桐进行研究和种植。张博和场长热心油桐事业的改良，他在实地调查中发现了两株高产良种，高价采回，改良繁殖。全面抗战时期，兼善农场与迁碚的中央农业实验所

[①] 黄子裳、刘选青：《嘉陵江三峡乡村十年来之经济建设》，《北碚月刊》第1卷第5期，1937年1月。

合作，建立西山坪油桐品种试验场，确认"张氏油桐"为最佳品种。[1]因地制宜、科学种植、科学管理，使西山坪农场迅速发展起来，成为北碚乡村建设的一大亮点。

当时峡区的现代农场还有义瑞桐林公司、乐园种植公司和德裕农场。澄江镇义瑞桐林公司成立于1931年，历时6年多开垦，种植桐树30余万株。后因干旱枯死颇多，留下不满十万。1934年实产桐子60余石。[2]乐园种植公司设于北碚场杜家街，1931年由何北衡、郑璧成、陈学池及熊明甫等所发起成立，旨在培育大批花果苗木，分售峡区各场人家。公司购地面积八十九亩，历年搜集国内外名种果树多种。德裕农场在合川麻柳坪，资本五万元，系川军将领廖海涛独资经营。有松杉杂树三百万株，桐树三十万株，并拟办果园。

综上所述，峡防局秉持着把事业做好就是救国的理念，继续坚持"以经济建设为中心"，开发矿业，兴建工厂，开办电站，扶持农业，开垦农场等等。工业门类更为齐全、经济规模增长迅速。由于工业经济的发展，促使北碚迅速成为一座有近10万人口，逐渐以工业经济为主体的具有现代风貌的中等城市。

二、文化事业方兴未艾

在卢作孚设计的现代化蓝图中，峡区要建成一个融教育、科研、文化设施并进的高水准的文化区域。经多方努力，至1930年代初中国西部科学院业已初具规模，各类社会教育运动亦蓬勃展开。

（一）研究事业

1930年3月至8月，卢作孚率民生公司、峡防局等单位同仁前往南京、上海、青岛、北平及东北等地考察。一行人对南京中央研究院、中国科学社、中央大学、南开大学等科研机构、学校进行了认真的考察，并拜访了黄炎培、蔡元培、丁文江、任鸿隽、翁文灏、秉志、张伯苓等科研领域的

---

[1] 侯江：《中国西部科学院研究》，北京：中央文献出版社，第45页。李萱华编撰：《北碚乡建故事》，北碚抗战历史文化丛书编委会编印，2012年版，第105页。

[2] 江巴璧合四县特组峡防团务局编：《峡区事业纪要》，第69页。

专家学者。此次考察使卢作孚更加深刻地认识到科学在事业发展和国家兴盛中的重要地位与作用。①特别是东北之行让他震惊于日本人以科学经营为侵略先导而中国人却漫不经心。他在游记中写道：

> 他们（日本人）侵略满蒙，有两个更厉害的武器，为平常人所忽视，一个是满蒙资源馆；一个是中央试验所。凡满蒙的矿产、农产、畜牧，都被日本人将标本收集起来，将数量统计起来，将地形测量起来，绘图列表，并制模型加以说明，——陈列在满蒙资源馆里……别人已把我们的家屋囊括到几间屋子里去，我们自己还在梦中。规模很大的中央试验所，则更把满蒙的出产——化验出来，考求其原质、用途及制造方法。②

所有这些对卢作孚都产生了强烈的刺激，促使他尽快建立研究机构，开发西部宝藏。1930年9月"中国西部科学院"在北碚火焰山东岳庙正式成立，以"从事于科学之探讨，以开发宝藏，富裕民生"为目的。随即组织董事会筹募捐款，公推刘湘为董事长，郭文钦、甘典夔为副董事长，同时聘请卢作孚为院长，主持院务。分设生物、地质、农林、理化4个研究所。③科学院下辖之博物馆，设有动植物、西康风物、卫生、煤炭等陈列室，并附设动物园，饲有几十种野兽及鸣禽数十种供人参观。④

中国西部科学院自创立后的几年间获得了快速发展。1931—1933年，科学院一面增添各种研究需用的设备（例如图书、仪器、化验药品、建筑），充实扩大研究机构和内容；一面增聘专门研究人员共10人，继续调查动植物、矿产和发展附属事业，先后成立了4个研究所，扩大了辖属事业单位。

---

① 潘洵：《中国西部科学院创建的缘起与经过》，《中国科技史杂志》2005年第1期。

② 卢作孚：《东北游记》（1931年11月再版），张守广、项锦熙主编：《卢作孚全集》，第1卷，第273页。

③ 侯江：《中国西部科学院研究》，北京：中央文献出版社，2012年版，第12页。

④ 潘洵、李桂芳：《卢作孚与中国近代乡村现代化的"北碚现象"》，《重庆师范大学学报》（哲学社会科学版）2011年第5期。

1.生物研究所。1931年夏，西部科学院分设植物、昆虫两部。1933年又相继成立动物部、植物园。1934年，生物研究所正式成立。生物所的工作目标"在采集全川、西南各省所有动植物标本，以供农业之改进，学术之研究"①。历年来在四川省内外采集所得植物标本5万余份，动物标本2260号，昆虫标本3万余号。生物所还研究家蚕和白蜡虫的发生与生活史；进行本地药材的害虫防治实验；刊发嘉陵江下游等地鱼类调查报告。②从1932年起，生物所着手进行四川经济动植物的调查研究与试验，设植物园于江北西山坪，搜集了中外果苗数千株，试种川康林木种子百余种。③

2.理化研究所。该所成立于1930年10月，至1933年时稍具规模。其工作目标在"应用科学方法，研究中国西部各省土产物料之性质，并采求其用途，以作开发资源之实际参考"④。以燃料研究、矿产及其他物料分析及工业原料的调查、试验为中心工作，尤重于煤的加工利用。⑤曾搜集川东、川鄂边境的煤矿及其他矿石进行化验，出版了《四川煤炭之实用分析》一书；进行有机燃料的定性、定量实验，扩充蒸馏酒精的规模，研究酒精代替汽油等。还对水泥原料、五倍子、耐火材料及四川盐水进行了大量分析。

3.农林研究所。1931年4月正式成立，其工作目标在于"垦荒地、培育森林，并收求优良稻、麦、蔬菜、果树及牲畜（品种）作改良之研究，试验成功，即从事繁殖推广，以增加农林生产"⑥。农林研究所初称农事试验场，场址在东阳镇上坝一带，有熟地100余亩。初设农场、畜牧场各一。后设两个农场，作农林果蔬的试验基地。⑦事务方面设有农林图书馆、农林图书馆编辑处、农民读书会；事业方面设有棉作部、花卉部、蔬菜部、果树部、畜牧部、林业部、测候部（进行气象测报）。农林研究所的工

①《中国西部科学院概况》（1939年4月），《档案史料与研究》1993年第3期。

②侯江：《中国西部科学院研究》，北京：中央文献出版社，第66页。

③高孟先：《卢作孚与北碚建设》，政协全国委员会文史资料研究委员会编：《文史资料选辑》第74辑，第106页。

④《中国西部科学院概况》（1939年4月），《档案史料与研究》1993年第3期。

⑤侯江：《中国西部科学院研究》，北京：中央文献出版社，第21页。

⑥《中国西部科学院概况》（1939年4月），《档案史料与研究》1993年第3期。

⑦侯江：《中国西部科学院研究》，北京：中央文献出版社，第38页。

作重点在改良稻、麦、蔬菜、果树和家畜家禽品种，改进栽培和养殖技术，从事相关试验研究。

4.地质研究所。1932年7月地质研究所正式成立，工作目标为"注重于矿产之调查，以求对地下资源有确切之估计，其他与开发资源有关系之人口密度、交通情形、地理形势等，凡在调查所及之区，皆尽量搜求参考资料，务期一地有一地之明了报告，籍便实业界及社会人士之参考"。[①]地质所将调查四川、西康的地质矿产资源作为主要工作。其实地调查和研究成果为开发利用川康矿产资源、规划经济建设提供了详实的科学材料。[②]

1933年夏，卢作孚促成中国科学社将年会改在北碚举行。他动员国内南北各地的社员到南京、上海集中，由民生公司派船去上海迎接来重庆。他想借此活动改善外省人对四川的观感，同时吸引省外的科学技术力量和专才，为四川建设服务。这次年会很成功，各方面都感到非常满意，扩大了中国西部科学院与国内学术机关的联系和合作，同时促成各界人士对科学事业的重视与扶持。会员们回到上海后，就组织各种委员会为建设四川进行调查、研究、计划的工作。会议刚结束，四川的军政当局就捐送了数千元给科学社作基金。

中国西部科学院的创建经历了从计划、筹备、成立到逐步发展的过程，其间充满曲折和艰辛。其创建之初，"无钱、无人、无事，凡百皆凭空手创造，院址即暂设于庙中"[③]。但经卢作孚等人的不懈努力，终于建立，并不断发展，使中国西部地区有了第一家科学研究机构，对西南经济开发产生了重要的影响，也为后来全面抗战时期科研学术机构大举内迁北碚创造了便利条件。战时的北碚得以成为大后方最大科学中心，实赖于此。[④]

（二）教育事业

社会教育是卢作孚十分关注的，也是北碚乡村建设运动的重要工作。

①《中国西部科学院概况》（1939年4月），《档案史料与研究》1993年第3期。
②侯江：《中国西部科学院研究》，北京：中央文献出版社，第102页。
③江巴璧合四县特组峡防团务局：《峡区事业纪要》，重庆：重庆新民印书馆，1935年，第1—2页。
④潘洵、彭星霖：《抗战时期大后方科技事业的"诺亚方舟"——中国西部科学院与大后方北碚科技文化中心的形成》，《西南大学学报》（社会科学版）2007年第6期。

他在《乡村建设》一文中指出，社会教育"目的尤其是在辅助人们，指导人们改良实际的生活"。特别是"解决社会当前的问题"。社会教育的形式则要通俗多元，"不仅是需要一个讲演所或一个图书馆，是要创造许多模范事业，给予人学；其次亦要利用新剧、电影、幻灯、照片、图书、模型等，给予人看"①。在此思想的指引下，北碚的社会教育工作有声有色地推行开来。

北碚的民众教育运动主要是在民众教育办事处（民教处）的领导下开展的。②1931年11月民众教育办事处正式成立后，专门组织局属机关的职员利用业余时间承担民众教育。民教处推行了几个运动：第一是现代生活的运动，第二是识字的运动，第三是职业的运动，第四是社会工作的运动。其具体工作主要有：1.成立民众问事处，其职责有代人写信、念信、赠送信笺信封，帮助解答疑难，并写新闻简报及接洽参观旅客。2.办理民众学校，先后组织开办了民众夜课学校十余所，分设北碚、东阳镇、金刚碑、白庙子、夏溪口等地。还办有船夫学校、力夫学校、妇女职业学校、三峡染织厂工人学校，毕业者千余，并且对私塾教育进行改良。3.成立职业介绍所，帮助民众介绍职业。4.建设民众会场，会场每周日开放，有新剧、川剧、京剧、幻灯、电影各项表演，并联络各机关人员讲演常识、报告时事、介绍新知识。还设有民众俱乐部，有中西各种乐器及挂图照片。5.成立书报阅览室，设在北碚河边囤船上，供乘客候船时阅览。6.施行挨户教育，将北碚市区划为三区，到民众家里去施行教育，教其识字、写信、记账，每区费时4个月。7.施行扩大教育。联络学校、博物馆、图书馆、工厂等机构，利用春节、夏节，开放各事业机关办公场所，组织民众参观。③

峡局常利用各种纪念假节日，开展大规模的民众活动，如开运动会、

---

① 卢作孚：《乡村建设》（1929年10月1日），张守广、项锦熙主编：《卢作孚全集》，第1卷，第154页。

② 龙海：《乡建成就：北碚民众教育办事处》，《卢作孚研究》2007年第2期。

③ 江巴璧合四县特组峡防团务局编：《峡区事业纪要》，第28页。黄子裳、刘选青：《嘉陵江三峡乡村十年来之经济建设》，《北碚月刊》第1卷第5期，1937年1月。

展览会……其内容均富有深厚的教育意义，其目的主要在训练民众和养成集体生活的风尚，进行爱国宣传与动员。[①]

博物馆、图书馆、动物园和公共体育场也是北碚推行社会教育的重要场所。博物馆附属于中国西部科学院。北碚图书馆初名峡区图书馆，属峡防团务局，成立于1928年5月，初时仅有书400余册，乡民不知图书馆何用，常误以为是书店，日常到馆阅览者仅数人而已。之后不断宣传，读者渐增。1929年渐次扩充，于附近土沱、澄江等镇设立分馆。1933年5月并入中国西部科学院，扩大范围，图书1.7万余册，常到杂志和日报160余种。增辟可容80人的阅览室，成立各种主题的研究室（如东北问题、民众教育、乡村建设）。每日到馆读者达百余人。[②]

中国西部科学院也设有图书馆，除收藏供各所使用的专业书刊外，还有普通图书1300余册和省内外报刊数十种，供民众阅览。中国西部科学院还通过出刊物、办墙报、开演讲会等方式来宣传科学文化知识，多次举办科普知识的展览会。这些都为民众接触现代科学提供了有利的条件。

动物园设于平民公园。1930年卢作孚率峡局各事业机关出川考察，从上海购回大批鸟类及意大利鸡，成立动物园，园内的动物大部分是捐赠而来的。[③]

峡防局为革除民众的不良嗜好，引导民众利用闲暇时间锻炼身体，于1927年租地一块，设立公共体育场，1932年扩充。1928年秋及1929年春先后开运动会两次，重庆、合川及附近各场学校均来参加，约数千人。场内有足球场、篮球场、网球场、排球场；有各种长短距离跑道；还有铁球、铁饼、标杆，跳高，以及秋千、浪桥，单杠、双杠等设备。[④]

形式多样的社会教育立足于服务民众，增进民众智识，对于北碚民众的素质及科学知识的增加起到了潜移默化的影响。民众素质普遍提高，社

---

① 舒杰、葛向荣：《一年来的北碚民众教育》，（北碚）《工作月刊》第1卷第1期，1936年9月。

② 李涛：《四川北碚的乡村建设事业》，《教育与民众》第7卷第6期，1936年。

③ 李涛：《四川北碚的乡村建设事业》，《教育与民众》第7卷第6期，1936年。

④ 黄子裳、刘选青：《嘉陵江三峡乡村十年来之经济建设》，《北碚月刊》第1卷第5期，1937年1月。

会风气的改善，又反过来推动了北碚的现代化建设步伐。①

三、社会治理卓有成效

二十世纪30年代峡区的社会治理有条不紊地推进着，取得了不错的效果。匪患治理方面，卢子英沿袭着卢作孚的剿匪方针，继续清剿残匪，并于1937年基本肃清了匪患。峡防局积极招募青年，完善治安体系，同时也借此培养建设人才。而在捐税方面，随着川政的统一以及实验区署的建立，一些苛捐杂税被废止，税收更为规范统一。

（一）清剿残余匪患

卢作孚出任峡防局长后，采用以匪治匪、剿抚并用的方针，同时注重地方建设，发展社会经济，改良社会土壤，取得了不错的效果，峡区境内的匪情缓解了许多。然而，由于峡区紧邻华蓥山区，地形复杂，匪徒股数多，分散面广，难以彻底肃清。这也表明匪患治理具有长期性和复杂性的特点。

1933年，峡防局军事股改为督练部，二十七军川康团务委员会委任卢子英为峡防局督练长，代行局长职权，主持日常事务。从这时起，卢作孚把精力集中在民生公司和一些社会事务方面，每周日才返回北碚，检查指导工作。而所有的实际工作均落在卢子英头上。随后峡防局所属各个特务队，改为四川省第三区保安第一独立大队，卢子英任大队长。这时，峡区匪患，经过峡防局八年清剿，在峡区四十八场及周围十三县，出击一百余次，大股土匪已基本肃清。峡防局因峡区治安已无大碍，而教育、文化、建设等事业亦皆略有基础。1936年4月1日团务局正式改组为嘉陵江三峡乡村建设实验区署。唐瑞五同卢子英分别担任正副区长，卢子英实际主持全面工作。唐不久逝世，卢子英担任区长。②

卢子英在推进峡区乡村建设的同时，亦不遗余力地围剿邻近地区匪患。卢子英商请合川、江北当局，设联防办事处于合川狮滩场协同剿匪。

---

① 潘洵、王娟：《中国西部科学院的科学普及》，《卢作孚研究》2016年第4期。

② 李萱华：《北碚奠基人卢子英》，《北碚文史资料》第6辑，政协重庆市北碚区委员会文史资料委员会编印，1994年版，第4页。

联防办事处成立后，在1937年中，先后进行了四次清剿，收效不大。后来卢子英设计击溃周澄清股匪，周澄清逃遁。卢子英乘胜追击，实行剿抚兼施，一面组织投诚自新人员，专任侦探匪情，扼守要隘，与匪持久周旋；一面公布土匪投诚自新办法，凡真诚投诚者，分派工作，组织训练，身患有病的送医院治疗。经过1个多月，击毙土匪内外管事邓美耀、邓康林等二人。投诚者逐渐增多，先后达41名，匪首周澄清亦投诚自新。联防办事处剿匪工作，遂告成功。①

经过卢作孚、卢子英十年的努力，峡区匪患终于得以清除。

（二）完善治安队伍

为了强化峡防局治安，卢作孚任峡防局长后逐渐完善治安体系，成立了学生队、特务队、手枪队。学生队有少年义勇队第一队、第二队和特务学生队；特务队有第一、第二、第三队。

1.学生队

1927年为提升各乡场民团的军事素质，开办了学生队以培育人才训练民团。峡防局在峡区境内招募青年学生授以军事知识及乡村建设常识。但由于各场对民团训练并不重视，且经费拮据，在举办二期后，学生队只得停办。②此后，峡防局开始探索新的学生队培养方案，为峡局各事业机构输送一批能献身乡村建设，致力于改造社会、建设社会的青年人才。

少年义勇队。共办三期，招取中学程度的青年，予以科学知识及军事训练，1—2年毕业，全部公费。着重生活作风的教育，使其养成忍苦耐劳、艰苦朴素的作风；提倡社会服务，口号是"积公众难，造公众福"，"忠实地做事，诚恳地对人"，实际活动有接种牛痘、填沟、修路、淘河滩、植树等工作。

1928年秋，少年义勇队第一队成立，招收队员24人。少年义勇队日常除军事训练、政治训练之外，还有旅行生活。如1929年前往峨眉山、峨边、越巂及大小凉山采集标本；1930年，分为三组，分别赴西康、青海、

---

① 李萱华：《北碚奠基人卢子英》，《北碚文史资料》第6辑，第5页。
② 杨玉林：《卢作孚开办峡防局学生队始末》，《卢作孚研究》2006年第2期。

甘肃，以及参加合组考察团，赴华南华北考察。训练期满即分配在峡局事业机构和民生公司服务。[①]1934年3月，少年义勇队第二队成立，学生96名，训练时间一年。

特务学生队。1933年1月成立，预定六个月毕业。该队有三个月的军事训练，还有政治训练。

2.特务队

1928年6月，卢作孚将常练大队改编为常备队，共3个中队，士兵130名，设督练长1人管理训练。1931年又裁损常备队，先后组编为3个特务支队。第一特务队驻北碚，队员60多名。第二特务队驻北川铁路沿线，设三个分驻所，队员130多名。第三特务队驻夏溪口，分设西山坪、黄桷沟、新门洞三个分驻所，队员130多名。特务队担任警察任务，包括调查户口、登记生死婚嫁迁移，处理纠纷，组织消防；民教工作，包括训练民众遵守秩序、讲究卫生、参与公共活动；地方经营工作，包括整理码头、助修马路、划定市场、建筑公厕。[②]

3.手枪队

1927年11月成立手枪队，后逐渐发展，至1935年，队员近百名。工作内容有四方面：1.治安，即派队巡察峡区各场，密察峡区各场及合渝两地盗匪；2.军事训练，每日晨起练习国技1小时，午前午后学术科各上两堂，每周星期三、六作野外演习及射击演习；3.社会工作，每年冬季帮助淘浚渝合间枯水险滩，每年夏季嘉陵江涨水，帮助河边居民拆屋搬家，每年春秋两季帮助民众筑路；4.农场经营，为全队士兵闲暇时试种各种菜蔬、花卉及果树。[③]

（三）废除苛捐杂税

峡防局在成立后很长一段时间内，都是单纯的防务机构，没有征税权力。其经费来源中的重要一项即是船捐补助费。1924年，已获准抽收。最

① 江巴璧合四县特组峡防团务局编：《峡区事业纪要》，第44页。卢国模：《八十年前的北碚少年义勇队》，《红岩春秋》2010年第2期。
② 江巴璧合四县特组峡防团务局编：《峡区事业纪要》，第48页。
③ 江巴璧合四县特组峡防团务局编：《峡区事业纪要》，第52页。

早是按照船只等级，重者为一等，收费1元；次等6角；再次4角；揽载船只免收。后来，改收货捐。1927年以后名为"过道船捐补助费"，税率上货依照重庆所收的渝北护商费额，收3/10；下货依照合川所收护商费额，收4/10。药材、牛羊、山货，收5/10。盐巴每载收洋20元。丝则按粗细，每箱征收2—4元。1933年起，按八折征收。1934年起，免收。平均每月收入有六七千元。1928年至1934年，每年船捐补助费收入在7万多至9万多之间。1935年3月，奉令停止征收后，峡防局的补助费改由四川省政府按月拨款5000元，以供开销。[1]

在防区制时代，四川各军阀自划防区，征收税捐。嘉陵江小三峡又是几军防区接壤地带，税卡林立。当时，从合川到重庆，陆路仅180里，水道240里，当中税卡竟有十余处之多。几乎每一场镇，即有一税收机关。

这些杂税机关，到了1935年川政统一时都不存在了。1936年峡防局改组为实验区，所辖区域只有北碚、文星、黄桷树、二岩、澄江口五乡。为统筹全区教育经费，区署清理了学产，于是在1936年6月，裁撤了黄桷镇、东阳镇的出口猪捐，这项收入原来每年可收三千余元教育经费。1936年12月又下令全区乡镇停收猪市捐（活猪厘）。"凡属苛杂，悉行裁废，借示贯彻上峰之政令，解救人民之痛苦"。[2]

九一八事变后，随着内忧外患的不断加深，引发了一场全国性的关于中国现代化问题的大讨论。卢作孚对此有独到见解，他说："内忧外患是两个问题，却只须一个方法去解决它。这一个方法就是将整个中国现代化。换句话说，就是促使中国完成现代的物质建设和现代的社会组织。"[3]具体而言，即从产业、交通、文化、国防四个运动入手，进行现代的物质建设和社会组织建设，进而实现救亡图存和国富民强。峡区乡村建设正是卢作孚 "把事业做好就是救国"理念的实践产物。

---

[1] 黄子裳、刘选青：《嘉陵江三峡乡村十年来之经济建设》，《北碚月刊》第1卷第5期，1937年1月。

[2] 黄子裳、刘选青：《嘉陵江三峡乡村十年来之经济建设》，《北碚月刊》第1卷第5期，1937年1月。

[3] 卢作孚：《从四个运动做到中国统一》（1934年1月29日），张守广、项锦熙主编：《卢作孚全集》，第2卷，第509页。

第三节　外界对峡区建设成就的肯定

卢作孚在主持嘉陵江三峡乡村建设实验的过程中，川渝军政当局出于维护自身利益的目的，对峡区事业积极支持。在卢作孚等人的努力下，峡区与军政当局保持着较为稳定的信任关系。军政当局在经费和政治空间上给予峡区必要支持，而"北碚模式"的成就也成为军政当局的执政亮点，增添了政治合法性。随着各界游览人数的增多，北碚的现代化实践很快超越了地域的局限，"名满天下"。在大多数参观者眼中，北碚几乎是"现代化"的代名词，纷纷给予高度评价。

一、川渝军政当局的支持

嘉陵江三峡建设事业的繁盛离不开川渝军政当局的支持。辛亥革命后，四川很快陷入了数十年的军阀混战、割据的泥潭中。1918年7月，鉴于各军阀割据一方的事情难以改变，四川靖国军总司令熊克武颁布《四川靖国各军卫成及清乡剿匪区域表》，承认各军驻防现状。1919年4月，熊克武正式划分防区，防区制最终形成。[①]在防区内，各军阀自行委派各级行政及税收官吏，截留税款，招兵买马，俨然独立王国。从1926年驱逐黔军至1935年蒋系中央势力入川，前后近10年，重庆为刘湘21军所独占。进驻重庆后，刘湘集团与金融、工、商各界绅商合作，建立军绅政权，以"统一四川"的事业招揽各种人才，推进地方现代化建设。[②]

1926年11月刘湘获任川康绥抚委员会委员长后，成立军事政治研究所，以调训直属部队的所有中下级干部，集训时间为期6周。刘湘聘请川东南团务总监部处长刘航琛和初创的民生实业公司经理卢作孚任政治教官，两位的课都深受学员欢迎。[③]由此，卢作孚受到刘湘的器重。1927年2

---

① 匡珊吉、杨光彦主编：《四川军阀史》，成都：四川人民出版社，1991年版，第94—97页。

② 张瑾：《权力、冲突与变革：1926—1937年重庆城市现代化研究》，重庆：重庆出版社，2003年版，第124—134页。

③ 刘航琛：《戎幕半生》，台北：文海出版有限公司，1973年版，第12—13页。

月，刘湘任命卢作孚为江巴璧合四县特组峡防团务局局长，为这位立志推进现代化建设的地方精英提供了施展理想的舞台。1929年7月，卢作孚又被刘湘任命为川江航务管理处处长，川江航务管理处是21军政务系统中的重要机关，21军辖内的川江及其支流的航务均受其管辖，管理处有权对辖区内各中外轮船公司进行水陆检查。卢作孚的任期虽只有半年，但他极具策略性地借助军阀政府、袍哥组织等各种力量，运用超经济的制约手段，让傲慢的外国航运公司接受中国地方当局的检查和管理，实现了以21军的名义统一川江的第一步。"检查商轮制度的实行，对于刘湘限制其他川军将领通过重庆口岸输入军械等装备，意义非同一般"，卢作孚的社会声望迅速提高，也更得刘湘信任。1935年，在刘湘的力主下，卢作孚被国民政府委任为四川省建设厅厅长。

刘湘之所以能极力支持卢作孚及其建设事业，有其深刻的原因。首先，军人政权政治和经济利益的需要。为了保持在军事争霸中的优势地位，刘湘集团必须确保他防区内的经济稳定、军事运输和政治统治的巩固。而统一川江，控制川江航运便是实现其战略构想的关键。川江航运带来的贸易和税收的利润对重庆城市经济发展的重要作用不言而喻。刘湘的幕僚刘航琛曾回忆刘湘支持卢作孚的民生公司，以挽回川江航运权的情形，提到"甫澄先生因鉴于川江内河航运，几乎都操纵在外国的航商手中，中国人所组设的大都是只有一两艘船的小公司，不仅谈不上与外国人竞争，甚至有无法生存之虑。因此嘱我召集一次华商轮船业者的会议，希望航业界能够成立一个联合组织，以与英、日、美、法的外国轮船公司相抗竞争……最后甫澄先生决定扶植一家中国航业公司使其壮大，逐渐发生力量。结果是决定扶持民生公司。"[1]

其次，获取政权合法性的需要。21军声明对地方的自治主权"首谋人民安居乐业，予以不扰，继谋交通市政改良，渐次建设"[2]。即"军人干政"的目的在于"建设"。在对公众的演讲中，刘湘多次表达了寻求民间认

① 周开庆编著：《刘湘先生年谱》，刘航琛序言，台北：四川文献研究社，1975年版，第1页。
② 张瑾：《权力、冲突与变革：1926—1937年重庆城市现代化研究》，第270页。

同的愿望，试图通过修明的政治，获得地方人士感情上的支持。刘湘通过支持卢作孚主持的北碚建设与民生事业公司，有利于树立其"独能选才任贤，重视民间疾苦、地方建设"的贤明形象，获得重庆绅商的广泛认同。"在民生公司与刘湘的互动关系中，刘湘所获得的资源远远大于卢作孚民生公司从刘湘政权获得的政治保护。本地民族资本阶层的认同，使刘湘政府获得前所未有的政权合法性资源"[1]。

再次，刘湘个人对建设四川的兴趣。刘湘集团在崛起的过程中，周围逐渐聚集了一批具有现代化思想的人才，刘湘也接受了一些模糊的"现代化建设"思想。在接受《泰晤士报》记者采访时，"在谈及其使川省现代化之一切企图，颇为兴奋"[2]。刘湘曾于1931年8月31日视察峡局各机关及事业，"凡遇有意义之举，无不留心审查细问"。他先是肯定大家的努力，接着谈道："全国所犯的两种大毛病——一个是西洋式徒供消耗奢侈的洋八股，一个是癫狂式只作口号标语的怪东西——这边相信犯的绝少，这是第一点。又这边所定的教育方针，所做的建设事业，都是'我'的教育，'我'的建设，其组织和办法与人不同，不像人家动辄忘掉了'我'，这是第二点。"[3]可见，刘湘认为峡区建设有两点最令其满意，一是工作方式踏实勤恳、俭朴实在；二是建设方针和内容，不是照搬外地的现代化模式，而立足本地，用心经营，具有本土的、"我"的特色，符合巴蜀社会实际。他赞道："如此不说是社会上破天荒的事业，却也是有数的了……于今后社会的改进确是很有关系的。"

最后，卢作孚本人的卓越素养。卢作孚主持各种事业的出发点不是个人升官发财，而是将自己改造社会的理想通过一系列的事业进行试验，并希望这些试验能够成为社会的榜样。刘航琛回忆，刘湘决定支持卢作孚时，"民生公司的规模虽小，但其主持人卢作孚有头脑，有能力，而且为人

① 甘绩镛：《二十一军戍区行政会议开幕演讲词》，《施政汇编》上编第2册，第274页，1935年，转引自张瑾：《权力、冲突与变革：1926—1937年重庆城市现代化研究》，第124页。
② 张瑾：《权力、冲突与变革：1926—1937年重庆城市现代化研究》，第124页。
③ 刘湘：《刘甫澄军长在峡局讲演》，《嘉陵江日报》，1931年9月1日。

方正，操守极佳"①。卢作孚在峡防局、民生事业公司、川江航运管理处、四川省建设厅任上，展现出杰出的组织管理才能，这些都促使其深得刘湘的器重和信任。

峡区事业也得到杨森的大力支持。杨森是四川军阀中较注重建设的一位军人，当他在1920年开始进行新川南建设时，在其辖区内任中学教师的卢作孚给杨森上书，引起杨的注意。之后，卢作孚被杨森委任为永宁道道尹公署教育科长。卢作孚在任内与恽代英一起，在泸州开展移风易俗的社会建设。不久，杨森在军阀混战中失利，新川南建设也夭折。1924年杨森东山再起，罗致人才，厉行新政。在其支持下，卢作孚在成都创办通俗教育馆，开始了他后来所称的现代集团生活的第一个试验。②

川渝军政当局对峡区建设事业的支持主要体现在两个方面。

其一，经费上的支持。北碚建设的经费，除部分通过在嘉陵江设卡收取河捐，以及民生公司和地方企业的投入外，很大一部分来自募捐和21军的补助。川军将领杨森、刘湘、邓锡侯、陈书农、范绍增等都是捐款的对象。③温泉公园的修建就是很好的例子。1927年初任峡防局长的卢作孚决定创办温泉公园，他积极向川渝军政要员劝募经费。王陵基捐款600元，修筑温泉马路；陈书农捐助3000元，修造一座洋楼，取名"农庄"；鲜英和范绍增等捐修数帆楼。1932年卢作孚回顾峡区事业五年来的经过时，特意指出："当初为这公园曾出了一种募捐册，册上著有游记式的募捐启事，四川各军师旅长都出有名义，代为募捐，实际上军师旅长捐款的也多，故有今日相当的建筑成绩。"④

中国西部科学院的创立经费也得到川渝军政各方的赞助。1930年3月，卢作孚就往川边进行动植物和地质标本采集事宜，电请21军军长刘湘、24军军长刘文辉、西康政务委员长龙守贤给予赞助，各方都表示乐于

---

① 刘航琛：《戎幕半生》，台北：文海出版有限公司，1973年版，第173页。
② 张守广：《卢作孚与川康整军》，《卢作孚研究》2017年第1期。
③ 张守广：《卢作孚与川康整军》，《卢作孚研究》2017年第1期。
④ 卢作孚：《五年来的经过》（1932年2月16日），张守广、项锦熙主编：《卢作孚全集》，第1卷，第374页。

帮助。同年3月，已筹集到王治易师长1000元、蓝文彬师长1000元、廖海涛师长3000元，提供了建立科学院所必需的经费支撑。[1]1933年科学院董事会设常务董事13人：董事长刘甫澄（刘湘），副董事长郭文钦（郭昌明），董事甘典夔（甘绩镛）、康心如、杨粲三、温少鹤、何北衡、汤壶峤、任望南、周季梅、郑东琴、郑璧成、刘航琛。[2]当中，刘湘、郭昌明、甘典夔、何北衡、刘航琛5人都是刘湘集团核心成员，其余几位皆是重庆知名绅商。卢作孚还设法向杨森劝募到3万元，1934年7月建成中国西部科学院的主体建筑理化所。建筑为砖木结构，共分三层，一楼一底加阁楼。建筑式样中西合璧，造型美观，气势恢宏。因杨森字子惠，故取名"惠宇"，并请名绅周孝怀题记，以示谢意。杨森得知后，极为欣喜，复函卢作孚道："今兹理化所得观落成，已极欣幸，又荷周先生为之题跋，褒誉过当，转增惭惶。"[3]

其二是政治上的支持。卢作孚在峡区大刀阔斧推行各项建设事业，并非所有人都理解，一些反对者向刘湘告状，甚至匿名攻讦，但刘湘对此却不以为意，对卢作孚高度信任。1931年8月刘湘在杜少裳、何北衡等人陪同下到北碚考察。何北衡在演讲中提到了卢作孚在北碚遇到的困难，以及刘湘的支持。他说："这几年来刘督办（即刘湘）对于峡中事业，比较峡局的朋友还知道的清楚些……他对于各方面活动，是多面的观察，所以他比你们还清楚些。譬如前年有人反对卢作孚，数他的罪状；最近又有告卢作孚说他在民穷财尽的时候，还征求奇花异草、珍禽异兽，供他的娱乐。这些刘督办都是听着的，你们怎能知道呢？说到这里，记起一桩事，不能不佩服刘督办如西班牙王有坚卓的认识。前年卢先生因为有人反对他，愤欲辞职，托我转向刘督办说，当时刘督办答复我道：你所说的社会人士反对他是哪些？今天因少数短见者而遂灰心，社会上哪些事还可以做呢？我对

① 侯江：《中国西部科学院研究》，北京：中央文献出版社，第11页。
② 《中国西部科学院概况》，中国西部科学院编印，1933年，第1页。
③ 黄立人主编：《卢作孚书信集》，成都：四川人民出版社，2003年版，第314页。

卢先生谈，他亦很佩服刘督办的坚卓的认识。"①客观上说，刘湘集团的支持，在为自身赢得"政治空间"的同时，也为对峡区现代化建设的推进留下了必要的发展空间。

二、社会各界人士的赞许

短短数年，昔日以匪窟闻名的嘉陵江小三峡地区便呈现出浓郁的现代气息，成了全国闻名的初具规模的现代化城镇。这一巨大的反差引起中外人士的极大好奇和震动，前来北碚参观者络绎不绝，游历后纷纷赞叹不已。

1930年12月太虚法师参观北碚，感叹北碚在几年间由一个之前人们不能安居，外地人视为畏途的匪窟，变成一个勃勃生气的建设区。并以《创造人间净土》为题，在峡防局演讲，对卢作孚在北碚肃清匪患，开始生产建设和文化建设，极表赞扬，认为北碚的成就证明佛法上所明净土之义，不必定在人间以外，即人间亦可改造成净土。②正是基于对北碚建设的高度认可，1932年8月太虚在刘湘、卢作孚等人的支持下，于北碚缙云山创办了中国第一所高等汉藏佛教院——世界佛学苑汉藏教理院，并自任院长。

1931年8月刘湘偕同杜少裳、何北衡等下属到北碚视察，几人在演讲中都表达了对北碚事业的高度肯定。杜少裳谈到两点感想：

"（一）想到四川的团务、团务人员，对于地方的力量很大的，成了地方自治的中心。地方有匪当然来捍卫桑梓，肃清闾里，地方肃清了，好像无所用了，办团的人就把力量和经费移来办地方各种新事业，设使四川的团务局都像北碚峡防局，那么四川是很好的了。（二）中国原来办各种事业的人，都是先从事修房子、派调查、不顾实际，故事铺张，待房子未修成功，调查未得结果，而原筹定的款子快用尽了，也就算办了一回事业，设使现在四川各县办地方事业的人，都能照北碚这样，那么四川已经不是

---

①杜少裳、何北衡：《北碚是四川的模范村，新大陆不久就会发现》，《嘉陵江日报》1931年9月3日，第1版。

②太虚法师：《创造人间净土》，《海潮音》1931年第12卷第1期。

这样了。"①

　　杜少裳认为北碚模式的意义在于，一是为团务机构在肃清匪患后转向地方建设提供了参照；二是峡防局立足实际，从简单而有意义的地方着手的工作态度值得表彰。他进而夸赞"北碚是四川的模范村"。

　　1931年12月，著名爱国人士杜重远抵达重庆，在卢作孚陪同下参观北碚，并发表抗日演讲。随后，杜重远致信上海《生活》周刊主编邹韬奋，怀着惊异与兴奋之情历数北碚的各项建设事业。对卢作孚更是推崇备至："弟此次到重庆，获晤卢作孚先生。卢公实川中之人杰也……以上种种机关皆为卢公训练出来之二十岁左右青年所经理，弟皆亲自访览，不胜敬佩。北碚面积纵横一百二十里，昔称野蛮之地，今变文化之乡，以一人之力，不数年间而经营如此，孰谓中国事业之难办？党国诸公对此作何感想？卢公年四十许，思想缜密，眼光敏锐，处事勤勉，持身简约，呈时至今日，仍短服布衣，出门向不用车辆，至彼在北碚二十年内之计划（今已四年），即充实内容，深入社会，以全力建设经济基础。弟之来川，以得晤卢公为平生第一快事。"②北碚之行，让杜重远对卢作孚大为佩服，两人从此引为知己。③

　　1932年5月，原南通中学校长穆济波来峡，他在讲演中对北碚和南通的建设事业进行了对比，认为南通事业属于少数资本家，而北碚事业属于多数民众，能最大限度的调动民众力量来参与建设。他说南通的建设事业全凭张謇以状元公大地主大官僚身份号召起来，一旦他去世，这些事业也便终止了。"他所办的事业，北碚都办得有的，北碚办有的事业，往往为南通所没有……北碚的事业是在革命时代才新兴起来的，是以民众的力量来替民众办事……又才以民众的力量来开始着手建设事业，所以这些事业决不是卢作孚先生一人创造出来的，不过他有计划，他有雄心来贯彻他那种计划，使你们有用力之地，但南通事业完全凭一人的力量去干，所以前途

　　① 杜少裳、何北衡：《北碚是四川的模范村，新大陆不久就会发现》，《嘉陵江日报》1931年9月3日，第1版。
　　② 杜重远：《从上海到重庆》，载《狱中杂感》，上海：生活书店，1937年，第184—187页。
　　③ 张守广：《卢作孚年谱长编》，北京：中国社会科学出版社，2014年版，上册第280页。

危险，北碚的事业，则不可以预量，因为民众的力量是不可以预量的。"①

1933年8月中国科学社在北碚召开第十八次年会，来自全国各地的科学家参观了医院、民众教育馆、《嘉陵江日报》馆、西部科学院、图书馆等机构，对北碚的乡村建设成就十分钦佩，称赞"北碚本一小村落，自卢作孚氏经营后，文化发展，市政毕举，实国内一模范村也"②。中国科学社总干事杨允中评价："峡区各项事业，赖作孚先生之苦心经营，迄今可谓成功。江苏有南通，四川亦有北碚。南通之建设固是完备，而北碚之精神上之建设，视之南通更为完备，且精神之建设较之物质之建设尤为长久。"③著名植物学家胡先骕作《蜀游杂感》一文，称赞卢作孚"其目光冥然而远，其声音清而尖锐，一望即知其有理想家，而非现实主义者。盖其办事之热忱，舍己耕人之精神，有大类宗教改革者，故其事业进步之速，亦出人意表也"④。胡先骕从经济、教育、科学、治安等方面，褒扬北碚建设成绩之卓然，强调"其所办之学校与通俗教育尤有朝气"，感慨"可见在适当领袖人物领导之下，百事皆易于成就也"。

张嘉璈在1934年游历四川后，赞赏卢作孚是致力于四川革新的有志之士，其苦心从事的社会工作乃"努力精神建设"⑤。1935年12月，文化人士李涛应邀游览北碚，在候船过程中与一位农夫的闲聊给他留下深刻印象。他在《四川北碚的乡村建设事业》一文中写道：

> 北碚有些什么？多啦！啥子（川语）团务局、特务队、农村银行、地方医院、民众学堂、博物馆、图书馆、温泉公园、西部科学院、北川铁路、天府煤矿等。
>
> 对你们有什么好处？好多好处哩！自从团务局把土匪打跑，我们才得以安居乐业，以往逃难出去的，也都慢慢儿搬回来了。

---

① 穆济波：《南通与北碚》，《嘉陵江日报》1932年5月28日、29日。
② 《中国科学社第十八次年会纪事》，《科学》第18卷第1期，1934年1月。
③ 《北碚富于精神建设》，《嘉陵江日报》1933年8月27日，第1版。
④ 胡先骕：《蜀游杂感》，《独立评论》1933年第70号，第14页。
⑤ 《张公权畅论游历四川感想》，（重庆）《商务日报》1934年8月27日。

病人到地方医院治疗化[花]不上几文钱；穷人们也可以到农村银行借钱做点小生意；读不起书的上民众夜学，不化[花]钱，有书看；动物园里有许多奇奇怪怪的鸟兽；博物陈列馆的东西我们都高兴看；只是西部科学院不能轻易进去，进去也看不懂是干什么的。

是谁创办的呢？啊！你还不知道吗？卢作孚先生呀！（同时伸出他那粗而黑的大拇指暗示给我看）①

一问一答中，农夫用朴实的语言，直观地表达了对卢作孚主持的嘉陵江三峡乡村建设中经济事业、文化事业的敬仰之情。李涛的文章详细记叙了他对峡区事业的考察情况，他在文末写道："北碚全部的乡村建设事业，我们虽粗粗地看了一下，实在觉得兴奋而钦佩的，他们干的精神，尤其是值得效法的。"他号召国人在民族危机空前加深的背景下，更不应悲观消极，可以峡防局职员热情投入北碚建设事业为榜样，踏实苦干。

经济学家张肖梅考察北碚后，盛赞此地为世外桃源。她告诉记者："与教育有极深切关系之三峡地方，实为川中之洞天福地，不啻世外桃源。查三峡之北涪[碚]地方，从前本为匪区，自经杨森克复后，由民生轮船公司总经理卢作孚先生竭其全力以经营之……其地有精神饱满，武器精良之民团，以捍卫地方；有完善之教育机关，以启迪民智，其设备如仪器馆、图书馆、医院、研究室、卫生馆、学校、工厂，以及改良茶馆，改良戏院等等，无一不备。道路之清洁，布置之整齐，为全国各地所无。"②她甚至以"上古盛治之世，道不拾遗，夜不闭户，仿佛似之云云"来形容北碚。可见峡区的现代化建设在很大程度上符合了她对理想社会的浪漫化想象。

1935年2月中央行营参谋团一行人参观北碚后盛赞："巴县名胜之区，首推北碚。自经吾川卢作孚君日夜经营，擘手规划以来，将此数百里不毛之地建设得整饬有序，大有可观。使十年前遍地荆棘，匪风四炽之三峡，

---

① 李涛：《四川北碚的乡村建设事业》，《教育与民众》，第7卷第6期，1936年。
② 张肖梅：《张肖梅谈考察观感》（续），（重庆）《商务日报》1934年6月21日，第6版。

到如今竟成夜不闭户，游人如织之境界，真可谓化险夷为有用之地，开荒芜成名胜之区。能者自能，信不诬也。是以在川或异地来川之有识者，无不以赴北碚一游为快乐。"①

近代乡村建设运动的各位倡导者对北碚也极为推崇。黄炎培先生在1936年游历四川后写道："诸君从普通地图上找'北碚'两字，怕找遍四川全省还找不到。可见这小小地方，还没有资格接受地图编辑专家的注意呀！可是到了现在，北碚两字名满天下，几乎说到四川，别的地名很少知道，就知道有北碚。"②

1939年，晏阳初应卢作孚之邀来到重庆北碚参观，回去后对中国平民教育促进会同仁发表演说。他说："重庆的北碚有卢作孚先生所热心经营的乡村建设区，他无论如何要我和梁漱溟先生前去参观一下。我看到那里的工矿经济建设，都很有成绩。"晏阳初对卢作孚的乡村建设以发展经济为主给予了充分肯定，希望其领导的中华平民教育促进会将来能与之合作。③同年，著名教育家陶行知也在参观了北碚各乡镇后，激动地说："我在北碚参观了一周，看到了你们创办的经济事业、文化事业和社会事业，一派生机勃勃的奋发景象……北碚的建设……可谓将来如何建设新中国的缩影。"④

北碚的建设成就甚至传到海外，得到国际社会的肯定。1944年私立乡村建设学院孙恩三教授在美国杂志Asia and America's撰文《卢作孚和他的长江船队》谈到"北碚现在有了博物馆和公园，有了公路和公共体育场，有了漂亮的图书馆和一些建设得很好的学校，还有一个非常现代化的城市市容"，惊叹北碚是"平地涌现出来的现代市镇"，"是迄今为止中国城市规划的最杰出的例子"。⑤1948年，由中美两国专家组成的中国农村复兴委员

①《参谋团畅游北碚》，《商务日报》1935年2月22日，第2版。
②黄炎培：《蜀道·蜀游百日记》，上海：开明书店，1936年，第114页。
③晏阳初：《四川建设的意义与计划》，《晏阳初全集》，长沙：湖南教育出版社，1992年，第2卷第123页。
④陶行知：《在北碚实验区署纪念周大会上的讲演》，华中师范学院教育科学研究主编：《陶行知全集》，长沙：湖南教育出版社，1985年，第3卷第311页。
⑤孙恩三：《卢作孚和他的长江船队》，《亚洲与美国》（Asia and America's），1944年第6号。译文载《卢作孚研究》2005年第3期。

会来到北碚考察，北碚的城市风貌使他们大为吃惊："各委员发现北碚市容，如宽广的街道，各种公共建筑，市政中心，及其他事项，都远非普通中国城市所可望其项背。"北碚由一个偏僻乡场变成为一座中外知名的美丽城市。①

---

① 吴相湘：《晏阳初传》，台北：时报文化出版事业有限公司，1981年，第470页。

第四章　全面抗战爆发后疏建区的形成

　　全面抗战爆发后，日军凭借军力上的优势快速推进，使国民政府首都南京所受威胁日趋严重。为应对时局的突变，1937年11月20日，国民政府在明定四川为抗战大后方，重庆为国民政府驻地后，发表移驻重庆宣言，迁都重庆。1938年10月武汉沦陷后，国民政府党政机关也相继迁到重庆①，重庆成为中国的战时首都。与此相应，中国东部沿海和中部地区的大量人员和物资迅速向重庆及西南各省内迁，出现了中华民族历史上规模空前的由东向西的人口大流动，以及由此而引起的生产力大转移和文化大扩展现象②。北碚由于与重庆间水陆交通便利，加之城镇建设已初具规模，政治相对稳定，经济相对繁荣，社会开放包容，且周围山多林密，有利于防空，被国民政府确定为迁建区。嘉陵江三峡乡村建设实验区署积极主动配合国民政府、重庆市政府，开展迁建区与疏建区工作，为大量迁碚机构提供具体政策支持，为迁碚人员提供工作、生活上的便利，为人才聚集和发挥作用搭建了平台。

---

　　①中共重庆市委党史研究室：《中国共产党重庆历史第一卷（1926—1949）》，重庆出版集团、重庆出版社：2011年7月第一版，第302页。

　　②中共重庆市委党史研究室：《中国共产党重庆历史第一卷（1926—1949）》，重庆出版集团、重庆出版社：2011年7月第一版，第304页。

第一节　全面抗战爆发后的机构迁碚

全面抗战爆发后，国民政府开始实施全国总动员，并为适应持久抗战的需要，决定迁移沿海各项机构、单位，逐渐形成了一股宏大西迁潮流。当然不少厂矿企业，机关团体来到重庆市区后，碍于高昂地价、频仍轰炸等因素，再行搬迁、疏散，部分机关团体则得益于北碚地方长官的盛情邀请，最终于北碚落地。主要为分宜昌大撤退前后的迁碚与大轰炸背景下的二次迁建两个阶段。这种蔚为大观的迁碚景象，应该说这既是北碚人士开怀接纳的结果，同时也反过来为北碚地区的现代化，为科学文化知识的传播，提供了重大便利，更显示出北碚作为内迁地，为抗战大局发挥了重要作用。

一、宜昌大撤退前后的大规模迁碚

1938年6—10月，中日武汉会战。国民政府在组织武汉保卫战的同时，将前期运至武汉的物资30万吨以上，于1938年10月25日武汉沦陷前陆续抵至宜昌。近万名工程技术人员也在宜昌候船西上[1]。同时，上海、南京迁往武汉的121家企业中有近80家企业的器材、设备，陆续运到宜昌。此时的宜昌，遍地是器材、设备，遍街是人。所有滞留在宜昌的人员和物资，都必须赶在日军的前头迅速运走。更为严峻的是，枯水期即将来临，所有滞留人员和物资必须在40天内运完[2]。

国民政府为应付紧迫的由宜昌入川的运输任务，遂成立"军事委员会水路运输管理委员会"，任命民生公司总经理卢作孚为主任委员，全权主持其事。卢作孚慨然受命[3]。

---

① 《重庆陪都史书系》编委会：《国民政府重庆陪都史》，重庆：西南师范大学出版社，1993年9月，第38页。

② 湖北省宜昌市地方志办公室：《1938年中国的"敦刻尔克"宜昌大撤退图文志》，贵阳：贵州人民出版社，2005年9月，第61页。

③ 《重庆陪都史书系》编委会：《国民政府重庆陪都史》，重庆：西南师范大学出版社，1993年9月，第38页。

当时仅有24艘轮船可以使用，按照当时的运力，要三年时间才能完成物资和人员的内迁任务①。

在参与抢运的24艘长江上游中国轮船当中，只有2艘不是民生公司的轮船，外国轮船亦有数艘，但因中立关系，只运商品，不运一切有关抗战的东西②。可见大撤退中民生公司发挥了主力军作用。

1938年10月24日，满载人员、物资的"民权"轮从宜昌启航，拉开宜昌大撤退的序幕。

在这40天的时间里，卢作孚大多是在宜昌、重庆一线直接调度。卢作孚采取了一系列措施和办法：一是强化组织指挥。抽调民生公司各处室精兵强将，调集业务经理童少生、李肇基、袁子修、陈国光等在宜昌组织抢运，加强领导；同时集中40多名川江著名船长、领江云集宜昌，参加抢运；又调集公司副经理、襄理及有关主任，组织成立了总动员委员会，轮流上船考察监督，并出巡到宜昌、万县等港，加强对抢运的组织发动，确保运输有序展开。二是出台办法，采取紧急措施。制定《非常时期客运救济办法》，作出二十一条规定；并决定降低票价，乘客一律实行坐票；对公教人员及战区难童，给予提前抢运并给予免费或半价优待；对货物运费只收取平时的十分之一；公司还制定了《宜渝加速运输的新计划》、《护货法大纲》和《应付特殊局面的运输计划》，以确保各线航船运输任务的实施。三是采取分段运输。对最重要、最不易装卸的机器设备，由宜昌直接运抵重庆，然后从重庆满载出川抗日的士兵；对相对次要、不易装卸的轻型设备运至万县一带；更轻便的运到三斗坪附近。四是增加码头设备和装卸力量。在宜昌五龙增加一处码头；在三斗坪、青滩、巴东等地设转运站；在"民乐"轮上安装负载30余吨的吊杆等。五是增加船岸无线电台，为组织各船抢运，民生公司电台职工自行研制装配的10台电台，安装在公司10艘轮船上，确保及时调度指挥和抢运中的安全。六是征集木船参加抢运。紧急征集川江上大批木船参加抢运，解决能穿越三峡的轮船数量少的困难。

① 中共重庆市委党史研究室：《重庆抗战史1931—1945》，重庆：重庆出版社，2013年7月，第278—279页。

② 重庆地方史研究会：《卢作孚追思录》，重庆：重庆出版社，2001年11月，第165页。

当时三峡航道不能夜航，卢作孚要求各船尽量利用夜间装卸，白天抓紧时间航行①。

在卢作孚亲自部署和指挥下，民生轮船公司员工和宜昌码头工人、三峡沿岸的纤夫、船工们，冒着敌机的轰炸，来往穿梭在汹涌的长江三峡激流险滩上，将前方以及沿海地区搬迁来宜昌的机关团体、科研院校人员和珍贵文物运送入川；将涌到宜昌的难民、难童运送入川；将代表当时国家民族工业的精华和近十万吨兵工、航空、重工、轻工设备器材抢运入川。40天的大抢运，将堆积在宜昌的全部物资的三分之二抢运入川，拥塞在宜昌的3万多人员全部转运入川②。此后20天，在长江水位低落到不能大规模运输之前，堆满宜昌两岸的全部物资运输完毕，宜昌大撤退告捷。

在这次大撤退中，民生公司16艘轮船被炸沉炸毁，116名员工献出了生命，61人受伤致残③。可知民生公司牺牲之多，报效国家之大。

这场大撤退经历了40天大抢运的高峰期，其紧张程度及其在战争中的重要作用，被誉为"中国实业界的敦刻尔克"，其英勇悲壮也甚于后来的敦刻尔克大撤退。

宜昌大撤退，是全面抗战时期整个西迁撤退中最紧张的一幕，是卢作孚和民生公司奋力投入抗战作出的重大贡献之一。一年多前的七七卢沟桥事变发生时，卢作孚就毅然放弃去欧洲考察之行，做好了全力投入抗战的准备。他电告公司全体职工："民生公司应该首先动员起来参加这场斗争！""一切工作迅速地转移到战争的轨道上来，以满足战时运输的紧迫需要！"④从1937年冬开始，民生公司就投入了抢运抗日军队和辎重出川（到1945年抗战胜利时止，民生公司轮船运送军队270.5万多人，弹药武器等

---

① 湖北省宜昌市地方志办公室：《1938年中国的"敦刻尔克"宜昌大撤退图文志》，贵阳：贵州人民出版社，2005年9月，第64—67页。

② 湖北省宜昌市地方志办公室：《1938年中国的"敦刻尔克"宜昌大撤退图文志》，贵阳：贵州人民出版社，2005年9月，第1页。

③ 重庆地方史研究会：《卢作孚追思录》，重庆：重庆出版社，2001年11月，第201页。

④ 湖北省宜昌市地方志办公室：《1938年中国的"敦刻尔克"宜昌大撤退图文志》，贵阳：贵州人民出版社，2005年9月，第60页。

30余万吨）①，抢运机关、团体、企业、设备、物资、人员西迁的工作。与此同时，北碚也开始了热情接纳迁碚单位及人员的工作。

1937年7月21日，国民政府各部院实施战时全国总动员讨论会，会议决定设立国家总动员设计委员会，开始对各领域实施统制管理。其中的资源统制由资源委员会与财政部、实业部、交通部等共同筹办，资源委员会接命后立即召集各机关开会，决定分为八组，从速讨论动员办法。八组中的机器化学组首先建议迅速迁移机器及化学工厂，以适应兵工需要。由此资源委员会派专门委员林继庸赴沪与厂家洽商，劝导迁移②，而上海的许多公司董事、经理也纷纷响应政府号召，表达内迁诉求，比如此后内迁重庆并在北碚设立附属火砖厂的上海大鑫钢铁厂总经理余名钰就表示：

仅就过去一年间危局未曾临头之时，商厂已供给各铁路之铸钢车辆材料，在国币一百万元左右，一旦无法运送，铁路材料即有缺乏供给之虞，其影响运输实可深虑。为此惟有呈请钧会指定办法，将商厂在最短期间中移设内地，庶能尽供给铁钢材料之职。此其一也。再查商厂因承办铁道部自制新车一千辆之铸钢材料，虽交货日期订定来年三月，但因各国备战，炼钢材料多已禁止外运。商厂事前及此，已将锰、锡、镍、铬等各种配剂，存储齐全，足敷一年之用。一旦被人攫取，金钱上损失尚属其次，其为各国禁运物品不易购办，为可虑耳。是以不得不呈请钧会指示办法，将商厂所备之特种原料，火速运存内地，则炼制钢铁即可无配剂缺乏之虑矣。此其二也。③

8月11日，上海工厂迁移监督委员会成立，明确规定迁移目的地为武

① 湖北省宜昌市地方志办公室：《1938年中国的"敦刻尔克"宜昌大撤退图文志》，贵阳：贵州人民出版社，2005年9月，第203页。
② 张守广：《筚路蓝缕：抗战时期厂矿企业大迁移》，北京：商务印书馆，2015年7月版，第99页。
③ 中国第二历史档案馆：《抗战时期工厂内迁史料选辑（一）》，《民国档案》1987年第2期，第41页。

昌，各厂皆走水道先行运往镇江，再由镇江转至武汉，若迁入他地，需征得委员会同意，由此拉开了上海工矿企业西迁的大幕。8月25日，最终迁碚的上海机器厂及其80名工人，此时正由上海出发，开始迁移路程，并于9月2日率先到达镇江，迁移物资总数120吨，到达工人85名，而大鑫钢铁厂由于运送物资总吨数过大（260吨）①，其经理余名钰在8月29日刚刚完成运输手续，填写完成接洽志愿单，导致大鑫钢铁厂9月6日尚在镇江口外，未靠码头。经过漫长的运输，截止1938年2月28日，颜耀秋的上海机器厂、余名钰的大鑫钢铁厂已到达重庆。此时，政府和企业，都意识到接洽地最有价值的资源就是电力，如何妥善地创造和分配电力，既是资源委员会也是企业的首要考虑。林继庸②在指导迁厂工作时，其决策层级的优先选择往往就是电力供给情形③。随着北碚被纳入内迁考量中，资源委员会就计划在北碚建设一座较大规模的电厂，在电厂成立以前，资源委员会首先将一座340千瓦柴油发电机由渝转碚，供给急需，同时河南的中福公司本身亦有发电机供给北碚本地煤矿厂——天府煤矿的用电，但天府煤矿所需电力有限，因此中福将发电机置于嘉陵江边，除供给天府用电外，还可供附近各厂使用，如此便吸引着工矿企业的进一步内迁。迁渝的大鑫钢铁厂即在北碚购得一块地皮，在此建设永久厂房，6月，作为大鑫钢铁厂附属的大鑫火砖厂正式在北碚建成开工。

在加紧搬移沿海重工业的同时，国民政府对轻工业亦有一定"关照"，比如纺织纱厂、丝厂、面粉厂、造纸厂等等。在"应即迁移一部分厂家之工业宜择其设备较新且较精者先令迁移"④方针的指导下，1937年11月1日位于常州武进县的大成纺织染厂被划进了江苏地区拟定迁移工厂名单，开

① 9月初抵达镇江附近企业物资吨数如顺昌铁工厂87吨、新民机器厂70吨、合作五金厂70吨、启文机器厂10吨。

② 林继庸系抗战爆发后的工矿调整处业务组长，隶属经济部资源委员会，此时直接领导和负责民营工厂的内迁，林继庸同时还兼任上海工厂迁移监督委员会主任委员、军事委员会工矿调整委员会执行长，在内迁业务上发挥着举足轻重的作用。

③ 中国第二历史档案馆：《抗战时期工厂内迁史料选辑（一）》，《民国档案》1987年第2期，第42页。

④ 中国第二历史档案馆：《抗战时期工厂内迁史料选辑（三）》，《民国档案》1987年第2期，第58页。

始了内迁。实际上大成纺织染厂的总经理刘国钧在战前即想在四川开展业务，曾经前往成都找卢作孚商议合作办厂，但恰巧卢作孚当时不在四川。抗战全面爆发后，黄炎培也写信给卢作孚，要卢刘二人协力在四川办纺织厂①。双方就合作交换了意见。在谈妥后，大成厂利用民生公司运输的便利，将部分机器、物料泊运至镇江，再转运武汉。

随着东线战场逐渐溃退，局势恶化，武汉也陷入恐慌之中，如刘国钧于1938年1月4日致刘笃生（震寰公司董事）有关分派股息的函电"笃生先生大鉴：昨奉1月3日台函敬悉……鉴于东线战事内移，武汉感受威胁"②。1937年12月和1938年1月，军事委员会下辖的工矿调整委员会在武汉召集各纱厂负责人开会，讨论继续内迁事宜，同时四川方面连续发表许多欢迎工厂入川的文章，四川省政府还制定了一系列优待办法，如"以北碚为工厂区，扩大北碚电厂。至各厂开工后，对原料取给、成品销售等问题组织机构，代为办理"③，于是迁汉或留汉的工厂再度起程西迁。2月28日，大成纺织染厂即抵达北碚，此后便与迁入实验区署的中福公司开始商洽供电事项。而同为染织行业，始创于上海，仍留于汉口的隆昌染织厂也正在积极准备内迁。该厂1937年前即迁至汉口，并以其独具的经营特色，立足于武汉三镇。它拥有一整套机器染色设备，为武汉和附近城市的织布厂加工漂染各种色布，工厂效益逐年上升。全面抗战爆发后，隆昌厂长倪麒时，即将全套染织机器设备拆卸装箱，不顾日机轰炸，交民生轮船公司抢运至重庆。1938年6月10日，大成纺织染厂、隆昌织染厂与北碚本地的三峡织布厂签订协议，在此基础上合并为大明染织厂，继续为北碚的地方纺织染事业带来新的生机。

在由渝迁碚的过程中，也有部分工矿企业因客观因素，未能顺利实现在北碚落地。比如，1938年2月，印龙章的龙章造纸厂本已迁往北碚。不

---

① 孙建昌：《刘国钧与黄炎培》，李文瑞主编：《刘国钧文集·附录》，南京：南京师范大学出版社，2001年版，第163页。

② 李文瑞主编：《刘国钧文集·函电与其他卷》，第8页。

③ 《新蜀报》，1937年12月21日，转引张弓等主编：《国民政府重庆陪都史》，重庆：西南师范大学出版社，1993年9月版，第37页。

过龙章造纸厂因机器未全部运到，故一时不能复工，再加上该厂以木船运输机器曾有两船遇险，损失颇大，最终选定在江北猫儿石作为新厂厂基。企业内迁所需费用绝非小数，据统计，河南的豫丰纱厂仅从郑州到重庆的全程耗费，"已是战前设一个新厂的费用了"[1]。另外，大公铁工厂也曾将到渝物资运往北碚，因鉴于该地建厂一时未能实现，于是又将六部分机件运回重庆。

表4-1　内迁动员下迁碚工厂

工厂名称	迁入时间	迁入地址	职员人数	负责人
常州大成纺织染厂	1938.01	北碚镇	4	刘国钧
大鑫火砖厂	1938.04	黄桷镇麻柳湾	10	谢诗箴
汉口隆昌织染厂	1938.06—07	北碚镇	5	刘汉方代
河南中福煤矿	1938.02—05	白庙子镇	15	孙越崎
上海机器厂	1938年	北碚	—	颜耀秋
美亚织绸厂重庆分厂	1938年	北碚	—	虞幼甫

资料来源：《工矿调整处重庆办事处办理迁川工厂有关事宜报告》，《民国档案》，2016年第1期，第36、38、39、44、45、47页；李文海主编，夏明方、黄兴涛副主编：《民国时期社会调查丛编（二编）》城市（劳工）生活卷上，福州：福建教育出版社，2014年7月版，第314—315页。

就文化教育机构而言，全面抗战爆发后，日本对我国的教育文化机构和设施同样进行了大规模、长时期、有计划的猛烈轰炸和破坏。加之，北平、天津、上海、南京、武汉、长沙、广州等教育中心均相继沦陷，故高校和科研机构所受破坏尤为惨重。"在此次战争中，蒙受损失最大者为高等教育机关……故敌人轰炸破坏，亦以高等教育机关为主要目标"。[2]国民政府先后颁布了《战时内迁学校处置办法》《社会教育机关临时工作大纲》等

[1] 陈景挢：《抗战时期民营企业内迁历程探析——以豫丰纱厂为例》，《重庆第二师范学院学报》2018年第6期，第39页。
[2] 顾毓：《抗战以来我国文化教育之损失》，《抗战中的中国文化教育》，中国现代史资料编辑委员会翻印，1957年版，第28—29页。

文件，并在"抗战建国"的国策下，有计划地从宁、沪、平、津各地文化教育和科研发达地区将人员、仪器设备、图书资料等撤迁到西南大后方。

1937年9月5日，卢作孚致函民生公司代总经理宋师度，请其协助"中国科学社迁往北碚，在渝转运及北碚联络转信转电诸事，盼嘱公司同人特予扶助。渝中各事业有须特取联络之处，并盼特接洽为感"①。作为当时重量级的民营科研机构，中国科学社生物研究所的内迁受到北碚地方人士的大力支持。9月13日，该研究所已经开始迁移，卢作孚再次嘱咐宋师度，告知西部科学院提供住房帮助。该研究所迁入中国西部科学院后，暂驻惠宇楼，但因中国科学社内部人员过多，惠宇楼不够工作分配使用。1939年，北碚地方政府斥资在新桥（今北碚区朝阳街道新房子社区）新建办公楼。1940年2月大楼落成，中国科学社生物研究所搬至此处。

1937年，"八一三"事变爆发后，复旦大学学生开学到校极少。不久，南京教育部派人来沪，指示复旦大学、大同大学、大夏大学、光华大学四所私立大学组成临时联合大学内迁，大同、光华因经费无着落而退出，复旦大学、大夏大学组成了中国历史上第一所联大，二者联合在庐山牯岭上课一个月后，大夏大学先去贵阳，复旦大学则下山经汉口到重庆，由此"复旦大夏联合大学"分二部分别迁往重庆、贵州。内迁途中，学校的图书仪器、化学药品物资繁杂，只得拣购急需项，快速转运。当时由汉口至宜昌段的运船，联大倒能接洽顺利，唯独宜昌往重庆段的运船，由于全面堵塞，实在无法安排，无奈只得向时在宜昌的行营发出请求，"有院长教授等七人、书籍仪器一百六十五箱，乘差船由汉来宜，请该处迅拨差船运渝"②。同期的复旦学生，也陆续由庐山牯岭抵达宜昌，在当地向各方接洽宿食船只后，约十日后才更进一步，当时的学生即感"宜昌候船六七天，办事的人急得像热锅上的蚂蚁，同学们逛遍了马路之后，只好到东山公园的旁边飞机场去看飞行了。有些还想跳上飞机，飞到前线去，有些像趁机

————————

① 黄立人：《卢作孚致宋师度涵》，《卢作孚书信集》，成都：四川人民出版社，2003年版，第590—591页。

② 复旦大学档案馆选编：《抗战时期复旦大学校史史料选编》，上海：复旦大学出版社，2008年5月版，第7—8页。

做民众运动"①。可见,宜昌在内迁业务里承担的中转重任。1938年2月,
复旦大学迁入东阳镇下坝。虽然办学条件已是举步维艰,但复旦到碚后却
"大部分持政府之辅助……教职员薪水虽亦不免因补贴拖欠,伹并不打折
扣,当局且复多方筹措,故虽欠,亦只一二个月"②。

1938年,多家科研文化机构迁碚,有的具有政府背景,有的具有民营
性质,但无一例外都是彻底的文化和学术单位,他们的内迁为国家的科教
事业保存了火种。如中国辞典馆,迁至北温泉公园观音殿;中苏文化杂志
社,迁来歇马镇白鹤林刘家院等等;中华教育全书编纂处,1938年迁至北
碚金刚碑乡,与1942年迁来北碚蔡锷路的国立编译馆合并。

表4-2　内迁动员下部分迁碚科教文卫机构

机构名称	迁入时间	迁入地址
中国科学社生物研究所	1937.09	北碚文星湾惠宇楼
中山文化教育馆	1937.11	北碚中山路
私立复旦大学	1938.02	东阳镇夏坝
经济部矿冶研究所	1938.04	白庙子
中华教育全书编纂处	1938	北碚金刚碑乡长沟
中国辞典馆	1938	北温泉公园观音殿
中苏文化杂志社	1938	歇马镇白鹤林刘家院
华中图书公司北碚分店	1938	

资料来源:重庆市北碚区政协文史资料委员会:《抗日战争时期的北碚》,1992年
10月,第6、7、8、12、13页。备注:1941年11月25日,国民政府行政院第五届一次
会议通过决议,复旦大学翌年起由私立改为国立。

二、大轰炸背景下的二次迁建

随着国民政府的西迁,重庆一跃成为中国的政治、经济与文化中心,
但也很快成为日军战略轰炸的主要目标。重庆大轰炸第一阶段是1938年2

---

① 谢六逸主编:《复旦大学校友节北碚立校纪念特刊》,复旦大学刊印,1938年,第15页。
② 费华:《复旦在北碚》,《复旦同学会会刊》,1938年,第2页。

月—1939年1月①，第一批迁碚的工厂与科教文卫单位基本于1938年中旬已陆续抵达，而第二批迁碚高潮正是在1939年前后，也就是重庆大轰炸背景下的疏、建政策出台。厂矿内迁"1937年8—12月为第一阶段，1938年1—12月为第二阶段，1938年10月至1940年7月为第三阶段"②，机构二次迁碚基本是在第二阶段到第三阶段中开始的。

政府机构迁碚。1939年2月上旬，重庆市政府奉国民政府命令，动员全市机关、学校、商店限期疏散，同时命令中央、中国、交通、农民四家银行沿成渝、川黔公路两侧修建平民住宅。3月底，"国民党中央、国民政府机关组成迁建委员会，以刘峙为主任委员，并决定各机关迁散至重庆周围"③。

国民政府各院、部、会、局因轰炸侵袭关系，多数不得已再迁至郊区。1939年，国民政府中央海外部及国民政府立法院、司法院、司法行政部、最高法院、最高法院检察署、财政部税务署等等大量党政机关在北碚迁建区划成后，相继来碚，继续办公。国民政府的党政机关在此一时期的迁碚机构占据了一个不小的数量，反映出机关迁建区的价值导向。

科研机构迁碚。比如，中央研究院是民国时期中国最高学术研究机构，最先迁入重庆的是中央研究院气象研究所，该所于1938年1月中旬由汉口抵渝，2月中旬又迁至曾家岩，后因曾家岩位于市区稠密地带，各种机构拥塞，既不适于科研也不利于安全，故而于1939年5月再度迁移至北碚金刚碑乡。中央研究院动植物研究所最初迁往长沙和衡山，1939年1月迁入北碚，翌年迁入文星湾惠宇楼，与中国科学社生物研究所共用房屋开展工作。

高校迁碚。比如，1937年11月23日，江苏省立医政学院大部分教职工与135名医科学生，乘船溯江而上，进行一次有组织的避难。沿途颠沛流

---

① 参阅潘洵等：《抗日战争时期重庆大轰炸研究》，北京：商务印书馆，2013年3月。

② 张守广：《筚路蓝缕：抗战时期厂矿企业大迁移》，北京：商务印书馆，2015年7月，第99页。

③ 关孜言：《重庆大轰炸期间的人口疏散研究》，重庆师范大学硕士论文，2010年3月，第42页。

离，居无定所，但是随迁图书、仪器、标本和车辆完整无缺，并且沿途租用民房开课。1938年8月9日，在湖南与南通学院医科合并而成国立江苏医学院（苏医）。1939年4月，学校因遭遇大轰炸迁至北碚牌坊湾，在碚期间还建立了附属医院，并设有公共卫生事业所、高级护士职业学校等。

工矿企业迁碚。迁建区形成后部分工矿企业也在迁建区分设新厂。比如，豫丰纱厂由郑州迁至汉口，再经由沙市（现荆州）、宜昌两地迁移到重庆，最终先后在合川县（1940年）和巴县蔡家场筹设分厂和机器厂。

一直到豫湘桂战役后，仍有机构在不断迁碚，"1944年，日军发动豫湘桂战役，由于桂林沦陷，抗战爆发后迁至桂林的物理、心理、地质三研究所也迁到重庆。物理、心理两研究所设于北碚"[1]。豫湘桂战役后，迁碚机构总数已较少，未能再形成大规模迁碚趋势，原因在于国民政府反复斟酌后确立了抵抗到底政策。比如，中国战区参谋长魏德迈曾多次询问蒋介石迁移首都的准备，蒋介石则认为"此为中华历史与民族志节关系，不能讨论，余虽被敌在渝包围，亦决不能离渝也"[2]。同时，也确与国民政府并未在豫湘桂溃败下有官方动员迁移命令相证，不仅如此，官方亦出台了制止此时欲再度迁移的命令。

　　　资源委员会中央电工器材厂重庆办事处
　　　急，桂林〈铮〉〈学〉〈素〉、贵阳〈麟〉〈钟〉、独山〈汉〉〈桓〉〈孚〉〈良〉：
　　　公密顷谒见翁钱二公，奉渝桂厂迁建计划暂不必进行，至是否迁回桂林一星期后另电饬知。已分电桂筑，独希知照。〈震〉〈觉〉[3]

---

[1] 张凤琦：《抗战时期内迁西南的中央研究院》，《抗战文化研究》2014年版，第23页。

[2] 《蒋中正日记（1944年）》，台北：抗战历史文献研究会，2015年刊印，第176页。

[3] 《恽震关于告知桂厂迁建计划暂不必进行是否迁回桂林应另候电知致冯家铮、俞绍麟、杨作孚的电》（日期不详，当在豫湘桂战役爆发后），重庆市档案馆藏，档案号：02150001019200000045。

因此，大部分厂矿、科研文教机构并未出现成规模的搬移倾向。重庆大轰炸与迁建区形成后的二次迁碚机构的具体情况，可以参见下表。

表4-3　大轰炸背景下的二次迁建（工矿企业）

工厂名称	迁入时间	迁入地址	职员人数	负责人
正中书局印刷厂	1940.09	朝阳镇金刚碑	11	范献臣
重庆印刷厂第二工厂	1941.12	朝阳镇天生桥	17	唐崇李
广利肥皂厂	1941	澄江镇马家坨	7	牟欧平

资料来源：李文海主编，夏明方、黄兴涛副主编：《民国时期社会调查丛编（二编）》城市（劳工）生活卷上，福州：福建教育出版社，2014年7月版，第314—315页。

表4-4　大轰炸背景下的二次迁建（党政机构）

机构名称	迁入时间	迁入地址
国民大会代表选举总事务所	1939.01	北碚天生桥吴家祠堂
军政部陆军制药研究所	1939.05	北温泉公园益寿楼
国民党中央海外部	1939	蔡家岗镇嘉陵江边的天印村余家院
国民政府立法院	1939	歇马镇农云村独石桥
国民政府司法院	1939	歇马镇莲池村莲池沟
国民政府司法行政部	1939	歇马镇小湾村许家院
最高法院	1939	歇马镇红旗村涂家片
最高法院检察署	1939	歇马镇互援村刘家沟
中央公务员惩戒委员会	1939	歇马镇农兴村高台丘
国民政府主计处统计局	1939	北碚金刚碑
财政部税务署	1939	北碚天生桥
财政部禁烟督查处	1939	北碚中山路85号
全国度量衡局	1939	北碚蔡锷路13号
教育部教科用书编纂委员会	1939	北碚蔡锷路34号
国民党中央组织部	1940	蔡家岗镇嘉陵江边的石龙村赵家湾赵家大院
行政法院	1940	歇马镇石盘村何家下院
军委会战地党政委员会	1940	歇马镇盐井坝
中执会革命勋绩审查委员会	1940	龙凤桥镇长滩村何家槽
国防部最高委员会文卷管理处	1940	东阳镇天子庙

续表

机构名称	迁入时间	迁入地址
行政院水利委员会水利示范工程处	1940	北碚中山路62号
交通部重庆公共汽车管理处	1940	北碚天生桥9号
行政院非常时期战地服务团	1940	金刚碑乡前进村蔡家湾
军令部中央军需学校	1940	蔡家岗镇洪家榜
军政部兵工署驻北碚办事处	1942	北碚蔡锷路38号
内政部敌国人民第一收容所	1942	北碚静宁路
经济部日用品管理处	1943	北碚天津路37号
军令部中央测量学校	1944	北碚澄江镇

资料来源：重庆市北碚区政协文史资料委员会：《抗日战争时期的北碚》，1992年10月版，第2—5页。

表4-5　大轰炸背景下的二次迁建（科教文卫机构）

机构名称	迁入时间	迁入地址	备注
中央研究院动物研究所	1939.01	北碚文星湾惠宇楼	
中央研究院植物研究所	1939.01	北碚文星湾惠宇楼	
经济部中央地质调查所	1939.02	北碚鱼塘湾	
国立江苏医学院	1939.04	北碚牌坊湾	
中国救济医院	1939.05	北碚石墙院	
中央研究院气象研究所	1939.05	金刚碑乡团山堡村水井湾	
通俗读物编刊社	1939	东阳镇么店子	
中央农业实验所	1939	北碚民族路7号	
中央工业实验所	1940	北碚杜家街	
国立国术体育师范专科学校	1940	北碚金刚碑	1942搬至蔡锷路19号
私立立信会计专科学校	1940	北碚中山路	
中华全国文艺界抗敌协会总会办事处	1940	北碚天生新村	
汉剧抗敌流动宣传队	1940	北碚吉林路24号	
正中书局编审部及印刷厂	1940	北碚金刚碑	
勉仁书院	1941	北碚金刚碑	
文史杂志社	1941	北碚黑龙江路52号	
《新华日报》北碚发行站	1941	广州路47号	后迁天津路8号
国立社会教育学院电化教育专修科	1942	北温泉松林坡中华教育电影制片厂	

续表

机构名称	迁入时间	迁入地址	备注
国立编译馆	1942.03	北碚区蔡锷路	
国立歌剧学校	1943	北碚中山路	
中国史地图表编纂社	1943	北碚黑龙江路8号	
中央研究院物理研究所	1944.12	北碚杜家街	
中央研究院心理研究所	1944.12	北碚杜家街	
国立戏剧专科学校	1945	北碚中山路	迁碚后与歌剧学校合并

资料来源：重庆市北碚区政协文史资料委员会：《抗日战争时期的北碚》，1992年10月版。

综上所述，迁碚机构大体以1937年末至1938年末为第一个抵达高潮，1939年后至1943年为第二个抵达高潮，前者时间段与国民政府组织和动员的沿海沦陷区机构内迁的努力吻合，后者与重庆大轰炸持续时间几乎平行。具体观之，不难发现在所有抵碚机构中，工矿企业多在第一个高潮中迁入（第一次6家，第二次3家），而党政机关在第二个高潮，也即大轰炸背景下迁建区的建立后开始迁碚（29个），并且在当年（1939）和翌年（1940）基本完成迁入，科教文卫机构则同样选择二次迁建北碚为多（第一次9家，第二次21家）。这两个案例都显示出在国家权力推动和号召以及北碚人士的热情接纳下，内迁机构大多能顺利进入北碚，并在当地继续维系着民族和国家的存亡。在两次迁碚高潮中，自始至终均出现了大量科教文卫机构的身影，这种蔚为大观的景象进一步冲破了后方民众的传统思想，拓展了当地民众的视野，为北碚地区的现代化奠定了更深的思想基础，也为科学文化知识的传播、北碚文化水平的提高和民主运动的高涨提供了必要条件。

三、北碚工业区的筹设与搁浅

由于战时重庆公路交通较为落后，铁路尚在孕育之中，主要的交通方式仍为水运，因此，重庆战时工业的地域结构呈现出以水运为核心的特点。而在沿海工厂西迁的背景下，来渝的工矿企业，继续沿着嘉陵江溯流而上，最终迁移北碚也成了工矿调整处（此时直接负责办理厂矿迁移事项）的重点考虑事项。其中，最重要的原因是"北碚城市发展与重庆城市发展的差异很大"①。换言之，北碚的城市发展一则规模尚且较小，有利外厂迁入，二则本地的市政规划兼具周全，整个城市的基础设施同地区发展基本适应。

1938年3月24日，汪泰经（经济部昆明厂筹备副主任）、范英士（四川省建设厅驻渝办事处主任）、夏国斌（江北县县长）等乘车同往北碚，察看北碚上、下坝，预备建厂地基一事。此前，关于北碚计划建立工业区，并在东阳镇上、下坝购地的事项，颇受四川省政府重视。早在该年2月18日，林继庸即致电卢作孚"今南轩兄（此指吴南轩，时任复旦大学校长）已在蓉面答，愿放弃原有主张②，且已在北碚温泉峡三花石地方妥觅复旦大学永久校址。此事似可作一结束"。范英士也在同日致卢作孚"据云北碚东阳镇上下坝地方决建为工业区域，拟以二十工厂移设该处……各厂不能不事集中，实无余地再分作复大校址。倾复晤郑璧成兄，则谓复大校址已另觅定温泉上流三花石地方，想更无问题矣"③。

3月24日，峡区区长唐瑞五、主任黄子裳、蚕桑制种场王君陪同汪泰经④，一起调研下坝。次日，一并前往上坝考察。经调查发现，上坝的土地年前已由四川省建设厅购进，为省立蚕桑制种场使用，而制种场得到省政府训令，随时可以迁移，拨归建筑工厂，下坝土地面积不如上坝多，并且其中有数块已经被本地单位购得，比如嘉陵丝厂及江北县农场。25日下午，范英士、夏国斌、汪泰经和唐瑞五召集下坝业主约十余户，到区公所谈话，将省政府决定收买该地拨归建筑工业区的方案进行解释，约谈过程中，政府人士比较能够注意，"以前年收买上坝及近来购进下坝数块之地价

① 隗瀛涛主编：《近代重庆城市史》，成都：四川大学出版社，1991年8月版，第470页。

② 北碚工业区拟设于东阳镇上、下坝，唯复旦大学此时也拟迁入此地，故二者关于下坝地基的使用权发生过短暂的矛盾，后吴南轩退却，这里言其放弃原有主张即意在此。

③ 卢作孚著，黄立人主编：《作孚书信集》，成都：四川人民出版社，2003年11月版，第634页。

④ 工矿调整处重庆办事处职员，在北碚工业区的筹设过程中，作为林继庸的代表与北碚、四川省建设厅方面处理相关事务。

为比较，评价收买，不始[使]业主吃亏，亦绝不容任何人拒绝收买或高抬地价"①。而北碚业主们也均能明晓民族大义，体谅时局艰辛，表示只要能求得一定代价，卖地义无反顾。

但是在进一步的筹设中，工业区的建立并不顺利。实验区区长唐瑞五出面，准备购买土地，拟先将该地面积绘出，并将各业主所持有地亩数目及生产量进行标注，再与之谈判，确定地价，在与业主们定约后，先付半数，而后补齐尾款。使用购得土地建筑工厂有先后之分，在某地使用时可全部付款并进行诸如"青苗费"一类补助，不使用时暂让原持有人劳作生活。经过调研计算，下坝全部价值约为6万余元，第一步的定金应该首先准备4万元，而关于这4万元，范英士认为应由四川省建设厅拨发5000元，其余由内迁各厂筹备，每家出3000元即可。但是，范英士认识到内迁业主们捉襟见肘的境地，就于3月28日又致函林继庸，如果各厂家不能凑足4万，尚须厂矿调整处垫付。3月30日，四川省建设厅厅长何北衡也致电林继庸"如各厂一时不能付出，拟请工矿调整处代垫，并盼早日将款拨交敝厅渝办事处办理，并希见复"②。

4月2日，工矿调整处重庆办事处上报关于北碚上、下坝购地一事以及四川省建设厅的提议。

丙、款项问题

（一）下坝全盘收买，面积较上坝略小，照当地熟习者估计，约须6万元左右；

（二）范主任已允许先措5000元备作付给定金之用；

（三）其余数目，省府表示无力担负，拟令工厂先付若干，或由调整处垫付。③

---

① 中国第二历史档案馆：《抗战期间筹设北碚工业区相关史料一组》，《民国档案》2016年第1期，第3页。

② 中国第二历史档案馆：《抗战期间筹设北碚工业区相关史料一组》，《民国档案》2016年第1期，第4页。

③ 中国第二历史档案馆：《工矿调整处重庆办事处办理迁川工厂有关事宜报告》，《民国档案》2016年第1期，第7页。

同日，工矿调整处吴至信致电四川建设厅驻渝办事处，表示调整处已经决定代垫四万元，汇交川省建设厅，用以购地支付定金。4月5日，林继庸将北碚购地一事致函工矿调整处处长翁文灏，在将勘地、定价、拨款完整汇报以后，进行了质疑"查地亩问题，本利于速办，一则便利各厂之早日兴建，二则地主既愿出卖……但该处将来由田地辟成市区，所有种种关系之问题，亦须熟加考虑。除市区设计与管理应俟另草方案外，其关于此次购地，则将来开辟马路所占地皮之价款，应由何方担负？又此次建厅商请本处垫款交该厅代办，对于将来订立买契时，买主应为何人？"①最终，林继庸经过反复权衡后提出了解决方案，他认为调整处垫款（可垫3.5万元）交由建设厅重庆办事处后，买契上仍用调整处名义，以后各厂除了按既定方案应当给予的地亩外，其余土地可向调整处购领或租用，如此手续便捷，管理亦可集中。

4月12日，工矿调整处出台了筹设北碚工业区的系统规划，包括与各个单位共组市政筹备委员会负责北碚工业区内一切市政事宜，同时罗列了时局亟待办理的事项，比如地区范围的圈定、地段收购、马路规划、水电装置等等。由此拉开了北碚成为"四川之新工业区"②的建设序幕，但最终结果却并非如愿。此前勘察上坝土地本为蚕桑制种场使用，此时却闻仍有部分上坝土地已被嘉陵纱厂购入，并且为该厂预定厂址，而四川省府虽命令制种场迁移，但因地面所种桑苗，蚕桑制种场也须等收采后方可转移，而下坝由范英士办理收买购地的活动仍尚处进行中。迁厂事关紧急，为使各厂安定问题从速解决，工矿调整处决定暂时采取化整为零的政策，各厂自行在渝觅定基地，由工矿调整处重庆办事处协助购买或借用。这已使得北碚工业区的建立近乎破产，恰恰在此时，许多工厂派员前往北碚实地察看后决定不再迁往北碚，这种态度被工矿调整处敏锐地捕捉到，"查各厂不愿往北碚设厂，原因：（1）该地距渝较远，交通不便，成本提高；（2）仅

---

① 中国第二历史档案馆：《抗战期间筹设北碚工业区相关史料一组》，《民国档案》2016年第1期，第5页。

② 《关于提示东阳镇下坝购地建厂事宜属中央迁建厂委员会主持办理的函》（1938年4月7日），重庆市档案馆藏，档案号：0081100030004330000026001。

适合纱厂而平地不多，土工太昂；（3）中途香国寺地方海关设有卡局，进料运货须多纳附层税款；（4）重庆附近电价既已减低，输送便利"①。由此，工矿调整处不得不协助内迁工厂另觅厂址，北碚工业区也逐渐淡出人们的视野。

9月15日，工矿调整处重庆办事处进行内迁工厂总结报告时亦对此做了说明，"迁川工厂原拟于北碚建设一工业区，嗣以值此战时工厂不宜过于集中，且因此项计划宏大，实现需时，爰由本办事处就重庆附近四五十里电力可及之范围内，择其平坦而交通方便者，加以查勘，介绍各厂择购，以为建筑永久厂房之用。截至现在止，沿嘉陵江有香国寺、猫儿石及沙坪坝，沿长江有窍角沱，均为内迁工厂比较集中之区。如此既不过于分散而失有关工厂之联络，亦不过于密集，而受敌机空袭之威胁"②。这正式为北碚工业区画上了句号，也标志着此项筹设的落空。

北碚工业区作为一开始被工矿调整处予以厚望却未能形成规模性的功能区域，最大的原因还是筹设成本过高，这既包括物质成本，也包括时间限制。从前者来看，初定为内迁各厂合作凑足定金，但以前文豫丰纱厂内迁耗费财产为例，这些工矿企业能够抢运机器，转徙千里已属不易，很难再有财力支付购地费用，即便是最后政府机关分摊地基购买费也不现实。国民政府长期入不敷出，财政赤字严重（1938年赤字占支出的74.63%），要拿出建设整个工业区土地的地价费用谈何容易。就时间限制而言，北碚工业区的构想基本是1938年年初提出，到3月末才开始实地调查，4月初拿出的方案也只能算框架而已，然而，此时迁川工厂已开始逐渐抵渝，希望在北碚着手新建一个工业区，容纳来渝厂企，出发点固然是好的，但随之而来的地基、厂房、电力、交通、职工等等问题实在来不及准备与落实，只得先就近安顿工矿企业，就算当时尚在武汉的上海民营内迁工厂，实际有部分也拒绝迁往北碚等地，因为他们不相信政府能在这么短时间内筹划

①　中国第二历史档案馆：《抗战期间筹设北碚工业区相关史料一组》，《民国档案》2016年第1期，第51页。
②　中国第二历史档案馆：《工矿调整处重庆办事处办理迁川工厂有关事宜报告》，《民国档案》2016年第1期，第35页。

出成熟的工业区，担心"贸然将工厂迁入崇山峻岭，就可能陷入叫天不应、叫地不灵的地步"①。此外在北碚上、下坝调查时，其实也发现其土质基本为沙质冲成地，下挖几米时，土性就发软，用来作建筑地基可能欠佳，更不必说在筹设北碚工业区时，两大政府机构——四川省建设厅驻渝办事处和工矿调整处重庆办事处——产生的猜疑和摩擦，比如工业区购买地基费用的定金，两处协商，范英士开始许诺由建设厅垫5000元，但此后工矿调整处却查明建设厅无款可汇，而何北衡厅长却又向调整处声明建设厅已垫付了万元，调整处查后得知范英士实向其建设厅请垫万元，涉及经济利益，本就容易意见相左，如此前后不一，实属深化了两者间的隔阂。

当然北碚工业区的最终落空并非毫无意义，其筹设时动员的人力物力，包括实地调查，都加强了多方对北碚的了解，对工业区形成的思考与探讨，也使得内迁工厂的安置在更广泛的区域完成。北碚虽然没有建立一个集成化的工业区，但却依然是不少迁渝厂企的临时或永久厂址迁入地，在北碚工业区筹设的过程中，西迁工厂"择定之临时或永久厂址所在地"，实际上已"截至现在略可分为四区：一为重庆城内及附近，一为江北，一为自流井，一为北碚"②。而北碚及对岸东阳镇的上、下坝即便最终没有成功建立工业区，但土地绝非闲置了事，比如下坝即用作了复旦大学校址。总之，对内迁工厂或是机构的接纳始终体现了北碚本地民众的爱国抗日热情和牺牲小我利益，顾全家国延续的高尚品质，这一切都彰显了北碚独特的抗战作用。同时工业区尽管未能成功建立，但这恰为北碚作为大后方的科技明珠提供了广阔的空间，众多科教文卫机构本身更乐意处在一个环境优美、水土宜人、整洁静雅的地区里，北碚几乎完全地吻合了这一条件，于是大量的文化机构迁碚逐渐造就了北碚大后方科技"诺亚方舟"的地位。

① 孙果达：《民族工业大迁徙——抗日战争时期民营工厂的内迁》，北京：中国文史出版社，1991年7月版，第163页。
② 中国第二历史档案馆：《工矿调整处重庆办事处办理迁川工厂有关事宜报告》，《民国档案》2016年第1期，第11页。

第二节 三峡实验区署对迁建的因应

1939年前后，日机对重庆的轰炸日益频繁，为兼顾"积极"防空与"消极"防空，并缓解内迁大潮下臃肿不堪的重庆市区的窘状，机关迁建和人口疏散成为国民政府在渝的新政策。此一时期，随着中央迁建区的制定，北碚被划入迁建区内，大量党政机关抵碚，同时北碚也被划入重庆市人口疏散区域，三峡实验区署自身既面临着如何妥善接纳各中央机关的难题，又面临着安排众多内迁民众的问题。实验区署对内迁作出因应，并在这个过程中处理和协调好官与民、中央与地方等等关系。体现出北碚本地人民与地方长官对外的热情接纳，同时显示出全方位、多层次、宽领域的支持。

一、中央迁建区的形成与范围

为应对日本的大轰炸，从1938年起，国民政府、军事委员会及当时实际主持重庆及西南行政工作的国民政府军事委员会委员长重庆行营就开始着手部署重庆的人口疏散工作，而且此时第一波内迁高潮远未结束，重庆市就已经开始派员出发调查市郊及周围乡村以择定疏散地址。

自国民政府1937年11月20日宣布迁都重庆后，不到2个月时间就已经开始规划重庆市区外疏散空间的建立，彼时距离武汉会战（1938年6月）正式打响还有约半年的时间，其疏、迁政策的形成绝非被动和偶然，而是体现了足够的先见性和科学性；对江北及巴县的勘察实际也基本符合此后迁建区的地理范围，比如巴县"整个县境呈月牙形从东、西（中央迁建区）、南三面环抱重庆市区。这种特点使巴县交通发达，信息灵通，与城市经济、文化、科技交流十分密切"[1]。

1939年2月上旬，重庆市政府奉国民政府令，动员全市机关、学校、

---

① 巴县县情调查组编：《百县市经济社会调查：巴县卷》，北京：中国大百科全书出版社，1992年8月版，第3页。

商店限期疏散。3月，陪都重庆先后成立了重庆市疏建委员会与中央机关迁建委员会，前者负责统筹宏观上的重庆市人口疏散工作，后者专责中央党政机关的迁建事宜。4月，报载"重庆各机关奉命迁散，已组织迁建委员会，由行政院政务处长蒋廷黻为主任委员。已开四次会议，决定将渝市各机关迁散于附近一百公里内，现有四机关将于一个月内迁往办公"①。5月，"五三""五四"大轰炸震惊中外，国民政府为保市民安全，进一步实施城市人口向郊区的大疏散。国民政府党政机关的员工和眷属大批前往渝西渝北，这里住房不够，商业服务设施不足，受到外来人口骤增的刺激，简易房屋和商店便迅速拔地而起。

　　严格地说，重庆市疏建委员会与中央机关迁建委员会，业务工作是互不统属，职责不一的。比如疏建委员会从城区总的人口疏散、机构外迁的角度出发，负责划定市民疏散区、商店疏散区，指定沿途驻军保甲以及召集疏散区地主谈话让地等庶务②。而中央机关迁建委员会则协调落实所有中央机关的迁建地点、迁移过程与迁建区域建设。

　　迁建区自1939年2—3月开始动议建立，直到1946年国民政府返都南京时撤销，存在时间长约7年。③1939年3月31日，行政院下函重庆市政府"沿成渝公路自老鹰岩至北碚一段，已指定为中央各机关迁建区域，市内住民之疏散不得向该区域内迁移"④，明确将中央机关的迁建独立于重庆市整体疏散工作。在进一步的规划中，中央迁委的说明是"迁建区以歌乐山市区界限以西，迄北碚沿公路线两侧南北三公里为其界限"，按此原则，通过多次会议协调确定了各中央党政机关的确切迁入地址。但迁建区范围的厘定较为模糊，这也引起了此后几年部分机关业务开展的困惑。

　　①《重庆各机关迁散》，《申报》，1939年4月2日。
　　②《重庆疏建委员会筹备讨论发放办事员交通费等的会议记录》（1939年4月10日），重庆市档案馆藏，档案号：0081100030043300000026001。
　　③苏健红、吴广：《重庆抗战时期"迁建区"范围内抗战遗产的保护与利用初探》，《遗产与保护研究》2018年第6期，第61页。
　　④《关于指定老鹰岩至北碚一段为中央各机关迁建区域的函、代电》（1939年3月31日），重庆市档案馆藏，档案号：0053000200082。

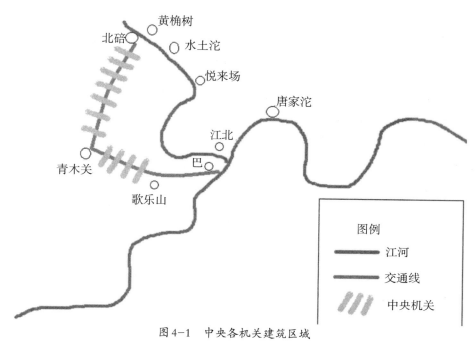

图 4-1　中央各机关建筑区域

资料来源：《行政院秘书处关于检送各机关建筑区域略图致重庆地方法院的函》
（1941年8月26日），重庆市档案馆藏，档案号：0110000400749000002000。

　　中央迁建区的大致范围形成以歌乐山老鹰岩为起点，沿成渝公路两侧3
公里范围，经青木关直达北碚三峡乡村实验管理区署的南北30多公里的广
大地区，它包括歌乐山、山洞、高店、西永、土主、陈家桥、兴隆、青木
关、歇马、石桥、新发、井口、同兴、蔡家、凤凰、新丰以及北碚及所属
二岩、澄江、文星、黄桷树等乡镇。这一片国民政府中央党政机关指定疏
建的特殊区域，在地图上看起来像一条弯曲的巨龙，长达六七十公里，以
至有人说"歌乐山是龙头，北碚是龙尾，那青木关可以说就是龙身了"①。
当然实际情况是这条"长龙"从歌乐山老鹰岩往东下山，还延伸到了高滩
岩和小龙坎，因为这一带抗战时期也是可以躲避空袭的乡村，就像是"巨
龙"的触须。

────────

　　① 高小余编著：《沙坪学灯耀千秋——重庆"沙磁文化区"抗战纪实》，重庆：重庆大学出版
社，2015年12月版，第154页。

　　1940年1月，为加强国民政府中央机关迁建区的防护工作，成立了重庆防空司令部直辖的中央迁建区防护区团，内部分设歌乐山防护团及北碚防护团，并按照市县组织规程订立《中央迁建区健全防护组织办法》，负责辖区内的防空、救护、治安等项业务。中央迁建区歌乐山区团所辖范围在高店、青木关、山洞等原10个乡基础上，新增蔡家、同兴、井口、石桥、新丰共15个乡；中央迁建区北碚区团扩大到当时的北碚嘉陵江三峡实验区署全境，即北碚、二岩、澄江、黄桷树、文星镇5镇组成，这些乡镇各成立防护分团，分团正副团长均由重庆市防空司令部委任，设有警报、警备（兼理灯、火、交通）、救护（兼理避难、管制）、灯火管制、消防（兼理防毒）、担架、工务7个班。当时制定的"中央迁建区健全防护组织办法"规定：

　　　　（1）本部为适应中央机关迁建区之实际需要，特参照各省市县□□组织规程订本办法。（2）中央机关迁建区除所辖原有巴县、璧山、北碚所属之11乡镇外，应事实上之需要，特将巴县第一区之蔡家、同兴、井口、石桥、新发、新丰6乡镇及北碚实验区所属二岩、黄桷树、澄江、文星4镇划入该区组织。（3）迁建区地域辽阔，按照该区实际情形及事实需要，组设两区团直属重庆防空司令部。（4）区团名称订为"中央迁建区防护团歌乐山防护区团"及"中央迁建区防护团北碚防护区团"。（5）歌乐山防护区团团部设于歌乐山，以境内山洞、高店、西永、土主、陈家桥、兴隆、青木关、歇马、石桥、新发、井口、同兴、蔡家、凤凰、新丰等组十五分团属之；北碚防护区团团部设于北碚，以境内北碚、二岩、澄江、文星、黄桷树等组设四分团属之。[1]

　　总之，中央迁建区的实际范围，其所包括的区域，以歌乐山、山洞及

---

[1] 重庆市档案馆、重庆市沙坪坝区地方志办公室编：《民国歌乐山档案文献》，2004年版，第381—384页。

北碚五镇为核心区域，有成渝公路贯穿迁建区全境，迁建区其他地方如土主、虎溪、青木关、西永等巴县、璧山所属乡镇，形成迁建区外围区域。①也就是说，广义上的中央迁建区为唯一名称，坐落于陪都西郊，接纳各党政机关，并依其迁入区域的发展程度，逐渐衍化出歌乐山迁建区和北碚迁建区，两个核心次一级迁建区，从地理上看，也刚好分属渝西渝北两端。中央迁建区为加强区内安保防护工作，同时设置了中央迁建区防护区团，下辖歌乐山区团和北碚区团，也证明确以此两地为核心。

此外中央迁建区的形成与重庆市区的形成也起到某种互联互动的效力，尤其是随着迁建区的划分，"东起涂山脚下，西到沙坪坝，南抵大渡口，北抵北碚、合川一带，在两江半岛市区周围形成若干卫星城镇"②。1939年5月5日，由国民政府主席林森签署的训令正式将重庆市改为直隶于行政院的城市，重庆由此成为战时的直属市。5月30日，四川省政府、重庆市政府以及江北县、巴县开始勘划经界，行政院与内政部牵头着手进行扩划重庆市区的工作。重新改划行政区域一直持续到年末，并在第二年（1940年）正式举行了漫长的新市区交接会议，这一系列关于四川省与重庆市的省市界限调整会议又持续了近一年的时间，议题涉及清界、交接、接收等事项，最终在当年年末基本完成新市区的交接工作。在划界过程中，出现明显的"迁建区"身影，比如1939年6月14日，蒋介石直接下达手令：

一、沙坪坝、磁器口、小龙坎等处，均应划归重庆市管辖。并将自重庆市起至以上各该地沿公路两侧，不准再添建大小房屋及机关工厂。

二、自现在起，在重庆市范围内民房之建筑，必须预留宽大火巷（应规定尺寸与范围），不得有十间房屋相连之建筑。违者

---

① 苏健红、吴广：《重庆抗战时期"迁建区"范围内抗战遗产的保护与利用初探》，《遗产与保护研究》2018年第6期，第61页。

② 关孜言：《重庆大轰炸期间的人口疏散研究》，重庆师范大学硕士论文，2010年3月，第42页。

应议处，并重新拆造。凡已经造成者，应严令拆除。

三、在划区未发表以前，关于以上各地之防空疏散限制建筑事宜，皆应由市政府负责主持，以收统一之效。[①]

沙磁地区已处歌乐山脚，蒋介石欲划入重庆市内，可知有迁建考虑，尤其是规定市区至此地公路两侧，均不得再建房屋，自然是服从于迁建区的主旨，也即防空疏散为首要目的而作出的考虑，当然此时重庆市的扩划市区工作刚刚启动，蒋介石更要趁此时机将该地纳入重庆范围，于是"各地之防空疏散限制建筑"就完全统一为"市政府负责"了。

二、北碚疏建区的规模与规划

中央迁建区本身因涉属国家机关，故区域带有明显的排他性，尤其是对普通市民基本采取隔绝的态度。但北碚迁建区的特殊性正在于此，不同于歌乐山迁建区域高山林密的孤立特性，实验区署的五镇，本身是拥有较为良好的基础设施建设的"现代化市镇"[②]，这决定了迁入北碚周边的中央机关，不可避免地会和一同疏散至北碚的公私团体产生交集，如此即形成了迁建区域与疏散区域的两大交集，双方充分地接触，一起造成了北碚本土政治、经济、文教等事业蔚为大观的场面，更使得"北碚疏建区"从事实上得以可能。北碚疏建区成为依托北碚实验区署，而自然形成的党政机构、事业单位、公教人员、内徙难民聚集地，双方在这一环境里产生了深度的交融。

1940年12月10日，中国国民党中央执行委员会党史史料编纂委员会上呈重庆市政府，询问"疏建区之范围，究系包括原属何县、何乡、镇、集场或小村落"，23日，重庆市政府先将前文疏建会所拟之人口疏散方案，进行函复。同时，又因自身供给平价米业务需要，渝市府复呈行政院咨询

① 中华民国陪都史课题组编：《中国战时首都档案文献 迁都·定都·还都》，重庆：重庆出版社，2014年12月版，第53、54页。
② 张瑾：《卢作孚"北碚模式"与20世纪二三十年代重庆城市变迁》，《中国社会历史评论》2005年，第12页。

"机关学校疏建区"，行政院答曰"所系'疏建区'即迁建区，其范围应包括老鹰岩以西至北碚沿公路两旁各机关及眷属疏散地区"①。当时由迁建会主持的中央机关迁建和疏建会主持的重庆市人口疏散，是两个不同性质的工作系统。由于生活场景的随意，时人对"疏散"、"迁建"、"疏建"，不分系统的混用，造成实际工作和认知中的障碍。形成模糊的"疏建区"，却在疏建会处界定成人口疏散区，在行政院处又界定成机关迁建区，实则以业务划分，"疏散区"和"迁建区"是不同的。

从实际范围来看，北碚疏建区则应以重庆市疏建委员会与中央机关迁建委员会所拟的重合地点为标准，即北碚乡、黄桷树镇（含东阳镇），这两处既是北碚疏建区的法定区域，又是其狭义范围。但在实际工作中，随着多元机构的迁碚，北碚五乡镇（北碚乡、黄桷树镇、文星镇、澄江镇、二岩镇）均有省外单位、人士迁往，其辐射圈内的歇马、蔡家亦有相当数量的接纳，同时区署的对外扶持政策，基本可见划一通报区内各乡镇，故而北碚疏建区广义范围即为彼时整体行政意义上的嘉陵江三峡实验区。

北碚疏建区吸引了大量外来人口。以迁碚人员籍贯为例，也可管窥多元化人口为疏建区带来的丰富生态和浩大规模。以1941年区内的人口籍贯可知，外省人士总占比达16%，各乡镇分布不均衡，比如二岩乡的外籍人士占比只有0.36%，而相较为中心区域的北碚镇，占比竟高达43.2%。"外省籍之移入住户约居移入住户总数百分之四十一"②，即除下江人以外，川省各地，尤其江、巴、璧、合四县的迁碚乡民同样为多。

---

① 《关于询问疏建区范围的函》（1940年12月10日），重庆市档案馆藏，档案号：00530019023660800107000。

② 周立三：《战时移民地理之一例——北碚附近战时移民之分布及其特征》，《地理》1943年第3卷第1—2期，第2页。

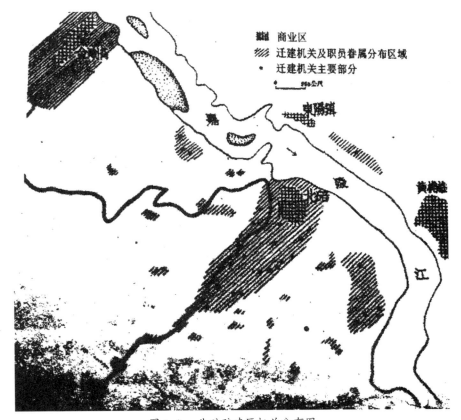

图 4-2　北碚疏建区机关分布图

说明：图中"迁建机关"在本文的语境下，应包含机关迁建和人口疏散业务中的迁碚公私团体总和。

资料来源：孙承烈：《北碚聚落志》，张守广：《北碚城镇化变迁：北碚志九篇及相关资料汇编》，北京：人民日报出版社，2017年5月，第244页。

表 4-6 北碚疏建区内人口属籍表

三十年三月十日调查

乡镇别	各籍贯人口总计			本区籍人口数			本省籍人口数			外省籍人口数		
	合计	男	女	合计	男	女	合计	男	女	合计	男	女
全区	65993	33825	32168	47019	24012	23007	8187	4730	3457	10787	5083	5704

说明：1."本省籍"等于重庆籍外加除去本区籍的四川籍；2.调查对象为全区普通户与船户；3.区内各乡镇样本值略去。

资料来源：《户人口属籍报告表》（1941年3月10日），重庆市档案馆藏，档案号：00810004003990000168000。

随着省外机构的初步落地，北碚成功聚集起一批工矿企业与科教文卫单位，尤其是随着创设"四川之新工业区"的口号提出，北碚的工业属性愈发高涨，更显示出在国民政府的定位中，北碚独特的抗日战略地位。但北碚工业区的搁浅，一方面使得本地工业属性退却，另一方面又使得幽静宜人的自然风光得以保留，迁碚工厂停止了，迁碚趋势却没有中断，早先的战略定位，在重庆大轰炸引发的疏散与迁建业务下，转换为党政机关、科教文卫单位的续迁，北碚疏建区形成。三峡实验区署对北碚疏建区形成反应迅速，1939年前后的实验区公文，不论是对上呈函，或是对下通报，不论是请示与批复，或是政令与记录，均屡见不鲜地在文本开头强调一种场景，即省外公私团体大量迁碚与北碚被划为"疏散区"、"迁建区"的事实，例如1939年4月17日，实验区署为扩大住宅区而向上致呈，呈文开头即言"省外人士，及各事业机关，以职区位于嘉陵江畔，水陆交通，均极便利，而治安亦有保障，故纷纷迁移来区居住"①，这既是对客观形势的阐述，也暗示着北碚地方的"疏建区"主体意识开始出现，区署快速承接政策落地，并将其作为地方建设的名片展开。

北碚疏建区实际上形成了以北碚防护分团、二岩防护分团、澄江防护分团、文星防护分团、黄桷树防护分团为核心的范围，其后虽然又有其他地区分团成立和加入，但北碚疏建区大致不脱离以上范围。实际上迁建区与疏散区即为对重庆大轰炸的直接反应之一，与之相应的防空防轰炸的防护团制度，自九一八事变后就开始酝酿并逐渐完善，也在战时始终与之形成相互缠绕的面相，因此，北碚防护区团的建立可被视作北碚疏建区的重点规划。

① 《关于拟扩大北碚住宅区办法上重庆疏建委员会的呈》（1939年4月19日），重庆市档案馆藏，档案号：00640008007140000134000。

　　九一八事变后，在日军逐渐逼近的侵略威胁下，消极（间接）防空的理念日益推广，防空演习的开展以及就读于防空学校的大量学院毕业后在各省市积极开展防空业务，国民政府意识到必须建立正式的防护团组织才能担负起平时防护业务之推进与战时防护勤务之执行。1936年春，国民政府第一个防护团组织——南京防护团正式成立。抗战爆发后，为减少抗日后方在空袭时的损害，国民政府要求在各省（市）成立专门的防空机构——防空司令部，负责各该地的一切防空事宜并主管当地防护团。如江西，抗战爆发后即组建南昌防空司令部，办理江西战时防空事宜，次年3月，军委会调整防空机构，复改组为江西全省防空司令部。战时陪都重庆于1937年8月23日即建立防空司令部。1938年6月29日，国民政府军委会又颁发《各省市县防护团组织规程》，成为防护团运行的基本法，由此，各地防护团就转由各省市防空司令部指挥开展防空工作。①

表4-7　重庆防空司令部直辖北碚防护区团组织系统表（截至1940年1月）

区团长	卢子英				
副区团长	刘学理、李爵如、陈彧				
	北碚分团	黄桷分团	澄江分团	二岩分团	文星分团
成立日期	1939年12月27日	1939年12月28日	1940年1月	1940年1月3日	1940年1月7日
消防班	28	40		10	18
警备班	24	25		12	10
警报班	12	6		12	2
救护班	12			12	12
担架班	23	21		12	
工务班	16	6		12	4
补给班					4
警戒班		15			
联络班		9			
担架班		21			
防毒班		7			

　　① 参阅黄辛建：《抗日战争时期国统区防护团研究——以成都为中心的考察》，四川师范大学硕士论文，2008年4月10日。

续表

	北碚分团	黄桷分团	澄江分团	二岩分团	文星分团
成立日期	1939年12月27日	1939年12月28日	1940年1月	1940年1月3日	1940年1月7日
避难管制班					4
灯火管制班		6			4
交通管制班		15			4
总计团员	115	154	195	73	62
分团长	刘文襄	王训能	王香普	周还浦	苏潾生
副分团长	廖文书、王志伦、伍济川	杨相成、陈仲尧、邓志学	黎继光、戚銮、刘杰	周承祥、周文问	谭寅宾、刘竹君、潘世德

资料来源：重庆档案馆藏：《嘉陵江三峡乡村建设实验区防护团文星分团团员名册》《关于组织重庆防空司令部直辖北碚防护区团北碚分团并检送名册的呈》《关于组织重庆防空司令部直辖北碚防护区团二岩镇分团并检送编制表上嘉陵江三峡乡村建设实验区署的呈》《关于报送嘉陵江三峡乡村建设实验区黄桷镇防护团成立日期及编制表上嘉陵江三峡乡村建设实验区防空支会的呈》《重庆防空司令部直辖北碚防护区团澄江镇分团团员名册》《重庆防空司令部直辖北碚防护区团文星分团编制表》。

不管是区团长、副区团长，抑或分团长、副分团长，皆根据1+3的模式任命人事安排（二岩另一副分团长为黎继光兼任）。此外，实验区各镇分团的具体架构设置大有不同，北碚镇与二岩镇的防护团架构较为精简，黄桷树镇与文星镇则其为详略。实际上以北碚防护团为例，在之前作为嘉陵江三峡乡村建设实验区北碚区团的时候，就有详细的撤席组、运水组、水龙组、警备班、巡逻组、岗位组、侦察组、救护班、担架组[1]，并且训练方案中也存在灯火管制队、交通管制队[2]等等。

值得一提的是，因为防护团员对于迁建区防空工作甚为重要，对于其兵役应该缓征的声音较早地就出现了。比如，1939年6月13日，实验区署就收到了下级报请，"查防护团员对于空袭危害之避免此因亟大，此请尽缓

---

[1] 《嘉陵江三峡乡村建设实验区防护团北碚区团名册》（日期不详），重庆市档案馆藏，档案号：0081000400209000067000。

[2] 《嘉陵江三峡乡村建设实验区防护团北碚区团训练方案》（日期不详），重庆市档案馆藏，档案号：0081000400209000078000。

征服兵役一节不无理由"①，在进一步向上呈报后，10月11日，重庆防空司令部最终通过实验区缓调兵役的申请，"分别规定各县防护团员之轻重，此有已规定之团员一律以缓役以利防护"，当然防空司令部也担心政策执行不力，严令"不可随意增加，擅利更易，以免滥于缓役"②。实际上北碚疏建区的防护团并不单纯只有固定几个乡镇防护团，比如1939年6月20日，就有"夏溪口乃国家燃料转运重地，且为寇机往来经过之区，为未雨绸缪预为防御减少无谓牺牲计，特由本市绅商及各机关"③，成立过夏溪口防护分团，不仅同样设置正副分团长，警报交通等班，且也获得了实验区的认可，有法律效应的臂章、规程、图记。1940年3月28日，该团被澄江分团合并接收。同样的情况还有如张家沱菓园一带成立的中央工业试验所防护团，大沱口象鼻嘴一带成立的慈幼院防护团，它们都未能在北碚疏建区的历史中留下过长的痕迹。

三、对迁碚机构的支持

北碚疏建区对内迁机构、团体、人员的政策支持大体可分为土地、经济、治安三项，其中土地有关建筑租佃与兴修、地皮使用，经济主要有关食米粮税，治安则有关警察安保事项。北碚疏建区相关扶持政策来源，一为区署或管理局自行订制，二为上级，即重庆市或四川省相关机构制定和下达，但无论何种方式，北碚均坚定地支持了内迁机构的安置、重建。

首先从土地租赁及购买情况来看，早在1939年4月，随着疏建区开始形成，卢子英就注意到"窃自抗战军兴以来，省外人士，及各事业机关，以职区位于嘉陵江畔，水陆交通，均极便利，而治安亦有保障，故纷纷迁移来区居住。北碚市因而繁荣，各镇人口随之激增！以致北碚原有住宅

---

① 《关于准予防护团技术人员缓兵役给嘉陵江三峡乡村建设实验区署的训令》(1939年6月13日)，重庆市档案馆藏，档案号：00810004001120000189000。

② 《关于缓调嘉陵江三峡乡村建设实验区各县市防护团员的训令》(1939年10月11日)，重庆市档案馆藏，档案号：00810003007190000008000。

③ 《关于组织嘉陵江三峡乡村建设实验区夏溪口防护团并检发臂章式样的函、指令》(1939年6月)，重庆市档案馆藏，档案号：00810004002180000039000。

区，范围狭隘，不敷应用"①。因此制定了《扩大北碚住宅区办法》，对北碚作了系统的建筑规划。但自重庆市严令疏散以来，过量人口来碚，尤其是新兴建筑，拔地而起，随处可见，已经影响到了疏建区正常的市政建设，尤其是防空与交通的隐患反而加重，因此实验区署下决心加大力度进行规范，在此前公布的《重庆防空疏散区域房屋建筑规则》基础上，于9月3日制定了《嘉陵江三峡乡村建设实验区防空疏散区域房屋建筑规则》。《规则》共20条，对公私建筑的许可、开工、起造以及房屋所占面积、间距、颜色有明确规定，其最大着力点即在于"建修房屋之房主务顷依照规定手续具备图纸申请勘察，经核准后，方能动工"。比如第四条就直接针对未经申请核实而开工的私有建筑，将会依造价百分之十至二十处以罚款。不过当月四川省第三区行政督察专员公署即来信质疑"查一所拟规则，其余各条，尚属可行，惟第四条处以罚锾百分之十至二十，实属过重，究竟有无根据何种法令？"10月13日，卢子英作出回应，是以"来区避难人士，络绎不绝，区内房屋不敷供给"，于是一些牟利之徒"不遵规定，随地擅仿建房，希取重租"，并且还解释到"如有所罚，即作补助防空建筑及设备花费之用，俾取之地方，仍还之地方"②可见，北碚地方人士仍是以疏建区的正常发展为前提，力图维持区域秩序。

　　1940年4月16日区署开始实施重庆卫戍司令部颁发的《疏建区内各乡镇村落房屋调整办法》，应对疏散来碚人士与北碚本地人士的住房交叉问题，以下即节选自《办法》：

　　　　三、各乡镇村落所有房屋之区别为左
　　　　1.公共房屋，即祠堂、寺观、庙宇、会馆，已停办之学校等，属之。
　　　　2.民有房屋，即人民私有之住宅。

---

　　①《关于拟订扩大北碚住宅区办法上重庆疏建委员会的呈》（1939年4月17日），重庆市档案馆藏，档案号：0064000800714000001340000。

　　②《关于鉴核嘉陵江三峡乡村建设实验区署防空疏散区域房屋建筑规则的呈、令（附规则）》（1939年9月12日），重庆市档案馆藏，档案号：0081000300176000000300000。

四、公共房屋依左列规定分别迁让

1.位置在村落中者，原有住户，迁入村落民宅居住，寺庙僧人，应设法紧缩腾让。

2.位置在市镇者，原有住户或僧人，向乡村疏散，完全让出，为有被军队地方团队占住者，应尽量紧缩腾让。

五、民有房屋依左列之标准实施腾让

1.凡空房旧房及预留储岁房所，一律让出。①

由此可见，北碚人民响应和接纳重庆市区外疏团体、人员的力度相当大，基本都"紧缩腾让"。此外，因涉及到外来人口在本地租房事项，区署同期还出台了有关租佃房屋的实行办法。例如，疏散区内"房屋建造于民国廿七年底（编按：1938年）以前者，租金数目不得超过民国廿七年原租金数目百分之二十"，而"建造于民国廿八年以后者，租金不得高于建筑物与土地之总价年利二分以上"②。由此对北碚疏建区房屋的出租人与承租人进行了相当程度的权利界定。实际上疏建区内的土地使用一直都实行严格管理，毕竟疏建的最大原因即来自日本轰炸的威胁，如若随意建筑，将带来极大的隐患。1942年8月14日，北碚管理局收到四川省政府令，开始对公有建筑进行修建限制，要求各政府机关因需要兴建须提交包括"地形图及地盘图，其比例尺不得小于五百分之一；全部工程图样（包括平面立面剖图），其比例尺不得小于百分之一；施工说明书；预算说明书"③。

1939年11月，重庆空军司令部曾致函实验区署，认为重庆市仅有白市驿机场与广阳坝机场，不足以应付日军空袭高压，尤其是两个机场如若同时被炸，则国军战机无地可降，实属危险，因此勘定和修建预备机场用作临时着陆场所就应该提上议程，而司令部择定的正是北碚疏建区，"北碚附

---

① 《关于抄发重庆卫戍总司令部处理疏散区内房屋租佃暂行办法及疏散区内各乡镇村房屋调整办法的训令》（1940年3月），重庆市档案馆藏，档案号：00810004002200000033000。

② 《重庆疏建委员会制定处理房屋租佃办法》，《嘉陵江日报》，1940年4月18日。

③ 《关于抄发公有建筑限制暂行办法给北碚管理局的训令（附办法）》（1942年8月14日），重庆市档案馆藏，档案号：00810004016260000030000。

近□现平地一处，长有几百余米，宽有一百五十米，土质坚硬，地极平坦，为天然之飞机降落场……该管区署卢子英区署长，派工略将石块检除，即堪应用"，最后司令部还认为"该处既无设施自无目标暴露之虞，该团体等均为文化机关，当晓军备上设施虚实之理"。对此卢子英上呈公函"该地面积太小，不但起落不便，尤其紧接市场，万一有事，危险殊大"，并认为疏建抵碚的事业单位"在八十以上"，而疏建住户则"近四千"，司令部择定的机场在北碚、黄桷镇的隔江间，如果被敌机窥见，"危险之大，实难想象"。又说附近工厂，尤其是硫酸、染织、火砖厂较多，"主要供给工业"，两岸居民大多刚历经迁徙而至，再因修建机场大动干戈，实"率多忧惺"①。于是在北碚滨江一带建筑航空飞机场一事，就此搁置，这也能体现出北碚迁建区有意为内迁机构营造和谐、安定的生产生活氛围，而且相比容纳迁碚机构，新建建筑——尤其是新建一个机场所要耗费的人力物力过于庞大，牵一发动全身，劳民伤财可能得不偿失。

北碚地方政府对疏建区氛围的保护和营造，还反映在对学校教育事业的政策扶持。实验区白庙乡中心学校校长就说过"窃职乡中心学校自去岁九月改组以来，为时一年有半叠蒙地方机关首长及教育热心人士援助校具增加达六千余"②。私立兼善中学校长也曾致财政部四川省北碚管理局田赋管理处处长（卢子英）"敝校先后购买此间王陈氏等产业七处，以作增建校舍及运动场之用，兹遵照四川省政府颁布购置产业契税暂行条例第十条之规定，缮具征购校地请免契税"，卢子英的回应简明扼要"查该校自兴办以来，成绩昭著，□□照章予以免税"③。足以体现其对疏建区教育事业的重视。

疏建区对内迁机构的政策支持亦包括防空洞的修建。"敌机轰炸之目标

---

①《关于建筑航空机场有关事宜的代电、公函》（1939年11月），重庆市档案馆藏，档案号：0081000300228000001000。

②《关于报送嘉陵江三峡乡村建设实验区白庙乡中心学校迁建教室费用预算书上嘉陵江三峡乡村建设实验区署的呈》（1941年12月13日），重庆市档案馆藏，档案号：0081000400660000013000。

③《关于免征私立兼善中学建筑校舍、运动场契税的呈、公函、指令》（1943年2月18日），重庆市档案馆藏，档案号：0081000402612000057000。

已渐由城市而移至乡镇，查此等地带或则工厂业集或则机关学校林立而疏散前往之市民为数尤多，倘遇空袭，势必聚集郊野或麇集山头，最易引为目标"①，故而对内迁人员的支持和保护更不能忽视北碚疏建区相关防空洞的修建。值得注意的是，1939年9月15日对北碚镇的统计显示，此地共建有11处防空洞，而其中有3处都建在北碚小学附近，地址分别是"北碚小学后面""北碚小学前面""北碚小学侧面"②，似乎再次突出实验区署对教育事业的重视程度。直到抗战末期，北碚疏建区各镇的防空洞统计如下表。

表4-8　北碚疏建区各乡镇防空洞统计简表（1942年）

乡镇名	全区	朝阳镇	金刚乡	龙凤乡	白庙乡	文星乡	黄桷镇	二岩乡	澄江镇
可容人数	28154	24069	3130	2160	3230	1405	1200	1260	2700
数量	118	46	13	11	5	22	5	6	10

资料来源：《北碚管理局各乡镇防空洞统计简表、调查表》（1942年），重庆市档案馆藏，档案号：0081000900034010 0327000。

其次从民生支持来看，主要围绕粮食进行相关政策制定和倾斜。比如1941年7月12日，世界红十字会中华各会联合总办事处给重庆市粮食管理委员会函称，"本会拟在北碚迁建区筹设平价粥厂，以济贫艰民众"，而筹设平价粥厂救济贫民"共办四个月，需米粮七百二十石"，5天后，重庆市粮食管理委员会回函，表示目前疏建区食米"尚感不敷"③，因此暂无余粮可发。国民政府于1941年11月19日，为解决中央机关职员及其眷属生活问题，公布了《重庆市及迁建区各公务机关购领平价面粉暂行办法》④，自然得到拥有大量迁碚党政机关的北碚疏建区的重视。《办法》共9条，规定

①《关于重庆市郊及疏建区内应增筑公共防空洞的提案》（日期不详），重庆市档案馆藏，档案号：0081000400360000 00267000。

②《嘉陵江三峡乡村建设实验区防空支会建筑北碚防空洞一览表》（1939年9月15日），重庆市档案馆藏，档案号：00810003007880000026000。

③《关于拨售建筑北碚疏建区平价面粉厂需用平价米的函》（1941年7月12日），重庆市档案馆藏，档案号：00700001001050000032。

④《重庆市及迁建区各公务机关购领平价面粉暂行办法》（1941年11月19日），重庆市档案馆藏，档案号：00180001000410000161000。

由于粮食的紧缺，疏建区供居民购买的粮食包括平价米和平价面，每个机关或个人都有明确而严格的就餐数量，比如"各机关购领平价面粉，不得超过十月份实领数量"，平价面与平价米的折合比率为"平价面粉三十八斤半折合平价米二斗"，为了限制粮食的购买量，粮食部制定的购米表中列明了"机关名称""上月份"和"本月份"以及"平价米""平价面""代金"几个栏目，使得每个机关部门购买的平价米和平价面一目了然。

　　1942年3月18日，国民政府粮食部收到北碚疏建区粮食供应协进委员会的粮贷申请"称北碚人多田少，常感粮食缺乏……请贷款□百万元购粮供应"。26日，粮食部作出批复，"查核尚属实情，应予照准"，同时规定粮食由粮食部陪都民食供应处代购，疏建区不得直接向各地收购，以免刺激市场粮价。4月20日，陪都民食供应处作出具体安排"拟在所领铜梁、武胜征集谷项下，按照合川市价划据价值一百万元之米，交与北碚疏建区粮食供应协进委员会"并且"所请增设北碚办事处一节，应毋庸议"①，即在北碚疏建区同时设陪都民食供应处北碚办事处。实际上在3月28日，疏建区即实行了一次免捐，"本局经收各镇乡杂捐，本为辅助教建经费而设，现教建经费，虽仍为困穷，收不敷支，但如菜市、水果杂捐，所收无几，实如杯水车薪，无济于事，特将下列各捐，截至本年三月底止一律停收"，"定四月一日起即开始实行"②，规定菜市、水果、鱼市、炭市、猪市停捐，比如天生桥菜市、文星猪市、菜市、澄江菜市、黄桷猪市、菜市等统统免征。这一切〔⋯〕区在粮食粮税政策上的开源节流，最大限度地调剂和维持区〔⋯〕急定，满足人民基本生活需求。又如1942年6月17日，设立〔⋯〕日镇新桥的长江制药厂上呈粮食部，认为北碚非产米地区，山〔⋯〕米来源又少，"逐日零卖，本已不易，按月整购，困难尤多"，于是在了解到陪都民食供应处北碚办事处开设后，请求"向北碚供应

---

　　①《关于办理北碚迁建区粮食供应协进委员会贷款、购运粮食事宜及检送粮食供应办法等的呈、函、代电、电报、批（附办法、申请书等）》（1942年3月7日），重庆市档案馆藏，档案号：00810004016610000001000。

　　②《北碚管理局为减轻人民负担，各镇乡杂捐一律免收》，《嘉陵江日报》，1942年3月28日。

站承领以维工食"①，得到粮食部的许可，交由北碚办事处鉴核和办理，以资调剂。

同时，重庆市区疏散居民后，迁建区内人口激增，出现了部分奸商，乘交通不便、货运困难，乘机囤积居奇，导致日用品缺乏，于是疏建区决定实行平抑物价的方案，具体来说则是"函请经济部在迁建区内设立平价购销处或由钧部转饬巴县□政府及重庆社会局依照重庆市平抑物价办法于山洞歌乐山陈家桥青木关歇马场等处分设平价购销处，销售日常用品，以资平抑"②。其实不管是陪都民食供应处北碚办事处、北碚疏建区粮食供应协进委员会又或是此后成立的北碚管理局消费合作社，宗旨都在平抑物价，尤其是平抑粮价，同时适应战时需要，规范粮食消费秩序，力图用行政调节，满足民众基本米粮供应。

最后，从治安支持来看，疏建区对区内安保事项时刻保持着高度重视。1939年9月6日，卢子英即依照重庆卫戍司令部下达的中央迁建区警卫方案开始配备，"自老鹰岩经新桥、万寿桥、青木关、凤凰场、歇马场至北碚场公路两侧地区，关于该区之内围警卫，着由该总队派一个大队（辖四个中队）担任"③，同时配合内政部警察总队派驻迁建区警察大队规则实施。12月30日，重庆卫戍司令部再给疏建区下令，"迁建区内机关林立，官邸栉比，治安问题极关重要，而地境辽阔，本总队警力已感不敷"④，要求疏建区组织壮丁自卫队，协助警察保护地方安全。

但北碚疏建区因地方辽阔，警察人力仍不敷分配，于是1942年11月3日，内政部扩编成立警察第六大队，派往疏建区服务，并将警力驻地任务重新调整，"青木关原第八中队管区□□至□□坡与市区交接处，仍归第一

---

① 《关于北碚民食已由粮食部拨款交北碚迁建区粮食供应协进委员会作为周转资金购销食米致北碚管理局的代电》（1942年6月17日），重庆市档案馆藏，档案号：00810004016730000055000。

② 《关于请统筹平抑中央迁建区物价的提案》（日期不详），重庆市档案馆藏，档案号：00810004003600000223000。

③ 《关于检发内政部经常总队派驻中央迁建区域警察大队服务规则给嘉陵江三峡乡村建设实验区署公安第三中队的训令（附规则）》（1939年9月6日），重庆市档案馆藏，档案号：00810010001970000067000。

④ 《关于在中央机关迁建内组织壮丁自卫队给嘉陵江三峡乡村建设实验区署的训令》（1939年12月30日），重庆市档案馆藏，档案号：00810004001840000045000。

大队管辖，青木关至天生桥，划归第六大队管辖，第六大队部设于青木关，该大队所属第十六中队，队部设于兴隆场，第十七中队部设于青木关，第十八中队部设于歇马场，原第一大队部仍驻歌乐山"[①]。卢子英在11月20日收到训令后，于当日致函管理局二岩乡公所和朝阳镇公所，命令遵照办理。[②]

综上可知，北碚疏建区对内迁机构的支持，尤以土地房产政策为最多，内迁机构的抵碚，随之产生大量用地需求，这与本地住户自然会产生纠葛，从既有材料来看，疏建区民众对内迁机构大多持友好和谦让的态度，对土地使用并不会过多纠纷；其次以经济粮食政策为要，内迁机构同时也会带来大量内迁疏散人员，北碚疏建区通过成立一系列机构，如陪都民食供应处北碚办事处、北碚疏建区粮食供应协进委员会、北碚管理局消费合作社等，对食粮进行调控，维系迁建区的正常运作；最后对区内治安的维护也可见区署或管理局对内迁机构的支持，因为庞大林立的机关团体会引起潜在的安全隐患，警察卫队的统筹安排恰恰反映了相关政策的跟进和完善。以上三个方面的扶持，彰显了北碚疏建区本地的地方政府及普通民众对内迁机构的支持都是全方位、多层次、宽领域的。

第三节 迁碚政府机构在大后方的发展

全面抗战时期，迁碚政府机构紧紧围绕抗战建国方略，在努力维持全国性工作的同时，有重点地在抗战大后方开展各项改革实验，促进了事业发展，为抗战胜利作出了贡献。

---

① 《关于增加原中央迁建区警力并重新划分勤务管区等的函、训令》（1942年11月3日），重庆市档案馆藏，档案号：0081000401254000018000。

② 参阅《关于重新划分原中央迁建区勤务管区给北碚管理局二岩乡公所的训令》（1942年11月20日），重庆市档案馆藏，档案号：00810008000190000062000；《关于增加中央迁建区警力并重新划分勤务管区给北碚管理局朝阳镇公所的训令》（1942年11月20日），重庆市档案馆藏，档案号：00810009000240100285000。

一、国民政府司法院

司法院为国民政府最高司法机关，行使五权中的司法权，兼负司法行政及司法审判任务。直辖机关包括司法行政部、最高法院、行政法院、中央公务员惩戒委员会。全面抗战爆发后，司法院下属临近各战区的省法院，依其案件繁简程度，于9月开始实行人员疏散，11月，司法院及其各机关，除行政法院暂移湖南常德外，全部迁渝。①随着重庆大轰炸背景下疏建区的形成，国民政府司法院院长居正率全院移驻北碚莲池沟。

司法院迁驻北碚后，继续维持全国性的司法工作。大体而言有司法机关的裁设（增设为主）、司法人员的培训、司法审判的开展。首先是司法机关的增设，以省法院和监所为代表。普设全国第一审法院，成为战时司法改革一大要点。1941年司法行政部以全国司法经费统一为由，拟具了5年计划呈国防最高委员会，虽然因为当时财力有限，未能如期进行，但战时历年各省的法院均有所增加则是事实。计战前全国地方法院共302所，1947年统计已增至748所，战前全国高等分院共91所，截至1947年共119所，战前全国高等法院24所，截至1948年共37所。至于全面抗战爆发前后，县长监理司法的制度，违背司法独立的精神，也于战时改设为县司法处，给予审判官独立行使审判职权，至1946年，除新疆外，县长监理司法的程序全部废止。②

对于监所的设置和改革，同样为司法机关的权威体现。司法行政部为改良监狱，于1941年拟具了《战后建筑新监十年计划》，1943年拟具《改良监狱计划》，1944年颁布《各省监所及其监督机关工作竞赛办法》，并拟订《监狱行刑法》《料押法》《监狱条例》《看守所条例》《行刑累进处遇条例》《保安处分执行法》等草案，呈转立法院审议。司法行政部战时历年发布的命令中，有关监狱改良的规则至为繁多，择其最重要者可分为：一、整顿监所人员风纪；二、一般改良；三、慎重戒护；四、实施教化；五、改善给养；六、改进卫生医药；七、改良建筑；八、监所协进会及出

---

① 司法院编：《司法院战时工作概况》，司法院刊印，1938年，第2页。
② 郑洪泉，常云平总编：《中国战时首都档案文献》（战时政治），重庆：西南师范大学出版社，2016年12月版，第200页。

狱人保护。在监所内对监犯实行垦荒的生产教育政策，实际上《徒刑人犯移垦暂行条例》公布于抗战以前，但并未实施。1938年司法行政部，以监犯移垦既可疏通监狱，又可增加生产为由，认为对于大后方生产建设，一举两得，大有裨益。故先后制定了实施办法、累进办法、减缩刑期办法，终于呈准施行。1939年择定四川平武县荒地为垦区，1940年选派熟练的狱务、垦务人员前往创办，1941年10月1日成立平武外役监。经过历年经营，成绩昭著，已经垦熟耕地1400余亩，平均每日150名工人，实际从事农作者100人。所有产品的数量，如农作科的米、稻谷、洋芋、瓜菜，畜牧科的猪、羊，采木科的木料等，均大为可观。平武外役监的良好模范效应，使得战后的1947年，安徽宜城及贵州平坝两外役监，也开始模仿筹办。

表4-9　近年法院监所及县司法机关增设统计表（1938年至1945年）

| 年度 | 共计 | 法院监所 | | | | | | | | | 县司法处 | 备注 |
		小计	高等法院	高分院	地方法院	小计	本监	分监	外役监	看守所		
二十七年	20	10			10	10				10		上海成立高等法院后原设之第一第二特区高等分院均裁撤
二十八年	52	18	1	2	15	17	2			15	17	
二十九年	84	18		4	14	31	17			14	35	
三十年	121	52		4	48	56	7		1	48	13	
三十一年	37	7			7	10	3			7	20	

续表

年度	共计	法院监所									县司法处	备注
		小计	高等法院	高分院	地方法院	小计	本监	分监	外役监	看守所		
三十二年	37	1			1	1				1	35	
三十三年	89	28		10	18	20	2			18	41	
三十四年	409	150	12	2	134	134				134	125	

资料来源：郑洪泉，常云平总主编：《中国战时首都档案文献》（战时政治），重庆：西南师范大学出版社，2016年12月版，第201页。

司法院在司法机关裁设的同时，因"近年各大学及独立学院毕业之法科学生，人数减少，因而司法官及法院书记官人员之供应，渐有不给之虞"[1]，尤其注重司法人员的培训和储备，战时司法人员大体可分为司法官、书记官、监听人员、检验人员四类。而对他们的储备方法同样有四类，包括训练、考试、教育、登记或甄用。在四类司职人员中，最重要者当为司法官，对其训练，如1941年司法行政部就四川、贵州两省的县司法审判官的工作履历，规定任职满两年且成绩优良者，调入受训，与1940年参加司法官考试及格的人员一同编为第七届法官班，学业结束后依法以候补检用。

在各省司法经费由地方负担时期，司法人员的待遇往往不能实支，较之行政人员略为逊色，尤其是边缘省份，更为不堪。自经费统一后，全国司法人员一律与中央公务员同等待遇，其待遇条件已大为改善。但全面抗战爆发以来，物价波动，各地生活成本高涨，外加司法人员肩负的责任重大，压力与收益不成正比，较为清苦，故而依旧有对司法专职人员改善待遇的必要，司法行政部对此历年均有政策出台，如关于官等官俸者，1940年及1942年两次修正《法官及其他司法人员官等官俸表》，将原定俸级重

_____

[1] 司法院编：《司法院工作报告》（中华民国三十年三月至九月），司法院刊印，1941年，第10页。

行厘定，酌予提高。又拟定《改善司法官书记官待遇办法》3 项，于 1942
年 7 月，呈国防最高委员会备案。1943 年公布荐任委任待遇司法人员各种
俸给规则如《候补推事检察官、书记官俸给规则》《县司法官处审判官俸给
规则》《法医师检验员俸给规则》《监所委任待遇职员俸给规则》，亦将级俸
分别提高。1944 年经与铨叙部商定，一部分委任司法人员因依《公务员叙
级等例》受初任叙级的限制，叙级不及本职最低级者，将级与俸划分，仍
得按本职最低级支俸。①

　　司法审判涉及具体的审判程序，战时司法程序较具代表的便是施行巡回
审判制度。巡回审判是抗战爆发后特殊环境下开展的新制。因战区各地交通
阻绝，当事人上诉不便，二审的审判与其以当事人作为法官，不如直接以法
官作为当事人，战区巡回审判即应运而生。1938 年、1939 年司法行政部草拟
的《战区巡回审判办法》及《战区巡回审判民刑诉讼暂行办法》先后公布施
行。其组织及诉讼程序删繁就简，适应战区环境。此项制度，历年推行于湖
北、广东、河南、浙江、江苏、安徽、陕西、山东八省。各省又依照实际
状况划分了若干区。每次巡回的时间段内，视区域的广狭，交通的难易，
分别定为 1 个月至 3 个月。巡回推事于每届巡回 1 周后，填具工作报告表及
日记簿，呈由高等法院报部考核。每年据报书表，巡回推事多能深入战区
随审随结。1944 年，司法行政部以巡回审判除司法本身价值之外，还能提
高人们法律意识、常识，计划在后方交通不便地带推行此制，拟订了《高
等法院巡回审判条例》草案呈核。只是尚未公布，战事即结束。

　　同时，诉讼程序的简化也是司法院此一时期的主要工作。1942 年 1
月，司法行政部因 1935 年版《民刑诉讼法》诉讼程序规定过于繁重，决定
应予简化，以期便民。"惟事属改制，关系重大，非经试办结果著有成效，
未便贸然更张，影响全局。"②因此呈文给司法院，拟在陪都附近的北碚区
域建设一座实验地方法院，"嗣因征地建筑及预算等关系，成立尚需时日，

①　郑洪泉，常云平总主编：《中国战时首都档案文献》（战时政治），重庆：西南师范大学出版
社，2016 年 12 月版，第 214—215 页。
②　蒋秋明编：《南京国民政府审判制度研究》，北京：光明日报出版社，2011 年 12 月版，第
178 页。

暂就距部较近已成立之地方法院一、二处，先行实验"①。该呈文由司法院转奉国防最高委员会第75次常务会议核准备案，同年五月璧山实验地方法院成立，司法行政部所拟订的《实验地方法院办理民刑诉讼法补充办法》，亦呈由司法院转奉国防最高委员会第84次常务会议核准备案施行。《实验地方法院办理民刑诉讼法补充办法》共54条，适用于一审民刑诉讼程序。就其规定来看，基本特点是扩张法院职权，减少不必要的程序限制，以推动诉讼进行，实现诉讼的快捷。

试验结果颇见成效，民刑诉讼案件的结案速度大为提高，大多数案件在15日内办结，占70%；次多数在5日内办结，占13%；其余1月内办结者，占9%；1日内办结者，占5%；特殊情形超过1月办结者，仅占3%；以普通法院作为对比，已经显见进步。其他较为重要的改革方案，如《试验法院设置司法助理员办法》，旨在革除执达员、司法警察之陋习，提高其素质，亦经试办有效。1944年，原有建筑北碚实验法院的计划成本过大，不得不从缓计议。而璧山实验法院各项实验工作，虽已收相当效果，但管辖范围不广，讼案较少，其实验结果尚待在通都大邑再行实验，以便将来推行全国。因此司法行政部乃呈奉行政院核准，再就重庆地院改为实验法院，于同年七月成立，实验各项改革方案成绩亦颇良好。

二、全国度量衡局

根据《全国度量衡局组织条例》，全国度量衡局于1930年10月27日成立，受工商部（后扩大为经济部）领导，掌理划一全国度量衡事宜，吴承洛为首任局长。全国度量衡局设三科，包括总务科、检定科、制造科，并直辖度量衡制造所、检定人员养成所。②当时的全国度量衡局选址在南京市水西门下浮桥菱角市5号（原造币厂，亦称洋钱厂）的旧址上，占地约1万平方米，院子里有花园、假山、水池、凉亭等，办公室、检定室、工厂、职工宿舍等建筑面积4000平方米。此后，全国度量衡局的地址随着时局变

---

① 司法院编：《司法院工作报告》（中华民国三十年十月至三十一年八月），司法院刊印，1942年，第8—9页。

② 立法院秘书处：《立法专刊》第1辑，民智书局，1929年9月，第42页。

化及国民政府的变动而改变。

全国度量衡局的局机关和度量衡制造所工厂携带文件档案和仪器设备（主要是标准器天平与几台老旧的机床）于1937年11月底撤离南京，经水路到武汉，再由武汉经长沙去重庆，1938年底抵达重庆。[①]在到达重庆后，以上清寺一座不足400平方米的老式民宅作为开展度量衡工作和生产的地点。由于两路口、浮图关、上清寺、曾家岩为政治军事要地，督邮街、较场口又是商贸中心，敌机集中于1939年至1941年猛烈轰炸重庆时，这些地方都属于轰炸目标。那时对计量人员来说，要想开展工作，难度可想而知。1941年秋，度量衡局机关、工厂迁到北碚。

局机关属经济部领导，战时局长郑礼明，秘书刘常治。下设三科、两所（制造所、训练所）、一室（人事室），全局职工60人左右，其中大专以上学历（含留学生：郑礼明、向贤德、董译如）18人，高中和中专23人，初中、小学文化的19人（含工人）。有技术职称（技正、技士、技术员）的35人，大都集中在第二、三科。具体分工为：第一科为总务科（局长是福建人，全局福建人就占了三分之一，特别是第一科，差不多都是福建人，因此，谑称为福建科），负责日常事务，经费、文件处理、刊物印刷等。第二科为检定科（科长廖定渠），负责政策法令、标准传递、人员训练、推行划一度量衡的督促检查。第三科标准化科（科长向贤德），负责制定国家工业和其他各项标准。制造所领导北碚和重庆两个工厂。

1942年检定人员养成所改为特种考试检定人员训练所，训练所和检定室同在一幢楼房里，面积约150平方米，只能容纳20多人学习和生活。除了招收极少数大中专、高初中生，考试录取一部分学员外，90%由省、市、县（四川、云南、贵州、甘肃、青海）保送来的，结业后回原单位。在北碚共办了8期检定人员训练班，约200人，人员以四川的为最多。四川省度量衡所所长赵增询60多岁（当时规定省、市所所长必须由甲种检定员

[①] 参阅张烈文口述，张光杰整理：《抗战时期的北碚全国度量衡局》，《中国计量》2006年第8期。1939年毕业于湖北省联合中学恩施高中的张烈文，1942年进入全国度量衡局，工作到1981年方从江苏省计量局退休。参与新、旧中国近40余年的计量工作。本目的主体即以张烈文回忆战时北碚的全国度量衡局工作情况而展开。

才能委任），因为赵没有学历，故特许他参加学习。

表4-10　训练人员等级及工资待遇表

职称	学历	晋升	级别
甲种检定员	大学		委任4级至荐任
乙种检定员	高中	工作满7年并考试合格,可以晋升为甲种检定员	委任10级至委任4级
丙种检定员	初中	工作满7年并考试合格,可以晋升为乙种检定员	委任16级至委任10级

　　级别达到荐任级也称荐任检定员，荐任级最高月工资为法币280元，委任级最高工资为法币160元，而一般的检定员最低月工资为法币40元。那时的法币贬值，所发工资除了伙食费外所余还买不了一件衬衣。在局工作的检定员年终由局人事部门考核，符合条件的晋升一级工资，有特殊贡献的可晋升二级工资。全面抗战爆发初期，公教人员除工资外，按年龄每月还可分别发给八斗至一石的免费粮，米质很差多霉变、沙石以及谷子和稗子等。甲、乙、丙种检定员在训练上没有太多差异，考虑到每个人的文化水平的不一致，在内容上力求做到通俗易懂，学习内容有：检定法规、检定法、制造法、公文的程式以及简易会计常识。一半时间上课学习，一半时间实习，参加学习的在报到时需交一篇自传，并每天写一篇日记。保送来的人员回去后需要独当一面开展工作，县级检定所的人员只有2～8人，既要开展检定工作又要办理日常事务。总的来讲，抗战时期的检定员生活条件差，工作环境较为艰苦，没有可供工作的用房。如重庆市度量衡所是在一个寺庙里占用了三间房作为办公之处，其他市、县的度量衡检定所，条件更加简陋。

　　从1942年开始，全国度量衡局举办了九届全国特种考试度量衡检定人员培训和考试。第一届特种考试度量衡检定人员考试于1942年4月20日举行，共计参加检定34名，其中甲种检定员6名，乙种检定员15名，丙种检定员13名。第二届于1942年12月13日举行，共计参加检定员34名，其中甲种检定员3名，乙种检定员13名，丙种检定员18名。第三届于1943年3月19日举行，共计参加检定员19名，其中乙种检定员13名，丙种检定员6名从1944年到1945年分别举行了第四届、第五届、第六届、第七届、第八届和第九届全国特种考试度量衡检定人员考试共计137人，其中甲种检定员2人，乙种检定员37人，丙种检定员98人。

当时开展检定工作的条件极其简陋，设备简单，没有恒温，旧式机床，度量衡器具产品单一，局限于生产一些地方的标准器和民用的度量衡器具，产品的精确度不高，管理人员的技术水平和生产工人的素质都较低，生产出来的零部件大都不能互换，标准化程度不能创新，国产的标准器靠国际副原器来比对，再逐步传递到地方标准器和生活用器。比如，抗战时期的各重要口岸相继沦陷或被封锁，生活、生产物资和汽油输入实在不易，酒精的用途就非常广泛了。此时，除了医疗、工业、生产外，也以酒精作为汽油的替代品。因在供需之间的标准不一致，时有纠纷发生，但没有法规来进行仲裁，制定酒精计的标准迫在眉睫。1944年，度量衡局受国家资源委员会的委托，制定酒精计标准和建立检定站，具体的工作落实到检定室。张烈文即参与了酒精计和汽油计的研制工作，在有关部门的协调下，搜集资料，草拟了酒精计的制造、生产、技术要求，对检定方法、量值的组合、运输方式都作了详细的规定。编印了酒精计浓度与温度关系的换算表，酒精计的刻度（标称值）是通过重量和容量的关系反复测试来确定的。

1941年秋，度量衡局本部迁到北碚后，工作环境略为稳定，工作重点放在推行公制划一度量衡器具。局里采取了以下措施：一、局领导带队视察四川、甘肃、宁夏、云南等省；检定科科长到广西、湖南、广东、江西等省视察，推动度政建设，帮助推行度量衡划一。又多批次派检定员协助四川省各县和重庆市、北碚实验区推行新制，检校粮政使用的新制量器和衡器砝码；二、训练度政人员，统一检定操作方法，在条件具备的情况下先期开展工作；三、建立各级度政机关的度量衡标准器，进行周期检定；四、制定推行划一的方法，印发《度量衡法》，以及各种器具的检定规程等。为此，全国度量衡局拟定了《度量衡器具输入取缔暂行规则》，从严检定所有从国外进口的度量衡器具，对于不合法的器具，一经发现，全部予以取缔。1941年，国民党中央通令全国统一度量衡，要求把所有不合格的量、衡器一律作废，按照新规定制发了一升、一斗、二斗五升的斗和一石的斛（每石合旧斗三斗三升一合）及新秤（每百斤合老秤八十五斤）。为扩大宣传加强印象，借国立编译馆的场所，举办了一次新制度量衡器与旧杂制器的对比展览，使参观者看到了度量衡制不划一的弊病，认识到货畅其流，买卖公平，必须废除旧杂制，采用统一的新度量衡制。收到了很好的宣传效果；[1]经过调查研究，确定以重庆江北县和北碚管理局作为先期试点。当时局机关和各地检定所，对划一度量衡制确实作了努力。

总之，全国度量衡局迁移到大后方中心城市重庆，尤其是落地北碚后，大大方便了内地各省选送训练人员和申领器具。值此共同抗战之时，局内从局长到检定员将度量衡划一和抗战建国联系起来，边抗战边推行新制，为适应战时需要，跟上时代潮流，注重简单化与标准化，尽量减低消耗，满足实际应用[2]，很好摆正了度量衡划一与军需征集、统制管理、促进生产以及与安定物价等之间的关系，向社会、向国人宣传了抗战时期划一度量衡的重要意义，采取一切措施，为全国度量衡划一、推行新制做了大量有益工作。

三、行政院水利委员会水利示范工程处

全面抗战爆发后，受困于人力财力，水利事业建设更加困顿。直到1941年，行政院水利委员会成立，开始订立各项水利法规，统筹推动新兴水利工程事业。但广大民众公共工程意识较为淡薄，水利事业涉及社会生活生产的方方面面，又必须发动民众，群策群力，才能够落地成果。对于农用灌溉、工业动力、防洪航运等工程，民众并非认识不到作用，只是传统观念积深，又缺乏组织、各自为政，所以未能完全发挥各地水力资源。

① 陈传岭主编：《民国中原度量衡简史》，北京：中国质检出版社，2012年5月版，第131页。
② 陈传岭主编：《民国中原度量衡简史》，北京：中国质检出版社，2012年5月版，第130页。

为了因势利导，国民政府决定举办各种水利示范工程，表现水利功效，随后即成立水利示范工程处，并组织相关规程，呈经行政院核准，于是1941年11月，行政院水利委员会水利示范工程处正式成立，工程处内分设三组，分别掌勘测、研究、文书。①

坐落北碚的水利示范工程处，竭力起到联系民众和各机关的作用，在大后方建设中，办理各项水利查勘、测量、设计、施工各事项。同时订立有奖助民营水力工业办法和代办民营水利工程办法，办法颁布后，请求协助建设水利工程的民众，接踵而至，水利示范工程处的工作大致可作如下简述。

自办兴建的工程有北碚龙凤溪水力发电示范工程。该工程系1942年5月由工程组筹设的龙凤溪工务所主持施工，于同年7月开始兴建，10月底全部告成。该处工程的设备计装有电动机、碾米机及磨壳机各一座，所装木质水轮两座，洪水来袭时开动两座，可得32匹马力，平时开动一座，同样可得16匹马力，足以供给附近地区照明及碾米的动力需求。其次有沙坪坝杨公桥水力机械试验场工程，于1942年春落地，经勘测规划后，即派员前往主持，于当年五月开工，年底全部完成。建设有厂房及各种闸坝渠道等，所用机械全部按照图样，雇佣工人仿造完成，计装有水轮三部，分别带动碾米、吸水等机器。只是此项工程由于经费缘故，完成进度未能达到预期，但以试验性质评价，也可称作小有成就。

协助兴建的工程有六个，其中涉及北碚地区的，一是北碚给水工程：该工程于1943年工程处派员测量，并拟具计划，因限于经费，屡次核减，最终呈由水利委员会拨款兴建，1944年1月开工，同年9月完成，但因瓦管质量不佳，重新更换铁管，又于次年八月开工，十月告竣，效益每日可供给水量二百二十公吨；二是小坑岩水力发电工程：该工程于1945年5月勘测，于次年4月奉令协助北碚富源水力发电公司，代办该项工程，土木部分，洽商就绪后，即在1946年4月由工程处第二工务所前往主持施工，只

---

① 行政院水利委员会编：《水利法规汇编》（第1集），行政院水利委员会刊印，1944年10月版，第71页。

是开工不久，突遇洪水，影响了施工进度，其完工后效益在枯水期，应有六十匹马力，大水时期，则可产生一百三十匹马力，足够补充高坑岩枯水季供电。

此外，工程处在大后方还有部分已完成勘测和计划，而尚待开工的工程。其中有如四川巴县歇马场中国乡村建设育才院高地灌溉工程：该处工程所用动力利用上述水力机械试验场的电力，以带动所装置的7.5匹马力电动机一部，再建筑水池、渠道、木渡槽、木桥等设备，效益可灌溉田地四百余亩；北碚八乡镇堰塘工程：北碚一带乡镇多山，梯田灌溉依赖雨水，如果天气干旱，则容易遭受荒歉，救济的办法即在建筑堰塘蓄水，以备不时之需，该处工程已兴修堰塘共约20余座，蓄水量共约10余万立方公尺，效益可灌溉田地千余亩，而且若能够再进一步广为建筑，生产力的提升当更为丰富。①

因战时人力、物力、财力有限，水利工程示范处只得选择相对有价值而符合经济原则的工程，给予协助。虽然工程处牵头的仍以小型工程居多，但水利功效的开发和挖掘则尚算可观，更重要的是，大后方民众的公共工程意识逐渐深刻起来，民众在这项业务中一旦被动员起来，则广为增强了大后方生产建设中民力、财力的贯通，为持久抗战提供坚实基础。更重要的是，这也显示出沿海内迁机构在北碚疏建区中的快速适应和发展，而这种良性的生态自然是离不开北碚当地人民热情接纳和分享的。

---

① 以上参阅《水利示范工程处成立六年来工作概况》，《水力通讯》1947年第6期，第32—35页。

第五章　全面抗战时期北碚的市政变迁

全面抗战爆发后，北碚因紧邻陪都、交通便利而成为内迁机构和民众的热门选择，迁入北碚的人口急剧膨胀，再加之以往乡村建设中致力于城市化的努力，从而使得战时北碚"俨然形成一中心商业区域"。当然，人口和机构的增多既给北碚地区的发展带来了机遇，也形成了城镇治理的压力。为了解决治理的难题，北碚地方政府采取了机构改革、城市改造与扩建、加强城镇治理等措施以增强社会服务能力。通过一系列的改革与建设，北碚地区社会治理成效有了明显提高，城镇特征也更趋明显。战时北碚的发展情形表明，在战争背景下的后方大城市虽然因受到日军轰炸而发展趋缓，但大量人口和机构的迁入促进了部分乡村地区的城镇化。

第一节　北碚管理局的成立与建制调整

在抗战内迁的过程中，以重庆市为中心，形成若干城镇，北碚是这个卫星城镇带上最为重要的一个。随着迁入北碚地区党政机关、学校等的增多，全面抗战时期的北碚地区呈现出"人口繁盛"的景象，也使得北碚因此成为了重庆的重要卫星城市。然而，1936年成立的三峡实验区署不能够完全适应于城市规模骤然扩大后带来的治理难题，因此，战时北碚地区的机构改革势在必行。

一、北碚管理局的成立

至全面抗战爆发后，三峡实验区署的建制已经不能够满足当地治理的需要。当然，更为重要的是1939年新县制实施之后，三峡实验区存在着合法性的问题。1939年9月，国民政府颁布《县各级组织纲要》，虽然此时国民政府并未明确废止《各省设立县政建设实验区办法》，但《县各级组织纲要》也未对实验区、实验县的名义加以说明，三峡实验区的合法性受到质疑，正因如此，卢子英才坚持要求划乡改县，以求合乎法律规定。①

（一）全面抗战初期北碚的治理困境

由于区域建制的特殊性，全面抗战初期的北碚就面临着制度、财政、社会治理等多方面的难题。1936年驻扎北碚的峡防局根据四川省政府的训令改组为三峡实验区，成为"直隶该管专员公署，与其它各县统一待遇"的独立行政区域，但实验区仅是"暂时性质，非为永久行政区划"②。从职权上讲，三峡实验区以教育、建设事业为主，兼能处理治安、民政等事务，税收、司法等事务则仍归原管辖单位分别受理。③正是这种情形，造成了实验区署"不能适应繁复社会之需要"，而税收权的缺乏也导致了"区内教育、建设各项亟需事业，均无款支拨"的困难局面。④

从组织架构的角度看，三峡实验区署也不能够满足当时的需要。三峡实验区署的机构设置，仅设立正副区长各1人，区长之下设有乡村设计委员会、秘书室、内务股、财务股、教育股、建设股等机构，"推进全区各种工作"⑤。此外，虽然1936年10月四川省政府授予了三峡实验区区长执行军法审判的权力，为执行该项审判权，实验区又设置了军法室。⑥但是军法审判仅涉及军人犯罪、盗匪、烟毒、反革命等案件，并没有包括民事案件

---

① 谢健：《地方利益博弈与国民政府的基层治理困境——战时三峡实验区改县事件研究》，《抗日战争研究》2017年第3期，第138页。

② 《四川省政府训令》（1936年2月），《工作月刊》第1卷第1期，第53页。

③ 《修正嘉陵江三峡乡村建设实验区署组织规程》，《工作月刊》第1卷第1期，第55页。

④ 《为拟具三峡实验区应改设县治意见书仰祈鉴核示遵由》（1941年1月8日），重庆市档案馆藏，档号：0055-0003-00211。

⑤ 《嘉陵江三峡乡村建设实验区概况》，1938年版，第8页。

⑥ 李纲：《军法室工作概况》，《北碚月刊》第1卷第9—10期合刊，第147—151页。

和其他刑事案件。正是机构的不完善和人员数量的不充足，导致三峡实验区的组织架构完全不能够满足解决人口激增所带来的社会问题的需要，以至于第三行政督察专员公署在转呈三峡实验区改县方案时也提出"非即改制，组设极健全之县政府，不足以应付现时之复杂环境"①。

实际上，机构的不完善确实造成了诸多工作的掣肘。如专门对市政进行规划和建设的工务处，直到1940年时仍未成立，因而其"一切工作几乎全部处于被动地位"，"受环境支配而不能支配环境、利用环境，所有工作，除几项计划及少数较大事务而外，其余均属枝枝节节，工务本身事项，反而不得以全副精神与力量来推行进展"②。更为严重的是，与职权、组织架构等自身缺陷相对应的是人口激增所带来的矛盾激化。如清洁问题，"维持清洁，殊多困难"，导致的原因无非两点：一是"年来住户增加率太速，人口较昔，忽尔倍增"；二是"峡区组织未改原机构，不足以应付新变化、新场面"③。再如教育问题，北碚地区人口激增，实际上是在日军对重庆大规模的轰炸之后，"自渝市疏散人口后，区内人口激增"。人口突然增多，引起了北碚地区不少的问题，以儿童入学为例，学龄儿童的增多，"致各校多有人满之患"④。正是治理难题的出现，使得更改行政体制成为了亟须。

（二）北碚管理局成立的经过

为了稳定四川政局，1939年9月20日蒋介石亲自兼任四川省政府主席，随后，四川省即开始率先实施新县制。1939年11月，四川省政府制定了三个实施新县制的文件，合并为《四川省县各级组织纲要实施计划》，计划次年3月起在全川实施新县制。⑤与新县制同时进行的是对各县行政区域

①《查勘三峡实验区改县应划各县镇乡之意见书》（1941年），重庆市档案馆藏，档号：0055-0003-00211。

②《工务处二十九年度中心工作报告》（1940年），重庆市档案馆藏，档号：0081-0004-00049。

③《北碚商业区街道整理计划》，《北碚月刊》1941年第3卷第8期，第36页。

④《峡区教育观察记》，《北碚月刊》1940年第3卷第4期，第70页。

⑤《总裁兼理川政一年来之民政工作纪要》，1940，第1页；周开庆：《民国川事纪要（1937—1950年）》，第84页。

的调整，行政院要求各县面积过大或过小，人口过多或过少，都应"酌予
划分或加归并，以期推行新制之需要"①。由此，四川省政府委员会第384
次会议制定了《改划县区增设县治办法》，限期对四川省内各县行政区域的
飞地和犬牙交错的县界进行调整，并要求县域过宽者应析置新县。②新县制
和改划县区的实施为三峡实验区的行政改制提供了机遇。三峡实验区区长
卢子英等也出于现实需要，适时提出了划乡改县的拟议。

　　1940年初，实验区区署拟具《三峡实验区改县之拟议》，并由第三区行
政督察专员公署呈送四川省政府，申请将附近乡镇划入实验区改县。在拟
议中，最开始拟划岳池、邻水、江北、合川、巴县、璧山等县的29个乡
镇，但为提高行政效率和减少划分阻力，实际申请划拨的范围为江北县的
土主、清平、土沱、复兴、滩口、静观，巴县的歇马、兴隆、蔡家，璧山
县的八塘、临江、石板③，合川县的草街、盐井、太和等共计15个乡镇。④
实验区将要改县的消息传出后，北碚当地传说纷纭，似乎都很兴奋。⑤为造
声势，卢子英等人一方面声称孔祥熙视察北碚时有"亦云应改区设县"的
说辞⑥，另一方面又提出"援照广东中山县成例，用总裁名讳"以资纪念蒋
介石领导抗战。⑦四川省政府经过审核后于同年5月22日发回该拟议，并训
令第三区公署"切实考查，妥慎核议具复"⑧。

---

　　①《四川省政府民一字第11777号训令》（1940年5月），重庆市档案馆藏，档号：0055-
0003-00311。

　　②《四川省政府民一字第10928号代电》（1940年5月），重庆市档案馆藏，档号：0055-
0003-00311。

　　③ 石板乡，又称石板场、转龙乡，在各种资料中名称不一，但所指为同一地区。

　　④《三峡实验区改县之拟议》（1940年），重庆市档案馆藏，档号：0081-0004-01045。

　　⑤ 社会部统计处编：《北碚社会概况调查》，第12页。

　　⑥《民政厅提案第四二次省务会议决议案正本》（1940年9月23日），重庆市档案馆藏，档
号：0055-0003-00211。查阅北碚当地报纸《嘉陵江日报》1940年3月对孔祥熙视察北碚的报道，
仅有《孔副院长训词》一文，主要内容为抗战、建国和教育三方面的内容，并未提及实验区改县
的问题。

　　⑦《三峡实验区应改设县治意见书》（1941年1月），重庆市档案馆藏，档号：0055-0003-
00211。

　　⑧《四川省政府民一字11766号训令》（1940年5月22日），重庆市档案馆藏，档号：0055-
0003-00311。

在收到四川省政府要求切实勘察考核三峡实验区改县可能性的训令之后，第三区公署迅速令饬四县县长"详明考查，拟具意见，剋速电复来署，以凭汇核具报"①。巴县、璧山、合川三县于次月回电，璧山、合川两县表示不愿划割，巴县虽未反对划割，但对划割的具体区域有异议。②江北县则故意拖延不决，直到9月初才呈报明确的反对意见。值得注意的是，在呈复反对意见的同时，为了保护县域完整和赋税、矿产资源等财源，各县政府更积极支持各县士绅向各级政府呈文诉愿。

虽然拟议提出讨论后，反对意见众多，但四川省政府在1940年9月23日召开的第442次省务会议上还是"原则通过"民政厅厅长胡次威提出的三峡实验区划乡改县案，并决议"由民、财两厅派员会同第三区专员切实查勘拟具办法呈核"③。然而经过两次派员勘察后，改县决议案并没有被执行。④1942年初，行政院通过了四川省政府关于三峡实验区改组的决议，决定不从四县划出乡镇，而是以实验区原有乡镇改组为北碚管理局。1942年2月四川省政府正式训令三峡实验区于同年3月1日起改组为北碚管理局，并附发《四川省北碚管理局组织规程》。⑤人事方面，仍"派（卢）子英代理北碚管理局局长"，于"本年三月一日起成立局组织"，"办公用具等悉由

①《为奉转签具三峡实验区改县意见以凭核转电仰遵照办理由》（1940年5月），重庆市档案馆藏，档号：0055-0003-00311。

②《为呈报巴县璧山合川各县府及人民对于三峡实验区改设县治意见仰祈鉴核示遵照由》（1940年8月8日），重庆市档案馆藏，档号：0055-0003-00211。

③《民政厅提案第四四二次省务会议决议案正本》（1940年9月23日），重庆市档案馆藏，档号：0055-0003-00211。

④1941年1月28日省政府派周宪民、陈季云前往北碚实地考察，并形成报告书，分述三峡实验区设县的需要和设县的条件。2月，省政府又派督导员张汉威赴永川会同第三区公署专员沈鹏联合考察，沈鹏因事赴渝，由公署秘书张光达代替，两人遍历江、巴、璧、合四县所拟划入各乡镇，并形成《三峡试验区改设县治勘查报告及划县办法》，分述勘察情形和划县办法。参见：1.《周宪民、陈季云签呈》（1941年2月5日），重庆市档案馆藏，档号：0081-0004-00047；2.《为会衔呈复三峡实验区改设县治勘察报告及划县办法仰祈鉴核办理由》（1941年3月4日），重庆市档案馆藏，档号：0055-0003-00211。

⑤《为三峡实验区自三月一日起改组北碚管理局令仰执照并饬属知照由》（1942年2月），重庆市档案馆藏，档号：0055-0002-00021。

三峡实验区署移交"。①

北碚管理局成立之后，由于江北、巴县、璧山等县因为公学产移交的问题又产生了一定的矛盾，甚至在1943年时璧山与北碚之间爆发了争夺澄江镇管辖权的"澄江争治事件"。此后，虽然江北、巴县、璧山三县仍反对北碚管理局的设置，提出迁调卢子英、更改北碚管理局职权，"如庐山、南泉管理局之先例，所辖区域作为风景区发展文化，则不应有司法、行政等权"②。但该议并未得到四川省政府和国民政府行政院的支持，璧碚之间关于澄江镇税收的问题也不了了之。③

（三）北碚管理局的机构设置

根据1942年由国民政府行政院及四川省政府核准的《四川省北碚管理局组织规程》，北碚管理局的机构设置有了较大改善，机构及人员数量明显增多，同时该规程也对乡镇建制等进行了相应的规定。管理局机构可以分为人事设置和机构设置两个方面。

人事设置方面，北碚管理局设局长1人，由四川省政府"就合于荐任职资格，并富有行政及建设经验之人员荐请任命"，其职责为"综理全局事务，并指挥、监督所属机关团体及职员"，设秘书1人、科长4人、指导员2人、督学2人、技士2人，由局长遴选各个人选呈请四川省政府核委，其职

---

① 《奉令派代理北碚管理局局长定期于三月廿一日举行宣誓典礼备便餐希届时惠临指导由》（1942年3月14日）重庆市档案馆藏天府煤矿档案，档号：0240-0013-00002；《为本局由前三峡实验区改组成立业遵于三月一日就职视事令仰遵照由》（1942年3月），重庆市档案馆藏，档号：0081-0010-00091。

② 《为北碚管理局非法组织协请明令撤销或改正其职权并彻查历年收支账项以重法制而顺舆情由》（1943年12月），重庆市档案馆藏，档号：0055-0002-00021。

③ 1944年10月，第三区专员张清源又提出"璧山损失如在三百万元以内时，省府自可予以补助，风景建设并可补贴一百万元"，随后四川省政府确实拨发300万元作为补助，但该款被璧山县"庶务杨林修蒙蔽长官，悉数盗用"。在随后的田赋征收过程中，璧山县参议会仍不断呈文要求停止划拨，县征收处也函请璧山律师公会要求召开会员大会讨论"可否用诉讼方法救济"，可见该案一直未解决。参见1.《为令饬该局派员率警缉拿方前县长任内庶务杨林修归案究办由》（1946年4月166日），璧山区档案馆藏，档号：14-1-202；2.《张清源致方靖四函》（1944年10月30日），璧山区档案馆藏，档号：15-3-5；3.《为准函函请贵会召集县属律师共同研讨诉追北碚管理局霸占本县澄江镇公学产并抢收历年租谷一案函请查照由》（1946年6月19日），璧山区档案馆藏，档号：12-1-448。

责为"承长官之命、分别掌理各项事务"，此外，还设置有科员8至10人、事务员6至8人，均"承长官之命办理各科室事务"，由"局长就合格人员中遴委"并"呈省政府备案"①。

机构设置方面，北碚管理局设有四科一室，并有局务会议。其中秘书室执掌"撰拟机要文电、综构各室科文稿、典守印信、办理文书之缮校保管、本局各级人员之任免考核"及不属于其他各室科事项；第一科"掌理民政、地政及有关地方自治事项"；第二科"掌理财务及税务行政、地方金融共产管理、粮食调节"等各项事务；第三科"掌理教育、社会建设、征工"等各项事务；第四科"掌理兵役、治安及警卫联系"等各项事务。②

此外，管理局还设置有局务会议，由局长、秘书、科长、会计主任、警察所长、卫生所长、其他经局长指定人员组成，每两周开会一次，对于下列各事项进行讨论："1.本局各室科办事细则之拟定事项；2.单行法规之指定事项；3.预算决算之编制事项；4.本局各室科所之职权划分事项；5.上级政府饬办重要事件推行办法治研讨事项；6.本局施政计划施政报告之编撰事项；7.局长交议事项"③。

1942年4月，北碚管理局呈报四川省政府，要求增设室科和办事员名额。其中，增设室科方面，认为实验区时代以教育、建设为主要任务，改为管理局后更应加强，"拟恳仍照实验区署旧例，教、建分科，以资分别负责"，管理局作为粮食部指定的"粮食大量储存之地，管理协助，需有专司"，应当"将原设粮政股仍予保留，改为粮政科"；人员配置方面，实验区时代因属迁建区域，人数一度增加至35人，实验区改为管理局后人员减少，因此"拟请将编制表酌予曾列科员及事务员共六人"④。同月，管理局

① 《四川省北碚管理局组织规程》（1942年2月），重庆市档案馆藏，档号：0055-0002-00021。

② 《四川省北碚管理局组织规程》（1942年2月），重庆市档案馆藏，档号：0055-0002-00021。

③ 《四川省北碚管理局组织规程》（1942年2月），重庆市档案馆藏，档号：0055-0002-00021。

④ 《为事务繁剧恳请修正本局规程以资设室科增加人员而利事务推进由》（1942年4月4日），重庆市档案馆藏，档号：0055-0002-00021。

又拟定《北碚管理局会计室组织规程》并呈报四川省第三督察区专员公署，要求转呈四川省政府核准。^①根据该规程，会计室由主任 1 人、会计员 2 人、雇员 3 人组成，主要负责 11 个方面的事务，具体为：筹划全局预算所需之调查、全局所属机关岁入岁出概算书之核算及总概算书之编造、预算内款项依法流用之登记、全局各机关岁入岁出决算书之核算及总决算书之编造、财政上增进效能及减少支出之研究建议、全局会计制度之拟定、全局各机关会计报告之综合记载及总报告之汇编、各机关会计事务之指导监督、全局经管省款之岁计会计、全局岁入及经费之岁计会计、其他与岁计会计有关事项。^②

此外，北碚管理局还根据需要，随时下设附属机构。如北碚管理局市政委员会、北碚新村筹备委员会、土地房屋评价委员会、北碚市物价评定委员会、平民住宅营建委员会、新村整洁推行委员会等机构。

二、乡镇建制区划及其发展

全面抗战的爆发对于北碚地区各个乡镇（场）的发展具有极大的促进作用，如内迁带来的商业繁荣，煤矿开采带来的经济繁荣等等。1940 年的北碚建设规划中即提到北碚地区的商业，"北碚场、黄桷镇、文星镇、澄江镇及二岩等五处同为峡区原始交易地段，今则北碚一场，因地域特殊，发展极速，其商业之盛为各镇冠"^③。正是由于战时带来的机构和人口增多，早在三峡实验区时代实验区署即开始着手对辖区内的乡镇公所进行整理。

根据《嘉陵江三峡乡村建设实验区改组联保办公处暂行办法》，实验区署对于所属各乡镇联保进行了初步的改组。其改组的内容主要有：1. 调整联保办公处机构，将各乡镇保安队与联保合组；2. 增加人员，每乡镇增加副主任 1 人，协助正主任总理全镇乡一切行政事务，各乡镇另设队副 1 至 2

① 《为遵章成立会计室拟具组织规程随文报请查核备查由》（1942 年 4 月 20 日），重庆市档案馆藏，档号：0055-0004-00106。

② 《北碚管理局会计室组织规程》（1942 年 4 月），重庆市档案馆藏，档号：0055-0004-00106。

③ 《嘉陵江三峡乡村建设实验区划分市区计划纲要》，《北碚月刊》1940 年第 3 卷第 6 期，第 27 页。

人，并聘请地方正绅3至5人组成调解委员会；3.各联保分设4组，内务组负责文书、统计、民政、治安等事项，教育组负责管理学校、私塾教学问题及教育经费之整理，建设组负责各项市政建设、合作、农业改良、森林培植等事务，财务组负责征收保管地方经费、造报预算决算等。①

与此同时，三峡实验区署还着重健全与完善各种乡镇会议：一是乡镇民代表会，在改编保甲完成后"即开始组织各保保民大会"；二是乡镇务会议，"每星期日，召集乡镇公所全体人员暨有关保长士绅开会一次"；三是保干会议，"每月逢十，召集全乡镇保干人员开会一次"；四是国民月会，"每月一日，除市街各保在乡镇公所联合举行外，乡间各保，由保长校长召集，分保举行"；五是保民大会，"每月十五日举行大会一次"②。

在整理乡镇公所的同时，1941年实验区署又按计划对辖区内的保甲进行重新整顿。按其制定的工作计划，实验区署将"原有五十八保，依照十进制改编为一百三十六保"，其中北碚45保、黄桷22保、白庙12保、文星18保、二岩8保、澄江31保，"划界完成后，即补发门牌，缮制表册，刊发图记，制发吊牌"，同时"将原有保干人员，依适当地域分配充任之，其余补充保干人员，由保民大会选举合格人员，每保三人（正副保长及保队副）报请区署核委"③。

北碚管理局成立之时，因巴县、江北、璧山拒绝划出附近乡镇，因而1942年北碚管理局成立之后仍"暂以前嘉陵江三峡乡村建设实验区署所辖之北碚、文星、黄葛、二岩、澄江五乡镇为管辖区域"，但其"所辖各乡镇一律冠以'北碚管理局'名称"，并且"乡镇以下各级组织，悉遵照县各级组织纲要及有关法令之规定办理"④。同时，在乡镇机构设置方面，北碚管

---

① 《嘉陵江三峡乡村建设实验区改组联保办公处暂行办法》（1938年），重庆市档案馆藏，档号：0081-0002-00144。

② 《嘉陵江三峡乡村建设实验区各乡镇三十年度工作计划》，《北碚月刊》1940年第3卷第8期，第92页。

③ 《嘉陵江三峡乡村建设实验区各乡镇三十年度工作计划》，《北碚月刊》1940年第3卷第8期，第92页。

④ 《四川省北碚管理局组织规程》（1942年2月），重庆市档案馆藏，档号：0055-0002-00021。

理局所辖的各乡镇的乡镇公所"设正副乡镇长各一人，（副乡镇长由中心学校校长兼任），所内设四股，置主任及干事各一人"，此外，"并设有专任户籍干事一人，事务员一人，户籍助理干事二人至八人不等"；保甲方面，北碚管理局按照《四川省各县整编保甲清查户口实施办法》的规定清查之后，"即甄选保甲长，凡有国民学校之保，其副保长即由该校校长兼任"①。

关于乡镇管理方面，北碚管理局成立之后大多仍延续三峡实验区署时期的政策，仅对相关法规进行了修订和完善。如1942年北碚管理局依据《四川省乡镇造产办法实施细则》制定了《北碚管理局乡镇造产三年计划大纲》，根据该大纲，管理局内各乡镇造产业务由乡镇造产委员会统筹办理，造产业务可以分为农林垦牧、工业、其他公营事业等三大类，其造产利用的资金来源主要有四个方面：清理公有款产及临时收入、自有荒地及征收之私有荒山荒地、政府补助及私人或团体捐助、金融机关贷款。②

三、北碚管理局的职能定位

1942年北碚管理局成立的同时，"依据本局组织管理规程第十八条之规定，并参照四川省各县市政府办事通则"制定了《北碚管理局办事细则》，规定北碚管理局所有职员"处理事务，除法令别有规定外，悉依右细则之规定"。职责方面，规定管理局职员的职务"除法令另有规定外，由局长、秘书、科长、主任派定"，"秘书、科长、主任就其主管事务，对于所属职员有指挥监督之权"，其中局长"对省政府负责"，其职权为"1.本局施政方案及工作计划之决定；2.编制地方预算要点之指示；3.划定单行法规要点之指示及采择；4.本局即所属各机关职员之任免考核及奖惩；5.本局施政方案及工作计划实施之监督制度及考核；6.各科室工作之监督指挥及考核；7.重要案件处理办法之决定；8.紧急事件之处理；9.重要会议之主持及参加；10.动支局行政经费之核准"，此外，"秘书、科长、主任、指导员及督学"对局长负责，"技士、科员、事务员及雇员分别对各主管秘书、科

① 《北碚管理工作报告》（1942年），重庆市档案馆藏，档号：0081-0004-01129。
② 《北碚管理局乡镇造产三年计划大纲》（1942年），重庆市档案馆藏，档号：0081-0001-00550。

长、主任负责"，并相应地规定了各个秘书、科长、主任的职责。[①]

关于地区发展目标方面，早在三峡实验区时代即有相关规划。1940年制定峡区发展规划时，实验区署就明确为北碚地区的发展做了定位："繁荣峡区之重心，在如何建立一适合于居住之优美区域"。制订这样的发展定位，并非"忽视工商实业等项"的重要性，而是基于北碚地区的区域因素：一是"峡区处嘉陵江畔而接近重庆，其工商实业等之发展，大部分均将以嘉陵流域为限，重庆以上之长江流域，自属于重庆之经济活动范围"，总之，北碚经济的发展不可能超越重庆；二是"重庆为当今陪都，一切政治活动，多以此点为中心，峡区近处其边，政治方面，恐不易有何特殊发展，而为一久远之政治中心"，简而言之，战时北碚虽然迁入大量党政军机关和科研机构，但仍不足以成为长久的区域政治中心；三是"胜利后之重庆，更将加紧繁荣"，因此，峡区以"优美之风景与住宅"定能维持"因重庆之繁荣而繁荣"的情形，以此为定位，"是以峡区之发展亦在把握之中"[②]。

成立北碚管理局是为了更好地管理北碚地区的行政事务，基于北碚城市发展的定位，北碚管理局的相关职能也就更为明确。根据行政院及四川省政府所核发的组织规程，设立北碚管理局的主要目的在于"促进北碚及其附近乡镇之建设，并谋切实推行各项行政及自治事务"，在"不抵触上级政府法令范围内，得发布局令并制定单行法规"，其实质即在于维护地方秩序，提高社会治理能力。[③]

第二节　战时北碚市政建设与城市发展

随着人口与机关迁碚数量的增加，北碚地方政府首先面临的是如何安

---

① 《北碚管理局办事细则》（1942年），重庆市档案馆藏，档号：0081-0009-00034。

② 《嘉陵江三峡乡村建设实验区划分市区计划纲要》，《北碚月刊》1940年第3卷第6期，第29页。

③ 《四川省北碚管理局组织规程》（1942年2月），重庆市档案馆藏，档号：0055-0002-00021。

置这些人口和机构。为了应对内迁带来的消防、住房、防空等压力，从三峡实验区时期开始北碚地方政府即积极筹划，采取了对北碚市区进行大规模重新规划、建筑改造、新修住宅等措施。

一、战时市政规划与工作计划

战时北碚市政建设的规划和工作计划，主要分为三个部分：一是颁布相关法令、制定相关法规；二是全盘规划北碚的市政设施建设；三是相关机关对北碚市政建设的意见和建议。

（一）制定和颁布相关法规

关于后方疏散建设的规划，从国民政府中央到地方县市政府，都有相关规划。如1939年四川省第三行政督察专员公署根据航空委员会、四川省政府等机关的训令，根据"指示原则及关系法令，并参酌地方情形"而制定了《四川省第三行政督察区各县疏散城市人口暨疏散区内建设暂行办法》。①该办法是"为避免敌机轰炸与推行乡村建设起见"而制定，对于"各县办理疏散人口暨疏散区内建设事宜，除法令别有规定外，悉依本办法之规定办理"；疏散区域"应选定与城市相隔五里之外，并以交通便利之地方为限，但不得集中一处，以免敌机注意"；对于疏散区内的建筑，规定：一是"原有人民住宅除自身必需者外，应尽量腾出租佃与人"，二是"公共建筑一律作为疏散机关办公地点或人民居住"，三是"奖励私人在疏散区内建设新村，并责成所在地银行界投资建筑大量平房或篷厂以供需要"，"凡私人在疏散区内或搭篷厂至十间以上者，得依照委座手令规定呈请奖励"，四是"疏散区内建筑采取三分建筑，七分空地原则，其距离以五千公斤炸弹不伤及两所以上房屋为度"。②

根据人口疏散的需求，三峡实验区署制定的《扩大北碚住宅办法》即是疏散建设的计划之一。根据该办法，划"自北碚河边沿嘉陵江下行，经

---

① 《嘉陵江三峡乡村建设实验区署训令》（1939年11月30日），重庆市档案馆藏，档号：0081-0004-00283。

② 《四川省第三行政督察区各县疏散城市人口暨疏散区内建设暂行办法》（1939年），重庆市档案馆藏，档号：0081-0004-00283。

毛背沱、龙虎溪、龙虎桥，沿溪到天生桥，经黄木沟，沿山溪到悬峰岩、鹰嘴石、观音堂，绕金刚碑，后直出大沱口，沿江下抵北碚止"为扩大住宅区范围，在该范围内，需要建筑住宅者"得向地权人交涉购买或租佃地皮"，但需向实验区署呈文备案并取得许可证，同时，建筑房屋之前也需向实验区署呈报建筑图样、施工说明书等，经核准后方得动工兴建。①"核准后方得开工"的原则在实践中得到了执行，如欧浩章在开办砖瓦厂时，即首先呈报实验区署，希望能够"准予建筑搭厂，采质经营，抑或派员履勘指导"，但因并未呈报建筑图说而遭到了延迟。②

实验区署还根据"国民政府建筑法，第四十四条之规定"制定了《三峡实验区北碚市区建筑规则》，其内容共109条，规定"凡在本市区内，起造、改造、修理、拆卸、公私建筑物悉照本规则办理"，即在北碚"市区内，营造、改造、修理、拆卸、公私建筑物者，应于事前向本区工务处请领执照后，方得开工"，"市区内建筑物，有构造不妥，或其他妨碍市政情形者，依照本规则之规定取缔之"，此外，该规则还包括了对建筑物的高度、面积、基地、墙垣门窗、屋面楼面楼梯地板标准、厕所厨房浴室规格等。③与此同时，三峡实验区署还制定了《检查市区应行取缔建筑说明》，对于北碚市区的建筑进行检查，依据检查结果"应予取缔之建筑，依其安全、观瞻、卫生、消防及适合规章各点，可分为限期拆除、限期修理，及限期修理否则拆除三项"，当然，"此次检查之房屋只限于商区重要街道外表最显著之建筑"，对于沿江棚屋"无安全性可言，亦不成为建筑"，因此另定管理办法。④

对于沿江棚户，三峡实验区署在此之前就已制定了相关办法。北碚沿江棚户"向无标准，以致参差不齐，颇不雅观，市容为之减色"，三峡实验区署于1940年10月以此为由制定了《北碚市区沿江棚屋整理办法》，要求

① 《扩大北碚住宅区办法》（1939年），重庆市档案馆藏，档号：0081-0002-00172。

② 《为营贸实业建筑厂基恳准派员履堪以便进行而应时需事》（1939年9月），重庆市档案馆藏，档号：0081-0003-00488。

③ 《三峡实验区北碚市区建筑规则》，《北碚月刊》1940年第3卷第8期，第111—112页。

④ 《检查市区应行取缔建筑说明》（1941年1月），重庆市档案馆藏，档号：0081-0004-00889。

北碚市政管理委员会"查照办理"①。根据其所制定的办法,对于沿江棚屋整理的目标在于"屋顶依据本处之规定整齐,一律不得高低参差不齐",根据该办法,"凡非永久性之正式建筑物而用以居住用者,均称为棚屋",规定所有棚屋只能在"汉口路以下江边一带,其他地方一律禁止搭盖",其余"延嘉陵路堤坎以下两旁搭盖房屋应各退出堤坎边界三公尺后,再与路线平行搭盖","延嘉陵路延长线以东地带搭棚应与汉口路(或武昌路)平行,以西地带应与温泉路平行";被炸和烧毁的场所,不得搭盖棚屋,如"温泉路以西,被烧炸房屋地带,不得搭棚屋,汉口路移动拟定筑路及造房地带,不得续搭,其已搭盖者,得随时饬令拆除";搭盖手续方面,"凡搭盖棚屋,应按起造时期前后按次依行连续搭盖,不得擅立区划,混乱次序,自由移动,其搭盖次序应向市场整理委员会先行登记办理"②。

1945年,北碚管理局颁布《北碚管理局建筑管理规则》,至此,北碚管理局对于建筑问题的管理形成较为成熟的体系。总则方面,该规则对于"凡管理局所辖各乡镇区域内之公私建筑物之营造、改造、修理、添造"均有管辖权,对于建筑物"构造不固或其他妨碍市区安全及交通等情形者,均依照本规则取缔";领取执照方面,该规则要求"凡营造、改造、修理、添造公私建筑物,均应于事前委托建筑或土木技师技副,回执地段图地形图及填具建筑线申请单,报请本局核示";营造厂方面,规定凡是在北碚管理局范围内承接建筑事务的,必须"遵照管理营造业各条文办理营造登记",登记流程为"先行到管理局填报申请开业登记表及申请开业保证书,经管理局派员查实后再行核发开业证明书"③。

(二)关于市政建设的各项规划

对于北碚镇的建筑,从三峡实验区时代开始即有行政命令要求有规划的兴建,如1938年实验区署颁布的布告,以北碚镇正在筹划建设模范街

① 《呈为制就北碚市区沿江棚屋整理办法图样恳请检核备查由》(1940年10月17日),重庆市档案馆藏,档号:0081-0004-00283。

② 《北碚市区沿江棚屋整理办法》(1940年10月17日),重庆市档案馆藏,档号:0081-0004-00283。

③ 《北碚管理局建筑管理规则》(1945年3月),重庆市档案馆藏,档号:0081-0004-05386。

区，要求"在场内建筑房屋者，未经报请公安队勘定许可，不得兴工"，同时对于一些特定区域亦不能建筑房屋，如北温马路一带，"所有该路线挨边北碚市场一带，亦禁新有建筑，以免将来拆除"①。随后，实验区署又邀请中国银行建筑课长张谦受到北碚考察，拟定了对北碚市政的规划意见。张谦受的规划意见主要可以分为两个方面：宏观方面和具体事务。宏观方面，主要包括：1.对于北碚市街及附近一带地方的初步测量，"从速赶办"；2.扩充街道，其中添设新道、添辟关庙穿道、图书馆与均和路打通"均属必要"；3.添建平民住宅，"以资容纳一般苦力及劳工居住"；4.拟定市政管理规则。具体事务方面，主要包括：1.清洁问题，如渣滓的处理，每户设垃圾桶，由市政机关雇请清道夫逐日清理；2.饮水问题，在自来水设备未安好之前，可利用附近高低凿池储水，并多设数个小池澄清；3.下水道问题，要有系统计划的开凿，并以能排除污水为度；4.公共厕所问题，在市场内择几处适当位置建筑；5.马路清扫问题，照原来习惯规定，切实执行；6.防水问题，北碚市街较低，填沟筑堤均由必要，应由专业人才详细设计。②该意见被实验区署下发给各股及各北碚乡联保，作为北碚市政建设的参考意见。

全面抗战爆发后，由于"川省为民族复兴之根据地，峡区之地位尤为特殊"，特别是各机关迁到北碚后，"人口增长，建筑物扩展尤速，峡区之建设，实如雨后春笋蓬勃生长"，而"市镇之发展，若无一定之计划，任其自然扩充，自由发展，必致政工商学，混杂相处，其街过狭隘，沟渠污秽，交通不便，市容不整，固属末节"，但由此引起的"互为阻碍，不便发展"就属重大影响。③因此，三峡实验区署为了避免各机关建设完成后又辗转迁移，"为筹谋有秩序之扩张及发展与增进市行政上之便利及效率，对于公共之便利，对于各项人等利益，统筹并顾，全盘计划"，拟定了《嘉陵江

_____

① 《嘉陵江三峡乡村建设实验区署布告》（1938年8月17日），重庆市档案馆藏，档号：0081-0003-00306。

② 《市政专家张谦受先生来北碚考察后对北碚市政指示之意见》（1938年9月），重庆市档案馆藏，档号：0081-0003-00438。

③ 《嘉陵江三峡乡村建设实验区划分市区计划纲要》，《北碚月刊》1940年第3卷第6期，第26—27页。

三峡乡村建设实验区划分市区计划纲要》。①

根据该纲要，战时北碚市区的规划"一则受经济原则之支配，二则受社会关系之吸引"，从而形成"有定则之发展与布置"。具体而言，战时北碚市区的规划，"根据本区已成之形势"分为三大类，即"住宅区、工商区与公共及半公共建筑区"。首先，住宅区"依住户之经济情况及其居留之形势"，又分为平民区、新村区、游息区及避暑区，"前二者需迁就经济情况与职业地点以选定"，后两者"则需注意于地势之优，风景之美，气候之佳，位置之适中，街道之清洁与环境之幽静"。具体而言，新村设置于"南至天生桥，东达观音峡，西接金刚碑"，平民区设置于"金刚碑，澄江镇，黄桷树，文星镇"，游息区与避暑区设置于"金刚碑至温泉一带"，此外，缙云山、温泉寺、嘉陵江沿岸。其次，工商区又细分为不同功能区，商业区主要设置于北碚场，新村与北碚之间"分为批发区及银行区"，其余黄桷、文星、澄江等镇，仍保留原有市场并划为零售区，此外后峰岩、二岩及观音峡、澄江对岸、东阳镇等接近与江北县的地方，均划为实业区，"凡大小厂、实业所及研究机关等，来区建立者，均将归于此带地域"。最后，公共及半公共区域，仍以区署所在原址为政治中心区，其他如博物馆、图书馆等"亦应设于交通中心，同划于政治区内"，小学校、运动场、菜市场、书报室等，则根据"各区之环境与需要，随时择地分布于各区"②。

根据上述计划纲要，北碚市区的街道整理也随即展开。与此同时，由于北碚场"旧有街道，沿嘉陵江岸自由发展，湾曲狭隘，错综无绪"，因而在1941年的工作计划中，三峡实验区署对北碚商业区的发展进行了详细的规划，并制定了详细的《北碚商业区街道整理计划》来进行街区整理。

依照《北碚商业区街道整理计划》的规划，主要分为十个方面整理商业区。其中对于建筑类的规划有：第一，对房屋建筑段落进行统一划分，根据"宁可使之短或浅，不可失之长或深"的原则，商业区的建筑段落

① 《嘉陵江三峡乡村建设实验区划分市区计划纲要》，《北碚月刊》1940年第3卷第6期，第26—27页。

② 《嘉陵江三峡乡村建设实验区划分市区计划纲要》，《北碚月刊》1940年第3卷第6期，第27—29页。

"划分为若干大小不同之方块，长度之长者，不过百公尺，短者约五十余公尺，深度之深者，不过八十公尺，浅者约十余公尺"，并计划"将来新开段落，长短深浅"都有统一规定；第二，对街道的排列进行统一规划，因"北碚市区面积极小，尚不能与大都市大城镇比"，故而在街道的排列规划中"自难拘于一格，更不得不迁就原形，截湾取直，留成方格形式，……构成方块式与放射式两式混合并用之体系"；第三，街道整理与设计，其中街道方向方面以原有南京路、庐山路为标准，"可为将来发展之基则"，街道宽度方面，"须依交通情况之需要为标准，交通紧要街道，不可过窄，……又不可过宽"，"北碚现况，车辆绝少，预算将来既无繁重之大卡车，亦必多送往迎来之客车，与游览风景之小轿车"，因此"拟定车马大道，均须能容汽车往来会车，并且可容一人力车穿过"，"暂定为十三公尺"；第四，种植行道树及布置路边花木，"所有已成街道之人行道上，拟植树木两列，采用法国梧桐苗木，每五公尺一株，两旁交错。间隔穿插，各成其排，互为对角"，"其余路边为山坡或者市区边地与路心花坛等，均拟同时布置花木，安设长凳"；第五，取缔违规建筑，以往北碚市区"建筑物之管理，向由建设股办理，而江岸临时席棚等等，则由市委会经管"，由于"一向无建筑法规之规定，又无专责管理之人"，由此"民众对此项事务，又常漠视"。为解决这种情形，实验区署"拟定暂行建筑法规百余条，议决施行"，对于已建成者"无论新旧，凡呈危险现象者，堪估情况，分别通知拆除或修理"，对于新起或修理者，"无论巨细，均依规定手续，切实施行"。①

以上五个方面是关于建筑的规划，除此之外，该计划还对街道卫生进行了详细的规划，包括：第一，下水沟道的铺设，"在自来水设备未有之前，民众饮料，完全取自江水"，江岸一边容纳排泄污水，一边又汲取饮用，容易引发公共卫生问题，因此，对于"旧市街已成之沟道，迁就已成事实，暂时任其为单独之系统"，对于"拟筑之街道，及新村一带之沟道，重新计划整个系统"；第二，改良公共厕所，办理改良的办法主要有四种，

① 《北碚商业区街道整理计划》，《北碚月刊》1941年第3卷第8期，第31—33页。

"重新分布厕所位置"、"旧有厕所，……其构造加以改良"、"添设厕所处"、"重要过路口，设置小便亭"；第三，清洁与垃圾的处理，改县以后由专门机构统一指挥管理，添设垃圾箱，指定垃圾倾倒地点；第四，其他相关的公共卫生事项，包括严格检查肉类、乳类产品质量，理发店的消毒与理发匠戴口罩等，"由卫生所制定专员负责查核"[1]。

北碚管理局成立之后，为了"确立北碚建设计划，并促进其实施起见"而组织了北碚管理局建设委员会，该会下设民政组、财政组、教育组、建设组，人事方面"设主任委员一人，由局长兼任之，副主任委员一人，委员若干人，由局长聘请之"，并设"秘书一人，文书、事务各一人，由主任委员就本局职员调派之"，该委员会的主要职责为："1.拟定各种建设方案；2.审查本局交议之各种建设计划或规章；3.答复本局关于各种建设之咨询事宜；4.征求各方建设意见并考察各项施政实况"。[2]此后，北碚地区的建设规划大多由该会制定并由北碚管理局审定。如1942年北碚管理局初成立之时，面对迁碚人口的激增，北碚"商务日繁，原有街市房屋每感应用不敷"，且北碚"北临大江，限制市场发展，而西南二方复限于已被小水冲刷所成之深沟两道，且其附近一带，地形极为畸零，地权极为分散，均有碍于建筑之进行"，因而制定计划，填沟防洪，"扩充市场，增建房屋"。根据该计划，填沟地点为"北碚旧市区西南，其界址东至南京路、广州路，西至北温公路，南至黄山堡、华丰建筑公司之界，北至上海路、北平路为界"，"其总面积约一七四三〇〇〇平方公尺"。[3]

（三）其他市政机关的工作计划及建议

除了上述整体性的规划外，市政机关的工作规划都较为具体。以北碚市场整理委员会为例，1939年8月该会以"凡作一事均须先有计划而后乃可循序渐进以达圆满成功"而拟定了该会工作计划。[4]该计划将北碚市场整

---

① 《北碚商业区街道整理计划》，《北碚月刊》1941年第3卷第8期，第35—36页。
② 《北碚管理局建设委员会组织简章》（1942年），重庆市档案馆藏，档号：0081-0004-01484。
③ 《北碚南区填沟防洪计划书》（1942年），重庆市档案馆藏，档号：0081-0004-01622。
④ 《签呈》（1939年8月30日），重庆市档案馆藏，档号：0081-0003-00309。

理委员会的工作分为11个部分，其中与市政建设密切相关的有：1.改正全市街道，规定"头等街马路宽七公尺，每边人行路宽一公尺五"，"二等街马路宽五公尺，每边人行路宽一公尺至一公尺五"；2.对房屋建筑进行管理，"分期改修全市铺面"，改"成两楼一底或一楼一底"，同时"房屋之式样由本会设计规划，高低形势力求一致"，同时规定"凡在市内兴工建筑或修造房屋者，须报请本会核准，然后发给开工许可证"；3."改修全市之下水道"，与改修街道一并开工进行；4.另建新式厕所五处，"取缔不合规矩之私厕"；5."规划各个市场"，米市杂粮市设在广州路，菜市等设在河边，荒货、铁匠等设在温泉路；6.制定路标号牌；7.添置卫生设备等。①改组成为北碚市政委员会后，该会的工作计划仍为具体事务。如在1944年11月该会拟定的施政计划，即将工作具体分为9项，包括：1.填沟工程，要求"未完之土方一万方，使用板车限上半年填完"；2.修筑嘉陵江堡坎；3.完成莱米市堤坎二道；4.疏通沟渠；5.补种行道树。②

此外，其他市政建设机构也有关于北碚市政建设或改造的建议、计划。如1942年华夏测量设计服务队提出了改良北碚新填广场的建议，认为新填出的广场，"原设计有长方形及三角形空地两片，使马路分裂错综，似有零乱之感，而缺宏伟之象"，因而提出将"二片空地，合而为一，并加以曲线之平直"，并指出合并之后的优点有四个：其一是节省地面，"市镇地面，最为宝贵"，因此，"尤宜妥为利用，建造街房，繁荣市面"，将空地合并后，"美丰宿舍及华丰地产公司下可资利用建屋之地，较原设计者增加约一〇〇〇方公尺"；其二是有完整宏伟之象，"市镇建筑物完整统一，乃有宏伟壮丽之感"，改划之后，"即觉完整宏伟矣"；其三是曲线较平，"汽车转弯，曲线愈平，愈为便利"，经过改良之后，可以完全避免"转折太多，曲率半径太小"的弊端；其四是可以建筑纪念塔或钟楼等，"北碚市镇已趋新型，而乏大建筑物，使全镇无一中心标的"，若在新填地面"建立纪念塔

① 《嘉陵江三峡乡村建设实验区北碚市场整理委员会工作计划大纲》（1939年8月30日），重庆市档案馆藏，档号：0081-0003-00309。

② 《北碚市政委员会卅四年度施政计划》（1944年11月21日），重庆市档案馆藏，档号：0081-0004-03241。

或钟楼后，可作为纪念日集会场所，有如渝市之精神堡垒，则增美北碚之观瞻"。①

二、市政工程建设的实践

正如前文所言，北碚地方政府对于市政建设一向十分重视，早在峡防局时代即已着手改造北碚地区的市政。至全面抗战爆发后，北碚地方政府对于市政建设除有规划外，还成立了专门组织加以负责。正是由于这种重视，战时北碚地区的填沟防洪等工作得到了极大推进。

（一）市政建设规则与组织

全面抗战爆发后，随着内迁机构和沿海人士的迁入，"北碚市场，乃畸形发展，房屋则错综无序，街道则湾曲狭隘，非惟市容不整，对于管理发展，障碍亦多"，由此三峡实验区署对于市政的改良多有计划和研究，"拟具街道整理计划，逐项实施，以期合乎现代化之市镇"②。实际上，早在峡防局时代，北碚地区即建立起了市场整理委员会，并颁布了相应的市场整理办法。根据该办法，由峡防局选练合格人员与队丁40人组成特务队执行市场整理任务。③随着北碚地区建制的完善，各种市政建设规则和组织也逐步增多。

1939年2月，三峡实验区署以"各镇市政委员会亟应克期成立，俾资办理该镇一切兴革事宜"而开始在各乡镇成立市政委员会。其中北碚市政委员会以内务股主任吴定域、副主任梁伦为常务委员，"并由本署先行聘请前峡防局副局长熊明甫为该会主任委员"④。四川省政府在随后的核准中认为，"本省县以下地方政制，系以保甲制度为唯一组织，举凡整顿市场，维

---

① 《改良北碚新填广场布置之意见》（1942年8月20日），重庆市档案馆藏，档号：0081-0004-01626。

② 《三峡实验区北碚市场填沟筑路建房投资实施计划》，《北碚月刊》1941年第3卷第8期，第38页。

③ 《江巴璧合特组峡防团务局协助北碚整理市场办法大纲》（1928年），重庆市档案馆藏，档号：0081-0003-00026。

④ 《为指派市政委员并抄发简章令仰遵照克日成立市委会由》（1939年2月24日），重庆市档案馆藏，档号：0081-0004-00283。

护治安，及地方一应兴革事宜，均应运用保甲组织，发挥保甲效能，以资推进，该实验区内各保人口纵有增加，情形尚非都市可比，原组织简章妄用'市政'名词，并无法令依据，所请应毋庸议"，将原拟简章否认。①同年9月三峡实验区署所属各乡镇的市场管理委员会奉令改组为市场整理委员会，为统一各乡镇市场整理委员会名义，实验区署颁布了《嘉陵江三峡乡村建设实验区市场整理委员会组织规程》。②根据该规程，实验区所属各乡镇均设置市场整理委员会，以"整理市场，促进市民公共福利"为宗旨；委员会由联保主任、公安队长、市街保长、调解委员及区署指派人员为当然委员，另由市民开会"推选公正贤能、热心公益士绅七至九人为委员"，继而由委员开会，"互推三至五人为常务委员，负责办理一切经常事务"，最后实验区署制定其中一人为主任委员；委员会下设总务组、工务组、纠察组，每组设组长一人，办事员、服务生若干。③

为了全面统筹北碚市区的市政工程，到1949年时北碚管理局最终还是成立了市政委员会。该委员会分为总务、工务、财务等三个小组，总务组负责保管文书事务，工务组负责测绘、设计、施工，财务组负责会计、出纳、审核；业务方面，主要有以下几个：1.建筑管理，规划市街房屋及新村房屋之建筑，取缔违法建筑；2.道路工程，规划道路系统，实施建筑马路人行道等；3.水道工程，设计下水道系统、实施沟渠建设、疏通已有水道；4.填沟防洪，利用渣滓继续填沟防洪；5.经济业务，开山取石、代售石灰、向建筑公司投资。④

除了统一性的各种监管委员会外，还有针对某一事务的专门委员会。如1939年1月北碚成立的北碚乡歇马至石龙段乡村道路修筑委员会，该委

① 《前据该署呈请组设市政委员会一案奉令转仰遵照由》（1939年3月），重庆市档案馆藏，档号：0081-0003-00309。
② 《为令发本区市场整理委员会组织规程杨遵照办理由》（1939年9月15日），重庆市档案馆藏，档号：0081-0003-00309。
③ 《嘉陵江三峡乡村建设实验区市场整理委员会组织规程》（1939年9月），重庆市档案馆藏，档号：0081-0003-00309。
④ 《北碚管理局市政委员会业务概况》（1949年12月），重庆市档案馆藏，档号：0081-0001-00104。

员会是北碚乡联保主任冯书舫为整修歇马路至石龙桥的石板路而拟定并呈请设立。①冯氏所拟办法大纲是"为修整北碚乡歇马路至石龙桥一段石板道路专订"，该办法由该段人民在该段地主内公推人员执行，所推选的公正廉洁士绅五至七人组成修筑委员会，并由三峡实验区署及北碚联保办公处指导监督；修筑委员会下设保款组、劝募组和工程组；修筑款由"本路所经地段之地主担任，担任方法召集该段人民开会解决"，其中无力担任的地主，"则由减租委员会劝募补充，劝募范围以本乡为限"②。1942年修筑澄江至北温泉公路时又成立了澄温公路建设委员会，该委员会设立于澄江镇，并在温泉公园设置办事处，该会"设委员十五至十九人，由筹备大会公推之，在委员中护腿主任委员一人，副主任委员一人"，下设总务股、财务股、工务股，委员会职权为负责"建设经费之筹措事宜""工程之建议及监督事项""预决算之审核事项""工务纠纷之处理事项"③。

（二）实际整修工程

为了整修北碚市街，1940年5月北碚市场整理委员会提出了征工办法。根据北碚市场整理委员会的呈文，其征工理由有四个：一是"因兵役问题，劳力者暗藏于民间，一则逃避兵役，二则借此居奇，多得收入，因此劳力非常恐慌"；二是"北碚市场工作急如星火，长此拖延，将来妨害特多"；三是"守善之区工作如此，其慢对于商业及游览者不无影响"；四是"此时市民改造兴趣特高，失此良机，将来工料再涨，恐受影响"；其征工办法为，全区100个保，"每保只征一人，每廿保一轮流，分五期征完"，"工价照普通给价，每日八角，方价每方三角五分"；"工作器具概由市委会准备，寝具自带"④。随后，三峡实验区署训令各乡镇，以"前方浴血抗

① 《为赍呈修整本镇歇马路至石龙桥段道路办法大纲仰祈察核示遵由》（1939年1月6日），重庆市档案馆藏，档号：0081-0003-00185。

② 《修筑北碚乡歇马路至石龙桥段道路办法大纲》（1939年1月），重庆市档案馆藏，档号：0081-0003-00026。

③ 《北碚管理局澄温公路建设委员会简章》（1942年），重庆市档案馆藏，档号：0081-0004-01577。

④ 《市委会签呈征工为北碚市街工作事由》（1940年5月），重庆市档案馆藏，档号：0081-0004-00297。

战，后方建设亦应积极进行，方符抗战建国之旨”，“本区既为迁建区域，各镇市场，亟须整理，以供目前需要”，由于征兵造成“土木多已逃散”，因此“征雇自属不易”，因此同意市场整理委员会的呈文，要求各镇施行征工，被征工人在“工役期内得免兵役”，具体分配为“北碚镇每期七名，黄桷镇四名，文星镇四名，澄江镇四名，二岩镇一名”①。

就市政工程的具体工作而言，主要有三个方面：

一是关于填沟防洪的问题。北碚场“地滨嘉陵江边，中部高而四周低，一遇嘉陵江洪水高涨，初漫岸边，渐及四周低地，潆水环围，大好市场，顿成孤岛”，在这种情形之下，填沟防洪对于北碚市区建设而言，尤为重要。以前“限于人力、财力，欲办辄罢，……值此川康水利委员会，积极兴办水利之期防洪工程，亦兴办事业之一”，因而以贷款办法“借款填沟，并增高南京路”②。根据实验区拟具的实施计划，填沟筑路建房等项共“约需三十万元至五十万元”，以计划分为三项完成：①填垫回龙桥至中山路一段沟渠，“发动民工，借用天府公司铁轨斗车以助运输沙石，预计三个月至四个月，即可完工”；②修筑路面及下水沟道，“由市场整理委员会筹办”；③建筑房屋，填垫筑路后，“能建筑房屋之地段面积，有三六〇四平方公尺，……可有单间铺房六十间至一百间”③。从1939年开始，三峡实验区署即发动地方民众参与填沟。北碚管理局成立之后，填沟工作作为“北碚市政最大工程”开始全面展开，1943年北碚管理局“大规模开始运取市郊一公里以内可取之泥土”进行填沟造街，共“填成街道四条，填方约四万七千立方米”④。

二是市政建设方面。关于市政建设的范畴过大、内容过多，根据北碚地方政府的工作报告和计划来看主要是一些有关于公共工程的建设事务。如1940年10月的“市政”中即标明其成绩为：“1.共填土四〇八立方；2.

① 《为征工修整市场拟定办法令仰遵照办理由》（1940年5月8日），重庆市档案馆藏，档号：0081-0004-00297。

② 《北碚填沟防洪工程意见书》，《北碚月刊》1941年第3卷第8期，第38页。

③ 《三峡实验区北碚市场填沟筑路建房投资实施计划》，《北碚月刊》1941年第3卷第8期，第39页。

④ 《北碚概况》，1949年版，第27—29页。

共挖土五一二立公方；3.共运鹅石子一三三〇〇斤；4.共安街沿石及水层石三九五公尺；5.共安下水道长一八六公尺；6.金市撤退街房现已完成；7.协助工务处完成全市测量工作；8.规划河街建筑路线并指导建筑"。[1]就朝阳镇而言，至1950年为止其共完成了以下市政建设内容：

表5-1   北碚朝阳镇市政建设情况表(1950年)

下水道		街道		公共建筑	
总长	3902米	市区长度	2990米	米市	1处
总沟	360米	市区宽度	9—22米	商场	2幢
干沟	2654米	市郊长度	5500米	新市商场	3幢
支沟	888米	市郊宽度	7米	码头	2处
水斗	111米			代建商店	79间
入孔	83个			花坛	8处
				太平池	3个

资料来源：《北碚概况报告书》(1950年)，重庆市档案馆藏，档号：0081-0006-00762。

三是市场整理方面。截至1949年，北碚管理局完成了对地方市场的初步整理，朝阳、澄江、文星、黄桷等镇的市场"均次第完成"，其中朝阳镇的市场经过三次改建才得以完成，北碚管理局关于市场整理的重要成果有：下水道整理，完成总长3902米，其中总沟360米，干沟2654米，支沟888米，此外还修建水斗111个，入孔83个；街道整理，共整修市区街道长2990米，市郊街道5500米，其中市区街道宽8米左右，市郊街道宽7米；公共建筑整修，设置米市1处，商场2栋，新式商场3栋，码头2处，店铺79间，花坛8处，太平池3个。[2]

---

[1] 《嘉陵江三峡乡村建设实验区署十月份民政建教工作概况》，《北碚月刊》1940年第3卷第6期，第58页。

[2] 《北碚概况》，1949年版，第27—29页。

三、防止空袭中的城市改造

为防御日军的轰炸，防空问题也是北碚地方政府城市建设的重点内容之一。对于敌机的肆虐轰炸，当局认为北碚"位居三峡，当水路要冲，交通便利，地方安宁，省外机关学校工厂人民纷纷遭来"，"复以本区为敌机袭渝必经之道"，因此着重于对城市防空的改造和建设。①除了整顿建筑物之外，三峡实验区署还着重修筑防空设施，早在1939年因北碚划入迁建区，人口激增，"兼之敌机迭次来川空袭，人民惶惶不安"，由此北碚新村筹备委员会"拟在新村西南角，建筑一容纳千人之大防空洞一座"②。根据三峡实验区所拟计划，该防空洞位于新村西南角临近青北马路，其"全长二百五十三公尺，出入口宽一公尺，内部宽二公尺，均高二点五公尺"，防空洞内"两边设宽三公寸高六工寸之石台各一道"③。与此同时，实验区当局还积极建立医院，如重伤医院就是以备"万一不幸，受地籍轰炸的重伤病人，作疗养的地方"④。

日军的轰炸除了影响到北碚城市的防空及相关设施的建设外，对于城市规划亦有重要影响，以北碚市区为例，为了避免敌机轰炸，三峡实验区对于新建物体也有所规范。1938年颁布的布告中，由于"自马鞍溪经新桥、悬峰岩、水岚垭、月亮田、龙虎溪到毛背沱一带地方"，"接近市场，且公有建筑物甚多"，因此，自布告之日起"禁止私人在该处建筑房屋。其已动工，而未报经本署核准者，亦着停止建筑"⑤。随后又加强了对市区建筑物的整顿，在街道整理计划中，认为"抗战后，屡遭轰炸，被毁部分，约达四分之一"，由此，为了预防轰炸及其引起的火灾，实验区署将原有的火巷进行了拆除，并将街道"辟为方块形式"⑥。

---

① 《北碚防空工作概况》，《北碚月刊》1940年第3卷第3期，第20、22页。
② 《为建筑新村防空洞拟定计划草图送请备案存查由》（1939年3月8日），重庆市档案馆藏，档号：0081-0017-00006。
③ 《新村防空洞挖石工程计划》（1939年3月），重庆市档案馆藏，档号：0081-0017-00006。
④ 《北碚防空工作概况》，《北碚月刊》1940年第3卷第3期，第20、22页。
⑤ 《嘉陵江三峡乡村建设实验区署布告》（1939年5月13日），重庆市档案馆藏，档号：0081-0003-00306。
⑥ 《北碚商业区街道整理计划》，《北碚月刊》1941年第3卷第8期，第31页。

正是由于日机轰炸导致房屋损失惨重，三峡实验区署要求北碚镇"民房应即自行筹划，迅速拆除火巷，用防未然"，在1939年6月北碚镇公所主任冯书舫的呈文中拟定了拆除区域：一是"均和路直达人和路"；二是"关庙街对面直达民众会场"；三是"金佛路直达温泉路，和睦路直达文华路"，其中被拆的房屋，"由受益人分担补偿，以昭平允"①。随着日军空袭的加剧，北碚地方政府对于其所处地理位置、防空重要性有了进一步的认识：北碚"为渝合要道，人烟稠密，房屋鳞比，拆除火巷，势不容缓"②，因此，三峡实验区署制定了《北碚市街拆除火巷赔偿办法》，该办法规定由市场整理委员会调查被拆除房屋业主和受益房屋业主的相关情形，被拆除后，由受益人负担赔偿，"直接受益人家担负十分之六"，"间接受益人担负十分之四"。③

此外，为了应对防范空袭，除了改造北碚市街建筑之外，对于附近建筑也有所涉及。如国民政府主计处在致信三峡实验区署中即提到其附近祁家湾、毛背沱等地"有砖瓦窑各一座，宽广高耸，每逢烧窑时，光焰冲天"，由于日军空袭严重，"值此紧急防空之际，目标过大，殊为可虞"，因此希望实验区署能够"转令该窑仿照江苏医学院对面牌坊湾之砖瓦窑办法，于窑上加盖瓦亭以免火光上露，否则暂行令其停止营业"，三峡实验区署即令防空知会遵办。④随后，该处又以"观音峡与敝局防空洞毗连，惟其右首墙壁纯系白石灰粉刷矗立江岸，易为敌机空袭目标"，要求三峡实验区署转令观音阁住持"雇佣水泥作，将此墙改涂青黑色，以资掩蔽"⑤。三峡实验区署再次训令防空知会照办。

① 《为遵令拆除火巷并补偿经过恳予备查由》(1939年6月17日)，重庆市档案馆藏，档号：0081-0002-00177。

② 《为呈报拆除火巷办理情形恳予检核示遵由》(1939年6月28日)，重庆市档案馆藏，档号：0081-0002-00177。

③ 《北碚市街拆除火巷赔偿办法》(1939年6月)，重庆市档案馆藏，档号：0081-0002-00177。

④ 《国民政府主计处统计局致嘉陵江三峡乡村建设实验区署函》(1939年6月28日)，重庆市档案馆藏，档号：0081-0004-00228。

⑤ 《国民政府主计处统计局致嘉陵江三峡乡村建设实验区署函》(1939年8月)，重庆市档案馆藏，档号：0081-0004-00228。

四、战时住房问题与北碚新村建设

战时迁居北碚人口甚多，北碚管理局为了"长期繁荣北碚并应战时需要，供给避难人士住家"而颁布了多种规则来解决住房问题。与此同时，北碚的主政者还多方申请获得国民政府的补助，在卢子英致张群、陈布雷、刘峙等人的信函中，以北碚"为迁建主要区域之一，年来迁建到区者，……约在七十单位以上，犹在陆续增加中，至于疏散到区之住民，亦近四千户以上"，要求各方"婉陈委员长蒋，仿唐家沱拨款办法，拨款百万，将北碚作大规模之新建，以备今年夏季渝市人口之疏散"①。虽然全面抗战爆发初期三峡实验区对于改善住宅问题的规则和办法有很多，但其中以北碚新村的规划最具代表性。

1939年，三峡实验区署为了应对"迁建事业及地方之需要"而设置了新村筹备委员会，并"划定北碚市区附近魏家湾一带为新村范围，征购土地三三四亩，分划——七地号，放予建筑房屋"，对于"领地而未建筑之户，限期完成建筑，逾期则将土地所有权，移转需要之户，俾便利住户"②。新村的修建主要在于供应迁碚人士居住，因此，最初的计划中新村"只建房屋"，随后因北碚地理位置特殊，"前临大江，左右环山，人口剧增，商场狭隘，不足以供应需要"，因此"拟由民众马路起，迄戚家湾止，沿青北马路两旁，一律建筑商店，以期增加生产，而资救济农村"③。

三峡实验区署兴建北碚新村，主要以"改良乡村生活，增进村居兴趣及减低消费，共谋福利"为宗旨，其中"购售地亩，建筑房舍及公益、保安暨其他一切公共事项，由筹备委员会设立事务所管理"④。为了"筹备新村之建设及与有关系之一切事项"，三峡实验区署筹备成立了"北碚新村筹备委员会"。该委员会由实验区署"就北碚各事业机关主任中委托"7人组成，并指定主任委员1人，各委员均为义务职；委员会下设事务处，并经

---

① 《卢子英关于拨款兴建北碚新村致张群的函》（1938年），重庆市档案馆藏，档号：0081-0003-00744。

② 《北碚概况》，1949年版，第27—29页。

③ 《致各领地人及各委员等函稿》（1939年5月8日），重庆市档案馆藏，档号：0081-0017-00006。

④ 《北碚新村管理暂行规则》（1939年），重庆市档案馆藏，档号：0081-0004-00283。

实验区署核委总务干事1人、干事3人，事务处由总务股、会计股、工程股等组成，其中总务股执掌文牍、庶务及土地事项，会计股掌管会计出纳事项，工程股掌管测量设计及施工事项；事务处下属每股设股长1人，由干事荐任，并可根据事务繁简而酌设事务员及雇员雇工若干人。[①]

（一）北碚新村土地的征收与发放

在规划完成新村平面图之后，三峡实验区署依据《土地法》及《土地法施行法》制定了新村土地的征收规则。根据《嘉陵江三峡实验区建设北碚新村征收土地规则》，新村土地征收由新村筹备委员会办理；对于预征范围内所有田地，原业主不得居奇不售或者售与第三者，对于抗不搬迁或者不交出土地附着物者，"得强制执行"，同时，对于被征的土地和房屋，土地划分为三类：水田、旱田、茔地，水田和旱田又分为上中下三等，茔地分为有主和无主两类，房屋"按其种类，依照年代、材料、式样"等类别，分别折算赔偿；被征土地按"工程之需要缓急，得分区分段"收买，对于坟茔，有主者"限期酌给迁移费，令其迁移，如逾限不领费，亦不迁移者，即以无主论"，无主者依照《土地法》第383条第2项及《土地法施行法》第90条的规定办理。[②]

对于新村所放出供承买的土地，凡是国民政府公民均有权承买，但根据新村土地征收规则，被征土地的原业主对于"除划为公共用地之部分外"，"有优先承买权，但不得超过三号"，同时，"公告放地及出放日期后一个月内原业主不申请承买者，撤销其优先承买权"[③]。购买手续方面，户主以真实姓名填写《请领书》，连同地价十分之一的保证金向新村管理机关登记；申请登记后，领地人应当在三个月内完成地价的缴纳，"逾期不缴清者，撤销其领地权并没收其信金"，已交保证金而新村不能在三个月内将土地移交时，应当退还保证金；附带义务方面，领地人"须于领地后一年内

---

①《嘉陵江三峡乡村建设实验区北碚新村筹备委员会组织章程》（1939年），重庆市档案馆藏，档号：0081-0002-00144。

②《嘉陵江三峡乡村建设实验区建设北碚新村征收土地规则》（1939年2月），重庆市档案馆藏，档号：0081-0002-00144。

③《嘉陵江三峡乡村建设实验区建设北碚新村征收土地规则》（1939年2月），重庆市档案馆藏，档号：0081-0002-00144。

建筑房屋，如有特别情形，得申请延期"，延期时间不得超过一年，同时，对于一年内未完成房屋建筑的土地，新村管理机关征收荒地税，数额为原地价的百分之一，延长一年则按原地价百分之二征收，同时领地人及其继承人"有缴纳新村公益捐及遵守新村各项规章之义务"①。

（二）关于北碚新村的公益事业及其管理

在新村的规划中，三峡实验区署对于公益设施十分重视。交通方面，"凡人行及车马共同通过之路，预由本事务所，按照地势测量划定，以宽广适度为标准，其邻与邻自行留置之巷弄，最少须足六公尺宽"，"道路两旁，各建明渠，以宣泄雨水山水"；教育方面，"预留适中地段建设初级小学一所，并附设幼稚园一所，并视经济酌助兼善中学，以谋住户儿童求学之便利"；公共设施方面，"于僻静适当地点，建设公厕数所并就所有街道规定装设路灯"，同时，在"适中地点建设村公园及运动场、天然游泳池等"②。在实际修建过程中，新村筹备委员会采取调高售地价格，将售出地价的四分之三作为公益费，以此来扩大村内公共设施建设，最终修建了礼堂、食堂、阅报室、游戏室、来宾招待室、防空洞等设施。根据1940年北碚新村筹备委员会的年报，北碚新村"面积共为四百七十二亩二分九厘"，其中"马路、人行道及公共建筑占地一百二十一亩五分四厘"，建筑"房屋之地为三百五十亩七分五厘"③。至1942年9月，新村售地完成，各项建筑也基本结束，因而新村管理业务悉数移交给兼善中学。④

管理方面，可以分为治安管理、清洁卫生管理等。关于治安管理，根据《北碚新村管理暂行规则》的规定，北碚新村兴建的所有事务均由新村筹备委员会事务所管理。其中治安方面，"为谋公共安宁起见，由事务所函请北碚公安队酌派队兵驻村保卫，其薪饷由住户公共分担之"，同时，新村

① 《嘉陵江三峡乡村建设实验区建设北碚新村放地规则》（1939年2月），重庆市档案馆藏，档号：0081-0002-00144。

② 《北碚新村管理暂行规则》（1939年），重庆市档案馆藏，档号：0081-0004-00283。

③ 《北碚新村筹备委员会二十九年度工作年报》（1940年），重庆市档案馆藏，档号：0081-0004-00038。

④ 《兼善中学接收管理北碚新村通知》（1942年9月），重庆市档案馆藏，档号：0081-0017-00004。

住户"应遵照公令编联保甲，如有妨害风俗及不良善行为者，邻保得随时向事务所告诉，由事务所纠正"①。1939年，经第一次村民大会议定，派出所经费由新村内各机关团体住户等负责，具体费用由"每亩地月抽二角，房屋照房价月抽万分之三，机关月抽二元至五元，普通住户月抽五角"组成。②

在管理上新村最为突出的内容就是注重清洁卫生。1942年新村管理业务移交兼善中学后，11月5日成立新村整洁推行委员会，负责"推动村内一切整洁事宜"。根据该委员会的成立会议记录，该会设"主任委员一人，副主任委员一人，常务委员若干人，并分设总务、推行两股"，其中"公推北碚管理局卢局长子英为主任委员，警察所陈所长能训为副主任委员"，"凡新村管理范围内之各机关学校团体，皆为本会常务委员"；其中总务组职责方，"公推新运会青年团新村筹备委员会三个单位负总务组责任"，另外"公推朝阳镇公所、宪兵队、立信校、重师校、兼中校五个单位负责担任清洁推行组工作"；在维护清洁的具体措施上，由该会"经常雇清道夫四人"，负责村内清洁的洒扫，同时要求各机关、商户"按镇公所规定样式制设垃圾箱"，"每月召集各机关团体学校举行联合清洁大扫除一次"；清洁费用方面，由清洁委员会统一征收，数额为"各机关团体学校，每月捐助清洁推行费用二十元，至各店户，照警察所原来规定数额，按月由警察所派人挨户收齐交委员会支付"，其标准为"甲等十元，乙等八元，丙等六元，丁等四元"③。

（三）中正新村与平民住宅的设计与兴建

除了北碚新村的兴建之外，三峡实验区署还设计有北温新村和兴建平民住宅。1940年北温公路即将通车之际，卢子英致函陈幼丹，称"敝区士绅为某地方繁荣起见，拟定北温公路沿线造一新村，以适应迁建需要"，其

①《北碚新村管理暂行规则》（1939年），重庆市档案馆藏，档号：0081-0004-00283。

②《为开会议决设置新村警察派出所请派员调查户口房产以资征收经费由》（1939年6月5日），重庆市档案馆藏，档号：0081-0017-00007。

③《北碚新村清洁推行委员会筹备会议记录》（1942年11月5日），重庆市档案馆藏，档号：0081-0017-00004。

经费"拟按区域内地亩，抽取十分之一"①。三峡实验区署同时还拟定了相关办法，根据该办法，"划定北碚至北温泉沿马路两旁距路基一华里以内"为范围，建筑新市村。建筑北温新村的意义在于"促进地方文化，便利疏散城市民众，增进福利及厉行新生活"；原则方面，以"协助人民在规定范围内按照确定计划自行建筑"为原则，"除公共建筑需用土地得征用外，其余概由人民自有买卖建筑"；同时，该办法还规定了建筑北温新村的组织、设计、经费等内容。②在随后的计划中，该新村被命名为"中正新市村"，其主持机构也有一定的修正，规定"委员会设委员十五人，由实验区署指派职员，并延聘地方人士组织"，新村内计划建筑公共道路、公园、小学校、民众会场、民众俱乐部、图书阅览室、民众运动场、儿童游戏场、诊疗所、公共厕所、防空设备、公井、各种小市集、消费合作社、警察派出所等。③虽然该新村规划完善，但其建造最终并未像北碚新村一样完全施行。

北碚管理局成立之后，1942年9月还专门召开会议专题讨论平民住宅区问题，在会议主席卢子英的报告中，指出北碚平民住宅区的兴建是基于："1.为事业需要，为已迁建者及为迁建者；2.为安定次序；3.为助救痛苦；4.为陪都疏散；5.为物资经济；6.为市村合理化"。根据讨论结果，按照"挨近事业机关"、"交通及供应均称便利"、"风景优美"、"施工容易"、"防空安全"等为选择建筑地点的条件，最终议定"分乡镇建筑平民新村"，其中选择地点有"1.龙凤乡毛背沱，2.朝阳镇新村，3.朝阳镇北温路檀香山桥附近，4.朝阳镇石院墙附近，5.金刚乡郭家沱一带，6.澄江镇温泉上面马家坨一带，7.黄桷镇上坝石子山附近"④。

与此同时，为了"营建平房供应迁建事业机关及民众之房屋需要"，北碚管理局还组织了平民住宅营建委员会，根据组织规程，该委员会"设主

① 《卢子英致陈幼丹函》（1940年），重庆市档案馆藏，档号：0081-0004-00285。
② 《三峡实验区建设北温新市村办法》（1940年），重庆市档案馆藏，档号：0081-0004-00285。
③ 《建筑中正新市村办法》（1940年），重庆市档案馆藏，档号：0081-0017-00006。
④ 《营建北碚平民住宅区筹备会议记录》（1942年9月15日），重庆市档案馆藏，档号：0081-0004-01620。

任委员一人，由北碚管理局局长兼任"，"设委员十五人，由局长就有关事业机关长官与发团代表中选聘之，并就其中制定吾人为常务委员，辅助主任委员处理日常事务"，另设总务科、工务科、财务科等科，同时，"为便利工程之监督指挥起见，得就施工所在地设置工程分处"①。

在具体的建设中，其建设格局为"每十间为一段，有火巷、公厕、集体猪栏"，并进一步规划有"学校，会堂，自来水，路灯，宽敞的街道，及托儿所"。同时，"进一步为他们谋职业的安定，如倡导洗浆，养猪，织布，打草鞋，编草帽等合作社，及简易平民工厂"，如此，则"所有住户家属的生活教养，都一齐求得相当的好转"。经过努力，至1949年"朝阳水岚垭平民住宅区，已完成住宅三栋，计平房三十间，基地六十间，四公尺宽之公路一千尺"②。

第三节　战时北碚的城镇治理

北碚地方政府为了应对战时需要，在实施市政建设和改造的同时，还在国民政府中央和四川省政府的法律法规之下积极推动北碚地区的城镇治理。其内容既包括完善相关机构和法律法规，也包括对相关社会问题进行取缔和改良。

一、治理体系的构建与完善

对战时北碚地方政府而言，治理体系的完善既包括机构的构建也包括法规的完善，其中以四川省政府、第三区专署及北碚地方政府的立法最为重要。

（一）法规的建构方面

对于区域治理而言，最为重要的就是维持地方治安，保障生产生活的

---

① 《北碚管理局平民住宅营建委员会组织规程》（1942年），重庆市档案馆藏，档号：0081-0004-01620。

② 《北碚概况》，1949年版，第27—29页。

有序开展。即"现代一切国家，凡以充实国力复兴民族为任者，无不以严维秩序为首务，社会秩序一经扰乱，不待外侮之来，亦陷国家于危亡之地"①，因而，关于法规建构方面最为重要的是治安办法的颁布和实施。战时北碚地方政府相关法令的颁布和修正都是以上级机关的法律法规为依据的。因此，对于北碚地区法规建构的考察，不能不提及各级政权的相关规定。

早在1936年南京国民政府就颁布了《治安维持紧急办法》，其中规定遇有"危害国家之事变发生，负有公安责任之军警，得以武力或其他有效防范制止"，地方军警"对于严守纪律之人民，应特予以保护，并应注意维持治安"②。1939年国民政府又颁布了《县市国民兵团各级队维持治安办法》，其中规定"凡有驻军警察之地方，其治安由国民兵团各级队协同驻军警察维持之，无驻军警察之地方，由国民兵团各级队负责维持之"，其所负责执行事项的范围为："1.关于间谍、汉奸之查缉及防止；2.关于匪患之警戒、剿捕及检查；3.关于水火风灾、空袭之警戒及救护；4.关于帮会匪徒之侦查及禁止；5.关于境内出入人民及留容寄宿之稽查及取缔；6.关于公共场所、旅店及携带违禁物品之稽查及取缔；7.关于盗窃、吸食毒品和吸食鸦片及赌博之查禁；8.关于斗殴之禁止；9.关于河边、桥梁、电杆、电线及其他一切交通设备之守护；10.关于森林河堤之保护；11.关于其他维持地方治安之必要事项"等11项内容。③

1941年国民政府又颁布《加强县长维持治安权责办法》，根据该办法，四川省政府要求各县制定《维持治安办法》。④北碚管理局成立之后，根据该代电制定了《北碚管理局维持治安办法》。该办法规定管理局所属各乡镇"应视地理形势及实施需要，设立守望一处至五处，使呈掎角之势，籍收策应维系之效"；守望所应当"尽量用原有之碉寨及其他可资扼守之建筑物，

---

① 《国府颁布维持治安紧急办法》，《中心评论》1936年第5期，第18页。

② 《治安维持紧急办法》（1936年4月），重庆市档案馆藏，档号：0081-0003-00766。

③ 《县市国民兵团各级队维持治安办法》（1939年12月），重庆市档案馆藏，档号：0081-0004-00125。

④ 《四川政府代电（民字第08481号）》（1942年1月），重庆市档案馆藏，档号：0081-0004-01349。

无则构筑碉堡或哨棚"，构筑经费"由各保殷实富户等筹集，不得苛扰"；守卫办法为"夜间守望，日间酌量兼并，遇警（包括盗匪、灾患及敌降落伞部队等）及冬防期内应不分日夜，尽力达到守望任务"；守望时"遇有异言异服、形迹可疑之人或散兵游勇，务须严加盘查，如发现有盗匪或汉奸之嫌疑时，应遵《国民兵各级队维持治安办法》第五条之规定，立即扣送乡镇公所转解本局核办，但不得故意刁难"①。

具体到北碚管理局而言，制定有较为完善的地方治安维持办法，如每年冬防期间都会颁布相应的办法以维持地方治安。根据《北碚管理局冬防实施办法》，其实施要领为"遵照重庆卫戍区冬防实施纲要及斟酌地方实际情形""严防盗匪在冬防期内蠢动"；其规定的特别注意事项有：防范坏人活动、侦缉盗匪小偷、取缔散兵游勇、查禁烟毒娼寮、布置侦查网、整顿军风军纪、加强自卫警察义务警察国民兵队防护团之整理训练；应当切实执行的事项有：严密户口管制、检举疑人疑户、设置更棚守夜、规定会哨、管制民枪；对于发生匪警时，规定了相应的处置办法和程序，第一是发出警号，如打锣，"每保须置备铜锣一面，每户须置备竹梆一个，以后闻警响应"；第二是队丁动作，守护队"到平时指定之卡子要隘登出，前往守护"，巡查队"到平时指定之集合地点，担任出击截堵围剿"；第三是乡镇公所"应一面电知有关警卫机关，一面集合警察与市街国民兵以一半留守一半出击"②。

（二）地方团队、乡镇保甲与社会治理

民国时期的地方政府，社会治理更多的体现在维持地方治安、预防和惩治犯罪。以惩治地方盗匪而言，三峡实验区署设置有军法室专门负责审判盗匪案件，其"对处置犯人态度，决遵下列原则"：一是"目的不在惩罚或报复"；二是"要把犯人救出来，从新作好人"；三是"不是替社会除去这个人，是替社会挽救这个人"；四是"施以适当教育，知其犯罪行为，为社会所不容，一般人所不许，亦非其本人唯一可走之路，以根本改造其心

---

① 《北碚管理局维持治安办法》（1942年3月），重庆市档案馆藏，档号：0031-0004-01349。
② 《北碚管理局冬防实施办法》（1945年），重庆市档案馆藏，档号：0081-0004-03728。

理"；五是"培养其技术能力，出狱后能有谋生能力，不为社会之累"；六是"对侦询罪犯多采用个别谈话方式"。同时，在保障民权的基础之上，军法室还对于罪犯生活管理进行改进，主要分为日常教育、生活管理两个部分。①

在日常的治安维持中，地方团队、乡镇保甲的作用更大。在管、教、养、卫四位一体的基层治理思维之下，乡镇政权对于治安问题的处理主要体现在警卫方面，以"做到各镇境内无劫案发生""逐渐消灭窃盗案件"为要求，以"实行同甲各户联保连坐""彻底查报户口异动""复查民有枪弹""布置暗探网""调查游民"等为积极方法，以"实施守望、巡查、联防、会哨""组织保甲通讯网"等为消极方法。②乡镇政权维持地方治安主要有以下几个方面：

一是建立和完善地方团队。维持地方治安，首先在于建立地方团队，而早在峡防局时代北碚地区就积极建立地方团队来维持当地治安，如对于北碚市场的整理，主要集中在治安事业方面，包括防捕盗匪、维持交通、检查旅店、禁止赌博、取缔妨害公共治安事项等等。③

实验区署成立之后，对于地方团队亦有积极组织和训练，这些地方团队虽然名目不一，但大都以维护地方治安为目的。如北碚市特组劳动服务团，该团由队长、队副、班长、组长、队员组成，队长由实验区署委任，班长、组长由队长指派，其成立宗旨有三个："养成自卫"、"服务人群"、"必要时代理公安对执行公安勤务"。④改组为北碚管理局后这一措施得以延续。地方团队的训练主要以乡镇保甲为单位，分别选拔、训练，"每保遴选装备齐全之精壮自卫队员12名，全局共遴选1488名，准备机动使用。并依乡镇为单位，逐保点编18岁至45岁之役龄壮丁，按其职业、技能编组自卫队员4072名，任务队员7321名。平时各回岗位生产，有事则召集武装自

① 《军法室中心工作计划》，《北碚月刊》1940年第3卷第8期，第18—19页。
② 《嘉陵江三峡乡村建设实验区各乡镇三十年度工作计划》，《北碚月刊》1940年第3卷第8期，第99—100页。
③ 《江巴璧合特组峡防团务局协助北碚整理市场办法大纲》（1928年），重庆市档案馆藏，档号：0081-0003-00026。
④ 《北碚市特组劳动服务团》（1937年），重庆市档案馆藏，档号：0081-0002-00178。

卫"①。

二是公安警察机构。除了地方团队外，公安（警察）队是北碚地区作为专门负责处理治安问题的组织。实验区署成立之后，1936年兵工队改为保安警察队，"于保安之外，协同参加地方建设"②。同时，三峡实验区署以"'民变必以民治'之原则，建立民众自卫之基本组织，以各公安队为主干，以保甲壮丁队为其平时制度"来保卫治安，除此以外，对于当时的匪患，实验区"常击股匪于境外，使外匪无法侵入，以安境内"③。对于境内股匪的围剿，实验区署随时都在进行，一般都是由地方报告匪情，然后公安队再行前往缉拿。如1940年10月经密查获知"合川属之太和场及江合边区白峡口等处有匪十余人"，实验区署随即"率队前往查缉，结果查获匪二人，寄押土主镇将送江北县府惩办"④。

在1941年的保安警察队第一中队工作的计划中其主要有两个方面：一是保安方面，分为调查户口以"防止汉奸间谍及盗匪潜入"，组训义务警察以"协助防间锄奸及防止反动工作"，管理包括旧货业、旅店业等特种营业；二是秩序方面，包括管理交通、整理市容、维持风化等工作。⑤1942年北碚管理局成立之后，"将原来之保安警察一二三中队，改为警察所，有乡镇分驻所四，派出所五，共计所长一人，巡官四人，警长十三人，警士一百六十人"⑥。就其任务而言，主要为"平时执行警察职务，有警仍担任清剿工作"⑦。

三是保甲处理治安事务的职责。从1927年成立峡防局开始，正是"先后靠了保甲人员的努力执行清除安抚命令，使大家才能安居乐业"，因此，"抗建时期，峡区保长的基本任务是推动乡村建设而不是筹款办差"。这里

① 《北碚概况报告书》（1950年），重庆市档案馆藏，档号：0081-0006-00762。

② 《北碚概况》，1949年版，第11页。

③ 《周年的检讨》，《北碚月刊》1937年第1卷第9—10期，"封面"第2页。

④ 《嘉陵江三峡乡村建设实验区署十月份民政建教工作概况》，《北碚月刊》1940年第3卷第6期，第56页。

⑤ 《保安警察第一中队三十年度中心工作计划》，《北碚月刊》1940年第3卷第8期，第101页。

⑥ 《北碚管理工作报告》（1942年），重庆市档案馆藏，档号：0081-0004-01129。

⑦ 《北碚概况》，1949年版，第11页。

的乡村建设"就是新县制所要实行的'管''教''养''卫'"。基于此，在开始施行新县制的全面抗战时期，三峡实验区内保甲长的"卫"主要体现在三个方面，其中以"肃清汉奸，安定后方"最为重要，具体为"扩大并公共防护团组织，维持防空秩序，严密查拿汉奸，使区内汉奸绝迹，使人民之生命财产建筑，不致受敌机空袭之损害"。[①]具体而言，保甲在维持地方治安时又有以下几项职责与权限：一是处分案件，1937年1月实验区署对于保甲人员的处罚权限进行了规定，对于保甲人员违反规定的处罚，"壮丁、保长只能在五角以下，联保主任只能在一元以下"，超过数额时"保长须请示联保主任处理，联保主任须请示区署处理"，对于人犯拘押，"不能过一日，在一日以上，须送请区署处理，保长无拘留人犯之权"[②]；二是调查户口，为保证社会治安，实验区还积极利用保甲长来整理户口异动。虽然实验区内"保甲长不识字者占六分之一以上，而识字能执笔者甚少"，但试验区署仍"勉力推行""印发户口异动计七种八万张"[③]；三是呈报案件，如要求"本区各镇各保街坊或四乡人民凡遇扒手小偷案，无论已偷未偷均须由保甲人员层报区署，否则以后查出惟该保甲人员是问"[④]。

　　四是地方团队参与的冬防事务。冬防是防区制时代四川地区维持治安的特色活动，之所以要在冬季加强治安防卫，就是因为"人民之不能维持其生活者，十居七八"，这些贫困者有可能在冬季"迫于饥寒，乘机蠢动"。因此，各地都会在冬季加强冬防。[⑤]对于冬季治安防卫，早在实验区时代即有明确的办法，一方面是"召集区属联保，开冬防会议，商讨整顿保甲，及预防盗匪事宜"，同时"一面督促各镇联保办公处加紧壮丁训练，一面积极配备区属防务，并规定壮丁队晚间轮流守护更棚，以防万一"；另

①《抗建时期峡区保长的基本任务》，《北碚月刊》1940年第3卷第5期，第7页。

②《嘉陵江三峡乡村建设实验区署二十六年一月份工作报告书》，《北碚月刊》1937年第1卷第7期，第81页。

③《嘉陵江实验区署一年来之工作》，《北碚月刊》1937年第1卷第9—10期，第7页。

④《嘉陵江三峡乡村建设实验区署十月份民政建教工作概况》，《北碚月刊》1940年第3卷第6期，第56页。

⑤《嘉陵江三峡乡村建设实验区署廿五年十一月份工作报告书》，《北碚月刊》1937年第1卷第5期，第77页。

一方面加强治安队伍的训练，"昼间夜晚演习紧急集合，及平时警时使用符号，各种技能期其纯熟"①。

二、社会秩序的规范

早在峡防局时代，北碚地方政府就颁布了一些法规来规范社会秩序。全面抗战爆发后实验区署进一步颁布了一系列的条例，将其法规进行完善。在这些法规、训令中以市场管理类的规范最为重要。

（一）维护饮食安全

在北碚地方政府制定的一系列法规中，关于饮食卫生的法规主要有三个：一是《嘉陵江三峡乡村建设实验区署管理饮食店规则》，该规则规定在三峡实验区内，"凡营饮食店业者，须先向本区卫生所请领卫生执照后，再向本署请领营业执照，方准营业"，在规则颁布前营业者，"限一月内，补行上项手续，逾期，予以停业处分"。该规则中所规定的饮食店范围包括："（甲）饭馆食堂、酒家、饭店、餐厅、番菜馆；（乙）点心铺、咖啡馆、酱果店；（丙）茶馆、饮冰室；（丁）其他一切专营兼营供人饮食之店铺"。在具体条文中除了规定饮食店生产、销售食品的卫生外，更涉及了一些与饮食店特有的经营情形关联不大的条文，如"顾客如有寻衅挑剔不付款者，店员不得有妄加无礼之举动，应报各警察或该管公安队处理"，又如"顾客如有遗落物件，应交账房保存待取，其逾一月无人领取者，应送由该管公安中队部汇案登报招领，店员不得故意隐匿俵分"②。

二是《嘉陵江三峡乡村建设实验区署取缔食品小贩规则》，该规则则对于食品小摊贩进行了规定。对于"肩担或摆摊为饮食品之售卖者"进行了规定，要求饮食小贩"应于开始售卖以前，即将饮品种类制法报告于本区卫生所检查允准登记，发统执照后，方准售卖"。售卖时除注意各种卫生外，"不得怪声叫卖，或用锐声响器，扰乱安宁"。对于违反该规则的小

---

① 《嘉陵江三峡乡村建设实验区署廿五年十一月份工作报告书》，《北碚月刊》1937年第1卷第5期，第77页。

② 《嘉陵江三峡乡村建设实验区署管理饮食店规则》，《北碚月刊》1940年第3卷第5期，第93页。

贩，按情节轻重"取消其牌照，并依违警罚法之例处罚"。①

三是《嘉陵江三峡实验区署屠宰场检查规则》，1940年实验区署为"维持公共健康起见"，针对辖区内的"供人食用，屠宰兽畜，售卖肉类营业者"，对原有规则进行了补充，颁布了《嘉陵江三峡实验区署屠宰场检查规则》。对于猪、牛、羊三种兽畜，"应按指定场所宰杀，由检查员检查，确系无病，方准屠宰"，屠宰完成后，准备售卖的肉品"仍送检验员复验，并于兽皮上盖'验讫'戳记"，对于可以供人食用的内脏，"亦须交检查员检查，方准售卖"②。

（二）维护公共健康与公共卫生

北碚地方政府注重对公共卫生的规范，其中既涉及到垃圾处理、厕所修建，也涉及商店营业、传染病预防。就其分类而言，主要有以下两方面：

第一，环境卫生监督与改良。根据实验区署制定的《北碚市场环境卫生改善计划》，对于北碚市场环境卫生的各个方面进行了设计和规范：一是关于饮用水，对于饮用江水，划定饮水区，"从今划定庙嘴三号防空洞起至嘉陵码头一段为饮水区"，对于饮用井水，"在离江不便之地，应普掘水井"，"已开掘之井水加以改善"，同时注重饮用水的消毒、检查等；二是关于污水处理，建置和完善下水道系统，对所有污水进行集中清排，与此同时对污水进行处置，"于污水桶、污水沟口、下水道放置竹或柳制之筛子，用以滤去较大的物体"，并"由卫生所用漂粉制成消毒水，派工人加入污水沟及下水道内"；三是粪便和垃圾的处理，对于粪便的处理主要是设置化粪池和公共厕所，垃圾则由集中收集后，通过饲养牲畜、焚化、填塞洼地等方式处理；四是蚊、蝇、鼠、虫等的防治和处理，由区署组织相关机构进行专责处理，机构分为卫生检验室和建设股工程处，卫生检验室负责研究、报告、宣传、治疗，建设股负责扑灭、改善设计当地环境、药材器械

① 《嘉陵江三峡乡村建设实验区署取缔食品小贩规则》，《北碚月刊》1940年第3卷第5期，第94—95页。

② 《嘉陵江三峡乡村建设实验区署屠宰场检查规则》，《北碚月刊》1940年第3卷第5期，第95—96页。

的管理及制造；五是食品、居住、旅馆等卫生的检查，食品"由卫生所检查，警察队负调查、监督、惩罚责任"，居住卫生方面，房屋建造由区署"发给建筑卫生合格证书"后才能建造，旅馆卫生包括"工役卫生之训练"、检查传染病、取缔和改良不合格的旅馆等。[①]

随着北碚被划入迁建区，内迁人数增多，"原有清道夫人数及清洁卫生设备，均不敷分配"，因此北碚镇市政管理委员会拟定征收卫生费办法，向北碚市民征收清洁费以增加清道夫和卫生设备数量。[②]根据市政委员会拟定的征收方案，北碚地区原本对于公共厕所的添建、阴阳沟的疏通、渣滓的掩埋并无经常性费用，随着抗战后人口增多，北碚"卫生方面反不如前整洁"，因此需征收清洁费以维持公共卫生。征收标准分为四等：1.极贫困者免征，2.生产力及家庭经济力薄弱者征1角，3.普通住户征2角，正街商店及茶酒馆、旅栈、水果摊及家庭人口较多经济丰裕之住户征3角。征收办法为每月20日至次月10日间由收点灯费人员代收，并发给正式收据。费用征收后，由市政管理委员会统一开支，除整修公共厕所和阴阳沟外，雇佣清道夫6名、挑粪夫6名，负责清理住户渣滓、清扫街区、打扫粪池及各地段阴阳沟等工作。[③]

对于公共卫生问题，北碚管理局尤为重视，认为"增进健康，必须讲求清洁，注重公共卫生"，影响公共卫生最为突出的因素之一就是粪便，"凡疾病之传染，空气之秽浊"都是由粪便所引起的，因而北碚管理局于1943年制定了管理粪便办法及改良厕所粪便宣导办法。[④]根据这两个办法，宣导方面注重说明"粪便与水积病传染之关系"，"陈列改良厕所之模型，并述及方法与标准"，并"在各市镇建筑模范厕所若干处以为示范之用"，同时利用场期，"用集会、戏剧、口头宣传等表达之宣传方法，以通俗深刻

①《北碚市场环境卫生改善计划》，《北碚月刊》1941年第3卷第8期，第50—56页。

②《为拟呈征收卫生费办法恩祈检核示祗遵由》（1939年3月7日），重庆市档案馆藏，档号：0081-0003-00056。

③《为征募卫生费告民众书》（1939年3月），重庆市档案馆藏，档号：0081-0003-00056。

④《为订定粪便管理办法令仰遵照办理由》（1943年5月），重庆市档案馆藏，档号：0081-0008-00055。

为标准"进行宣传。①粪便管理方面，一是对于厕所改造，"旧有不合规定之厕所，一律限期填废，按照规定面样改造"；二是"耕农每户或联合数户须按照规定面样建筑粪窖"；三是"贮藏期间定为一个月"；同时还规定使用人不得随意调换、卫生院定期检查等。②

第二，公共健康的相关规范。三峡实验区署除了对于饮食类安全进行管控外，对于公共卫生和公共健康也十分关注。"为办理北碚市街清洁，提倡公共卫生，减少疫疠流行"，实验区署组织了"北碚市街清道队"，"专任北碚市街及公共场所洒扫及挑运垃圾、疏浚沟渠等工作"，其中设置"清道夫九人，专任北碚市街及公共场所洒扫及挑运垃圾、疏浚沟渠等工作"，清洁费用由公安队第一大队负责向住户征收，其中特等户月纳一元以上、甲等户六角、乙等户四角、丙等户二角、丁等户一角，赤贫者免征。③除了组织清道队外，实验区署还颁布了一系列有利于控制公共卫生的规则。

关于公私厕所的管理。根据实验区署颁布的条例，凡是实验区内的公私厕所、粪池、粪缸实行统一管理，"区内设立厕所、粪池、粪缸，均须将设立地点、厕所图样、厕主姓名报请"实验区署公安队、卫生所勘查后方准设立；已经设立的，"经本署公安队会同卫生所勘查后，如有缺点必须按照指示各点加以改善"；对于"人烟稠密与水源附近，绝对禁止设立"厕所等，同时要求对其"每隔五日必须消毒一次，其消毒方法向公安队及卫生所索阅"，"传染病流行时，所有粪便必须绝对按照本署公安队及卫生所指示方法处置，不得私自售卖"；最后，凡是违反本规定的，"得视其情节之轻重处以十元以下之罚金或十日以下之拘留"。④在具体的实施过程中，北碚的其他机关也重视厕所卫生。如1943年4月国民党四川省直属北碚区执行委员会致函北碚管理局，认为北碚市区"马路尚称整齐，惟僻径村庄院落，则垃圾常有堆积，秽气四溢，若干公共厕所建造简单或则位置不当，

① 《改良厕所粪窖宣导办法》（1943年5月），重庆市档案馆藏，档号：0081-0008-00055。
② 《北碚管理局粪便管理办法》（1943年5月），重庆市档案馆藏，档号：0081-0008-00055。
③ 《北碚清道队组织纲要及征收清洁费办法》，重庆市档案馆藏，档号：0081-0004-00076。
④ 《嘉陵江三峡乡村建设实验区署公私厕所粪池粪缸管理规则》（1940年），重庆市档案馆藏，档号：0081-0004-00076。

似应予改善"，因而对改良地方公共卫生问题提出了建议：一、"于适当处设置垃圾箱"；二、"严禁随地倾倒垃圾"；三、"清道工作应扩大范围"；四、"定期举行大扫除"；五、"公厕建筑须周密"。[①]随后，北碚管理函复北碚区执行委员会，称已经"转饬北碚警察所遵照办理去讫"[②]。

对于经营性公共卫生的管理。北碚地方政府对于经营性场所亦有相当的规定，如《嘉陵江三峡乡村建设实验区署管理理发业规则》，该规则对于三峡实验署内"开设理发店营业者"进行了规定，凡是开设理发店的"须先向本区卫生所请领卫生执照后，再向本署请领营业执照，方准营业"。为保证公众健康，"凡患肺痨、皮肤、花柳宿疾者，均不得雇佣为理发匠，其有临时发生传染病，应立即停止其工作"，同时，理发时"应备具清洁白色衣帽及口罩"，并且"绝对不许客打眼、刮鼻、挖耳、推背、烫发、修甲，如顾客有要求者，则须婉言谢绝"，理发后所产生的垃圾及污水，"必须用器储存，运至指定地点倾弃，不得任意泼洒"[③]。同时，在实验区署颁布的旅店业规则中同样对于公共卫生进行了规定，如旅店"应备清洁厕所，明亮灯光，高大之晒台及消毒药品，以便旅客，而策安全"；"店员厨役身体须健强，衣服须清洁，言语须和蔼，如有皮肤或传染病者，衣服肮脏及言话粗暴，态度傲慢者，应立即停止其工作"[④]。

维持公共卫生的具体措施。战时北碚所属各乡镇对于清洁的维持都由乡镇公所负责，各乡办法也不统一。如白庙乡的卫生管理，主要有两个方面的方法：一是"由清道夫每日洒扫市街渣滓"；二是"由防护团员及壮丁每月大扫除一次"，其方法为：1."首由保长家庭作起"；2."次由甲长及住户作起"；3."清洁市街及道路"；4."疏通市街及道路"，此外白庙乡公所还"规划了公共饮水池"，并"由保警队会同镇公所训练了市街各旅食店、

---

① 《为本会第三届全区代表大会决议案应改良公共卫生一案函请查照办理见复由》（1943年4月3日），重庆市档案馆藏，档号：0081-0004-01959。

② 《为准函关于公共卫生之改良一案已饬警察所照办函复查照由》（1943年4月29日），重庆市档案馆藏，档号：0081-0004-01959。

③ 《嘉陵江三峡乡村建设实验区署管理理发业规则》，《北碚月刊》1940年第3卷第5期，第94页。

④ 《嘉陵江三峡乡村建设实验区署旅店规则》，《北碚月刊》1940年第3卷第5期，第96—97页。

茶酒馆幺师，讲求夏秋季的卫生及预防时疫"。①黄桷镇的卫生管理办法则不同，市街方面，"1.奖励市民自动实行清洁；2.每日由打扫夫打扫街道；3.每周联络复旦大学举行清洁检查二次；4.对公共厕所经常由清道夫洒以石灰及杀菌药水，并打扫清洁；5.疏通市街沟渠淤塞；6.运输市街有碍卫生之渣滓"。卫生组织方面，组织灭蝇队及捕鼠队，"1.由旅食店及茶社之堂倌自行加紧扑灭苍蝇；2.由学校学生及市街小孩大队出动扑灭苍蝇"。②

（三）规范公共秩序

公共秩序，主要包括社会管理秩序、生产秩序、工作秩序、交通秩序和公共场所秩序等。抗战时期的北碚由于人口增多，各项活动并非有序展开，因此北碚地方政府制定了相应的法规。以电灯使用为例，随着居住人口的增多，住户中"每有不顾公益，安设私等级大灯泡者"，致使负责供电的民生实业公司三峡染织工厂"机械负荷，超过极大限度"，因此，三峡染织工厂与实验区署内务股、建设股会商，制定了《整理北碚市区电灯办法》。③根据该办法，北碚市区内的所有电灯，"由区署派员协助工厂，自本年五月十日起，由各用户及各用灯机关自行酌定需要盏数及灯光支头，从新登记，以后按等级数目照工厂所计灯费价格纳费"；"自此次登记后，如有私添电灯或换大灯泡者，察觉时即剪除电线，停止供电，并没收材料，追收私加灯费"；"清查电灯盏数及支头，除由区署派员协助公产彻底办理外，所有全市区输电设备及安装之限制表等，均由区署公安队负责保护"。④

虽然抗战时期北碚地方政府对于公共秩序的规范制定了一些规范秩序的规则，也有类似于要求各镇市街搭盖的凉棚"应一律取消，以防灯烛而利安防"⑤的训令，但更多的是对于经营秩序的规范。随着重庆市内实行疏

---

① 《嘉陵江三峡乡村建设实验区白庙乡公所保安警察二中队二十九年度工作年报》（1940年），重庆市档案馆藏，档号：0081-0004-00049。

② 《嘉陵江三峡乡村建设实验区黄桷镇二十九年度工作报告》（1940年），重庆市档案馆藏，档号：0081-0004-00049。

③ 《嘉陵江三峡乡村建设实验区署布告》（1938年5月），重庆市档案馆藏，档号：0081-0003-00486。

④ 《整理北碚市区电灯办法》（1938年5月），重庆市档案馆藏，档号：0081-0003-00486。

⑤ 《为令饬于文到三日内将市街凉棚一律取消由》（1939年1月30日），重庆市档案馆藏，档号：0081-0003-00309。

散之后，北碚地区的人口更为激增，商业也出现繁荣景象，这种情形之下北碚地方政府主要对于经营秩序进行了规范。

一是商业广告方面。"北碚乡场商贾比栉，每因业务之竞争而招揽广告，布满墙壁，木牌及指引路标充斥于电杆树身与各街路口，五光十色，参差不齐"，由此，实验区警察队拟定了规范广告的规则。①按照广告规则，"无论其营业地址何在，如欲在本署辖境以内，举办广告宣传者，均应遵照本规则之规定"，广告种类包括墙壁广告、路旁广告、游行广告、普通广告四类；除规定布置广告所需要注意的事项外，该规则着重强调了对于广告收捐的规定。②该规则经实验区署布告施行，强调了"依照本规则各条之规定将呈报缴费领照手续办竣后，方准举行设置、张贴、散放、游行等广告"。③

二是贸易规则方面。1939年8月北碚公共屠宰场拟具暂行办法呈报实验区署，实验区署当即核定通过，并分令各下属机关执行。④该办法"以统制管理，改良屠业，便利人群"为宗旨，规定屠宰场"直辖于北碚市场整理委员会，应用人员由该会报请三峡实验区署核委"，其"收支情形按月报由北碚市委会转报实验区署核销，并每半年列榜及登报公布一次"⑤。11月，实验区署又训令各镇联保办公处，认为"各镇鸡、鸭、猪、羊、菜、米、肉、杂粮等市，多系杂集一处，或自由觅地售卖，不惟有碍市容，妨害秩序，尤于公共卫生影响兹大"，因此要求各镇按照商品种类，"斟酌情形，指定地点，分开设立，不得仍前混杂一隅或自由随地售卖，以利交通，而重卫生"。⑥

---

① 《签呈》（1939年9月29日），重庆市档案馆藏，档号：0081-0003-00309。

② 《嘉陵江三峡乡村建设实验区署管理广告规则》（1939年9月），重庆市档案馆藏，档号：0081-0003-00309。

③ 《为布告公布实施管理广告规则一案由》（1939年9月），重庆市档案馆藏，档号：0081-0003-00309。

④ 《嘉陵江三峡乡村建设实验区署训令（内字第154号）》（1939年8月10日），重庆市档案馆藏，档号：0081-0004-0283。

⑤ 《北碚公共屠宰场暂行办法》（1939年），重庆市档案馆藏，档号：0081-0004-00283。

⑥ 《为饬将该镇鸡鸭猪菜米肉杂粮等市制定地点分开设立以壮市容而重卫生由》（1939年11月6日），重庆市档案馆藏，档号：0081-0003-00309。

1942年北碚管理局制定的《北碚管理局朝阳镇联合商场承租办法》，其明确定位就是"整理市街秩序"，要求"北碚市区摊贩须一律移入联合商场内，不得摆设露天及人行道上，避免妨碍市容并免暑季及雨天不变"，联合商场内分设各类摊位，有匹头类、扎货类、衣服类、花纱类、书籍类、医药类、玻璃类、肥皂类、山货类、菜种类、烟草类、雕刻类、陶器类、五金类、荒货类、麦粉类、糖食类、水果类、小食类、油脂类、修补类等21种，规定租赁办法分为年租、半年租、月租和场租。①

三是市场物价的规范。除了对于市场的经营秩序的规范，北碚地方政府还极力限制和规定物价。如对于过江船费，"早经本署规定，并明令公布在案"，随着船户任意估索，三峡实验区署再次布告，要求立即取缔，"嗣后倘再有上项情事发生，一经察觉或被人告发，定即立令停止营业，并传案重惩不贷"②。又如对地价、租金的规范，1940年修建北碚和天生桥两处市场时，实验区署即"恐购租土地房屋之家，对于租金，无有标准可资遵守，发生纠纷"，因而召集土地房屋评价委员会召开会议，将北碚市区地皮分为三等，天生桥市街地皮分为两等，并规定了每等地皮的相关租金。③

对于战时房租问题，国民党北碚区执行委员会较为重视，认为该地"房主每借物价高涨为词，任意高抬房价，以致每届租期终了，发生龃龉，所欲不遂，即迫令房客迁移，虽有调解机关，仍无标准限制，人言啧啧，与三峡实验区声誉攸关"，因而制定北碚房租标准。根据该标准："1.房租增价不得超过原租金百分之二十；2.设如房主收回自住，则一年以内不得转租他人，且须在三个月以前通知；3.新租户租金标准以建筑时期工料计算"。④再如对于米价的调剂和规范，由于1941年上游各县粮食紧张因此造

①《北碚管理局朝阳镇联合商场承租办法》(1942年)，重庆市档案馆藏，档号：0081-0004-03241。

②《嘉陵江三峡乡村建设实验区署布告（建字第一六二号）》(1940年11月4日)，重庆市档案馆藏，档号：0081-0004-00274。

③《嘉陵江三峡乡村建设实验区署布告》(1940年12月25日)，重庆市档案馆藏，档号：0081-0004-00887。

④《为准北碚区党部议决房租标准》(1942年3月)，重庆市档案馆藏，档号：0081-0004-00887。

成北碚米市价格上涨，三峡实验区署为了解决米荒问题，"派员四出设法采购"，同时"分令各镇乡公所，积极联络米商，深入产米各地，尽量采购"，并"将河米、山米市场分别划开，评定价格出售，俾免混淆"①。

三、风俗习惯的取缔与改良

在北碚地方政府组织的保安警察队工作计划中，认为对于风化维持方面的工作，主要内容有三个方面："1.查禁流娼、窝赌及游荡无赖之徒；2.禁止奇装异服及头缠白帕；3.查禁不良书画"②。就实际工作情形而言，风俗改良与取缔主要有以下几个方面的内容：

（一）禁绝赌博

对于赌博问题，四川省政府、第三区专署、北碚管理局的各级机关一直严予禁止，并且不断发出训令要求严禁，但大多都成效不彰。在1942年10月第三区专署的代电中就指出虽然对于赌博问题"本署曾一再严令禁止"，但"各地赌风日炽"，对于处于抗战时期的大后方而言，赌博最易"滋生事端，扰乱秩序"，由此第三区专署又代电北碚管理局，要求严令禁止。③

1944年，四川省政府又训令北碚管理局，要求严行禁赌。此次要求严禁的原因不仅是因为赌博"为社会恶习，非止耗散金钱、旷时废事，而影响于风化教育者其害犹大"，更为主要的原因是"据调查，本省各县赌风仍重，甚至县区职员伙同乡镇干部肆行赌博"，因而"特重申前令"，要求各县市局"对所属各员谆相告诫，嗣后不得再有此种情事发生"④。次年，四川省第三区专署将该训令再次转发给所辖各县市局，要求切实遵照执行。

除了整体性训令禁赌外，各级机关还针对具体问题进行训令整改。如

---

① 《为本区食粮问题现正设法解决仰区属民众勿得惊惶妨碍治安由》（1941年5月），重庆市档案馆藏，档号：0081-0004-00822。

② 《保安警察第一中队三十年度中心工作计划》，《北碚月刊》1940年第3卷第8期，第101—102页。

③ 《奉电查禁赌博仰遵照由》（1942年10月24日），重庆市档案馆藏，档号：0081-0004-01473。

④ 《四川省政府训令（民一字第00629号）》（1944年12月），重庆市档案馆藏，档号：0081-0004-03723。

1945年6月重庆卫戍总司令部训令北碚管理局，要求查禁北碚上海路仁义永茶社的赌博问题。该茶社由"哥老会大爷袁汉卿、冯雨苍、唐柏之'仁义永'三堂合伙开设"，在茶社楼上，"设有赌台二桌，专供聚赌抽头，而此间管理局警察人员等多属袍哥，故对该茶社之赌博，置若罔闻，不加干涉，以致肆无忌惮，其出入者多为当地不务正业之赌棍"，由此，重庆卫戍总司令部要求北碚管理局严加查禁。[①]同年，重庆卫戍司令部又训令北碚管理局查禁黄桷镇赌博问题。根据线报，"黄桷镇各旅栈有伤兵共十余人，每届三六九逢场之期，以'中国人'打'日本'（彩名），设摊赌博，乡民受骗者甚多"，虽然经黄桷镇公所"出面干涉，禁止在此设摊摆赌，否则驱逐出境"，但是这些伤兵"态度倔强，以设赌为生，仍在各乡间轮流于场期在街头摆赌"[②]。

（二）禁绝烟毒

三峡实验区的乡村建设内容中有大量涉及风俗改良与取缔的内容，如对于烟毒的禁绝，既属于治安方面的内容，亦属于风俗改良的内容。关于禁绝烟毒，在1950年的《北碚概况报告书》中有这样的描述：禁绝烟毒分为三个方面，一是禁种，"1926年迄今均未发现人民有偷种烟苗情事"，二是禁运禁售，1938年北碚划为绝对禁绝实验区域，"运售烟毒自此绝迹"，三是禁吸，"从保甲住户肃清易，从工厂矿场肃清难。因流动性太大，此捕彼逃，又因法院囚粮无着，判决刑期未满而保释，以致终未肃清"[③]。实际上，战时北碚的烟毒问题确实相当严重，如北碚第十一保内"私设烟馆甚伙，白日则携于沿河一带售卖，希图渔利，晚间仍收回家供给大批烟民吸食"[④]。

就北碚地方政府的具体禁烟行动而言，主要在于积极防御和消极脱

① 《为北碚仁义永茶社袁汉卿等聚赌抽头仰查究由》（1945年6月），重庆市档案馆藏，档号：0081-0004-03723。

② 《为黄桷镇各旅栈伤兵摆设赌摊仰切实查禁由》（1945年8月），重庆市档案馆藏，档号：0081-0004-03723。

③ 《北碚概况报告书》（1950年），重庆市档案馆藏，档号：0081-0006-00762。

④ 《为获送十一保私设烟馆供人吸食之张澜全一名并所获烟土烟具送恩究办由》（1939年8月18日），重庆市档案馆藏，档号：0081-0003-00872。

瘾。实验区署成立之后，对于烟毒的禁绝更为着力。1936年11月，实验区在各地成立戒烟医院，如在文星场设立的戒烟医院，"采取强迫免费施戒方法"，"经费由天府煤矿公司承首劝募，技术方法及工作人员皆由地方医院义务供给"，在一个月之内，该院即使50人脱离烟瘾。[1]到1940年10月，为了根绝烟毒，实验区署除了将268名烟犯强制戒毒，"经医生检查，脱瘾后始举保释放"外，还施行连坐制度，"凡一人吸烟或设灯供人吸食均实行五家连坐"，并且呈请上峰批准，"犯三次以上者，……依法执行枪决"。[2]

新县制实施后，各地开始设立彻底铲除烟毒的戒烟所。1940年12月实验区正式成立戒烟所，该所"设所长一人，主持全所一切事务，副所长兼营训员一人，医师兼药师、化验师一人，助理医员一人，文牍兼事务员一人，雇员一人，男女看护四人，所丁三人"。虽然设备简陋，但是该戒烟所在"区署及地方士绅之热忱爱护，暨本所同人之刻苦努力"之下，在短短二十余天的时间内，"入所人数已达百九十余人，经戒绝出所者已有百十余人"。[3]戒烟所在管理方面，力求严格，但生活则尽量使之自由"，"希望能使烟民在所内像在家里，不觉太拘束的痛苦，同时设法诱导，使他们对于团体生活发生乐趣"。具体而言，在管理上有四个方面：一是施行军事训练，"使烟民生活规律化"，养成"服从命令，遵守纪律，迅速确实，整洁清洁，爱护国家"的意识；二是常识和精神讲话，如此则"不特可使烟民忘却施戒之苦闷，兼可收增长知识之效"；三是个别谈话，以使其"明其生活及环境之情形"，"并纠正颓废怠惰等不良习惯"；四是劳作，"增进其健康，及革除其懒惰苟安的恶习，养成刻苦耐劳的精神"[4]。

北碚管理局成立之后，加强了对烟毒的禁绝，这一时期"烟苗早于前峡防局时代禁绝，至烟土毒品之贩运，尚未发现"，主要工作在于禁吸。

---

① 《嘉陵江三峡乡村建设实验区署廿五年十一月份工作报告书》，《北碚月刊》1937年第1卷第5期，第81页。

② 《嘉陵江三峡乡村建设实验区署十月份民政建教工作概况》，《北碚月刊》1940年第3卷第6期，第55页。

③ 《戒烟所在三棱镜下》，《北碚月刊》1940年第3卷第3期，第23页。

④ 《戒烟所在三棱镜下》，《北碚月刊》1940年第3卷第3期，第24—25页。

其详细工作分为：1.分期检举，1941年8月奉令作第三次总检举时"共检举烟犯二百人"，1942年第四次总检举，"共检举烟犯一百六十九人"；2.分期调验，第三次检举的烟犯，由三峡实验区"逐一调验"，随后又"经四川省善后禁烟督理处派王视察员政行来区抽查一次"，第四次检举的烟犯也逐一进行调验；3.处决烟犯，"判处徒刑的烟犯，计无期徒刑二名，有期徒刑一十二名"，另外"除勒戒外，并易服劳役"；4.宣传禁烟，利用各种集会加以宣传，并印制传单布告"一面普遍张贴，一面作保国民学校教材"①。

在具体手段上，各乡镇的方法也不一样。如黄桷镇在1940年的禁烟行政中采取了以下几个方面的方法：1.传戒瘾民，1940年2月将镇内的烟民送到戒烟所进行传戒；2.勒戒瘾民，对于"第一次传戒有在逃未获者，完全施以勒戒"，其中"送区署勒戒队者共十五名"，"留保安警察队勒戒者共五名"；3.办理禁烟毒切结，包括公务员不吸烟互保切结、私存烟土切结、户长禁烟连环切结等；4.严禁私吸私售烟民，"平时派便衣兵四出侦查"，"由情报员密报后派兵查缉"，"检查可疑过道旅客"等。②而澄江镇禁烟办法则主要为：一是将烟民送戒烟所戒除烟瘾，"全年送戒烟民三百余名，超过预定数目一六〇名"；二是肃清烟馆，"自红灯管理所撤销后，即严缉烟馆，间亦有拿获者，分别呈报或就地科罚"；三是缴收和登记私存烟土。③

（三）查禁秘密会社组织

为了维持战时大后方社会的稳定，国民政府各级机关对秘密宗教、会社等组织进行了严予取缔。如1940年四川省政府密令各县市注意彭汝真所创设的同善会，称其"妖言惑众，图谋不轨"，要求各县市"严为取缔，用遏乱萌"④。随后，三峡实验区署即训令各乡镇，要求"镇（乡）长即便遵照，切实查禁，勿任滋长以靖地方"①。对于川北地区的震旦崇德会，同样采取禁止和取缔。由于该会"提倡迷信，蛊惑愚民，初在川北一带活动，逐渐普及各地"，因而四川省政府训令各县市局严加取缔。②北碚管理局在接到相关训令后，即"饬属从严查禁"，并呈文四川省政府备查。③

虽然相关训令、法规很多，但战时北碚地方政府对于秘密社会的查禁主要针对的是四川地区广为流行的哥老会，并且相关取缔政策也多为上级机关制定。关于哥老会组织的取缔，四川省政府多次训令"严加取缔，以利抗建而维法治"，1942年四川省政府再次以哥老会"川康西南各县乡镇之不法行为"众多，因而密令各县市政府"饬属认真查禁，一经发现类似哥老会组织，立予解散，并严办首要分子，以维法纪"④。随后，国民党北碚区执行委员会致函北碚管理局，要求其"转令各乡镇长，详细调查各地哥老会首领姓名、年岁、籍贯、组织、住址、教育程度、职业、财产及在该帮所负责任"。⑤

1943年3月由于"党政各级机关员司间有接近帮会或竟亲自参加者"，在"经总裁核定"后，国民政府颁布《研究党员团员及公职人员参加帮会办法》五项，四川省政府随即转发到全省各县市，要求各县市"遵照办理"⑥。根据该项规定，凡属于国民党党员、三青团团员、政府官吏及国营事业机关员司、军警、教职员、学生都不能参加，同时"各地帮会分子应

---

① 《为查禁邪教神权秘密组织仰即遵照一案由》（1941年1月12日），重庆市档案馆藏，档号：0081-0004-00720。

② 《四川省政府训令（社一字第一九五二号）》（1943年4月），重庆市档案馆藏，档号：0081-0004-01981。

③ 《为遵令取缔川北震旦崇德会情形报请鉴察》（1943年5月），重庆市档案馆藏，档号：0081-0004-01981。

④ 《四川省政府密令（卅一年社一字第1756号）》（1942年8月），重庆市档案馆藏，档号：0081-0004-01172。

⑤ 《中国国民党四川省直属北碚区执行委员会密函（密字第十一号）》（1942年12月10日），重庆市档案馆藏，档号：0081-0004-01172。

⑥ 《四川省政府训令（三十二年秘字第4400号）》（1943年4月1日），重庆市档案馆藏，档号：0081-0004-01981。

绝对遵守政府法令，其社堂收徒、借端敛财等活动由军警严予取缔"①。随后，北碚管理局经过核查后，称该局并未有党员、团员、公职人员参与帮会活动。

与此同时，国民党的各级执行委员会也加强了对秘密会社的禁绝活动。1943年5月北碚区执委会致函北碚管理局，转发国民党中央为严厉"禁止各级学校师生加入袍哥会党以维学风而端士习"的训令，同时颁布了《取缔各级学校教职员及学生加入袍哥会党办法》。②其中规定"教职员之检查，由校长会同学校党部负责人办理"，"学生之检查由训导处会同学校三民主义青年团及学生自治会办理"，同时规定了相应的惩戒办法。③

（四）迷信风俗的改良与取缔

战时国民政府各级机关对于不同的迷信风俗活动有不同的对策，如设坛祈雨，一般而言不加以禁止。如1941年四川地区发生干旱，四川省政府训令各县市，称"天旱之年，民间多有祈雨之举，习俗相沿，由来已久"，因此要求对于民众祈雨主张不加干涉，"各地天旱不雨，人心惶恐，民众祈雨，自在意中，该县如遇人民有此表示，而别无其他用意，仍应从其习惯，勿庸禁止"④。

其他迷信活动大多加以禁止，如神权迷信。1939年内政部颁布了专门针对制止封建迷信信仰的办法，根据该办法，凡是"假托神权迷信从事活动，足以扰乱人心，阻碍国民精神动员之工作"的行为都应查禁，具体而言，有这些行为的都应当查禁："1.崇奉邪教开堂惑众者；2.供奉淫神借以敛财者；3.设立社坛降鸾扶乩者；4.违警官署允许举行迎神赛会者；5.妄造符咒图谶预言或散布此类文字图书者；6.印刷或贩卖传播迷信之书籍传单

① 《严禁党员团员及公职人员参加帮会办法》(1943年4月)，重庆市档案馆藏，档号：0081-0004-01981。

② 《为奉令严禁学校师生参加袍哥党会函请查照令行由》(1943年5月19日)，重庆市档案馆藏，档号：0081-0004-01981。

③ 《取缔各级学校教职员及学生加入袍哥会党办法》(1943年5月9日)，重庆市档案馆藏，档号：0081-0004-01981。

④ 《四川省政府训令（三十年民三字第12490号）》(1941年5月)，重庆市档案馆藏，档号：0081-0004-00720。

及图书者；7.演讲圣谕、宣传违反时代性之言论者；8.借符咒邪术医治伤病以遂其各种不良企图者；9.假托神权迷信从事其非法活动及秘密结会者"①。在四川省政府的训令中，认为"是项查禁办法对于邪说妄教之制止规定，极为详密，各级执行人员如能切实奉行，则邪说妄教不难根本禁绝"。②因而转发各县市，要求严格遵循。

四川省政府对于朝山进香活动同样采取禁止态度。在训令中，四川省政府认为"各县名山寺观，每于旧历春夏之交，举办香会，四方善男信女，不远千里，结队成群，前往朝拜，混居杂处"，一方面是"礼教疏防，不惟消耗有用金钱，亦且影响善良风俗"，另一方面则是"值此抗战紧张时期，更恐奸宄混迹，扰乱后方治安"，因此要求各县市"辖境以内如有名山胜地，举办香会地方，务即先期示禁，借弥隐患"。③

①《加强查禁社会群众神权迷信办法》（1939 年 9 月），重庆市档案馆藏，档号：0081-0004-00887。

②《嘉陵江三峡乡村建设实验区署训令》（1940 年 5 月），重庆市档案馆藏，档号：0081-0004-00887。

③《四川省第三区行政督察专员公署训令（总字第 566 号）》（1941 年 4 月 29 日），重庆市档案馆藏，档号：0081-0004-00720。

第六章　全面抗战时期中共领导下的抗日救亡运动

全面抗战时期，北碚作为陪都重庆的"迁建区"，众多的国民政府机关、科研机构、大专院校和文化单位，大批的专家学者的云集，为北碚地方党组织的建立和发展创造了有利条件，同时促进了抗日救亡运动的开展。在中共中央和中共中央南方局的领导与指示下，从救国会到中共北碚实验区特支委员会，从中共北碚实验区特区委员会到中共北碚中心县委，北碚地方党组织从无到有，不断成长壮大，在宣传抗日主张，开展工运和学运，对地方实力派进行统战和展开对敌特斗争等方面成效卓著。

第一节　北碚地方党组织的建立与发展

全面抗战爆发后，在中共重庆市工委、市委和川东特委的领导下，1938年北碚地区先后成立了中共北碚实验区特支委员会（以下简称中共北碚实验区特支）和中共北碚实验区特区委员会（以下简称中共北碚实验区特区委）。随着形势发展的需要，1938年底又由中共川东特委领导组织成立中共北碚中心县委。

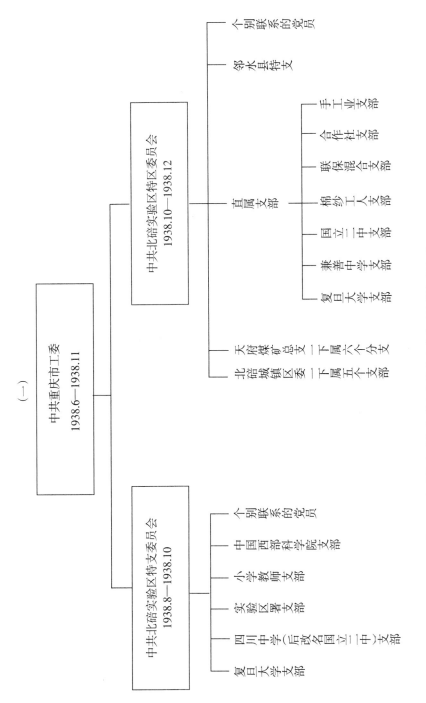

（一）

图 6-1 全面抗战时期中国共产党重庆市北碚地区组织机构

（二）

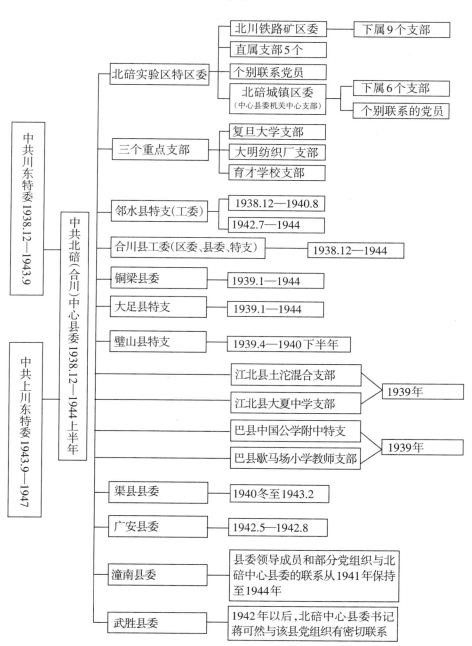

一、中共北碚实验区特支委

中共北碚实验区特支委是中国共产党在北碚建立的第一个党组织，标志着北碚地方共产党组织从无到有的历史性飞跃，体现了当时共产党人深入国统区内部的智慧，为党组织在北碚的进一步发展奠定了良好的基础。

在中共北碚地方党组织正式成立之前，党的外围组织重庆救国会已经在北碚开展抗日救亡活动两年多。1937年底，中共重庆市工委成立，工委书记由重庆救国会总干事漆鲁鱼担任。此后不久，漆鲁鱼来到北碚，在北碚救国会成员中发展党员。中共北碚地方党组织的历史由此发生转折。

1938年7月，复旦大学救国会成员沈钧带领北碚地区的6名复旦大学党员、3名四川中学党员和2名兼善中学党员，到重庆机房街70号八路军驻重庆通讯联络处参加学习班。学习结束后，根据中国共产党党章的规定，分别成立了以张元松任书记的复旦大学党支部和以吕凤英任书记的四川中学党支部。[①]复旦大学党支部和国立四川中学党支部是北碚党组织最早建立的党支部。之后，漆鲁鱼还多次到北碚发展党员。随着共产党员的增多和抗日救亡运动的深入，经中共重庆市工委批准，1938年8月10日，漆鲁鱼与罗中典、沈钧、刘文襄、周远侯在北碚嘉陵江边宣布成立中共北碚实验区特支委员会[②]，由罗中典担任书记（不久因暴露去合川，改由沈钧担任），沈钧负责组织，刘文襄负责宣传。委员会下设复旦大学、国立二中（四川中学）、实验区署、小学教师和中国西部科学院五个支部。另外还有一部分党员是通过个别联系开展工作的。

中共北碚实验区特支委的特支机关设在黄桷镇的一家煤炭商店，以开展抗日救亡、扩大组织和发展党员为主要工作任务。当时共有党员27人，其中在北碚的共产党员有沈钧、张元松、罗中典、席继仁、周远侯、朱玉麟、方毓兰、郑彦梅、康穆、吕凤英、张跃文、钱澄宇、倪雪松等13

---

① 中共重庆市北碚区委党史研究室编：《中共北碚地方党史大事记（1925—1993）》，中共重庆市北碚区委党史研究室，1997年版，第8页。

② 中共北碚区委组织部，中共北碚区委党史工作委员会，北碚区档案局编：《中国共产党重庆市北碚区组织史资料》，重庆：巴县印刷厂，1990年版，第11页。

人。[①]当时入党形式简单而庄重，党员在党的活动基地进行庄严的宣誓活动，每个党员配有一本长江局出版的小册子（西部科学院翻印）。虽然只有10页左右，但却包含了党的一些基础知识和党的纪律。[②]

战时重庆地区煤矿行业的第一个党组织就是在中共北碚实验区特支委的领导下建立起来的。天府煤矿作为重庆市工业和民用煤的重要基地，产业工人集中。中共北碚实验区特支委书记沈钧经常到白庙子向工人和群众宣传抗日救国思想。1938年9月，沈钧再次来到白庙子，与天府矿区的几名党员开会，随身还携带了党章和油印本的学习资料。在这次会上，沈钧宣布成立天府煤矿支部委员会，并指定由天府矿区党员樊恒才担任支部书记，熊大椿（天府煤矿火车司机）负责组织工作，蒋伟煌（天府机电股冲电工人）负责宣传工作。在成立支部的会上，沈钧发表了讲话，主要讲解当时的形势和党的基本知识。天府煤矿支部委员会成立后，支部的工作任务首先是积极、公开地向天府工人宣传抗战形势，开展抗日救亡活动，宣传抗日救国"十大纲领"，扩大抗日民族统一战线等。党员分工明确，深入到各单位、生产地点开展工作，同时在水岚垭、白庙子等地积极举办工人夜校，团结群众。通过这些工作，提高了工人群众的政治觉悟，培养了大批积极分子，为发展党员创造了条件。仅3个月，就有30余人加入了中国共产党。[③]

中共北碚实验区特支委的建立，使得中共党组织与北碚人民的联系更加紧密。在国内的复杂形势下，特支委深入群众，带领北碚人民投入到抗日民主救亡运动的浪潮中，与顽固势力进行斗争。在北碚的地下党员、救国会成员的积极努力下，北碚各界的抗日救亡活动蓬勃开展起来。各学校纷纷组织宣传队，到厂矿、农村、场镇进行抗日救亡宣传。并举办夜校进

① 中共北碚区委党史研究室：《中国共产党重庆历史（北碚卷）》，重庆：重庆出版社，2011年版，第7页。

② 罗布：《从北碚黄桷镇支部到十八集团军护士大队》，中共重庆市北碚区委党史研究组编：《北碚党史资料汇编》第1辑，第85、86页。

③ 朱德智，唐祜：《建国前中共天府矿区组织发展活动情况》，天府矿务局局志编辑室编：《天府党史资料》，第6页；樊恒才：《天府煤矿党的建设和工人运动》，中共北碚区委党史资料征集小组、中共北碚区委党史研究组：《北碚党史资料》，1986年第9期，第10页。

行识字活动，数以千计的工人、农民、船工、士兵、居民在夜校接受抗日宣传和文化教育。在救亡工作中，涌现了大批积极分子，为北碚党组织的进一步发展作了思想和组织上的准备。

二、中共北碚实验区特区委

随着中共北碚地方党组织的发展壮大和形势的变化，1938年10月，中共重庆市委派人到北碚整顿组织，为全体党员重新补办入党仪式，成立中共北碚实验区特区委员会，领导北碚和邻水的党组织。

新成立的中共北碚实验区特区委仍由沈钧担任书记，下属1个特支、1个城镇区委、1个总支和7个直属支部，共有党员119名。①据沈钧、江浩然、徐鸣、吕凤英等人回忆，特区委成员分工是：书记沈钧、组织兼工运白戈（又名江浩然）、宣传兼青委方朴德、委员罗浩（又名欧汝钦）。特区委隶属于重庆市委，除领导北碚城镇区委、北川铁路矿区总支和七个直属支部外，还领导邻水县党的工作。特区委机关设在黄桷炭平子商店，唐碧昌作卖炭老板。此时北碚区委的工作任务主要是发展党员、学好技术、组织合作事业、建立党组织、为工运培训工人骨干、开办政治理论文化学习班等。②

1938年下半年，四川棉纺织推广委员会推行"七七纺纱机"，开办技术训练班，每期一个月。由合作金库贷款，开办棉纺织生产合作社，还开办了信贷合作社，为的是解决农村破产问题。1938年11月，中共北碚实验区特区委派党员马中键到澄江镇参加由四川省棉纺推广委员会举办的"七七纺纱机"织布训练班，马中键借此机会在学员中开展抗日救亡宣传活动，发展党员。③在四川棉纺织推广委员会推广技术的一个月中，中共北碚实验区特区委从合川、射洪、广安、璧山等县共发展了9名党员。其中，璧山

---

① 刘显然：《抗战时期的中共北碚地方党组织》，中国人民政治协商会议重庆市北碚区委员会文史资料委员会编：《抗日战争时期的北碚》，第29页。

② 《姚天斌关于合川中心县委的工作报告（节选）——1938年8月至1939年10月》，中央档案馆等编：《四川革命历史文件汇集1938—1940》，1988年12月版，第465—470页。

③ 中共重庆市北碚区委党史研究室编：《中共北碚地方党史大事记（1925—1993）》，第11页。

县2名，广安、合川、射洪7名。①

1938年12月，川东特委组织部长宋林来北碚，代表川东特委将中共北碚实验区特区委改组为北碚中心县委。

三、中共北碚中心县委

1938年12月，中共川东特委成立，同时兼重庆市委工作。中共川东特委派组织部长宋林来北碚指导工作，将中共北碚实验区特区委改组为中共北碚中心县委。中共北碚中心县委除继续领导北碚和邻水的党组织外，并领导合川、铜梁、大足、璧山等地的党组织。1939年2月至7月，为加强合川党的工作，中心县委书记沈钧驻合川，故亦称合川中心县委。1939年，中共北碚中心县委领导江北和巴县的部分党组织，后来还曾一度领导和联系渠县、广安县党的组织和武胜、潼南县部分地区党组织。其中，复旦大学支部、大明纺织厂支部和育才学校支部是县委直接领导的重点支部。中共北碚中心县委所属党组织党员最多时有520人，最少时也有300人。②

中共北碚中心县委组织架构。1938年12月至1939年8月：书记沈钧，组织兼工运部长白戈，宣传方朴德，执委罗浩、濮正应（又名蒲华辅）、周远侯。1939年9月以后，因沈钧去延安学习，中心县委领导人先后更迭4次：第一次为1939年9月至1940年11月期间：书记李亚群（又名李小亚），组织部长白戈，宣传部长罗明（又名王世槐），工农委冉启熙（又名冉益智），青委徐鸣，妇委刘隆华（女），执委林克刚、艾英（又名杨德存、杨虞裳）；第二次为1940年11月至1941年2月期间：书记罗明，委员刘隆华（女）、艾英；第三次为1941年2月至1941年5月期间：书记艾英；第四次为1941年5月至1944年上半年期间：书记蒋可然（又名蒋季光、化名向远），委员江伯言(又名江鉴明)、余金堂（又名金汤）。③

---

① 马中键：《关于贯彻党的抗日民族统一战线问题》，中共北碚区委党史资料征集小组；中共北碚区委党史研究组编：《北碚党史资料》，1982年第4期，第2、3页。

② 刘显然：《抗战时期的中共北碚地方党组织》，中国人民政治协商会议重庆市北碚区委员会文史资料委员会编：《抗日战争时期的北碚》，第30页。

③ 刘显然：《抗战时期的中共北碚地方党组织》，中国人民政治协商会议重庆市北碚区委员会文史资料委员会编：《抗日战争时期的北碚》，第30页。

1939年7月下旬，根据中共中央南方局发出的秘密工作条例，"各地党的组织从半公开的形式转到基本是秘密（地下党）的形式，并实行与此相适应的工作方法；建立完全的秘密的机关"，[①]中共北碚中心县委机关驻地曾先后设在黄桷镇煤炭商店、北碚熊家院、北碚魏家湾、黄桷镇夏坝农村廖家院子等地，并一直坚持到1944年。[②]中共北碚中心县委的工作内容主要围绕三个方面：一是加强党的建设，重视共产党员教育，培养干部及学生；二是领导工人、学生开展抗日救亡运动；三是加强统战工作，与反动敌特分子作斗争。以北碚地方政府、天府煤矿、大明纱厂和复旦大学为重点工作单位，中共北碚中心县委展开了轰轰烈烈的抗日救亡运动。[③]

为了保持中共党组织的纯洁性，中共北碚中心县委在发展共产党员时就严格审核入党手续，对党员进行党章、党纪及马克思列宁主义的教育，还通过举办党员学习班，提高党员素质。沈钧和李亚群先后在黄桷镇炭坪子商店和白虾井小学举办过学习班，培训县区级党员干部。学习班规模不大，一期学员十人左右，时长一周，主要由李亚群、江浩然、罗明和刘隆华等人负责授课，类似教育活动在条件具备的支部也有开展。李亚群任北碚中心县委书记的时期，对北碚党组织的巩固和发展起了重要作用。他一方面加强党的建设，领导干部学习，另一方面团结中心县委委员和常委，即使是在形势紧张期间，个别接头联系都没有间断过。[④]

1938年底，中共北碚中心县委成立工运工作部，由江浩然担任工运部长，罗浩、许建业、王瑶琼、周碧如、刘渝明等人负责厂矿或有关单位党的工运工作。12月，中共北碚中心县委还成立了天府煤矿总支，由樊恒才

① 南方局党史资料征集小组编：《南方局党史资料大事记》，第64页。

② 中共重庆市北碚区委党史研究室编：《中国共产党民主革命时期北碚地方史概略》，第24—25页。刘显然：《抗战时期的中共北碚地方党组织》，中国人民政治协商会议重庆市北碚区委员会文史资料委员会编：《抗日战争时期的北碚》，第30页。

③ 刘隆华：《我们不能忘记过去》，中共重庆市北碚区委党史研究室编：《中国共产党民主革命时期北碚地方史概略》，第4、5页。

④ 《诗是炮弹笔是枪，龙潭虎穴一英豪——记李亚群同志》，唐宦存：《嘉陵风云——中共重庆市北碚地区党史文集》，第410页。

担任书记，下设六个支部。矿冶研究所和嘉陵煤球厂等单位，有共产党员4人，成立了联合支部。大明纺织染厂也是中共北碚中心县委开展工人运动的重点单位。当时，北碚中心县委派人参加四川棉纺织推广委员会训练班，1939年3月，在黄桷镇成立了"七七"纺织生产合作社，建立了党支部，合作社既生产又育人，为党培养了一批优秀干部。①

1939年，中共北碚中心县委为加强统战工作，专门建立了统战支部，由刘文襄任支部书记。以做地方政权的工作为主要内容，以中上层人士为重点对象，争取保持北碚独立性。根据时任北碚中心县委组织委员的江浩然回忆，1938年11月至1939年10月，是北碚地方党组织开展统战工作最有利的黄金时间。"在统一战线工作中结识和团结了一批好朋友，结成了革命斗争的同盟军。在工矿企业中，关系到劳动保护、安全生产、工资待遇、侵犯工人权益等问题，我们都引导群众进行有理有利有节的斗争，以请愿、调解、缓和矛盾的方式来解决。"②

1942年，由于形势紧张，北碚中心县委在嘉陵江的船上和中梁山上召开两次重要会议，贯彻落实中共中央和中共中央南方局的指示，做好抗日宣传和整顿、隐蔽工作。为了贯彻"勤学、勤业、勤交友"的政策，北碚中心县委传达了党员的工作原则和工作任务是"70分成绩，1个技术，3个朋友，1个团体，做社会调查"。"70分成绩"是说党员在其所在的单位工作业绩要有70分，不能做得太好，因为这样容易被国民党特务察觉，在社会上也不能太过公开表现自己，容易引起别人的注意，更不能做得不好，失去群众的信任；"1个技术"也就是党员在单位工作中要有一技之长，以免失去工作，无法扎根群众；"3个朋友"，要建立在能够对其产生较好的政治影响，联系群众，密切关系；加入"1个团体"作为工作的基点，团结广大群众。通过社会调查，写成文章，公开发表。③用社会职业作掩护，将一

---

① 永行：《赤胆忠心，坚贞不屈——记段定陶烈士》，唐宣存：《嘉陵风云——中共重庆市北碚地区党史文集》，第56页。

② 中共中央党史研究室第一研究部编：《七大代表忆七大》下，上海：上海人民出版社，2006年版，第1305—1306页。

③ 《李家庆同志谈抗战胜利前后北碚地下党的情况》，唐宣存：《嘉陵风云——中共重庆市北碚地区党史文集》，第291、292页。

些暴露了的同志安排在合作社隐蔽。[1]在看安慰北碚中心县委的支持下，中共地下党员在北碚、合川办"五月书店"，在西部科学院办商店。[2]地下党员利用这些场所作隐蔽，收集情况。

中共北碚地方党组织在抗战后期主要开展地下斗争，因此在领导机关的组成上力求短小精悍。领导人员的安全问题更是极其重要，不仅要有社会职业作为掩护，居住地方也要隐秘安全。[3]

1944年秋，北碚中心县委书记蒋可然因受到特务的监视，中断了与上下级的联系而被迫停止活动，改由通过"据点"开展革命工作。

第二节　抗日救亡运动在北碚的发展

中共北碚地方党组织建立后，在发展组织的同时，及时将工作重点转移到抗日救亡运动中来，并迅速使北碚的社会抗日救亡运动得到蓬勃发展。

一、抗日主张的宣传

中共北碚地方党组织采取多种宣传方式，丰富宣传内容，努力将中国共产党抗日救亡的方针政策深入到群众生活中去，扩大党的社会影响，揭露日军侵华的种种暴行，动员全民抗日。在此过程中，中共北碚地方党组织始终与中共中央保持一致，坚守党性，自上而下开展工作，并根据当地实际情况，采用多种方式灵活宣传，为党的宣传工作积累了丰富的经验方法。

（一）组织党员学习班

党组织通过举办各种形式的党员学习班，加强对党员的教育，有效地

---

[1] 中共重庆市北碚区委党史研究室编：《中国共产党民主革命时期北碚地方史概略》，第26、29、31、37、41页。

[2] 唐宣存：《"七·七"纺织生产合作社和北碚炼油厂》，中国人民政治协商会议重庆市北碚区委员会文史资料委员会编：《抗日战争时期的北碚》，第113页。

[3] 马识途：《在地下——白区地下党工作经验初步总结》，四川：四川大学出版社，1987年版，第119、122页。

修正地方党组织政策实施的偏差和错误。1938年7月，中共重庆市委在重庆机房街八路军驻渝办事处为北碚学校系统的党员组织了一次学习班。[1]学习班由中共重庆市委书记廖志高主持，中共四川省工委委员罗世文主讲，杨述和漆鲁鱼也参与讲课。学员主要为复旦大学和国立四川中学的党员，他们学习了马克思列宁主义的相关理论、党的建设和群众工作等基本理论知识。

重庆市城区委工运委员杨德存在调任铜梁县委书记时，也曾安排党员学习，通过学习纠正之前该地区错误发展横的关系的做法。据罗明回忆，他曾在复旦大学也办过分批的、小型的党员学习班。[2]1939年5月，复旦大学党支部在黄桷镇街道和学校附近，设立了三个秘密机关。经北碚中心县委批准，支部举办了新党员训练班。以小组为单位，分别进行了轮训。通过轮训，进一步严密了党的组织，加强了纪律和秘密工作。1939年9月，北碚中心县委在磳上白虾井举办县级党组织负责人训练班，由李亚群、刘隆华等讲课。训练班培养了一大批中心县委所属的党员领导干部，推动了党组织的建设和发展。

（二）成立抗日宣传组织

在中共北碚地方党组织的指导下，北碚地区成立了好几个抗日宣传队。[3]1937年10月，著名记者张西洛提出邀请由重庆救国会漆鲁鱼领导的课余农村宣传队到北碚宣传，在争取到卢子英的支持后，宣传队就在文星场白天教唱革命歌曲，晚上办识字班，通过文化学习传播抗日救亡思想。[4]宣传队所到之处都掀起了抗日救亡的热潮。天府煤矿公司经理黄云龙和北川铁路公司唐瑞武不仅给宣传队提供伙食，还免费供应笔墨纸张。文星乡乡长唐必直还召开保甲长会议进行宣传动员。很多地区都希望宣传队能够

---

[1] 中共重庆市北碚区委党史研究室编：《中国共产党民主革命时期北碚地方史概略》，第22页。

[2] 《做人民的儿子，为人民献身——记杨德存（杨虞裳）烈士》，唐宦存：《嘉陵风云——中共重庆市北碚地区党史文集》，第1—3页。

[3] 傅杰：《组织宣传队到北碚文星场宣传抗日救亡的情况》，《北碚党史资料》，1982年第11期，第6—8页。

[4] 《张西洛同志回顾在三峡织布厂和文星场的革命斗争》，唐宦存：《嘉陵风云——中共重庆市北碚地区党史文集》，第115页。

常来。①1938年上半年，复旦大学迁到黄桷镇后，该校党组织也建立了抗日民族救亡宣传队，曾到杜家街小学进行过救亡宣传。

在这些有组织的抗日宣传队伍工作中，"抗战文艺习作会"做出了巨大贡献。1938年，复旦大学党支部成立了70余人参加的"抗战文艺习作会"，聘请作家（教授）靳以、胡风等为顾问，出有大型壁报《抗战文艺》。"抗战文艺习作会"恢复了迁渝前在上海很有影响的"复旦大学歌咏队"活动，并联合四川中学和兼善中学歌咏队，组成了有300多名队员的抗日救亡合唱队。在短短的一个半月中就出了校内四期壁报和校外五期壁报，并举行了四次座谈会。②合唱队名义上是文艺活动团体，实际上是共产党的外围组织。他们开展了文艺创作、群众歌咏和外出演戏等亢日宣传活动。③"抗战文艺习作会"还联合学校各进步社团，在黄桷镇庙子前组织了声势浩大的"义卖日"活动，为抗日救亡献金。许涤新还专程来复旦组织学生义卖，并向全国各大专院校发出义卖献金倡议书。④

这期间，复旦大学还组织过几个团体到北温泉进行郊游、联欢活动。并通过教务长兼法学院长、《文摘》社负责人孙寒冰的关系，邀请钱俊瑞到学校，在王家花园（教授院）作了第二次世界大战与国际形势的报告，通过座谈会解答同学们一些学习上遇到的问题。1939年"七七"纪念日前夕，由"抗战文艺习作会"和"课余读书会"两个团体共同举办了一次规模盛大的露天营火晚会，以纪念"七七"事变两周年，邀请了作家靳以、胡风、端木蕻良、萧红、陈子展、马宗融、梁宗岱等人参加并发表演讲，而且会前会后还大唱救亡歌曲，抒发抗日救国情怀。不仅如此，"抗战文艺习作会"和"课余读书会"还出了纪念特刊（壁报与油印刊物）。这些活动

---

① 《刘运隆同志回忆投身革命活动和与敌特的斗争》，唐宣存：《嘉陵风云——中共重庆市北碚地区党史文集》，第263页。

② 《抗战文艺习作会》，《复旦大学校刊》（重庆）1939年第3期，第6页。

③ 中共重庆市北碚区委党史研究组编：《北碚党史资料汇编》第1辑，第10—13页。

④ 中共重庆市北碚区委党史研究室编：《中共北碚地方党史大事记（1925—1993）》，第10页。

吸引了不少中间落后的学生参加，巩固和坚实了抗日民族统一战线。[①]

（三）报刊宣传

报刊是整个抗日战争中最为常见的宣传途径。报纸期刊以较为固定的时间与民众接触，从而能够起到长期宣传的作用。抗日战争时期，不论是国民党还是中国共产党都十分重视社会舆论，其中报刊中的言论占据很大一部分。"报纸是党的宣传鼓动工作最有力的工具，每天有数十万的群众联系并影响他们，因此，把报纸办好，是党的一个中心工作。报纸的主要任务就是要宣传党的政策，贯彻党的政策，反映党的工作，反映群众生活。"[②]作为大后方文化重镇，北碚为中共北碚地方党组织利用报刊进行抗日宣传提供了有利条件。

作为中国共产党的机关报，《新华日报》是中共北碚地方党组织阅读学习的重要报纸。1938年1月11日，第一份《新华日报》在武汉面世。不久之后，《新华日报》就传播到北碚，北碚民众教育委员会主任罗中典在阅读之后，随即翻印了十几份。[③]《新华日报》为北碚送去了希望的种子，但国民政府却想百般禁止。据当时运送过《新华日报》的刘云隆回忆，传送途中经常受到特务机关稽查员的检查，甚至发生过流血伤亡事件。北碚图书馆馆长张从吾在朱德的影响下连续订了多份《新华日报》。由于他的关系，北碚图书馆保存了数套《新华日报》，有的在全国范围内都是最完整的。《新华日报》对指导中共北碚地方党组织开展革命工作起到了重要作用。

1942年，在卢子英的帮助下，《新华日报》北碚发行站建立。当时北碚发行站每天发行量少则二百多份，多则二千多份，一般都有一千多份。同时还发行《群众》周刊和一些革命书籍。发行范围包括：

北碚市区内的机关学校；

黄桷镇、下坝、东阳镇、蚕种场（包括复旦大学）；

① 张政宣：《抗日战争初期北碚复旦大学中共支部的建立、发展和斗争》，中共北碚区委党史资料征集小组、中共北碚区委党史研究组：《北碚党史资料》，1982年第11期。

② 倪延年编：《中国新闻法制通史》第五卷，南京：南京师范大学出版社，2015年版，第633页。

③ 唐宦存：《嘉陵风云——中共重庆市北碚地区党史文集》，第384—391页。

白庙子、文星场（包括天府煤矿）；

水土沱、悦来场；

金刚碑、北泉、澄江镇、草街子、古圣寺（育才学校）；

合川；

状元碑、歇马场、大磨滩（乡建学院）；

小湾、五云山；

青木关、璧山、川北及川东的一些县。

从中可见，《新华日报》的发行范围以北碚为中心扩大到合川、璧山、铜梁、江北一带，扩大了中共在北碚乃至周边县城的影响，宣传教育了北碚地区的工农和学生，也为暂时与党组织失去联系的共产党员提供了精神上的支撑和行动上的指南。[①]

《嘉陵江日报》和《北碚月刊》是当时北碚的主要地方刊物，也是共产党员进行抗日宣传的重要阵地。得力于卢子英的支持，报社聘用了许多共产党员从事编辑工作。比如，1938年担任《嘉陵江日报》主编的汪伦,曾是苏联《真理报》的通讯员，随高士奇从延安来到北碚，卢子英视其为上宾。1939年7月,李亚群由中共泸州中心县委调任北碚中心县委书记，其公开社会职业为《北碚月刊》副主任兼《嘉陵江日报》副刊《风雅颂》主编。9月他还写了诗和通讯《嘉陵江上的旗影》，分别刊于两张报纸上。他把副刊办得醒目活泼，受到青年学生的欢迎，直到1940年11月离去。[②]

1944年冬，由中共中央南方局青年组直接领导的，以复旦大学共产党员、进步学生为核心的《中国学生导报》创刊。北碚据点核心小组对其编写方针、组织情况、干部配备进行了周密部署，以杜子才和陈以文为主要负责人，将办公室设在北碚东阳镇。《中国学生导报》是一张四开版的铅印小报，第一版教育和学校要闻；第二版时事评述和专论；第三版文艺；第四版校园通讯，一周一期，一期五千至七千份。自创刊到1946年5月社团

[①]《〈新华日报〉和北碚地下党》,《〈新华日报〉群众周刊史学会重庆分会会刊》，1992年第2期。

[②] 张瑾：《抗战时期中国共产党在重庆的舆论话语权研究》，重庆：重庆出版社，2015年版，第85页。

迁上海，《中国学生导报》共出版三十七期。但审稿、校对、印刷等工作还是在重庆市区完成的。发行方式大部分采取学校通讯员直接发送，少部分通过邮寄的方式。为减少敌人检查扣押的风险，还由国民党元老甘祠森出面协助。中共中央南方局青年组组长刘光说："要把刊物办得为多数学生所喜闻乐见，不要把它办成《新华日报》的学生版。要依靠广大学生，争取教授和教师们的支持。"该报对于国统区尤其是重庆一带的学生运动，起到了非常大的宣传作用，前后参与人员过千，发行份数过千，影响范围也很广。①

二、工运和学运的开展

全面抗战以来，北碚地区的工人运动和学生运动在中共北碚地方党组织的领导下，得到了极大的发展。由于北碚作为迁建区，当地的工人、学生基础较好，中共北碚地方党组织在国共合作的大势下，发展较为顺利。在北碚发展的共产党员以工人、青年为主，还有不少十几岁的学生。中共北碚地方党组织还非常重视发展女党员、培养女干部。由于统战工作提供的便利条件，工人运动和学生运动相互配合，为抗日救亡运动乃至抗日战争的胜利作出巨大贡献。在抗战后期，中国共产党提出建立民主联合政府的主张，受到了民主党派和广大民众的拥护，也使得大后方的民主运动空前高涨。②中共北碚地方党组织也及时响应号召开展了一系列的活动，呈现出广泛性、深入性的特点。

（一）工人运动

北碚工人运动有着较早的历史，《北碚工运史资料》从1926年起便有所记载。1931年初，共产党员陈以承在白庙子嘉陵煤球厂和北川铁路沿线，以《苏联新观察》为内容，向工人宣传马列主义。③全面抗战时期，中

---

① 张德瞻：《他为革命鼓与呼——记中国学生导报社副社长陈以文》，《嘉陵风云——中共重庆市北碚地区党史文集》，第653—654页；吴子见：《回忆抗战后期的复旦学运》，中国人民政治协商会议重庆市北碚区委员会文史资料委员会编：《抗日战争时期的北碚》，第275—276页。

② 南方局党史资料征集小组编：《南方局党史资料大事记》，第243页。

③ 朱德智，唐祜：《建国前中共天府矿区组织发展活动情况》，天府矿务局局志编辑室编：《天府党史资料》，重庆：天府矿务局印刷厂，1989年版，第4页。

共北碚地方党组织带领北碚广大工人以抗战为第一要务，坚持生产，为抗战前线提供支援。在组织工人运动的过程中，中共北碚地方党组织加深了对工人的认识，积累了许多经验方法。

北碚厂矿企业多，工人达上万人之多，无产阶级队伍庞大。而且北碚地处嘉陵江下游，水运交通比较发达，负责水上运输的工人也很多。特别是卢作孚以北碚为基地创办的民生公司，成为大后方最为重要的轮船航运公司。与运煤相联系，全区运输工人多达数千人。此外，自从峡防局成立，各业逐渐兴旺，大量员工涌入，服装需求增加，促进了北碚纺织业的发展，全区从事纺织工作的工人有1000余人。其他如化学、医药、食品等厂工人合计也有1000多人。因此，团结并发动广大工人自然成为中共北碚地方党组织的一个工作重点。1938年底，中共中央南方局和川东特委指示在北碚中心县委成立工运工作部，并派二十三兵工厂支部书记江浩然为工运部长。

中共北碚地方党组织为提高工人和工人党员的文化水平和政治觉悟，派复旦大学、四川中学、育才学校的党员和学生到工厂、煤矿和镇乡，通过办文化夜校，教唱歌，演讲和演剧等方式，传授文化知识，宣传抗日。1938—1940年，是北碚党组织在工人中办夜校的高潮，共计办了几十所夜校，对提高工人的文化科学知识，提高政治觉悟，培养工人运动积极分子，发挥了重要作用。

北碚工人运动主要集中在天府煤矿和大明纺织染厂两个企业。1938年3月，在中共重庆市工委书记漆鲁鱼的帮助下，天府煤矿成立抗日救国会。[①]1938年5月，天府煤矿与北川铁路、河南焦作煤矿中福公司合并，组成天府矿业有限公司，日产煤量达到了六百吨。中共天府煤矿总支组织煤矿工人进行斗争，争取工人的合法权益，一定程度上改善了他们的生活条件。

在天府矿区，工运领导人许建业领导矿区工人坚持"有理、有利、有节"的斗争原则，维护工人权益。在矿区，他的公开职业是天府煤矿白庙子绞车站的管理员。许建业深入到群众中，与工人同吃住，在思想上启发

---

① 陈秉超：《北碚工运史资料》，重庆：北碚，1991年版，第3页。

他们的政治觉悟，改变他们对贫穷、剥削压迫的认识，宣传抗日救亡思想。他利用1939年"五一"国际劳动节的契机，与天府煤矿运营课长交涉，取得了"五一"节放假和加发工资的胜利，维护了工人的利益，提高了工人的政治地位。

1939年4月，天府煤矿后丰岩平洞发生瓦斯爆炸事故，死伤上百人，其中包括一名共产党员。北碚中心县委了解情况后，按照"号召党员、工人为抗战出力，努力生产，支援前线抗敌将士"的原则，决定不以罢工方式停止生产，而是与厂方协商，达成协议，安抚受难人员。[①]

从1939年5月起，国民党和三青团在天府矿区也相继建立了基层组织，企图破坏共产党领导下的工人运动，以达到控制天府矿区的目的。在上级党组织的领导下，1939年夏，许建业整顿矿区党组织，加强党员教育，清除了动摇和变节分子，纯净了党员队伍。[②]1941年1月皖南事变爆发，面对国民党"第二次反共高潮"，为隐蔽组织，中共天府矿区委员会组织机构解散，主要领导成员相继撤离，只有20多名共产党员留在天府矿区，主要由周子成领导矿区的工人运动。[③]

1939年2月，三峡织布厂与江苏迁来的大成纱厂合并，成立大明纺织染厂。其生产的大明蓝布是抗战的重要物资。大明纺织染厂共有职工八百多人，且多为女工，生产条件相当恶劣，工头剥削很严重。中共大明纺织染厂党支部借助有利形势，带领工人罢工，与资方谈判，达成协议，取得了斗争的胜利。[④]1939年3月，黄桷棉纺织生产合作社成立并建立了中共党支部，左绍英任合作社理事会委员和组织委员。她带领合作社到农村、街

---

① 唐宦存，张德瞻：《抗日战争时期的北碚工人运动》，《嘉陵风云——中共重庆市北碚地区党史文集》，第556、557页。

② 朱德智，唐祜：《建国前中共天府矿区组织发展活动情况》，天府矿务局局志编辑室编：《天府党史资料》，第7页。

③ 朱德智，唐祜：《建国前中共天府矿区组织发展活动情况》，天府矿务局局志编辑室编：《天府党史资料》，第7页。

④ 中共重庆市北碚区委党史研究室编：《中国共产党民主革命时期北碚地方史概略》，第27—31页。

头宣传，唱抗日歌曲，宣传中共的政策。①同年10月，中共大明纺织染厂党支部组织了一次罢工斗争。当时北碚遭受轰炸，大明厂的工人向厂方要求躲藏，多次被拒，甚至被锁在车间，逃走的工人被抓回毒打，厂警鸣枪威胁，工人愤怒之至，罢工停产。资方要求派代表谈判，虽然谈判最终达成协议，工人的劳动条件和生产条件得到一定程度改善，但负责谈判的代表却被开除，其中包括中共大明纺织染厂支部委员曹英。②

（二）学生运动

学生作为动员全民抗战的一个重要群体，一直受到中共的重视。自国民政府迁都重庆，北碚作为"迁建区"，一批大学、中学以及幼儿教育机构入驻。众多青年学生聚集于此，也成为中共北碚地方党组织开展工作的重点。依照中共中央青委发出的《关于青年统一战线工作的指示》，北碚地方党组织将"长期埋伏，积蓄力量"和"开展统一战线扩大政治影响"作为基本任务③，根据各所学校学生中的共产党员人数，成立了多个学校党支部，其中复旦大学的学运工作最为突出。复旦大学里前后一共有三个党支部，一个是暴露的，另一个是比较暴露的，还有一个是在国民党掀起"第二次反共高潮"时建立的秘密党支部。在学校里的共产党员还对川东一些县区的中共党组织建设起到了重要作用。④

1938年初，复旦大学迁到北碚，进一步促进了北碚文化教育蓬勃发展。同时，一大批知名教授和进步学生的到来为北碚注入思想活力。传统的民主、自由的氛围，为复旦大学开展学生运动奠定了良好基础。

1939年冬到1941年春，国民党发起反共高潮，复旦大学的学生运动受到限制。尽管如此，复旦大学的中共党组织遵照南方局青年组的指示积极工作，贯彻落实"三勤"（勤学、勤业、勤交友）方针，逐渐形成队伍

---

① 唐宦存：《"监狱之花"的妈妈左绍英》，中共重庆市北碚区委党史工作委员会编：《英烈的足迹——北碚党史人物专辑》，第37、38页。

②《李维奇同志谈抗战初期大明纺织厂党的组织情况和罢工斗争》，唐宦存：《嘉陵风云——中共重庆市北碚地区党史文集》，第283、284页。

③ 南方局党史资料征集小组编：《南方局党史资料大事记》，第124页。

④《抗战时期复旦大学党组织在北碚的革命斗争》，唐宦存：《嘉陵风云——中共重庆市北碚地区党史文集》，第570、571页。

组织。^①

复旦大学的学运工作在抗战后期达到高潮。1943年，复旦大学的中共党组织在周恩来的指示下建立了复旦大学"据点"及七人核心小组。该据点"以本身学习、职业为主，附带研究时事问题和重要政治文献，作调查研究与通讯工作"^②。活动中心主要在复旦大学的新闻馆里，进步学生每晚在收音室收听延安的电台新闻，并进行传播，鼓舞更多的人。学校先后成立了32个社团，团结了800多名同学，还得到了部分进步教授的支持，例如张志让、陈望道、周谷城、卢于道、洪深等。在这些组织中有些工作特别突出，其一是《中国学生导报》社，另一是与重庆的中央大学建立的新民主主义青年社（简称"新青社"）。^③这些工作都由"据点"核心小组组织。该小组主要由一些共产党员和暂时失掉党的关系的同志组成，成员主要有杜栖梧、张靖琳、金本富、黄绍本和邹剑秋。^④复旦大学"据点"曾一度被南方局青年组评为学校据点的典型和模范，并定期到红岩村开会。^⑤

兼善中学和中国公学附属中学也是北碚地区开展学运的重要地点。卢氏兄弟十分重视教育，在北碚创办了以兼善中学为代表的一些学校，学生基础较好。救国会成员黄世元就是兼善中学的学生。1937年春，他和一些进步学生王道济、唐建中、李亚君等建立了"业余生活社"，通过读书会、抗日形势讨论会和文体活动等形式开展抗日救亡运动，还于7月1日出版了铅印刊物《业余生活》月刊，进行抗日救亡宣传。在兼善中学还建立了救国会组织，发展救国会成员。^⑥中国公学附属中学有20多名共产党员，成

---

① 吴子见：《回忆抗战后期的复旦学运》；穆仁：《北碚九年岁月稠——抗战期间的兼中、复旦忆断》；余震：《抗日后期北碚学生运动片段》，《抗日战争时期的北碚》，第270、291、292、322页。

② 南方局党史资料征集小组编：《南方局党史资料大事记》，第210页。

③ 南方局党史资料征集小组编：《南方局党史资料大事记》，第291页。

④ 邹剑秋：《抗战胜利前后复旦大学的一些斗争》，中共重庆市北碚区委党史工作委员会编：《北碚党史资料汇编》第2辑，重庆：北碚印刷厂，1984年版，第1页。

⑤ 杜栖梧：《南方局在北碚的"据点"——复旦大学"S·M·C"》，中共重庆市北碚区委党史工作委员会编：《北碚党史资料汇编》第8辑，第98、99页。

⑥ 中共北碚区委组织部，中共北碚区委党史工作委员会，北碚区档案局编：《中国共产党重庆市北碚区组织史资料》，第9页。

立了中共中国公学附属中学特别支部，由李培根担任书记，接受北碚中心县委领导。特别支部领导了兴隆场的抗日救亡宣传工作，在学校办了许多壁报，团结了一批教职工和学生，贯彻中共的抗日民族统一战线的政策方针，与三青团也进行了坚决的斗争。[①]

北碚的学生运动以复旦大学为中心，逐渐扩展到国立江苏医学院、国立剧专、乡村建设学院、青木关国立音乐学院、兴隆场政阳法学院、育才学校和国立二中等学校。由陶行知创办的育才学校在政治上拥护中国共产党并关心社会教育和社会实践活动。从草街子全济煤矿运煤到嘉陵江的10余里的路程上，都有育才学校学生办的工人业余学校，沿途农村的几个乡、10多个保中，也设有农民夜校。工农群众通过学习提高了文化水平，还认识到了抗日救亡运动的真正内涵。这些业余学校还为中共培养了许多积极分子，打下了日后武装斗争的基础。[②]1938年下半年，中共北碚地方党组织在国立二中发展了许多共产党员，建立了党的支部，由吕凤英任支部书记。中共党组织在此的力量较强，民主空气浓厚。国立二中的学生大多是流亡内地的外籍子女，在北碚地方党组织的领导下，开展了多种形式的抗日救亡活动，他们经常深入到街道、工厂等地，通过演戏、唱歌、办夜校方式等宣传抗日救亡。[③]

值得注意的是，由中国共产党领导的北碚社会抗日救亡运动也涵盖了儿童工作，其中以北泉慈幼院和第三保育院为代表。慈幼院是1938年10月武汉失守后迁到北碚绍隆寺的，因为靠近北温泉，故又称北泉慈幼院。受中共的影响，慈幼院的教育方针和内容都是比较进步的。南方局青年组还安排了一些共产党员到此工作，照顾并教导慈育院近300的儿童。[④]第三保

---

① 唐宦存：《李培根和戴克宇谈中国公学附属中学特支的一些情况》，中共重庆市北碚区委党史工作委员会编：《北碚党史资料汇编》第2辑，第79、80页。

② 唐宦存：《陶行知在北碚——纪念陶行知诞辰100周年》，中共北碚区委党史研究室编：《北碚党史研究资料》，1991年第2期，第6页。

③ 唐宦存：《陈莲在北碚》，中共重庆市北碚区党史工作委员会编：《北碚党史资料汇编》第7辑，重庆：重庆印制七厂，1986年，第97页。

④ 唐宦存：《北泉慈幼院是党活动的一个阵地》，中共重庆市北碚区委党史工作委员会编：《北碚党史资料汇编》第8辑，第43—46页。

育院由共产党员赵君陶于1936年6月亲手创办。保育院有时还在教职工中开民主生活会，通过批评与自我批评，纠正弊端。一直到抗战结束，这里从未受到干扰和破坏。

三、统战工作的展开

自1927年卢作孚出任嘉陵江三峡峡防团务局局长后，直到1950年12月北碚和平解放，北碚地方行政的实际管辖权掌握在他和卢子英手中。由于卢作孚和卢子英两兄弟一直很接受党的思想主张，与许多党员关系密切，同时还在北碚剿匪安民，进行乡村建设实验，发展民族工业，保持了北碚的相对独立性，为中共在敌后坚持抗日民族统一战线提供了有利条件。尤其是全面抗战爆发以后，"三千名流汇北碚"，争取各派政治人物和中间势力支持抗战具有重大意义。有鉴于此，北碚中心县委根据中共中央《关于组织进步力量争取时局好转的指示》，结合地方实际情况，开展了广泛的统战工作："尽量团结和争取救国会的朋友、各地的公正士绅名流及地方实力派，并用各种方式把这一中间力量组织起来。"①

（一）对地方实力派代表人物——卢作孚、卢子英的统战工作

中共中央南方局十分重视北碚地区的统战工作，进行了多次指导，并提出了许多建设性的建议。吴玉章在指示北碚统战工作时，就强调要争取卢子英，因为保持北碚的独立性极其重要。

1937年10月，《四川日报》记者刘披云到北碚，向卢子英介绍了全国的抗日形势并宣传抗日民族统一战线的政策。漆鲁鱼也曾受邀来碚，就共产党解决"西安事变"的方针及国共合作，建立抗日民族统一战线等有关问题向卢子英作了进一步阐述，并鼓动卢子英适应新形势，发挥北碚的作用，促进抗日救亡运动的深入开展。

1938年4月，中央统战部派在延安工作的汪伦到北碚，重点开展对卢子英的统战工作。中央统战部王明曾对汪伦说：北碚这个地方我知道，很重要，我们正需要人到那做统战工作，把你介绍给凯丰和伍云甫，如何

---

① 南方局党史资料征集小组编：《南方局党史资料大事记》，第76页。

搞，你到那里去研究。汪伦来北碚后与吴玉章等人一起住在北温泉，吴玉章也曾对汪伦说：北碚这个地方很重要，要做好卢作孚、卢子英的工作，使他们不要被国民党吞掉，能保持一定的地方独立性。①汪伦果然不辱使命。他在北碚很快就被卢子英委任为《北碚月刊》主任和《嘉陵江日报》总编辑。不仅如此，汪伦还成为卢子英的政治咨询，北碚政治上发生的重大问题，卢子英都会征询汪的意见。汪伦每周还给卢子英讲两次政治经济学、讲形势，并协同卢子英赶走了打入他身边的国民党特务。

在中共的影响下，卢子英的态度发生了明显改变。漆鲁鱼在碚期间，他向漆鲁鱼索要了一些进步书籍，还将毛泽东和朱德的抗战言论选辑翻印了2000本，发给北碚的机关人员和教师学习。卢子英也曾成立抗日后援会组织，以实际行动公开支援抗日。在卢子英的支持下，汪伦成为《北碚月刊》主任和《嘉陵江日报》总编辑，李亚群为《北碚月刊》副主任和《嘉陵江日报》副刊编辑，罗中典任民众教育馆馆长。这些共产党员与卢氏兄弟都来往甚密，对统战工作做出了巨大贡献。在北碚地方报纸上也常常有共产党员以社会人士的身份发表作品，宣传抗日民主救亡思想。②

除此之外，全面抗战时期，多次造访北碚的中共党员阳翰笙、刘披云等人，对卢子英和北碚其他进步人士，也做过许多工作。阳翰笙当时在国民政府军事委员会第三厅任秘书长，专门负责文化艺术工作。根据卢子英的要求，经常派剧团到北碚演出。一些禁演的剧目，如果在重庆不能演，到北碚就可以。因此，一批文化界的党员和进步文艺人士，多次到北碚演出戏剧、放映电影、举办书画展览、进行抗日宣传等。③

《新华日报》党组织也向卢子英做了统战工作。1942年10月，中共中央南方局决定在北碚建立《新华日报》发行站。为取得卢子英的同意和协助，郭沫若亲自写信给卢子英，请其支持。在卢子英的支持下，《新华

---

① 唐宦存：《抗日战争时期北碚的统战工作》，何建廷主编：《抗日战争时期的北碚》，政协重庆市北碚区委员会文史资料委员会，1992年版，第121页。

② 唐宦存：《嘉陵风云——中共重庆市北碚地区党史文集》，第446—450页。

③ 唐宦存：《抗日战争时期北碚的统战工作》，何建廷主编：《抗日战争时期的北碚》，第122页。

日报》发行站从建立到结束，都没有发生重大事故。由于《新华日报》在北碚的发行，对北碚乃至对川东部分县，宣传马列主义、宣传党的方针政策、团结抗日主张，以及做各方面人士的统战工作等，都起了重大作用。①

当然，统战工作也并非是一帆风顺。当时国民党要求地方上每月要开一次国民月会，为此，卢子英不得不应付国民党，让出教育股长职务给国民党CC派。有一次召开国民月会，这位教育股长的一些骨干分子来迟到了，卢子英很生气，不许他们进入会场。第二天，《嘉陵江日报》上报道了此事。在教育股长的唆使下，这些人认为此事有损国民党威信，要求公开在报上道歉。在遭到报社的拒绝后，这些人就把报社营业部砸烂了。国民党还多次派特务、宪兵监视北碚动向，甚至企图把卢子英调走。1940年，国民党专员到北碚考察，向卢子英游说，表达了国民党扩大辖区、对北碚实行编制、建立"中正模范县"的想法。汪伦和李亚群了解情况后，借看望卢子英的机会做卢子英的工作，成功地抵制了国民党的阴谋诡计。②

（二）对国民党上层人物与进步人士的统战工作

1939年，在李亚群的领导下，北碚中心县委建立了统战支部，主要围绕迁居北碚国民党和内迁高校中的中上层人士开展工作，以及他们的亲属、朋友、老师等，这些都是共产党员争取的对象。

共产党员陈琏是国民党宣传部长、蒋介石侍从室主任陈布雷的女儿，当时在北碚国立二中读书，陈布雷虽家住在北碚但平时很少回来。"党的会议就设在她家召开，她还把陈布雷没收共产党的书籍拿出来供大家学习，陈琏觉悟高，对共产党的信念强，向其父亲宣传共产党的抗日政策好，并要求去延安，周恩来邓颖超知道后，要陈琏留在国统区，做她父亲的工作。"③另外就是复旦大学的党员王嘉仁，也做了许多统战工作。王嘉仁的

① 唐宦存：《抗日战争时期北碚的统战工作》，何建廷主编：《抗日战争时期的北碚》，第122页。

② 汪伦：《我所参加北碚统战工作的一些情况》，中共重庆市北碚区委党史研究组编：《北碚党史资料汇编》第1辑，第80、81页。

③ 唐宦存：《抗日战争时期北碚的统战工作》，何建廷主编：《抗日战争时期的北碚》，第126页。

岳父柏文蔚是国民党的元老,他离开复旦大学去延安时,要求与其对象一起前往。当董必武得知是柏文蔚的女儿后,认为必须征求她父亲的意见才行。于是王嘉仁去做柏文蔚的工作,结果柏完全同意,不但给了路费,还给了王嘉仁几张名片,要他送给毛泽东等中央领导同志。柏文蔚对国民党的腐败很表不满,由于共产党员对他做工作,对中国共产党还有好感。①这些青年"认真亲近国民党干部及党员,有计划有步骤地去影响和接近国民党嫡系非嫡系以及非国民党的各个重要党政军领导人,"②对战时北碚的统战工作做出了重要贡献。

除了对国民党的一些上层人物展开统战工作外,全面抗战期间,北碚地区的一大批进步人士也成为中共统战的对象。这些进步人士怀揣着一颗爱国心,支持抗日救亡运动,为共产党人、青年学生等提供了许多帮助。广大进步人士是北碚地区中共统战对象的重要组成部分,巩固了抗日民族统一战线。周恩来曾两次接见中央地质研究所所长李四光,并对他产生了重大影响。在北碚,李四光不仅积极帮助卢作孚和卢子英建立和扩充了中国西部科学院的地质部分,指导了四川的地质工作,还积极参加和支持北碚的抗日救亡活动。③中国西部科学院的党员积极向院主任李乐元做工作,使这里发展了很多党员,成为北碚地方党组织的活动中心场所之一。成立于1939年5月的育才学校,是由著名的乡村教育家陶行知在北碚的北温泉创办,之后不久即迁往合川草街古圣寺。育才学校在合川办校期间,正值中国抗战最艰苦的阶段。日本飞机不停地轰炸重庆,物资极度紧张,学校经常陷于困境。由于政府支持的经费相当有限,师生经常食不果腹。有学生回忆:"最困难的时候,学生每天只能吃顿稀饭,菜则是蚕豆、空心菜,还有豆渣。"④更为糟糕的是,由于国民党在1940年秋掀起第二次反共高潮,受此影响,国民党当局认为育才学校是"红色"学校,扬言要封闭。

① 唐宦存:《抗日战争时期北碚的统战工作》,何建廷主编:《抗日战争时期的北碚》,第126页。

② 南方局党史资料征集小组编:《南方局党史资料大事记》,第76页。

③《李四光》,唐宦存:《嘉陵风云——中共重庆市北碚地区党史文集》,第518页。

④ 重庆市合川区文化委员会,重庆市陶行知研究会编:《万世师表:陶行知》,西南师范大学出版社,2015年版,第50页。

地痞、特务多次到校捣乱。[1]恰在此时，9月22日，周恩来、邓颖超在《新华日报》记者张晓梅的陪同下，专程从重庆驱车到北碚，探望正在生病的陶行知。周恩来在了解情况后，分析了形势并指出：一方面育才师生要提高警惕，采取措施，有备无患；另一方面要教育师生，在极端困难的时候坚持教学工作，树立最后胜利的信心。周恩来还建议育才学校秘密准备一条大木船，一旦形势有变，师生可乘船溯嘉陵江北上广元，再由八路军办事处帮助转入解放区。[2]周恩来在北碚还会见复旦大学的陈望道教授和许多文化界以及科教界的知名人士。此外，为了缓解育才学校的燃眉之急，9月26日，周恩来、邓颖超返回重庆后，立即从自己并不宽裕的生活费中给陶行知寄去400元钱。"周恩来、邓颖超二先生参观育才之后，觉得小孩们健康有欠，特捐助四百元为小孩们购买运动器具之用，这是指定捐款，请开具正式收据交下，以便送去致谢。"[3]周恩来在北碚还会见复旦大学的陈望道教授和许多文化界以及科教界的知名人士。可以说，周恩来的北碚之行，极大地鼓舞了育才师生和北碚地区进步人士的热情，增强了抗日必胜的信心。

复旦大学的教务长孙寒冰在复旦大学很有影响，由于他对抗日的态度很积极，所以成为中共团结的对象。1940年5月27日，日军飞机轰炸北碚黄桷镇下坝的复旦大学，教授宿舍王家花园被炸毁，孙寒冰不幸罹难。9月22日，周恩来和邓颖超亲自来到北碚做上层人士的工作时，还专门悼念了共产党友人孙寒冰教授。[4]复旦大学的外语教师兼校长办公室秘书吴道存，也是中共统战的对象。"中共对他也做了很多工作，他把了解到的许多官方活动和消息告诉共产党员，给予了很大的帮助。"[5]

1940年，川东特委书记廖志高在向中共中央的报告中就提出，北碚是整个川东地区中共党组织领导得最好的地区之一。正是由于北碚地区统战

① 林之晨：《周恩来艰难岁月的北碚之行》，《红岩春秋》2018年第11期。

② 林之晨：《周恩来艰难岁月的北碚之行》，《红岩春秋》2018年第11期。

③ 顾明远，边守正主编：《陶行知选集》第3卷，北京：教育科学出版社，2011年版，第560页。

④ 唐宣存：《抗日战争时期北碚的统战工作》，《北碚文史资料》第4辑，第116—119页。

⑤ 《王嘉仁同志回忆抗战初期复旦大学的统战工作》，唐宣存：《嘉陵风云——中共重庆市北碚地区党史文集》，第80—82页。

工作的有效开展，在后来国民党掀起的两次"反共"高潮的艰难时期，面对紧张的态势，北碚隐蔽了一批重要的共产党员和民主志士。不仅如此，中共借助卢子英与国民政府的利益矛盾，反而使北碚地区的特务分子反动势力遭到严重的打击。①北碚的统战成效，可见一斑。

四、与敌特展开斗争

全面抗战进入相持阶段后，国民党开始消极抗日，积极反共，国共摩擦不断。1939年1月，国民党召开五届五中全会，通过了《限制异党活动办法》。7月，中统特务组织北碚分区成立。9月，国民党北碚区党部成立，意图监视和限制共产党人和进步人士，破坏中共在北碚的地方党组织。

为此，中共中央及时发出"坚持抗战、反对投降，坚持团结、反对分裂，坚持进步、反对倒退"三大政治口号，并做出"用全力从思想上、政治上、组织上巩固我们的党、军队和政权，以准备对付可能的危害中国革命的突然事变，使党和革命在可能的突然事变中不致遭受意外的损失"的决定。据此，北碚中心县委也根据形势的变化对党的工作做了调整：首先分头深入党的支部，及时传达，组织讨论；然后又分头组织学习班，进行思想政治教育，包括秘密工作纪律教育和革命气节教育；又在组织上采取一些必要的措施清理、整顿、健全、巩固党的组织，调动、转移一些身份已经暴露随时可能出事的干部，隔离一些党的立场不坚定的跨党分子，监视个别思想行为诡秘、政治面目有嫌疑人员；少数年龄太小（十五六岁）、政治思想觉悟不够党员起码条件人员，当成同情分子来联系；对个别品质恶劣、显然是投机分子混入党内的人，加以清洗；还有一些支部，改小组生活为单线联系，切断一些横的关系。经过初步清理整顿，中心县委所属党员由四百五六十人，减少了五六十个，紧缩为四百人。②

为了达到破坏的目的，敌特分子的破坏手段可谓无所不用其极。1940

---

①《党对卢子英的统战工作》，唐宜存：《嘉陵风云——中共重庆市北碚地区党史文集》，第449—451页。

②中共中央党史研究室第一研究部编：《七大代表忆七大》下，上海：上海人民出版社，2006年版，第1306页。

年10月，国民党退役军官韦国治担任白庙子绞车管理员。他笼络工人未能得逞，竟开除30多名积极分子，安插自己的党羽。还企图通过学习开绞车技术，排斥共产党员或积极分子担任绞车司机。共产党员王占云以"工作时间不能学技术"为名，领导绞车司机，使他的阴谋落空。①这种斗争在天府矿区发生过好几次。

1941年2月底，北碚的国民党和三青团组织召开联合会议，竟通过了强制"公教人员加入国民党"、"严格侦查中共潜伏分子"、"成立杂志、戏剧审查委员会"等6项破坏民主的决议。②在各个机关单位、学校都有特务分子混入，破坏抗日运动，进行"反共"宣传，迫害共产党员。中共北碚地方党组织利用一切可利用的武器，坚守毛泽东提出的"人不犯我，我不犯人，人若犯我，我必犯人"的方针，进行了坚决的斗争。在《嘉陵江日报》和《北碚月刊》上，北碚地方党组织宣传抗日，揭露特务分子的反动行为。在政治理论上，他们与"三龟"进行了针锋相对的斗争（群众称北碚教育股长归建民、复旦大学李建芳、陈昺德为"三龟"），沉重打击了反动势力的嚣张气焰，维护了北碚的社会民主氛围。③

在抗日战争即将取得胜利的时候，国民党企图发动内战。国民党在北碚地区频繁安插特务。中共利用不同势力之间的矛盾冲突，对反动势力作有利斗争。周人举在白庙乡任乡长期间，运用自己的地位和权力，"利用重庆警备司令部和中统特务组织之间、北碚管理局和中统特务之间的矛盾"，成功打击了特务组织的反动行为，整治了以刘炼卿为首的流氓土匪组织。④1944年，在北碚东阳小学任校长的蒋可然受到特务的严密监视，甚至要挟其加入特务组织。蒋可然认识到局势的严峻，果断"断绝"与中共的联

① 朱德智，唐裕：《建国前中共天府矿区组织发展活动情况》，天府矿务局局志编辑室编：《天府党史资料》，第14页。
② 中共重庆市北碚区委党史研究室编：《中共北碚地方党史大事记（1925—1993）》，第15、16页。
③ 中共重庆市北碚区委党史研究室编：《中国共产党民主革命时期北碚地方史概略》，第38页。
④ 唐宦存，黄仲伯，张德瞻：《为党贡献毕生精力的共产党员——记周人举革命事迹》，中共重庆市北碚区委党史工作委员会编：《北碚党史资料汇编》第8辑，第86—88页。

系，避免党组织和党员遭到损失，并在中共党组织的秘密配合下，顺利回到武胜县三溪乡隐蔽。①

然而反动势力的手段绝不止于此，他们还谋划煽动学生，假冒共产党名义，发表言辞过激的标语，为的是引出真正的进步学生，伺机出动武装特务抓人。面对紧张的斗争形势，"据点"核心小组通过各种渠道，发动同学戳穿了他们的阴谋。②在复旦大学，进步力量与反动势力的斗争是比较激烈的。一次，复旦大学"抗战文艺习作会"开展抗日救国宣传活动时，在复旦大学的国民党、复兴社、CC、三青团骨干分子捣乱叫嚣，遭到同学们的强烈抵制。这些反动势力还经常欺负入校的新生，还通过在信封里装子弹的方式威胁进步学生，通过学校行政当局扣发学生的生活费，到后来甚至实行白色恐怖，将朝阳学院的一个学生残忍杀害。③

1945年7月20日下午，发生了震怒人心的复旦大学覆舟事件。当时，经中共中央南方局批准，在复旦大学地下党组织的安排下，一些进步学生前往解放区。然而就在渡船过嘉陵江时，意外发生。由于江水暴涨，限载八人的小船实际载人三十多，渡船在距囤船还有一百米处翻覆。而在囤船上的复旦大学军训总教官及渡船负责人陈昺德由于一直仇视进步学生，竟见死不救，致使不会游水的十一位同学被江水吞没。覆舟事件后，复旦大学校内的中共党组织集中力量揭发陈昺德，并由学生自治会开展悼念活动。斗争最终取得胜利，陈昺德被解除职务。④

在全面抗战时期，中国共产党所提出的抗日民族统一战线理论，得到了全国人民的拥护和支持，促成了全民族的团结，动员了广大群众，鼓舞了全国人民必胜的斗志。1941年皖南事变发生后，国共关系趋于恶化，北

---

① 唐宦存：《北碚中心县委书记蒋可然》，中共重庆市北碚区委党史工作委员会编：《英烈的足迹——北碚党史人物专辑》，第11页。

② 宋琤：《罗绳武先生在北碚》，中国人民政治协商会议重庆市北碚区委员会文史资料委员会编：《抗日战争时期的北碚》，第369页。

③ 张学真：《回忆在夏坝的斗争》，中共重庆市北碚区党史工作委员会编：《北碚党史资料汇编》第7辑，第32、33页。

④ 周顺之：《复旦大学覆舟事件》，中国人民政治协商会议重庆市北碚区委员会文史资料委员会编：《抗日战争时期的北碚》，第310—312页。

碚的敌特势力趁机反扑。中共北碚地方党组织坚决贯彻执行党的路线、方针和政策，领导北碚群众坚持团结抗战，同敌特分子进行了不懈的斗争。可以说，"中国共产党人在这里抛头颅、洒热血，创造出可歌可泣的英雄业绩，成为北碚宝贵的革命文化遗产，也是红岩精神的具体体现，更是如今我们奋斗的精神动力"[①]。

五、其他爱国人士的抗日救亡活动

全面抗战时期，面对日本帝国主义的侵略，全国各族各阶层人民，在中国共产党的号召和推动下，掀起了波澜壮阔的抗日救亡运动。如同国民党左派领袖宋庆龄所指出的那样："举国上下团结一致，抵抗日本，争取最后胜利。"北碚作为全面抗战时期陪都重庆的迁建区，大量的爱国志士聚集于此，他们为北碚的抗日救亡运动增添了新的内容。

首先是中间党派的抗日救亡活动。抗战全面爆发后，各中间党派的领导机构纷纷迁到重庆。虽然他们的救亡活动主要集中在重庆市区，但北碚由于其特殊的地位，一些民主党派也在此举办过一些抗日救亡活动。以中华民族解放行动委员会（第三党）为例，他们的领导人黄琪翔和章伯钧经常与共产党领导人就抗日、民主、团结等问题进行秘密协商，协调行动。1943年6月，黄琪翔在重庆李子坝半山新村第三党中央联络点约请周恩来会谈，章伯钧、丘哲、杨逸案等在座，希望今后能随时得到中共的提醒和帮助。同年冬天，黄琪翔专门筹资在北碚创办了"人文书店"，为第三党推销进步书籍，对宣传抗战起到了积极作用。

为解决经费问题，解委会提出"发展生产，自给自足"的号召。1939年，在得到国民政府中央赈济委员会的支持后，解委会在重庆北碚金刚碑建立了"中央赈济委员会民利皮革厂"并附设一个农场，由章伯钧任董事长，彭泽湘为经理。民利制革厂招收了数十名练习生，经培训成为制革工

[①] 唐宦存：《嘉陵风云——中共重庆市北碚地区党史文集》，重庆：重庆出版社，2004年版，"序言二"，第3页。

人，保证了解委会基本的经费需求的同时，还收养了不少难童。①

　　除了开工厂，办教育也是民主党派力行抗日救国的重要途径。身为中国民主同盟盟员的潘序伦是国内外颇负盛名的教育家和会计学家。他一生心系教育，所兴办的立信会计事务所、立信会计学校，为抗战时期培养了大批会计人才。私立立信会计专科学校成立于1937年8月，并建立了重庆与北碚分校。1942年8月，学校主体迁入重庆北碚，直至1945年8月奉国民政府教育部令学校返回上海复校。②

　　民主科学社（九三学社）的黄国璋，是我国著名的地理学家、教育家。1938年黄国璋应中英庚款董事会之邀，与邵逸周率"川康地理科学考察团"奔赴川康，对该地区进行全面详尽的考察，这是抗战期间我国后方进行的一次规模较大的科学考察。1940年他在北碚创建了中国地理研究所，担任研究员兼所长。研究所分设自然、人文、大地测量和海洋地理4个组，后期还设立了土壤组，人员最多时达六十余人。他们在极端困难的条件下开展了多次区域性综合考察，例如对嘉陵江流域的考察，对汉中盆地的考察研究等，获得了极其珍贵的地域科学资料。③

　　此外，乡建派的梁漱溟、晏阳初、陶行知等人也为战时北碚的教育事业做出了巨大贡献。除了陶行知创办的育才学校外，成立于1923年的中华平民教育促进会在全面抗战爆发后不久由晏阳初迁移至北碚歇马场，在得到国民政府当局的同意后，晏阳初积极筹设乡村建设学院。但在申请立案时，国民政府教育部认为"乡村建设学院"的院系设置，不符合《大学法》规定，于法无据。后几经周折，当时的教育部部长陈立夫与高等教育司司长吴俊升才作特例批准，把校名改为"私立乡村建设育才院"，学制两年，第一届先办乡村教育与农业经济两个专修科。于1940年10月28日，私立乡村建设育才院正式开学。④

---

　　① 刘南燕主编：《中国农工民主党一干会议人物传略》，中国医药科技出版社，2006年版，第112页。

　　② 中国民主同盟上海市委员会编：《沪盟先贤》，群言出版社，2016年版，第46页。

　　③ 张成明主编：《重庆抗战时期民主党派史》，重庆大学出版社，2015年版，第211页。

　　④ 张颖夫：《晏阳初"平民教育"理论与实践研究：基于当代中国社会转型期的视角》，昆明：云南民族出版社，2011年版，第155页。

可见，由于各民主党派拥有众多的党外高级知识分子和各方面的专家学者，因此办教育成为他们的优良传统。他们利用各方面接触广、信息灵的特点，根据社会的需求，办出了一批具有特色的教育机构，很好地适应了战时人才培养的需要。

除了民主党派，很多进步青年和学生也积极投身抗日救亡运动。以兼善中学为例，全面抗战爆发前，兼善中学的进步青年王道济、唐建中、李亚君、陈治谟等人就与中国西部科学院组织"业余生活社"，以科学院为阵地，组织读书会、抗日形势讨论会和开展文体活动，并于1936年7月1日出版铅印刊物《业余生活》月刊，刊载时事评论、散文、诗歌等作品，进行抗日救亡宣传活动，为"突兀文艺社"的建立奠定了基础。1940年"突兀文艺社"建立后，主要是以文艺形式进行民主宣传，除了中共党员之外，进步青年学生也积极参加。他们通过创办报刊的方式宣传抗日救亡思想，其中比较著名的有《突兀文艺》《突兀旬刊》《突兀晚报》等。"突兀文艺社"由于得到了茅盾先生题写的刊头，并写下《什么是基本的》一文，对突兀文艺社后来的发展产生了重要的指导意义。[①]

壁报也是进步青年和学生宣传抗日主张的重要工具。尤其是在国统区，报刊发行受到严格的控制，壁报成为报纸的重要补充，更因其通俗易懂而深受民众的喜爱，成为连接前线和后方的重要桥梁。[②]除了"突兀文艺社"办的壁报，《新血轮》《文学窗》《里程碑》《雾·黎明》《科学与哲学》《苏声壁报》等刊物也都是在全面抗战时期涌现出来的进步之声。这些壁报本着求真的态度，团结进步学生，让更多的人了解抗日，推动了北碚的抗日救亡运动。

此外，全面抗战时期，北碚的民众则通过咏唱抗日歌曲的方式开展救亡运动。当时歌咏活动多在会场、街头、茶社、学校俱乐部等地点举办，演唱的歌曲主要有《黄河大合唱》《歌八百壮士》《最后胜利是我们的》《胜利进行曲》《抗敌歌》《壮士骑马打仗去了》《游击队歌》《保家乡》《中国

---

① 中国人民政治协商会议重庆市北碚区委员会文史资料委员会编：《抗日战争时期的北碚》，第245—257页。

② 张玉书：《抗战壁报工作经验报告》，《抗建》第2卷，1940年第17期，第19、20页。

人》等。参加群众有工人、学生、农民、士兵、职员、机关工作人员。[①]
1944年4月5日，国立重师、国立礼乐馆、复旦大学、国立体专、江苏医学院和立信会计专科学校的师生千余人在北碚滑翔机场举行了"抗战歌咏千人大合唱"活动，演唱歌曲《游击队歌》《义勇军进行曲》等，听众万余人。[②]由端木蕻良作词，贺绿汀谱曲的《嘉陵江上》唱遍大街小巷。街道里飘扬着"月儿弯，月儿亮，李大嫂，整天忙，从早到晚做衣裳，做好送给那个穿，不是哥，不是郎，前线勇士穿身上"的小歌谣。[③]国立重师附小为开展好学生歌咏演唱，还借儿童福利所大礼堂举行全校歌咏比赛。白庙中心校借举办恳亲会、游艺会唱抗日歌曲。其他在北碚的学校、社会团体也多次举行该项活动，开展民众歌咏演唱，组织各种类型的民众歌咏比赛等。[④]这些歌曲具有较高的艺术水准，且满怀爱国情怀，成为动员群众、鼓舞情绪、统一抗战意志不可缺少的精神武器。

[①] 张乐：《抗日战争时期北碚的民众歌咏活动》，何建廷主编：《北碚文史资料》第4辑，重庆：政协、重庆市北碚区委员会文史资料委员会，1992年，第209页。

[②] 王问奇：《〈万世师表〉与千人合唱》，《北碚文史资料》第4辑，重庆：北碚三峡印刷厂，1992年版，第213—215页；中共重庆市北碚区委党史研究室编：《中共北碚地方党史大事记（1925—1993）》，第19页。

[③] 中共重庆市北碚区党史工作委员会编：《抗日战争时期北碚党史资料专辑》，第45页。

[④] 张乐：《抗日战争时期北碚的民众歌咏活动》，何建廷主编：《北碚文史资料》第4辑，第209页。

第七章　北碚的抗战动员与反轰炸斗争

抗日战争爆发后，日本侵略军一面疯狂进攻中国前线城市，一面对大后方不设防城市进行无差别轰炸。面对日本帝国主义的侵略，在敌强我弱的条件下，北碚地方政府认识到，要想获得国家民族的独立，只有使民众认识到战争局势和国家的现状，增加民众的抗战意识，动员一切可以动员的力量，来争取抗战的胜利。北碚政府开展了一系列动员工作。组织全区壮丁进行抗敌总动员训练，发起了志愿兵运动，大量青年主动参军入伍。北碚民众的国家情绪和民族意识也高涨，广大民众也积极捐款捐物，用实际行动来支援抗战。此外，北碚地方政府也配合国民政府举行国民精神总动员运动，坚定全民族抗战之意志，动员人民共同支援抗战。全面抗战爆发后，日军飞机疯狂轰炸中国城乡大地，自1939年起，北碚先后遭受5次轰炸，总计投弹500余枚，遇难死亡者共计176人，重伤118人，轻伤126人，财产损失共约法币180万元。面对日军飞机的轰炸，为减少人员伤亡和财产损失，北碚地方政府立即成立防护机构，加强反空袭斗争领导；扩大宣传教育，提高民众的反空袭防护意识，修建防空设施，抵御日军飞机轰炸；也积极组织防空救济，减少社会问题发生。

第一节　北碚地方政府开展的抗战动员

战争不仅是交战双方军力的直接对垒，更是双方综合国力的全面对抗。面对中日两国国力上巨大的差距，在国破家亡的紧迫关头，中国要抵御外辱，捍卫国家独立和民族生存，除发动广大民众，进行全面持久抗战外，别无他途。抗战军兴，作为抗战大后方重要地区的北碚，一切工作也都转入到以抗战建国为中心的轨道上来。

一、抗敌总动员训练

在民族危亡之际，实验区署明白"现时的战争，非单纯的军事所能奏效，必须动员全国各种力量，始能获得最后的胜利，故后方民众的组织和训练，为当前之切要工作"[①]。简而言之，就是抗战动员乃是支持抗战的紧要任务。卢作孚也希望实验区以后"积极加紧公民的训练，以备作期解决整个国防的问题"[②]。所以在全面抗战的生死关头，组织和训练民众就成为实验区署重要工作之一，尤其是向民众介绍战事知识，激发抗战情绪，可谓刻不容缓。

因此，全面抗战爆发后，为集中全体人力物力服务于战争，北碚地方政府开始了抗战动员的第一次尝试。1937年10月，实验区署召集各事业机关团体，共同组织成立"抗敌动员训练委员会"[③]。该会成立的目的在于下乡训练民众，欲在实际经验中，求出最适应之方法，贡献社会。至于训练工作如何开展，抗敌动员委员会的工作人员在筹备之时就开始编印训练所需教材进行编印，并对动员训练的宗旨、任务、组织以及工作的日程安排都做了相应说明。在各项工作均已筹备妥当后，还划定北碚第二十八保卫

[①]《嘉陵江三峡实验区之抗战动员训练》,《北碚月刊》,1937年第2卷第1—6期, 第25页。
[②]《张科长在北碚实验区署成立大会上的致辞》,《嘉陵江日报》,1936年4月3日, 第2版。
[③]《嘉陵江三峡实验区之抗战动员训练》,《北碚月刊》,1937年第2卷第1—6期, 第31页。

实验所，专门派人实地考察训练过程中出现的种种问题，对考察的结果进行研究，并将结果提交委员会商讨。①经过这一系列的准备后，于11月19日召开全体委员大会，商讨各项重要施行细则，分配工作人员。区署印发布告规定："本区男女民众参加总动员训练，应一律出席，倘若不到，定受处罚"②。还专门训令各联保人员按时参加总动员训练。制定了《三峡实验区训练总动员办法》③。

11月23日上午8点，实验区署在兼善中学大礼堂宣读动员令，在公共体育场举行动员集合，北碚的男女健儿，个个身着戎装，背着衣被，行列整齐严肃，在区署的统一指挥下，向着各小组的目的地开拔。各动员小组到达指定的保以后，随即召开了保甲长会议，商定宿食事项，决定训练地点，编配受训班次，以一保十甲为训练单位，十甲平分两组，每组各分两班，由一小组分担工作，保甲长负号召责任。"凡年在十二岁以上，四十岁以下，无分男女，均须参加受训，集合以鸣锣为号，届时不得迟延有误。每次教课时间，规定三小时，以乡农多有固定工作，不能整天听讲，是以每一组中之两班，分上下午授课，以免停滞日常工作，组织妥善后，于第二日开始实行施教。"④

全面抗战爆发以后，国人深知救亡运动的重要性，而救亡运动中最迫切的工作莫过于宣传，因此，北碚地方政府在这次抗敌动员训练中，尤其重视宣传，表示"不但要在少数都市的民众之中宣传，更要将这种宣传运动的波浪，普及到数千万的农村民众当中去，使他们每个人的脑海深处，都种下一个'救国'的种子，每个人的心坎中，发出一种'救亡'的热忱"⑤。为使宣传达到效果，抗敌动员委员会专门对宣传的内容、方式、步骤、技巧等内容做了相关规定，最终经过4天宣传教育，让受训群众初步

①　《本区抗敌总动员训练，今派员预行实验研究方法》，《嘉陵江日报》，1937年11月11日，第3版。
②　重庆市北碚区地方志编撰委员会编：《重庆市北碚区志·军事志》，第164页。
③　《关于各令联保人员一律候令参加总动员训练的训令（附办法）》，重庆市档案馆藏，北碚管理局档案，档号：00810001001500000079001。
④　《嘉陵江三峡实验区之抗战动员训练》，《北碚月刊》，1937年第2卷第1—6期，第31页。
⑤　《嘉陵江三峡实验区之抗战动员训练》，《北碚月刊》，1937年第2卷第1—6期，第33页。

明了日本帝国主义侵略中国的狼子野心和日军的残暴实况，以及抗日战争的意义性质、形势和前途，激发了他们的爱国热忱和抗敌信念。他们已大体知晓了当前民族危机深重，全国同胞万众一心、努力奋发、加紧生产，建设后方、支援前线，是义不容辞的神圣责任；同时也学会了一些防空防毒简易知识。因此，时人在提及此次总动员时，对其予以充分肯定，"闻民众对区署此次派员下乡训练，印象极佳，所获效果，亦甚优良"①。

但是为期4天的训练毕竟过于短暂，很多宣传和动员还很不到位。1938年1月1日，时任第三区行政督察专员的沈鹏来北碚视察工作时，对区署各机关主管人员报告称："以现在各县抽调壮丁来说，已感觉非常困难，其中一个原因就是民众组织训练不够，所以今后的四川，无论工农商学各界民众，在这国难期间，担负了更大的责任，要大家一致出动，拿出应有的力量去组织民众、训练民众。"②为巩固和发展1937年抗敌总动员训练成果，区署又按行政组织和行业组织，分期分批实施社会军训，举办了保干人员训练班。省训团派来茆正修任教育长，葛向荣任教导股长，陈新齐任生活管理的军训队长，在澄江镇大石坝集训一月。多次定期分乡镇集训了全区甲级壮丁4141人③。

1937年组织的抗敌总动员训练是北碚早期开展大规模抗战动员活动的第一次尝试，也是北碚将地方训练与国家命运结合起来、将抗战建国与动员训练结合起来所作的首次尝试。事实上，这次动员活动也为后来开展抗战动员工作提供了许多有益的经验。

二、志愿兵运动

抗战爆发后，国民政府开始在大后方大规模征兵，1939年初，国民政府给嘉陵江三峡乡村建设实验区下达了兵役配额任务。同年春，峡区于内

---

① 《本区抗敌动员训练工作人员昨返碚，民众印象极佳所获效果优良》，《嘉陵江日报》，1937年11月29日，第3版。

② 《抗战中应有之新认识与新负担》，《嘉陵江日报》，1938年4月10日，第2版。

③ 《嘉陵江三峡乡村建设实验区署三十年度办理兵役情形工作报告》，重庆市档案馆藏，北碚管理局档案，档号：0081000400586000001000。

务股增设兵役室，准备抽签，在前次抗敌总动员训练的基础上，再举行一次扩大兵役宣传，明确合格青年当兵，是无可逃避的光荣使命，造起全社会动员完成兵役任务的强烈气氛。①

1938年，陶行知在国民参政会一届二次会议上提出《建立志愿兵区以补充兵役法不足案》，专门就发起志愿兵运动的主张和具体办法提出建议。②他的这种想法获得了卢子英的肯定和支持，卢子英专门邀请陶行知在《嘉陵江日报》上发表他所做的兵役研究的相关成果，他们开始在北碚酝酿改良现行兵役法，推动志愿从军。4月22日、23日，区署动员公教人员和学生3000人赴各乡镇，编成若干宣传团队，深入城乡宣传动员。针对群众喜欢看戏的特点，还请来战区工作团的"七七少年剧团"，配合北碚游艺学生班，组成"抗日后援工作团"，在各乡各镇演出抗日救亡戏剧。1939年4月3日，素以义勇军著称的赵老太太因事来渝，在陶行知的引荐下，区署邀请来北碚，指导役政。赵老太太现身说法，群情感动，此次与会者数百人，皆受赵母之感召。③赵老太太的现身说法和区署进行的抗战宣传，大大激发了民众的爱国热情，从军的气氛逐渐浓厚起来。

1939年4月22、23日的扩大宣传极大激发了民众们的参军热情，"正当区署兵役室工作人员按照兵役工作日程，准备要抽签的时候，出乎意料的志愿从军的呼声，在一个乡镇——文星场爆发了"④。文星镇壮丁王德福、唐亚明、刘华廷、李袭明等十九人，自愿从军杀敌，主动前往区署报名⑤，第一期志愿兵运动就这样开展起来了。"一镇首创后，全区其他各镇纷纷跟随响应，形成了峡区志愿从军的热潮，到4月25日宣传结束时，已有121人报名，第二天又陡增至223人。七八天后，自愿报名从军者已达600余

　　①《北碚文史资料第4辑·抗日战争时期的北碚》（内刊，1992年版）《北碚地方当局抗战事略》，第46页。

　　②《陶行知文集》（第4卷），四川教育出版社，2005年版，第252页。

　　③《中华民国二十八年北碚志愿兵事纪》，《嘉陵江日报》，1945年2月8日，第2版。

　　④《二十八年度的峡区兵役》，《北碚月刊》，1940年第3卷第3期，第10页。

　　⑤《北碚壮丁志愿从军》，《新华日报》，1939年4月25日，第2版。

人，后经体检选拔，第一批志愿兵为267人。"①

　　第一期志愿兵征集结束后，根据管区所配兵额，1939年所需兵员还差一定数目，区署本拟按照保甲抽签，但由于区署内开展的志愿兵运动反响很好，壮士们颇为踊跃，所以区署拟将以志愿兵代替征兵，征求志愿抗敌出征将士。②并印发了《为征求志愿抗敌将士告青年同胞书》，决定于"七七事变"两周年之际开始办理第二期志愿军，向全区青年发出在国家民族存亡之际踊跃应征的号召。③在《为征求志愿抗敌将士告青年同胞书》中指出，在青年眼前只有两条路：

青年同胞的两条道路	贪生怕死,逃避兵役。	人人看不起,无脸回乡里。	丈夫逃,儿子避,田荒地荒庄稼弃,吃饭穿衣成问题,父母妻儿都饿毙。	国破家亡,人财两空,世代为奴,羞辱祖宗。	一条死路
	深明大义,从军杀敌。	人人都敬重,家属受优待。	代耕田,代种地,伤风咳嗽有人医,子女上学可免费,逢年过节还送礼。	抗战胜利,建国成功,主义实现,世界大同。	一条活路

　　"何去何从，请自择决"。区署通过图示对比的方法，想要告诉区内青年们，只有从军杀敌，才是真正的活路，以此激励并号召每个有志气、有见识、有热血，而不愿做亡国奴的青年同胞们都来参加志愿从军运动。④到7月7日，区署正式发布报名公告，"派定北碚联保处副主任刘文襄、优待会干事唐必直、区署胡建文等数人，担负志愿军内的一切筹备事宜"⑤。在第一期志愿兵中，已出现了很多父送子、妻送夫、弟代兄的动人事迹，到第二期志愿兵发起后，更是涌现出许多志愿从军的爱国志士，先有公安分

①《三峡实验区兵役协会九个月来的工作报告》，重庆档案馆藏，北碚管理局档案，档号：00810004010480000001000。

②《区署拟定办理兵役方针，将以志愿兵代征兵》，《嘉陵江日报》，1939年6月28日，第3版。

③《嘉陵江三峡乡村建设实验区署为征求志愿抗敌将士告本区青年同胞书》，《嘉陵江日报》，1939年7月6日，第2版。

④《志愿军运动的几种文件》，《北碚月刊》，1939年第3卷第1期，第50页。

⑤《本区第二期志愿军开始于联保处报名》，《嘉陵江日报》，1939年7月7日，第2版。

队长万鹏搏带头参军，"几天之内，就已有了一百多人入队了，现在还在一天比一天增多，一时比一时增多"①。最后第二批志愿兵经体检、培训合格，录取了141名②。

志愿兵运动发起后，民众从军踊跃，北碚也因此受到了巴县团管区和渝酉师管区的肯定。"1939年9月，巴县团管区就专门下令在北碚地区征集学兵，以培养军事干部人材。"③区署接到命令后，随即开始积极筹备征募学兵，发起了第三期志愿兵运动，各镇青年也积极响应，踊跃报名，最后征得志愿兵62人④。

1939年底，北碚地方政府为贯彻发起志愿兵运动的初衷，"将志愿兵的运动由北碚扩充到四川全省，由四川扩充到西南各省"⑤。准备联合毗邻的江巴璧合四县，筹组志愿兵师，实行改善志愿兵生活，加强政治训练，组织意志坚强"以一当十"的模范部队，增强抗战力量。⑥为此，北碚专门成立志愿兵师筹组委员会，制定《筹组抗敌志愿兵师计划大纲》⑦，对此次拟募集志愿兵的组织进行介绍，划分了兵额，还依据北碚之前的经验对基本招募过程做了相应的规划。虽毗邻几县皆愿积极响应，但国民政府巴县团管区司令部却以"自愿兵成效少而妨碍大，且上峰一再严令禁止，本部绝心不办"⑧的理由，否决了峡区提出的想法。1940年4月，北碚地方政府本想续办第四期志愿兵，由于受到种种情况的影响，第四期志愿从军运动也未能成功，因上级机关不予同意，转而对所需兵员仍以劝募为主，对不足

---

① 《二期志愿军访问记》，《嘉陵江日报》，1939年8月8日，第3版。

② 《三峡实验区兵役协会九个月来的工作报告》，重庆档案馆藏，北碚管理局档案，档号：0081000401048000000001000。

③ 《本区青年报名入学兵队者现已达四十余人》，《嘉陵江日报》，1939年9月20日，第3版。

④ 舒杰：《二十八年度的峡区兵役》，《北碚月刊》，1940年第3卷第3期，第12页。

⑤ 胡石青：《经过与希望》，《嘉陵江日报》，1939年5月3日，第4版。

⑥ 《实验区署联合江巴璧合四县，筹组抗敌志愿兵师》，《嘉陵江日报》，1939年12月3日，第3版。

⑦ 《筹组抗敌志愿兵师计划大纲》，重庆市档案馆藏，北碚管理局档案，档号：0081000100025800000013000。

⑧ 《关于核办嘉陵江三峡乡村建设实验区以志愿兵代替征兵一事的函》，重庆市档案馆藏，北碚管理局档案，档号：0081000400117000000008000。

之数，再依法按抽签程序办理征集。

北碚的志愿兵运动，从1939年4月开始到1940年结束，一共征送三期志愿兵，入营合格壮丁达470名①，虽然数额不大，但是影响十分深远。志愿兵的发动，是北碚响应"抗建大业"的直接举动，当整个四川地区到处都处于"估拉壮丁"的恐慌之下，北碚却出现了"好男要当兵"志愿风潮。长期以来"我门〔们〕有个错误思想，'好儿不当兵'，但是北碚这地方，先声打破了这个不良思想，以实际的行为改正了过来，给抗战以很大的帮助"②。就连当时到北碚公干的外籍友人文幼章也感叹："今天北碚志愿军的情形，即是抗战胜利的预兆。"

虽然志愿兵运动仅仅开展了三期就停止了，但北碚地区的征送兵丁的活动一直进行到抗战结束。虽后来所征的壮丁与"志愿军虽在名义上略有不同，但为民族为国家出力，为大后方的同胞保卫身家所产的任务则一"③。区署人民深明大义，深知当兵是国民的义务，无大家则无小家，都踊跃应征，自动入营与夫兄弟争服兵役，群团相率自动参军的事实，层见迭出，输送众多兵员。八年抗战中，北碚征送兵丁3787名④，为抗战胜利做出了贡献。

三、抗战输捐

全面抗战爆发后，全国各界人士迅速响应和支持国家的号召，积极参

---

① 《嘉陵江三峡乡村建设实验区署兵役室概况》，重庆市档案馆藏，北碚管理局档案，档号：00810004000380000132000。

② 《在全区热烈欢迎志愿军慰劳征人家属大会上的致辞》，《嘉陵江日报》，1939年8月8日，第2版。

③ 《大众意见：欢送之外》，《嘉陵江日报》，1940年4月14日，第3版。

④ 此数据为笔者根据相关资料整理而来，四川军管区司令部：《四川兵役近况》，四川省档案馆藏，3-261/1号卷；舒杰：《二十八年度的峡区兵役》，原文载于《北碚月刊》，1940年第3卷第3期，第7—13页；《关于鉴核将北碚管理局1940年、1941年超额壮丁抵补1942年应征兵额的呈、代电（附统计表）》，重庆市档案馆藏，档号：00810004021630000001000；《北碚管理局1943年度1至6月份工作报告》，重庆市档案馆藏，档号：00550002001580000144001；《北碚管理局国民兵团部1945年1月至9月份工作统计及北碚管理局军事科1945年10、11、12月份工作统计》，重庆市档案馆藏，档号：00810004037380000039000。

与各种形式的动员救亡活动。"有钱出钱，有力出力"成为当时最为流行的口号。北碚作为大后方的重要疏建区，民众的民族情怀和爱国意识尤为强烈，各界民众自发地参加各种类型的抗战救亡活动，自觉地为国捐献钱物，支援前方抗战。这成为北碚民众动员活动中，最令人印象深刻的历史画卷。

（一）捐募寒衣运动

"七七事变"爆发后，在全区人民的支持下，北碚地方组织开展了多项抗战献金运动，广泛发动群众并组织妇女参与的劝募寒衣运动就是其中之一。抗战期间北碚地区一共有三次大型的劝募寒衣运动。

1937年冬，为"暖我爱国壮士，增抗敌之热情"①，北碚发起了第一次劝募寒衣运动。这次运动主要响应全国抗敌后援会号召，由抗敌后援会实验区分会负责，北碚农村银行配合筹募赶制棉背心所需款项，成立专门的缝纫队，发动社会各界妇女进行赶制。北碚市街妇女连续两昼夜赶制完成，并委托重庆《新蜀报》报社转送前方。②此次募捐运动，发起较为仓促，且时间紧迫，虽仅赶制棉背心一千一百件，但为筹集赶制寒衣的经费，北碚地方各乡镇组织了献金活动。

1939年"双十节"，中国妇女慰劳总会主任委员宋美龄号召各界慰劳湘北大捷将士，劝募寒衣一万件，北碚地方响应号召，发起了第二次劝募寒衣运动。此次劝募寒衣运动是在"三峡乡建实验区廿八年纪念国庆各界事务联合检阅大会"中进行的。为更好地开展劝募寒衣运动，北碚地方政府在双十节前就进行了广泛的宣传，从10月4日至10月9日连续六天在《嘉陵江日报》上刊登《三峡实验区署新运总会三峡直辖分会优待委员会为前方抗敌将士征募寒衣启事》③，使广大民众了解发动征募寒衣的目的和意义。在联检会筹备过程中，实验区署专门成立筹募组，对相关工作进行了

---

① 《抗敌后援会昨开常委会，赶办劝募捐款等事宜》，《嘉陵江日报》，1937年11月6日，第3版。

② 《本区抗敌后援会一千一百件，棉背心今日运渝》，《嘉陵江日报》，1937年12月8日，第3版。

③ 笔者根据《嘉陵江日报》1939年10月4日至10月9日所载内容整理而得。

精细的部署和安排。在10月10日当天举行的事务联合检阅大会的庆祝活动中，发动献金、义卖、义演、劝募捐、捐献一日所得捐等各种方式，其中献金运动募得780.08元，义卖共得720.24元，义演即游艺得收入15.20元，全募捐获得8118.09元，一日所得收入1785.15元，总计募得寒衣捐款11419.56元，都统一汇交中国妇女慰劳总会转送。①此次劝募寒衣运动效果显著，获得各界好评，各镇联保都积极组织保民认购募集资金，实验区内各事业机关工作人员纷纷捐献一日所得，出现诸如"天府北碚售煤处全体职工捐献一日所得，响应双十节联检会征募寒衣，并具函愿接力拥护此民众运动②"，"北碚工友纷纷响应寒衣捐，泥工义卖并捐一日所得"③的事迹。在此次庆祝活动中，更是出现了"最动人的一幕"，学生、力夫、船夫都毫不犹豫地参与献金了，就连一位骨瘦如柴、白发苍苍的乞丐也颤颤巍巍地走到献金箱旁边，把他讨得的一元钱，也笑眯眯地送进献金箱里去了！④

1940年冬，峡区再次掀起征募寒衣运动，首先由公余专剧研究社发起，再取得各机关团体赞同，然后成立筹备委员会。此次募集采用平剧公演的形式，于10月19日至21日在民众会场公演，受到峡区各界的欢迎。此次公演售票4000余元，后全数转交给本届征募寒衣大会。⑤

从北碚地区开展的劝募寒衣运动的成效来看，在多年现代化建设、民众教育和抗战宣传的影响下，在北碚地方政府的积极动员下，北碚地方民众对于劝募寒衣运动，确实表现出了踊跃输捐的爱国热情。

（二）志愿捐的发动

1939年，志愿兵运动在北碚火热地进行。为推动志愿兵运动，解除志愿兵的后顾之忧，北碚地区发起了志愿捐运动。1939年4月25日，陶行知

①《三峡乡建实验区廿八年纪念国庆各界事务联合检阅大会特刊》，《北碚月刊》，1939年第3卷第2期，第60—61页。

②《首先响应，天府北碚售煤处全体职工捐一日所得，响应双十节征募寒衣》《嘉陵江日报》，1939年10月3日，第3版。

③《北碚工友纷纷响应寒衣捐》，《嘉陵江日报》，1939年10月18日，第3版。

④《最动人的一幕》，《北碚月刊》，1939年第3卷第2期，第47页。

⑤《北碚各界捐募寒衣平剧公演》，《嘉陵江日报》，1940年10月23日，第3版。

先生在为志愿兵举行的欢宴会上首次提出志愿捐，"对出征军人家属的生计问题，除了抽捐，还要发起志愿捐"①，指出"这种捐款，以月捐若干为原则，所捐用于何家何户，有明白之记载，以便捐款人与该出征人家有照应之关系"②，并且首先主动认捐，每月50元。随后他在区署开会商讨优待事宜时，陶行知又专门致函优待委员会："志愿兵能否免去后顾之忧一方面会影响后方的民风，又一方面则影响前方士气，以愚见观之，必须有'志愿捐'来配合'志愿兵'，则款项可以源源而来，家属无冻馁之虑，则战士自可以一当十、以一当百的与敌人拼命，而后可以得到最后之胜利。"③陶行知再次向区署兵役机关说明"志愿捐"发动的必要性，表达其通过并施行志愿捐的想法。为尽快发起"志愿捐"，他还起草了《志愿捐简约草案》，说明发起志愿捐的目的是解除志愿兵的后顾之忧，认为志愿捐要以月捐为原则，志愿捐按期送予三峡实验区优待委员会，由会总分配，并提出月捐将持续到抗战胜利为止，还对监督志愿捐款项的使用给出了建议。④优待委员会讨论后，经区署审核通过，成为了志愿捐运动开展的指导方针。

志愿捐一经批准实行后，就得到了三峡实验区优待委员会的支持和北碚广大民众的响应。"各团体私人志愿捐，亦为风气，"⑤其中，民生公司"民仁"轮全体职工20余人，鉴于壮士们志愿杀敌报效国家，特慷慨捐薪一日。⑥资源公司蓝绍侣也表示"该公司每月捐款600元，以补充出征志愿兵家属生活之用"⑦。此外，为配合区署宣传动员，继续号召民众参与志愿捐，陶行知作了《敬告后方同胞》⑧一诗，号召民众"有力已经出了力，有

① 《陶行知发起志愿捐运动》，《嘉陵江日报》，1939年4月26日，第2版。
② 《陶行知发起志愿捐运动》，《嘉陵江日报》，1939年4月26日，第2版。
③ 《三峡实验区出征将士家属，优待委员会今日开会》，《嘉陵江日报》，1939年5月6日，第3版。
④ 《优待抗战将士家属志愿捐简约草案》，重庆档案馆藏，北碚管理局档案，档号：0081000400004600000067000。
⑤ 《三才生及其租客 捐金赠出征军人》，《嘉陵江日报》，1939年4月28日，第2版。
⑥ 《北碚志愿军出征，民仁轮职工献薪一日》，《嘉陵江日报》，1939年5月26日，第2版。
⑦ 《资源煤矿公司每月捐金六百元，以补志愿兵家属生活之需》，《嘉陵江日报》，1939年5月19日，第2版。
⑧ 陶行知：《敬告后方同胞》，《北碚月刊》，1939年第3卷第1期，第6页。

钱出钱才无愧。若想不做亡国奴，快快来出保险费"，同时再次重申"有钱出钱，有力出力"的原则。三峡实验区优待委员会见"志愿捐"收效良好，拟发动"志愿月捐运动"，以规范地方民众的自愿捐款。并联合内务股、教育股、民教股、五镇联保主任，组织"优待抗敌家属□月捐运动"筹备会，组织进行月捐运动工作，起草并发布了《发动月捐运动办法》，规定各警卫区按时举行月捐，并在捐款当天派各本区学生数名由教师颁奖，现行宣传。月捐运动仿照新生活献金办法采用竞赛制，机关与机关比，事业与事业比，个人与个人比，联保与保甲比。[1]月捐运动从1939年5月起捐，按照认捐定额每月交纳，直至抗战胜利为止。

总的来说，志愿捐效果显著，很好地配合了志愿兵运动的开展，仅是发起志愿兵运动的1939年，就收到志愿捐总计19405.61元，基本解决了1939年志愿兵的优待费和慰劳费。[2]实验区所辖各镇具体收入情况如下表：

表7-1　三峡实验区各镇捐款收入表（1939年）

镇别	临时自愿捐款（元）	月捐（元）	合计（元）
北碚	4220.02	4381.6	8601.62
黄桷	284.24	963	1247.24
文星	644.3	2054.5	2698.8
澄江	533.85	5273.1	5806.95
二岩	184	857	1041
总计	5866.41	13529.2	19395.61

资料来源：《三峡实验区兵役协会九个月来的工作报告》，重庆市档案馆藏，档号：0081000401048000000001000。

（三）节日献金与献机运动

除了募集寒衣捐款和志愿捐等专项捐款外，北碚地方政府还在元旦、端午、抗战纪念、国庆等重大节日组织大规模的节日献金活动。1938年7

---

①《优待委员会，发动月捐运动办法》，《嘉陵江日报》，1939年7月20日，第3版。

②《三峡实验区兵役协会九个月来的工作报告》，重庆市档案馆藏，北碚管理局档案，档号：0081000401048000000001000。

月，即全面抗战爆发一年之际，为振奋全国抗战士气，调动各界志愿抗战，北碚地方也积极响应"七七献金运动"。在经过献金台时，"各界民众，莫不踊跃"，当次献金，在北碚当日的成绩，虽不怎样惊人，但也是非常踊跃的，共计收到五十余元，由抗敌后援分会转汇前方。①1939年，北碚地方政府又专门在"七七抗战建国两周年纪念"的时候举行兵役宣传及献金运动。这次献金运动与兵役宣传配合进行，收效良好。②1940年，北碚地区举行国庆纪念时，也发起了献金劳军活动，当即就出现了蓝绍侣先生慷慨捐献五百元劳军的义举，随后即出现了"各界慷慨捐输"③的场面，北碚地区的大中小学校、事业单位和机关团体基本都参与到其中。从数次捐款献金的情况来看，北碚地区参与捐献的大多数仍然是那些来自北碚社会的中下层平民，他们积极捐献，位卑而未忘国，展现了北碚民众为抗战胜利而做出的巨大贡献。

1941年，四川省捐款献机委员会倡导完成百架献机运动。北碚地方政府为在胜利尚未到来之前，建成我们强大的空军，积极响应此号召，决议献机半架，于7月初召集党政机关，开会准备，积极推行，组织三峡实验区献机委员会，期初暂定献捐20万元，以八九两月完成工作。④筹募工作开始后，"峡区机关响应献机运动，纷纷捐献一日所得"⑤，募得献金5万多元。10月13日，北碚捐款献机委员会召开会议，商讨推进工作计划，决议由各镇乡分别向当地士绅劝募，并开展游艺募捐，发动餐旅馆、饮食店、理发店……等举行义卖一日。⑥游艺、义卖活动取得较好成绩，最终募齐献金款项，后汇寄至重庆总会统购。

---

① 《本区抗战纪念，献金台前各界输捐踊跃》，《嘉陵江日报》，1938年7月8日，第2版。

② 《不当兵就献金》，《嘉陵江日报》，1939年7月4日，第3版。

③ 《双十节，本区昨热烈举行庆祝大会》，《嘉陵江日报》1940年10月11日，第2版。

④ 《嘉陵江三峡乡村建设实验区署三十年七月份民政建教概况》，《嘉陵江日报》，1941年7月31日，第4版。

⑤ 《峡区机关响应献机运动，纷纷捐献一日所得》，《嘉陵江日报》，1941年10月13日，第2版。

⑥ 《峡区献机委员会，昨日召开首次会议》，《嘉陵江日报》，1941年10月14日，第2版。

（四）认购国债

全面抗战爆发后，国民政府军费支出暴增，财政日益紧张。为集中全国财力充实抗战经费，国民政府在1937年内共发行了总数为5亿元的救国公债[1]。1937年11月7日，北碚成立救国公债劝募委员会实验区支委会，全区煤业公会认购救国公债一万二千元，由煤业公会自行开会分担。商业及房地产资本认购公债标准，依据支会所拟交通办法办理。北碚社会各界勇于承担国民义务，自觉认购救国公债，这成为抗战初期北碚民众动员上值得记载的一件事。

随着抗日战争转入相持阶段，国民政府国库空虚，因此政府决定通过采用募集救国公债的方式，增加军费和有关建设费用。1941年2月5日，战时公债劝募委员会在重庆成立。3月，中国农民银行北碚分行就正式在北碚发行战时公债，北碚"各方踊跃购买，初见成绩"，禁烟督察处、大明染织厂、西南麻织厂等各机关工厂及员工，都向农行缴款购买。[2]在劝募工作之初，为了使广大民众充分认识劝募战时公债的意义，北碚地方还组织公债劝募宣传，从理论、舆论上说明劝募公债的重要性和必要性，不仅在国民月会上专门向民众解释劝募公债的意义，还专门在《嘉陵江日报》上报道"发行公债的问答"[3]。在北碚社会各界和民众的支持之下，1941年的战时公债，北碚共承购13890元。[4]

除以上列举的活动外，北碚地方政府还举行献军粮运动。1941年2月，上级分配捐献军粮五百市石，均由各乡镇绅耆自由捐献募齐，以后实行田赋征实，本区均依法逐年完清。[5]由上数例，可说明北碚民众，本着爱国赤忱，无不尽力之所及，响应号召，出钱出力，出兵出粮，以图报效国

---

① 《劝募总会制定收解债款规则》，《中央日报》，1937年9月2日，第3版。

② 《中国农民银行，发动劝募战时公债，各界踊跃购买成绩颇佳》，《嘉陵江日报》，1941年3月31日，第2版。

③ 《发行公债问答》，《嘉陵江日报》，1941年4月9日，第2版。

④ 《嘉陵江三峡乡村建设实验区署民国三十年工作概况》，《北碚月刊》，第2卷第11、12合刊，第26页。

⑤ 《北碚文史资料第4辑·抗日战争时期的北碚》（内刊，1992年版）中《北碚地方当局抗战事略》，第53页。

家于万一。

四、国民精神总动员运动

为坚定全民抗战之意志，动员人民共同支援抗战，"1939年1月，国民党五届五中全会决定在国防最高委员会下设立国民精神总动员会，3月12日该会正式宣告成立"①。在此机构的影响下，全国各地的国民精神总动员运动陆续开展。重庆作为中国战时首都，地位极其重要，因而其"国民精神总动员工作，尤应积极地推行，以为全国各地示范"②，这正是抗战时期重庆的精神总动员运动开始最早、运动规模最大的原因所在。

1939年4月7日，重庆市精神总动员协会成立，秘书长张群在成立大会上发表了《精神动员之要义十点》，具体阐述了陪都重庆精神总动员运动的推行要求。③同年5月1日，精神总动员协会开始举行国民月会，通过召开月会的形式激发民众的爱国主义精神及民族主义情绪，聚焦抗战。在重庆地区的精神动员运动中，北碚独树一帜。北碚作为抗战时期大后方的重要地区，这一地方的国民精神动员运动极为重要，运动开展的规模也事关其他各类抗战动员活动的效果。因而这一问题也引起了北碚地方政府的重视，成为北碚管理者用以办理兵役动员的重要举措。

抗战时期北碚的国民精神总动员运动主要分为宣传和推行两步。因为前期的宣传关乎着运动的实施效果以及运动是否能得以更为顺利地开展，所以战时北碚政府除"由区动委会联络新运会、青年团、区党部、民教馆各级学校与其他有关机关之团体组织"④联合进行运动宣传外，并组织大量宣传队担任乡间的宣传工作，同时也号召各地的学校及民众团体共同进行宣传。在具体的宣传过程中，相关推行机关在宣传时不仅采用多样化的宣传手段，包括"制备墙壁标语、漫画，并出版定期壁报、画板及举办通

① 李万博：《抗战时期重庆的国民精神总动员运动》，西南大学硕士学位论文，2013年。
② 秦孝仪主编：《革命文献》（第98辑），中央文物供应社，1984年版，第72页。
③ 《渝精神动员协会昨在市商会成立》，《新蜀报》，1939年4月8日，第3页。
④ 《嘉陵江三峡乡村建设实验区署实施国民精神总动员工作报告》，重庆市档案馆藏，北碚管理局档案，档号：00810004003660000135000。

告、讲演、化装、宣传、歌咏、戏剧，杂技等"方式，①以更为民众所喜闻乐见的方式进行宣传，以图宣传效果良好；同时大量利用市集、街道等公共空间，以及"九一八事变、七七事变"等重大纪念日进行宣传，要求"各宣传分队除在集场期间随时举行街头宣传外，并利用各种纪念节日作扩大宣传"②，以便扩大宣传的范围和规模。

宣传工作过后，具体的运动随即展开。北碚的国民精神总动员运动主要是分为两个部分，一是禁烟、禁赌等用以树立国民精神、改造国民陋习等措施，二是办理兵役和召开国民月会。③在具体的实施过程中，办理兵役主要着重于对民众的人身动员，尤其是动员民众参军，具体动员过程分为征集、组训、优待、慰劳四步，具体包含鼓励动员民众参军、重新组编北碚的军队、优待出征军人家属等内容。国民月会则侧重于对民众抗战精神的动员，包括对精神动员意义，以及抗战重要性的传达，在实施过程中严格要求北碚民众的参与。为保证国民月会的参与率，"特印制集会点名册逐一点名，对迟到及缺席者，以团体力量制裁之，对全年从头到尾一次未缺席者，即当区署传令嘉奖"④。由于北碚地理位置特殊，还有全国精神总动员委员会专门派委员前来视察，对办理国民精神改造情形、禁烟、禁毒、办理兵役以及国民月会开展等工作尽心督导。⑤

北碚的国民精神总动员运动经过前期宣传和后期具体的推行措施后，民众已渐渐被纳入到政府所推行的运动之中。在具体的运动中，通过易于接受的宣传方式，以及一些强制性的参与措施，使得北碚的国民精神总动员运动取得了一定的实施成效，在当时的国民精神总动员工作报告中就明确有文表示："一般民众对于精神动员之意义尚能了解，并逐步实行新生活

---

① 《嘉陵江三峡乡村建设实验区署实施国民精神总动员工作报告》，重庆市档案馆藏，北碚管理局档案，档号：00810004003660000135000。

② 《关于检发国民月会应注意办理事项的训令》，重庆市档案馆藏，重庆市动员委员会档案，档号：00730001000070000124000。

③ 《北碚管理局工作报告》，重庆市档案馆藏，北碚管理局档案，档号：00810004011290000001000。

④ 《嘉陵江三峡乡村建设实验区署实施国民精神总动员工作报告》，重庆市档案馆藏，北碚管理局档案，档号：00810004003660000135000。

⑤ 《实习国民精神总动员，熊视察员来区视察》，《嘉陵江日报》，1941年10月4日，第3版。

信条且能遵守政府法令，对国家观念及抗战建国之信心亦相甚加强"①，可见，这一运动对于北碚地区的民众而言，无论是个人精神及生活的改造，还是民族观念以及抗战信念的传达，都起到了一定的作用。

这其中尤其以张自忠迁葬北碚最具代表性。1940年5月1日，枣宜会战打响，此时张自忠将军担任第三十三集团军总司令，隶属于第五战区。根据战略部署，其部队担任阻击任务，为提高军队士气，张自忠将军毅然将指挥工作交于副总司令，自己亲率军渡河督战，但随着位置的暴露，张自忠将军被日军三面包围，于5月16日战死沙场。②张自忠将军的牺牲令蒋介石极为震惊，他下令将其遗体抢回，并灵柩运至重庆。当运送灵柩的船抵达重庆储奇门码头时，蒋介石率领冯玉祥、何应钦、孔祥熙、宋子文、孙科、于右任、张群等军政大员百余人肃立码头迎灵，并登轮绕棺致哀。1940年11月16日，将张自忠将军下葬于重庆北碚雨台山。1942年6月，冯玉祥仿明朝史可法墓葬扬州梅花岭之意，把雨台山改名梅花山。冯玉祥亲书墓碑和山名，刻石于墓前，并在墓前亲植梅花。

1940年，正值中国抗战进入最艰难的时期，宜昌沦陷，英法一度关闭滇缅公路。为振奋国民抗战精神，国民政府适时公布了《抗敌殉难忠烈官民祠祀及建立纪念坊碑办法大纲》《忠烈祠设立及保管办法》，隆重纪念为国尽忠的英烈。张自忠作为国民党在抗日战争中牺牲的最高将领，其生前为国家立下赫赫战功，其宁死不屈、杀身成仁的高风亮节，值得大书特书。在张自忠牺牲之后，国民政府军事委员会一方面追晋其为陆军上将，另一方面国民政府将其生平事迹记录传播给广大人民，还命令国史馆撰写其传记，以此来显示国家对其抗战以来为民族独立所作出的努力的肯定。

在得知张自忠牺牲消息之后，重庆的中共中央南方局机关报《新华日报》刊登了冯玉祥痛悼张自忠的文章；延安的《新中华报》发表了追悼张自忠壮烈殉国的社论，还刊登了追悼张自忠的祭文、向死者致敬的版画。同时，在延安各界举行"追悼张自忠将军大会"上，毛泽东等中共中央领

① 《嘉陵江三峡乡村建设实验区署实施国民精神总动员工作报告》，重庆市档案馆藏，北碚管理局档案，档号：0081004003660000135000。
② 高华：《抗战军人之魂——张自忠》，《文史精华》，2009年4月第227期，第26页。

导人分别题悼词，毛泽东题"尽忠保国"，朱德题"取义取仁"，周恩来题"为国捐躯"，通过一系列活动来纪念张自忠将军。之后，全国各地纷纷开展了形式多样的纪念活动，从而鼓舞抗战精神、打击国内的投降主义，借以动员民众积极抗日，并最终为取得抗日战争的胜利产生了积极的影响。这些形式多样的纪念活动对当时的中国抗战来说是一剂强心针，既是构建张自忠将军民族英雄形象的重要组成部分，同时也对于抗战的胜利到来起到了一定的推动作用。[①]

第二节　抗战时期北碚遭受的日军轰炸

抗日战争时期，侵华日军对大后方实施了大规模的战略轰炸。随着国府迁渝，大量科教机构、工厂迁至北碚，北碚的战略地位逐步提升。1939年11月27日，日军飞机轰炸重庆，飞过北碚上空，投弹1枚，炸毁杜家街砖厂青砖2万匹。日军对北碚的轰炸集中在1940年，先后共4次，给北碚人民带来了惨重的灾难。日军对北碚的轰炸，是日本无差别轰炸罪行的重要组成部分，更是日本军国主义侵略战争血腥罪证之一。

一、第一次轰炸

日机对北碚的第一次轰炸发生在1940年5月27日。当天上午10点左右，北碚防空支会接重庆电后，发出空袭警报[②]。当时国民党十八军运动会正热烈进行，遭此临时事变，运动会从容结束，各部队分别疏散四乡，市区居民亦早有准备，井然有序出外疏散。[③]至下午2点左右，重庆又电告北碚，敌机分三批，有两批分三十六架，有一批为二十七架，过万县侵入，

---

①　陈鹏飞：《抗战时期民族英雄形象的建构——以张自忠为中心考察》，湖南师范大学，未刊硕士论文，2016年，第42页。

②　《昨日敌机袭川，本市疏散迅速，居民纷纷迁散四乡居住，区署等机关正赶办善后》，《嘉陵江日报》，1940年5月29日，第2版。

③　韦庆光：《目睹日本飞机第一次轰炸北碚记》，重庆市北碚区政协文史资料委员会编：《北碚文史资料》第7辑，1995年，第172—174页。

区防空支会当即发出紧急警报。①警报一直持续到下午3点20分才解除。据查,此次日军27架飞机,飞至嘉陵江下游一带,盘旋于北碚上空,投下炸弹百余枚,多落于北碚体育场、嘉陵江边、黄桷镇一带,顿时北碚城弹片飞溅,大火蔓延。②据统计,日机第一次轰炸北碚,造成居民受灾者55户,损失约190594元;营业受灾户23家,损失约68340元;被炸死101人,重伤68人,轻伤58人。③轰炸受伤者中不乏重要的文人教授,其中复旦大学教授孙寒冰被炸弹震飞的一块石头砸死,教育学者郝更亦腿部中枪受伤。④

防空警报解除后,时任区长卢子英立即率领区署职员与北碚防护团等投入抢救。此次轰炸日机在近江一带投弹,主要受损地区为北碚镇和黄桷镇。轰炸结束后,区署随即积极赶办善后事宜。"所死亡者,均经区署,派员会同保安警察队,将其遗尸拍照后先后用棺材掩埋,对于伤者,已分在重伤医院、国立江苏医学院附属医院、地方医院三处开始治疗"⑤。江苏医学院附属医院、红十字会四川省第一流动空袭医疗队四十余人,中国红十字总会还派来担架一副、护士十六人、医生一人赶来参加救护工作。"至下午4时左右起,市面渐渐恢复原状。死伤人员的处置、街道清除等善后工作也逐渐完毕。"⑥

二、第二次轰炸

1940年6月24日,日军飞机对北碚发动了第二次轰炸。据日军战斗详

---

① 《昨本区发出紧急警报,敌机三批袭渝西,本市军民井然有序疏散四乡》,《嘉陵江日报》,1940年5月27日,第2版。

② 王培树:《北碚三次被炸的损害及救济情况》,《北碚月刊》,第3卷第5期,1940年,第73页。

③ 王培树:《北碚三次被炸的损害及救济情况》,《北碚月刊》,第3卷第5期,1940年,第73页。

④ 梁实秋:《梁实秋作品 旧时月》,哈尔滨:北方文艺出版社,2018年版,第99页。

⑤ 《昨日敌机袭川,本市疏散迅速,居民纷纷迁散四乡居住,区署等机关正赶办善后》,《嘉陵江日报》,1940年5月29日,第2版。

⑥ 王培树:《北碚三次被炸的损害及救济情况》,《北碚月刊》,第3卷第5期,1940年,第73页。

报记载，日本侦察得知"北碚场附近有军事设施，为破坏毁灭其部署"[①]，故将北碚作为其第十六中队的轰炸目标。24日上午11点，北碚区防空支会，"据渝息谓有敌机入川，已过巫山，当发出空袭警报，至正午又发出紧急警报，市区民众，当即纷纷疏散四乡，防护团，抢救队等齐集以备，约下午一时三刻，有敌机廿七架，高空飞过，未已，又有敌机廿七架，越缙云山后，即降入低空"[②]。下午1点45分左右，"日机27架从北碚高空飞过，不久，又有敌机27架，飞越缙云山后，即降入低空，开始投弹，并用机枪扫射"[③]。金刚碑、果园水岚垭、鱼塘湾、毛背沱以及北碚市区等先后中弹。敌机还在江边投下燃烧弹数枚。轰炸引发大小火头27股，整个北碚瞬间陷入弹雨火海中。整个这次轰炸，造成居民受灾者216户，损失约262417元；营业受灾户114户，损失约291800元；其他包括政府机关、学校、工厂和医院等机构损失171250元；被炸死44人，重伤16人，轻伤12人。[④]

鉴于此次轰炸日机投掷大量燃烧弹，北碚各街市受火势影响严重。所以日机还未远去，卢子英就率领区署全体职员官兵，投入救火。"防护团、抢救队、北碚青年团，行院非常时期服务团，澄江镇防护分团及实验区署等机关工务人员，齐出扑灭。"[⑤]约有五六百人也先后赶到，接受抢救任务。其中有"大明厂救火人员，在赶着扑灭厂内大火后，又赶到市区帮助灭火"，经"大家奋不顾身，努力扑火，火势渐渐平息"[⑥]。至下午5时警报解除后，壮丁也赶入市区抢救，至晚6时半，终于将火势隔绝。除区署

---

① 「JACAR（アジア歴史資料センター）Ref.C04122147700、昭和十五年「陸支密大日記 第25号4/4」（防衛省防衛研究所）」第3飛行集団戦闘要報（第46号）。

② 《又是一重血债：敌机二十七架，前日于碚郊投弹》，《嘉陵江日报》，1940年6月26日，第2版。

③ 《又是一重血债：敌机二十七架，前日于碚郊投弹》，《嘉陵江日报》，1940年6月26日，第2版。

④ 王培树：《北碚三次被炸的损害及救济情况》，《北碚月刊》，第3卷第5期，1940年，第73页。

⑤ 《敌机再度袭渝》，《嘉陵江日报》，1940年6月26日，第2版。

⑥ 王培树：《北碚三次被炸的损害及救济情况》，《北碚月刊》，第3卷第5期，1940年，第73页。

公务人员积极处理善后外，重庆市赈济委员会及重庆市空袭紧急联合办事处，都有参与此次轰炸的救护事宜。"赈济委员会特派专员曹建，专车来碚视察灾情，并与区署商谈善后，同时重庆市空袭紧急联合办事处，亦特派服务车一辆，来此救护"①。鉴于此次轰炸受灾情形较为严重，"实验区署于晚上七时，召集临时紧急会议，商讨赈救问题"。其中复旦大学师生主动接待难民，渡过渡口到校住，施发食品，在新营房内设立代笔处，替难民写信。江苏医学院卫生所、中华救济院救护队全体动员，参加抢救工作。总之，区署内民众皆能振奋斗志，同仇敌忾，为恢复秩序而努力。

三、第三次轰炸

日本飞机于1940年7月31日对北碚进行了第三次轰炸。据日军战斗详报记载，日方侦知重庆政府有重要人物将在北碚举行会议。为此，"于明日（31日）15：00—15：30因而计划派出飞行第六十战队实施轰炸"②。北碚区防空支会于31日中午12点据电讯得悉，敌机两批将飞入四川境内，于是悬挂出预防警报旗。经过防空演习和前几次的轰炸后，区内市民都开始疏散，大家纷纷收拾衣物，关锁门窗，准备远避。中午12点15分，北碚再次发出警报；12点25分，发出紧急警报。③此时区内大部分民众都已转移到乡村，其余的人也进入了防空洞进行躲避。至中午12点45分，日军36架飞机越过缙云山后，直下低飞，在北碚上空投弹30余枚。④此次日机轰炸，"南京路的五月书店，中国文化服务社，公安队第三派出所等地被炸中，损失最大的是国立重庆师范体育科，其门前被日机投下的一枚硫弹击中，大火殃及皇后照相馆、建国书店、亚洲饭店等，财产房屋在大火中都

①《又是一重血债：敌机二十七架，前日于碚郊投弹》，《嘉陵江日报》，1940年6月26日，第2版。

②「JACAR（アジア歴史資料センター）Ref.C04122298600、昭和十五年「陸支密大日記 第27号4／6」（防衛省防衛研究所）」第3飛行集団戦闘要報運第74号送付の件。

③王培树：《北碚三次被炸的损害及救济情况》，《北碚月刊》，第3卷第5期，1940年，第74页。

④王培树：《北碚三次被炸的损害及救济情况》，《北碚月刊》，第3卷第5期，1940年，第74页。

被烧毁。此外，北新书店隔壁中一弹，国民兵团独立分队中一弹，房屋垮塌，破片乱飞，加上日军用机关枪进行扫射，该处防空洞口死伤数人"①。据统计，日军对北碚实施的第三次轰炸，造成居民受灾54家，损失约65650元；营业户受灾33家，损失约303763元；其他损失共计204351元；被炸死27人，重伤25人，轻伤39人。②此次轰炸也是抗战期间，北碚所遭受的轰炸中受损伤亡情况最为严重的一次。

虽然经过修建防空设施，加强对民众的防空意识的宣传，但此次北碚地区仍然损伤严重。所以在遭受轰炸后，救护工作需要迅速开展。防护团在敌机飞离七分钟后，立即投入抢救工作，卢子英站立体育场司令台前指挥抢救工作。宪兵队、青年团及四乡各镇防护人员都先后赶来协助，区卫生所救护队、中医救济医院、江苏医学院都相继前来参加救护工作。③日机多次投掷硫弹和燃烧弹，导致区内多地起火。当时，国立重庆师专体育科的火势很大，烟焰接天，亚洲饭店中黄烟滚滚，保安警察队长李爵如、队副王志纶，内务股长刘学礼等与督导队员等集中水力，淋熄建国书店后面小巷的火头，并尽力抢运物资到体育场。接着又奋力击扑灭亚洲饭店的火头。但因旋风阵起，房屋又多是木材建筑，极易燃烧，又是高楼不易拆卸，虽然运水队冒火运水，水如泉涌，仍不济事。后来考虑上海路街道狭小，恐建国书店一排倒塌，火势蔓延，于是又另派人将邮局一带易燃材料及时拆除。午后一点半，火被扑灭。各交通要道也被整理干净。火势得到控制后，伤员也在午后三点前，一律安排到医院治疗。④当日下午四点多解除警报，晚间区内商店照常营业。虽然此次轰炸受灾严重，但区内民众能团结一致、众志成城，在轰炸面前，不畏艰险，鼓舞了更多人抗战胜利的

① 《仇人仇上仇：昨敌机第三次袭碚，投弹廿余枚多落郊野损失尚微》，《嘉陵江日报》，1940年8月1日，第2版。

② 王培树：《北碚三次被炸的损害及救济情况》，《北碚月刊》，第3卷第5期，1940年，第74、75页。

③ 王培树：《北碚三次被炸的损害及救济情况》，《北碚月刊》，第3卷第5期，1940年，第74、75页。

④ 王培树：《北碚三次被炸的损害及救济情况》，《北碚月刊》，第3卷第5期，1940年，第74、75页。

决心和热情。

四、第四次轰炸

北碚遭受日军的第4次轰炸发生在1940年10月10日。正值双十节，区署本准备举行盛大的庆祝活动，但当日上午10点35分，"区防空支会，据各方消息，谓有日机袭扰四川，当即发出预行警报。过了一刻钟，发出空袭警报，到11点25分，又发出紧急警报"①。警报发出后，北碚民众随即再次疏散，大多都避至四乡，在市区内的也都进入了防空洞内。"11点40分，敌机27架，分三批，从西山坪、温泉公园方向飞来，飞机距地面仅三百余公尺，空气震动，竹木啸摇，机上敌人清晰可见。第一批敌机在黄桷镇投下轻重爆炸弹、烧夷弹三十余枚。第二、三批在北碚投下烧夷弹二十余枚，爆炸弹五十余枚，总计投弹一百余枚。区署周围中弹二十余枚，职员宿舍中一烧夷弹。区署、电力房以及大明染织工厂均被炸弹炸毁。还有多枚烧夷弹落在河岸边，未被延烧。"②此次轰炸，"据各方报告之统计，此次约投弹一百余枚，多数命中，但该地早已搬迁一空，"③造成居民损失重大的36户，轻微者59户；大明厂中弹十余枚，其中有一枚炸弹重达五百公斤，厂房机器损失极巨；区署房屋损失约五万元；北碚电力房损失约上万元；学校、民房损失约十万余元；所有损失加起来总计约40多万元。轰炸还造成4人死亡，9人重伤，17人轻伤。④

日机刚飞走，北碚区署全体职员、军人、红十字分会救护队、北碚防护团等就立即出动抢救，将受难同胞抬至江苏医学院及区署卫生所重伤医院治疗。区署当晚在旅客服务处煮粥，抬到受灾区，招待受灾难胞，救济持续数天，直至受难同胞食宿解决为止。经过努力，交通阻塞被清除，震毁房舍立即架好盖上残瓦，让灾民躲避风雨。同时，动员了六十余名土

① 《昨敌机三批来袭，低飞投弹百余仅死三人》，《嘉陵江日报》，1940年10月11日，第2版。

② 《附载：二十九年双十节北碚第四次被炸灾情》，《北碚月刊》，第3卷第6期，1940年，第54页。

③ 《昨敌机三批来袭，低飞投弹百余仅死三人》，《嘉陵江日报》，1940年10月11日，第2版。

④ 《附载：二十九年双十节北碚第四次被炸灾情》，《北碚月刊》，第3卷第6期，1940年，第54、55页。

木、石工赶工修复防空洞及区署房屋。总计三日内即将区署办公室会议厅、会客室、宿舍、厕所、禁闭室修复，区署也照常办公。抢救工作结束后，重庆防空部胡副司令得知北碚被炸后，为表深切问候，也派员来北碚视察，派谢克北11日到北碚进行视察，并抚慰受难同胞。[1]此外，社会各界也纷纷伸出援手，捐钱捐物，与受难同胞一起共渡难关。赈济委员会、新运会、天府公司、京华印书馆、抗属工厂、国立体专、江苏医学院、重庆师范学校等多单位皆有人亲临慰问，并捐款扶助此次受灾民众。[2]

第三节　北碚军民对日军轰炸的应对

面对日机的疯狂轰炸，为减少人员伤亡和财产损失，北碚区署机关迅速应对。第一，积极组织成立起防护机构，加强反空袭斗争的领导；第二，扩大防空宣传教育，提高民众的防空意识；第三，大力修建防空设施，以此抵御日机轰炸；第四，切实组织防空救济，减少发生社会问题。在轰炸面前，北碚军民发扬不屈不挠、愈炸愈勇的精神，经过全区人民的共同努力，北碚的防空体系逐步建立起来，并且在应对轰炸的过程中，也让日军实施轰炸的丑恶目标未能达成。

一、成立防护机构

鉴于日本飞机对不设防城市的狂轰滥炸，早在1937年9月，重庆就成立了防空司令部。1937年12月，北碚也相应成立了三峡实验区防空委员会，以加强对防空工作的领导。1938年2月1日，防空委员会更名为四川省防空协会三峡实验区支会，又于1939年2月再次改为三峡实验区防空支会。据《防空支会业务报告》知，防空支会下设三个股，第一股内设庶务、宣传、文书各组，主要职责为掌握民间防空、防毒宣传及各种防空之

---

① 《峡区前日被炸灾情，区署及大明厂损失重大，渝防空部派员来此视案》，《嘉陵江日报》，1940年10月12日，第2版。

② 《附载:二十九年双十节北碚第四次被炸灾情》，《北碚月刊》，第3卷第6期，1940年，第55页。

设备、交际联络及各种总务事宜；第二股内设会计组，掌握关于防空设备经费之筹集、保管，及其防空支会一切经费事宜；第三股内设纠察、消防、救护、交通管制、警报各组，掌握关于本区防空、防毒训练，避难指导，消防救护及交通管制、灯火管制，警报等事宜。①为推动区内防空各项事宜，防空支会后改为防护团。团部官佐4人，各乡镇设防护分团，全区防护团官兵1759人，每保有防护团员24人，需要进行3个月的军事训练。并对防毒分队施以训练。同时设有临时性的重伤医院，可容纳伤员百余名。②为了辅助防护团工作，还组建了义勇防护队，中心任务是消防灭火，编制为每保一小队，每警卫区为一中队，每镇为一大队，完全以壮丁编制而成，一有警报立即集合，整装待发。防护团组建后，在几次轰炸抢救中发挥了重要作用。只要空袭警报一解除，防护团成员就与其他人一起抢救灭火、救治伤员，事后清查损失，发放赈灾款等。③1944年，防护团改设总干事、股主任、干事各1人，兵夫3人；各乡镇分团选出团员组织防毒分队，共有官兵56人。④

二、扩大宣传教育，提高反空袭防护意识

为了提高北碚军民的反空袭意识，北碚防空支会成立后，立即着手推进防空宣传教育，目的是通过宣传让民众知道日军空袭的危险及开展防空工作的必要性，减少无谓的损失。一是在各级学校组织了防空宣传队，宣传队的学生利用课余空闲、集会之际、假期时间，以戏剧表演、集会演讲、油画漫画、防空标语、歌咏表演的形式，轮流到各镇的大街小巷、防空洞壕以及居民集中点开展防空宣传，组织防空教育。例如，当时的北碚小学派年龄较大学生50余人，分赴本镇市街及附近乡间开展防空宣传，宣

① 《嘉陵江三峡乡村建设实验区防空支会事业概况》，重庆市档案馆藏，档号：0081000400038000120000。
② 重庆市北碚区地方志编纂委员会编：《重庆市北碚区志》，科学技术文献出版社重庆分社1989年版，第166页。
③ 李爵如，李华：《北碚防空工作概况》，《北碚月刊》，1940年第3卷第3期，第20页。
④ 重庆市北碚区地方志编纂委员会编：《重庆市北碚区志》，科学技术文献出版社重庆分社1989年版，第166页。

传方式除了张贴标语及颇能打动人的漫画外，另由歌咏队唱抗战歌曲以吸引广大听众，然后由儿童取出防空常识图十余幅，逐幅向市民解说，市民看画听讲多能心领神会，解说完毕后，继之以警惕之演说或动听之故事，听众对之颇为感动。[①]二是为扩大防空宣传的影响，1940年4月1日晚上，北碚还举行了火炬游行，让人们对于防空知识有了更为真切的认知，成效颇为明显。[②]

三、修建防空设施

防空设施的建设，是减少日军空袭时造成损失的有效途径。1939年春，日本军队出动大批飞机袭击四川和重庆各地。观此情形，北碚地方当局紧急动员，赶修防空洞。有鉴于其他地方修筑的一些防空洞经不住日军炸弹轰炸而倒塌，以及一些防空洞内因空气不足致人窒息死亡，也有民众在防空洞口遭受日军飞机机枪扫射死亡的，北碚当时在开凿防空洞的时候，特别注意到了以下几点：一是在选址上把防空洞都开凿在山腰的岩石上；二是多开洞口；三是在每个洞口凿进5公尺后即转直角；四是洞内用大料做支架和天花板；五是洞口做护洞墙两道。通过这五项措施，大大提高了防空洞的安全性。经过6个月的努力，北碚共修凿了11个防空洞，总计可容纳4800余人。[③]具体情况见下表（表7-2）：

表7-2

号数	地域	进深 （公尺）	宽 （公尺）	高 （公尺）	面积 （平方尺）	容人量 （人）
1	庙嘴黑龙潭	33.8	2	2	135.5	276
2	庙嘴招商船码头	84.2	2	2	336.9	674
3	北温公路隧道	备注：开凿后改为公路隧道，没有作为防空洞之用				
4	新村砖瓦厂对面	61.25	2	2	245	490
5	新村砖瓦厂对面	103.85	2	2	415.4	831

①《关于举行防空宣传周的函》，重庆市档案馆藏，档号：0081004002270000010000。

②李爵如，李华：《北碚防空工作概况》，《北碚月刊》，1940年第3卷第3期，第20页。

③李爵如，李华：《北碚防空工作概况》，《北碚月刊》，1940年第3卷第3期，第20页。

续表

号数	地域	进深（公尺）	宽（公尺）	高（公尺）	面积（平方尺）	容人量（人）
6	新村电话局后山	32.25	2	2	161.25	323
7	新村电话局后山	25	2	2	100.1	202
8	新村电话局后山	20	3	3	90	180
9	新村高坎	75.5	2	2	302	604
10	北碚小学侧边	91	2	2	364	728
11	体育场后山	20.1	2	2	281.8	562

　　资料来源：《嘉陵江三峡乡村建设实验区防空洞一览表》，重庆市档案馆藏档案，档号：0081000600773000043000。

　　防空洞修建好之后，里面还配备了很多设备，包括板凳、痰盂、灯具、打风机、电话等，防空洞外还修建了厕所。[1]

　　除了开凿防空洞，鉴于北碚原有医院房屋狭小，平常病人就多，而且接近市区，危险极大，北碚地方政府于是在郊区修筑了重伤医院，可容纳百余人，交通便利，作为受敌机轰炸重病之人疗养的地方。[2]

四、组织防空救济

　　大规模的空袭后往往容易造成惨重的人员伤亡和财产损失，导致大批难民产生，如果不能及时组织救济，很容易带来诸多社会问题。北碚在遭受四次轰炸后，当局都能第一时间组织防空救济。北碚地区的防空经费来源，主要是向厂矿、银行、商店、旅、食业以及房主人征收"副捐"。1940年征收防空设备费23500元，支出31541元，超支10400元。[3]当敌机每次投弹离去之后，区署立即致电成渝军政各机关报告受灾情况，请求中央赈灾委员会拨款救助炸后无法维持生计的同胞，标准为成人10元/人，小孩

① 《嘉陵江三峡乡村建设实验区防空支会事业概况》，重庆市档案馆藏，档号：0081000400038000120000。
② 李爵如、李华：《北碚防空工作概况》，《北碚月刊》，1940年第3卷第3期，第21、22页。
③ 重庆市北碚区地方志编纂委员会编：《重庆市北碚区志》，科学技术文献出版社重庆分社1989年版，第166页。

（12岁以下者）5元/人，重伤20元/人，轻伤10元/人，最轻伤5元/人，死亡者发给家属殓埋费每人30元。[①]其中四次轰炸后赈灾款发放如下：

表7-3　抗战期间北碚四次轰炸救济概况表

轰炸日期	赈抚情况
5月27日 （第一次轰炸）	死亡（黄桷树镇）受赈者92人，发放2760；重伤（黄桷树镇）受赈者66人，发放1220元；轻伤及最轻伤（黄桷树镇）受赈者53人，发放438元。合计救助207人，发放赈灾款4418元。
6月24日 （第二次轰炸）	死亡受赈者19人，发放570元；重伤受赈者12人，发放240元；轻伤受赈者6人，发放60元；最轻伤受赈者2人，发放10元；童年无法维持生活受赈者119人，发放595元；成年无法维持生活受赈者367人，发放3670元；合计救助525人，发放赈灾款5145元。
7月31日 （第三次轰炸）	死亡受赈者14人，发放420元；重伤受赈者8人，发放160元；轻伤受赈者6人，发放60元；童年无法维持生活受赈者33人，发放165元；成年无法维持生活受赈者155人，发放1550元；合计救助216人，发放赈灾款2355元。
10月10日 （第四次轰炸）	各类赈灾款共计发放1095元。

资料来源：王培树：《北碚三次被炸的损害及救济情况》，《北碚月刊》，第3卷第5期，1940年，第74、75页；《附载:二十九年双十节北碚第四次被炸灾情》，《北碚月刊》，第3卷第6期，1940年，第55页。

通过政府和社会及时组织的各类救济，有效避免了各类社会问题的产生，同时也进一步凝聚了人心，振奋了士气。

日军的轰炸给北碚人民造成了重大伤亡和损失，但却不能磨灭大家的坚强意志。例如当时的复旦大学师生坚持教学，以嘉陵江畔的琅琅书声作为对日军轰炸的有力回击。复旦大学校友蔡可读的《夏坝岁月》中写道："白天，同学们在教室里听完课，还会在嘉陵江畔的黄葛树树荫下辩论，展开思想的碰撞；入夜后，相伯图书馆里也坐满同学，大家在煤气灯的照耀下埋头苦读；宿舍里，还闪动着点点油灯的光芒，照亮一张张求知若渴的

[①] 李爵如，李华：《北碚防空工作概况》，《北碚月刊》，1940年第3卷第3期，第21页。

面孔……"正是这样的坚强不屈，造就了复旦在北碚八年的辉煌。①据统计，在北碚八年间，复旦大学培养了3000多名优秀学生，且增设了史地系、数理系、统计系、农垦专修科等，设置了科学馆、新闻馆、商科研究所和社会科学研究室，学科更趋完备。

---

① 慕小刚编著：《老上海记忆》，北京：当代世界出版社，2017年版，第178页。

第八章　战时北碚经济的发展

随着全面抗日战争的爆发，大片国土沦落敌手，国家机关和重要工矿大举内迁，北碚在卢作孚、卢子英等人在此进行乡村建设的基础之上，在战时更是作为陪都的卫星城[①]、疏建区，与重庆市构成良好的经济互动，为抗战建国和西南经济发展作出了极大贡献。战时北碚的经济发展主要体现为以下两方面：

一方面，北碚以其丰厚的煤炭储量和兴盛的煤炭开采业，满足战时重庆的工业及民众用煤，年产原煤量可达70多万吨，被称为名副其实的"能源基地"；同时，北碚作为重要疏建区，接受了部分内迁企业及新兴工矿，这既为重庆分担了城市压力，也使北碚成为了战时大后方工业布局中不可或缺的重要部分。

另一方面，北碚亦依托陪都重庆，其城市公共基础设施建设在战时得到了较大改善；不仅如此，为了满足农工商业的发展，战时北碚逐渐建立起了金融网和近代金融体系，完善了铁路、公路与水路的三线交通网建设，使其战略性地理位置得到更好的利用。

---

① 隗瀛涛在《近代重庆城市史》中提出北碚的重庆卫星城论（隗瀛涛：《近代重庆城市史》，成都：四川大学出版社，1991年版），张瑾则认为战前的北碚在卢作孚的规划建设下，其定位并非是重庆的卫星城，"二三十年代，重庆和近郊的北碚几乎是同时开始了大规模的建设"（张瑾：《权力、冲突与变革：1926—1937年重庆城市现代化研究》，重庆出版社，2003年版，第315—316页）。但由战时北碚的经济发展状况观之，其作为重庆近郊的地理位置颇具战略性，又被确定为战时的迁建区，其发展模式仍与卫星城模式大多契合，所以此处称战时北碚为"卫星城"。

第一节　战时北碚财政金融

20世纪30年代以后，为了适应战时的经济社会发展需求，财政金融均初成建制，既为北碚社会经济发展提供资金，又为北碚抗战事业做出一定贡献。

一、财政体系的建成

（一）财政行政机构演变

自1931年至1941年的北碚，无论是在1936年之前的江巴璧合特组峡防团务局期间，还是之后的嘉陵江乡村建设实验区署统署时期，其辖区内各乡镇的财政税收，仍归于巴县、江北、璧山三县管理。正是由于峡防局和三峡实验区署在行政编制上都没有拥有完全独立的地位，因此，二者都没有独立管理辖区内财政的权力。直到1942年3月，北碚管理局成立，才有了民国时期县级政府级别的财政权。

江巴璧合特组峡防团务局自1928年改组局务成立训练处后，其下共分四股，由总务股管理财政，设主任一人，分置庶务、会计等五室。庶务室设庶务一至二人，负责款项出纳，同时设置经收员四至五人，负责税收事宜。会计室设置司账、统计各一人，司账即为会计，主要负责编造账簿、登记账目、保存单据及造报预算等事；统计专司一切数字统计事项。1936年三峡实验区署成立，设财务股管理财政，设主任、副主任各一人，整体统筹财政事务；下设办事员六人，分别负责预、决算及出纳、保管等事项。[①]

北碚管理局成立之后，始设财政科，负责财务行政、税务行政及地方金融事项，内设科长一人、一级科员一人、一级事务员二人及一级雇员二人。1942年8月12日，北碚管理局设田赋管理处负责田赋征收、清查土地及赋款征解等事项，设有处长一人，负责该处整体事务，下设科长三人、

---

① 重庆市北碚区地方志办公室编制：《北碚志稿（二）1945》，2016年版，第80页。

一级科员二人、二级科员二人及会计主任一人等下属共十五人。[1]1942年11月1日，按四川省颁规程成立经收处，职责在于经收全局一切税务及公学产事项，内分总务、税务两组。同时，北碚管理局为避免漏税、保证各科税收征缴纳，将所辖各乡镇分为三督征区：朝阳黄桷金刚为第一区、白庙文星龙凤为第二区、澄江二岩为第三区，每区设督征员一人，经收员五人至七人[2]负责该区税收征缴事宜。1943年1月，北碚管理局又正式呈请设立会计室，请国民政府主计处派会计主任综理该室业务，1月20日会计室照法令正式成立。该室依照六等县会计室之规定设主任一人，总理会计业务，审核开支报表，并监督公库收支，下设科员三人、审核二人、雇员二人以及工役一人，主办会计、审核、监督等事项。[3]同月，北碚管理局经费收支事宜开始全部实施公库制度。[4]另外，同年1月1日，北碚管理局依法呈请四川省政府核准设立北碚银行，该行奉财政部发给执照依法代理局库，经管现金、票据、证券的出纳保管移转事项，同时依法负责保管北碚管理局财产契据等。10月成立公库出纳会计，即正式开办公库业务。北碚管理局公库在收支方面严格执行牵制组织模式，非经会签不能支付，所有收入非经核准不得擅自征派，每月于北碚临时参议会常务会议时，由财务科提出财务报告，并于事后在嘉陵江日报公布及交财务检察委员会加以审查。[5]至1944年，北碚管理局依据收支程序，已将相关财政机构组织设立完成，由经收处主管岁入，财政科执行预算，会计室主持总会计事务，并依法于会计室设置审核人员，负收支凭证审核之责。[6]现将财政科、田赋管

---

① 《关于填送北碚管理局田赋管理处任用情形报告表的呈、令（附报告表）》，重庆市档案馆档案，档案号：0081000401701000017000。

② 《四川省第三行政督察区北碚管理局1944年春季行政会议工作报告》，重庆市档案馆档案，档案号：005500020009200000001000。

③ 《北碚管理局会计室工作概况》，重庆市档案馆档案，档案号：00810004041310000005000。

④ 《北碚管理局1943年度1至6月份工作报告》，重庆市档案馆档案，档案号：0055000200158000144001

⑤ 《北碚管理局工作概况（卅四年六月付印）》，重庆市档案馆档案，档案号：0055000200129000113001

⑥ 《北碚管理局工作概况（卅四年六月付印）》，重庆市档案馆档案，档案号：0055000200129000113001

理处、经收处及会计室始设时组织构成列简表如下。

表8-1　北碚管理局财政科、经收处、会计室人员功能设置①

单位名称	主管人员	职员额数	掌管业务	成立年月	附记
财政科	科长	六	掌管全局财务行政并监督经收,处理公产等事项	1942年3月	科长一、一级科员一、一级事务员二、一级雇员二
田赋管理处	处长	十五	掌管田赋征收、清查土地及赋款征解等事项	1942年8月12日	处长一、科长三、一等科员二、二等科员二、会计主任一、二级会计助理员一、催征员一、办事员二、雇员二
经收处	主任	三二	经收全局一切税款及公学产租金等事项	1942年11月1日	主任一、组长三、组员六、雇员三、会计二、督征员二、经收员十五
会计室	主任	八	综理全局总会计业务,及审核各机关开支,会计报告,并监督公库收支等事项	1943年1月20日	主任一、科员三、审核二、雇员二

（二）北碚财政收支状况

战时北碚财政经济整体上虽呈现入不敷出的状况，连年赤字，但是在整个抗战期间，北碚财政未曾崩溃，当政者不断寻求开源节流办法，力求维持战时财政稳定，为北碚坚持抗战直到胜利，提供了坚实的经济基础。

北碚在1936年之前的峡防局时代，其经费来源主要有两项：一是由江、巴、璧、合四县每月补助各50元，二是征收峡区内的煤、铁、纸捐等，每月收支不过千余元。各县停拨补助费后，于1924年呈准征收过道船捐，每年收支约八九万元。1936年嘉陵江乡村建设实验区署成立，由四川省按月补助经费5000元法币，后增至每月13000元法币，同时区署在峡区内还可用部分募捐，补充经费不足之处。②

① 此表根据以下材料整理所得：重庆市北碚区地方志办公室编制：《北碚志稿（二）1945》，2016年版，第81页；《关于填送北碚管理局田赋管理处任用情形报告表的呈、令（附报告表）》，重庆市档案馆档案，档案号：0081000401701000017000；《北碚管理局会计室工作概况》，重庆市档案馆档案，档案号：00810004041310000005000。
② 重庆市北碚区地方志办公室编制：《北碚志稿（二）1945》，2016年版，第82页。

　　北碚管理局成立始拥有独立财政权，成立当年，北碚管理局即执行地方财政收支预算制度。每年的收支概算，因战争的不断发展，战时物价波动剧烈，导致岁出与核定预算均相差甚大，加之当时国民政府新县制的推行十分重大繁复，故北碚管理局对于执行核定预算，面对的困难尤多，导致超支加大，年终追加之数额亦十分庞大。战时北碚管理局地方财政收支预算及实际使用结果比较如下表：

表8-2　北碚管理局1942年至1945年地方财政收入预算统计表[①]（单位：法币元）

类别	款目	名称	1942年	1943年	1944年	1945年
经常门常时部分	第一款	税课收入	378680	1151855	4735990	19107105
	第二款	分配县市国税收入		1154980	257821	648144
	第三款	国税附加收入			525000	562500
	第四款	惩罚及赔偿收入	2400	3600	10800	47000
	第五款	规费收入	3650	5100	11800	145500
	第六款	代办项下收入	2500	2500		
	第七款	物品售价收入	500	6200		
	第八款	租金使用费及特许费之收入	140832	157900		
	第九款	利息及利润收入		5000		
	第十款	财产及权利之孳息收入			903038	1845200
	第十一款	补助及协助收入	726000	14900	1274900	3514900
	第十二款	其他收入	350	250	64470	4835444
		总计	1254912	2502285	7783869	30705793
经常门临时部分	第一款	惩罚及赔偿收入	5000	6000		
	第二款	地方性之捐献及赠予收入	2400	2400	2400	24000
	第三款	其他收入	491	15000	20000	40000
		总计	7891	23400	22400	64000
特殊门		其他收入			35750	1170000
全年总计			1262803	2525685	7842029	31939793

---
　　① 此表根据重庆市档案馆档案整理，档案号：0081000600689000024000、0273000100406000000001、0081000600686000062000。

表8-3 北碚管理局1942年至1945年地方财政收入预算比例分布表

收入项	地方税	分配县市国税	国税附加	赔偿及罚款	规费	代办项下	物品售价	租金使用费及特许费	利息及利润	财产及权利利息	补助及协助	地方性之捐赠	其他
比例（%）	58.24	4.73	2.50	0.40	0.38	0.01	0.02	0.69	0.01	6.30	12.69	0.07	11.42

由以上两表所列可知，北碚管理局在1942—1945年间，其年度预算总和呈逐年增高趋势。其中尤以岁入经常门的"税课收入"增长最多，岁入经常门之"其他收入"为次，若就增长速度而言，则涨幅最大为岁入经常门的"其他收入"，涨幅第二为特殊门"其他收入"。同时，无论年度预算总额如何增长，税收一直是北碚管理局最主要的财政收入，"地方税收入""分配县市国税收入"和"附加税收入"三者之和占4年预算收入62.97%。"补助及协助收入"占比12.69%，主要包括上级下发补助国民教育经费、部分企业如天府公司、宝源公司等协助经费。"财产及权利之孳息收入"占比以6.30%排第三，主要为一些物品售卖所得收入、租金（田租、地租、房租、土租）、利息和公平秤使用费收入。

就收入预算种类分布而言，北碚管理局在不断对收入项目进行调整。1943年起增加经常门常时部分"分配县市国税收入"。1944年开始，将"物品售价收入、租金使用费及特许费之收入、利息及利润收入"统一归于"财产及权利之孳息收入"，撤销经常门常时部分代办费收入以及临时部分"惩罚及赔偿收入"两项，新增经常门常时部分"国税附加收入"、特殊门之"其他收入"。

表8-4   北碚管理局1942—1945年地方财政支出预算统计表①（单位：法币元）

类别	款目	名称	1942年	1943年	1944年	1945年
经常门常时部分	第一款	政权行使支出	9264			
	第二款	行政支出	114376	259488	551724	1347098
	第三款	教育及文化支出	134100	280830	600698	1946583
	第四款	经济及建设支出	17788	37020	129756	883096
	第五款	卫生及治疗支出	18936	64488		
	第六款	卫生支出			78276	452838
	第七款	保育及救济支出	3400	5000		
	第八款	社会及救济支出			59240	489503
	第九款	保安支出	94968	155448	169083	312698
	第十款	财务支出	20968	27424	62876	633716
	第十一款	公务员退休及抚恤支出				40000
	第十二款	补助及协助支出			12000	24000
	第十三款	信托管理支出			26250	
	第十四款	其他支出		800	3839422	13381439
	第十五款	预备金	95809	168392	409004	3483749
		总计	509609	998890	5938329	22994720
经常门临时部分	第一款	行政支出	37062	102244	684304	2392473
	第二款	教育及文化支出	2700	21000	173840	1485600
	第三款	经济及建设支出	11000	11300	202000	760500
	第四款	卫生及治疗支出	6000	24400		
	第五款	卫生支出			27100	620000
	第六款	社会及救济支出			6800	44000
	第七款	保安支出	15912	106774	435600	1569000
	第八款	财务支出	1560	2028	22636	260000
	第九款	其他支出	678960	1189049		
		总计	753194	1456795	1552280	7131573
特殊门	第一款	营业投资及维持之支出		70000		
	第二款	营业投资及基金支出			300000	600000
	第三款	有永久性财产购置支出			15660	43500
	第四款	其他支出			35760	1170000
		总计			351420	1813500
全年总计			1262803	2525685	7842029	31939793

---

① 此表根据重庆市档案馆档案整理，档案号：0081-0006-00689-0000-024-000、0273-0001-00406-0000-000-001、0081-0006-00686-0000-062-000。

表8-5   北碚管理局1942年至1945年地方财政支出预算比例分布表

支出项	行政	教育及文化	经济及建设	卫生	社会及救济	保安	财务	公务员退休及抚恤	补助及协助	信托管理	营业投资及永久性财产购置	其他	预备金
比例（%）	12.62	10.66	4.71	2.97	1.40	6.56	2.37	0.09	0.08	0.06	2.36	46.16	9.54

表格说明：其中表8-4"政权行使支出"一栏归于表8-5"行政"统计，表8-4"卫生及治疗支出"一栏归于表8-5"卫生"统计，表8-4"保育及救济支出"一栏归于表8-5"社会及救济"统计。

从以上两表可见，北碚管理局地方财政支出预算同样处于不断增长之中，年份越后增长幅度越大，各项之间增长幅度并无十分巨大之差距，其支出预算比例分布相比收入预算比例分布而言较为平均，涉及北碚地方社会发展运作各个方面。具体而言，在除去"其他支出"的46.16%占比后，"行政支出"占比最高，为12.62%，主要为北碚管理局、各乡镇公所、各保办公处、民意机关和其他行政机关的行政经费。"教育及文化支出"占比第二，为10.66%，主要为教育行政费、学校教育费、社会教育费、教育文化补助费和其他教育文化支出。"预备金"以9.54%的占比居第三。与此同时，就支出预算的种类来看，其变动情况较收入预算更为复杂，随着时间的发展增加了许多新的支出项目。值得注意的是，1943年行政支出中有一项为"出征抗敌军人家属优待委员会"支出，数额为月支出200元，全年经费为2400元，可见管理局当局对军人家属有一定优惠措施及补助，有利于增强抗敌军信心，增强抗战力量。

以上四表对北碚管理局1942—1945年这四年间财政预算情况进行了一个全方位的展示。最显著的特征在于数额的不断增加，财政预算金额的涨幅速度也在不断加快，造成这样现象的原因，除了北碚管理局因机构扩张、人数增加所带来的经费上涨之外，还与战时特殊的经济环境密切相关。随着战争的发展，战时物价飞涨、通货膨胀成为困扰国民政府的一大难题。从1939年1月，国民党五中全会肯定孔祥熙增发法币，推行通货膨胀政策开始，重庆物价就开始节节攀升。以1937年6月法币发行指数和重庆基要商品批发物价指数为1.00来看，1942年6月重庆的法币发行指数为17.65，重庆基本必需商品批发物价指数为41.62，至抗战结束1945年8月时，重庆的法币发行指数为394.84，而重庆基要商品批发物价指数已高达1795.00。从全面抗战开始到结束，重庆物价相差1795倍，可见其通货膨胀问题十分严峻。因此，北碚管理局预算金额也在不断增加且速度越来越快。同时，北碚管理局的财政预算制度也在不断完善和发展，其对具体的收支项目一直进行着归纳和调整。

战时北碚管理局虽尽力整理财政，实行预决算制度，推行新税，新开合法财源，一切开支力求紧缩，但受自身财力基础影响及实际运行过程中资金的需要，财政运作仍十分穷困，负债甚深，其年度实际收支情况，与预算相差甚大且连年赤字，赤字数额还处于不断增加之中。

表8-6　北碚管理局1942年至1945年地方财政实际收支表①（单位：法币万元）

年份	1942	1943	1944
收入	176.7	429.5	2580
支出	212	539.1	2974.8
赤字	35.3	109.6	394.8

造成此情况的原因与战争发展、物价飞涨密切相关之外，还与北碚自身经济情况有关。北碚自身财政基础较为薄弱，即以公学产与临近县份比较，尚不及百分之一，局属八镇乡，山多田少，粮额仅190余两，尚不及临县一较大乡镇之赋额，农民生活极苦。例如文星乡第九保120余户，能整年食米者，只有一家，其余皆以杂粮菜根充饥。又北碚管理局辖区内虽

---

① 重庆市北碚区地方志编撰委员会：《重庆市北碚区志》，重庆：科学技术出版社重庆分社，1989年版，第330页。

盛产煤炭，但煤之主权属本地人者不及百分之一，故北碚虽为产煤之区，而本地人民大多苦力，其经济仍非常枯竭。至于公粮发放，法定夫役每名为一斗五升，长警每名为三斗，但因适应实际需要，北碚管理局均各发给四斗，而乡镇公所人员，法定公粮每名三斗，均实发六斗，故公粮一项，北碚管理局全年支出实超出约三分之一。再有公教人员待遇，半年考绩加薪一次，由此自1945年1月份起，连同旧债，还本付息，每月约负新债200万元。[①]薄弱的财政基础、本地人自身贫困者多、财政支出需求量大等种种客观条件，加大了北碚管理局的财政压力，进一步造成其财政收支的不平衡。

（三）税捐、公学产租金及田赋

1942年11月，北碚管理局成立经收处，负责辖区内的所有税收，采取经收员经收缴纳制，具体缴纳程序如下："1.随时派员秘查各乡镇税收；2.各经收员每人置登记册登记每日收入以便随时查对；3.缴款时先由主管人员核算，再交会计出缴款书，缴交局库；4.税票由财政科编，交会计室验印登记，发交本处，转交各经收员具领填用完毕，仍将存根缴还。"[②]经收处负责的税收主要分为两种：一为税捐，包括屠宰税、房捐、新税等内容；二为公学产租金。

1.屠宰税。1943年9月16日，国民政府公布了新的《屠宰税法》，根据法令要求，首先，屠宰税征收对象以牲畜猪、牛、羊三种为限制；其次，税率从价征收，最高不得超过售价的百分之五；最后，屠宰税由征收机关直接征收，不得招商包征。[③]北碚管理局依法设立屠宰税监察委员会[④]，主要监察内容为漏税及经收人员舞弊情况，同时设立屠宰场集中屠宰以加强管理。北碚管理局在1942年至1945年6月中所收得屠宰税税额如下表：

① 《北碚管理局工作概况（卅四年六月付印）》，重庆市档案馆档案，档案号：0055000200129000013001。

② 《北碚管理局工作概况（卅四年六月付印）》，重庆市档案馆档案，档案号：0055000200129000013001。

③ 《屠宰税法》，重庆市档案馆档案，档案号：0053-0002-00179-0100-309-000。

④ 《四川省第三行政督察区北碚管理局1944年春季行政会议工作报告》，重庆市档案馆档案，档案号：00550002000920000001000。

表8-7　北碚管理局1942年至1945年6月屠宰税收纳表①（单位：法币元）

项别 年度	猪		牛		羊	
	头数	税额	头数	税额	头数	税额
1942年	7747	534946.87			536	2525
1943年	13908	2531785.14	598	209579.90	3237	70745
1944年	117688	9177291.36	511	493768.28	1157	80339
1945年1—6月	9797	14130355	187	367202	118	13307

从统计数据可见，单头牲畜所纳税额在不断增加，1942年至1944年，各类牲畜所纳税款总额也在不断增加。其中，猪的宰杀头数和纳税额处于稳定增加中，牛和羊的宰杀头数在1944年都有不同程度的下降，但二者的纳税总额却不降反升，按《屠宰税》征收不得超过售价百分之五的规定，可见牛、羊销售的单价在这一年有了非常大的增加，这也体现出了抗战后期北碚物价的飞涨。

2.房捐。房捐的征收要点如下：1.依据国民政府新颁房捐条例，凡住民聚居百户以上之市镇，悉起征房捐。2.营业用房屋出租者，照租金征收百分之十；自用者，照房屋现值价征收百分之二；住家用房屋出租者，照租金征收百分之十，自用者，照房屋现值价征收百分之一。3.组织房屋评议委员会，评定房屋，以作收捐标准。②从1942年至1945年，北碚管理局所征收的房捐数额在不断地增加，具体征收情况见下表：

---

① 此表根据以下材料整理所得：重庆市北碚区地方志编撰委员会：《重庆市北碚区志》，第330页，重庆：科学技术出版社重庆分社，1989年、《关于备查北碚管理局1943年各季筵席及娱乐税征收数目清册的呈、指令（附清册）》，重庆市档案馆档案，档案号：0081-0004-02525-0000-001-000。

② 《北碚管理局工作概况（卅四年六月付印）》，重庆市档案馆档案，档案号：0055000200129000013001。

表8-8　北碚管理局1942年至1945年9月房捐收纳表①（单位：法币元）

年份	1942年1—8月	1943年	1944年	1945年1—9月
实收数				
实际征收数额	22495.89	101313.00	1709063.00	3482477.00

3. 新税。新税主要包括营业牌照税、使用牌照税和筵席及娱乐税三种。根据1942年6月四川省政府公布的《四川省各县（市）营业牌照税征收规程》规定，营业牌照税的征收，根据不同行业有着不同的标准。在戏馆业、旅馆酒店及饭馆业中，根据店家每年营业收入的高低划为6个等级征收，戏馆业税额从2500元到40元不等，旅馆酒店及饭馆业税额从150元到15元不等；在茶馆业、球房业分4等征收，茶馆业税额区间从150元到15元，球房业从200元到15元；屠宰业分3等征收，税额从100元到15元；其余行业则比照全年营业额之千分之五征收。②使用牌照税的征收，按使用物价值，分甲、乙、丙三等征收，至多150元，至少75元。③筵席税税率为食店餐厅消费额的百分之十，娱乐税税率为该戏剧票价的百分之三十。④此项税的征收对象为消费者，由营业人代收。北碚管理局1942年至1945年征收新税具体数额见下表：

表8-9　北碚管理局1942年至1945年新税收纳表⑤（单位：法币元）

年份 税务种类	1942年	1943年	1944年	1945年
营业牌照税	12170	52071	299441	1602790

---

① 此表根据重庆市档案馆档案整理，档案号：0081-0004-02521-0000-074-000、0081-0004-02521-0000-001-000、0081-0004-04058-0000-014-000、0081-0004-04078-0000-008-000。

② 《关于检发修正四川省各县市营业牌照税征收规程给北碚管理局的训令（附规程）》，重庆市档案馆档案，档案号：0081-0004-01706-0000-004-000。

③ 重庆市北碚区地方志办公室编制：《北碚志稿（二）1945》，2016年版，第88页。

④ 《关于备查北碚管理局1943年各季筵席及娱乐税征收数目清册的呈、指令（附清册）》，重庆市档案馆档案，档案号：0081-0004-02525-0000-001-000。

⑤ 此表根据重庆市档案馆档案整理，档案号：0081-0004-02521-0000-074-000、0081-0004-02521-0000-001-000、0081-0004-04058-0000-014-000、0081-0004-04078-0000-008-000。

续表

年份	1942年	1943年	1944年	1945年
使用牌照税	3530	10708	40655	100950
筵席及娱乐税	31661	346524	518270	6590579

1942年到1945年这四年中，北碚管理局所征得新税数额不断增加。短短4年，营业牌照税征收规模扩大131.7倍，使用牌照税征收规模扩大28.6倍，筵席及娱乐税征收规模扩大208.2倍，成为北碚管理局财政收入的重要部分。

4.公学产。北碚管理局成立之初，从璧山、巴县、江北三县各接收部分公学产，从璧山接收田土面积21990亩、租480市石；从巴县接收田土面积4500亩、租90市石。[①]

1943年，北碚管理局对其公学产进行了一次清理并测绘区域图，清理结果为：田共1063.40亩，土3685.88亩，地皮85.64亩，测图26幅。当年田租应收稻谷773.50石，实收315.12石；土租应收苞谷92.94石，当年实收92.94石；地皮房屋实收法币241514元。[②]1945年又对神会庙产及绝产进行清理，计田1263亩、土306亩，应收田租稻谷733.68石，土租苞谷92.94石，田土押金法币44631元。

表8-10   1945年整理公学产并清理神会庙产及绝产统计如次[③]（单位市石）

项别		原有	整理后增加	现在共有
田	面积	663.00	600.00	1263.00
	租谷	651.48	122.20	773.50
土	面积	291.60	14.40	306.00
	租苞谷	51.14	41.80	92.94
田土		32707.00	11924.00	44631.00

---

① 《北碚管理局1943年度1至6月份工作报告》，重庆市档案馆档案，档案号：0055000200158000144001。

② 《北碚管理局工作概况（卅四年六月付印）》，重庆市档案馆档案，档案号：0055000200129000113001//重庆市北碚区地方志编撰委员会：《重庆市北碚区志》，重庆：科学技术出版社，1989年版，第330页。

③ 《北碚管理局工作概况（卅四年六月付印）》，重庆市档案馆档案，档案号：0055000200129000113001。

5.田赋。1942年8月12日，北碚管理局设田赋管理处，接收江、巴、璧三县移交各乡镇的田赋征收，计承粮面积60548亩，折合新赋额3065元。1944年，田赋管理处复查，承粮面积86022亩，新赋额3139元。

表8-11　北碚管理局1942年至1944年田赋征借粮收入表[①]（单位：石）

项目		征谷	购谷	借谷
1942年	配额	3655010	2879600	
	完成	3595491	2811330	
1943年	配额	3655047		3031180
	完成	3581276		3012320
1944年	配额	3655010		4929910
	完成	3655963		4953460

由表8-11可得，1942、1943两年，田赋征收不论是征谷、购谷还是借谷，皆未完成设定之目标：1942年征谷未收59519石、购谷未收68270石，共计未收127789石；1943年征谷未收73771石，借谷未收18860石，共计未收92631石。1944年，田赋征收不足情况得到良好改善，征粮超收953石，借粮超收23548石，共计超收24501石。

田赋管理处征收实粮相关手续为："1.完粮期间：各征收处于开征前，除将征粮通知单先期造好送交粮民准备外，并按所辖区内粮户分布状况排列。完粮期间，通知各乡镇保甲长，率领粮民按期前往指定地点完纳，以资联络。2.换取收据：粮民完粮，先持征粮通知单交稽征核算毕，连同应纳实物交收储股验收后，即于通知单内加盖收讫印章，向稽征股换取征粮收据及借粮收据，每次依先后次序随到随收，收讫给据以清手续。3.购谷完粮：本局辖境山多田少，地瘠民贫，多数粮民，有赋无谷，即由各乡镇，保甲长介绍粮民，联合向临境购谷完粮，以利输纳。"[②]

---

①此表根据重庆市北碚区地方志办公室编制《北碚志稿（二）1945》所载数据整理所得。（第93页）

②《北碚管理局工作概况（卅四年六月付印）》，重庆市档案馆档案，档案号：0055000200129000113001。

　　田赋除征收实粮外，相应权责还包括赋款征解，赋款包括契税、地价税和土地增值税三项。1942年至1945年，北碚管理局征收契税数额不断扩大，1944年增幅最大。1944年，地价税相对前一年增加了101562元，土地增值税在1945年的征收数额是前一年的将近30倍。下表展示了北碚管理局1942年至1944年田赋税款收入情况统计：

表8-12　北碚管理局1942年至1945年田赋税款收入表[1]（单位：法币元）

项目	1942年	1943年	1944年	1945年
契税正税	130493	851460	3201033	6387322
契税附加	182351	563131	1462588	1508823
契税工本费	1068	1148	5960	
地价税		260402	361964	
土地增值税			5521	165311
契税工本费	1068	1148	5960	
卖税罚法		8007	2972	
地价税法		6594	26603	

二、金融业的发展

　　20世纪二三十年代，川省境内农村普遍破产，峡区自不能免。经济发展迫切需要金融支持，但北碚地区1927年以前尚无金融机构调剂地方经济，金融机构的匮乏导致了北碚广大农村传统借贷制度呈现两大特点：其一为借贷渠道狭窄，峡防区人民借贷渠道唯有"请会"一种。"请会"也就是北碚乡间常说的所谓"包谷利"，即乡间借款以现金，还款时多以实物计算利息，北碚农村银行的经理伍玉璋就曾说："北碚这个地方，请会亦是人与人间融通上必要之法"[2]。其二为借贷利息高。1937年，北碚乡间借贷的利息"最高达3分以上，最低亦在2分左右"[3]。1942年，在北碚之金融网

----

　　① 此表根据重庆市北碚区地方志办公室编制：《北碚志稿（二）1945》，第93页数据；《关于报送北碚管理局田赋管理处1945年各月份征收契税旬、月报表、花名清册的呈、代电、电报、令（附月报表、旬报表）》，重庆市档案馆档案，档案号：0081000404I800000002000整理所得。

　　② 伍玉璋：《中国农业金融论》，出版信息不详。

　　③ 《嘉陵江三峡乡村建设实验区概览》，出版信息不详，第72页。

络已较为健全的时候，乡间之高利贷月息最低亦须五分，而中国农民银行北碚办事处贷与农村合作社款项之利率才为月息1分①，可见高利贷在北碚乡间之盛行。

全面抗战爆发前，北碚金融业在社会力量的推动下有所萌芽，但发展迟滞，对于北碚发展的支持作用亦十分有限。

全面抗战的爆发是北碚地区的金融发展的重要契机，金融业的发展也为北碚地区的抗战事业作出了重大贡献。自1939年开始，在敷设大后方金融网络这一战略布局下，四联总处、中央银行、中国银行、中国农民银行、中央信托局等国家行局陆续在北碚设立分支行处，组成了北碚金融网络的骨干；后又分别成立了专以调剂农村金融的北碚合作金库及以调剂县域金融为宗旨的北碚银行两个基层金融组织，进一步完善了北碚金融网络。北碚地区的金融业一改抗战爆发前金融机构匮乏的局面，开始紧随国家的金融布局，融入战时金融、经济体制。

（一）以金融支援抗战

在国家行局分支机构的主导下，全面抗战爆发前北碚地区金融发展停滞的格局得以改变，随着北碚金融网络的完善，北碚的金融机构被纳入了国家的金融体系当中，紧密响应各项建国方略及金融政策，在促进北碚地区各项事业发展的同时，还开展了一系列具有战时特色的金融活动，为抗战作出了直接贡献。

1.金融扶植：北碚扶植自耕农示范区。战时西南五省的土地集中问题十分严峻，需要向地主承租土地的佃农占了农民群体绝大多数。战时物价飞涨，佃农的全年收益绝大部分要用于地租支出，处于极端贫困之中。农村普遍破产，农业生产急剧萎缩是大后方农村社会的普遍景象，解决土地问题刻不容缓。1941年4月，中国农民银行设立土地金融处，专项办理土地抵押放款业务和发行土地债券。其中，办理土地抵押放款即为没有土地的佃农设计的放款业务，旨在通过国家金融力量，扶植大量自耕农，缓解

---

① 《农民银行北碚办事处1942年度报告》，重庆市档案馆未刊档案，档号028900010105100000055000。

因土地集中、地价飞涨造成的农村破产矛盾。

因扶植自耕农的复杂性、特殊性，土地金融处决定先在一定区域内实验后，再推向全国。其实验区域的选择需符合以下条件："1.地权集中；2.佃农之土地购买力较强；3.已办理积极整理；4.人民文化水准绞高；5.地主之阻力不大；6.地方秩序安定；7.距成渝两地较近"。经多次权衡，1942年2月7日，四川省政府发布训令，公告北碚即为最终择定两处扶植自耕农实验区之一。[①]

北碚扶植自耕农示范区工作推动委员会是创设示范区的领导机构，下设行政组，由北碚管理局担任，主要负责强制征收地主土地；金融组由中国农民银行土地金融处负责，主要负责为示范区建设提供资金支持及政策宣传；技术组则由农林部担任。根据对北碚各乡镇的调查结果，选定朝阳镇第19保作为创设示范区的地点。北碚扶植自耕农示范区的创设经历了地籍整理、区段征收、划分单位农场、放领承耕和实施乡村建设五个阶段。[②]此处仅就金融机构在其中发挥功效进行论述。

示范区创设伊始，中国农民银行设计了甲乙两种扶植自耕农放款，甲种对政府放款；乙种对农民放款。[③]在创设示范区的第二阶段"区段征收"时，1942年12月，北碚管理局与中国农民银行订定放款合约，中国农民银行向北碚管理局贷放国币195万元的低息（月息8厘）贷款用于征购土地。[④]此次放款属于甲种放款，通过向地主和业主进行补偿地价的方式，将土地所有权从地主或业主手中转移到了北碚管理局手中。

在第四阶段"放领承耕"时，由农民或农民团体向中国农民银行申请乙种贷款，用于在北碚管理局手中购赎土地。依据《中国农民银行乙种扶植自耕农放款、借款须知》之规定，此项借款资格限于农民（或农民团

---

① 《关于暂定三峡实验区为扶植自耕农实施区域的训令、布告》(1942年2月7日)，重庆市档案馆未刊档案，档号0081000401643000003000。

② 黄立人：《抗战大后方经济史研究》，中国档案出版社，1998年版，第273页。

③ 《中国农民银行北碚办事处关于举办扶植自耕农放款、土地改良放款、土地重划放款的通告》，重庆市档案馆未刊档案，档号0289000101048000001000。

④ 《北碚管理局与中国农民银行为直接扶植自耕农建立示范区放款合约》(1942年12月)，重庆市档案馆未刊档案，档号0081000404018000149000。

体）购赎土地自耕者，以所购赎土地价八成为度，借款利率暂定月息一分一厘，按照借款期限分年摊还本息，借款期限临时商定最长不得超过十五年。[①]待农民完成贷款手续后，由北碚管理局发给承领耕地证。农民向中国农民银行还清本息后，再换发正式的土地产权凭证。通过此举，将北碚管理局与中国农民银行的债务关系转换为领地农民与中国农民银行的债务关系，将土地所有权从北碚管理局手中转移到领地农民手中，以达到直接创设自耕农之目的。放领承耕自1943年4月底开始，至同年9月基本完成。朝阳镇第19保中，共有81户农民领得土地，最终依据此创设成为自耕农者有70户。[②]

创设示范区的最后一阶段"乡村建设"，其目的在于及时巩固自耕农创设成果。1943年6月，为避免因购买或赎回其现属自耕土地而负债或因其自耕土地遭受水旱或其他不可抗力之重大灾害而负债者再度丧失土地，中国农民银行特发布《北碚中国农民银行举办解除自耕农土地高利债务放款说明》，向因以上情形负债、且负债利率超过周息一分八厘者发放低息贷款，贷款数额为负债者之担保土地价的六成为限，金额不得超过二万元，贷款利率为月息一分一厘。[③]此举在于避免已获得土地的自耕农再次遭受高利贷盘剥而丧失土地。乡村建设的另一举措是创设北碚自耕农合作农场，帮助自耕农发展农业生产，增强经济和生存能力。中国农民银行北碚办事处亦对该农场进行了长久的资金帮助，此处不再赘述。

自1942年2月至1943年9月，北碚扶植自耕农示范区完成了放领承耕工作，示范区的创设即已初步完成。此后阶段为示范区的巩固和建设时期。总的来说，中国农民银行北碚办事处在此项实验中担纲了具体的设计者、领导者及实施者角色。具体创设中，中国农民银行北碚办事处配合土地金融处，经济筹备与设计，制定了操作性强且相当完备的金融政策，及

---

① 《中国农民银行乙种扶植自耕农放款、借款须知》，重庆市档案馆，档号00810010002910000136000。

②黄立人：《抗战大后方经济史研究》，中国档案出版社，1998年版，第273页。

③《北碚中国农民银行举办解除自耕农土地高利债务放款说明》，重庆市档案馆未刊档案，档号00810010002910000136000。

时配合了北碚管理局的土地征收、产权置换、成果巩固工作，在解决北碚地区的土地分配再调整、遏制地价上涨、促进土地利用、防范土地集中与投机等问题上，①将金融机构的功用发挥到了极致。这亦是金融机构对于缓解农村破产、建设抗战大后方农村经济的可尽之责。

2.金融动员：节约建国储蓄运动。抗战时期，为了吸收社会游资，平抑物价，同时解决战争所需的巨额军费，国民政府发起了节约建国储蓄运动。节约建国储蓄运动既是一项重要的财政金融措施，亦是一项国民政府在金融方面的抗战动员，一场发动民众普遍参与抗战的社会运动。北碚境内储蓄节约建国储蓄运动的主要推动机构分别为四联总处北碚支处的储蓄小组，全国节约建国储蓄劝储委员会四川省分会北碚管理局劝储支会及由北碚境内银行同人及机关团体发起的峡区节储实践会。

节约建国储蓄运动发起初期，虽取得一定成效，但终究没有普遍深入民间。为解决这一问题，国民政府又号召普遍建立节储实践会。节储实践会入会门槛低，手续简单，储蓄五元以上即可成为会员，此后每月至少储蓄国币一元。此举意在要人无分男女老幼、无分南北东西都一致实行节约与储蓄。北碚境内的节储实践会名为峡区节储实践会，成立于1941年8月，会址设于北碚中央银行内，受全国节约建国储蓄委员会之指导，由重庆市劝储委员会分会代办会员登记，以峡区内各机关（例如区署学校、邮局、党部、三民主义青年团）及峡区交谊会各会员连同中国、中央、农民三银行为当然发起人。②峡区节储实践会的设立使得节储运动在北碚有了基层组织，与劝储支会上下联通，共同构成了北碚节约建国储蓄运动的重要推动机构。

北碚的节约建国储蓄业务的推行方式分为劝储与强制并进。劝储主要以推行国币及美金储蓄券，普通储蓄暨有奖储蓄为主；强制方面以推行国

---

① 《北碚扶植自耕农示范区报告》，重庆市档案馆未刊档案，档号02890001010470000113000。

② 《峡区节储实践会致周仲眉的函》，重庆市档案馆未刊档案，档号02870001053870000150000。

币储蓄券为主。①抗战期间，北碚境内的节约建国储蓄运动开展得如火如荼，取得了不俗的成绩。以中国银行为例，其历年节储运动收入如表8-13所示，自1941至1944年呈连年上升趋势，其中甲乙节储券的销售收入能够占到节储业务的一半以上。1942、1944年，节储业务收入能够占到储蓄业务总收入的一半以上，足以说明节储运动在北碚发展之盛。再如表8-15，虽然中国农民银行的储蓄收入中以活期储蓄收入为主，但节储业务收入依然可观，在1942至1944年间，节储业务收入占储蓄业务总收入的比重分别为20.09%、16.03%、16.03%、4.69%。

表8-13 中国银行北碚办事处历年节储运动收入

	1941	1942	1943	1944	1945
甲乙节储券	51195	12000	全年各种储蓄合计为1272000元	106000	280000
有奖储蓄	27700	86000		721000	660000
美金储券	—	26000		53000	40000
折合黄金存款	—	—		513000	—
合计	78895	124000		1393000	980000

资料来源：《中国银行北碚办事处1941年度业务概况》，重庆市档案馆未刊档案，档号0287000105407000062000；《中国银行北碚办事处1942年度业务简报》，重庆市档案馆未刊档案，档号0287000100561000120000；《中国农民银行北碚办事处1944年度营业报告书》，重庆市档案馆未刊档案，档号0287000105517000071000；《中国农民银行北碚办事处1945年度营业报告书》，重庆市档案馆未刊档案，档号0287000100671010101000。

表8-14 中国银行北碚办事处历年储蓄收入

	1939	1940	1941	1942	1943	1944	1945
普通储蓄	—	—	144405	368000	—	2420000	68450000
节储运动	—	—	78895	124000	—	1393000	980000
合计	61521	105290	223300	492000	1272000	3813000	69430000

① 四联总处北碚支处储蓄组小组会议记录，重庆市档案馆未刊档案，档号0287000105436000288000。

资料来源:《中国银行北碚办事处填寄本处我国银行业现行状况调查表致中央银行北碚办事处的函》,重庆市档案馆未刊档案,档号0287000105411 0000092000,1942年;《中国银行北碚办事处1941年度业务概况》,重庆市档案馆未刊档案,档号0287000105407 0000062000;《中国银行北碚办事处1942年度业务报》,重庆市档案馆未刊档案,档号0287000100561 0000120000;《中国农民银行北碚办事处1944年度营业报告书》,重庆市档案馆未刊档案,档号0287000105517 0000071000;《中国农民银行北碚办事处1945年度营业报告书》,重庆市档案馆未刊档案,档号0287000100671 0100101000。

表8-15　中国农民银行北碚办事处1942—1944年储蓄数字统计表

类别	1942年6月	1942年12月	1943年6月	1944年12月
定期储蓄	11596	15453	75404	144895
活期储蓄	515757	1145754	1925820	13281154
甲乙节建储蓄金	4153	4276	4447	4979
甲乙节建储蓄券	102498	163986	33321	84925
美储券	21200	24000	124200	—
互助金	4505	25159	282	—
售出奖券额	250	4370	10290	16000
福储存款	—	—	—	25427
公益储蓄	—	—	—	529350

资料来源:《中国农民银行北碚办事处关于告知本处1942年6月份活期储蓄、定期储蓄等数字致中国农民银行总管理处、中国农民银行重庆分行的电、电报》,重庆市档案馆,档号0289000101054 0000003000;《中国农民银行北碚办事处关于告知本处1942年12月份各科目余额致中国农民银行总管理处储蓄处的代电》,重庆市档案馆,档号0289000101068 0000031000;《中国农民银行北碚办事处关于查报储蓄分部1944年11月份储蓄存款、放款数字的代电》,重庆市档案馆,档号0289000101084 0000119000;《中国农民银行北碚办事处关于陈报本处储蓄部10月份储蓄存放数字的代电》,重庆市档案馆,档号0289000101084 0000045000;《中国农民银行北碚办事处关于调查储蓄分部1944年12月份储蓄存款、放款数字的代电》,重庆市档案馆,档号0289000101084 0000204000;《中国农民银行北碚办事处关于查报本处储蓄部、土地金融等1943年上期决算损益的呈、代电》,重庆市档案馆,档号0289000101073 0000034000。

节约建国储蓄运动在北碚的开展，既是国家对北碚全体民众在金融方面的一场抗战动员，也是北碚民众参与的第一场全民性抗战行动。即便在平抑北碚物价、吸纳社会游资方面所起到的金融作用微小，但它展现了北碚人民的抗战热情与决心，是北碚人民支援抗战的历史见证。

3.其他方面。抗战时期，北碚各大金融机构积极承做北碚境内军需工厂及设计战略资源工厂的贷款，主要分为煤炭和酒精两大类型。抗战爆发后，北碚是抗战大后方重要的煤炭基地之一。北碚境内涌现了大小煤炭企业数十家。煤炭企业的运转需要大量资金调剂，北碚各大金融机构积极为各大煤炭企业提供放款服务，扶植煤炭企业的周转，支援煤炭产业的建设。例如，卢作孚、何北衡、康心如、孙越崎等人创办的全济公司为北碚境内重要的煤炭企业，1941年4月至1942年12月不足两年的时间内，四联总处先后三次向全济公司放款共计115万元。第一次放款始于1941年4月，贷额为国币20万元，1942年4月，四联总处北碚支处再向全济公司贷放国币15万元，1942年12月14日，全济公司请贷款五十万元①，宝源公司亦为北碚境内重要的煤炭企业。1941年11月，四联总处北碚支处向其放款20万元②，1942年7月18日，放款30万元用以整理煤矿坑道，扩大生产。③1943年1月，贷放55万元用以扩充生产。④

酒精是除煤炭外的另一重要物资。北碚金融机构在承做放贷业务亦积极为北碚周边县市的战略物资提供服务。例如，合川酒精厂曾于1940年7月设立初期向四联总处、经济部工矿调整处借款8万元⑤，又于1941年再向

---

① 《四联总处北碚支处第十四至二十八会议记录》，重庆市档案馆未刊档案，档号028700010539700000161000。

② 《四联总处北碚支处第十四至二十八会议记录》，重庆市档案馆未刊档案，档号028700010539700000161000。

③ 《关于办理宝源企业公司借款事宜的代电》，重庆市档案馆未刊档案，档号028500010067000000031000。

④ 《四联总处北碚支处第五十二次会议记录》（1943年1月14日），重庆市档案馆未刊档案，档号028700010543600000236000。

⑤ 《关于办理合川酒精厂因原料不敷需借款事宜的呈、函、代电》，档号028500010066000000003000。

四联总处申请借款十万元，交由四联总处北碚支处核办。①

此外，北碚金融机构在抗战时曾多次施行特殊赈济。1940年5月27日，北碚、黄桷两镇被日机轰炸，亟须赈济，但赈济款一时难以筹集，三峡区空袭紧急联合办事处去函四联总处北碚支处请借赈济款6000元，去函当日，四联总处北碚支处即发放无息贷款6000元，帮助赈济北碚空难中的遇难同胞。②1944年7月，北碚中央、中国、农民三银行共同发表募集湖南劳军款项的提议，除登报倡议外，还一一去函北碚境内各大工厂、机关，并率先承诺北碚各机关的劳军献金在经汇时一概免收汇费、邮费。③中国银行北碚办事处曾为北碚区党部发起的劳军演剧捐款2000元④，复旦大学发起的抗战公益演剧募捐款5000元⑤，中国农民银行北碚办事处澄江镇分理处申请为中国妇女慰劳总会免费汇款⑥，这些劳军、特捐等特殊赈济，都是北碚金融界在战时支援抗战的表现。

抗战时期，北碚各金融机构被纳入了国家体制。在国家行局各北碚分支机构的主导下，金融业为北碚迁建区各项事业的建设提供了相对完善的服务，有力地支援了北碚的抗战。

（二）以农贷救农村

当时，北碚在借助成为抗战大后方重要迁建区这一历史机遇发展的同时，也存在着许多严重的社会问题。其中比较严峻的便是农村经济的凋敝与农业产出的不足。北碚全区土地面积为20315平方公里，区内山

---

① 《关于拟定合川酒精厂贷款摊放比例并更正草约的呈、函、决议。（附合约）》（1941年3月27日），重庆市档案馆未刊档案，档号0285001006660000061000。

② 《关于派宋良田向中中农银行北碚支行接洽北碚空袭遇难同胞救济款的函（附借条）》（1940年5月31日），重庆市档案馆未刊档案，档号0081000400214000006000。

③ 《北碚中央银行关于募集湖南劳军款项的提议》（1944年7月），重庆市档案馆未刊档案，档号0240000500253000077000。

④ 《中国银行重庆分行关于准予北碚办事处摊购当地区党部发起劳军演剧募捐剧票款项的函》，重庆市档案馆未刊档案，档号0287000105470000071000。

⑤ 《中国银行重庆分行、北碚办事处关于北碚办事处认捐复旦大学公益演剧募捐款的往来函》，重庆市档案馆未刊档案，档号0287000104603000058000。

⑥ 《中国农民银行北碚办事处关于澄江镇分理处申请为中国妇女慰劳总会免费汇款上中国农民银行重庆分行的呈》，重庆市档案馆未刊档案，档号0289000101052000212000。

多田少，地瘠民贫，全年食粮生产量不够全区人口3个月消费。[①]这样的农业产出显然难以满足迁建区大量涌入人口的农产需求，扩大农业生产迫在眉睫。扩大生产首要便是增加资金投入，为救济北碚农村经济，满足迁建区的发展需求，抗战时期国民政府逐步着手推动北碚农贷业务的开展。

1.办理机构。北碚区域农贷业务原由巴县合作金库代办。但巴县金库与北碚相距过远，往返不便，以致合作社贷款往往失时，贷款迁期，不但不能增加生产，而反增多农民消耗[②]。此外，巴县合作金库仅派一人作为驻区业务员，负责全区农贷的初期调查、直接监放、后期还款及催收，并要按月将全区农贷之还款、放款情形送由嘉陵江三峡乡村建设实验区署查对，人力投放严重不足。在巴县合作金库的管辖下，北碚区的农贷业务开展迟滞，未能为北碚区农民生产与农业发展带来助益。因此，1941年9月，嘉陵江三峡乡村建设实验区署致函中国农民银行北碚办事处，请求中国农民银行北碚办事处主持办理北碚区农贷。

北碚虽因抗战迁建而有所兴盛，但其工业、商业仍多为小型经营，不甚发达。而在此并非工商发达之地，1942年却有中央、中国、邮储局、四川美丰与北碚农村银行及农行碚处六所大银行，确实是事少行多，经营不易。中国农民银行于1939年在北碚设立办事处以来，其存款营业对象只禁烟督察处一家，其他机关、商号、工厂均无往来，即该处一家经常存款均在一二千万元。1941年禁烟督察处的撤销对农行碚处影响甚巨，该年年底碚处的存款余额便降至121.2万余元，银行部亦立见转亏现象。[③]放款方面，中国农民银行北碚办事处自成立至1942年承接北碚区农贷以前，主要承做四行联合摊放之工商业放款。此外还兼放北碚区屠商信用贷款，规模

---

① 《中国农民银行北碚办事处1942年度农贷报告》，重庆市档案馆未刊档案，档号0289000101051000055000。

② 《嘉陵江三峡乡村建设实验区署关于办理嘉陵江三峡乡村建设实验区农贷事宜致中国农民银行北碚办事处的函》，重庆市档案馆未刊档案，档号0081000400882000014000，1941年9月2日。

③ 《中国农民银行北碚办事处1942年上期工作实况暨各项有关统计》，重庆市档案馆未刊档案，档号0289000101052000192000。

虽不大，但为嘉陵江三峡乡村建设实验区署考虑请求中国农民银行接管碚区农贷打下了一定的基础。

1942年5月28日，四联总处发布《中中交农四行业务划分及考核办法（丁）》，该办法对于四行放款投资业务进行了划分，规定了转移以往放款投资的原则，后又发布《理事会关于四行放款投资业务划分实施办法的决议》，更具体地规定"凡农业生产、农田水利、土地金融、合作事业暨农具制造、农业改良、农产加工及运销之贷款与投资，由农民银行承做"[①]。比起已以扶植工商业作为明确的放款方向的中国银行北碚办事处，中国农民银行北碚办事处的确是更适宜接管碚区农贷的国家行处。

1942年，中国农民银行重庆分行函示北碚农贷准划交碚处直接办理，并规定了《中国农民银行北碚办事处与巴县合作金库交接办法五项》，农行碚处与巴县合作金库经过洽订，决定以4月1日为移交日期，手续悉依五项办法办理"[②]。

第一项农贷转接工作为组织北碚区各信用合作社偿还巴县合作金库贷款，同年七月即基本完成。同时，北碚管理局亦积极配合农行碚处的行动，按照1940年国民政府行政院颁布的《县各级合作社组织大纲》之规定，将全区信用合作社普遍改组为乡镇保合作社。第二项转接工作为改组北碚区各信用合作社。北碚自1937年即积极组织信用合作社，其实质是一种为谋取借贷、储蓄之便利而组成的农民互助组织。信用合作社将表现良好之农民组织起来，当社员需钱购买粮食、种子、肥料、农具等生产资料时，合作社可向其贷放低息贷款；社员有余钱时，可将余钱存入合作社收取利息，北碚信用合作社发展较为迅速。第一年（1937年）全区共组织合作社16个，其中组成健全可以贷款者，仅及五社。[③]至1942年，已发展到67社。但北碚区的农村信用合作社也存在一些弊端：

---

① 《理事会关于四行放款投资业务划分实施办法的决议》，《四联总处史料（上）》，第565页。

② 《中国农民银行碚处关于办理北碚区农贷致北碚管理局的函》，重庆市档案馆未刊档案，档号0081000401599000032000。

③ 《北碚月刊》编：《嘉陵江三峡乡村建设实验区概况》，1937年，第79—80页。

　　第一，农村信用合作社入社门槛极低，每股股金可低至一元，最少的只需缴纳一股即可入社。而入社农民均存在家庭人口众多、普遍需款的情况，因此股金自筹、资力薄弱的农村信用合作社并不能够满足北碚农民维持生产、生活的资金需求。第二，信用合作社对借款用途未做严格限制，大部分农民借款后并未投入到生产领域。1937年嘉陵江三峡乡村建设实验区署对北碚各乡镇农家借贷用途作了一次抽户调查，结果显示北碚农户借贷主要用于婚丧嫁娶、贴补伙食，只有极少数能用于农业生产。[①]第三，放款为信用放款，未做抵押，资本回收具有一定风险。第四，社员对信用合作社负无限责任，当合作社经营失败且合作社财产不足清偿债务时，社员除去股金之外，还要分摊债、填补亏空，反而成为农民的负担。

　　农村信用合作社的弊端不独北碚如此，只因北碚地区山多田少，农民生活尤其困苦，需要依靠借款来维持基本生活开支的情况普遍，更加凸显了农村信用合作社资力少、力量弱、风险高、管理松散的弊端。在农村普遍破产、资金枯竭之际，组织农村信用合作社在一定程度上能够起到便利农民融通资金、缓解高利贷之害的作用，但仅仅依靠此种农民互助组织还不足以缓解农村金融破产的浪潮。

　　有鉴于此，国民政府行政院于1940年8月9日公布了《县各级合作社组织大纲》，将县各级合作社之组织定位为应与其他地方自治工作密切配合的、发展国民经济之基本机构，取代前述农村信用合作社。《大纲》规定县各级合作组织之系统为县合作社联合社——乡（镇）合作社——保合作社三级。新县制下的县各级合作社组织被纳入了地方自治系统，与带有农民互助性质的农村信用合作社相比，其组织管理更为严密，也更加适应农贷贷放与监管需要。但因巴县金库对北碚地区的农贷管理一直以来均较为松散，故虽有《大纲》"实施前呈准登记之各级合作社，其实际性质不合本大纲之规定者，应由省主管机关斟酌情形分别限期改组，以本大纲实施之日起最长不得逾三年，在限期内不为变更之登记者应解散"[②]之规定，北碚境

---

　　① 《北碚月刊》编：《嘉陵江三峡乡村建设实验区概况》，1937年，第73页。

　　② 《中央法规：县各级合作社组织大纲》，《浙江省政府公报》第3252期，1940年，第1—3页。

内67个社农村信用合作社仍未整改。四联总处于1940年11月通过《推进新县制各级合作社农贷暂行办法》规定"新县制各级合作社之借款，应直接向承贷行局或所辅导之先合作金库暨其委托办理机构申借；但原有合作社在未改组以前，应清偿其债务。其已改组成立而债务尚未清偿者，应从速清理其债务，俟债务清偿后，再行申请借款"[1]，故1942年中国农民银行重庆分行函示北碚农贷准划交碚处直接办理后，北碚管理局立即着手整改，至1942年8月底即将全区信用合作社67个社普遍改组为乡镇区保合作社。1942年底，已登记之合作社计有乡（镇）合作社二个社，社员512人，股金总额54930元，已收股金54930元；保合作社29个社，社员3456人，股金总额72430元，已收股金70575元；专营消费合作社40个社，社员7649人，股金总额468821元，已收股金448831元。合计71个社，社员11617人，股金总额596191元，已收574336元。[2]至此，能够配合中国农民银行北碚办事处发放农贷工作的基层组织才初步完成构建。另外，1942年9月，中国农民银行北碚办事处正式开始放款。

2.办理情形。1942年，中国农民银行重庆分行主管之农贷区域共计72个县区，此72个县区中未设合库考仅屏山、江北、城口三县及北碚试验区一处。江北、屏山、城口三县之农贷则分别由中国农民银行重庆分行、宾处、宣处贷放，北碚试验区之贷款则由中国农民银行北碚办事处直接贷放[3]，十分便捷。中国农民银行北碚办事处在北碚历年农贷数字如下表：

---

[1]《四联总处推进新县制各级合作社农贷暂行办法》，《四联总处农业金融章则汇编》，第20—22页。

[2]《中国农民银行北碚办事处1942年度农贷报告》，重庆市档案馆未刊档案，档号0289000101051000055000。

[3]《中国农民银行重庆分行三十一年度主管四川省川东区农贷报告》，重庆市档案馆未刊档案，档号0289000100609000213000。

表8-16 中国农民银行北碚办事处农贷数字分类统计表（1942—1946年）

年份 \ 金额 \ 种类	农业生产	农田水利	农业推广	农村副业	农产运销	年度合计
1942	266340	—	—	—	—	266340
1943	846000	64000		87250	30240	1027490
1944	99000	238000	600000	1369100	8015800	10321900
1945	6385000	—	2500000	12780000	3756000	25421000
1946	—	20000000	—	44800000	3700000	68500000
种类合计	7596340	20302000	3100000	59036350	15502040	105536730

附注：1."年度合计"栏数字是历年放出累计数；2.1946年度数字是截至8月底止。（笔者注：《碚处1942年度农贷报告》中将家畜保险费贷款归了农业生产贷款，故该报告将1942年度农贷总额计为274993.60元。此表将家畜保险费贷款8653.60元扣除，是为正确。）资料来源：重庆市档案馆未刊档案，档号02890001011070000008000。

中国农民银行重庆分行主管各行库经办之农贷分为普通农贷与特种农贷两类。北碚区之农贷属于普通农贷之贷放范畴。分为农业生产、农业推广、农村副业贷款等项：

（1）农业生产贷款。农业生产为普通合作社贷款以及抗建垦殖设等贷款，均以粮食之增产为主。农业生产贷款为历年北碚农贷的主要贷款种类。1942年，北碚农贷只贷放了农业生产贷款一种贷款种类；共贷放了266340元，该年度运用该项放款买牛者68人，数额为44880元，占全数16%，买农具者19人，计7300元，占全数2.65%，买种子者4人，计1300元，占0.5%，用于租佃费用者4人，计800元，占全数0.3%，作垦荒费用者农场一所，计43000元，占全数16%。1943年，贷放了846000元农业生产贷款，占全年农贷的82%；1944年的农贷以农产运销为主，农业生产贷款只占全年农贷总额的1%；1945年，农业生产贷款的比重有所上升，占全年农贷总额的25%。[①]

（2）农业推广贷款。农业推广贷款的具体用途在推广初期并不明确，

---

① 《中国农民银行北碚办事处农贷数字分类统计表（1942—1946年）》，重庆市档案馆未刊档案，档号02890001011070000008000。

只将贷款对象限制为"专以农业改进机关为对象"①四联总处也将农业推广贷款的额度限制为"以预算总额之六成为最高限额（推广经费由借款机关自筹）"②，故北碚区的农贷机关对农业推广贷款亦不甚重视。1942年，中国农民银行北碚办事处刚刚接管北碚区农贷时，中国农民银行重庆分行所管辖之72县区中，仅遂宁合作农场办理了此项贷款，主要以种子之推广为中心，推广其与农林部合办之优良稻麦③，北碚区尚未办理农业推广贷款。1943年，四联总处开始重视农业推广贷款，首先表现在1943年度农贷方针中明确规定"本年度农贷应注重农田水利及农业推广贷款，以增加粮食生产和战时特产为中心业务"④，并提高了此项贷款之额度："以预算总额之八成为最高限度"⑤，还对农业推广贷款之用途进行了详细规范："收购种子、种苗、杀虫防病之药剂、器械及有效肥料与农具；制造杀虫防病之药剂、器械及有效肥料与农具；繁殖种子、种苗及改良畜产"⑥。事实上，北碚施政者历来重视推广良种以改良畜产。1930年，嘉陵江三峡乡村建设实验区即试行约克县与波支猪杂交研究及推广，1939年，又推广了荣昌白种猪500头，推动全区猪只白化。但在1943年当年北碚区仍未办理此项贷款。

至1944年，中国农民银行才开始在北碚区试放60万元农业推广贷款作为试水，仅占该年度农贷总额的0.5%。⑦具体做法为：将农业推广贷款贷给一合作农场，与农推所合作引导合作农场试养约克公猪与荣昌母猪杂交，以获取更优良的猪种，当年即获成功。杂交所生的第一代猪仔生长速

————————————

① 《中中交农四行局农贷办法纲要》，《中行农讯》1942年第7期，第13页。

② 四联总处第109次理事会议通过《中中交农四行局各种农贷准则（1942年1月1日起施行）》，《中农月刊》第3卷第1期，1942年，第93页。

③ 《中国农民银行北碚办事处1942年度农贷报告》，重庆市档案馆未刊档案，档号028900010105100000055000。

④ 《1943年度农贷方针》，《四川省政府公报》1943年第152期，第12页。

⑤ 四联总处第158次理事会通过《农贷准则（1943年度）》，《中农月刊》第4卷第1期，第130页。

⑥ 四联总处第158次理事会通过《农贷准则（1943年度）》，《中农月刊》第4卷第1期，第130页。

⑦ 《中国农民银行北碚办事处农贷数字分类统计表（1942—1946年）》，重庆市档案馆未刊档案，档号0289000101107000008000。

度较北碚本地猪平均高30%—50%。一年之内，体重亦常有400至500市斤，备受农民欢迎。① 见有此成效，中国农民银行北碚办事处在第二年加大了该项贷款的数额，又向北碚自耕农及朝阳镇合作农场联合养猪场贷放250万元用于推广此种优良猪种，占该年度农贷总额的9%。② 该场获得贷款后，即养约克公猪一头，荣昌母猪5头，杂交育出优良白仔猪。白仔猪较普通猪种发育较快，在出生两三个月内，即较普通猪种大一倍，在同一饲养时期内，可较普通肥猪增加体重三分之一。北碚自耕农示范区与朝阳镇合作农场联合养猪场的5头母猪每年共产10次，每次约10头，每年可推广100头，其他附近农民以母猪来场交配推广数量，尚不在此数内。收益方面，每年可售出仔猪80头，每头2万元，计值160万元；出售肥猪20头，每头8万元，计160万元，合计收入320万元。养猪饲料系由该场办理之酿酒及磨粉之酒糟、粉渣供给，所得肥料即供该场场员应用，均不计值。养猪收入除去人工及伙食约20万元外，净收益300万元。此项贷款可使该场236户场员受惠，约占全区农户1.86%。③

3.农产运销贷款。北碚的农产运销贷款主要运用于西瓜与食盐的运销上。具体情形如下：

（1）西瓜运销。四川原无瓤用西瓜，1933年，北碚本地企业兼善实业公司的私人农场征集国内外西瓜名种从事栽培，几经实验终于成功。鉴于北碚区山多田少，土地贫瘠，种普通农作物难以维生，耕地稀少的西山坪农民穷苦尤甚，兼善公司特意选择在西山坪开辟荒地推广西瓜这种厚利作物。此后，西山坪培育出的大瓤西瓜行销重庆乃至遍及全川，成为北碚的特色农副产品，每至夏季在重庆市区及周边消费区供不应求。兼善农场的农民每年种植西瓜的收益除维持全家生活外，尚有盈余，因此每户农家年

---

① 《北碚管理局概况》，1949年，第20页。

② 《中国农民银行北碚办事处农贷数字分类统计表（1942—1946年）》，重庆市档案馆未刊档案，档号028900010110700000008000。

③ 《中国农民银行1945年度农贷实际效果报告》，重庆市档案馆未刊档案，档号028900010067900000230000。

年必种，形成了北碚区一重要农场。①1941年，西山坪农场西瓜产销社可供发往重庆市区的西瓜即达到了71688.5市斤。②1945年，中国农民银行北碚办事处帮助西山坪组成西瓜运销合作社一所，起初社员对集中运销尚存怀疑态度，经中国农民银行北碚办事处职员几经宣讲后方明了其中意义，各社员每人自动先交西瓜一百斤以上，集中运输到重庆销售。办理运销所需款项由合作社集中向中国农民银行北碚办事处借贷。1945年农行碚处向西山坪西瓜运销合作社贷款40万元用于运销西瓜，每斤收购价格50元，运到重庆出售价格90元，每斤可获毛利40元，共运销113担，获毛利452000元。除运费利息及开支外，可得纯益372335元。③

（2）食盐运销。北碚本地区不产食盐，居民用盐均需从别处运销。乡（镇）合作社需向中国农民银行北碚办事处贷款前往渝合两地购买食盐，运回北碚后再向各镇所属的保合作社配销食盐，以平价供给社员食用为原则。售价既低，收益自薄。即此平价供给中，农民已受其惠。

以1945年为例，中国农民银行分别向朝阳镇、黄桷镇、澄江镇三镇合作社各贷放80万元、龙凤乡合作社贷放56万元用以购运食盐，四单位共计贷款296万元，贷款期限三个月，共运销食盐1191市担。每斤食盐成本90.5元，售价108元，可获毛利17.50元。除运力、利息及开支外，约计每运销百担，合作社可获纯利16000元。1945年乡镇合作社运销食盐1191市担，共获毛利2084250元，纯益190560元。④食盐乃生活必需品，销路畅通，供不应求，四乡（镇）合作社每月共可配销食盐397市担，可基本满足社员生活所需。故就食盐运销贷款一项，可使四乡（镇）合作社共6314户农民受益。占全区农户50%。

自1943年起，中国农民银行抗战时期在北碚贷放了农业运销类农贷共

———————————

① 《兼善农场、西山坪农场种植瓜果之成果》，重庆市档案馆未刊档案，档号0358000100045000061。

② 《1941年西山坪农场发出西瓜统计表等》，重庆市档案馆未刊档案，档号0358000100047000004。

③ 《中国农民银行1945年度农贷实际效果报告》，重庆市档案馆未刊档案，档号02890001006790000230000。

④ 《中国农民银行1945年度农贷实际效果报告》，02890001006790000230000。

计15502040元，其中1943年贷放了30240元，占当年北碚区农贷总额的3%；1944年贷放了8015800元，占当年农贷总额的77.65%，1945年贷放了3756000元，占当年农贷总额的14%。

4.农村副业贷款。农村副业贷款历来为四联总处所列之重要农贷，但以往该项贷款多分散于其他各项贷款中，不易集中彰显办理成效，1943年，四联总处特订定《中国农民银行卅二年度农村副业贷款办理须知》，扩大了农村副业贷款之用途，还将农村副业贷款之最高额度从以前的"时值之六成"提高到"八成"①，以进一步推动农村副业贷款的发展。这样一来，自1943年起，农村副业贷款的使用范围及申请额度都大大提高了。

北碚的农村副业贷款主要用于养猪。农家副业种类繁多，因时、因地而副产各异，在乡村最普遍的副业莫若喂养牲畜家禽。北碚区内因有家畜保育所及蚕桑改良场，对喂猪、养蚕予以提倡及指导，但养蚕分春秋两季，冬季养蚕对设备要求甚高，一般农户难以实现，故在全区内蚕户并不算多，据1937年的统计数据仅有100余户。②而养猪对农家的技术、设备要求甚低，养猪可用家庭残羹余汤菜叶瓜皮作为饲料，无需额外支出过多饲料费用，又可得粪便作为农家肥料。且养猪半年以上即可随时出手，其饲养时间与借款之期限相吻合。加之养猪所得利润对农家收入获利较大，以1942年物价为例，若在六月间借款300元，自筹240元买笼子猪（即小猪），一只重30斤，饲养四个月至少可重50斤，自此以后每月可长10斤，至年底其所饲之猪可长至少70斤，计值980元（每斤以14元计算）。六个月内计以喂饲包谷二斗，计值180元，原本540元，借款300元，按月息一百三厘计算，六个月共应付利息24.4元，共耗743.4元，可盈236.6元。③因此，北碚区内农家多以养猪为主要副业。"即一般人未种田地者，见养猪有利可获，亦均相率饲育，几有无家不喂猪之概"④。

① 四联总处第158次理事会通过《农贷准则（1943年度）》，《中农月刊》第4卷第1期，第130页。

② 《北碚月刊》编：《嘉陵江三峡乡村建设实验区概况》，1937年，第37页。

③ 《中国农民银行北碚办事处1942年度农贷报告》，重庆市档案馆未刊档案，档号0289000101051000055000。

④ 《北碚月刊》编：《嘉陵江三峡乡村建设实验区概况》，1937年，第35页。

在1942年北碚各农村信用合作社改组以前，办理信用贷款用以买猪饲养者亦占多数。1942年中国农民银行北碚办事处又在北碚办理家畜业务，养猪的农民又可投保畜险，使其利益稳妥可靠，均乐于养猪。[1]

1942年度贷款用途以借款买猪者403人为最多，数额为152680元，占全数贷款总额55%，借款养猪之社员403人，若以每人养猪一头计算，可供盈807289.80元。[2]1945年养猪贷款12780000元，占全数农贷总额的50%，分别贷放给3个农场及11个农民社团14个单位，共养猪678头，受惠农户666户，约占全区农户5.24%。以1945年物价计算，农户购买架子猪（小猪）每头约2万元，半年后可养成150斤之肥猪出售，约值6万元，饲料多系农户自种之菜蔬及家庭剩菜等，多不计值，家庭副业亦不计人工，故每头猪可获毛利约4万元，678头共获毛利27120000元。

自1943年至1945年农村副业贷款在北碚历年农贷中的占比分别为8.5%、13%、50%，呈不断上升趋势。但从中受惠的农户却为数不多。以1945年为例，当年农村副业贷款占农贷总额的50%，但受益农户仅占全区农户的5.24%。[3]

5.家畜保险实验。除一般农贷外，中国农民银行在北碚还进行了家畜保险实验。北碚山多田少，耕地不足，尤以佃农为多。但多困于经济，自给为难，勉强能喂一头猪或牛，偶遭死亡，便无力再购，影响生产。抗战期间，军需民用均依赖农村为之供应，畜产增殖占重要地位。若能普遍推行家畜保险业务，在家畜死亡后可得赔偿金以再购家畜，既是农家副业与经济利益的一种重要保障，亦能鼓励家畜繁殖、保障军需民食、支援抗战。

1941年5月15日，农本局北碚家畜保险经理处撤销，代之以中国农民

---

[1]《中国农民银行北碚办事处1942年度农贷报告》，重庆市档案馆未刊档案，档号0289000101051000055000。

[2]《中国农民银行北碚办事处1942年度农贷报告》，重庆市档案馆未刊档案，档号0289000101051000055000。

[3]《中国农民银行1945年度农贷实际效果报告》，重庆市档案馆未刊档案，档号0289000100679000230000。

银行北碚家畜保险经理处。①该机构以北碚管理局所辖地域为业务区域；规定猪保险分一年与半年两种期限，牛保险为一年。兽医技术人员由农推所负责供给，保险手续过程中关于兽疫防治与检验由兽医负责办理。兽医费用、医药仪器由中国农民银行北碚办事处供给并稽核保管。

家畜保险业务之年度业务计划由北碚家畜保险经理处与北碚管理局、四川农业改进所（农业推广所代表）合作商定，经三方统一签字后再由工作人员赴北碚各乡镇召集当地保长予以宣传及训练。惟农人多无力缴纳保险费。为使真正耕作农人普遍享受保险利益，在开展时凡遇无力缴纳全部保险费各乡之数保农户，中国农民银行北碚办事处均贷予应缴保险费的八成。推行之后业务发展迅速，投保农人亦极踊跃，在推行当年便使工作人员颇有应接不暇之势。②因北碚家畜保险实验办理得颇为成功，还培养出了得力的家畜保险业务人才。例如1944年1月22日，中国农民总管理处调中国农民银行北碚办事处雇员周玉山至中国农业保险公司服务。③

总的来说，自1942年中国农民银行北碚办事处接收北碚农贷的办理业务，在北碚开展较为多样的农贷业务，一定程度上起到了增加耕地面积、增加农家收益、增进农业生产、减低当地放款利息的作用，进而也有力地配合了抗战时期北碚迁建区的建设工作。

时代背景赋予了毗邻重庆、沟通渝合的北碚地区较高的经济地位和战略价值，使北碚成为国家构建西南金融网络中的重要一环，推动北碚金融业发展的主导因素由社会力量转变为了国家力量。同时，工厂、企业及人口大量涌入北碚这一大后方重要疏建区，多元化的金融需求为北碚金融业提供了更为广阔的发展空间。战时北碚金融机构的建立，有利于北碚工矿企业的发展与农业生产的扩大，有利于国家金融经济政策的落实与执行。在国家行局的主导之下，各北碚金融机构有力地配合了国民政府在北碚进

---

① 《中国农民银行北碚家畜保险经理处关于本处更名致中国银行北碚办事处的函》，重庆市档案馆未刊档案，档号0287000105387000379000。

② 《中国农民银行北碚办事处1942年上期工作实况暨各项有关统计》，重庆市档案馆未刊档案，档号0289000101052000192000。

③ 《中国农民银行总管理处关于调周玉山至中国农业保险公司服务致中国农民银行北碚办事处的函》，重庆市档案馆未刊档案，档号0289000101118000066000，1944年1月22日。

行的各项经济实验，为北碚疏建区的建设、为北碚的抗战事业作出了应有的贡献！

第二节　战时北碚工业制造

抗战时期，随着国民政府西迁，河南中福公司、大成染织公司等一大批民族工业内迁至西南地区，重庆市周围成为了战时全国的工业重心之一，此时北碚的工业经济也得到了快速发展。首先在重工业方面，被称为"能源基地"的战时北碚以能源产业，尤其是煤炭开采业为其特色产业，以天府煤矿为代表的一批煤矿公司在战时经历了转型与扩大生产的过程；其次是在轻工业方面，纺织业、食品加工业等有战时特色的工业部门在北碚逐渐建立起来。这一时期，北碚的工业部门得以完善，工业产值得到提升，传统的工业生产模式实现了近代化转型，促进了北碚自身的工业化、城市化；不仅如此，战时北碚的工业发展还为各大工厂及行业提供能源资源与物资支持，为抗战的胜利作出了重要的贡献。

一、能源开采

抗战时期，煤是工业和交通业的主要动力燃料，又是人民生活的必需品，而各大工厂及航业所需动力均须仰仗于煤业，其重要性不必赘述。

（一）北碚煤矿业概述

战前北碚的能源以煤炭为主，煤炭资源颇为丰富，且产量旺盛。17世纪中叶（明末清初时期），文星场一带便有原始洞穴式小煤窑出现。17世纪后期，文星刘家槽、二岩甲子洞先后办起了小型煤矿；到20世纪初，文星场、代家沟、二岩、缙云山南北坡已有煤矿数十家。较大的煤矿有代家沟至文星场一带的福和煤厂、天泰煤厂、和泰煤厂、公和煤厂；二岩一带的复兴和炭厂、兴发公炭厂以及缙云山南北坡的双连煤厂、屋基煤厂、翁和煤厂、久大煤厂等。嘉陵江沿岸的黄桷镇、金刚碑、二岩、夏溪口也相继形成了"煤港"。黄桷镇有煤坪百多家，运煤工人达万余人；金刚碑有煤坪二三十家，运煤驮马300多匹，同时，煤炭运销重庆及川北各地。①

20世纪20年代后，北碚境内煤炭工业进一步发展。1921年北碚文量枧槽沟同兴煤厂建成平洞380米，日产原煤近100吨。1925年，三才生煤矿建成投产。1928年宝源煤矿公司成立，年产煤逐步增至12.5万吨。1928年至1934年，南起嘉陵江白庙子，北止合川大田坎全长16.8公里的四川第一条运煤窄轨铁路——北川铁路全线建成通车。同期，北川铁路沿线6个煤厂达成协议，与北川民业铁路公司、民生实业轮船公司联合组成天府煤矿股份有限公司，年产原煤约10万吨。②在全面抗战发生之前，北碚的煤业曾经一度萧条，尤其是1936年四川省大旱之后，人工过剩，产量供过于求，煤价一落千丈，经营煤业的大多亏损不堪。③

1937年，全面抗战爆发之后，为保护受创工矿企业，并为抗战提供物资支持，大批工业工厂内迁至重庆、四川地区。北碚地区煤炭资源丰富，且距离战时首都重庆较近，因此全面战争爆发之后，北碚煤矿业发展迅速，营业空前活跃。到1938年，北碚地区原煤日产量达到千吨以上，其中宝源煤矿400吨，天府煤矿270吨，三才生煤矿190吨，日产百吨以上的矿井有天府后峰岩井、三才生代家沟井、宝源蔡家沟井。1938年6月，河南中福公司迁来与天府煤矿合并，组建新天府煤矿，使用其矿山设备改造、建设矿井，使天府煤矿产量成倍增长。1939年，华蓥煤矿股份有限公司成立，年产煤2万余吨。同年，为解决冶金、兵工企业所需的焦煤，经济部矿冶研究所迁来白庙子，试用天府原煤炼焦，1941年建成萍乡式炼焦炉8座，月产能力750吨。以下是1942年统计的北碚管理局境内煤业概况：

① 重庆市北碚区地方志编纂委员会编：《重庆市北碚区志》，重庆：科学技术文献出版社重庆分社，1989年版，第197页。

② 重庆市地方志编纂委员会编：《重庆市志·第四卷》（上），重庆：重庆出版社，1999年版，第58页。

③ 社会部统计处编印：《北碚社会调查概况》（社会调查与统计第二号），1943年版，第67页。

表8-17 北碚管理局境内煤业概况（1942年统计数据）

煤名	地址	创设年月	资本额	负责人	职员人数	工人人数
天府煤业公司矿厂	文星乡后峰岩	22年8月	4500000	程宗阳	131	2750
广生实业股份有限公司 广济煤矿	文星镇麻柳塆	28年5月	1000000	王瑞卿	35	115
重庆电力公司第一煤矿	文星乡万家湾	29年9月	1000000	周则洵	35	277
宝源企业公司矿业部	澄江镇蔡家沟	17年1月	5500000	蓝泽政	150	1550
燧川煤矿厂	澄江镇石碓窝	17年	1000000	洪渊荃	16	125
合记煤矿公司	二岩乡酢房湾	29年8月	300000	周坏清	28	715
复兴隆煤矿公司	二岩乡甲子洞	25年7月	1000000	周还浦	19	410
久大煤矿	金刚碑水码头	20年3月	150000	张绍泉	8	35
集生炭厂	朝阳镇陈门洞	23年	20000	冯德轩	4	30
豫泰炭厂	朝阳镇北连湾	11年	5000000	朱华廷	16	60
先进炭厂	朝阳镇狐狸树	31年	10000	况恒甫	2	10
同兴炭厂	朝阳镇梭板石	10年	20000	刘云舫	6	16
新生炭厂	金刚碑双连厂	29年	4000000（法币）	况恒甫	8	33
何元清炭厂	朝阳镇白龙安	25年	10000	何元清	2	10
复济炭厂	金刚碑么店子	27年	20000	何仲帆	3	22
翁合炭厂	金刚碑庙背后	20年	3000000（法币）	梁金鑑	4	24
义生祥炭厂	朝阳镇产箕码头	20年	20000	刘云清	1	34
经济部矿冶研究所·天府矿业公司试验洗焦厂	白庙乡麻树塆	28年7月	200000	余再麟	7	18
源丰煤矿	白庙乡飞蛾山	27年11月	100000	吴从周	2	16
裕民煤炭厂	黄桷镇第十三保	30年10月	40000	常林荫	3	5
广生实业股份有限公司 广生煤矿	黄桷镇油草镇	27年1月	250000	王瑞卿	16	55
久疆煤矿厂	一厂黄桷镇磨侵坡、二厂邱家湾	28年	200000	钱公辅	2	72
三才生煤矿	江北戴家沟	12年	未详	未详	未详	未详

　　资料来源：《北碚社会概况调查》，社会调查与统计第二号，社会部统计处编印北碚，1943年7月，第67页；《关于填送北碚管理局工厂矿场等调查表的呈、训令、代电（附调查表）》，1942年7月22日，重庆市档案馆，档号：0081004015140000006000。（三才生煤矿在北碚辖境之外，但因出口地在本地黄桷镇故仍列入本表，笔者注）

总的来看，全面抗日战争时期，北碚三峡地区已成为抗战大后方的重要煤炭基地之一，有天府、宝源、三才生等多家煤矿，年产原煤 70 多万吨，沿江出煤码头有吴粟溪、草街子、夏溪口、二岩、金刚碑、黄桷镇、白庙子等 7 处，日运量在 2000 吨以上。抗日战争胜利后，大批单位复员东迁，煤炭市场供过于求，北碚境内一批煤矿相继倒闭。[①]

（二）天府煤矿公司

1927 年，卢作孚联合张艺耘、唐建章等人共同组建北川铁路公司，该公司于 1928 年 11 月开始修建，1933 年基本完成。北川铁路的建设促进了天府煤矿的组建，同年，枧漕沟同兴厂、老龙洞福和厂、石笋沟又新厂、盖梯沟天泰厂、后峰岩和泰厂为了扩充营业，相约就各厂现有之资产估值作为股份设立公司，以求归而划一，壮大实力。同时，邀集民生、北川两公司投资，同年 6 月 24 日共同组建了天府煤矿股份有限公司（以下简称天府煤矿公司）[②]，聘请卢作孚为董事长。其后，麻柳湾公和厂加入。1933 年至 1934 年间，随着大小煤厂陆续加入，天府煤矿公司的规模和资本额逐步扩大，比如，1933 年 8 月，接收同兴厂；1933 年 9 月，接收天泰厂；1934 年 5 月，接收公和厂；1934 年 7 月，接收福和又新二厂；1934 年 11 月，接收和泰厂，其资本额达 24 万。[③]1938 年，天府煤矿公司最终和内迁的河南中福煤矿公司协商合作，旧天府煤矿及北川公司以原有资产作为股本，中福公司则以由河南迁运入川的机器材料作为股本[④]，双方合并改组，发展成为大后方最大的煤矿——天府矿业股份有限公司（以下简称天府矿业公司）。改组后，天府矿业公司的资本总额为 160 万元，卢作孚任董事长，孙越崎任总经理。[⑤]

① 重庆市北碚区地方志编纂委员会编：《重庆市北碚区志》，重庆：科学技术文献出版社重庆分社，1989 年版，第 197 页。

② 程宗阳：《四年来之天府煤矿》，中国矿冶工厂学会：《矿冶复刊号》，1942 年，第 87 页。

③ 《峡区事业纪要》，第 57 页。

④ 《第七次中国矿业纪要：各省矿产近况（四川省）》，《地质专报》1945 年丙种，第 171 页。

⑤ 《天府煤矿可供开采三十年》，《四川经济月刊》，1938 年第 9 卷第 6 期，第 30 页。

表8-18　天府矿业股份有限公司董监名册(1944年)

职别	姓名	备考	职别	姓名	备考
董事长	卢作孚	民生公司总经理	董事	周树声	中原公司常务董事
董事	杜扶成	中福办事处襄理		贝安澜	中福公司总经理

资料来源：《关于填送工矿事业调查表的函（附表）》，1944年2月，重庆市档案馆，档号：022400015000690000080000。

天府矿业公司内部建立起较为科学的组织系统，总公司对董事会负责，管理多个矿厂，而在矿厂内再设运输股、材料股、会计股、诊所、事务股、文书股、矿务股、机电股、土木股、转运股、船运股等11股，专管矿厂的各项事务，以较高的事务处理能力保证了矿厂的顺利有效运转。

就其产量而言，整体来看，全面抗日战争爆发后，由于大批工业内迁，煤炭需求量增加，天府煤矿产量也有所增加。据《嘉陵江日报》记载，1937年10月，天府煤矿公司整理矿山矿路，营业渐趋旺盛，月可产煤6000吨[1]；至11月，日可产煤300吨；至12月，月可产煤万吨，以资内地之工业。[2]1938年与河南中福煤矿合并后，厂内开始使用中福公司迁渝的先进设备，采煤技术得以改善，使得天府矿业公司产量翻倍。根据档案资料记载，全面抗日战争时期的天府矿业公司备有不同功率的锅炉共4部、不同功率的发电机共4部作为厂内动力设备，矿井内外共铺设和轻便铁路共约20公里，其机械化程度相较于战前而言得以大大提高。矿厂的采煤方法以巷柱法为主，井内煤矿的采掘仍均凭人力，但矿井内外的煤矿运输多改用电力带动的运煤车。矿厂在矿井下铺设轻便铁路，用人力推动运煤车；煤运至井口后，工人操纵电动卷扬机将煤提运至地面，再通过轻便铁道送至码头。

天府矿业公司在煤矿运输的多数时间里是以电力代替人力，这样极大地提高了矿厂的生产效率和运输速度；同时，天府矿业还在矿井内用电力

① 《天府煤矿月产煤约六千吨》，《嘉陵江日报》，1937年10月13日，第3版。
② 《天府煤矿公司现日可产三百吨》，《嘉陵江日报》，1937年11月2日，第3版。

进行通风排水工作，改善煤矿开采工作环境，其生产方式和机械设备在当时的煤矿开采业中也颇具有代表性。[①]凭借较为先进的生产机械设备，天府矿业公司在战时得以稳步发展，其表现主要有二点：其一，产品的多样化。天府矿业公司的产品不仅有烟煤，厂内还附设有炼焦厂，建有萍乡式焦炉6座，可生产包括焦化处理所得的洗焦炭等中高级煤炭产品，满足多元化的市场需求；其二，煤炭产量大。自1938年改组后，矿厂的产煤量保持着稳定的上升趋势，文集成、章体功在《官僚资本主义的天府煤矿》一文中，对天府煤矿历年产煤数量做了一个统计，将统计数据绘制成折线图后，可明显看出天府矿业产煤数量的增长趋势：

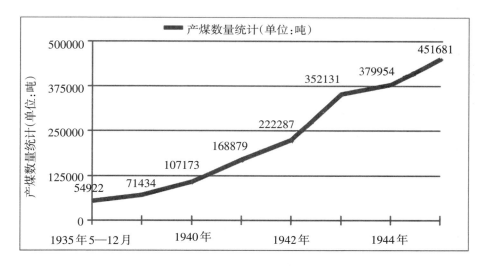

图8-1　天府煤矿历年产煤数量统计折线图

　　资料来源：文集成、章体功：《官僚资本主义的天府煤矿》（四川文史资料 第九辑），1963年，第119页。

　　就其销量而言，天府矿业公司的产煤销场上至合川下迄重庆，各项轻重工业、轮船交通、公共电力以及人民日用煤等各方面都需要借此供给，其中购入天府矿业所产煤炭的工业单位有以下：电力公司、水泥公

————————

　　[①]《民生实业公司投资天府煤矿股份有限公司事业概况调查表》，时间不详，重庆市档案馆，档号：0240002000590000009000。

司、裕华纱厂、豫丰纱厂、豫丰合支厂、华一砖瓦厂、上川公司、染整厂、动力油厂、四维砖厂、四生砖厂、颜福德堂、廿一兵工厂等[1]，这些工业单位的购煤量占天府矿业公司煤炭总销量的65.37%之多。具体来看，各类工业工矿中又以纱染类公司购煤量最大，占天府矿业公司总销量之19.29%，购煤量第二者为电力类公司，所占比例为总销量之17.12%，第三、四、五类则是化工、兵工、冶炼类工矿，所占比例分别是12.78%、8.35%、7.83%。[2]下表是1939—1945年天府煤矿的销量：

表8-19   1939—1945年天府煤矿的销量

年份	销售量
1939年	49682吨
1940年	93042吨
1941年	140290吨
1942年	192410吨
1943年	302060吨
1944年	350942吨
1945年	389394吨

资料来源：文集成、章体功：《官僚资本主义的天府煤矿》（四川文史资料 第九辑），1963年，第124页。

（三）煤矿业发展的原因

全面抗日战争的爆发刺激了北碚煤炭的开采。自从全面抗日战争爆发之后，北平、天津、上海相继失守，中国相继失去华北、华中、华南和华东的大片领土，这些地区的工业工厂遭到敌人的肆意破坏而损失惨重。战时，工业是物资支持的重要保障，对抗战有极其重要的影响，为了保护沿海地区这些工业，国民政府特给予便利，令各工厂迁往内地安全地带，继

① 杨克毅、钟功甫：《北川铁路沿线煤矿区区域地理》，《中国地理研究所地理集刊》1942年第2期。

② 《第七次中国矿业纪要：各省矿产近况（四川省）》，《地质专报》1945年丙和，第171页。

续开工，并命令资源委员会转令各地矿厂迁移①，内迁地区则以重庆、四川为主。在此背景之下，全国工业布局发生大幅度改变，四川省成为后方工业重镇，其工业地位日渐凸显出来；重庆市周围百里以内更是成为工业重心，其中尤其以煤炭业等战略性资源型行业的发展更引人注目。据经济部1944年2月统计，战时西南、西北后方工业共有1300多家，其中，重庆占1/3。内迁机关、学校和逃难后方的民众大量涌入重庆，致使重庆人口亦由战前的40余万激增到100万以上，生产、生活所需的能源供给问题日益凸显。②其次，就重庆的能源消费结构而言，战时的重庆能源消费结构呈现多元化特色，主要有煤炭、石油、天然气、酒精、电能等，但是其中煤炭仍为战时重庆的主要能源。重庆既需煤量如此之大，而北碚煤炭丰富且距离重庆较近，北碚也就理所当然的成为了供给重庆煤炭市场的煤炭基地。全面抗日战争时期的北碚产煤销场主要是重庆市及其近邻，少数在产地和沿江一带销售。重庆市用煤最多的是工厂、轮船及政府机关等。据煤业工会估计，重庆市民用煤月需1.5万吨；据燃料管理处的估计，重庆全市及近郊工业、水电航业、机关等用煤每月需要4万吨，合计约需要5.5万吨，产地和沿江各镇每月亦需1万吨左右。③煤炭需求量大大增加，刺激了北碚煤炭的开采。如上文介绍的天府煤矿公司，在全面抗战时期，年产量不断增加。

矿业政策的支持促进了北碚煤炭的开采。全面抗日战争爆发后，为了满足抗战所需要的各种物资、做持久抗战的打算。国民政府先后实行"计划经济"与"统制经济"的经济政策。1938年3月29日至4月1日，国民党政府在武汉召开了国民党临时全国代表大会，通过了《抗战建国纲领》，其中第十七条至二十四条为经济纲领，第十九条规定：开发矿产，树立重工业的基础，鼓励轻工业的经营，并发展各地之手工业。④国民政府还制定

---

① 《省外工厂迁北碚复业》，《四川经济月报》，1938年第9卷第4期，第17页。
② 肖宇柱：《抗战后方煤矿工业的主力军——"中福"内迁合创"新天府"煤矿经过》，《抗战时期内迁西南的工商企业》，1989年，第189页。
③ 社会部统计处编印：《北碚社会调查概况》（社会调查与统计第二号），1943年，第67页。
④ 李平生：《烽火映方舟——抗战时期大后方经济》，桂林：广西师范大学出版社，1995年版，第14页。

了一系列促进煤矿业发展的措施，第一，全面抗战爆发后，国民政府为了发展西南各省的煤矿业而制定战时领采煤矿办法，即只要勘察图和勘察地相符，则可以在国民政府经济部批给执照前便开工生产；第二，国民政府经济部工矿调整处为内迁的中东部煤矿公司提供贷款，并且予以保息、补助等相关优惠；第三，国民政府经济部工矿调整处可为优良矿厂订购国外产机件器材；第四，在矿井工作的技术员工可暂时缓服兵役。[①]在这些国家政策的扶持之下，北碚煤炭的开采也得到了快速发展，比如宝源煤矿，1938 年产量为 84251 吨，1939 年 95598 吨，1940 年 121598 吨，1941 年 120183 吨，1942 年 125085 吨。[②]而天府矿业公司在 1938—1944 年间，从四联总处、工矿调整处、燃料管理处、资源委员会等部门获得贷、借、垫款 15 笔，共 42781 万元[③]，其发展亦离不开国民政府的资金及政策扶持。

（四）煤矿业对抗战的贡献

北碚的煤炭在一定程度上满足了抗战后方尤其是重庆的煤炭需求，为抗战持续进行提供了物资支持。全面抗日战争时期内迁到重庆的工业有两大类，分别是军需工业和民用工业，其中军需工业又分为兵工厂和钢铁机器工业。[④]这些内迁的军需工业是生产战场上所需要武器弹药的主要基地，而这些军需工业的动力源则是煤炭，因此北碚煤炭的开采在一定程度上满足了这些军需工业的生产需要，从而能够及时为抗战提供军事物资。还有一些工业如食品业和纺织业工厂的运转也离不开煤炭作动力，而这些轻工业也为抗战提供了物质保障。还有重庆的轮船运输、火力发电、市民日常生活等方面，对于煤炭的需求量也是极大的，而北碚所产煤炭在这些方面均作出了一定的贡献。据统计，1945 年，天府矿业公司为电力部门供应的

---

① 谭鸿熙：《十年来之中国经济》（1936—1945）（上），文海出版社，第 0346 页；中国国民党中央执行委员会宣传部编印《抗战六年来之工矿》（1943 年 7 月），四川省档案馆藏，第 21、22 页，转引自庄廷江：《抗战时期四川煤矿业研究》，四川大学硕士学位论文，2007 年，第 27 页。

② 蓝泽惠、鲜伯良：《蓝文彬和宝源煤矿》，《重庆工商史料选辑·第 5 辑》，1985 年，第 148 页。

③ 文集成、章体功：《天府煤矿简介》，《重庆工商史料选辑·第 2 辑》，1962 年，第 118 页。

④ 李艳：《战时工业内迁与重庆城市化进程研究》，郑州大学历史学院硕士学位论文，2011 年，第 12 页。

煤炭数量是其使用燃料总数的60%，为兵工业提供的煤炭数量是其使用燃料总数的55%，为航业及纺织部门提供的煤炭数量是其使用燃料总数的80%，为化工部门提供的煤炭数量是其使用燃料总数的25%，为日常用煤及其他提供的煤炭数量是其使用燃料总数的55%。[1]另据记载，1942年10月，暂时驻扎在北碚管理局辖区整训的陆军第一百六十六师师长王之宇曾向北碚管理局澄江镇公所递函，称购煤困难，士兵生活颇感困难，期望可以按此前陆军第十八师购煤之价格，向北碚各矿厂购买煤炭300吨，以满足军队各部之急需。[2]由此可见，北碚是抗战后方的重要煤炭基地，其为抗战提供了重要的能源支持，是后方经济建设的主要安定力量之一。

北碚煤炭的开采促进了工人就业，一定程度上缓解了失业问题所带来的压力。全面抗日战争爆发前嘉陵江煤业一度萧条，煤矿工人供过于求，尤以1936年大旱之后，失业工人骤然增加。全面抗日战争爆发后，由于工业内迁，煤炭需求量猛增，矿工的需求量也随之增加，部分缓解了之前工人失业问题带来的压力，稳定了社会秩序。据不完全统计，在1940年，北碚有煤矿职工8058人，从事水陆运输的5262人。其中，在运输人员中，90%以上是从事煤炭及其有关物资的运输。1942年，据估计嘉陵江中至少停泊各种大小木船四五百只，并经常为煤运服务。[3]

北碚煤炭开采量增多促进了重庆工业的发展。战时内迁到重庆的工业占西南、西北工业数量的三分之一，尤其嘉陵江下游一带为重要工业区域，燃料需求量极大，如果煤炭不能及时供应，就直接影响工业的发展。天府煤业公司为电力、运输、纺织工业部门提供了其所需要燃料的半数以上，如民生公司、重庆电力公司，裕华、豫丰等纱厂这些用户每月用煤量在数千吨以上。[4]正是丰富的煤炭燃料供应使得这些工业企业得以正常运转。

---

① 文集成、章体功：《官僚资本主义的天府煤矿》，《四川文史资料·第九辑》，1963年，第122页。

② 《关于请代陆军第一百六十六师司令部价购煤炭致北碚管理局澄江镇公所的公函》，重庆市档案馆藏，1942年10月17日，档号：00810010000320000007000。

③ 重庆市北碚区地方志编纂委员会编：《重庆市北碚区志》，重庆：科学技术文献出版社重庆分社，1989年版，第198页。

④ 程宗阳：《四年来之天府煤矿》，中国矿冶工厂学会：《矿冶复刊号》，1942年，第87页。

二、轻工业制造

（一）北碚轻工业的发展概况

在全面抗日战争爆发前，北碚的工业化运动可以说暂告停顿，到1937年国民政府迁都重庆之后又渐渐活跃起来。内迁的工业有些迁到北碚，如大成染织工厂、大鑫钢铁工厂火砖部、同心酿造厂等。[①]同时当地建设了许多新厂。北碚工业化运动虽然开端于1931年前后，但是继续发展却是全面抗日战争爆发后，其原因主要是政府西迁，四川成为战时经济的重心。[②]北碚的工业以轻工业类为主，主要的轻工业有纺织业、食品加工业、印刷业及玻璃制瓷业。1942年的部分统计情况如下表：

表8-20　北碚管理局境内轻工业概况（1942年统计数据）

厂矿名	地址	创设年月	资本额	负责人	职员人数	工人人数
中央振济委员会民利制革厂	金刚碑	1939年	560000	罗任一	7	25
协兴三峡染织厂	金刚乡七公所	1939年	300000	刘仲平	15	100
正中书局印刷厂	金刚碑	1930年	—	范献臣	11	128
西南麻织厂股份有限公司	何家嘴	1939年	750000	金德成	14	130
中国妇女慰劳总会北碚征属工厂	毛背沱	1940年	200000	李琬	12	50
大明染织股份有限公司北碚工厂	北碚庙嘴	1939年	1000000	查济民、郑湘帆	26	521
重庆印刷厂第二工厂	天生桥	1941年	5000000	唐崇李	17	123
义大实业股份有限公司玻璃制造厂	北碚二岩白沙沱	1941年	500000	赖其芳、郑邦一	20	100
重庆蜀华布厂峡区分厂	澄江镇乌木嘴	1939年	500000	印荣廷	4	21
广益化学实业工厂	东阳镇	1936年	800000	王道	—	65
四川丝业股份有限公司北碚蚕种制造厂	黄桷镇上墈六号	1937年	—	熊季光	3	370

资料来源：《关于填送北碚管理局工厂矿场等调查表的呈、训令、代电（附调查表）》，1942年7月22日，重庆市档案馆，档号：00810004015140000006000。

[①] 《嘉陵江三峡乡村建设实验区署抗战时期工作报告》，《北碚月刊》，1928年第2卷，第20页。

[②] 社会部统计处编印：《北碚社会调查概况》（社会调查与统计第二号），1943年，第79页。

1.纺织业。北碚纺织业发轫于清末民初，当时该地区已有织户1000多家，不过，均用手工生产土白布，其产品主要销往川北、川南及贵州、甘肃等省。1927年，峡防局出资5万元，购置设备，开设工场，生产"二八"宽幅布，用人工染色，年产色布6万米。1927年春季，峡防局派兵到北碚附近布厂见习，派员到重庆各布厂观察，冬季开始试织，木机由数架渐次扩充到十几架；纺织机由本地木机到湖北铁机到天津铁机到东洋铁机，手工生产宽幅白布，月产色布5000米。1929年秋季已有木机三四十架。1930年春季，在上海购买三星棉铁厂动力机及各项机器，8月运回北碚同时工程师到厂安置一切。1930年10月正式改组成立三峡染织工厂，附属于峡防局，以机器纺纱织布；此时资本达五万元[①]；有摇纱、织布、织袜、电灯、漂染、毛巾、石印、缝纫八部；职工人数百十人；主产冲毛呢、蜂窝布、各色阴丹士林布、各种花布还有运动背心、花袜、毛袜，男女老少穿的都有[②]；在合川、重庆、广安、万县、成都设有售货处[③]；每月产量八百余匹，主产阴丹士林布、格子呢、峡防布等。其中，中山呢、印花绒布等为全省独家生产。1932年3月份，三峡染织工厂的营业额有两万余元；[④]1933年，该厂拨归中国西部科学院直接经营管理，1935年8月再让度于民生实业公司，民生公司对三峡厂进行了改革和整顿，经销点由5个扩大到19个。[⑤]每日可产布四十几匹，但仍不够各销货处的销售，可以说是供不应求。[⑥]

之后，卢作孚还不断地扩充设备，修整厂房。全面抗日战争初期，三峡染织厂与2家内迁纺织厂合并，组建了大明染织厂，增加设备和技术人员，扩大了生产规模。1940年4月，西南麻织厂股份有限公司在北碚西南

---

① 黄子裳、刘选青：《嘉陵江三峡乡村十年来之经济建设》，《北碚月刊》，1937年第1卷第5期，第29页。

② 《三峡染织工厂》，《嘉陵江日报》，1931年10月10日。

③ 《五年来峡区之新兴经济事业》，《嘉陵江日报》，1932年1月2日。

④ 《三峡染织工厂三月份营业报告——营业总额几达两万》，《嘉陵江日报》，1932年4月10日。

⑤ 陈淑宽：《卢作孚与大明纺织厂的创办和发展》，《卢作孚追思录》，重庆：重庆出版社，2001年版，第535页。

⑥ 《三峡工厂新气象》，《嘉陵江日报》，1935年4月16日，第3版。

开设第三工厂，有麻棉交织机70台，和精炼、漂白、染色、印花、整理全套设备，投产麻交中山呢、麻交斜纹等，月产12.3万码，产品还进入香港市场。这期间，还有私营协兴染织厂、重庆蜀华布厂北碚分厂、北碚黄桷棉织社等，均以生产棉织品为主。①

战时北碚纺织业规模最大的当属大明纺织染公司。全面抗日战争爆发后，内迁北碚的常州大成纺织染公司联合民生公司三峡染织厂、湖北隆昌染厂成立大明纺织染公司。

1938年1月19日，刘国钧在民生公司召开发起人会议，讨论大成纺织染公司与民生公司三峡染织厂合并事宜，会议议决厂名、股本数额，并成立筹备处。双方合并后计划淘汰手工布机，一律使用电力织布，但三峡染织公司染色设备缺乏，大成纺织染公司内迁设备中也无染色设备，恰在这时，汉口的隆昌染厂也正在内迁。隆昌染织厂，始创于上海，全面抗日战争爆发前即迁至汉口，后迁至重庆。1938年6月10日，三方在重庆的陕西街糖业改进会召开成立大会。卢作孚、马冠雄、徐吟甫、宋师度、查济民、郑壁成、王莱山等30余人参加了会议，当场选出董事长卢作孚，常务董事彭瑞成、马润生，董事倪麒时、刘国钧、刘汉塑、郑东琴，监察张昌培、徐吟甫等。并由董事会聘请刘国钧为总经理，王莱山为协理。②

大明染织股份有限公司，资本额40万元，原三峡厂董事长、民生公司总经理卢作孚，被推选为公司的董事长，原大成纺织厂总经理刘国钧被推为经理，厂长为原大成公司工程师查济民。1939年3月开始工作营业，该厂是战时后方机织染业之主力。③该厂的营业状况自合并后日渐发达，1940年纯盈利38万余元，1941年纯盈利140万余元。④1943年，该厂有织机200余台，每日产量在200匹以上。⑤1946年，易名为大明纺织染股份有限公司，集纺、织、染为一厂，是功能齐全的企业。此公司独自开发的大明蓝

① 重庆市北碚区地方志编纂委员会编：《重庆市北碚区志》，重庆：科学技术文献出版社重庆分社，1989年版，第218页。

② 《大明染织公司开会成立》，《四川经济月刊》，1938年第2期。

③ 《四川大明染织厂参观记》，《纺织染季刊》，1941年第4卷第2期，第110页。

④ 社会部统计处编印：《北碚社会调查概况》（社会调查与统计第二号），1943年，第81页。

⑤ 《大明染织厂生产近况》，《中国工业》，1943年第17期，第40页。

色布，质优价廉，称誉全川。

2. 食品加工业。北碚区食品加工业有糖制食品、肉类加工、酿造、豆制品、面粉加工等行业。清末，温泉寺兴起了水磨面作坊，利用温泉水冲动木制飞轮磨面粉，加工手工挂面。20年代，北碚即有手工作坊10多家，其中，孔雀牌北泉手工挂面，于1930年10月在重庆农副特产品展览会上获奖。战时，北碚有北泉、天源和新源3家小型面粉厂，年产面粉五百多吨。1941年，区内有酿造酒糟房8家，制酱油、醋的作坊4家。[①]随着战争的持续，国民政府大后方粮食危机逐渐凸显。为统筹粮食管理，国民政府决定大力发展粮食加工业。1941年，国民政府成立了中国粮食工业公司，主要加工大米，同时也生产面粉，这是战时重庆最大的大米加工厂，并在北碚建立一个碾米厂。[②]

3. 印刷业。北碚的印刷业有90余年的历史。1926年就有石印的《峡声报》面世。1927年，峡防局成立石印社，有石版4块，印机2架，承印公文、布告、商标和《嘉陵江报》。1931年，开始运用铅印术，主要印制《嘉陵江日报》和《北碚月刊》。1938年，随中国辞典馆迁至温泉公园的北泉人文印刷厂，有印机3台，铸字机1台，人员12人，主要印刷书刊。1940年，金刚碑有公营正中书局第二印刷厂，人员136人，印机6台，铜模10多副，主印国民政府教育部大、中、小学教材。1939年，私营精华印刷厂由南京迁至天生桥，有员工112人，设有4个车间，6部印刷机，8部铸字机，资本法币500万元，主印科技、文艺等书籍，还能印制外文、彩色书刊，后被中央信托局收买，改名为重庆印刷第二工厂，除印刷钞票外，还印刷印花、本票、支票等。1943年后，这些印刷厂陆续迁走。北碚地区内只留国光、益兴、协兴等10多家印刷社，规模小、设备差，大都只印制一般社会杂件。[③]

---

① 重庆市北碚区地方志编纂委员会编：《重庆市北碚区志》，重庆：科学技术文献出版社重庆分社，1989年版，第221页。

② 重庆市地方志编纂委员会编：《重庆市志·第四卷》（下），重庆：西南师范大学出版社，2004年版，第305页。

③ 重庆市北碚区地方志编纂委员会编：《重庆市北碚区志》，重庆：科学技术文献出版社重庆分社，1989年版，第223页。

（二）北碚轻工业发展对抗战的贡献

北碚的轻工业是在全面抗战爆发的背景下进一步发展的，其得到发展主要原因在于战时政府机关及工业企业的西迁，重庆成为战时的政治经济重心。战时，国家不仅大量需要枪支弹药，而且也需要服装、食品干粮等基本生活物资。内迁至重庆的政府机关、高校师生、避难外省人员以及重庆本地人民的日常需要成为轻工业产品增加的最大动力。再加上国民政府又采取鼓励轻工业经营政策，这就为北碚轻工业的发展提供了良好的环境。在这样的条件下，北碚的轻工业有所发展，而其所带来的影响如下：

为抗战提供了物资支持。战时，后方各种物资均处于急缺状态，北碚的轻工业为北碚及重庆地区的军需民用提供了一定的物资支持。比如大明纺织厂，其所生产的布匹，大部分均供给军人制作棉军服及夏季草黄色单军服[①]；重庆印刷第二工厂，印刷了战时所需要的钞票；北碚的碾米厂、面粉厂，军用优先，民用次之；玻璃、制瓷工厂的生产则满足了日常民用需求。

促进了教育文化的发展。战时，北碚内迁了多家文化科学事业单位，如复旦大学、清华无线电研究室等等。这些单位所需要的书籍以及中学小学的书籍都需要印刷厂的印刷，如北泉人文印刷厂、正中书局第二印刷厂主要印刷书刊及大、中、小学的书籍，因此北碚印刷业的发展促进了当地教育的发展。其次，还有报刊的印刷，如《嘉陵江日报》为民众传播了战时各方的消息、鼓励民心军心、记录了峡区要闻，还传播科学文化，增加了人民的见识和常识；《北碚月刊》则主要记录了三峡实验区的工作报告和计划。还有私营精华印刷厂，主印科技、文艺等书籍，促进了文化的传播，这有利于凝聚全国人民，团结一心，为实现民族独立而奋斗。

促进了北碚的工业化进程。在全面抗日战争之前，北碚的工业十分弱小，而且基本上都是轻工业。1937年，全面抗日战争爆发后，江苏、上海、河南、湖北等省、市迁来了30多家采矿、纺织、化工、违材、印刷等企业和研究单位，这些企业和单位或与北碚同行业合资经营，或开办新

---

① 重庆市档案馆，重庆师范大学编：《中国战时首都档案文献——战时工业》，重庆:重庆出版社，2014年版，第613页。

厂，带来了一批较先进的生产设备和生产技术，虽然这些工业仍以轻工业为主，但是却促进了北碚工业的进一步发展①。

第三节 战时北碚蚕桑业经济

北碚的蚕桑业肇始于清同治年间，由于相对适宜的自然环境，北碚人民一直保持着蚕桑业的生产。全面抗日战争爆发以来，北碚的蚕桑业得益于政策和外省技术人员的支持，在此特殊环境下仍能艰难地前行。这一时期的北碚蚕桑业在蚕丝改良场的领导之下，进行了蚕种改良与推广，先后建立起了两个蚕种场（即北碚蚕种场和西里蚕种场）及大片桑园，蚕桑业发展态势良好，呈现出了生产科学化、规模化的发展特点。战时北碚蚕桑业的发展一方面改良了北碚的传统蚕种事业，促进了四川省蚕种制造业的恢复、转型和发展；另一方面，北碚蚕桑业的发展增加了国民政府财政收入，为制作降落伞等军需品提供原料，增强了反法西斯同盟的力量，为抗日战争的胜利作出了一定的贡献。

一、蚕桑业的发展概况

北碚的蚕桑业肇始于清同治年间。北碚位于亚热带，深处内陆。春季回暖早，夏季长而热，秋季多绵雨，冬季无严寒，灾害性天气不甚严重，为典型的亚热带温暖湿润季风气候。温湿度是育蚕成败的关键因素。②除了温湿度的影响，喜温且分布极广的桑树培育也对养蚕育蚕极为重要。因北碚位于四川盆地东南部，西有青藏高原，北有秦岭山脉，东北有大巴山区，南有云贵高原，一般强度冷空气不易侵入，因而冬季气温虽是全年最冷季节，但比同纬度的长江中下游地区平均气温高3°C左右。除山区外，

<hr/>

① 重庆市北碚区地方志编纂委员会编：《重庆市北碚区志》，重庆：科学技术文献出版社重庆分社，1989年版，第195页。

② 尹良莹：《四川蚕业改进史》，北京：商务印书馆，1947年版，第6页。

小于0℃的天数，年平均仅1.7天。[1]适合的温湿度和良好的生长环境为北碚的蚕茧生产和桑树培育提供了前提。

进入民国以后，面对"蚕农以亩蚕劳无所得、多撅桑变计，改事他业，迅见四千年之蚕桑殆将绝迹"之惨状，朝野上下大声疾呼："夫我国蚕桑事业既具有深长之历史、广厚之基础、至此果将无复兴之望耶？亦绝无筹济之策耶？此直接与间接从事蚕丝事业之效千万人民，亦将任共自生自灭，转辗哀号，于失业之痛苦，国家视若无睹，而不为之设法免救耶？"[2]在传统蚕桑产业"或兴或灭"的危急关头，从政府到民间，已经不再仅仅停留于情绪性的呐喊和空洞化的呼吁，而是冷静分析国际同行之所以胜出和自己之所以失败的原因，从而对症下药，寻找起废振颓的正确途径与具体措施。有识之士认为中国蚕丝衰落的原因是，表面上是因为外国生丝倾销而导致国内生产减少，但实际上是由于墨守成规，不改进植桑养蚕缫丝等技术，导致出口丝质量差，不能适应市场需要，于是生丝市场逐渐被日本生丝所占。基于以上原因大都相信"诚能自植桑以至缫丝，均用科学方法彻底改善，增加生产，减低生产费，一面保存国丝优点，一面求合乎市场需要，则利用我国廉价之人工、低减之成本，以与口丝争衡，未始无复兴之把握"[3]。

民国初年，北京政府在"实业立国"这一思想的指导下，于1912年8月8日设立农林和工商部，以协助与提倡实业发展[4]，其中农林部管理事务中有蚕业一项[5]，可见这一时期北京政府对于蚕业同样给予了重视。1915年，又在四川巴县、合川等地设蚕务局，指导重点蚕桑产区的生产技术，

---

[1] 重庆市北碚区地方志编纂委员会编：《重庆市北碚区志》，重庆：科学技术出版社，1989年版，第42页。

[2] 国民政府全国经济委员会档案：《曾养甫关于蚕丝改良委员会过去进行事业及将来发展计划致琴汾函》，民国二十四年五月二日。中国第二历史档案馆编：《中华民国史档案资料汇编》第五辑第一编"财政经济"（六），南京：江苏古籍出版社，1992年版，第263页。

[3] 国民政府全国经济委员会档案：《全国经济委员会蚕丝改良委员会过去及将来》，民国二十四年五月二日。中国第二历史档案馆编：《中华民国史档案资料汇编》第五辑第一编"财政经济"（六），南京：江苏古籍出版社，1992年版，第264页。

[4] 章伯锋，李宗一主编：《北洋军阀》（第2卷），武汉出版社，1990年版，第1353页。

[5] 中国第二历史档案馆编：《北洋政府公报》（影印本），上海：上海书店，1912年版，1912年8月9日第101号，第4册，第236页。

要求"县知事为亲民之官，苟能提倡指导，不难克日程功。希迅饬产丝各县，传谕乡民，或派员分赴各乡，广行劝导，务使饲蚕各户，安心饲养，并力求推广，以期制丝原料逐渐增加，将来输出旺盛，生产日裕，国课商业，亦交受其益"。[1]1921年上海设立"中国合众丝桑改良会"及生丝检查所，宣传蚕桑改良的必要性。[2]南京国民政府成立之后，对蚕桑教育和科研工作更为重视，取得的成绩也较显著，"造就了不少蚕桑技术人才"。

在1921年之际，四川生丝生产犹见繁盛，自1921年至1930年数年间，四川生丝产量，每年平均约在35000担左右[3]，是四川省蚕桑业极盛时期。四川蚕丝一向为出口大宗，占本省贸易品第一位，丝价高昂，每担生丝价值1000两白银以上（最高达1600两白银）。[4]

1927年，卢作孚刚到北碚出任峡防局局长时，及时对开发北碚的资源和地方产业进行了全面调查研究。[5]1928年，卢作孚组织峡防局人员，在北碚东阳镇上坝农场种植桑苗5000株，养蚕一季，精制一批蚕种。并在峡区训练处设养蚕组，春夏两季教士兵养蚕制种，作之后大规模养蚕之预备。[6]1928年3月10日，《嘉陵江日报》刊登了《峡防局的新计划，大规模的经营工业》一文，文中提到峡防局将进行织布、养蚕、缫丝、修枪、建筑等工业项目的开发，并且都有一个详细的计划。

二、蚕桑业的发展

受到20世纪20年代末到30年代初世界经济危机影响，四川蚕业处于中华民国成立以来第一次大衰退，蚕茧产量约13万担，仅及高产年

---

① 章有义：《中国近代农业史资料（1927—1937）》（第2辑），生活·读书·新知三联书店，1957年版，第174页。

② 祝慈寿：《中国近代工业史》，重庆：重庆出版社，1989年版，第510页。

③ 李守尧：《四川之蚕丝业概述》，四川省银行研究处编《四川经济季刊》，第二卷第3期，1945年7月1日版，第124页。

④ 何建廷主编：《抗战时期的北碚蚕桑业》，《北碚文史资料》第四辑，重庆：政协、重庆市北碚区委员会文史资料委员会，1992年10月第1版，第107页。

⑤ 凌耀伦、周永林：《卢作孚研究文集》，北京：北京大学出版社，2000年版，第359页。

⑥ 《峡区周年来经营的事业》，《嘉陵江日报》（影印版），1928年6月30日，第3版。

（1931）的25%，出口生丝4000余担，仅及最盛时代的10%。[1]北碚同样也受到波及，茧价下降，养蚕业日渐衰退，桑树遭到大量砍伐，被用作柴薪或代种果树。1934年，全国经济委员会在川省分设蚕桑指导所，购得新种，散发给乡民，"蚕事之收量，较昔倍之，甚得蚕农信仰，海外市场，亦渐恢复"[2]，人民对蚕丝业之兴趣为之一振。[3]同时，出任四川省建设厅长的卢作孚拟定了《四川省政府建设厅施政纲要》，着手恢复和改进四川蚕业。在施政纲要中，他提出了建设三个原则，重点兴办粮食、棉花、家畜、蔗糖、蚕丝、木材、轻工、采矿、铁路、公路、电讯、航运等项目，为四川开发的前期论证工作奠定了良好基础。[4]

随着战事的展开，以及在当地政府政策支持和以卢作孚等爱国人士的积极推动下，一方面一大批专业技术人员内迁至四川省，部分分流至北碚，为当地的蚕桑业带来了技术支持；另一方面，北碚建立了北碚蚕种场（即四川蚕桑改良场川东分场）和西里蚕种场（即惠利农场），进行蚕种改良与推广，一改之前北碚蚕桑业式微的局面。

1.江浙丝业人员的内迁。"七七"事变后，抗日烽火遍燃主产蚕丝的江、浙、粤、鲁诸省，养蚕、制种、缫丝、贸易等工作不得已全部停止。"就战前情形而言，江浙蚕丝生产量居于第一位，其次是广东，再其次是四川。不过自抗战以还，所有苏、浙、皖、鲁、粤等省蚕丝区域，均相继沦为战区，敌人一面到处砍伐桑树，彻底摧毁，一面组织伪华中蚕丝公司，借此掠夺物资，所以目前的蚕丝业，只剩下一个四川了。"[5]蚕业技术人员先后辗转来到四川。1937年11月上海失守后，江、浙、皖等省避难入川的大批蚕业技术人员100多人，于11月下旬抵达重庆。四川丝业公司陆续接待先后入川的蚕丝专家、学者、技术人员共200多人，其中有的延聘在公

---

① 何建廷主编：《抗战时期的北碚蚕桑业》，《北碚文史资料》第四辑，重庆：政协、重庆市北碚区委员会文史资料委员会，1992年10月版，第107页。

② 范崇实：《四川蚕丝业之经过及将来》，《建设周讯》，1937年第4卷第6期。

③ 赵仲舒：《嘉陵江实验区署一年来之工作》，《北碚月刊》（影印版），1937年，第一卷第9、10期，第43页。

④ 凌耀伦、周永林：《卢作孚研究文集》，北京：北京大学出版社，2000年版，第84页。

⑤ 罗成烈：《四川的蚕丝业》，载《四川经济季刊》，1943年第3期。

司任职，大部分派往北碚两个蚕种场及南充的四川蚕桑改良场等蚕业单位。入川蚕业技术人员具有不同程度的专业学历及丰富的蚕业生产经验，他们将先进的蚕业生产技术、操作方法与管理制度传播到四川蚕区及各地蚕种场，推动和提高了蚕业生产技术水平。在北碚两个蚕种场工作的江、浙技术人员30多人，分别担任了各级领导及业务技术骨干，先后担任场长的陶代华、熊季光、吴引庄、孙泽澍、陈葆清、葛敬遽、唐士元、马进等都是蚕业界知名的专家（陶代华、熊季光、孙泽澍虽系四川籍，但都就读于南京中央大学并在江苏工作，抗战前夕先后返川）。[1]在大批学校、机关、科研、企事业单位陆续迁建北碚时，当时的农林部中央农业实验所蚕桑系也迁到北碚上坝，租用北碚蚕种场的新建楼房作养蚕室，后又购买白家洋房作养蚕室及宿舍，著名蚕业专家孙本忠博士曾在此选育黄皮蚕。

江浙丝业人员的内迁为内地桑蚕业注入了一股新鲜力量，极大改变了四川省桑蚕业现状，同时也为战后其他地区恢复发展蚕桑业保留了火种。

2. 蚕种场的成立。（1）北碚蚕种场和西里蚕种场。1936年初，卢作孚先生邀请中央大学毕业留日的江苏蚕学专家尹良莹归国来川，随来大批江、浙、皖籍的技术人员，在南充创办"四川省蚕桑改良场"，使桑树培育、蚕种制造、蚕桑科技的应用推广、研究生丝品质提高的技术等有一个整体计划，并组建川北、川南蚕桑推广区，同年七月四川省蚕桑改良场接管四川蚕桑推广所，改名川东蚕桑推广区，四川蚕区逐步扩大到66个县设置蚕桑推广所。与此同时，卢作孚又亲自从江苏延聘中大毕业留日的蚕学专家陶代华（四川籍）回川任四川省建设厅技正兼四川省蚕丝事业管理局（在重庆）技师。同年八月，四川省蚕丝事业管理局局长魏文翰（留美名律师，现在上海）与陶代华前次来北碚考察区属东阳镇上坝土质优良，当即筹办北碚蚕丝改良场，且已经得到建设厅核准，只等省府批准。[2]1936年9月，嘉陵江三峡实验区署奉省府训令为蚕丝业管理局负责征收东阳镇上坝

① 何建延主编：《抗战时期的北碚蚕桑业》，《北碚文史资料》第四辑，重庆：重庆政协、重庆市北碚区委员会文史资料委员会，1992年10月版，第109页。

② 《蚕丝管理局将在东阳镇筹办北碚蚕丝改良场》，《嘉陵江日报》（影印版），1936年8月27日，第3版。

土地为蚕丝改良场。由区长和建设股主任会同江北县代表蚕丝业管理局川东分场技士前往该地召集各地主开会商讨进行，并成立购地委员会，进行购买。①当时卢作孚任川建厅长，其设法征收上坝土地数百亩，作为场址及桑园地，同法委托熊季光、张文明由浙江省采办优良桑苗，由陶代华场长开办，王开汉、孙泽树分别主持栽桑育蚕技术，"四川蚕桑改良场川东分场"（即今四川省北碚蚕种场）得以确立。②

"四川省蚕桑改良场川东分场"于1937年2月9日在北碚正式成立，陶代华任场长。川东分场接管原川东推广区业务及人员，在场内设推广股，直接领导江北、巴县、璧山、合川、铜梁等县的蚕桑指导所，推广改良白茧蚕种，发展蚕业生产。1937年7月，推广部分由川东分场划出，恢复川东蚕桑推广区机构，川东分场即更名为"北碚蚕种场"，同时，该场为提倡养蚕风气，作大规模之养蚕，以作改良标准，积极修筑新蚕房。③

抗战时期的北碚蚕种场以其人才荟萃，技术力量雄厚，规模较大，设备先进、完善，制造品质优良的三级蚕种而闻名于国内外并享誉欧美。从1937年建场到抗战胜利，《嘉陵江日报》曾10余次报导该场的建设与生产等参观访问记。当时的农林部长沈鸿烈、四川丝业公司董事长何北衡、总经理范崇实均曾多次陪同苏联及英国大使馆人员，加拿大大使，英、法、瑞士等国外交人员，法国商务专员，法国经济代表团，印度农学专家等到该场参观。1941年，国际宣传处邀请中国电影制片厂摄制北碚蚕种场采桑、育蚕、制种等新闻镜头，寄往英、美两国救济委员会作宣传。1944年，该场生产的框制种、平附种均送交贸易委员会和陪都青年馆作陈列品，蚕儿实物标本62瓶与蚕茧标本20瓶送陪都作双十节展品。④

1937年到1945年间，川东推广区发展到5县、37个场镇，有8000多户

---

① 《嘉陵江三峡乡村建设实验区署第一周年大事记》，《北碚月刊》（影印版），1937年，第一卷第9、10期，第159页。

② 《四川丝业股份有限公司北碚蚕种制造场概况》，《嘉陵江日报》（影印版），1945年4月8日，第3版。

③ 《蚕桑改良场新建蚕房定九二完工》，《嘉陵江日报》（影印版），1937年7月26日，第3版。

④ 何建廷主编：《抗战时期的北碚蚕桑业》，《北碚文史资料》第四辑，重庆：重庆政协、重庆市北碚区委员会文史资料委员会，1992年10月第1版，第110页。

农民栽桑养蚕，桑树240万株，春、秋两季饲养蚕种约6万张；现属北碚的蔡家场也有800多户农民养蚕，有桑树15.7万株，每年养蚕约6000张。

　　1935年，重庆大华生丝贸易公司经理黄勉旃、童斗皋同四川蚕桑指导所陈葆清、孙泽澍在巴县蔡家场土主庙（现北碚区蔡家岗）创办惠利农场，为中国西南地区最早开办的改良蚕种场，陈葆清任厂长。该厂主要工作是在农村普及农业科技知识和科学指导农业生产、并直接从事蚕桑养殖，当年成功生产改良北碚桑蚕种6000张。1937年7月，惠利农场更名为四川丝业股份有限公司巴县蚕种制造厂。1944年，改名为西里蚕种场。[①]该场年生产能力为14万张蚕种，总产值52.2万元。[②]1937年后，四川省蚕丝事业管理局购买了"惠利农场"更名"巴县蚕种场"，繁殖推广杂交改良蚕种。

　　1938年初，北碚、巴县两蚕种场根据四川省府颁布的《管理蚕丝业大纲》，划归四川丝业公司经营（公司设重庆），从此，地处北碚的两个蚕种场成为四川蚕种制造业的重要基地。到1945年时，北碚蚕种场，拥有蚕室96间，桑园4000公亩，每年制种能力18000张；西里种场，有蚕室36间，桑园1380公亩，每年制种能力11000张。北碚冷藏库，能冷藏春秋两季蚕种各30万张。[③]

　　（2）蚕种改良。北碚两个蚕种场的成立，意味着北碚的蚕桑业发展进入一个新的阶段。首先，两场培育并向蚕农发放改良蚕种，提高了蚕种品质；其次，北碚蚕种场自1943年起增设原种部，为培育改良蚕种继续奠定了坚实的基础，同时也满足了原种自给；最后，在北碚蚕种场设立冷藏库，使得北碚秋蚕饲育更为方便。至此，两个蚕种场从三个方面推动了北碚的蚕种改良。

　　四川地区养蚕，在1934年以前所用的蚕种，大多是自留或购买三眠黄蚕种居多，土种的质量大多不良，收成欠差，且不易饲育，改良种又仅供

　　① 重庆市蚕业科学技术研究院编：《北碚蚕桑种》，2012年。
　　② 重庆市北碚区地方志编纂委员会编：《重庆市北碚区志》，重庆：科学技术出版社，1989年版，第255、266页。
　　③ 尹良莹：《四川蚕业改进史》，北京：商务印书馆，1947年版，第59—60页。

机关学校实验。[①]"土种品种杂驳、病毒繁多，其成绩之恶劣，殊为整个蚕丝业进展之障碍"[②]，又"种子为蚕之母，其优劣关系蚕业复兴之成败，甚为密切"，所以蚕丝改良场成立时，首要任务是制造改良蚕种，以供推广于民间，从而树立蚕业复兴的基础。有鉴于此，1934年全国经济委员会蚕丝改良委员会设立四川蚕桑指导所，于江北、巴县、潼川、璧山等地成立分所，实行统一指导，推行蚕桑改良工作，主要是取缔土种，分发放良蚕种，指导养蚕技术，"以无偿供给农民饲育，以收统制蚕种之效果，而积极使在来之土种，归于自然淘汰"[③]。由于日本和江浙改良蚕种的勃兴，当年向江苏镇江合众蚕丝改良会购得框制种五千张及散卵若干，分给重庆附近巴县、江北二县及川北产茧区域之潼川等处，结果成绩甚佳，"虽仓促从事，结果颇称圆满"[④]。其后，饲育改良蚕种的想法逐渐深入蚕户心中，改良蚕种的饲育也逐步在川省展开。

1937年8月，北碚蚕种场试行制造蚕种，该场为使蚕农普遍俱能喂改良蚕种起见，故喂蚕卵至120张之多，"成绩甚佳"[⑤]，备将来完全制成蚕种，而期繁殖广大。[⑥]1938年，该场制成50000张在川东各县推广[⑦]，为将来川省蚕丝的发展奠定了坚实的基础。同年4月，向北碚、文星和黄桷三镇分发蚕种952张。[⑧]

---

① 杨碧楼：《十年来之四川蚕丝业》，《四川经济季刊》，1946—1947年第4卷第1期，第27页。

② 国民政府全国经济委员会档案：《行政院关于财政实业两部会拟挽救江浙蚕丝业根本办法致全国经济委员会公函》，民国二十三年四月十日。中国第二历史档案馆编：《中华民国史档案资料汇编》第五辑第一编"财政经济"（六），南京：江苏古籍出版社，1992年版，第246页。

③ 尹良莹：《四川蚕业改进史》，北京：商务印书馆，1947年版，第258—259页。

④ 国民政府行政院档案：《高沛郇、卢作孚等关于四川蚕丝业改良初步经过报告》，民国二十三年。中国第二历史档案馆编：《中华民国史档案资料汇编》第5辑第一编"财政经济"（六），江苏古籍出版社，1992年版，第254—255页。

⑤ 赵仲舒：《嘉陵江三峡乡村建设实验区署工作报告书》，《北碚月刊》（影印版），1937年9月至1938年2月，第二卷第1期至第6期合刊，第146页。

⑥《蚕桑改良场川东分场制造蚕种开始喂养》，《嘉陵江日报》（影印版），1937年8月31日，第3版。

⑦《川东蚕桑制种场本季可制五万张》，《嘉陵江日报》（影印版），1938年3月22日，第3版。

⑧ 赵仲舒：《嘉陵江三峡乡村建设实验区署工作报告书》，《北碚月刊》（影印版），1938年3月至8月，第二卷第7至12期合刊，第183页。

到1941年，已有北碚、南充、西充等23个蚕种场，各场桑园、蚕室及设备较为完善。每年制种数量，春秋两季约八十万张，实际制种能力已能年产百万张以上。[1]而到了1946年时，蚕农大多使用的是改良蚕种，土种则甚少使用。[2]

表8-21 川省十年来改良种制造数量表

年别	春制春种（张）	春制秋种（张）	秋制春种（张）	合计（张）
1936年	15634	—	13536	29170
1937年	7519	44841	58428	110788
1938年	126352	193353	214547	534212
1939年	82123	334747	235926	652796
1940年	92945	403637	244629	741211
1941年	55705	365710	232908	654323
1942年	8196	260000	166898	435094
1943年	—	330649	194670	525319
1944年	29131	428046	108621	565798
1945年	—	386952	101840	488792

资料来源：杨碧楼：《十年来之四川蚕丝业》，《四川经济季刊》，1946—1947年第4卷第1期，第37、38页。

蚕种改良是四川省蚕业改良的重要环节之一，其中，用于培育改良蚕种的原蚕种的作用也不容忽视。在1936年之前，四川省所需的原蚕种都是自制的土种，到蚕丝改良场成立后，原蚕种全部需要从江浙等省输入，气候和地域条件是否适宜姑且不论，仅运输一项就出现不少问题。为解决这些困难，只有自行培育。除了改良蚕种制造，原蚕种的培育工作也在1936年春开始着手建设，以供制造强健优秀的原种。[3]

1937年，蚕丝改良场培育原种洽桂、华六、华七和瀛真，共2693张，

---

[1] 《四川蚕丝业现状及其改进途径》，《川农所简报》，1941年第3卷第3期。
[2] 尹良莹：《四川蚕业改进史》，北京：商务印书馆，1947年版，第167页。
[3] 尹良莹：《四川蚕业改进史》，北京：商务印书馆，1947年版，第200页。

1940年增加至25570张。此时蚕丝改良场所制原蚕种供不应求①，1943年，北碚蚕种场增设原种部，从事培育原蚕种。到第二年春，北碚蚕种场制造原种5213张，不仅满足了四川丝业股份有限公司各场全部原种自给，还接济了其他如培滨、嘉陵、文峰、福民等私人种场。

蚕种改良除了上述的饲育改良蚕种和原蚕种之外，冷藏库的设立同样也为进一步蚕种改良奠定了良好基础。四川省过去养蚕以春蚕为主，极少数养夏蚕，但是从未有人饲养秋蚕。为了增加养蚕回数，从而增加产量。除了用人工孵化法外，可通过设立冷藏库解决养蚕回数这一问题。由于入春后气温不定，容易影响蚕种发育，若先将蚕种置于冷藏库，等到催青时再将其取出，最为稳妥。1936年蚕丝改良场首先在南充设立了阿莫尼亚冷藏库，由此秋种供应问题随之迎刃而解。四川省蚕桑改良场（位于南充）试育秋蚕，大获成功，川北第一指导所育秋蚕6160斤，川北第七指导所10170斤，第八指导所14112斤，川东第二指导所12247斤，第四指导所20001斤。②川北蚕区往昔为天然所限，只能春期一季养蚕，且无丰收把握，四川省蚕桑改良场在设立冷藏库后制出秋蚕种分发农民，各地皆报丰收，且品质优良，农民收入可观。③嗣后随蚕业事业的发展，在北碚又设立了新的冷藏库。这样一来在蚕种冷藏上则更为方便。同时近年因为秋种价高，蚕农购买力强，各种场秋种产量多于春种，这都是得益于冷藏库的建立。④

3.桑园的发展。随着北碚蚕种场的建立，场内的桑园也随之开始建设发展。1937年建设桑地27175市亩，有湖桑5600株，实生桑30000株，接湖桑20000株；1938年扩大桑地9448市亩，有湖桑86000株，实生桑350000株，春接湖桑10000株，播实生桑苗200000株，秋接湖桑30000株。⑤

① 尹良莹：《四川蚕业改进史》，北京：商务印书馆，1947年版，第201页
② 《川蚕桑改良场试育秋蚕成功》，《嘉陵江日报》（影印版），1936年10月27日，第3版。
③ 《川蚕桑改良场试育秋蚕成绩极佳》，《嘉陵江日报》（影印版），1936年9月25日，第3版。
④ 杨碧楼：《十年来之四川蚕丝业》，《四川经济季刊》，1946—1947年第4卷第1期，第39页。
⑤ 《北碚蚕种制造场过去工作概况》，《嘉陵江日报》（影印版），1939年2月22日，第3版。

　　1937 年在北碚、黄桷、文星 3 镇统计，养蚕人家 157 户，其有桑树80634 株，年可产叶 251220 斤。[①]蚕丝改良场从浙江购进湖桑苗 20 万株，集中在北碚等地推广。1937 年 1 月，全国蚕丝改良委员会由江、浙购赠四川首批 60 万株桑苗运到北碚，在上坝按规划种植。改良场在东阳镇的上坝，是一个广大的平原，改良桑苗就分区的植在平原上，分实生桑与湖桑两种，实生桑占多数，全场共分八区，植桑苗 78 万，每区至多 15 万株，最少亦在 6 万株以上，在蚕种场的前面是嘉陵江，在天旱的时候，也不乏水灌溉[②]，故该场桑园生长茂盛。除了在北碚蚕种场内种植桑树之外，该场还经常分桑树或桑苗给蚕农栽植。同年移植桑苗 2000 余株于天生桥，预定三年后每株平均可产叶五斤，所获利甚大。后分出 20 万株桑苗，供给嘉陵江三峡实验区北碚场黄桷镇农家栽植，并由该场派员指导一切养蚕方法，借以增加农民收入。[③]1938 年，北碚蚕种场由南充运来桑苗 10 万株，由区署在西山坪租地栽植，造成模范桑园。[④]嗣后又新运到桑苗 15 万株，实验区署鉴于区内植桑者稀少，育蚕为农家副业，极应提倡，乃向该场商得同意，将该场桑苗，完全分发嘉陵江三峡实验区各农民，俾利养蚕[⑤]。到 1945年时，北碚两个种场共有桑园 5380 亩。

三、蚕桑业的影响

　　1. 对改良蚕种事业的促进作用。四川生丝之改良问题，应由育蚕及缫丝两方面入手[⑥]，《北碚月刊》上曾刊登过"养蚕十二要"，其中第一要就是蚕种优良[⑦]，由此可见蚕种的重要性。战时北碚蚕桑业对于改良蚕种的促进作用，主要体现在三个方面：

---

　　① 赵仲舒：《嘉陵江三峡乡村建设实验区署工作报告书》，《北碚月刊》（影印版），1937 年 9 月至 1938 年 2 月，第二卷第 1 期至 6 期合刊，第 33 页。

　　② 周公天：《参观蚕桑改良场记》，《嘉陵江日报》（影印版），1937 年 6 月 5 日，第 3 版。

　　③《蚕桑改良场川东分场租用公地移植桑苗》，《嘉陵江日报》（影印版），1937 年 11 月 12日，第 3 版。

　　④ 成善磐：《峡区要闻业志》，1938 年 3 月至 8 月，第二卷第 7 至 12 期合刊，第 188 页。

　　⑤《十五万桑苗分发农民栽种》，《嘉陵江日报》（影印版），1938 年 3 月 12 日，第 3 版。

　　⑥ 赵永馀：《战时四川省之丝业》，《经济动员》，1938 年第 2 期。

　　⑦《养蚕十二要》，《北碚月刊》（影印版），1936 年 12 月 1 日，第一卷第 4 期，第 23 页。

　　一是改良蚕种的推广。在1937年全面抗日战争爆发后，江浙因受战争影响，镇江全国经济委会蚕丝改良会人员200余人，悉数来川，所有机器等物均不及搬来，仅随同优良蚕种20万张，交给北碚蚕种场推广。①1937年8月，北碚蚕种场试行制造蚕种，该场为使蚕农普遍俱能喂改良蚕种起见，故喂蚕卵至120张之多，备将来完全制成蚕种，而期繁殖广大。1938年，该场制成改良蚕种5000张在川东各县推广②。至此，随着北碚蚕桑业的进一步发展，对于改良蚕种的推广也逐渐深入。

　　二是培育改良蚕种，以供蚕农使用。北碚农民过去养蚕，纯用土法土种，故每到蚕眠期间，而死亡率极大，茧丝品质，亦不优良。③1937年5月，嘉陵江三峡实验区署散发一期蚕种，先饲两批，第一批400张，系在重庆生丝公司领得，而生丝公司又系向外江浙各地购来者，因在途中，天气很热，欲免孵化，抵重庆即藏入冷藏库，其卵又系平板式的，故在散发到蚕农手中后，发育情形多不一致，在1936年3日可出齐者，而1937年到7—8天之久仍不能出完，入眠亦极参差，且蚕的重量也较往年减少一半到十分之七。第二批计为300张，系向巴县蔡家乡惠利饲种场领得，情形较前者稍好，但也略有参差，应该是天气变化所致。④且因对日抗战开始，川省所需改良蚕种，向之采购于日本者，固成问题，即江浙蚕和，亦将因战争影响，无法购入。⑤鉴于运输问题和战争影响，四川省改良蚕种无法再像之前，向日本或江浙等地购买，只能自己培育改良蚕种，以供自给。1937年，北碚蚕种场已能制改良蚕种13000余张，并正喂养晚秋蚕，能制种5000张，则1938年有18000余张蚕种散发，以资推广，当较普遍，同年该场至少可每年制改良蚕种20000张散发农民。⑥

---

　　①《蚕桑改良场廿万桑苗将移植三台》，《嘉陵江日报》（影印版），1937年12月13日，第3版。

　　②《川东蚕桑制种场本季可制五万张》，《嘉陵江日报》（影印版），1938年3月22日，第3版。

　　③《改良蚕种昨运抵碚》，《嘉陵江日报》（影印版），1937年3月30日，第3版。

　　④《本期蚕种生育欠佳》，《嘉陵江日报》（影印版），1937年5月7日，第3版。

　　⑤《建厅预定五年内恢复三万担丝产量》，《嘉陵江日报》（影印版），1937年11月11日，第2版。

　　⑥《每年推广蚕种两万》，《嘉陵江日报》（影印版），1937年11月12日，第3版。

三是原蚕种的饲育，实现原蚕种自给。在1936年之前，四川省所需的原蚕种都是自制的土种，到蚕丝改良场成立后，原蚕种全部需要从江浙等省输入，原蚕种是进行培育改良蚕种的基础，"各种场饲养用以制造改良种之蚕种，必须使用原蚕种"[①]，由此尹良莹先生和改良场一开始便谋求自给自足。到1940年，四川省府不再统制蚕种事业，准许私人经营种场，改良蚕种数量逐年增加，原种需求与日俱增。1943年北碚蚕种场增设原种部，开始培育原蚕种。

表8-22 十年来蚕丝改良场原蚕种培育数量表

年次	春制原种（张）	秋制原种（张）	合计（张）
1937年	2009	684	2693
1938年	7177	4121	11298
1939年	12000	10239	22239
1940年	21970	3600	25570
1941年	10156	6760	16916
1942年	2650	6310	8960
1943年	6091	7971	14062
1944年	6745	740	7485
1945年	3583	1308	4891

资料来源：尹良莹：《四川蚕业改进史》，北京：商务印书馆，1947年版，第202页。

表8-23 三年来北碚场原蚕种培育数量表

年次	春制原种（张）	秋制原种（张）	合计（张）
1943年	2762	3935	6697
1944年	5213	5426	10639
1945年	7076	4889	11965

资料来源：尹良莹：《四川蚕业改进史》，北京：商务印书馆，1947年版，第203页。

结合以上两表可见，在1943年北碚蚕种场增设原种部后，第二年仅碚

[①] 尹良莹：《四川蚕业改进史》，北京：商务印书馆，1947年版，第200页。

场一处，培育原种数量高于蚕丝改良场，甚至于在1945年碚场培育原种数量是其两倍之多。四川丝业股份有限公司所属之蚕丝改良场及北碚制种场的原蚕种培育，改变了战前需要向他国或向外地进口的现状，免去了运输途中对原蚕种保护不当的隐患，满足了川省蚕种制造场的需要；同时，北碚蚕种场生产的数量可观的原蚕种，也为改良蚕种奠定了坚实的基础。

由于川省养蚕受自然环境限制以春蚕为主，因此，为增加饲养次数，增加蚕农收入与蚕丝产量，四川丝业股份有限公司先后在南充、北碚两地设立冷藏库，北碚冷藏库的设立对于川东地区饲养秋蚕，促进川省秋蚕饲育的普及有重要意义。

而惠利农场负责川东地区蚕种改良及技术推广工作，因此该场成立后向巴县、北碚、璧山等地无偿发放改良蚕种，提倡试养秋蚕，推行"共同催青、消毒、小蚕共育"等饲养方法。除了上文所述北碚蚕种场开设原种部外，其实在1937年，北碚蚕种场就建立了原种和普通种两级作业，采用冷藏盐酸孵化法生产秋用蚕种。蚕桑专家蒋同庆自30年代以来，长期坚持收集保育蚕种工作，为建立家蚕基因库奠定了基础。

北碚制种场除了承担部分原蚕种培育的责任外，该场在蚕业推广方面也产生了一定影响。对川省，"四川丝蚕公司北碚制种场，占地千二百亩，植桑五十万株，每年制造春秋雨季蚕种约十六万张，分散川中各农家饲养"[1]。对国外，1946—1948年，印度曾三次共购买北碚蚕种场原种300张，普种10483张。1948年，四川丝业公司在法国征集欧洲系蚕品种30余种供该场繁殖选育。在抗日战争时期，北碚蚕种场充分发挥了国际科技交流与发展经济贸易的作用。由于抗战开始，东南各省陆续沦陷，蚕业生产完全停顿，中国唯一生产蚕丝，足以维持华丝地位于国际市场者：仅四川一省，1937年到1945年间，北碚、西里两个蚕种场共生产优质蚕种约140万张，占全省蚕种产量的50%左右[2]，对抗战期间四川蚕业的恢复与发展作出了显著贡献。

① 《北碚社会调查概况》，《社会调查与统计第二号》，社会处统计部编印，1943年，第22页。
② 何建廷主编：《抗战时期的北碚蚕桑业》，《北碚文史资料》第四辑，重庆：重庆政协、重庆市北碚区委员会文史资料委员会，1992年10月版，第110页。

2.对抗战的贡献。四川改良场场长尹良莹总结四川省蚕丝业的六大使命中有三条是：

> 一、换取外汇稳定法币价值。自抗战发生后，外人鉴于我国土地沦陷，出口货少，虽财政部管理外汇，而我国法币价值，仍不免逐渐低落。川省大量生产蚕丝，增加输出货品，直接可以换取外汇，稳定法币价值，间接亦即换取枪炮，充实抗战力量。
>
> 二、增加生产，富裕后方农村。川省为中华民族复兴根据地，惟以生产较少，民多贫困，农村经济，素称艰窘，而蚕业最为挽救农村经济之良剂，凡经推广之蚕区，无不早获实效，倘能大量生产，则农村富裕、盗匪自少，治安无虞，力量乃增，人力财力，均系支持抗战胜利之因素。
>
> ……
>
> 六、供给军需用品。蚕丝用途，日渐增广，除衣料外，军需甚多，飞机各部及降落伞等，多系丝织物所制成，他如弹药及手榴弹掣线等，多用丝为原料，后方各厂所用者，概系川省所产之蚕丝。[1]

由此可见，蚕桑业的发展，对抗战胜利起着举足轻重的作用。就北碚而言，或许无法实现尹良莹先生所述的所有使命，但北碚的蚕桑业用自己独特的发展成果也为抗战胜利做出了不容忽视的贡献。

四川省蚕丝出口向为大宗，蚕丝的基础是蚕种，北碚的两个蚕种场在1937年到1945年间共生产优质蚕种约140万张，占全省蚕种产量的50%左右[2]，这为蚕丝的大量出口奠定了基础。北碚对蚕丝出口的影响并不直接明显，却也在蚕丝出口的众多环节中扮演了不可缺少的角色。

到了抗战后期，原蚕种的价格逐年上涨：

---

① 尹良莹：《四川蚕业改进史》，北京：商务印书馆，1947年版，第294—295页。
② 何建廷主编：《抗战时期的北碚蚕桑业》，《北碚文史资料》第四辑，重庆：重庆政协、重庆市北碚区委员会文史资料委员会，1992年10月版，第110页。

表8-24　三年来原蚕种价值变迁表

年次	春季原蚕种每张价值(元)	秋季原蚕种每张价值(元)
1943年	60	180
1944年	300	900
1945年	990	1 800

资料来源：尹良莹：《四川蚕业改进史》，北京：商务印书馆，1947年版，第203页。

　　北碚蚕种场培育大量原蚕种，不仅能为当地创收，更是充实了抗战的力量。到了1945年秋季原蚕种每张价值涨到了1800元，是1943年的10倍。原蚕种价值提高，可带动劳动人民积极性，增加人民和政府收入，为抗战的胜利汇聚了人力财力。除了原蚕种，在全面抗战爆发的时候，仅1937年一年的时间，嘉陵江三峡实验区的农民靠着饲育改良蚕种而收益约五六千元，对于生计，不无小补。[1]

　　北碚的蚕桑业除了影响蚕丝出口创汇、增加人民收入外，对军需用品也产生了一定影响。1912年美国比雷上尉正式试验成功用于飞机飞行时的降落伞，并在第一次世界大战中投入了使用，救了无数飞行员的性命。第一次世界大战结束后，各国航空事业迅猛发展，降落伞的重要价值更为各国所重视，"近年来航空事业日渐发达，空军在战争上所占的地位，亦为人所重视，因此，人们对于安全的需要日渐增加，而飞机师和乘客的携带降落伞以防万一，业已和航海者携带救命圈一样平淡无奇了"。各国投入大量人力物力对其进行进一步的优化试验，其功能也得到进一步的完善。第二次世界大战前夕，世界各国的飞行工具愈来愈精，降落伞更是必不可少的装备。[2]降落伞的制造、弹药及手榴弹掣线等军需用品都需要蚕丝，因此蚕丝除了可用于出口，还可做军用物资。蚕桑业是蚕丝的基础，北碚蚕桑业对于抗战胜利的贡献是不可忽视的。

---

　　[1]《抗战时期中心工作报告》，《北碚月刊》（影印版），1938年3月至8月，第二卷第7至12期合刊，第20页。

　　[2] 邬曦：《降落伞史话》，载《大众》（北平），1945年第27期。

第四节　战时北碚商业贸易

由于北碚地处川北的水陆要道，自清末民初起，北碚便作为煤炭码头，在商业贸易发展的过程中承担了重要角色。1937年，全面抗日战争爆发后，大量机构和人员迁来北碚；人口的大量涌入既使得北碚人民生产和生活消费大量增加，亦为北碚的商业经济发展带来了许多社会游资，为北碚的商业贸易提供了特殊的发展环境。在此期间，北碚的传统定期集市得到了进一步发展，同时，城镇中的商铺也空前繁荣，商业贸易的数量、规模及行业种类都得到了增长和拓宽。战时北碚商业贸易的发展一方面促进了北碚的城市化与现代化建设；另一方面则对人民在大后方坚持抗战具有积极意义，为克服物资匮乏、稳定后方、充实抗战实力作出了贡献。

一、商业贸易概况

"北碚原名北碚场，与普通场市无异，不过与普通场市所不同者，兼为水路过道码头，江边之饮食店及客栈稍多耳。"[①]北碚地处嘉陵江下游，自古为重庆对川北的水陆通道，有丰富的煤炭资源，自清末民初起，北碚场上下沿嘉陵江两岸，均为煤炭码头，各路客商也聚此交易。20世纪20年代初，北碚是一个冷落的僻乡小镇，商业贸易闭塞，商店屈指可数。民国初年到民国十五年期间，嘉陵江上下的船只经常遭到匪徒抢劫，货物运输经常受到阻碍，但比较起来北碚仍是附近各镇商业贸易最发达的地区。20年代末，卢作孚来此治理险滩，疏通航道；兴建工厂，创办银行，扶持农业，开垦农场，整修街道，发展贸易，把一个比较偏僻的农村乡场，建成初具近代化规模的小市镇。"本区合作事业，自民十七年创始，当时设有北碚消费合作社，业务仅及于北碚市区。"[②]1929年初成立峡区民众消费合作

---

① 张守广编：《北碚城镇化变迁 北碚志九篇及相关资料汇编》，北京：人民日报出版社，2017年版，第222页。
② 《北碚概况》，1949年，第26页。

社，社址设在北碚银行内，仅限北碚峡防局内部人员和少数民众参加。"应峡防局各事业机关职员士兵及民众需要，采办油盐米炭，大批购入，零星分配，购买人分红。"①1936年地方建设兴起，煤炭和三峡棉布成了当时主要的出埠商品。峡防局期间和实验区初期，商品自由交易，没有进行物价管理。

在商业贸易内容方面："北碚十余年前之入口货，似以本地完全不生产而日用必需者为主。米粮、蔬菜本地原可自给，无须输入。同时以生活程度低下关系，绸、呢、洋布、日用百货等，输入亦少。"②北碚经销的日常商品有绸布、呢绒、鞋帽、钟表、文具、日用百货、金银首饰、糖果糕点、烟酒副食等各类物资。北碚地区早期只有经营百货的零售摊店。一般分为大百货、小百货、文具三大类。大百货商品包括针纺织品、鞋帽、搪瓷制品、香皂、牙膏、牙刷、化妆品等；小百货主要经营针头麻线、发夹、扣子、手巾、童袜等；文具类有笔、墨、纸、砚。民国时期，北碚城镇居民所需蔬菜、干果，多由农民进城自销，少部分由菜贩、水果铺经营。大批蔬菜、水果进入北碚，由货主与本地商贩议价。有现款现货交易，也有期货制，交易地点主要在北碚、黄桷、澄江、二岩等码头，也有直接送货到街市和店铺的。20年代初，北碚就有了专门的粮食市场。20年代到30年代中期，本地"年产粮量，不足四月之需"，主要靠从合川一带运入。③

二、商业贸易的发展

全面抗日战争时期，大批文教机构迁入，人口急剧上升，商业迅速发展。朝阳镇成为毗邻地区的物资集散地。除了固有的居民外，战时，尤其是在政府西迁之后，迁来大批机关、学校和工厂等机构，随之而来的是省

---

① 刘选青、黄子裳：《嘉陵江三峡乡村十年来之经济建设》，《北碚月刊》第1卷第5期，第16页。

② 张守广编：《北碚城镇化变迁 北碚志九篇及相关资料汇编》，北京：人民日报出版社，2017年版，第222页。

③ 重庆市北碚区地方志编纂委员会：《重庆市北碚区志》，重庆：科学技术文献出版社重庆分社，1989年版，第302页。

籍不同、职业不同、教育文化程度不同的西迁人群。以前简单的地方商业组织已经不能满足各类人的需求。因此，在这期间北碚的市区建设发生了很大改变，商店家数增加，商业种类也复杂了许多。

表8-25　北碚管理局商业业务报告表(1943年)

营利事业种类	商店数	纯利额(元)
总计	223	30827557
银行业	4	
纺织业	4	
服饰业	32	482556
百货业	51	8139184
粮食业	2	111560
饮食业	29	960354
旅馆业	10	200753
交通业	1	21900
五金业	3	30096
电料业	1	36180
水料瓷器业	2	37500
矿业	32	15600999
火化业	13	376791
医药业	14	1484587
药酒业	15	803000
代理业	10	2543080

资料来源：《北碚管理局商业业务报告表 民国三十二年》，1943年，重庆市档案馆藏，档号：00550002005440000001000。

与此同时，为了规范并支持北碚的商业贸易事业，使得北碚商贸可以得到健康且快速的发展，政府机构和工商业团体通过一系列具有针对性的法令和办法。

（一）政府机构及工商业团体对于北碚商业之规范与支持

首先，四川省政府颁布了非常时期工商业管制办法，对商业发展加以规范。1942年，四川省政府颁布了《非常时期工商业及团体管制办法》，指定了包括粮食业、汽车业、新药业、五金电料业、仓库业、电工器材工业、制药工业等行业为非常时期的必需品业，要依照《非常时期工商业及团体管制办法》进行经营。①同年，四川省政府令北碚管理局严限辖区商店对盟国战友销物时抬高价格的行为，规定若发现有任意抬高价格的形同欺诈行为，则要予以相应惩处。②

其次，北碚地方政府层面亦通过审核颁布商铺营业许可执照和颁布管理规则等方式，实现对辖区各大小商铺的有效管理。这一规范由嘉陵江三峡乡村建设实验区署管理时期便开始实施，随着辖区工商业日渐发展繁多，难免会有别有企图之人匿迹其中，使人民财物恐受诈骗，地方治安蒙受扰攘③，因此该试验区署决定推行《嘉陵江三峡乡村建设实验区署请领各种营业许可执照规则》，要求凡辖区经营工商业者，都必须按照此规则办理营业许可执照，否则不可擅自开业或歇业，《营业许可执照规则》具体内容如下：

《嘉陵江三峡乡村建设实验区署请领各种营业许可执照规则》

第一条　凡在本区辖境以内开设各种工商业者，均依本规则办理之。

第二条　凡欲开设各种工商业者，须将商号名称，地点，门牌号数，营业种类，铺栋经理店员姓名、年龄、籍贯，资本额数，房屋间数，租金若干，拟定开市日期，详查开具申请书，附具保结暨营业照费一元，并与资本额规定之印花票送由同业公会，转送该管警察机关，查报本区署核发营业许可执照后，方准开业。

第三条　该管警察机关接准各该同业公会转送之申请书后，应即派员按照申请书所开各项，详查属实，检同照费、印花呈由

① 《关于抄发非常时期工商业及团体管制办法指定必需品表给北碚管理局的训令（附表）》，1942年，重庆市档案馆藏，档号：0081000401513000000223000。

② 《关于各地商店对于盟国战友购物品不得任意高抬价格给北碚管理局的训令》，1942年，重庆市档案馆藏，档号：0081000401549000000228000。

③ 《关于检发嘉陵江三峡乡村建设实验区署请领各种营业许可执照规则的呈、训令（附规则）》，1939年4月，重庆市档案馆藏，档号：0081000300179000036003。

本署核填营业执照，令发原警察机关，仍交同业公会转发该商支领，凭营业。

第四条　凡已领营业许可执照之商店，如有迁移或扩张、缩小营业时，仍应照第二条之规定办理，但应声明迁移改组之原因。

第五条　凡商号歇业者，应将歇业原因及营业许可执照依照程序报由本署，认为无纠葛者发帖准予歇业布告，方准结束。

第六条　凡在本规则公布前已开始营业者，亦应补行第二条手续，但只收照费五角，一个月为限，逾期不予优待，并强制执行之。

第七条　违背本规则各条之规定者，分别情节，依法处罚。

第八条　本规则如有未尽事宜，得随时修正之。

第九条　本规则自公布日实施。①

直至嘉陵江三峡乡村建设实验区署改组为北碚管理局后，该项规则仍被沿用。彩廷小食店的营业人毛彩廷便在营业前填写了营业申请书，通过工业同业公会转呈朝阳镇公所，最后递交至北碚管理局审核。这份营业申请书中详细填写了商铺的名称、所属行业、商铺地址、商铺负责人、资本总额、铺保字号等具体信息②，帮助北碚管理局把握辖区各大小商铺的准确信息，从而加强有效管理。

嘉陵江三峡乡村建设实验区署还曾颁布了系列管理规则，如《嘉陵江三峡乡村建设实验区署管理饮食店则规［应为规则之误］》《嘉陵江三峡乡村建设实验区署管理理发业规则》《嘉陵江三峡乡村建设实验区署取缔食品小贩规则》《嘉陵江三峡乡村建设（原文为"得"，有误）实验区署屠宰场检查规则》《嘉陵江三峡乡村建设实验区署管理旅店规则》等，对餐饮业、

---

① 《关于检发嘉陵江三峡乡村建设实验区署请领各种营业许可执照规则的呈、训令（附规则）》，1939年4月，重庆市档案馆藏，档号：00810003001790000036003。

② 《关于毛彩廷在北碚管理局朝阳镇开设彩廷小食店请核发营业许可执照上北碚管理局的呈》，重庆市档案馆藏，档号：00810006006490000102000。

理发业、屠宰业、旅店业等行业所使用的工具、清洁卫生都严加管理，规定若是违反相关规定者，则会"依违警法罚则处罚之"①。

除此以外，北碚管理局商会作为地方工商业团体，也为战时北碚管理局辖区的商业贸易发展作出了巨大贡献。北碚管理局商会筹备于1943年春，成立于1943年，其建立的宗旨为"图谋工商业及对外贸易之发展、增进商业公共之福利"，商会以北碚管理局辖区为限，召集所有辖区的同业公会会员及非同业公会会员加入其中，并收缴一定比例的会费作为商会的事务费。北碚管理局商会之职务主要有以下九类：

筹议工商业之改良及发展事项；

关于工商业之征调及通报事项；

关于国际贸易之介绍及指导事项；

关于工商业之调处及公断事项；

关于工商业之证明事项；

关于统计之调查编纂事项；

得设办商品陈列所、工商业补习学校或其他于工商业之公共事业，但须经该管官署之核准；

遇有市面恐慌等事，有维持及请求地方政府维持之责任；

办理合于宗旨之其他事业。②

根据数据统计，1943年北碚管理局商会初建之时，北碚管理局辖区已有51个同业公会代公会会员加入北碚管理局商会，有16个非公会会员加入北碚管理局商会。③北碚管理局商会自建立后，便开始积极为辖区的工商业

---

① 《附载：一、管理饮食店规则 二、管理理发业规则 三、取缔食品小贩规范 四、屠宰场检查规则 五、管理旅店规则 六、北碚清道队组织纲要及征收清洁费办法》，《北碚月刊》1940年第3卷第5期。

② 《关于检送北碚管理局商会章程并请办法钤记的呈（附章程、会员名册）》，1943年5月，重庆市档案馆藏，档号：0081000401970000086000。

③ 《北碚管理局商会公会会员名册》，1943年8月，重庆市档案馆藏，档号：0081000403639000039000。

者谋求发展，其最核心的工作便是向上代表各行业同业公会向北碚管理局
提出诉求，向下对各同业公会会员转达北碚管理局、管制局等机关的通知
法令。1943年3月，北碚管理局商会查当时北碚的物价要高于重庆之定
价，如石灰之单位价格，重庆定价为30元，北碚则定为40元，商会当即向
北碚管理局上呈，请其重新调整货物价格，要求其在定价前分别召集各业
公会主席人员，以切实磋商斟定市价。①除此以外，北碚管理局商会仅在
1943年一年间就为传达各行业同业公会之诉求达数次，例如为木业公会会
费经费不足之由、为药材业公会图记久未发下之事、为澄江镇船业公会增
添限价之请、为水果业公会有盗柑人聚众鸣枪之案等②，可见北碚管理局商
会俨然成为了北碚管理局辖区各行向上表达诉求和请求的渠道。

（二）战时北碚商贸发展之具体表现

虽然北碚在战时出现了新的商店，新的商品，但北碚的主体仍是广大
的工农阶级，商人需要同时保留或扩张大多数人所需的商业。所以北碚虽
然有了近代化的商店和市场，但也还盛行着古老的定期集市，一般俗称赶
场，这也是北碚商业贸易的两种主要形式。全面抗战时期，北碚商业的两
种新旧形式并行不悖，各有各的特色和功能。

1.北碚的定期集市。首先，在全面抗日战争的背景之下，北碚的定期
集市也有了新的变迁。按照川渝地区的通例，每个乡镇都有一个商业集中
的地方，那里平时有若干固定的赶场日期，有各处汇集而来的摊贩，这种
地方也俗称为场上。北碚所属的乡镇中，市区的朝阳镇商业贸易最繁华，
其次是黄桷、澄江，再次为白庙、文星，最后为二岩乡。③朝阳地区的集市
始建于明末、清初时期，最早的集市点在杜家街。1942年改北碚场为朝阳
镇，场点在河街、市街两处。河街因嘉陵江夏季涨水常被淹没，都是竹木
结构的棚房小摊店、冷酒店、小食店，沿街而设的猪市、炭市、柴市、菜

① 《北碚管理局商会筹备委员会关于请重新调整货物价格上北碚管理局的呈》，1943年3月，重庆市档案馆藏，档号：0081000402363000037000。
② 《北碚管理局商会1943年工作报告》，1943年，重庆市档案馆藏，档号：00810004019740000190000。
③ 社会部统计处编印：《北碚社会调查概况》（社会调查与统计第二号），1943年，第106页。

市等。①

黄桷（含东阳）位于嘉陵江北岸，与北碚城区隔江相望。黄桷镇最早的集市点有两处：一是黄桷树，设场于清康熙中叶，光绪年间是热闹的煤炭出口码头，1930年北川铁路通车，因运煤改道而萧条。另一处是东阳镇，它是蔬菜的集散码头。抗战时期，有商店15家。②白庙子是燎原地区最早的集市市场，集市处在白庙子中心区，还有专为煤矿工人、力夫和客商服务的商店，另一处在白庙子附近的干洞子，是邻近小煤窑煤炭出口地。③

北温泉地区集市最早的集市场点有两个，一个是二岩乡集市场点，是和平、复兴隆煤矿区。另一处较早的集市场点是金刚碑，亦是凭其煤炭转运市场的地位，于1920年左右建起了一些商业服务性店铺④，逐渐形成集镇。歇马地区的集市歇马场自1939年建青北公路后，国民政府立法院、司法院、最高法院和乡村建设学院等单位迁入附近农村，人口增多，形成歇马公路两侧的市街。

以上提及的北碚地区集市（赶场）基本上属于个体经济性质，上市品种大部分是农民自有产品，兼有少数工业品，外地来北碚赶场的不多，主要是农民之间调剂余缺，互通有无的一种交换形式。集市在中国很早就存在，即使经历过多年的演变，它依旧存在着一些固定的特点：

第一，四川赶场的日子多数是固定的，是若干年流传下来的习惯。赶场的日期都以农历为标准，每旬赶场三次，每月九次，场期有的为一四七，有的为二五八，有的为三六九，平时每三天赶场一次，逢十天多隔一

---

① 重庆市北碚区地方志编纂委员会：《重庆市北碚区志》，重庆：科学技术文献出版社重庆分社，1989年版，第301页。

② 重庆市北碚区地方志编纂委员会：《重庆市北碚区志》，重庆：科学技术文献出版社重庆分社，1989年版，第302页。

③ 重庆市北碚区地方志编纂委员会：《重庆市北碚区志》，重庆：科学技术文献出版社重庆分社，1989年版，第301页。

④ 重庆市北碚区地方志编纂委员会：《重庆市北碚区志》，重庆：科学技术文献出版社重庆分社，1989年版，第302页。

天，俗称"大场"。[①]彼此邻近的各场场期不能相同，譬如北碚市区和黄桷树只有一江之隔，两地决不能同日逢场。因为日期相同，较大的场必将赶场的人吸引过去，而使较小的场无法继续维持下去。所以两个邻场除非交通十分阻隔，绝不会定为同期。

第二，赶场的地址多在商业集中的地方，各场间的距离多数在十里之间，有时两场的距离很近，如黄桷树和北碚市区只有一二里的水程。在这种情况下，较弱的一场往往不太发达，黄桷树虽然在三六九赶场，但是附近的居民刚刚赶了北碚，第二天就没有再赶的必要了。

第三，普通的市场一般只分为买者和卖者，但是在集市上卖者往往就是买者。乡间农民把自己生产的农产品挑到场上卖，卖了钱便又买入一些日用物品。所以赶场的人可以分为三类，一类是只买不卖的消费者，一类是出卖自己生产品有时也买进必需品的农民，一类是专门贩卖的商人，除此之外也有会访亲友，看热闹的人。一年之中场上的盛衰也略有不同，北碚市区人数多时可达到一万以上，而文星场最多不过二三千人。在年节的前几场人数是平时的一倍多，若是遇上天气不好，或是元旦后的第一场，场上则是很冷清，没有人赶。到了赶场的日子，从天亮起人们便从四面八方向场上来，上市最早的是蔬菜和肉类，随后就是米粮、各种浮摊。大概上午十点左右全场各市基本到齐，从上午十点到下午两点是赶场的全盛时期，大多数交易在此期间进行。基本完成交易后是赶场者的交际和娱乐时间，此时的茶馆和酒馆熙熙攘攘拥挤不堪，四点之后人们便逐渐散去。

从上述可以看出，赶场比固定的商店更适合农村生活。第一，场上的农民可以直接把农产品进行售卖，而不必经过中间商人的剥削。第二，农民工作繁忙且农产品不经常有，因而不能天天从事交易产品。第三，赶场带有浓厚的社交色彩，赶场时茶楼酒店里人来人往，一切的约会和交涉都在场上进行。正是因为有此种种特点，赶场制度在乡村是不能废止的，也不是近代市场能随便替代的。

---

① 社会部统计处编印：《北碚社会调查概况》（社会调查与统计第二号），1943年版，第113页。

　　2.战时北碚新式商店的发展。北碚境内除了各乡镇的集市外，在人口集中的地方，每处也有三四十户商铺，譬如朝阳镇的天生桥、金刚碑。另外，在主要路口或居民比较集中的地方，也有供给日用必需品的店铺。抗战爆发后，外地客商来北碚开店从事商业活动的人不断增加。有批零兼营商店和纯零销商店。批零兼营商店，以厂矿企业、社会团体以及零售部门和商贩为主要供应对象。这类商店主要为中药材、副食、建材三个行业，成交量虽大，交易次数少，因而常兼营部分零售业务作补充。纯零售商店供应的主要对象是城镇居民。商店有大、中、小之分，综合经营与专业经营之别。据统计，1936年正式登记注册营业的商店有292家，1940年发展到637家。截至1942年夏季，北碚全区共有商店949家，其中商店最多的是北碚市区。[①]从下表中我们可以看出这些商店十之七八分布在场上，其余少数分布在地方。

表8-26　各乡镇的场上商店数目（1942年夏）

场名	北碚市区	白庙子	文星场	黄桷树	二岩	澄江口	总计
商店家数	291	69	67	120	15	143	705

　　注：以上所称商店的范围大致是指固定的正式店铺，凡仅在住户门口设立浮摊或在各场间流动贩卖的都未计算在内。资料来源于社会部统计处编印《北碚社会调查概况》（社会调查与统计第二号）。

　　1938年北碚只有唯一的一家百货店，"下江商店为北碚唯一之百货店，内容包括书籍文具化妆品服用品等应有尽有"[②]。1939年12月《嘉陵江日报》报道了北碚将建立新市场："此间天生桥，因自渝市迫令疏散后，迁入事业机关及居民为数不少，新建房屋经营商业者亦激增，当地气象，渐臻繁荣。为一般建筑，均参差不齐，凌乱无绪。现实验区署，为求其划一起见，特拟就地建筑新市场。"[③]1943年3月《嘉陵江日报》继又报道本市百

---

① 社会部统计处编印：《北碚社会调查概况》（社会调查与统计第二号），1943年，第109页。
② 《为不再使尊夫人恼恨起见》，《嘉陵江日报》（影印版），1938年3月22日，第3版。
③ 《将建筑新市场》，《嘉陵江日报》（影印版），1939年12月19日，第2版。

货商场已经建成："本市百货商场，全部落成，警察所昨特令市区各小摊，完全迁入，以资划一。"①"本市百货商店，年来日渐发达，昨年此间百货商店，尚不到五家，而本年却增至十余家，并有小摊二十余家，经售货品，均由渝地运来，最近百货价格，实有上涨，如棉麻织品、肥皂、牙膏等，不但较日前涨至百分之四十左右，尚且货缺。……然而如此却并不影响各店生意。记者至各店查询目前情况，虽因物品缺乏，而各店主却均面带笑容，闻各百货商店均获利甚厚。"②从中我们可以看出北碚商业的发展有了较大的进步，大部分商品来源于重庆，这与北碚和重庆之间相距甚近有很大关系。虽然货源缺乏，但依旧获利较多，从侧面反映出北碚商业贸易的繁荣。1944年7月《新华日报》又报道了北碚新建商场及其他公共事业。"各商店正在翻修门面，过道堆满了砖石和泥土。"③现代化的百货大楼、联合商场也开始在北碚诞生，"在北碚中正路口新建的百货市场，已经快要完工，完工之后听说将把街上所有的摊贩都集中在一起。"④管理局在广州路新建联合商场，"门面有二十几间，楼上都是什货摊贩。"⑤这样美观气派的大型商场不仅大大改善了北碚的市容市貌，提高了北碚人民的生活质量，还进一步促进了北碚商业贸易的发展。

关于商人，受到了战时移民的影响。抗战以前，在北碚经商的外省人凤毛麟角，就算是本省的外县人也少之又少。北碚的商人那时候大多数是江、巴、璧、合四县籍贯，但在迁都重庆后外省移民纷纷来北碚，其中一部分人集合资本就地经营商店。截至1943年7月，北碚市区291家商店中就有65家为外省人经营，而这些人以湖北、江苏、浙江的居多。⑥由于江苏和湖北两省受南京汉口两次随政府撤迁的影响人数较多，因此来北碚经商的人比较多。这些外省的商店刚开始不免会受到本地同行歧视，但不久

①《百货商场全部落成》，《嘉陵江日报》（影印版），1943年3月2日，第3版。

②《本市百货业近况》，《嘉陵江日报》（影印版），1943年4月26日，第3版。

③余楚生、凌：《北碚零讯》，《新华日报》，1944年7月3日，第3版。

④《北碚零讯》，《新华日报》，1944年8月20日，第3版。

⑤古巴：《北碚点滴》，《新华日报》，1944年10月2日，第3版。

⑥社会部统计处编印：《北碚社会调查概况》（社会调查与统计第二号），1943年版，第119页。

之后，因经营技术比较灵活，生意往往优于本地商店。北碚市区外省商店势力日益增强，规模较大的多数是外省人开办，这和抗战以前的情形不可同日而语。以下将以北碚的饮食店和旅店为例细观北碚的商贸业。

1938年，将北碚朝阳会龙桥改造成百货商场，所有经营百货的摊点都集中于此。其中店铺最多的是饮食业和住宿业。在本地有名气的餐馆有"兼善""松鹤楼"及澄江镇的"韵流"。1932年朝阳地区饮食行业正式登记注册的有34家，1947年为70家，但实际开业者远非此数。①之所以会出现这样的情况，与抗战有很大关系。

北碚市区的饮食店较多，估计占全部商店的三分之一，究其原因，主要有：第一，北碚是重庆风景区之一，建设事业闻名在外，有很多到此参观和旅游的人，旅客的增多带动了餐饮业的发展。第二，由于战争的原因，有很多外地人迁入北碚，尤其是在迁都重庆之后。餐馆发展最盛的时候是1939年重庆被炸之后到1940年北碚被炸之前，当时北碚的外来人口最多，同时物价不是很高。1940年夏季，北碚经历过四次轰炸后，部分餐馆被炸毁，但是由于餐馆的获利较高，所以短期内开始复业。此后，北碚的人口也大减，物价上涨，餐馆的生意也大不如前。而在餐馆生意不景气的情况下，小食店逐渐兴起，以卖面条为主。②

1938年之前，北碚与其他乡镇一样，只有为少数客商预备的旧式楼房，多数是在河边一带。迁都重庆之后，北碚市区开始逐渐出现近代式的旅馆。1939年夏季重庆惨遭轰炸，避难者涌入北碚，大小旅馆均告客满，于是投机商人纷纷开设旅馆。尽管1940年夏季遭遇轰炸焚毁，但不久后又恢复。③较大的兼善公寓，多住出公差或旅游的旅客；乐天茶旅社多住往来客商；船码头的小客栈和夫妻小店，留宿挑担的人或本小利薄的小商

① 重庆市北碚区地方志编纂委员会编：《重庆市北碚区志》，重庆：科学技术文献出版社重庆分社，1989年版，第315页。
② 社会部统计处编印：《北碚社会调查概况》（社会调查与统计第二号），1943年版，第111页。
③ 社会部统计处编印：《北碚社会调查概况》（社会调查与统计第二号），1943年版，第111—112页。

小贩。①

除了旅食业外，其他行业在战争期间也有所发展。北碚经营中药材的店铺有15至20家。②规模大的药店有信义福、静寄、增龄堂。20世纪40年代开始，药铺渐有自行加工药丸、片的工作坊和专营店。中药材行业批发零售兼营，一般都在店铺内设堂医就诊，看病买药。煤炭是北碚区出埠的重要物资。当时的白庙、黄桷、金刚碑、二岩、澄江都是北碚出埠煤炭的重要市场。1938年，对外销售煤炭85.4万吨。③茶馆是川渝地区最普遍的商业内容之一，北碚市区几乎每条街都有一二家茶馆，其中较为有名的有兼善公寓草地上的露天茶园，北碚公园山上的茶座，近代型的沥夏亭，吃茶的人以知识分子为主。主顾除前来啜茗聊天外，也有来会客和调解纠纷，以及行帮做生意，谈行情的。民间艺人也时常出入茶馆卖艺求生。一些小商贩则穿梭茶堂高声叫卖香烟瓜子等。北碚市区只有六家书店，而且都是抗战以后新开设的，随着大批学校和知识分子的迁入，北碚成为了一个文化区域，书店的生意也随之转好，春秋两季学校开学时都是书店的旺季，特别是经营教科书的商店，而这些书籍主要是从重庆的市区批来。④

全面抗日战争爆发以来，北碚的新式商店虽得到了极大发展，但仍面临运营困难的种种问题，因物价上涨，商店获利的固然很多，但亏损的也不少。从1938年到1943年这五年来说，关闭的商店占了新开商店的三分之一。究其原因，其一，竞争激烈。战时物价暴涨，人民的生活普遍贫困，一般人都觉得经商可以致富，所以群起经商，就算是身为公务员和教员也大多集资开设商店，尤其是那些利润高的商店。"近来中央及地方各级公务人员，仍有直接经商业及兼为公私营商营业之管理人或从事兼与职务有关

① 重庆市北碚区地方志编纂委员会编：《重庆市北碚区志》，重庆：科学技术文献出版社重庆分社，1989年版，第316页。

② 重庆市北碚区地方志编纂委员会编：《重庆市北碚区志》，重庆：科学技术文献出版社重庆分社，1989年，第310页。

③ 重庆市北碚区地方志编纂委员会编：《重庆市北碚区志》，重庆：科学技术文献出版社重庆分社，1989年版，第313页。

④ 社会部统计处编印：《北碚社会调查概况》（社会调查与统计第二号），1943年版，第112页。

之商业情事，甚至利用地位与权力，假公济私投机取巧，囤积居奇。"[1]虽然政府多次下令禁止公务员经商，但为了高额利润，这种现象屡禁不止。一个地区的消费能力有限，北碚这种小市镇对于过量物品的供给没有接受能力，各个商店之间不免相互竞争，优胜劣汰。1938年到1943年，北碚市区的菜馆被淘汰者不下十余家，现存的七家因生意稀少却仍以较低价格竞争主顾。[2]

其二，消费量减少。一方面是消费人数减少，1939年，北碚曾因重庆被炸，外来移民增加而导致人口过剩，当时各种物品供不应求，商业贸易极盛。1942年重庆没有遭到空袭，在北碚的一部分机构又迁回重庆。"此间市面各家生意，均甚萧条，要不是赶场较热闹，平时都没什么买主。"[3]因为北碚人口减少，消费量也逐渐减少，商业贸易也有所衰落。另一方面是需求量减少，一般人民因为物价暴涨，收入却基本不变，导致不得不降低生活需求，因此商品的需求量大不如昔。譬如吸纸烟的人每天原本吸食一包，但因烟价太高，又吸不惯较廉价的香烟，虽然也还吸着原来的牌子但已经减少，每日半包，或者决心戒烟完全不吸。此种情形对于北碚商业的影响也甚大。

其三，资金不足。商店因为货物昂贵需要大量资金周转，而且购买货物绝大多数需要现金交易，之前年终结或月终结的办法在战时基本不存在。在重庆大都市商人可以向银行钱庄借款，但是北碚的金融机构尚未完备，借款极不容易。资金的不足制约了商业贸易的进一步发展。

其四，北碚的店员素质不良。北碚商店所雇店员待遇都比较微薄，能力较强的人都自己经营。北碚普遍征兵之后，每届抽签时间店员都纷纷逃避，若干商店因店员逃走而暂时宣告停业或者店主再出资找人替代，这对商店也会造成损失。

其五，运货不便。北碚除了煤之外的大多数商品都要从外地运来，米粮来自上游，杂货来自重庆，而运输工具以木船为主，木船又分两种：大

---

① 《公务员，不得兼营商业》，《嘉陵江日报》（影印版），1940年9月25日，第2版。
② 社会部统计处编印：《北碚社会调查概况》（社会调查与统计第二号），1943年版，第120页。
③ 《市面生意萧条》，《嘉陵江日报》（影印版），1944年1月10日，第3版。

船载货,小船载客,北碚境内停泊木船大小合计约有三百余艘,上行至合川三日可达,下行至重庆当日可达。①嘉陵江上游险滩太多,夏季水涨冬季水枯,行船较为危险,而且运输费用昂贵使得售价高于重庆,所以很多人都宁愿到外地采购,不愿就地购买,因此北碚的商业贸易很难兴盛起来。

3.物价的变化。20年代初至30年代中期,北碚市场使用银元和地方券,物价波动幅度不大。1935年11月,国民政府发行法币,取消地方券,禁止银元流通。次年北碚遭受旱灾,粮价上涨。随着迁都重庆,北碚居民增多,加之通货膨胀,物价上涨。

1939年,除粮食因上一年农业丰收,价格比战前略低外,其他物价与战前比较,猪肉每斤由0.16元涨至0.45元,煤炭每挑(100市斤)由0.50元涨至1.40元,布匹、房价陡涨,五金、电料上涨10倍以上。1940年,物价上涨速度加快。至1942年12月,中熟米每斗涨至55元,猪肉每斤14元,盐每斤5.60元,煤每挑115元。行政院通电于1943年1月15日实行限价,但毫无成效。至1944年底,中熟米每斗已涨至550元,猪肉每斤100元,煤每挑120元,大明蓝布每尺(市尺)340元。据北碚旧志记载,1937年至1945年,9年北碚物价零售指数:1930年起均在战前10倍以上,1941年4月为战前的50倍,次年1月即超过战前百倍以上,到1944年7月超过战前千倍,到抗战胜利前夕的1945年8月,零售物价指数为战前的2405倍。②

自全面抗日战争爆发以来,北碚各类物价逐渐上涨,跌价的情况极其少见,其物价上涨的速度超过了重庆。战时物价上涨在各国皆是共同现象,不足为怪,但北碚物价上涨的速度之快是各国所没有的。一战期间,四年中德国粮食价格增加四倍,法国零售物价增加两倍半,英国增加一倍半,美国尚不足一倍,但我国后方物价竟是战前的几百倍,情形实在惊人。③而物价剧烈上涨的原因是多方面的,可以说是我国战时一切问题的总表现,不仅和政府的经济政策、交通和运输状况,工矿业生产,农事收

---

① 社会部统计处编印:《北碚社会调查概况》(社会调查与统计第二号),1943年版,第121页。

② 重庆市北碚区地方志编纂委员会编:《重庆市北碚区志》,重庆:科学技术文献出版社重庆分社,1989年版,第377页。

③ 社会部统计处编印:《北碚社会调查概况》(社会调查与统计第二号),1943年版,第117页。

成，劳力供给人口移动以及社会组织成员人民教育程度有密切关系，而且与国际形势，国内军事发展等息息相关。

　　总的说来，战时物价变动主要有三种原因：第一是战时生产减少，外货输入困难，造成供不应求的现象而使物价上涨。"关于本市面粉，素仰渝市各厂供给，近来以渝市各面粉厂出品减少，本市各面粉商购买顿成困难，随时缺乏，不能供给本市需要，而形成恐慌现象，一般面粉商且因利出弊，于是乃发生竞购，进而贿购亦在所不惜"。①"渝市布匹最近突然激涨……本市布匹，均由渝市运来，因受影响，最近亦告上涨……进货颇感困难……无论批发零售，均告缺货"②。第二是战时物价工资运费皆涨，生产成本加高，为了维持生产利润不得不提高物价。北碚原非农业区域，工业又无基础，其产业只有煤矿一项。平时的一切必需品皆仰仗于外地供给，抗战以后北碚人口激增，各项物品供不应求，以致物价节节高涨，又因为大部分物品从重庆运来，加上运费和商人利润，其最终价格比重庆还要高。譬如面粉在1941年底重庆售价每市斤为二元四角，而北碚已经达到三元六角。总之北碚物价除煤和房租之外，都比重庆上涨很多。③第三是人民战时心理的影响。"抗战以来，百货迭长……其间原因非常复杂，供不应求，运输不易，诚其一部分原由，而少数商贾，囤积操纵，从中牟利，以图自肥者，亦有其重大关系"④。商人为了获利，大肆囤积货物，高抬物价；而一部分人民因为错误的观念和不必要的顾虑，在不知不觉中竞相购进货物，致使物价抬升。

　　物价上涨对社会各方面也影响巨大。其一是导致社会各阶层人民经济状况的转变，表现为知识分子（包括政学两界）的生活日渐窘迫，资本家（包括商人和地主）的生活水平突然升高，劳动者介于两者之中。这与我国传统的士农工商阶级背道而驰。其造成的原因是知识分子所依靠的薪水是比较固定，即使增加也有种种限制，增加的幅度较小，而物价的上涨是迅

　　① 《解决本市面粉恐慌》，《嘉陵江日报》（影印版），1941年9月2日，第2版。
　　② 《本市布匹突告激涨》，《嘉陵江日报》（影印版），1942年7月27日，第2版。
　　③ 社会部统计处编印：《北碚社会调查概况》（社会调查与统计第二号），1943年，第117页。
　　④ 《北碚消费合作社》，《嘉陵江日报》（影印版），1940年4月11日，第3版。

速的无限制的，物价越涨，货币的购买力就越低，知识分子以有限的收入所能购买的物品越来越少。先是奢侈品的购买受到限制，后来连必需品的享用也无法维持。因此能者都走上了经商的道路，其他人只能忍饥耐寒，有的人变卖衣物贴补用度。"本市布价飞涨，安定蓝每尺八十余元，阴丹士林布每尺则在百元以上。或曰：一个小公务员一月的薪资难穿一件长衫"①。北碚市区各拍卖行的物品有十之七八是知识分子送去的，而高价的物品则由商人和地主们买去，他们之所以有较高的购买力是因为他们靠实物营生，物价越涨他们的利润越高。

其二，人们容易产生轻视货币的心态。"少数的人士目睹由抗战所引起一切社会的波动，且于生命的无恒，与夫社会财富分配的变迁，于是而趋于自暴自弃的享乐与颓废，纵情挥霍，视法币如泥沙。"②这种心态容易一方面造成奢侈浪费的习惯，这与战时政府提倡节约的政策相左；另一方面也会进一步促成人民囤积实物的风气，不仅商人囤积，地主囤积，金融机构囤积，普通人民也争相提前购存，以防价格再涨。但是这样的囤积也会加剧物价的上涨。人民对于日用必需品的购买只求价格便宜，不顾现实是否需要。同时人们认为存储现钱是愚笨的行为，银行的定期存款只有顽固者才去照顾。这种种现象都足以表示人民对于货币本身已经失去保存的信心了。

北碚物价上涨的情况恶劣，影响又比较大，使得商业贸易有所衰落。"各种物价高涨，春节已过，各商家虽都开门营业，而各行生意却均甚萧条，有些整天都没有生意，有些虽有生意却不够门市开支，问不少商家，均甚或难以维持。"③虽然当地政府在这几年中对于物价变动的控制在工作计划中都有平抑粮食价格这一项，但是实际上粮价上涨并未得到缓解。猪肉涨价需要得到批准，但是屠商经常要求加价。"本市屠商屡犯奸，当局曾经采取严厉手段制止，殊知日久本市屠商近又高抬肉价。"④总之，北碚物

---

① 禾子：《北碚点滴》，《新华日报》，1943年8月3日，第3版。

② 《再论平抑物价问题》，《嘉陵江日报》（影印版），1940年4月18日，第2版。

③ 《市面商业不景气》，《嘉陵江日报》（影印版），1944年2月10日，第3版。

④ 《屠商又在耍把戏》，《嘉陵江日报》（影印版），1942年4月9日，第3版。

价虽然在名义上受到若干限制，但实际上仍旧自然发展。

三、对抗战的贡献

抗日战争是一场旷日持久的战争，国民政府从一开始也做了长期作战的准备。北碚的商业贸易在抗战期间获得了极大的发展，同时商业贸易的发展也为长期抗战作出了贡献。

首先，促进了战时北碚经济的迅速发展，对北碚商业贸易与农村经济的发展起到了积极的推动与促进作用，有利于支持生产，克服物资匮乏，稳定大后方，充实抗战实力。近现代战争，尤其是近现代国与国之间的长期战争，已不像古代那样简单地以疆场角逐而断其成败，而需以整个国力的较量决定其全局。在长期战争中，军事行动固然是决定双方胜负的重要手段，但除此之外，决定胜负的还有外交、内政、文化、经济等各项因素，其中尤以经济实力的强弱为重要。[1]北碚实验区署为了保障全区人民正常的基本生活，消除中间商对人们生活必需品的高价剥削，在区署内设立合作社办公室，下设若干消费合作社，并鼓励迁入的各单位都要兴办消费合作社，安排办理平价物资分配和改善本单位职工的生活福利事宜。到1945年，先后推广成立了商业性合作社59个，其中，乡镇合作社6个，消费合作社52个，局联社1个。[2]"此间消费合作社，因鉴市面煤商，当高价居奇，渔利过甚。致使一般民众，当此物物价高涨之际，更感生活之窘迫，而深为苦，前月即开始积极购进，拟直接到各出产厂地，大量采运，廉价出售，以资平抑，间与天府公司商定，每月供给一千六百挑块煤炭八百挑，嘉陵煤球厂每月供给煤球一百二十挑。"[3]"北碚消费合作社，为供给社员主要生活日需品，现已成立农业股、米业股，选购煤炭粮食，以资

---

① 李平生：《烽火映方舟——抗战时期大后方经济》，广西：广西师范大学出版社，1995年版，第261页。

②重庆市北碚区地方志编纂委员会编：《重庆市北碚区志》，重庆：科学技术文献出版社重庆分社，1989年版，第295页。

③《大量煤炭陆续抵岸，廉价出售以资平抑》，《嘉陵江日报》（影印版），1940年7月12日，第2版。

接济"①"黄桷镇为附近居民集散之一小市场，近因渝市疏散关系，日尽繁荣，地方民众，为自切便利起见，特组设消费合作社，联合采购各种日常生活用品，以免商民中间渔利，另有当地妇女，为增进后方生产，适应战时需要，亦特联合组设棉纺织生产合作社"。②抗战时期，北碚商业贸易的发展不仅使得涌入北碚的移民在生活方面基本能够维持下去，维护了抗战后方的稳定，还有利支援了前方的抗战。

其次，有利于吸引资金内移，进一步发展商业贸易，凝聚抗战力量。抗战爆发，使得大量外来人员涌入北碚，这些人中有的拥有雄厚的资金，有的人原本就是商业经营者，他们又投身于商业领域，开辟了一些新的商业行业，为北碚商业贸易的发展注入了新鲜的血液。1938年5月，原来准备迁川的河南中福公司与天府煤矿两家公司在北碚正式合并，成立了"天府矿业股份有限公司"。新公司利用中福公司带来的先进装备和工艺对老天府进行了第一期技术改造。③新公司成立后一边生产、一边建设，使得北碚成为了大后方重要的煤炭生产基地，适应了抗战需要。另外，1941年秋，上海新亚药厂将部分设备和人员，迁到北碚北温泉公园小游泳池临嘉陵江边的一个角落里，办起了一个小厂——新亚药厂华西分厂，采用四川当地产的蔗糖作原料，制成注射用的葡萄糖。虽然成本较高，但是解决了抗战后方一部分葡萄糖针剂的供应，开创了我国不依靠进口原料生葡萄糖注射液的先例。④抗战时期人口的大量涌入使北碚汇集了资金与经商人才，促进商业贸易的进一步发展。而商业贸易的发展会产生一个良性循环，会吸引更多的人汇集到北碚，从而为抗战做出贡献，凝聚力量。

另外，还可以增加政府的财政收入，同时也可以增加实业家的利润，为购买战略物资，为军队所需物资提供保障。"今年区内各镇，因渝市被

---

① 《嘉陵江三峡乡村建设实验区属十月份民政建教工作概况》，《北碚月刊》第3卷第6期，第58页。

② 《天神庙设立消费合作社暨棉纺织生产社》，《嘉陵江日报》（影印版），1940年3月12日，第2版。

③ 重庆市北碚区政协文史资料委员会编：《抗日战争时期的北碚》，1992年版，第85页。

④ 王庄：《北碚文史资料第7辑》，重庆市北碚区政协文史资料委员会编，1995年12月，第1版，第31页。

炸，疏散来此之大小工商业，均较前激增，以现在调查之结果收入税，将
三倍于前。"①商业所得税的征收可以充裕战时国库。在抗日战争中，实业
家蓝文彬曾大量捐款支持抗战。1938年10月，冬季来临，前方将士缺棉衣
的地方消息传到北碚，他首先带头捐赠寒衣400件。1939年4月，北碚发起
志愿兵运动，第一批志愿兵出征267人，他不仅亲自参与欢送，还送给每
位志愿兵大洋20元。1939年9月，北碚第二批志愿兵运送时，他又在欢送
会上，带头表示从本月起，每月定期捐赠1000元赡抚抗战家属。三峡实验
区区长卢子英将蓝文彬"慷慨解囊"的事迹上报中央国民政府。蒋介石亲
书"忠义可风"木制横匾一方，上款写着"绍侣先生捐金优待峡区抗战家
属纪念"，下款写着"蒋中正民国二十八年九月"。②

第五节　战时北碚交通建设

"北碚之父"卢作孚曾在《乡村建设》一文中写道："交通事业，是现
代人们生活上最需要的事业"，体现了交通建设在现代化城镇建设事业中的
重要地位。而北碚地处嘉陵江中下游到重庆城区的水陆交通要地，因其重
要的战略地理位置，其陆运、水运交通自20世纪20年代起便得到了发
展。尤其到了抗战时期，在国民政府及民生实业公司的努力之下，北碚的
铁路交通、公路交通及水路交通建设都进入了"再发展"阶段，其间，包
括北川铁路、青北公路及嘉陵江北碚段的水路建设均获得了新的进展。战
时北碚铁路、公路与水路的三线并进，共同发展，既实现了北碚交通网络
的扩展与完善，促进北碚的现代化城镇建设，使得北碚与外界经济文化交
流愈加密切，为北碚的社会经济发展奠定基础；还尽力满足因战争和内迁
而剧增的运输需求，便利了战时物资与信息的流通，为抗战胜利作出了巨
大贡献。

---

① 《商业所得税可收达十万》，《嘉陵江日报》（影印版），1940年8月12日，第2版。
② 李菅华：《北碚在抗战纪念抗战胜利七十周年》，重庆：西南师范大学出版社，2016年版，
第248页。

一、北川铁路的修建与北碚煤矿业的发展

北碚地区虽然拥有丰富的煤矿资源，但是因为北碚地区地势崎岖，矿产资源多处于深山老林中，煤炭开采和运输均靠人工来进行，在当时"每天竟有6000多名挑夫穿行在山间小道上，要走20里路才能到嘉陵江边"①。而人工的挑运量也有限，经常造成积压，产量少、运输成本高、运量小都极大地限制了当地煤矿业的发展。卢作孚在峡区上任后便主持修建了北川轻便铁路，大大提高了煤炭的运输效率，带动了当地煤矿业的发展。

（一）北川铁路的修建概况

北川铁路的修建主要经历了两个阶段。第一阶段为全面抗战爆发前修建的由白庙子到大田坎一段；第二阶段为全面抗战爆发后，因大批工厂、学校等迁入重庆，煤炭需求量猛增但原有北川铁路运输能力跟不上而添修的一段。

1.北川铁路第一阶段修建历程。江北县士绅唐建章曾在1925年初发起修筑北川矿业轻便铁路，但最终因资金不足未能实现。1927年卢作孚联合唐建章等江北合川地区士绅及文星地区各煤矿，由民生公司入股8万，共集资41.38万元，成立北川民业铁路股份有限公司，修建一条以运煤为主，客运为辅的轻便铁路。北川轻便铁路全线分三期工程修建而成，"聘请了丹麦工程师守尔慈来川主持工程，"②负责北川铁路全线的勘测设计。

第一期工程于1928年11月6日动工，修建水岚垭至土地垭一段，共计8.4公里。

第二期工程于1930年动工。在第二期工程修建之前，卢作孚到华北、东北等地进行了参观，在这些地方的所见所闻使得卢作孚进一步认识到交通特别是铁路对于经济发展的重要性。"他发现德国人对山东的经营，是以胶济铁路为中心；日本人对满蒙的经营，是以'南满铁道为中心'；俄国人对满蒙的经营，则'是以中东铁路为中心'，综三国的经营，都是以铁路为中心，同时攫取铁路附近的地利，如矿产、森林、工商业亦随以前进。"③

① 刘重来：《卢作孚与民国乡村建设研究》，北京：人民出版社，2007年版，第97页。
② 黄子裳、刘选：《嘉陵江三峡乡村十年来之经济建设》，《北碚月刊》，1937年第1卷第5期。
③ 凌耀伦、熊甫：《卢作孚文集·乡村建设》，北京：北京大学出版社，1999年版，第153页。

这次参观对他触动很大，回程便决定加紧对北川铁路的建设。1930年修水岚垭到白庙子一段，共计2.6公里。接修由土地垭到戴家沟一段，计程1.4公里，均于1931年5月通车。

第三期铁路建设工程主要为戴家沟至大田坎一段及白庙子码头下河绞车轨道动力修建，1933年6月开始动工，白庙子下河绞车轨道动力修建分两段进行，"二十二年接修由戴家沟至大田坎一段，计程八里，全线计三十三里，同时于白庙子建筑下河绞车第一段，于二十三年四月一日同时完成。第二段绞车二十四年三月完成，主要运输煤炭"①。到1935年3月，北川铁路全线工程建设完成，形成了从煤矿厂到嘉陵江边完整的铁路运输系统。

表8-27　北川铁路总体概况

站名	各站距离（公里）	轨重（公斤/米）	坡度(‰)	最小曲线半径（米）	路基宽（米）	桥梁涵洞跨度（米）
白庙子	0	13	4.4	55	4	0.4～3.00
水岚垭	2.6	13	2.0	60	4	0.4～3.00
麻柳湾	2.1	9	2.0	60	4	0.4～3.00
万家湾	2.4	9	2.0	60	4	0.4～3.00
文星场	0.8	9	2.0	60	4	0.4～3.00
后峰岩	1.0	9	2.0	60	4	0.4～3.00
郑家湾	1.5	9	2.0	60	4	0.4～3.00
土地垭	0.6	9	2.0	60	4	0.4～3.00
戴家沟	1.4	9	2.0	60	4	0.4～3.00
大岩湾	2.1	9	2.0	60	4	0.4～3.00
大田坎	2.0	9	2.0	60	4	0.4～3.00

资料来源：凌耀伦、熊甫：《卢作孚文集·乡村建设》，北京：北京大学出版社，1999年版，第278页。

北川铁路虽然只是一条轻便铁路，但却是四川的第一条铁路。"北川铁路从大田坎至白庙子全长16.5公里，铁路之设备有车站十一处，一百一十匹马力车头一部，七十匹马力车头二部，三十五匹马力车头二部，五吨车厢自卸煤车六十部，客货车十余部，卸煤桥四座，绞车二部，各种修理车

---

① 黄子裳、刘选：《嘉陵江三峡乡村十年来之经济建设》，《北碚月刊》，1937年第1卷第5期。

床及机械全套。"[1]北川铁路的建成，充分提高了北碚煤炭产业的生产和运输效率，使"日运量由400吨上升到2000吨"[2]。

表8-28　北川铁路车辆数目表（1929—1937年）

北川铁路历年车辆数目表								
项别/年份	十八年	十九年	二十年	廿一年	廿二年	廿三年	廿四年	廿五年	廿六年
机车	2辆	3辆	4辆	4辆	4辆	5辆	5辆	5辆	5辆
	各30匹马力	2辆各30马力；1辆70马力	2辆各30马力；1辆70马力；1辆111马力	同前	同前	2辆各30马力；2辆70马力；1辆111马力	同前	同前	同前
煤车	1.5吨矿车100部	同前	1.5吨矿车100部；5吨矿车40部	同前	同前	1.5吨矿车30部；5吨矿车60部	1.5吨矿车18部；5吨矿车60部	1.5吨矿车13部；5吨矿车60部	1.5吨矿车8部；5吨矿车60部
客车	2辆	4辆	5辆	5辆	6辆	7辆	7辆	7辆	7辆
此材料摘于北川铁路公司填　表件底稿卷内第27页（卷14）								

资料来源：《北川铁路1929年至1937年车辆数目表》，重庆市档案馆藏，档号：02400028000730000024000。

2.北川铁路第二阶段修建历程。北川铁路第二阶段修建于全面抗日战争爆发后。全面抗日战争爆发后，大批工厂、学校、机关等迁入重庆，重庆对煤炭的需求量激增，随着煤炭运输量的日益增加，北川铁路已经不适应运输的需要，所以天府煤炭公司加快了煤炭的地面运输建设。北川铁路第二阶段的修建主要有以下几大工程：

其一，改敷设重轨。为了提高铁路的运输能力，天府矿业公司开始逐段地改敷较重钢轨，以替代从前的20磅铁轨。截至1942年，已经改装完成的重轨如下：白庙子站至水岚垭站的2.6公里间改敷28磅钢轨；水岚垭站

---

[1] 黄子裳、刘选：《嘉陵江三峡乡村十年来之经济建设》，《北碚月刊》，1937年第1卷第5期。

[2] 重庆市北碚区地方志编纂委员会编：《重庆市北碚区志》，重庆：科学技术文献出版社重庆分社，1989年版，第284页。

至后峰岩站的6.3公里间改敷35磅钢轨；戴家沟站至大田坎站的4.2公里间改敷28磅钢轨。改敷的35磅钢轨是在宜昌失陷前，公司在株洲购得的旧浙赣铁路路轨，而改敷的28磅钢轨则是公司自重庆交通部购来者。[1]北川铁路在经过改敷后运输能力大大增强，尤其是水岚垭站至后峰岩改敷35磅钢轨之铁路，更是能供100匹马力机车全线运行。[2]

其二，白庙子车站的绞车轨道扩建。1941年，天府矿业公司续修已有的白庙子车站下河重力放车工程之第三、第四段，两段绞车工程都是朝南对江，其中第三段距离火车站最远，其下修有新式煤仓12间，可供大量煤炭在此卸货；第四段绞车工程所处地势最低，直达河边，可以将煤炭直接卸入驳船中。[3]这一工程的续修缩短了货物从白庙子车站运至白庙子码头所需的时间，使得白庙子火车站和码头皆可更大程度上发挥其运输功能。

其三，铁路线的延长与区域交通网之完善。从1942年开始，天府矿业公司开始了北川铁路的第二期生产建设，这一项目一直进行到1943年底，建设的项目包括延长铁路线15.5公里，增添机车3辆和载重5吨的煤车48辆，北川铁路的"运输能力从日运量900吨提高到1500吨"[4]。同样在1942年，三才生煤矿开始在本区域修建戴黄铁路，此铁路以戴家沟站和黄桷镇为两端之起始站或终点站，长共12.2公里，中间计划设鞍子沟、佛耳岩、纸厂沟三站。戴黄铁路以戴家沟站与北川铁路相连，这既是对北川铁路的延长，亦是对区域内交通网的完善，对北川铁路战略意义的凸显具有一定意义。

至此，北川铁路修建全部完成，直到解放后才逐渐被废弃。

（二）北川铁路与北碚煤矿业的发展

专用交通线的修建，促进了沿线矿业的开发。北川铁路作为北碚因发

---

[1] 杨克毅、钟功甫：《北川铁路沿线煤矿区区域地理》，《中国地理研究所地理集刊》1942年第2期。

[2] 四川省政协文史资料和学习委员会编：《四川文史资料选辑·第9辑》，成都：四川省政协文史资料和学习委员会，1980年，第117页。

[3] 杨克毅、钟功甫：《北川铁路沿线煤矿区区域地理》，《中国地理研究所地理集刊》1942年第2期。

[4] 四川省政协文史资料和学习委员会编：《四川文史资料选辑·第9辑》，成都：四川省政协文史资料和学习委员会，1980年，第117页。

展煤炭经济而修建的铁路，为北碚煤矿业的发展作出了不可估量的贡献，同时也促进了铁路沿线社会经济的发展。

1. 全面抗战爆发前北碚煤矿业的发展。北川铁路的修建促成了天府煤矿的成立。北碚境内有着丰富的煤炭资源，煤藏量为川省第一，平均煤层厚度达6.6米，煤质上乘。北碚的煤矿业最早发展于17世纪中叶，在文星场一带有原始洞穴式小煤窑出现。到了17世纪后期，文星刘家槽、二岩甲子洞先后办起了煤矿。到20世纪初北碚已有煤矿数十家。较大的煤矿有代家沟至文星场一带的福和煤厂、天泰煤厂、和泰煤厂、公和煤厂、二岩一带的复兴和炭厂、兴发公炭厂，缙云山南北坡的双连煤厂、屋基煤厂、翕和煤厂、久大煤厂等。[1]但此时北碚的煤矿，规模小，势单力薄、管理混乱、设备落后，而且由于人工挖掘，地表煤层挖尽后，已无法深入，正陷入绝境。为了生存和发展，这几个小煤矿早就打算合并成立一个较大型的煤矿企业，但最终因缺乏资金等种种原因而无法实现。

1933年，在北川铁路工程即将建设完工之际，为了使北碚煤炭的生产、运输、销售能够联合一体化，由时任峡防局局长兼民生公司董事长的卢作孚亲自出面将这个几个煤矿矿主找来协商，最后达成协议，"将沿线公和、天泰、同兴、和泰、福和、又新等6个煤矿矿厂以资产折价为12万元，民生公司再投资10万，北川公司投资2万元"[2]。于1933年6月24日组建成立"天府煤矿股份有限公司"，可以说天府煤矿公司的建成与北川铁路有着紧密的联系。

2. 全面抗战爆发后北碚煤矿业的再发展。1937年全面抗战开始后，大批企业内迁到四川，特别是作为战时首都的重庆，对煤炭的需求量猛增，又进一步促进了北碚煤炭工业的发展。全面抗战时期北川铁路对于北碚煤矿业发展之意义有二：

其一，战时内迁部分厂矿迁往北碚，北川铁路在企业内迁过程中发挥

① 重庆市北碚区地方志编纂委员会编：《重庆市北碚区志》，重庆：科学技术文献出版社重庆分社，1989年版，第196—197页。

② 水山：《民生公司的对外投资事业与民生资本集团的形成》，周永林、凌耀伦主编：《卢作孚追思录》，重庆：重庆出版社，2001年版，第392页。

了重要作用。迁往北碚最大的煤炭公司为河南焦作中福公司，孙越崎主持的中福公司为了躲避战乱保存公司实力，于1938年5月迁到北碚，6月时与天府煤矿公司、北川铁路公司合并组成天府矿业股份有限公司，资本150万元。此举使公司先进的机器设备得以保存并支持了大后方的能源建设，中福公司得以保存下来的先进机器设备正是依靠北川铁路的运输才进入了北碚矿区。

其二，北川铁路将北碚各大煤矿厂与白庙子码头相连，大大体现了北川铁路在煤矿运输的战略意义。取北川铁路沿线较大规模的煤矿厂六座观之，重庆电力公司第一煤矿厂位于水垭，近万家湾站，有2500公尺长的大拖路与其相连接，但仍未修妥；天府公司的枧槽沟厂近文星场站，公司在煤窑口至车站间修有550公尺长的支线铁路；天府矿业公司的后峰岩厂近后峰岩站，煤窑口至车站间亦修有支线铁路，长约540公尺；三才生公司的大门煤厂近戴家沟站，修有大拖路1000公尺与车站相连；三才生公司的大岩湾厂近大岩湾车站；新华公司的长道沟厂近大田坎站，公司正拟修1.5公里的大拖路将矿厂与车站连接。[1]以上的煤矿厂均通过北川铁路，将煤炭运送至白庙子码头，再通过船运的方式送至重庆市区或其他销区。不仅如此，面对抗战爆发后不断提高的煤炭需求量，天府矿业公司还对北川铁路进行了整修，使运输能力进一步提高。仅天府煤矿公司运输的煤炭数量，便在不断增长，1939年为154850吨，1940年为183705吨，1941年为219357吨，1942年为275609吨。[2]

北川铁路的建成，不仅促进北碚煤炭工业的发展，而且使北碚成为了抗战时期陪都重庆的主要燃料供应基地，为支援抗战做了重大贡献。根据档案记载，钢铁厂迁建委员会杨继曾就曾在1939年致函卢作孚、孙越崎，请卢孙二人想办法扩增北川铁路的运输数量，使三才生煤矿可将军用燃料

---

[1] 杨克毅、钟功甫：《北川铁路沿线煤矿区区域地理》，《中国地理研究所地理集刊》1942年第2期。

[2] 修诚：《天府轻便铁路运输能力之调查及其改进办法》，《交通建设》，1943年第1卷第1期，第1页。

照数送至钢铁厂迁建委员会，以支持兵工建设，[①]可见北川铁路对于煤炭运输供给战时兵工事业的重要意义。据国民政府1943年统计，"陪都"重庆三分之一以上的能源供应依靠这条铁路的运输，其中兵工55%、航运纺织85%、发电60%、化工冶炼25%的用煤均来自北碚天府地区。

北碚煤矿业的成功发展当然不止北川铁路修建成功这一个原因，但正是因为北碚铁路运输业的发展扩大煤炭运销范围，进而拉动煤炭消费，为后方煤业发展提供稳定可靠的市场，才使北碚的煤矿业经久不衰。

（三）北川铁路对社会生活的影响

北川铁路的修建不仅对煤矿业的发展有重要贡献，也促进了铁路沿线集市点的发展，为当地的社会生活带来了便利。同时，北川铁路方便了往来重庆广安、岳池一带的商旅，繁荣了北碚的商业贸易，并带动整个峡区的发展，其中亦要属白庙子的城镇发展最为明显。

白庙子是为北川铁路的总车站，也是嘉陵江的一大码头，更是北碚煤炭的出吐口。其整体地形为一个不甚平缓的山坡，聚落作马蹄形式。1928年，在北川铁路修建至此之前，白庙子只有四姓住户和一小亩地，而在北川铁路白庙子站建成通车后，此处的房屋增至300多幢，其中三分之一为住宅，三分之一为煤栈和吃食店，三分之一为数户杂货铺。白庙子的街道旁还有银行数家，可见此时白庙子的金融业亦有大小发展。在城镇内部，街道四通，且多取有新式街道名称，城镇内商业颇为繁盛，其间常闻机器和汽笛的声音，时人形容白庙子"俨然一小都市"[②]。

除此以外，北川铁路的修建还带动了不少区域性集市的发展。燎原地区集市，最早集市市场在白庙子。1928年后成为销售煤炭的水码头，年底设场，集市一处在白庙子中心区，有各种商店90余家，专为煤矿工人、力快和客商服务，另一处在白庙子附近的干洞子，是邻近小煤窑煤炭出口

---

① 《杨继曾关于请惠予转商天府公司设法扩增北川铁路运煤数量致　致卢、孙越崎的函》，1939年12月，重庆市档案馆藏，档号：0182200010111200000014。

② 杨克毅、钟功甫：《北川铁路沿线煤矿区区域地理》，《中国地理研究所地理集刊》1942年第2期。

地，有商店 10 余家，1948 年市场从商人员 494 人。①文星地区集市，最早集市点在文星场市街，清咸丰年间因开办煤窑而设场。北川铁路建成后，天府公司迁至后丰岩，商业逐步向后丰岩转移，文星市场变得冷清，商店仅 80 余家。1948 年底有商业人员 558 人。②

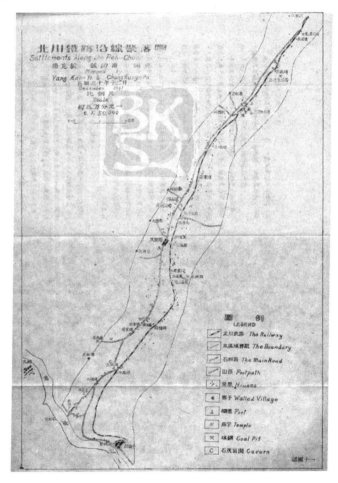

图 8-2　北川铁路沿线聚落图

　　资料来源：杨克毅、钟功甫：《北川铁路沿线煤矿区区域地理》，《中国地理研究所地理集刊》1942 年第 2 期。

① 重庆市北碚区地方志编纂委员会编：《重庆市北碚区志》，重庆：科学技术文献出版社重庆分社，1989 年版，第 301—302 页。
② 重庆市北碚区地方志编纂委员会编：《重庆市北碚区志》，重庆：科学技术文献出版社重庆分社，1989 年版，第 302 页。

二、嘉陵江北碚段航道的治理与嘉陵江航运业的发展

嘉陵江由西北向东南流经北碚，北碚段长44.5公里。北碚位于嘉陵江下游，处于合川、重庆的中心，是川北地区的物资经水路沿嘉陵江、涪江、渠江运往重庆的必经之路。北碚境内水系以嘉陵江为骨干，两岸接纳了大小支流多条。较大支流有左岸的明家溪、郑家溪（车盘溪）、右岸的璧北河（运河）、梁滩河（龙凤溪）、山王沟。它们分别经东阳、黄桷、夏溪口、文星湾、毛背沱注入嘉陵江。山王沟则在柏鹤村西纳一小溪后转东南汇入嘉陵江。此外还有一些较大的独立小支流，如小湖溪、吴粟溪、木头溪、狮子溪、红花溪、马洞溪、童家溪分别注入嘉陵江。[①]

陆路交通被华蓥山余脉横亘，重峦叠嶂，路窄坡陡，行人在崎岖山路中穿行，颇为艰难。山间小道又常有盗匪出没，行人商贾，只好避陆就水。但水路仅有两艘运能有限的木驳航驶，"供不应求"；其间也有一些小木船划来划去，载货运客，但这都不能解决合川至重庆的水运不足的问题。小木船靠人力驱动，下水尚可，上水时则船速慢、费时长，而且安全性极差，船上人员和货物的安全很难得到保障。然而想发展此间的水运也难，一来嘉陵江水流湍急，水浅石多，轮船航行有一定难度；二来山间盗匪时常下河拦截船只，勒索船主，一般人想办水运也顾虑重重。北碚是重庆市连接川北水陆交通之通道，有丰富的煤炭资源，自清末民初起，北碚场上下沿嘉陵江两岸，均为煤炭码头。各路客商也聚此交易。全面抗日战争时期，大批单位迁入，人口急剧上升，商业迅速发展，总之，北碚的水路运输很有发展的必要，但很少有人愿意投资兴办此处的航运。

（一）嘉陵江北碚段航道的治理

由于嘉陵江河湾支叉较多，滩多水浅，枯、洪水季节水位变化较大，且嘉陵江"自有天地以来，就没有人淘过，所以每到枯水的时候，滩多险峻，稍大的船和汽船通通停滞，对于船商，有许多的障碍"[②]磁器口下面重庆之红沙碛，近来江水枯浅异常，深不到两尺，昨今两日行驶渝合之潜水

[①] 重庆市北碚区地方志编纂委员会编：《重庆市北碚区志》，重庆：科学技术文献出版社重庆分社，1989年版，第43页。

[②] 《峡防局准备淘滩》，《嘉陵江日报》，1928年10月30日。

汽船，极难通过，上行竟到草街子即已天晚，中途竟有退客票者，新民汽船已改走涪州，其他汽船亦次第停驶，此时重庆下面已有四十余载，均因水浅停船，无法上行。①

　　嘉陵江航运最困难时期在春冬二季，水浅砂石壅积，所以第一要做的就是疏浚航道。以前沿江有淘滩会之组织，由绅民主持，淘滩费用取自过往船只。1928年冬嘉陵江再次进入枯水期，"民生"轮虽是浅水轮船仍无法行驶，因此卢作孚利用嘉陵江的枯水期，指挥峡防局派兵分赴各滩口进行淘滩，由峡防局主持淘滩之后，只需各船家捐淘滩所用之铁沙子，其他一切缴费，概由峡局负担。②淘滩之法"以铁耙将砂石松动，借水力冲击之，其巨大之石，耙力不能松动者，则于上游散布圆滑铁沙，赖水流之力深入石以下以松动之"。法简效著，推行甚宜。③"兹闻该士兵等到后，首先编造竹篓，中堆鹅卵石，上插竹竿作为望子，讵意水流太急，连竖望子六个，被水冲去四个，现正赶编大竹篓，预备竖立稳固的望子，一面已加工凌淘。又该出淘滩需用铁沙子，倒在滩口，以使沙泥等物，容易随水冲去。此项铁沙子业由过往船只自由捐纳。闻开淘第一日即已收得铁沙子四十余斤。"④

　　初次治理了张公滩、蔡家滩、虬门滩、黑羊石和黄家碛5个大滩之后，接着又整凿了巨梁滩，使汽船在枯水期也能畅通无阻。嘉陵江航道的治理成功，为嘉陵江航运的大力发展奠定了基础。

　　（二）嘉陵江航运业的发展对北碚社会经济的影响

　　民国初期嘉陵江北碚段上仅有木船行驶，小木船靠人力驱动，下水犹可，上水通常船速慢、费时长，安全性差，船上人员和货物的安全难以得到保障。另由于嘉陵江较低的通航条件，极少有人愿意投资兴办航运。所以即使水路是当时北碚主要的交通方式，北碚仍然是落后的闭塞的，1928

---

　　①《峡区新闻》，《嘉陵江日报》，1928年11月28日。

　　②《峡区新闻》，《嘉陵江日报》，1928年11月28日。

　　③王绍荃主编：《四川内河航运史·古近代部分》，成都：四川人民出版社，1989年版，第276页。

　　④《峡区新闻》，《嘉陵江日报》，1928年11月28日。

年嘉陵江航运正式发展起来后，北碚的社会经济面貌也在逐渐发生变化。

1.渝合线的开通。嘉陵江上最早的航线是民生公司开通的"渝合线"。卢作孚以投身长江航运业为起点创办实业，而当时川江竞争激烈，所以卢作孚选择了当时紧缺轮船航运的嘉陵江"乘虚而入"。同时，由于货运利润高于客运，航业界在高额利润的引诱下，都热衷于货运，盲目发展与彼此争夺业务的现象十分严重，卢作孚认为这种竞争势必导致两败俱伤的结局，所以民生公司在立足嘉陵江时还考虑以客运为主，避实就虚，把经营重心定在短途客运上。

1926年7月民生公司的"民生轮"正式开航行驶重庆合川线（渝合线），途经北碚，以客为主，客货联运，定期航行，便利往来旅客，几乎每次航班和每次的货运量都是满载而去，满载而归。开航数月中，客运业务格外兴旺。重庆到合川开航前要走两天路程，开航后上水只需要9小时，下水4小时便可。[①]

在对嘉陵江进行淘滩整治后，汽船在枯水期也能畅通无阻。民生公司专门订造了一艘适合在嘉陵江枯水期行驶的浅水轮船，1928年春末开回重庆，初名"新民"，后更为"民用"，只有34吨，船小吃水浅，仍采用定期航行的方式。[②]渝合线上，每天都有轮船开出和到达，极大提高了水上客货运输效率，便利了沿线人民的出行。

2.全面抗日战争爆发后嘉陵江北碚段航运的再发展。第一开辟了多条短途航线，有力地沟通了北碚与外界的联系，便利了北碚与长江沿线各城市人员和货物的往来。1937年抗战爆发后，大批机关、学校、工厂迁入四川各地，它们大都设在重庆地区周围及川江沿线各地城市或沿河之乡镇。北碚作为嘉陵江沿线重要乡镇，也纳入了部分内迁的工厂、学校，为了便利军政人员、学校师生及工厂职工以及商旅之交通贸易，促进后方经济发展，又在各江河段上开辟了许多新航线，增设了很多小站点，其中有到达北碚的航线。据长江航政局统计，"1940年以重庆为起点的轮船，分别开至

---

① 周凝华、田海蓝：《卢作孚和民生公司》，郑州：河南人民出版社，1998年版，第52页。
② 周凝华、田海蓝：《卢作孚和民生公司》，郑州：河南人民出版社，1998年版，第53页。

三斗坪、秭归、巴东、万县、涪陵、长寿、洛碛、木洞、大渡口、鱼洞溪、江口、江津、白沙、泸县、宜宾、北碚、童家溪、柏溪、磁器口等地的航线即20条"①。

民生公司为满足战时需要，也开辟了以客运为主的短期航线。"通往北碚的主要有两条线，重庆至北碚线，沿途停泊牛角沱、磁器口、童家溪、悦来场、土坨、白庙子等处；重庆至合川县，沿途停泊牛角沱、磁器口、童家溪、悦来场、土坨、白庙子、北碚、温泉、夏溪口、沙溪庙等处。内迁到四川的招商局也开辟了重庆周围的江津、白沙、木洞、北碚等短途客货运输。"②短途运输的开辟，方便了内迁各机关、学校、工厂人员与外界城镇的交通往来，外地客商来北碚开店从事商业活动的人也在不断增加。促进了城乡物资交流，使北碚的城市面貌日益更新，同时支援了抗战。

第二嘉陵江航运的发展带动了北碚物资的集散，促进商业贸易的发展。民国时期，北碚粮源来自南充、合川等地，运输路线主要是嘉陵江水运。③1936年地方建设兴起，三峡棉布成了主要出埠商品。嘉陵江航运的发展提高了粮食的运输效率，并加快了北碚对外贸易的发展。抗日战争时期，三峡地区已成为抗战后方煤炭基地，有天府、宝源等煤矿30多家，年产原煤70多万吨，煤炭经由北川铁路运往嘉陵江沿岸码头后，由嘉陵江货轮运销重庆等地，沿江出煤码头有吴粟溪、草街子、夏溪口、二岩、金刚碑、黄桷镇、白庙子等7处，日运量在2000吨以上。1940年，从事水陆运输的5262人。运输人员中，90%以上是从事煤炭及其有关物资的运输。④

① 杨实主编：《中国人民政治协商会议西南地区文史资料协作会议编·抗战时期的西南交通》，昆明：云南人民出版社，1992年版，第326页。

② 王绍荃主编：《四川内河航运史·古近代部分》，成都：四川人民出版社，1989年版，第240页。

③ 重庆市北碚区地方志编纂委员会编：《重庆市北碚区志》，重庆：科学技术文献出版社重庆分社，1989年版，第323页。

④ 重庆市北碚区地方志编纂委员会编：《重庆市北碚区志》，重庆：科学技术文献出版社重庆分社，1989年版，第196—197页。

三、青北（碚）公路和北温泉公路的修建

战前，北碚的公路建设投入极少，当时北碚的陆上交通大多是山间小路或是用石板铺成的简易道路，一旦遇到下雨道路便泥泞不堪，通行状况极差，所以北碚民众出行通常选择安全方便的水路。青北公路的修建则结束了北碚没有公路的历史，开启了北碚客运业的发展，使北碚民众的出行更为便利。

（一）青北公路和北温泉公路的修建概况

为了沟通北碚与外地的联系以发展北碚经济，峡防局、四川公路局都曾于1936年筹建青北公路，刘德诚被任委为四川公路局青北公路工程段段长[①]，但最终由于资金不足未能兴修。后由重庆行令营驻军161师于1937年派兵工修建，"陆军第一六一师三旅旅长杨汉淮，所部五六两团兵工所筑之青木关至北碚马路"[②]。于1939年建成通车。该路由成渝公路青木关分岔，经双凤桥、歇马场、天生桥至北碚，全长22.7公里。[③]

卢作孚在三峡乡村建设运动中将北温泉公园作为旅游建设的重要项目，北温泉公园修建成功后吸引了附近乃至全国各地的游客来此游玩。为方便游客行人通行，北碚管理局呈准交通部及四川省政府，并由华洋义赈会扶助修建北碚至北温泉的公路，于1942年11月建成试车，计程长7公里，耗资20万元。

至抗战后期，青北公路也出现了部分路面损坏、需要修理的情况。根据档案记载，1944年青北公路的北碚站拟迁新车站，而新车站和老车站之间的路面、路基损坏不堪，若是持续雨天过后，则难以通行，故北碚管理局送函致交通局公路总部，请予拨发整修费进行整修工作。[④]

[①] 《关于即日兴工修建青北公路致北碚邮政局的函》，1936年3月，重庆市档案馆藏，档号：0342 0001 0025 7000 0026。

[②] 《兵工建筑之青北马路》，《四川经济月刊》，1937年第7卷第5、6期合刊，第26页。

[③] 杨实主编：《中国人民政治协商会议西南地区文史资料协作会议编·抗战时期的西南交通》，昆明：云南人民出版社，1992年版，第225页。

[④] 《关于检送青北公路新车站至老车站段路面修整计划与预算书请予拨发整修费致交通部公路总局的公函（附计划、预算表）》，1944年12月，重庆市档案馆藏，档号：0081 0004 0320 8000 0033034。

（二）青北公路与北碚客运业的发展

第一，青北公路的建成结束了北碚没有公路的历史，开启了北碚客运业的发展。1939年北碚至青木关的公路建成后，北碚开始有了客车运输，"每日有通往青木关的客车4班，通往重庆的客车5班，由吉昌运输公司和北碚游览车站经营"①。交通部川陕线驿运管理分处亦在青北开通了客运和货运马车线路②。

青北公路客运开通丰富了北碚人民出行方式，缩短了城乡交际往来的时间，便利了往来的旅人客商，促进城乡经济文化交流，繁荣北碚的商业贸易。

第二，青北公路的建成，使北碚成为重要"迁建区"，承担了战时疏散人员的重要功能，这进一步促进了北碚客运业的发展，同时对于北碚社会经济文化的发展产生了极大影响。从1938年起，日本为了迫使国民政府投降，对战时首都重庆进行了长达6年多的战略轰炸。重庆市政府为了应对日本的轰炸，要求市区的学校、机关单位等向郊区疏散，并于1939年将集中迁入地区定为迁建区，"1939年'五三'、'五四'大轰炸后，政府机关及市区人口疏散至歌乐山、青木关与北碚之间，遂定此区为'迁建区'(主要在巴县范围，也包括璧山一部分)"③。其中立法院和司法院迁至北碚的歇马场，国民政府教育部迁至青木关，仅在市区设办事处对外联系。由于政府机关、学校等迁入迁建区北碚之后，来往北碚与重庆以及北碚与其他迁建区的人员增多，原有公路客运不能满足出行需求。因此，为加强各区之间的联系，"四川公路局举办了迁建区短途公务车，这是抗战时期最早的短途公路汽车客运"④。1939年5月15日，行驶于重庆市至歌乐山、重庆市到

---

① 重庆市北碚区地方志编纂委员会编：《重庆市北碚区志》，重庆：科学技术文献出版社重庆分社，1989年版，第282页。

② 《交通部川陕线驿运管理分处青北间客票价目表》，重庆市档案馆藏，档号：0240002900021000051000。

③ 中国人民政治协商会议四川省重庆市委员会文史资料研究委员会编：《重庆抗战纪事》，重庆：重庆出版社，1985年版，第3页。

④ 杨实主编：《中国人民政治协商会议西南地区文史资料协作会议编·抗战时期的西南交通》，昆明：云南人民出版社，1992年版，第148页。

青木关、重庆市到北碚和青木关至北碚等段的特约校车和公务班车开通，其中来往北碚的短途公务车方便了北碚与其他区之间的联系。第二年新成立的迁建区运输办事处又新开辟了来往北碚的短途客运路线，方便了北碚与各迁建区之间的联系，"1940年3月，交通部又成立了迁建区运输办事处，开办了各迁建区之间的短途客运线路。其主要线路有七星岗到青木关、青木关到北碚、青木关到丁家坳等线路"①。青北公路还为各机关厂矿来往重庆与北碚考察联系提供了方便，根据档案资料，1944年，兵工署第十工厂的工程师黄肃等十人为兵工署第十工厂考虑煤炭供应商，就曾欲通过青北公路前往北碚和青木关等处参看各大煤矿厂。②

青北公路的建成和客运运输的发展，方便了战时人员的疏散流转，便利了内迁机关、学校、厂矿的工作交流，保证了各行业机构的正常运转，更重要的是在北碚成为迁建区之后，先后涌进了众多机关、科教机构、企业厂矿等，"各界名流、专家、学者、作家、科学家汇聚于此，三千名流汇集北碚一时成为国内享有盛名的文化区"③。内迁的科研机构有中央研究院动植物研究所、经济部中央地质调查所等，加速了北碚科学技术的发展，成为当时的科研重地；有中华全国文艺界抗敌协会、国立编译馆、正中书局等17家文化、新闻、出版单位迁来北碚，大批文学艺术家云集，出版报纸杂志37种。当时在北碚创作的抗战文学作品就多达数百篇，是解放前北碚文化最繁荣的时期。④在全面抗战爆发后，北碚的社会经济文化均处于较高的发展水平，充分得益于北碚的交通建设打下的良好基础。

第三，青北公路的修建也便利了北碚与外界的通信往来。1929年北碚成立邮政局。最初北碚进出口邮件，是通过渝合线班轮传递或是由青木关至北碚的板车邮路传递。"每日对开，昼夜兼行，将重庆交汽车发运至青木

① 朱培麟、张维全主编：《重庆交通史》，重庆：重庆出版社，2009年版，第305页。
② 《兵工署第十工厂关于告知22828号卡车驶往北碚青木关等处并请发给通行证致川陕线区新桥车站司令的公函》，1944年2月，重庆市档案馆藏，档号：01740009002600000010。
③ 重庆市北碚区地方志编纂委员会编：《重庆市北碚区志》，重庆：科学技术文献出版社重庆分社，1989年版，第7页。
④ 重庆市北碚区地方志编纂委员会编：《重庆市北碚区志》，重庆：科学技术文献出版社重庆分社，1989年版，第8页。

关的北碚方向的进口邮件运回，再将北碚方向各局的出口邮件运往青木关交汽车换进出口邮件。北碚邮局再将澄江、北温泉、金刚碑、黄桷、白庙子、文星场等局邮件，通过步班邮路中转。这样的邮件传递方式既费时又费力。1939 年青北公路建成后，渝碚间（北碚—青木关—重庆）有定时班车往返，青木关至北碚的板车邮路由渝碚汽车邮路代替，每天交 2 次。"①既提高了传递频率，也省时省力还保证了安全性。

最后，青北公路的通车也促进了沿线乡镇集市的扩大和商业贸易的兴旺。北碚的天生桥集市在青北公路通车后，住户日渐增多，经过 1938 年至1939 年市镇大建设，商业贸易兴旺起来。②另有歇马地区集市，歇马场原是古过境骡马食宿站，1939 年青北公路建成，促进了集市的发展，是北碚草帽生产区和集散地，行销数十个县。③

①　重庆市北碚区地方志编纂委员会编：《重庆市北碚区志》，重庆：科学技术文献出版社重庆分社，1989 年版，第 289 页。

②　重庆市北碚区地方志编纂委员会编：《重庆市北碚区志》，重庆：科学技术文献出版社重庆分社，1989 年版，第 301 页。

③　重庆市北碚区地方志编纂委员会编：《重庆市北碚区志》，重庆：科学技术文献出版社重庆分社，1989 年版，第 302 页。

第九章　战时大后方科学重镇的形成

　　全面抗战爆发前，中国科学事业的发展总体上呈现出东强西弱的局面，形成了北平、上海、南京三大科学重镇。而在中国广大西部地区，由于经济、文化发展长期滞后，科研机构寥寥无几。1930年10月，卢作孚在重庆北碚创建了中国西部第一个综合性科研机构，即中国西部科学院。在此后的数年间，中国西部科学院对以川康为重点的西南地区开展了生物、理化、农林、地质调查研究，取得令人瞩目的成就。可以说，这一时期北碚已经成为中国西部的科学中心。全面抗战爆发后，在卢作孚和中国西部科学院的鼎力帮助之下，中研院四个研究所、中央地质调查所、中央工业试验所、中央农业实验所、中国科学社生物研究所等大批科研机构及其科研工作者纷纷内迁于此，中国地理研究所、中国西部科学博物馆等科研机构也在此成立。至抗战胜利之时，北碚已经成为与云南昆明、四川李庄齐名的大后方科学中心，中国西部科学院也因成为大后方科技事业的"诺亚方舟"而永载史册。

第一节　战时科研机构内迁北碚

　　1937年7月7日，日军制造卢沟桥事变，发动全面侵华战争，平津等要地相继沦陷。8月13日，日军进攻上海，直接威胁中国政治、经济中心地区和国民政府首都南京。上述地区既是中国经济、政治、文化重心，同时也是中国科研机构密集之地，位于南京的中央地质调查所、中国科学社生物研究所、中央工业试验所以及中央农业实验所，位于南京、上海的国立中央研究院等机构，均是国内首屈一指的国立或私立科研机构。日军的全面侵华战争，使中国各科研机构面临着前所未有的生存危机，被迫卷入内迁的滚滚浪潮之中。

一、中央研究院四所迁碚

国立中央研究院是民国时期国家最高学术研究机关。1927年初，蔡元培等国民党人士倍感设立国家研究机关之必要，筹备创办国立中央研究院（以下简称中研院），先行设立理化实业研究所、地质研究所、观象台、社会科学研究所四个研究机构。[①]1928年6月9日，中研院正式成立，以"实行科学研究"、"指导、联络、奖励学术之研究"为宗旨，先后建立物理、化学、工程、地质、天文、气象、历史语言、心理学、社会科学、动物植物10个研究所，同时仿效欧美国家的全国研究会议（National Research Council）设立评议会，作为全国最高学术评议机关。经过抗战前近十年的苦心经营，"各研究所之图书、仪器、标本等之丰富，与国内学术机关比较而言，已属首屈一指。尤以古物善本等项之搜集收藏甚为丰富，不独为国内仅有，亦为世界学者所珍视"[②]。

卢沟桥事变爆发后，中研院部分机构未雨绸缪，开始筹备内迁事务。代理总干事傅斯年多方求助，向湖南省政府主席何键及湖南省教育厅厅长朱经农借得房屋49间，又联络美国大使馆租赁湖南圣经书院长沙韭菜园及南岳校舍部分房屋，用于筹备长沙工作站，为此后中研院的大规模整体内迁提供了一个临时基地。[③]

位于南京的中研院各研究所也开始动身。动植物研究所于7月中下旬

---

① 国立中央研究院文书处编：《国立中央研究院十八年度总报告》，国立中央研究院办事处1929年版，第40页。

② 国立中央研究院编：《国立中央研究院概况：1928—1948》，国立中央研究院办事处1948年版，第8页。

③ 《傅斯年致蔡元培》，1937年8月6日；《傅斯年致Willys R. Peck》，1937年8月8日，王汎森等编：《傅斯年遗札》，第2卷，北京：社科文献出版社2015年版，第619、620页。

开始筹备内迁。动植物所重要书籍、仪器、标本分批内迁。第一批32箱于7月底运往南昌江西省立农业院；第二批58箱于8月初由南京运往长沙，存放于长沙工作站。①气象研究所所长竺可桢虽身在杭州，也时刻心系气象所内迁大计。7月23日、25日，竺可桢接连致电涂长望，建议将重要设备酌量迁移，并选择部分图书、仪器运往江西省立农业院储存。②8月3日，竺可桢亲自拜访金陵女子文理学院校长吴贻芳，商谈借该校校舍作临时办公之用。③9日，竺可桢致函吕炯、宋兆珩，嘱托二人"将暂时不用书籍、仪器以及其他物件托由总办事处运湘"，"观测及天气预报工作仍在所中进行"，"统计工作如必要时可移金陵女子文理学院工作"，并将大批图书、仪器运往南昌、长沙两地。④

1937年8月13日，淞沪会战爆发，位于上海、南京两地的中研院各研究所首当其冲，直接暴露在侵华日军的空袭范围之内。8月15日，以"海之苍鹫"自称的日军海军航空队首次轰炸南京，炸弹在南京考试院外钟楼附近爆炸，中研院距考试院仅一街之隔，所幸无人员财产损失。19日下午6时许，多架日机集中轰炸北极阁，"考试院前计投下三弹，大门被炸毁，中央大学内投下三弹，炸毁工房一所，小营航空委员会内被掷数弹，幸三处死伤当不甚多，而我院总办事处新厦亦震毁玻璃多扇，幸无其他损失"⑤。气象所正位于南京北极阁，因地势较高，目标鲜明。随着日军对南京的轰炸愈演愈烈，中研院气象、心理、动植物研究所的内迁工作便如火如荼地展开。

竺可桢因担任浙江大学校长一职，内迁事务均由吕炯与涂长望负责。气象所于8月21日将研究、行政、统计及天气预报等机构迁至金陵女子文

---

① 《中央研究院长沙工作站及南岳工作分站筹设组织经过报告及有关文书》，中国第二历史档案馆藏，档号：三九三/1484。

② 《致涂长望电稿》，1937年7月23日；《致涂长望函》，1937年7月25日，竺可桢：《竺可桢全集》，第23卷，上海：上海科技教育出版社2013年版，第431、432页。

③ 李玉海编：《竺可桢年谱简编》，北京：气象出版社2010年版，第43页。

④ 《致吕炯、宋兆珩函》，1937年8月9日，竺可桢：《竺可桢全集》，第23卷，第442页。

⑤ 《中央研究院及气象、历史语言等研究所图书仪器迁运汉口、长沙等地的有关文书》，中国第二历史档案馆藏，档号：三九三/2269。

理学院文学馆暂避。所内人员就内迁一事各持己见，天气预报员卢鋆、幺振生等主张留在南京，无线电员何清隐、樊翰章等则要求迁往武汉，代理所长吕炯则以身体不适为由回无锡老家养病，将气象所事务全部托付予涂长望。一时间，气象研究所群龙无首。此时，国民政府部分机关已撤离南京迁往汉口，气象研究所所长竺可桢当即决定将研究所随政府内迁汉口。8月底，气象所梁实夫、萧望山、蔡秉久、杨鉴初、余树声、李祥璠、朱翠芳、吴其瑞、杜清寰等人先后离职他去，涂长望说服其余同事分批行动，组织张宝堃、何元晋、樊翰章、王毅、陈士毅、钱逸云、赵海、陈五凤、陈俊玉、曾树荣、金咏深、宋兆珩12人押运图书、仪器120余箱于9月2日启程前往汉口，4日抵达，租赁扬子街广东银行四楼为临时办事处。幺振生、卢鋆、陈学溶、曾广琼等4人加入航空委员会，薛铁虎、李恒如、郭晓岚、徐延煦留守南京继续进行气象观测及绘图工作。[①]气象研究所在江西省立农业院所存图书、仪器39箱，也于10月初由金咏深运赴汉口。[②]

其间，动植物研究所将剩余急需的仪器、图书、药品24箱，于8月底由该所助理员朱树屏运至长沙。[③]心理研究所于8月20日整理较重要的图书、仪器27箱运往长沙；另挑选一部分运往汉口；其他未及内迁之仪器借给南京其他机构使用，于南京沦陷后散失无存。[④]所中部分人员暂时遣散，6人停薪留职，9人先后到达长沙。[⑤]与此同时，中央研究院气象、心理、动植物等南京6所所长奉院令组织"中央研究院长沙工作站筹备委员会"，并于9月1日正式成立长沙工作站。[⑥]其中气象所因迁往汉口未参加，心理所所长汪敬熙、动植物所所长王家楫负责各所事务。

随着中央研究院内迁长沙各所物资、人员逐渐抵达，长沙圣经学校已

① 温克刚主编：《涂长望传》，北京：当代中国出版社1997年版，第145—147页。

② 《致九江海关函稿》，1937年10月6日，竺可桢：《竺可桢全集》，第23卷，第490页。

③ 《中央研究院长沙工作站及南岳工作分站筹设组织经过报告及有关文书》，中国第二历史档案馆藏中研院档案藏，档号：三九三/1484。

④ 国立中央研究院编：《国立中央研究院概况：1928—1948》，第332页。

⑤ 《中央研究院长沙工作站及南岳工作分站筹设组织经过报告及有关文书》，中国第二历史档案馆藏中研院档案藏，档号：三九三/1484。

⑥ 《中央研究院长沙工作站及南岳工作分站筹设组织经过报告及有关文书》，中国第二历史档案馆藏中研院档案藏，档号：三九三/1484。

是人满为患。从8月22日至9月23日，中研院职员62人陆续到达长沙，长沙房舍不敷分配，于是另行组织南岳工作分站。9月24日，动植物所、心理所迁往南岳，南岳工作站事务由心理所所长汪敬熙、动植物所所长王家楫主持。至此，中研院位于南京的气象、心理、动植物研究所的内迁初步告一段落，而身在上海白利南路的物理研究所却深陷困境。

淞沪会战爆发后，上海各所停止了正常科研工作，转而从事多项与军事有关的服务工作。9月中旬，傅斯年致函物理研究所所长丁燮林，说明上海对外交通之困难：

> "上月（8月）初，情形照常，上月末则上海至此（南京）尚有一小路，今则此小路已不甚适用，只有香港与海防矣。自上海如何运至海防到内地，大有问题也。……一个半月中情形，刻刻变动，故上月初易办之事，上月末难办，上月末难办者，今则或竟不能办矣。"①

时至此时，中研院上海各所自陆路内迁已成泡影。随着沪战局势恶化，物理研究所于10月份陆续迁入法租界，并于11月中旬正式宣告停办。"一切文卷，仪器，工厂全成品、未成品、材料，以及一部分机器、仪器迁入保存，迨至沪西陷落，所有重要仪器、机器、图书及家具均已移入租界，分别存藏，存于理工实验馆中者，仅少数家具及不能拆卸之装置等项而已"②。

1937年8月26日，日机6架轰炸南昌，江西农业院被炸，中研院在此处所存内迁物资幸无损失。③12月，南京局势危在旦夕，日军飞机频频袭扰华中各地，武汉、长沙等地危若累卵，中研院内迁各研究所立足未稳被迫

---

① 《傅斯年致丁燮林》，1937年9月17日，王汎森等编：《傅斯年遗札》，第2卷，第621—622页。

② 国立中央研究院文书处编：《国立中央研究院二十八年度总报告》，第9—10页。

③ 《中央研究院及气象、历史语言等研究所图书仪器迁运汉口、长沙等地的有关文书》，中国第二历史档案馆藏中研院档案藏，档号：三九三/2269。

另寻他去。12月13日，中研院在长沙召开临时院务会议，就各所经费支配、职员薪给标准及疏散办法等事项进行安排，同时决定将动植物、心理研究所迁往广西阳朔，物理研究所地磁台迁往广西桂林。[①]

1937年底及1938年初中央研究院内迁西南主要途经以下三条路线：一是沿长江而上至重庆；二是从湖南长沙走陆路到达广西桂林、阳朔，或者经广西到达云南；三是经香港、广东至桂林，或经广西、越南至昆明。

气象研究所即是通过第一条路线内迁至重庆，费时费力较少。内迁汉口之初，竺可桢曾计划一分为二，将气象所天气预报部分迁往武昌，研究部分迁往长沙与清华大学地学系气象所合作。9月下旬，所长竺可桢曾亲自致函清华大学校长梅贻琦称：

> "顷敝所以首都迭遭敌机袭击，工作不便，爰于月之四日迁抵汉皋，租屋办公。惟是武汉为军事要地，且赁屋应用租金昂贵，难以久持。闻贵校长沙新厦瞬将落成，弟未审在此非常时期敝所仍能与贵校气象组合作否？"[②]

12月19日，竺可桢又提出与清华合作的三种条件：

> "（一）清华借相当屋宇与所中，所中予清华以借阅书籍之便利，但须遵守本所图书规则；（二）本所图书须另辟一室储藏，不得与清华书籍相混合；（三）本所图书须由本所指定之人员管理，其薪水由清华担任半数"。[③]

12月下旬，清华大学决定迁往昆明，气象所迁往长沙与该校合作之议遂告作罢。此时，国民政府已于11月下旬西迁重庆，各中央机关纷纷效仿，气象所于是决定改迁重庆，其内迁之盲目性可见一斑。1937年12月

---

① 《中央研究院临时院务会议》，中国第二历史档案馆藏中研院档案藏，档号：三九三/3001。

② 《致梅贻琦函》，1937年9月约下旬，竺可桢：《竺可桢全集》，第23卷，第482页。

③ 《致吕炯、宋兆珩函》，1937年12月19日，竺可桢：《竺可桢全集》，第23卷，第528页。

底，气象所科研人员21人及其图书、仪器搭乘民生公司轮船前往重庆，租赁通远门兴隆街19号为临时办公地点。3月初，气象所又改租重庆曾家岩中四路139号"颖庐"二楼为所址，房屋10间，事务、统计、制图、发报办公室各一间，图书室两间，其余为职员宿舍。关于永久所址一事，因北碚有西部科学院及中国科学社，学术空气较为浓厚，竺可桢在汉口亲自拜访卢作孚，希望将来迁往此处，为此后气象研究所迁入北碚奠定基础。[①]

中央研究院长沙的动植物研究所和心理研究所经第二条路线内迁广西、云南等地，也是内迁路线最为复杂、历程最为艰辛的一支。1937年12月下旬，动植物研究所和心理研究所从长沙出发，于1938年1月下旬抵达距离广西桂林南约一百余里的阳朔县，各所将所址设立于阳朔县中山纪念堂，并设立桂林办事处以便于联络。[②]各研究所物资众多，分批起运，水陆并进，至1938年8、9月间全部运达。[③]由于交通工具严重缺乏，无奈之下心理研究所将全部图书借给西南联大，由该校运往昆明，直至1941年春由西南联大交还，运回桂林雁山。[④]

至1938年3月，中央研究院南京各研究所内迁已基本到达预定地点。而位于上海的物理研究所却仍然避居于法租界，内迁举步维艰。与淞沪会战前夕不同，此时的上海已陷于日军之手，从陆路撤退大宗物品谈何容易；院长蔡元培远在香港养病，对上海各所内迁之事爱莫能助；总干事朱家骅身居国民政府要职，对中央研究院事务也无暇顾及。此番境况，诚如傅斯年后来所说："中研院此次全无一定方针，弄得七零八落，物理一所尚分三处，而物理、化学、工程三所本在一处，今反分裂。中研院事，以蔡先生（蔡元培）年老而远处香港，诸事自当由总干事负责，但是朱先生（朱家骅）诸事不管"，各研究所只能自行设法解决。[⑤]

①《致吕炯函》，1938年1月31日，中国第二历史档案馆藏，中央研究院档号：393/2877。

②竺可桢：《竺可桢日记》，1938年3月1日，北京：科学出版社1989年版，第212页。

③《社会科学研究所工作报告》，中国第二历史档案馆藏中研院档案藏，档号：三九三/1374（1）。

④国立中央研究院编：《国立中央研究院概况：1928—1948》，第332页。

⑤王庆祥等选编：《吴学周日记》，1938年9月9日，长春：长春市政协文史资料委员会，1997年版，第22页。

　　1937年12月长沙院务会议决定三所内迁昆明之后，物理研究所所长丁燮林与化学、工程研究所一行经香港前往昆明，向云南地方当局表明三所内迁昆明之意，并设法解决房屋、运输等内迁事宜。云南省主席龙云和经济委员会缪云台都非常欢迎他们迁往昆明[1]，昆明建设厅厅长张西林表示"愿以金碧公园拨借"[2]。昆明地方政府的盛情相邀，对身处上海法租界愁云密布的各研究所人员来说，可谓是一场及时雨。

　　1938年2月28日，蔡元培在香港召集中央研究院院务会议。总干事朱家骅及各研究所所长均参会，会议决定动植物、心理研究所"既在桂林、阳朔开始工作，不必再徙昆明"，"气象所准在重庆"，"理、化、工三所之仪器、书籍、杂志、机器等，迁移较易及适于在内地工作者，迁昆明；其不能迁者，在上海保存"[3]。由于南京各所内迁此时已基本告一段落，因此本次会议的重点在于解决物理、化学、工程研究所的内迁问题。1938年3月2日，物理等三所驻滇临时办事处在昆明成立，由化学所研究员潘履洁担任办事处主任。至此，上海三所内迁终于有了眉目。

　　上海各研究所的内迁筹备事宜迅速开展。只能选择走海路，由外国轮船或公司经香港运往内地。全部内迁势必难以进行，各研究所只能选择将来研究所必需的图书、仪器及贵重物件随所内迁。物理研究所便沿第三条路线，全所一分为二，经香港到达广西或经越南抵达云南。物理研究所所长丁燮林计划在昆明筹建地磁观测台，并将已从南京迁至桂林的地磁台再迁往昆明。由于昆明观测台建筑非一朝一夕可以完成，丁燮林决定先测定桂林各地的各项地磁数据，将来逐步测至昆明，使研究工作不至于停顿。物理所无线电研究部分及仪器加工厂于6月中旬运出上海，经香港于8月初运抵桂林。丁燮林带领物理所工作人员于1938年7月间到达昆明，将办事处设于昆明圆通街。由于交通运输困难，磁学研究部分所需仪器如电磁铁、感应电炉、显微照相机等设备以及物理所杂志200余册直至10月份方

---

　　[1] 王世儒编：《蔡元培日记》（下册），1937年12月25日，北京：北京大学出版社，2010年版，第528页。

　　[2] 王世儒编：《蔡元培日记》（下册），1938年1月25日，第534页。

　　[3] 王世儒编：《蔡元培日记》（下册），1938年2月28日，第541页。

运抵昆明。[①]仪器工厂及部分未及内迁的图书、仪器迁往租界储存，由杨肇燫、王书庄、赵元等人负责看管。

中央研究院各研究所及其工作人员跋山涉水、不远万里从灯火辉煌的南京、上海迁往西南腹地，希冀寻得一块安身立命之地，继续开展科学研究。内迁昆明之初，代总干事傅斯年认为"昆明天气既佳，大可为长居之计，……弟意在昆明可以作长久想，倭贼也到不了那里"[②]。对于各所内迁一事，傅斯年则认为"迁桂者应在桂安居，不作再迁之计。如其不能，便即行迁滇，勿稍留恋。不可先展开再搬家，既住下又思走。总之，此次一搬便搬到底，如不以桂为妥，即行赴滇。在滇、桂一经住下，便扔去再搬之思想，积极恢复工作"[③]。然而，这终归只是傅斯年的美好愿景。随着抗战局势的风云变幻及日军对中国大后方城镇无差别轰炸的愈演愈烈，桂林、重庆、昆明各地接连被炸，中央研究院部分研究所也未能幸免。日军的大规模轰炸打破了中研院内迁科研人员短暂的宁静，各研究所为免遭损失，专心进行科学研究，或向郊区疏散，或另寻去处。

1938年7月31日，日军空袭桂林，位于桂林环湖东路的地质研究所与物理研究所办事处在轰炸中坍塌过半，所幸无人伤亡。[④]1938年底，广州、武汉相继沦陷，桂林频繁遭受空袭，科研工作难以开展。位于桂林的物理研究所地磁和无线电部分以及位于阳朔的心理研究所又经柳州迁往三江县丹洲工作站。1939年10月中旬，广西省政府所建设的桂林科学实验馆在桂林良丰雁山村落成，心理研究所与该馆合作，将办事处陆续从丹洲迁入科学实验馆。[⑤]物理研究所地磁和无线电部分则继续留在丹洲工作站。

位于广西阳朔的动植物研究所则迁往北碚。为便于运输，动植物所与社会科学研究所在柳州、六寨、贵阳三地联合设立办事处，分段办理物资

---

① 国立中央研究院文书处编：《国立中央研究院二十八年度总报告》，第9—10页。

② 《傅斯年致李济》，1938年3月30日，王汎森等编：《傅斯年遗札》，第2卷，第648页。

③ 《傅斯年致蔡元培》，1938年1月、2月间，王汎森等编：《傅斯年遗札》，第2卷，第644页。

④ 陈群等著：《李四光传》，北京：人民出版社，1984年版，第126页。

⑤ 《地质研究所工作报告》，中国第二历史档案馆藏中研院档案藏，档号：三九三/1368。

的运输及存储事宜。①动植物研究所于1939年1月从广西阳朔出发，途经贵阳、遵义、江津，于同年5月抵达北碚。②动植物研究所就成为中央研究院迁入北碚的第一个研究所。

身处重庆闹市的气象研究所也饱受轰炸之苦被迫疏散。1938年下半年起，日军开始对重庆进行试探性轰炸。1939年1月15日，日机轰炸重庆，造成200余人死伤，曾家岩气象研究所附近也有炸弹落下。③竺可桢虽身在浙江大学，但也心系气象研究所。在4月1日致中研院总干事任鸿隽的信件中，竺可桢不无担忧地写道：

"重庆一至夏季，云雾大减，敌机必大肆轰炸。气象图书经弟拾余年之搜集，已差足为研究之用。昔在君在世时，曾谓院中图书，除历史外，当推气象为首屈一指。以气象所搜集图书，不仅限于气象一门，如地理、海洋、地震、地球物理等，远非清华（在北平时代）、中央各大学所能企及。依目前价格，汇兑所中书籍非三四十万金不办，而其中有若干整套杂志，尚非金钱所能购得。自迁渝以后，因曾家岩地居冲要，大部书籍藏于南岸，研究者既不能利用，且以天气潮湿，存贮箧中均已霉烂，言之痛心。且研究机关设在重庆，极不相宜。动植物研究所既远在北碚，中央大学亦相去二三十里之遥，气象研究所已是独木不能成林，弟之所以决意迁移者以此。迁移地点只昆明与北碚二地较为相宜，一则为院中天文、理化、工程各所群集之地，一则有生物、动植物各所，尚足同气相求也。弟曩在渝时，曾至北碚温泉一带物色屋宇，见有绍隆寺空屋可以利用，后经探悉，已被张君劢捷足先登，故在北碚亦只能另行建筑。北碚测候所赵君（鹏飞，昔年曾在北极阁学习四个月）近在北碚对江之东汤村山巅新辟所址，欢

①《社会科学研究所工作报告》，中国第二历史档案馆藏，中研院档案藏，档号：三九三/1374（1）。

②国立中央研究院编：《国立中央研究院概况：1928—1948》，第161页。

③《致宋兆珩函》，1939年1月20日，中国第二历史档案馆藏，中央研究院档案393/2905。

迎气象所前往。但为永久计，在碚建筑不如在昆，因为研究起见，气象所与天文、理化关系远较生物方面为密切也（如所中须修理仪器，在昆即较便利）。运费如在万元左右，则气象所历年为各省购办仪器项下尚可弥补，于所中预算不致受影响。惟同样建筑，昆明或须较北碚为昂贵耳。至于气象行政方面言，则迁北碚以后，与中央各部亦形隔离，反不如昆明之便利。故弟意，如运费所中贮积已足弥补，则迁昆明，否则迁北碚，此事速应决定。"①

中研院总干事任鸿隽以及气象研究所代所长吕炯以院中经费有限、迁滇困难重重为由，主张就近迁往北碚。②1939年5月"五三""五四"大轰炸过后，气象所无暇思索，就近迁移，在北碚测候所赵鹏飞的帮助下，陆续将总务、气候及高空等部分迁至北碚租屋办公。嗣后由卢作孚协助解决电力等问题，又于同年10月将无线电广播与天气预报迁往该处。1939年12月，气象所在北碚近郊水井湾象山购买基地5市亩用于永久所址建设，陆续建成办公室、图书馆及职员宿舍等5幢，并于1941年元旦迁入新所址。③于是，气象研究所继动植物研究所之后，成为中央研究院迁入北碚的第二个研究所。

1939年9月，长沙会战、桂南会战接踵而来。欧战爆发后，日军伺机南进；1940年6月，英国封锁滇缅公路，昆明形势愈发紧张。同年8月，重庆国民政府建议昆明各中央文化教育机关立即疏散。位于昆明的中研院史语所和社会研究所迁往四川南溪县李庄镇，物理研究所也曾计划迁往四川，后因运输困难、经费有限而作罢。为工作便利起见，仅将物理研究所昆明部分于1940年11月陆续迁往桂林良丰，并在桂林科学实验馆附近的雁

① 《致任鸿隽函稿》，1939年4月1日，中国第二历史档案馆藏，中央研究院档案393—2877。
② 《致黄逢昌函》，1939年7月30日，中国第二历史档案馆藏，中央研究院档案393—2839。
③ 《气象研究所工作报告》，中国第二历史档案馆藏，中央研究院档案：393—1372。

山西坡购地87亩用于地磁台建设。①同时将留在上海的仪器工厂于1941年初运抵桂林，在桂林四会街12号设厂址，部分机器于同年4月装置就绪，却于同年8月4日再次被日机轰炸。此后，物理所奉命与英国在香港合办军用光学器材厂，所长丁燮林带领工厂主任及应用光学部分人员先后赴港，一部分仪器、材料、书籍也用于充实该厂设备。物理研究所自抗战初期分处上海、桂林、昆明的局面方告结束。②

　　1944年6月，中日双方激战长沙、衡阳之际，中国军队败迹初现，桂林告急，中研院物理、心理、地质研究所被迫再次筹备迁移。7月底，中研院院长朱家骅电令桂林三所迁往贵州安顺、贵阳，迁移费由资源委员会拨付，各所立即分头行动。物理所随即派人前往独山、贵阳、安顺预先布置。心理所因人手不足，将全部物资托付予物理所运输。8月7日，物理、心理二所图书、仪器、机械等物资由湘桂铁路局调拨车皮2节运离桂林，职员、眷属随所西行，于15日到达广西金城江。物理所所长丁燮林于物资离桂后飞往重庆负责与各方接洽。经多方联络，由锡业管理处与资源委员会运务处将物资11吨从金城江运至贵阳；其余物资155箱约40吨搭载黔桂铁路局美军军火列车向贵州进发，历时20余日仅前进28公里。此时，日军已迫近金城江，黔桂铁路局人员全部撤退，物理所押运者不得不弃车而去，列车被中国军队炸毁，所载物理、心理所物资损失殆尽，物理所大部分为图书、磁学仪器、工厂机器、金属实验室、无线电器材等，均告损失。这是中研院抗战内迁途中所遭受的最为严重的损失。11月初，物理、心理二所又奉令迁往北碚，物资、职员及眷属于1944年底先后到达。

　　至此，中央研究院气象、动植物、心理、物理各研究所历经艰险在北碚会师。

---

　　①《中央研究院物理研究所工作计划》，中国第二历史档案馆藏中研院档案藏，档号：三九三/2741。

　　②《中央研究院物理研究所工作计划》，中国第二历史档案馆藏中研院档案藏，档号：三九三/2741。

二、中央地质调查所迁碚

创建于1913年的地质调查所是近代中国成立最早、规模最大、成果最多的地质调查和科学研究机构。在章鸿钊、丁文江、翁文灏等第一代地质学家的领导下，筚路蓝缕、艰苦奋斗，在短短的二三十年里，全面开创了中国近代地质事业，培养了一大批早期地质学家，取得了举世瞩目的成果，赢得国内外学术界的广泛赞誉。

南京时期是地质调查所发展的最巅峰时期，工作环境优越，组织机构合理，人员充实加强，先后进入地质调查所工作的有高振西、许德佑、盛莘夫、叶连俊、路兆洽、岳希新、阮维周、毕庆昌、王钰、高平、李悦言、秦馨菱、卞美年等，这些人都是后来地质调查所科研活动的中坚力量。然而，好景不长。地质调查所迁到南京后不到两年，日军全面侵华，不久后，战火蔓延至上海，战场离南京越来越近，国民政府被迫决定内迁，地质调查所也于1937年11月奉令开始向湖南迁移。

早在全面抗战爆发之前，地质调查所就已经注意在我国西部、西南部地区进行相关的地质调查和研究工作，也注重与湖南地质调查所的联系，并计划在湖南建屋以方便合作。翁文灏在1938年所发表的《再致地质调查所同人书》中提道：

> 为便于处理内地各省的工作起见，尤是近来我所工作已特别注重于西南各省，故本所原想一方面与湖南地质调查所竭诚合作，同时并在湖南内择地建屋，借以联络的中心；且亦借此对于中央在湖南省内所办许多重要矿业工业，都可以相互协助的关系。所以此次在湘建屋不但是为避难，同时亦是实行上述计划。①

因此，淞沪会战爆发之际，代理所长黄汲清②便将地质调查所56箱重

---

① 翁文灏：《再致地质调查所同人书》，《地质论评》第3卷第1期，1938年。
② 当时翁文灏在行政院任职，地质调查所以黄汲清为代理所长。

要的图书转运至长沙的湖南地质调查所内存放。湖南地质调查所成立于1927年春天。1928年，留美归国的硕士刘基磐担任所长。他很有组织领导的才能，在经营湖南地质调查所一年后，使湖南地质调查所多次获得中央相关单位的嘉奖与补助，成为当时办理地质工作较为成功的一个地方调查所，与地质调查所也保持着良好的关系。湖南地质调查所下设地质矿产股、陈列馆、图书馆、矿物岩石研究室、古生物研究室和化验室。1938年武汉失守后该所迁往湘西黔阳，抗战结束后才重新返回长沙。

1937年，卢沟桥事变爆发，地质调查所北平分所首先受到损害。7月10日，鹫峰台交流电线被炮火打断，台上供电中断，不久即正式停止工作。李善邦带领秦馨菱等人离开北平，于17日抵达南京珠江路地质调查所新址。鹫峰台地震研究室观测员贾连亨向分所所长杨钟健请示后，把电磁式地震仪及天文钟等拆卸装箱，趁夜色用平板车运出鹫峰，"专走无人走的小道于天快亮时才到颐和园后青龙桥，然后即运往燕京大学物理系的地下室内存放。另外两箱图书则运往城内协和医院存放。贾连亨的父亲经此次劳累病倒，于1938年2月去世。他可谓为地震事业献出生命的第一个人"[1]。淞沪会战爆发后，战争的紧张气氛笼罩着南京。1937年10月，黄汲清从莫斯科参加第17届国际地质会议回到南京后，又接到组织地质调查所全所搬迁到湖南长沙。必须在短时间内。黄汲清与周赞衡、钱声骏、盛莘夫、高振西及秘书周大训组成内迁小组，清理所内事务、协商搬迁事宜。虽说前期已有部分图书转移出南京，但此时地质调查所内还有大量的图书、仪器以及陈列馆的古生物化石、标本，由于数量太多，一时无法全部运出，黄汲清等人商议后，"决定装箱运走的是图书馆的全部图书和全部仪器（包括各种显微镜、测量仪器、绘图仪器等）"，考虑到陈列馆"标本化石太多，短期内装箱困难重重，而且化石大半是中国古生物的正型和副型标本，丢失了是无法弥补的。日本人拿到这些国际性的实物，也会予以保护。有朝一日，还会回到中国人手里"[2]，所以决定将陈列馆全部留下不

① 秦馨菱：《前地质调查所的地震、物探和地球物理工作》，程裕琪、陈梦熊主编：《前地质调查所的历史回顾：历史评述与主要贡献》，地质出版社，1996年版，第133页。

② 黄汲清：《我的回忆——黄汲清回忆录摘编》，地质出版社2004年版，第159页。

动。这样的决定是艰难而痛苦的，这些标本都是得之不易的珍贵的研究资料，但在当时紧急的情况下，根本没有充足的条件来转移这一大批化石，只有赋予它们未知的命运。同样被留下的还有图书馆的若干省份的省志、府志和县志，"共不下千册都是土法印刷装订，不好保护装箱，只得留下不动"①。解决了物品的取舍问题，接下来还有运送的问题。战乱之际，社会各界都急切地想要转移到后方，运输已十分困难。与其他内迁机构相比，地质调查所是幸运的，他们得到了卢作孚的帮助，所中人员和物品由民生公司负责沿长江转移到湖南长沙。据黄汲清回忆，"翁先生向四川民生公司总经理卢作孚打了招呼，希望他担任运输，我自己也当面找过卢先生和他下面的主要负责人，具体研究两三百个大木箱书籍、仪器的转移问题"②。黄汲清带领所中人员日夜奋战，将迁移的各类物品装箱，分批送到南京下关码头，于11月18日由民生公司轮船运送至武汉，随即再转往长沙，所中除一部分人员留在南京设法运送剩下物品外，其余人员也于当日乘船出发，先到武汉，再于22日至30日之间相继抵达湖南长沙。地质调查所在战时的第一次迁移在各方的努力下，在战时紧张的气氛中较为顺利地完成了。

抵达长沙后，地质调查所一面借用湖南地质调查所（上黎家坡33号）设立临时办事处，处理地质调查所内各项紧急事务，一面由黄汲清、曾世英以及田奇㻪三人在长沙租借地皮建立新所，准备恢复日常工作。地质调查所在长沙的新所址位于长沙城外的喻家冲。

全面抗战爆发后不久，华北沦陷，北平分所也基本停止了工作，当时留在北平的新生代研究室及地震研究室人员相继来到长沙。在长沙稍做安定后，各研究室的工作人员都继续外出调查地质或投入室内工作。北平分所所长杨钟健先生，时任中国地质学会理事长，来到长沙后即开始着手恢复因"七七事变"爆发而停办了的《地质论评》，并写下了《非常时期之地质界》发表于1937年11月27日出版的《地质论评》，这篇文章主要是谈在战时非常时期地质工作的重要性，并谈到了战时地质界同人应有的工作态

---

① 黄汲清：《我的回忆——黄汲清回忆录摘编》，地质出版社2004年版，第160页。
② 黄汲清：《我的回忆——黄汲清回忆录摘编》，地质出版社2004年版，第160页。

度与精神：

> 我们唯一的目的，是本我们本身的力量，继续努力。谁也知道我们现在最艰难的途中，但我们要忍着苦耐着劳，仍然不断的前进。只有这个态度与方法，可以医治我们的彷徨，也只有这个，是我们光明的坦途，我们要努力，在无论何等艰苦的情形下，不丧失我们组织的能力，与工作的精神。惟有这样，才可以奠定我们国家与民族永不减光荣基础。[①]

在这种精神的勉励下，虽然当时已处战时，长沙还时常会遭到日军轰炸，但地质调查所以及当时的地质学界，基本都还是处于积极努力的工作状态。1938年春，地质学会在长沙举行了抗战后的第一次年会，"年会在一种和谐而沉着的气氛中举行"[②]。地质调查所的杨钟健作为地质学会的理事长，针对现实情况，在会上进行了以《我们应有的努力与忏悔》为题的演讲，号召地质学同人同心努力发展地质学事业。

台儿庄战役的胜利维持不到两个月，战火还是逐渐蔓延到了华中地区，武汉受到威胁，迁到武汉的国民政府及其他中央机关便开始陆续向重庆等地迁移。地质调查所在长沙郊外喻家冲建起的三栋简易馆舍才刚刚竣工不久，又开始筹划西迁重庆，再次踏上颠沛流离的长途转移，从南京运来的图书、标本未及开箱全部西运。

地质调查所内迁重庆，得到卢作孚的大力支持，也与重庆当地的科研机构中国西部科学院及四川省地质调查所有着密不可分的关系。地质调查所与西部科学院早有渊源。早先卢作孚出川考察时就曾参观在北平的地质调查所，并对地质调查所大加赞誉。1929年至1931年，地质调查所的谭锡畴、李春昱在四川、西康进行地质调查，西部科学院曾派出两位学生跟着谭、李两人一同出发调查。为此，时任地质调查所所长翁文灏特意致函卢

---

① 杨钟健：《非常时期之地质界》，《地质论评》1937年第2卷第1—6期。
② 杨钟健：《杨钟健回忆录》，地质出版社，1983年7月版，第102页。

作孚：

　　作孚先生执事：久未晤教，致为遥企。

　　兹启者。敝所前以学术上合作之谊，商定由贵院派学生二人随同敝所谭锡畴、李春昱二君出发调查，闻已实行，为慰。按照弟前次在川观察，尊处学生精神甚佳，而工作能力尚待训练，故曾函告谭、李二君，对于测制简图及观察地质方法切实指导，俾可实地体验，增益知识，庶以后单独调查时不至徒劳跋涉，是敝所于调查之外兼思协助贵院稍尽训练之力，亦所以奉酬先生对于科学考察提倡之热忱也。

　　历次外国学者来川调查，贵院派生随行，或寓监视之意，兼以分配标本为事但与敝所人员之合作，当不至由此意义。远道长征，最重精神上之谅解与旅行上之便利，而敝所经费无多，向极从省，尤不能与外国人特费巨资以攫取中国材料、吾国人因而稍为利用者所可同日而语。近接谭君等来函，似贵院所派学生于此意旨或有未明，致反减少工作之效力。拟恳先生向该生等确切说明，以免误会。敝所为学术上之发展计，凡力所能及，无不乐与贵院合作。该生等明了此义，则彼此互助，自可相得益彰矣。再谭、李二君返经川东时，拟稍为停留，关于川东调查，地方照料仍拜恳鼎力相助为感。专布。

　　即颂

　　道安！

　　弟翁文灏敬启[1]

　　四川省地质调查所成立于1938年2月。抗战爆发后，国民政府先迁武汉，再迁重庆，东部沿海的大批工厂随之相继入川，因此工业原料短缺成

---

[1]《翁文灏致卢作孚函（1931年6月6日）》，黄立人编：《卢作孚书信集》，四川人民出版社2003年版，第248—249页。

为制约内迁工厂在后方重建的瓶颈。有鉴于此，时任四川省建设厅厅长的卢作孚便倡议设立四川省地质调查所，详细调查并开发四川矿产以供内迁工厂重建所需。1938年2月，四川省地质调查所在重庆成立，设所址于重庆复兴观巷。在实业部部长翁文灏的推荐下，由刚从德国留学回来的李春昱担任所长职务。李春昱曾于1931年与谭锡畴一同到四川、西康等地进行地质调查，因此对四川的地质较为熟悉。1939年春，在卢作孚和西部科学院的支持下，四川省地质调查所在小龙坎黄葛湾新修了办公大楼。李春昱于1942年出任中央地质调查所所长，由侯德封继任。抗战胜利后，侯德封辞职，由常隆庆继任。四川地质调查所主要由地质矿产组、探矿组、化验组、事务组、图书馆、陈列馆等部分组成，全盛时职员多达40人。

其实早在内迁湖南长沙后不久，翁文灏就已有一旦战局扩大，立即西迁入川的打算。在1937年12月26日，翁文灏在致黄汲清信中，便提到"四川方面似可托李赓阳（即李春昱）代备地方"[①]。地质调查所刚到重庆时就是借用的四川省地质调查所在复兴观巷的办公室临时办公，处理所中紧要的事务，接待安排所中自行入川的人员。四川省地质调查所的成立对地质调查所初到重庆的安定起了积极作用。

1938年7月，地质调查所再次通过卢作孚的民生公司将书籍、仪器等经长江航运顺利运达北碚，暂存放于卢作孚"中国西部科学院"和"兼善中学"[②]。然而所中的大部分人员则远没有书籍和仪器那么幸运。此次内迁重庆，战争形势比1937年底更加严峻，武汉、长沙等地滞留了大量的人员物资急待转移到后方地区，地质调查所中大部分人员只好自行入川。叶连俊回忆：

"工作刚结束，回到了长沙，还没有来得及休整，又被迫不得不首先准备再继续西迁重庆的问题了。但是，在那样的战争年代，西去蜀川，谈何容易，真是不知所措，就在这时，孙健初先生亲自带领我们这帮'年青人'一道上路，他决定出洞庭，奔宜昌，然后觅船巴蜀，然而到了宜昌，始知

①　中国地质学会：《黄汲清年谱》，地质出版社，2004年6月版，第26页。

②　武宁生、李淑贤：《前地质调查所地质图书馆史》，程裕琪、陈梦熊主编《前地质调查所的历史回顾：历史评述与主要贡献》，地质出版社，1996年11月版，第81页。

候船西去已是人山人海，急欲购得船票远非易事，长期坐候又非经济许可，于是孙先生决定让几个晚辈先走，而孙先生及其家属则宁愿等下次买到票再走"[1]。

在经过一番困难波折后，所中的人员都陆续到达了重庆，在位于重庆复兴观巷内的四川省地质调查所落脚。热心文化事业的卢作孚不仅为地质调查所内迁的人员、物资运输提供了帮助与便利，对于地质调查所来重庆后的重建也发挥了重要作用。地质调查所初到重庆不久就在卢作孚的盛情邀请下迁往北碚，先借西部科学院办公大楼"惠宇"的楼房作为临时办公处，后又在卢作孚的帮助下，于1939年春陆续建成新办公大楼一座和图书馆一座，"所的大楼建在西部科学院旁，所图书馆则建在镇西之鱼塘湾，以后又在镇西之天生桥处建了几间房为一部分人办公用"[2]。所中各研究人员也陆续转入北碚，继续他们的研究与生活。1940年，黄汲清致函卢作孚："回忆两年前各机关感先生及子英先生盛意，欣然迁来北碚，并蒙假惠宇房舍以办公，复借予地皮使建新屋，时至今日惠宇一带已形成科学事业中心，外人且有北碚为中国战时科学中心之说"。[3]感激之情，溢于言表。黄汲清于1938年11月起正式担任地质调查所所长。内迁北碚后，黄汲清想专心从事科研工作，便坚决辞去了所长一职，由尹赞勋出任代理所长。1942年，尹赞勋又辞去代理所长职务，由原四川省地质调查所所长李春昱继任。其间，地质调查所为与地方各省地质调查所有所区别，正式被冠以"中央"二字，全称"经济部中央地质调查所"。在黄汲清、尹赞勋和李春昱三位所长的努力下，地质调查所在战时保存了大量图书资料、研究设备，汇聚了一大批杰出的地质工作者，在后方修建办公大楼、图书馆，在战时恶劣环境中使地质调查所的各项工作得以重建，为抗战的胜利以及后方地质事业的发展做出了重要贡献。因地质调查工作中所采集的化石、标

① 叶连俊：《前地质调查所工作阶段的回顾》，程裕琪、陈梦熊主编《前地质调查所的历史回顾：历史评述与主要贡献》，地质出版社，1996年11月版，第55页。

② 秦馨菱：《回忆地质调查所的几件事》（手稿）1989年，转引自王仰之编著《中国地质调查所史》，北京石油工业出版社，1996年5月版，第16页。

③ 黄立人编：《卢作孚书信集》，四川人民出版社，2003年版，第754页。

本以及内迁的各类图书杂志无处安放，地质调查所又于1940年在北碚鱼塘湾新建了一座两层小楼作为图书馆。1943年，李约瑟参观地质调查所图书馆后也赞叹道："这是我在自由中国所见到的最大、藏书最丰富的图书馆。"①

　　地质调查所在准备内迁北碚之时，也因在内地开展工作的需要，着手建立昆明和桂林两个办事处。杨钟健被委任到昆明主持成立办事处，便与卞美年、许德佑一道从广西南宁过谅山乘火车入滇。杨钟健到达昆明后，在翠湖公园的通志馆和南城公园借得一些房屋，用作化验室和部分人员的宿舍，便开始了工作。后因为躲避空袭，又迁到了昆明城北30多公里的龙泉镇瓦窑村一个关帝庙内办公，先后由杨钟健、尹赞勋和王曰伦担任办事处主任。桂林办事处由王恒升担任主任，办公地点设在桂林的环湖北路12号。因这两个办事处都是为应付战争局势设立，缺乏周密的筹备和详细的工作计划，在实际工作中不但缺乏经费和设备，在组织管理中也产生了一些人事矛盾，工作推进十分困难，因此桂林与昆明办事处先后于1939年及1940年10月相继撤销，人员都先后回到北碚的地质调查所总部。1941年，地质调查所正式定名为中央地质调查所。

三、中国科学社生物研究所的迁碚

　　中国科学社生物研究所是中国近代第一个生物学研究机构，于1922年8月由秉志、胡先骕和杨铨在南京创办成立，秉志为首任所长。研究所分动物学和植物学两部分，秉志兼任动物学部主任，胡先骕任植物学部主任（后由钱崇澍继任）。研究所着重于中国动植物的调查、分类研究，同时也进行一些生物的形态解剖和生理、生化方面的研究。

　　1937年8月，南京遭到日机空袭。为保存中国科学社生物研究所初步形成的科研队伍，钱崇澍、秉志共商内迁大计，最终决定将生物研究所迁往北碚。这一决议与此前中国科学社生物研究所在四川地区的科学考察活

① 《重庆得科学（1943）》，李约瑟、李大斐编著，李潇等译：《李约瑟游记》，贵阳：贵州人民出版社，1999年版，第97页。

动有着密切的联系。一直以来，生物研究所的科学工作者们对动植物种类丰富的四川地区保持高度关注。1930年，中国科学社生物研究所与静生生物调查所合组"四川生物采集团"入川进行科学考察，获得民生公司卢作孚的协助以及经费等方面的支持。作为回报，采集团最终将所得标本全部留在四川。此后，卢作孚曾到上海拜谒中国科学社生物研究所的创办人秉志，并请求其协助筹划西部科学院生物研究所，推荐人员入川工作。1931年1月2日，中国西部科学院在兼善中学召开第一次筹备会议，会议中把中国科学社列为重要联络单位。1933年夏，应卢作孚之邀，中国科学社第十八次年会在重庆近郊北碚召开，在西部科学院的大力协助下，年会取得圆满成功。秉志对于卢作孚的热情，甚为感激，这也为抗战时期中国科学社生物研究所迁至北碚打下良好基础。

1933年8月20日中国植物学会在四川北碚宣告成立，钱崇澍为学会评议员。翌年，又被选为《植物学杂志》（《植物学报》前身）的编辑，此后他一直是中国植物学会的领导人之一。抗战爆发后，钱崇澍托杨衔晋将家属送往上海，自己随所迁往重庆北碚。中国科学社生物所的内迁活动离不开卢作孚，在卢作孚民生公司的协助下，所内众多的标本、图书、物品有序地被运往重庆。

钱崇澍主持生物研究所迁往北碚途中，所中图书83箱曾阻隔于嘉兴，当时去往重庆的轮船大多拥挤不堪，竺可桢受托指派唐慧成到泰和提取这些书籍，浙江大学负责护送，拟由汉口转渝，但因汉口形势迅速转为紧张，只好转道广西或湖南，在电询过钱崇澍之后，经萧山、建德、泰和几度停转，终运抵北碚。1937年10月，中国科学社生物研究所全部移西部科学院办公。1938年6月29日，中国科学社召开理事会，会上报告了竺可桢帮助生物所运存珍贵书籍之事。并通过以理事会具函道谢。但到达北碚的中国科学社生物研究所依旧损失惨重，其中尤以书籍损失最大，杂志幸得保存，其中有98种为全套，而其中又以1787年的一套最为珍贵。[1]中国科

---

[1] 赵淑婷：《抗战时期内迁民营科研机构研究》，未刊硕士论文，西南大学历史文化学院，2016年，第22页。

学社生物研究所迁到北碚之后，借中国西部科学院的房舍和部分设备开展工作。

　　1937年11月，中国科学社生物研究所全部迁往北碚，研究所内的大多数社员都能够与科学社相守。1938年1月12日，南京生物研究所实验馆及南厦全部被焚毁，11月，北厦也全部被焚。到达北碚的生物研究所借中国西部科学院的房舍和部分设备开展工作。经费方面，早在1935年7月，江苏省政府即停止对中国科学社的补助费。中基会虽一直补助生物研究所，但历年数目不同，加之受战时条件制约，常有资助不到位的情况。由于经费不足，生物研究所愈发难以应付战时日益严重的通货膨胀。《中国科学社生物研究所二十九年度工作概述》中记述道："物价高涨，而本所经费有限，一切工作皆受影响，如标本采集，难以如愿，图书设备，添置不多，皆为憾事。"[1]物价暴涨也使原本就十分拮据的科研经费入不敷出，生物研究所用以购置图书资料的开支被迫大幅削减。1941年购置的杂志、书籍比战前的1936年分别下降56%和85%，而添置的书刊还包含与其他机构的交换图书。由于经费困难，到1942年后已无力再购买进口图书。[2]

　　物价飞涨不仅使拮据的科研经费难以为继，也使广大生物研究所的科研人员的生活陷入困境。当时研究所的房子都用于员工住宿，钱崇澍也租了两间小房子，卧室在一个小饭馆的楼上，既热又吵。当时国民政府一个部长带口信给钱崇澍，只要中国科学社生物研究所受教育部领导，科学研究和职工生活经费就有保障。还有人介绍他去当国民党立法委员，这些都被他断然拒绝。在物资极度匮乏、条件极端困难的情况下，钱崇澍带领大家种菜、养猪，自力更生。为维持最低生活，还鼓励一些高级职员到外面兼课，以获得平价米。他自己也到距北碚25公里的青木关国立十四中学去兼课。即便是在极端困难的境遇之下，生物研究所依旧坚持科研工作。钱崇澍在这一时期写出来了《北碚植物鸟瞰》、《四川的四种木本植物新种》、

---

　　① 《中国科学社生物研究所二十九年度工作概述》，《科学》，1941年第25卷第9—10期，第558页。

　　② 《中国科学社生物研究所概况》，《科学》，1943年第26卷第1期，第137页。

《四川北碚之菊科植物》等论文。①1938年生物研究所受经济部委托调查
"经济动植物"，钱崇澍编《中国森林植物志》第一辑出版。

四、中央工业试验所与中央农业实验所内迁北碚

中央工业试验所（以下简称"中工所"）是民国时期全国最大的工业
研究试验机构。1927年，国民政府定都南京。为推动国内工业发展，工商
部部长孔祥熙呈请国民政府筹设工业试验所。1930年7月5日，中工所正式
成立，隶属于工商部，由徐善祥任所长职务，所址设在南京水西门外原江
南造币厂旧址。中工所下设化学和机械两个组，化学组包括分析、酿造、
纤维、窑业四个实验室，机械组设有小型机械工厂，内分木工、锻工、技
工等。②同年12月，工商部撤销，试验所改隶于实业部，吴承洛、欧阳
仑、顾毓泉先后担任所长。南京十年期间，中工所不断发展壮大，至抗战
爆发前夕，已拥有技正、技工、技佐、秘书、事务员、学习员、练习生等
职员60余人，汇集全国工业界的精英人才，包括中国流体传热理论奠基人
顾毓珍，热能动力工程学家陈学俊，金属物理学家、航空材料专家颜鸣
皋，试验所各项事业蒸蒸日上。

然而，全面抗战的爆发打破了中央工业试验所的宁静。1937年8月13
日，淞沪会战爆发，15日，日军航空队越洋轰炸南京，南京上空战云密
布，中工所奉命西迁。在爱国实业家卢作孚的帮助下，该所于同年11月迁
至重庆，所中大部分仪器、图书均安全运达。内迁之初，中工所积极开展
重建工作，在卢作孚的安排下，借用北碚西部科学院大楼办公，又在重庆
市上南区马路194号设立总办事处，下设秘书、文书、会计、庶务、出
纳、工业经济研究六个机构。后来，中工所对总办事处进行机构调整，设
置秘书、技术、事务、业务、会计及人事，机构明确，职责分明。③中工所
陆续在北碚、盘溪等地购地建房，供各实验室和试验工厂使用。

① 刘昌芝：《近代植物学的开拓者——钱崇澍》，《中国科技史料》，1981年第3期，第37页。
② 顾毓泉：《工商部中央工业试验所概况》，中国第二历史档案馆藏，档案号：448-2215。
③《经济部中央工业试验所一览》，中国第二历史档案馆，档案号：448-104；《经济部中央
工业试验所八年来概况目录》，中国第二历史档案馆，档案号：448-2214。

　　相比之下，中央农业实验所的内迁则颇为曲折。中央农业实验所（以下简称"中农所"）是民国时期中国农业技术研究的最高机关。1931 年 4 月 25 日，国民政府命令实业部次长穆湘玥组织成立"中央农业研究所筹备委员会"，由穆湘玥、钱天鹤分别担任正、副主任，筹备委员包括邹秉文、谢家声、沈宗瀚等 14 人。委员会拟定该研究所负责全国农业研究、改良与推广。嗣后因戴季陶提议改"研究"为"实验"，以体现该所注重"实用"的"实验"，而非局限于单纯的理论"研究"。"中央农业实验所"之名由此而来。

　　1932 年 1 月，中农所正式成立，隶属于实业部，首任所长谭熙鸿，陈公博、谢家声也先后担任该职务。[①]中农所下设植物、动物、农业经济三个组，植物组设农艺、森林、土壤、肥料、植物病虫害五科；动物组设蚕丝、兽医、畜牧三科；农业经济组设农作物调查报告和农田管理经营两科。[②] 1935 年 11 月，鉴于国内"米、麦生产不敷分配"，中农所又成立了全国稻麦改进所，主持全国事宜。[③]除此之外，中农所还设有实验室、花房、图书馆等，为该所此后的发展奠定了基础。在短短五年之内，中农所逐渐步入正轨，各项工作按计划进行，图书、仪器日渐充实，稻麦改进也初具成绩。

　　全面抗战爆发后，南京时时遭受日军空袭，中农所被迫内迁。8 月至 11 月下旬，中农所内职员将图书、仪器、公文档案及其他设备 4000 余箱分三批迁往长沙，并在此设立办事处。不久，长沙也遭日军空袭。中农所职员眷属不下百余人，并有大量图书、仪器，长沙也非久留之地。经所内人员商议，中农所采取化整为零的方式分头西迁，一部分前往桂林、柳州，另一部分则前往贵州、四川。于是，中农所在西南各省陆续建立起不同的工作中心。[④]

　　1938 年 1 月，为适应战时需要，国民政府进行机构调整，实业部改为经济部，下设农林司，专门负责农桑、林业、渔牧、棉业、农业经济、农

　　① 沈宗瀚：《中年自述》，台北：正中书局，1957 年版，第 40—41 页。
　　② 《本所沿革及西迁经过》，《中农所简讯》，1939 年第 9 期，第 1 页。
　　③ 《中农所史略》，《中华农学会报》，第 164 期，第 63 页。
　　④ 陈济棠：《抗战四年来之农业》，重庆：农林部编印，1941 年。

村合作事宜，并将中央直属各农业机关和各省棉产改进所都并入中农所，以总理全国农业改进工作。[1]合并进入该所的机构计有：中央种畜场及石门山分场、西北种畜场及嵩山分场、全国稻麦改进所、中央模范林区管理局；全国蚕丝改良委员会和棉业统制委员会主办的中央及地方附属机构——南京蚕桑改良场、杭州分场、阆中分场、杭州桑苗圃、四川省蚕桑指导所、浙江海宁蚕桑指导所、华南蚕桑改良场、烟台蚕桑改良委员会、中央棉产改进所、河南棉产改进所、山西棉产改进所、陕西棉产改进所、湖北棉产改进所、河北棉产改进会、江苏棉产改进处、甘肃省植棉指导所、山东省植棉指导所等。中农所与农林司密切联系，成为全国农业技术的最高研究所。[2]

1938年1月，中农所奉命迁往重庆，最初在千厮门水巷子租赁民房办公，后因房屋狭窄，又改租江家巷。此后，中农所调整研究机构，下设11个系，各系设主任一人，其中稻作（赵连芳），棉作（孙恩麐），麦作杂粮（沈宗瀚），园艺、森林（林刚），蚕桑（孙本忠），畜牧兽医（程绍迥），水产、土壤肥料（戴弘），植物病虫害（吴福桢）和农业经济（汤惠苏），园艺、水产暂未成立。[3]11月，因日机轰炸重庆，中农所计划迁居乡间。次年2月，中农所迁往四川荣昌宝城寺，行政部门则留在重庆化龙桥三江村，并在四川、云南、湖南、贵州、广西建立工作站，除蚕桑系16人、农业经济系9人和部分行政人员暂留重庆，其余人员都被派往各省协助改进农业，推广良种，发展生产，以适应战时需要。荣昌也成为该所的技术研究实验基地。[4]1941年，中农所又陆续增设河南、陕西、甘肃工作站，逐步成为大后方农业发展的总指挥。

1940年7月，国民政府成立农林部，专门负责农事生产。8月，中农所改隶于农林部，所长谢家声告假，副所长沈宗瀚代行所长职务，所内委任

① 《国民政府公报》，1938年1月15日，第34—39页。

② 《本所沿革及西迁经过》，《中农所简讯》，1939年第9期，第2页。

③ 《本所沿革及西迁经过》，《中农所简讯》，1939年第9期，第2页。

④ 沈宗瀚：《抗战时期的粮食生产与分配》，薛光前编：《八年对日抗战中之国民政府》，台北：商务印书馆，1978年版，第209—211页；《本所设立各省工作站情况》，《中农所简讯》，1939年第9期，第2页。

职员共 139 人。同年 11 月，中农所在荣昌设总场，并进行农事试验。然而，自内迁以来，中农所科研人员散布于西南各省，缺乏适宜的场地，加之荣昌本所缺少技术人员，各项研究实验工作无法开展，只能交给各省工作站。沈宗瀚便向农林部建议在北碚筹设规模较大的农场，将中农所人员集中于一处，恢复南京时期的状态，将中农所建设成为西南农作研究改进工作的中心。[①]沈宗瀚之所以选择北碚，是由于此处附近产稻麦杂粮等食用作物，油桐、桑、茶、棉、麻等经济作物，以及柑橘等果树，适宜建设西南试验总场。北碚地方建设日趋完善，水电设施齐全，可以满足中农所杀虫剂研究制造和土壤肥料分析研究的需求。加之北碚学术氛围良好，有中研院气象研究所、动植物研究所、中国科学社生物研究所、中央地质调查所等机构，水陆交通便利，是建立永久所址的理想地点。于是，中农所在北碚天生桥附近勘定田地 350 亩，建设农场、田地、房舍，并于 1942 年 7 月正式从荣昌迁往北碚。

表9-1　战时迁碚的科研机构

迁入单位	迁入地址	迁入时间	负责人
中央研究院动物研究所	文星湾惠宇	1939 年 1 月	王家楫
中央研究院植物研究所	文星湾惠宇	1939 年 1 月	罗宗洛
中央研究院气象研究所	金刚碑团山堡村水井湾	1940 年 5 月	吕炯、竺可桢
中央研究院物理研究所	北碚杜家街	1944 年 12 月	丁燮林
中央研究院心理研究所	北碚杜家街	1944 年 12 月	汪敬照
中国科学社生物研究所	北碚文星湾卢子英私宅	1937 年 9 月	钱崇澍
经济部矿冶研究所	白庙子	1938 年 4 月	朱玉苍
经济部中央地质调查所	北碚鱼塘湾	1939 年 2 月	李春昱
农林部中央农业实验所	北碚民族路 7 号	1938 年	谢家声
军政部陆军制药研究所	北温泉公园益寿楼	1939 年 5 月	黄鸣驹
中央工业实验所	文星湾惠宇	1937 年 11 月	
中国地理研究所	北碚公路车站附近	1940 年 8 月	黄国璋

①　沈宗瀚：《中年自述》，台北：正中书局，1957 年版，第 124—126 页。

资料来源：周顺之：《抗日战争时期迁驻北碚的国民政府机关和科研文教单位》，北碚文史资料委员会编：《抗日战争时期的北碚》第四辑，政协重庆市北碚区委员会文史资料委员会，1992年版，第6—7页；《北碚志稿（1945）（二）》，重庆市北碚区地方志办公室编印。

第二节　内迁科研机构在后方的重建与发展

一、中央研究院四所的重建与发展

战乱、内迁及经费的困难，打乱了中央研究院正常的工作秩序和学术研究计划，在人力、物力、财力上都给中央研究院造成了重大损失，在很大程度上影响和限制了该院战时科研活动的开展。尽管存在诸多困难，中央研究院的科学工作者也表现出克服困难的坚定信念，中国的抗日战争不仅是两国之间军事力量的较量，对于中央研究院来说，更是一场中日两国学术之间的战争。正如李济所说，"我们现在的'抗日救国'，已不是一句口号。要知道，敌人逞'强'不是一方面的。我们的兵与敌兵抗、农与敌国的农抗、工与工抗、商与商抗，所以我们中央博物院要与日本的东京或京都等那些博物馆抗。我们不要问在第一线的忠勇将士抵抗得了敌人吗，我们应当问我们的科学或一般学术能否敌得过敌人"[1]。中央研究院的科学工作者正是抱着这样的爱国信念开展科学研究。

中央研究院作为国家最高学术研究机关，其战时科学研究秉承"从事科学研究"、"指导、联络学术之研究"的宗旨。1940年，朱家骅在中央研究院院长就职谈话中提出对本院学术研究的几点期许：

> "其一，研究工作必须与国家社会密切联系，俾使国家得学术之用，社会获学术之益处；其二，为促进中国科学之独立与发展，造成坚实之国力，推进久远之文明。盖中国国力未充，科学

---

[1] 索予明：《烽火漫天拼学术——李庄时期的中央博物院》，台北：《故宫文物月刊》，2006年，第2期。

尚未发达，值此抗战时期，本院一方面求急切之功，使研究工作
适应抗战需要，一方面尤须为久远着想，分工不厌其细，研究不
厌其精，毕生尽瘁，专心致知，使学术研究之独立与发展名实允
孚。如此中国科学必能精进不懈，迎头赶上，根基既固，国力自
厚矣"。①

可见，朱家骅希望中央研究院在现实研究活动中坚持"科学救国"之
路，注重"适应抗战需要"的应用科学研究，同时也不能忽视"分工不厌
其细、研究不厌其精"的纯粹理论科学研究以促进中国科学的进步，但科
学进步的最终目的还在于"国力自厚"，即实现抗战建国。

"实行科学研究"是中央研究院长期秉承的学术宗旨，也是各研究所职
能之所在。自淞沪会战爆发至中央研究院内迁大后方，研究人员一度颠沛
流离，居无定所，学术研究工作几乎完全停顿。学术建设事关中央研究院
未来的前途和命运，因此也成为中央研究院重建工作的重中之重。

内迁之初，气象研究所忙于新所址的建设、人员物资的安置，加上院
中经费有限，纯粹理论科学研究难以进行。气象研究所也以既有研究为基
础，因地制宜，因时制宜，结合战时需要及地方特色开展学术研究，各研
究所已基本停止理论科学研究，转而开展适应战时需要的应用科学研究，
气象研究所、动植物研究所、物理研究所和心理研究所亦是如此。

气象研究所广大科学工作者在大后方如此艰难的生活及科研环境中，
不忘抗战救国，克服物资短缺、物价飞涨等诸多困难，将科学研究与维护
民族独立、夺取抗战胜利的神圣目标紧密结合，综合开展气象学应用研究
与气象学学理研究。应用研究方面，开展高空测候、雨量观测、气象预
报，绘制天气图；在松潘、大理、安西等地设立测候所；同时服务于战时
军事需要，协助航空委员会和防空委员会进行天气预报工作。气象学学理
研究方面，气象研究所因地制宜，聚焦西南大后方，开展四川水旱、中国
西南部山地气象学、西南雷雨、西南各地风向及降雨等问题的研究，同时

① 王聿均编：《朱家骅先生言论集》，中央研究院近代史研究所，第74页。

继续其战前的研究工作，开展对梅雨季的气候、孟加拉湾低气压、热带风暴、中国季风的移动与天气等问题进行研究。①

动植物研究所的科学研究主要围绕以下几个方面。在水产生物学方面，调查浙江、广西的渔业，研究食用鱼类形态、生理及养殖的方法；在原生动物学方面，继续抗战前对南京眼虫、纤毛虫的研究，同时因地制宜开辟新的研究领域，开展对北碚桡脚类甲壳虫的调查研究；藻类方面，对河北、浙江、西康、广西、四川、南岳等地藻类分别进行研究，并有新品种藻类发现；在昆虫与寄生虫学方面，就中国果蝇、金花虫、眼蝇及多种寄生蠕虫、圆虫进行研究；菌类方面，著有《中国真菌志》《真菌补志》《中国粘菌志》《中国藻菌志》等书籍，对于中国菌类研究具有指导意义；植物病理学方面，对中国真菌及各种农作物病害进行调查研究，进行油桐叶斑病、枯裂病、蚕豆紫斑病等中国经济植物病害的研究，柑橘贮藏防腐试验研究等；在森林学方面，对西康九龙县洪坝森林、雅砻江森林和甘肃森林进行调查研究。②

物理研究所与心理研究所内迁北碚后，借用气象、动物、植物研究所③房屋作为二所临时住所。1945年2月，物理、心理所向资源委员会借款购买北碚果园房屋为所址，"一面修理房屋，装置设备；一面开箱整理图书、仪器，清查损失"，于同年7月布置就绪。④

二、中央地质调查所

1940年入所工作的曾鼎乾对北碚时期地质调查所的环境曾有生动的描述：

---

① 以上内容均参考杜元载所编《革命文献》第59辑（台北：中央文物供应社，1972年）中央研究院各研究所历年工作报告。

② 以上内容均参考杜元载所编《革命文献》第59辑中央研究院各研究所历年工作报告。

③ 动植物研究所于1944年5月一分为二，原所长王家楫担任动物研究所所长，聘请罗宗洛担任植物研究所所长。

④ 《中央研究院物理研究所1941年、1945年及1947年至1948年工作报告》，中国第二历史档案馆藏中研院档案藏，档号：三九三/85（2）。

　　这是一座砖木结构二层楼的小楼，大门在楼正中和后门直通，通道左侧是楼梯，紧邻楼梯东侧是尹赞勋先生的办公室（后来由李春昱先生接替）。对面是行政人员的办公室……再往东就是一间南北连通的会议室。前后门通道的西半楼，南半边一间较大的房子是李善邦先生和秦馨菱先生的地震研究室。……楼上最东一大间（相对会议室的楼上）是曾世英先生编制中国地图的测绘室，相对尹所长办公室的楼上一间是程裕琪先生他们看显微镜的岩矿室。对面南面一大间是包括程裕琪等六七个人的办公室。二楼西半边，相对楼上地震研究室的那间和西南一大间是没有固定床位的单身宿舍。西面一小间是周赞衡先生的宿舍，南面是一大间，黄汲清先生、岳希新先生和我都在这里面办公。

　　……

　　地质调查所的图书馆，则另在远隔办公楼沿嘉陵江、穿过北碚街上西南约二三里路的一个小山顶上。图书馆的建筑要比办公楼牢固得多，也是两层楼，有走廊，站在走廊上俯瞰嘉陵江江水滔滔，抬头南望稍远一点就是天府煤矿的码头，观音峡历历在目，两岸石灰岩峭壁直立十分壮观，别有一番令人神驰的景象。楼上是书库，楼下是管理室和古生物人员的办公室。知名的古生物家计荣森、杨钟健就在这里办公。山下是土壤研究室和食堂。①

　　然而，由于战时物资短缺，钢筋水泥等建筑材料昂贵，为节约建筑经费，地质调查所办公大楼结构中该用钢筋水泥梁的地方用木头代替，大楼因正对山口，竟然被大风吹垮楼顶。秦馨菱回忆：

　　1939年8月下旬的某个夜里刮起大风，从山口处吹来的风刮的大楼隆隆响。到下半夜，因发生共振大楼楼顶垮了。以东头楼

---

　　① 曾鼎乾：《难忘的年代》，程裕琪、陈梦熊主编，《前地质调查所的历史回顾：历史评述与主要贡献》，地质出版社，1996年11月版，第165页。

上绘图事的大屋子塌的最厉害。楼的中部往西是好几间宿舍，因为开间较小，塌的较轻。睡梦之中大家只听哗啦一声，楼东头大房间楼顶完全砸下来了，而几间宿舍仅从天花板上掉下许多石灰皮及木条。大家一听见哗啦一响就立刻往行军床旁一翻（那时都是睡野外用的行军床）躺在二行军床之间。等天花板上不再往下掉东西了，这才一起摸着黑下楼，到惠宇的楼下中间的大厅内摸着黑休息。所长黄汲清闻讯从家中赶来，带了一根洋蜡，这才有了光明，大家互相检查仅有一二个人头皮被天花板掉下的石灰皮打破了一点。周柱臣（赞衡）先生（人家都叫他周柱志）的脚当下楼时踩到一个钉子上扎破了点皮。天亮后，大家到现场一看，以绘图室砸的最厉害，倘如此事发生在白天肯定会砸伤几个人。[①]

地质调查所的办公楼本就是在重重困难中建起来的，无力再为所中人员集中修建住宿楼。来到后方，既为了工作，也需要生存。因此，所中人员及其眷属便自行解决住宿问题。当时迁到北碚的机构、人员众多，房屋也不敷应用，地质调查所的职员、家属宿舍都是自行寻找，比较分散，条件也较为艰苦。曾鼎乾回忆过当时的生活条件：

　　当时的家属宿舍也是分散的，沿着中国西部科学院后墙，向西穿过一片橘子林，再沿着公路走上百来米的南侧山坡上有三栋竹子编的墙，里外涂泥的四川最简易的住房。山坡中部一栋是李善邦先生的住宅，上面横排两栋，外侧一栋东头两间白家驹先生住，1942年我结婚后就住西头的一间，另一栋由两位绘图员住。门前有点空地，开出来种点西红柿、白菜以弥补生活不足。黄汲清、王钰、熊毅先生他们住在不远的堰塘湾民房内，韩藻香他们

　　① 秦馨菱：《关于前地质调查所的片段回忆》，程裕祺、陈梦熊主编，《前地质调查所的历史回顾：历史评述与主要贡献》，地质出版社1996年11月版，第166页。

则在北碚街上租民房住。吃的水则由所里雇用的民工每天每家送
两挑堰塘里的水，我们用明矾打了再用。[1]

在极其困难的情况下，中央地质调查所在后方开展了一系列卓有成效
的调查活动。

（一）矿产资源的开发

为适应战时国防工业发展的需要，地质调查所内迁北碚后，该所所属
各研究室各司其职，发挥其研究特长，将工作重心转移到油田勘探和燃料
研究方面。[2]根据经济部及资源委员会的需求，在后方进行了大量的石
油、煤矿、各类金属矿以及磷、盐等非金属矿产调查与开发。"说到矿产的
调查，则玉门油田之发现、云南磷矿之发现、宁夏铬矿之发现、广西铀钍
矿之发现、云南贵州福建铝土矿之发现、新疆煤铁矿的认识、江西湖南白
钨矿之鉴别、云南锡矿、湖南贵州汞矿之研究、安徽淮南新煤田之寻获、
四川云南新疆盐矿之研究，都是重要的贡献，值得记述。但是亦因为经费
的窘迫和设备的不够，不能精细的研究和探勘"[3]，从这段由地质调查所所
长李春昱的总结来看，战时地质调查所矿产调查的足迹遍布后方各省，且
各个方面都有涉及和重要发现，虽然战时条件十分有限，但从这些成果也
足以窥见该所对于抗战以及后来中国资源开发和发展所做出的努力与巨大
贡献。下面就几个较为重要的方面做一简单的论述：

1.石油矿。甘肃、新疆地区一直是我国主要的产油区。1937年初，顾
维钧等人创办的"中国煤油探矿公司筹备处"邀请地质调查所合作调查西
北的矿产。地质调查所委派孙健初与该筹备处聘请的美籍专家卫勒
（Weller）合作，组成西北石油调查队到甘肃的老君庙一带进行初步的探勘
和研究。不久孙健初又再受资源委员会的派遣，到甘肃老君庙一带普查勘

---

① 曾鼎乾：《难忘的年代》，程裕琪、陈梦熊主编，《前地质调查所的历史回顾：历史评述与
主要贡献》，地质出版社1996年11月版，第166页。

② 杨翠华：《阮维周先生访问记录》，中央研究研究近代史研究所，1992年版，第9—14页。

③ 李春昱：《迁都重庆时的中央地质调查所及战时地质调查》，刘建业、陆大钺主编：《迁都重
庆的国民政府》，北京出版社，1994年版，第244页。

探。此次调查测制了详细的地质图，估计了可能储油层的深度，选定了钻井位置开始实地钻探，"建成了中国人民自己创办的第一个产油和炼油基地"①，也是"当时中国最大的油田"，②一定程度上缓解了战时的石油短缺问题。玉门老君庙油矿正式开采后不久，原本在动力油料厂工作的金开英、熊尚元等原地质调查所燃料研究室的人员也相继去往甘肃，参与玉门油矿的开采工作。

1942年，翁文灏代表国民政府在新疆与苏联谈判独子山油矿合作的问题。在进行了一定程度的谈判后，中方派出了相关的学者参与在新疆的合作。这次一共派出了十二人，分为两组，地质组主要由地质调查所的黄汲清、杨钟健、程裕淇、周宗浚等人组成，希望能对独子山油矿地质做详细的调查，并顺带调查新疆其他已知有油苗的地方。这次的调查虽然名义上是中苏合作，在实际的工作中苏联处处不配合，因此中方的这些学者只有自行测绘地形地质图，对独山子一带的地层、构造以及可能的油源、开发情况都进行了详细的调查。之后他们一行还考察了南疆的库车油田，于1943年结束工作回到北碚。此次赴新疆的调查确定了独山子油矿详细情况，为之后此处的石油开采提供了理论上的支撑。

由于甘肃、新疆具有丰富的能源，抗战后期"开发西北"的舆论呼声很高。因此地质调查所于1942年开始筹备组织创办西北分所。原在甘肃境内调查的王曰伦、路兆洽、李树勋等人便奉命留在兰州筹备。西北分所于1943年正式通过行政院的批准在兰州萃英门内13号成立，四月则相继派遣毕庆昌、叶连俊、何春荪、陈梦熊等人到兰州开展工作。西北分所建立后，一边测制甘肃等地的地质图，一边开展新疆、宁夏等地的地质矿产调查，搜寻可能的产油地点。

战时地质调查所在四川也连年勘探，重点调查研究的产油区有威远、巴县、昌隆、江油等地。

2.煤矿。煤矿调查与探究是地质调查所一直以来都十分注意的。在战

---

①黄汲清：《中国地质科学的主要成就》，《中国科技史料》，1983年6月版，第10页。

②段晓微：《他们也是战士——从〈地质论评〉看抗战烽火中我国地质学科的发展及对抗战的贡献》，《地质论评》，第4卷第56期，第607页。

争时期这项工作则显得更加重要。地质调查所虽然并不直接参与煤矿的开发，但专业的调查研究和技术上的指导则大大增加了煤矿的开采量。"四川煤矿，在战前年产只一百五十万吨，而在抗战期间，年产增至三百万吨，一方面因是应当时的需要，增加开采，而地质调查亦随时给予技术上的协助。从华蓥山到重庆西面的山洞，整个是一个大煤田，川西的犍为煤田，亦是一个重要产区，都是在这个时期调查研究的。全省煤储量，以前估计为9000多兆吨，现在则估计为3833兆吨，则是由于调查较详的结果"①。战时地质调查所除了对四川的煤矿进行了详细的调查外，在贵州、云南等地的煤矿也进行调查或重新研究。经过地质调查所调查研究后开采的贵州威宁、水城煤田"一共有五万万多吨的储量，是西南很重要的煤田"②。抗战后期，通过西北分所建立后所开展的调查工作，也逐渐了解了甘肃、陕西、新疆、宁夏等地的煤田情况。"甘肃皋兰阿干镇，永登和靖远、景泰，陕西白水、同官、耀县各煤田，都是经过几年的调查，才知道得更详细而切实一点。宁夏煤田，以前所知甚少，经边兆祥、李星学的调查，我们晓得灵武、中卫、磴口，都有重要煤田，全省煤储量，据初步估计有四万万五千万多吨。再远到新疆，以前差不多完全不知道，而中央地质调查所和新疆地质调查所经过近三四年的调查，发现东天山有不少的重要煤田，就在迪化附近的八道湾，……估计可有三亿多吨。还有可以炼焦的烟煤，现在已经调查的，确知有十亿多吨"③。这些丰富的煤矿储备的探明都是地质调查所在战时努力工作的结果。

3. 金属矿。战时地质调查所对于铁矿的探勘主要集中在西南、西北地区。其中战时最重要的收获是攀枝花铁矿的探明。1940年，四川地质调查所的常隆庆到攀枝花地区进行铁矿调查，并写成报告，并获得相关奖励。1941年，李善邦、秦馨菱用物理探矿的方式勘探攀枝花的铁矿，估计了该

① 李春昱：《迁都重庆时的中央地质调查所及战时地质调查》，刘建业、陆大钺主编：《迁都重庆的国民政府》，北京出版社，1994年版，第226页。

② 李春昱：《迁都重庆时的中央地质调查所及战时地质调查》，刘建业、陆大钺主编：《迁都重庆的国民政府》，北京出版社，1994年版，第227页。

③ 李春昱：《迁都重庆时的中央地质调查所及战时地质调查》，刘建业、陆大钺主编：《迁都重庆的国民政府》，北京出版社，1994年版，第226页。

矿的储量为三千多万吨，并采集了矿样交由地质调查所化验。经过化验分析，攀枝花铁矿为钒钛磁铁矿，冶炼较为困难，且加上当时交通不便，攀枝花铁矿未能及时开采利用，但新中国成立后，攀枝花成为了我国四大铁矿区之一，钒钛含量也位居世界前列。可以说，攀枝花铁矿的探明虽然没有直接作用于抗战，但却是"功在当代，利在千秋"。而当时的四川綦江、涪陵彭水、威远等地的铁矿，"虽说储量都不算很丰，但经过数度调查，供给了抗战期间四川所需用的铁矿"①。另外，战时地质调查所在贵州、云南、甘肃、新疆等地都进行了铁矿的调查。尤其是新疆地区，战前对该地区的铁矿认知十分有限，战时经过多次调查，认为在迪化、库车、额敏、伊宁、吐鲁番等地都有矿床的存在。

除了铁矿以外，战时地质调查所也分别对铜、锰、锑、铝、金等多种金属矿产进行了调查与探测，几乎每年的工作报告都有相关的记载。

4.其他矿产。战时地质调查所进行的非金属矿产调查中最为重要的贡献主要是云南磷矿的发现与四川盐矿的开凿。

全面抗战爆发前中国已知的磷矿十分稀少。1928年朱庭祜曾在西沙岛、南沙岛有过一小范围的调查，并未开采。1939年，程裕琪等人赴云南昆阳中邑村调查时偶然获得"浅灰色粒状奉化二层的白泥"，送至地质调查所化验，证明此为磷灰岩矿。此后又经过地质调查所王曰伦等人的调查确定了该地磷矿的存在。之后王竹泉、霍世诚、何春荪等又调查了呈贡鸡叫山磷矿、澄江东山磷矿、昆明大龙潭磷矿等，经过这些发现，"该项富源大为增加，矿质既佳，藏量亦尚丰富，为西南重要地下宝藏"②。

四川自古以来就是中国产盐的重要地区。抗战时期中国海岸线封锁，很多东西都无法进口，此时四川的井盐和池盐对于后方用盐就显得十分重要。李悦言在战时对于四川的盐矿进行了长时间的调查，并写成了《四川盐矿志》一书，曾建议永利公司在五通桥选定凿井地点钻得黑卤，增加了战时盐矿的产量，也是当时的一个重要收获。

<hr>

① 李春昱：《迁都重庆时的中央地质调查所及战时地质调查》，刘建业、陆大钺主编：《迁都重庆的国民政府》，北京出版社，1994年版，第227页。

② 程裕琪：《程裕琪文选 上》，北京：地质出版社，2005年12月版，第198页。

另外，战时地质调查所进行的地质测绘工作和土壤调查研究，虽然不属于矿产调查，但也是一些重要的辅助工作，对支持抗战起了一定积极作用。

（二）地质学理论的研究

由于战时全国科研的重心都在资源的开发和利用，一些纯粹学理的科学研究就相对受到了忽视，加上政府对于地质研究所的研究有明确的要求，"这种学理的研究，一向可以说是在'调查矿产'名词掩护之下来进行的"[1]。

1.古生物学。新生代研究室因为主要从事发掘研究北京周口店的化石研究，战争爆发之时，并未能全部转移，只有杨钟健、卞美年等人相继到达后方。在后方的杨钟健等人无法再研究周口店的化石，转而进行后方各省的脊椎动物化石的发掘与研究，其中最为重要的是卞美年在云南禄丰县三叠纪所发现的脊椎动物群化石，经过杨钟健的研究，确定这些动物群有很多种属，有鱼类、龟类、古鳄鱼类、蜥龙内及一些原始的哺乳类。杨钟健就这些成果发表了《原始哺乳类动物的研究》。从这些化石中还修复了一属完整的恐龙骨架，杨钟健为其命名为"许氏禄丰龙"，是第一属由中国科学家描述并命名的恐龙。1941年，该恐龙的骨架在北碚完整展出。

1941年公布的《经济部中央地质调查所组织条例》里虽然没有了"新生代研究室"，但还是保留了"古生物学研究室"，并在无脊椎动物化石方面有不少的发现与研究。当然研究的范围还是主要集中于后方，尤其是西南地区，其中孙云铸在云南西部、计荣森在宜昌、尹赞勋等在贵州、王钰在贵州北部都有重要的发现。值得一提的是，许德佑在后方进行了大量的第三叠纪地层的研究，写作了大量文章，如《中国南部三叠纪化石之新材料》《湖北远安县之三叠纪地层及其动物群》《贵州省三叠纪数个剖面》《云南个旧上三叠纪化石》等等，李春昱这样评价："中国的三叠纪地层，完全是近几年的研究，才大放光明，有了正确的认识。许德佑的工作，占最重

① 李春昱：《迁都重庆时的中央地质调查所及战时地质调查》，刘建业、陆大钺主编：《迁都重庆的国民政府》，北京出版社，1994年版，第245页。

要的地位"①。战时由于物资缺乏，经费困难，战前曾蜚声中外的《古生物志》也一度面临出版的困难，这一时期有关于古生物学的研究多与地层研究相结合，发表的文章多联系在一起，因此，带动了战时对于后方各省的地层研究，"中国西南各省地层的认识，得以大有进步，甚至比北方地层的研究，还要清楚一些"②。

2. 矿物化石。战时的矿产调查主要是针对矿床而言，相对的对于矿物岩石的基础性研究有一定的减弱。但还是有一些成果的出现。从现已有的资料来看，战时地质调查所主要对后方各省的火成岩变质岩进行了研究和观察。1942年，地质调查所在上报给经济部的三期工作报告中，都详细记录了技佐黄懿对秦岭及大巴山西段火成岩的研究和技正程裕琪对于西康火成岩的研究的过程③，所采集到的火成岩标本也经过专人磨制成薄片作为显微镜观察的材料。除了程裕琪、黄懿等人对火成岩进行研究之外，地质调查所中的彭琪瑞、张兆瑾、朱夏等人都曾写作过关于后方各省火成岩研究相关的文章。

3. 构造地质。虽然在中国的构造地质研究中贡献最大的要数中央研究院地质研究所，尤其是所长李四光先生。但是地质调查所在这方面也有很大的建树。战前有翁文灏著名的"燕山运动"理论的提出，战时则有黄汲清写作的《中国主要地质构造单位》一文的出现。《中国的主要地质构造单位》首次用历史分析的方法对全国大地构造的特征做出了总结，提出了"多旋回构造"是中国境内独特的大地构造特征的著名论断。原文于1943年11月开始写，完成于1945年2月，全文都用英文完成，出版在地质调查所的《地质专报》甲种第20号，并于1945年分别邮寄欧美各地质机构和大学地质系，之后又翻译成多种文字，受到了普遍赞赏。"这一著作所建立的中国大地构造理论体系，对我国地球科学研究和矿产普查勘探产期起了重

① 李春昱：《迁都重庆时的中央地质调查所及战时地质调查》，刘建业、陆大钺主编：《迁都重庆的国民政府》，北京出版社，1994年版，第237页。

② 李春昱：《迁都重庆时的中央地质调查所及战时地质调查》，刘建业、陆大钺主编：《迁都重庆的国民政府》，北京出版社，1994年版，第236页。

③ 经济部矿物司中央地质调查所三十一年第1—3期工作报告，台湾中央研究院近代史档案馆馆藏，馆藏号：18-24-04-020-02。

要的指导作用，使黄汲清成为中国历史大地构造学无可争辩的创始人和奠基人。苏联科学院院士、著名大地构造学家 N. S. Shatasky 1952 年在概述俄文版所写的序言中说：'"作者——一位有经验的野外地质学家和著名学者，提供了关于中国大地构造发展的严密图画。"著名美籍日本地质学家 A. Miyashiro 于该书 1940 年出版后，称赞此书是"亚洲大地构造研究史上具有划时代意义的经典著作"'。"①

抗战时期地质调查所的内迁是日本侵略战争带来的无奈之举，是中国地质科学发展的磨难。原本在科研道路上大步向前的地质调查所遭受了极大的挫折。但即使遭遇如此挫折，地质调查所的科学工作者们依然没有放弃他们钟爱的事业。在辗转紧张的内迁过程中各项调查工作基本没有中断；迁到后方后，他们克服万难，竭尽所能恢复地质工作，扩展研究范围，勘探战时国家工业建设所需的矿产资源，用自己的专业知识和技术支援抗战。与此同时，古生物研究、地震研究等学理上的工作也取得进展，延续了地质科学的命脉，并为抗战胜利后复员及地质学的发展打下了重要的基础。

三、中国科学社生物研究所

早在 1933 年中国科学社生物研究所庆祝建所十周年时，就曾提出"未来的展图"：（1）中华产物种类之调查。做到"尽江浙闽赣诸省，循江以西至云贵川康之城，沿江上下，抵登莱琼粤之涯，然后捆载归来"；（2）模式生物之形体研究。"各门动植物应有人善为董理，举其模式，详为解剖，加以图释，不仅以明物体构造之详细，抑且示范后学"；（3）生理生态之研究与实验。对生物"先明其结构，次当致力于生理，考起饮食、生殖之宜，然后乃能知其治生谋存之道"。（4）扩建南京上海博物馆。②内迁大后方以

---

① 任纪舜：《杰出的地质学家黄汲清教授》，张义勋编：《黄汲清著作选集 第3卷 地质学及大地构造学》，北京：地质出版社，1992年6月版，第5页。

② 《中国科学社生物研究所概况——第一次十年报告》，中国科技公司，1933年。转引自薛攀皋《中国科学社生物研究所——中国最早的生物学研究机构》，《中国科技史料》，1992年第2期，第51页。

后，虽受日本侵华战争的影响，生物研究所的工作依旧按此蓝图开展。入川后进行的工作主要有以下几个方面：

（一）生物调查与采集方面

钱崇澍被聘为代所长后，积极推进生物研究所着手进行生物调查。生物研究所先后在川、康、滇、黔四省开展生物调查，特别是南川、青衣江及洪雅河流域（包括天全实兴与及瓦屋山）、大渡河流域（包括瓦山、峨眉山）及嘉陵江下游一带。[1]1940年夏，所员曲桂龄、姚仲吾由康定至泰宁，西越大炮山至巴丹一带采集标本，然后经旄牛向南回康定，历时5个月之久，共采得标本1100号，计5000枚。次年春，又在华聱山等处进行了小规模的采集。生物研究所还根据实际需要调查了大量的森林植物及药用植物。据统计，到1942年止，生物所采集的动物标本达18000个，共1300种；植物标本有200科1300余属及8000种。[2]那时所采集的标本至今还保存在四川大学生物系标本室。除此之外，生物研究所还陆续编纂了《扬子江流域及中国海岸之动物志》《浙江、南京及四川之植物志》及《中国松柏科与唇形科植物志》等动植物志书。生物研究所还根据实际需要调查了大量的森林植物及药用植物。钱崇澍在这一时期完成了《四川北碚植物鸟瞰》、《四川的四种木本植物新种》、《四川北碚之菊科植物》等论文。[3]1940年，生物研究所自建实验室进行研究，每年到此查阅研究的国内外学者络绎不绝，成为中国植物研究的一个基地和国际交流的窗口，"其盛况不减在南京时日"[4]。

（二）动植物研究方面

生物研究所主要研究大脑的构造与功用、食物营养与生理作用、农作物蔬菜及森林植物的虫害、蚯蚓与土壤问题等。从1938年起，植物学方面开始编著对于经济上极关重要的刊物：《中国森林图志》《中国药用植物图

---

① 《中国科学社生物研究所工作近况》，《图书季刊》，1940年，第2卷第1期，第136页。

② 任鸿隽：《中国科学社社史简述》，中国人民政治协商会议全国委员会文史资料研究委员会编，《文史资料选辑》，第4卷第15辑，中华书局，1961年版，第16页。

③ 刘昌芝：《近代植物学的开拓者——钱崇澍》，《中国科技史料》，1981年第3期，第37页。

④ 《本社生物研究所将届二十周年》，《科学》，1940年第24卷第12期，第906页。

志》及《中国野生食用植物图志》。其中《中国药用植物图志》收载药用植物50种，对植物的形态描述精详，并绘制了精细的线条图。书中记载和考证了约400种药用植物，对中国药用植物的研究作出了卓越的贡献。①此外，杨衔晋的川康樟科植物研究，曲桂龄的四川莎草科青茎属植物研究，孙雄才的唇形科植物研究，裴鉴的川康接骨木研究等②，对于促进西南地区植物物种资源的开发利用具有重要意义。在动物研究方面，秉志、卢于道及周蔚成进行的神经学研究，张真衡的神经生理研究，黄似馨的四川特产大熊猫大脑与灵长类大脑的比较研究，苗久硼的森林昆虫研究，倪达书的原生动物研究都取得了不斐的研究成果。在食用鱼类、家畜及人体内寄生原生动物的研究等方面，生物研究所也取得了重大进展，先后出版了《家畜及人体内之寄生原生动物》、《农作物蔬菜及森林植物之害虫》、《食用鱼类》等出版物。③

另一方面，其研究成果也颇为卓著，1922年到1942年，动物学部共刊行论文16卷112篇（不包括交予国内外其他刊物者），其中：分类学66篇、解剖组织学22篇、生理学15篇、营养学9篇；植物学部共12卷。④同时，还出版了一些重要著作，如植物部主任胡先骕所著《中国种子植物志属》、《中国植物图谱》、《高等植物学》、《植物地理学》等书⑤，他们或被用为学校教本，或作一般参考，对植物学教育的推广裨益甚大。这些论文专刊受到了学术界的欢迎和重视，并与国外800余处研究机构进行交换，因此当时的世界各国无不知中国有这样一个研究所。李约瑟考察抗战期间中国学术机构状况时说，中国科学社在北碚一个偏僻山谷重建了生物所，在经验丰富的钱崇澍博士带领下积极从事动植物的分类工作。⑥

①卢嘉锡，汪子春：《自然科学发展大事记 生物卷》，辽宁教育出版社，1994年版，第57页。

②《中国科学社生物研究所二十九年度二作概述》，《科学》，1941年第25卷第9—10期，第558—564页。

③《本社生物研究所工作近况》，《科学》，1940年第24卷第6期，第509页。

④陈胜昆：《中国科学社生物研究所的评价》，吴嘉丽、叶鸿洒编：《中国科技史 演讲文稿选辑3》，（台北）茂文图书有限公司出版部，1986年版，第327页。

⑤任鸿隽：《中国科学社社史简述》，中国人民政治协商会议全国委员会文史资料研究委员会编，《文史资料选辑》，第4卷第15辑，中华书局，1961年版，第17页。

⑥李约瑟：《李约瑟游记》，贵州人民出版社，1999年版，第99页。

（三）合作与辅助研究

残酷的战争现实使研究所的科学家认识到非常时期再也不能单纯只埋头于纯学术之中："困难如此深重，我们尚从事于这种距实用甚远之研究，于国何补，于战何益。"①开始向应用科学研究方向发展，以于民生和获得社会的支持："研究经济植物学、经济动物学以求开辟吾国之新富源；研究植物病理学、昆虫学、寄生虫学以求防治农产之损害，与增进人类之健康；研究遗传学与育种学以求改进农产、林产、畜产之品质；研究农林畜产利用学以辅助工业之发展与增益农产品之价值；研究生理学、营养学以改进国民之体质。"②内迁后的生物研究所除继续历年来的工作之外，开始结合战时社会实际需要，调整研究计划，更加致力于经济实用方面的研究。重视将科学研究与现实结合，努力将其研究方向由纯粹的科学调整为应用科学。

1939年，四川省的桐油产量锐减，害虫肆虐。中国科学社生物研究所昆虫专家苗雨膏氏因此注意研究除桐害虫的新法，经长时期的实地试验，成效大著。后受贸易委员会的委托，在西南五省推广施行，从此桐油产量大为增加，对于科学界和国家经济都做出了很大的贡献。③生物研究所还对寄生人类及家畜的原生动物进行研究；为资源委员会调查适于发展畜牧业的草原；为经济部调查各处的森林状况和造纸原料；为中华自然科学社调查西康及云南昆明的森林状况；辅助江西省经济委员会调查水产等。1943年以后，生物研究所受教育部资助，调查儿童身心健康④，生物研究所还围绕国防和经济建设展开科学考察和科学研究，从事对可应用于国防军备的动物保护色研究。⑤这些都是生物研究直接有益于社会现实表现。

① 杨钟健：《杨钟健回忆录》，地质出版社，1983年版，第101页。
② 胡先骕：《中国生物学研究之回顾与前瞻》，《科学》，1943年第26卷第1期，第5页。
③ 《中国科学社生物研究所发明除桐害虫的新方法》，《学生之友》，1941年第3卷第4—5期，第103页。
④ 《中国科学社生物研究所概况》，《科学》，1943年第26卷第1期，第135页。
⑤ 《中国科学社生物研究所概况》，《科学》，1943年第26卷第1期，第138页。

四、中央工业试验所的重建与发展

内迁北碚后，中工所即面临着经费紧缺、物资短缺等诸多问题。1937年9月至次年1月，实业部仅向中工所拨发经费国币32929.19元。[①]此后，国民政府开始削减各科研机构经费，中工所也未能幸免，自1938年3月起"各机关经费均照二月份实发数按九成发给"[②]。到抗战中后期，中工所经费短缺愈发严重。1944年，该所经费预算仅有431260元[③]，但是由于国币贬值、物价飞涨，经费问题未得到丝毫改善，"经常费预算不敷实际需用，……收支不平衡之悬殊益大"，中工所难以维持被迫向经济部求助，"拟请增列经费26万元，以资救济"[④]。

各种科学试验与研究，都有赖于精密的仪器和设备。全面抗战爆发前，中工所大量仪器、设备均依赖进口。内迁之后，大后方对外交通不便，而经费紧张又进一步加剧了设备的短缺。在此情况下，各试验室能够拥有一定的设备也非常不易。受当时条件限制，中工所只能因陋就简，利用原有设备自行研制。该所机械设计室先后制造了木材硬度测定仪、水泥健度试验仪、真空抽气机、万能材料试验机、棉纱匀度仪等。[⑤]

在此情况下，中工所克服万难，在大后方生根发芽，研究机构不断发展壮大，内部分工越来越细，专业化程度大大提高，研究和试验所涉及的领域越来越广，也是战时大后方其他工业研究机构无法比拟的。抗战时期，在中国经济建设当中，工业问题一般分为两种，即工厂工业问题与手工业问题。而要解决工业方面的各种问题，就必须采取三个步骤：研究——改良——推广。于是，中工所便以"工厂工业的顾问工程师，手工业的指导者"的身份[⑥]，先后设立试验室17个、实验工厂11座、推广改良工作站3个，工作人员也由抗战爆发前的60多人增加到200余人，积极发挥

---

① 《中央工业试验所经费事项案》，中国第二历史档案馆，档案号：448-574。

② 《中央工业试验所经费事项案》，中国第二历史档案馆，档案号：448-574。

③ 《中央工业试验所经常费预算案》，中国第二历史档案馆，档案号：448-666。

④ 《中央工业试验所经费案》，中国第二历史档案馆，档案号：448-665。

⑤ 《经济部中央工业试验所八年来概况目录》，中国第二历史档案馆，档案号：448-2214。

⑥ 顾毓瑔：《十年来之中央工业试验所（本所十周年纪念会讲词）》，《工业中心》，1942年第10卷第1—2期，第6—8页。

其研究、改良、推广作用。①这17个试验室涉及工业原料、工业制造、工程等各个领域。其中工业原料分析室、机械材料试验室、木材试验馆、汽车燃料试验室侧重于工业原料与材料的研究与试验；胶体试验室、纤维试验室、酿造试验室、陶业试验室、油脂试验室、纯粹化学药品试验室、制糖试验室、盐碱试验室和纺织染试验室侧重于工业制造的研究与试验；电气试验室、热工试验室、动力试验室、机械设计室侧重于工程与方法的研究与试验。中工所设立的11座实验工厂包括机械制造实验厂、制革鞣料示范实验厂、电工仪器实验厂、纤维实验厂、陶业示范实验厂、淀粉及酿造示范实验厂、纯粹化学药品制造实验厂、油脂实验厂、纺织实验厂、盐碱实验厂、木材加工实验厂。3个推广改良工作站分别是内江制糖工业推广工作站、梁山造纸推广工作站以及南川陶业推广工作站。

1942年，中工所应邀在兰州设立通讯处，不久改为工作站，协助甘肃省解决各项技术问题，并调查甘肃省的各种工业资源。此后，为响应国民政府开发西北的计划，12月，中工所奉命在兰州工作站的基础之上设立西北分所，以加快对西北地区自然资源的开发利用。抗战胜利后，中工所复员东返南京，为配合西南工业建设，将胶体、油脂、燃料、纤维、制革、制糖、化学分析、化学药品等8个试验室和油脂、机械、纤维、制革、化学药品等5个实验工厂留在北碚。

中央工业试验所是民国时期全国最大的工业研究试验机构，其宗旨在于促进中国工业技术进步，推动中国工业发展。在中工所成立之时，孔祥熙便设想将其作为"工业技术之顾问"，主要任务是：

一是"仿造"，取行销市场之舶来品，自行制造以抵制外货之源源输入，挽回漏卮；二是"改良"，就本国所有之原料，加工精制，以期推广于国际市场，平衡国际收支；三是要"制造"，利用我国固有广大之天然物资，发明新用途，开我国工业之新纪元。②

其组织条例亦规定，中工所的责任在于：一、研究工业原料；二、改

---

① 《经济部重庆工业试验所概况》，中国第二历史档案馆，档案号：448—321。

② 孔祥熙：《经济部中央工业试验所成立之经过及意义》，《工业中心》，1942年第10卷第1—2期，第1—3页。

进制造技术；三、鉴定工业成品。"对于固有的工业负协助改进之责，对于新兴的工业负设计策进之责"[1]。中工所根据"时代的需要"，始终把"国防建设与国民经济"两大类问题放在首位。全面抗战爆发后，中工所利用南洋各地华侨捐送的椰子壳作为活性炭原料，在短短3个月时间内小规模制造了1500磅活性炭，装配了24000具防毒面具，用于前线防毒之用。[2]内迁之后，整个大后方工业都被纳入战争动员和战时经济体系之中，中央工业试验所也投入到轰轰烈烈的抗战建国当中，其研究和试验工作主要围绕以下几个方面进行。

在工业原料的分析与研究方面，抗战爆发后，如何利用大后方的工业原料取代外国进口原材料及沦陷区原材料，供国家工业建设和国防建设之用，关乎大后方工业的生存与发展。中工所的工业原料分析室在这一领域取得了一系列重要成果。在工业原料的分析方面，主要有对四川盐、硝、碱的分析，国产石油的检验，国产安全火柴的检验，西康金矿的分析。在研究方面先后开展了煤炭发热量的测定研究、油页岩蒸馏试验、煤的低温蒸馏、试制活性炭等。

在各种机械、仪器的设计制造方面，抗战时期，华东一带的大批工厂纷纷内迁，动力机、工具机等机械成为其恢复重建不可或缺的器具，而大后方原来生产的动力机技术落后，难以满足后方工业发展的需求。中工所机械材料试验室与机械制造实验厂为满足不同厂商的需求，先后研制了马力在10至120匹之间的小型立式锅炉、马力在40至120匹之间的"科尼虚"式锅炉、马力在40至150匹之间的行火管式锅炉。这些不同马力的锅炉与按照旧法制造的锅炉相比，大大提高了燃烧效率，为中国锅炉制造开创了新纪元。为适应大后方酒精工业的发展，中工所制造了500加仑酒精蒸馏塔成套设备，效率比德国最新推出的同类产品还要高。除此之外，该所还设计手摇离心分蜜机用于改良制糖技术，改进小型纺织机及毛纺机并

---

[1] 顾毓瑔：《十年来之中央工业试验所（本所十周年纪念会讲词）》，《工业中心》，1942年第10卷第1—2期，第6—8页。

[2] 顾毓瑔：《十年来之中央工业试验所（本所十周年纪念会讲词）》，《工业中心》，1942年第10卷第1—2期，第6—8页。

积极推广，研制了压碎机、刻字机、磨粉机等机械设备满足工业界的需求。

中工所也非常重视工业检测仪器和试验设备的研制。工业原料、燃料是否适用于工业生产，工业制成品是否符合标准，都依赖于检测仪器的检测试验。中工所按照国际通行的ASTM标准，研制检测仪器26种，供应各工厂、研究机关和高校使用。在材料试验方面有万能材料试验机，冲击试验机；在造纸方面有纸张拉力试验仪、纸张均度检验仪、小型分浆机、小型蒸煮器、小型打浆机等；在油料检测方面有油料闪火点、油料黏度检验仪、油精蒸馏试验仪、炭渣值试验仪；在水泥制造方面有试样冲击机、泥胶混合机、拉力试验机、强度试验仪、凝固时间测定仪；在电子仪器制造方面有电流表、电压表、热电锅式高温计；在陶瓷检测方面有高温热锥模试验仪、热膨胀试验仪、高温抗压试验仪、黏度试验仪；在木材试验方面有收缩测定仪、硬度试验仪、横析测定仪。其他小型仪器还有压力表、小型压滤机、小型离心机、小型真空卿筒等。中工所也由此成为大后方最大的工业检测仪器研发中心。

在木材工业方面，中工所于1939年成立木材试验室，后扩充为木材试验馆。该试验室从乐山入手，采取调查与研究相结合的方法，调查国产木材名称及分布，研究木材的构造、轻重与力学抗强关系、天然耐腐性，重要木材平衡含水量、力学性质、韧性的测试。为满足国防交通建设的需求，该所受航空委员会、交通部、兵工署的委托，开展军需国防工业用材的研究，包括飞机用材的研究、铁路枕木的研究、手榴弹柄和枪托的用材研究等。

在电气工业方面，中工所原有的电气工业试验室，在战前主要从事干电池的研究试验。内迁之后，建设委员会所属的中央电气试验所并入中工所，电气工业试验室的研究实力大大提升。该试验室主要开展各种电气替代品的试验和研制，先后开展了国产电动机性能研究，电工仪器准确度研究，表用螺簧（油丝）试制研究，仿制电桥研究，热电隅式高温计制造，表用宝石轴承、表用指针研究等。

在胶体及制革方面，鉴于大后方各地制革技术落后，鞣料及染料来源断绝，中工所于1938年在盘溪镇成立胶体试验室，次年又筹办成立制革鞣料示范实验厂，先后开展了四川省皮革工业调查研究、四川所产山羊皮的利用、国产植物鞣料的提取、皮革染色试验、用没食子酸甘油制造可塑体、制革工业助料的制造、铁盐代替铬盐鞣革试验等。

在纤维工业方面，中工所原有造纸试验室进行纤维工业的研究，并曾派员前往安徽、浙江、江西等地进行实地考察。内迁之后，该试验室改名为纤维试验室，开展各种纤维材料的分析试验。针对旧式造纸法的缺点，试验室围绕造纸原料和改进方法进行研究，包括各种方法制纸料的研究，造纸原料化学成分研究，造纸原料纤维观察，老竹制纸研究，避音纸板制造，蜡纸原料的改良，手工新闻纸物理性能，手工新闻纸的上胶，蜡酸纤维素制造的研究，各种原料制纸，以及黏液法人造丝试制等。此外，中工所还成立纤维实验厂，协助各手工作坊和机器造纸厂进行各种改进造纸技术的尝试。

在酿造和淀粉工业方面，中工所于1932年成立酿造试验室，开展各项有关酿造与发酵的研究，如酱油、酒精酿造法的研究。内迁后，中工所又成立了淀粉及酿造示范实验厂，专门从事农产品加工技术的改良，以满足民生工业发展的需要。其研究内容主要有：发酵菌类的研究，如麴菌、青天霉菌与柠檬酸霉、毛霉与根毛霉、红麴菌、酵母菌等；酱油酿造法的研究，包括速酿法、廉价原料酿造法和酱色的研究。提出利用纯粹培养的种麴、酵母保温发酵，特种菌速酿法等改良方法，大大减少了传统酱油酿造的发酵时间。在酒精制造方面，该试验所也投入了大量人力、物力，开展了淀粉制造酒精、糖蜜制造酒精，特别是对动力酒精的研究，以期替代液体燃料，解决大后方的"汽油荒"。为此，自1938年夏，中工所专门成立了攻关小组，由顾毓珍负责，先后有庞芳柏、傅天乔、郭益达、黄彬文、方景依、陈家仁、秦为仁等参加试验。同年10月，顾毓珍成功使用无水酒精制造法，制造出浓度高达98%以上的高浓度酒精。①

在陶瓷工业方面，窑业试验室（后改为陶业试验室）是中工所最早成

---

① 顾毓珍：《十年来动力用酒精之研究》，《工业中心》，1942年第10卷第1—2期，第1—15页。

立的几个试验室之一。该试验室在进行陶业原料分析研究的同时，于1939年11月成立陶业示范实验厂，进行耐火材料的研究与试制，主要开展电气用瓷制造、化学用瓷制造、瓷器颜色釉制造、瓷器坯釉试验、四川耐火材料研究、玻璃制造研究、矾砖中提制氧化铅的研究等。

在油脂工业方面，中工所在抗战前便开展了油脂研究，在植物油提炼，润滑油、植物油裂化提制液体燃料方面有初步积累。内迁后，中工所先后成立了油脂试验室和油脂实验厂，检验油脂样品，精制各种植物油，根据试验结果进行小规模的制造，同时开展植物油制造液体燃料试验，如以桐油代替柴油试验，供各工厂和铁路机车使用。此外，中工所利用油脂制造肥皂、蜡烛、防雨布，利用植物籽饼、籽壳研究可塑性物品和电木制造，均取得一定的成绩。

在纯粹化学药品工业方面，1940年，中工所先后成立了纯粹化学药品试验室和纯粹化学药品制造实验厂，积极进行"三酸"的研制，协助北碚广益硫酸厂提高硫酸产量，进行纯浓硫酸、纯盐酸、纯硝酸、醋酸及醋酸盐的制造试验。同时也开展其他盐碱类化学药品的制造，进行碱皂体及姜黄素的提取、铅白、四乙基铅及一般铅化合物的制造、锰粉精炼及锰盐制造等，在很大程度上缓解了大后方各种化学药品严重短缺的境况。

在制糖工业方面，抗战时期，四川是大后方重要的产糖基地，但其制糖工艺急需改进，以增加产量、提高品质。有鉴于此，中工所陆续设立制糖试验室和内江制糖工业推广工作站，从事制糖技术的改良、推广工作。先后进行了土法制糖实况研究，发现其中的不足之处加以改良；改进离心机并进行离心机制糖试验，澄清与脱色试验，改善制糖工艺。其间，中工所研制了手摇离心机，这种离心机因采用手摇式，便于推广，仅1940年便监制离心机甲种15部、乙种50部，在内江一带进行推广。这种新型离心机出糖速度快，提高了白糖产量，约超过土法制糖的一倍。[1]

在盐碱工业方面，四川盐业资源非常丰富，特别是富荣区自流井，更

---

[1] 李尔康、张力田：《一年来之制糖研究与试验》，《工业中心》，1942年第10卷第1—2期，第1—4页。

是四川盐业中心。长期以来，由于制造工艺陈旧，盐碱品质低劣，产量较少。1938年，中工所陆续成立盐碱试验室和盐碱实验厂。盐碱试验室主要负责改进富荣区的盐业设备，想方设法改良炉灶、盐锅，添设晒卤台，研究制造盐砖，延长钢绳寿命。针对旧式炉灶热能消耗大的缺点，该试验室设计了一款塔式炉灶，对旧灶加以改建并添建塔炉，利用烟囱余热浓缩卤水，再行煎盐，节约燃料约20%至40%，大大节约了盐碱生产成本，同时提高了产量和质量。[1]盐碱实验厂则就地取材，制造食用盐、氯化钙、结晶硫酸钠，并尝试提制盐卤副产品。

在纺织染工业方面，全国抗战爆发后，西南各省仍然在沿用土法纺纱技术。1940年，中工所陆续成立纺织染试验室和纺织实验厂，引进、改良、推广印度式小型纺纱机，同时研究 H.F. 式小型纺毛机。对于棉麻毛纺织领域的各种技术难题，如无接缝毛毯制造、织物防绉方法等都加以研究。[2]

在工业研究和技术改进的过程中，中工所广大科研工作者将其中的重要成果撰写研究报告，发表在该所创办的《工业中心》月刊上，供国内工业界参考。据统计，抗战期间中工所关于工业原料的研究论文104篇，报告106件；关于工业技术研究的论文295篇，报告300余件；关于工业成品研究的论文53篇；获得专利70件，历年分析、检验样品总计240000余件。[3]

总之，抗战时期，中工所作为全国最大的工业研究试验机构，确实发挥了"对于固有的工业负协助改进之责，对于新兴的工业负设计策进之责"的作用。[4]在整个大后方工业被纳入战时经济体系的情况下，中工所的科研活动也打上了时代的烙印。中工所与战时工业生产紧密结合，以解决战时工业生产面临的各种问题作为主要任务，开展以应用技术为主的综合

① 戈福祥：《盐碱试验室工作概况》，《工业中心》，1942年第10卷第1—2期，第1—6页。
② 以上内容均参考《经济部中央工业试验所八年来概况目录》，中国第二历史档案馆，档案号：448-2214。
③ 王俊明：《民国时期的中央工业试验所》，《中国科技史料》，2003年第3期，第226—227页。
④ 顾毓瑔：《十年来之中央工业试验所（本所十周年纪念会讲词）》，《工业中心》，1942年第10卷第1—2期，第6—8页。

性工业研究，形成了以应用型研究为主导的科研体系。无论是对工业替代品的研究、试制，还是对落后工业技术的改进，无不以战时工业发展的需要为主要着眼点。在该所涉及的众多研究项目当中，绝大多数都是为适应战时军需民用所需，而涉及工业技术发展的基础科研项目较少。即使是为数不多的基础研究项目，如编译《工具机检验手册》《中国机械工程手册》等，也与战时工业生产息息相关。

同时，中工所注重调查、研究、制造、推广相结合，这是其战时科研最为突出的特点。抗战时期，中工所根据国家需要，在大后方有计划、有针对性地开展了大量调查工作，如西南西北各省酿造工业调查，四川铜梁、夹江、梁山、广安、乐山造纸工业调查，四川耐火材料调查，重庆玻璃工业调查，四川糖业调查，四川各地旧法制酸厂的调查，重庆、成都、西昌、川北皮革工厂调查等。战争需要什么，中工所就研究什么。为使大批科研成果迅速转化为工业生产力，中工所先后成立了11座实验工厂，与所内各试验室密切合作，针对试验室提供的研究成果进行生产试验。因此，实验工厂也成为中工所研究体系的重要组成部分，是其科研成果的检验者与推广者。这些实验工厂本身具有一定的生产能力，一方面满足军需民用的急需，同时通过生产、销售工业品，弥补所内经费之不足。据统计，仅1942年，中工所就生产了汽油350加仑、灯油119加仑、汽缸油和车轴油5吨、油布2282张、玻璃油纸2197张、酿造用菌种300余种11200余管、面粉2785袋、糊精1043磅、淀粉400磅、乳化油1398斤、单宁酸27110斤、液体植物鞣料12735斤、轻革146394平方尺、重革1309斤、纯酸类12593磅、纯碱类2294磅、醋酸及醋酸盐类7327磅、窑业原料2371吨、各种耐火材料1710吨、各种耐火成品2382件、各种坩埚935只、各种化学用瓷1918件、工业用瓷300297件、日用瓷17849件、工业用锅炉16座、酒精蒸馏塔3座、造纸蒸球3套、各种精密试验检验仪器四套、各种作业机62部。[①]这些工业品尽管数量有限，但在推动大后方工业发展当中却发挥了不可忽视的作用。

---

① 赛光平：《论抗战时期的中央工业试验所》，《民国档案》，1995年第2期，第109页。

为了使研究成果在大后方得到迅速推广，中工所在梁山、内江、合川、南川等地有针对性的建立造纸、制糖、油脂、耐火材料专业技术推广站，为当地及邻近区域的工厂企业提供技术指导。在重庆、成都、贵阳、乐山、自贡等大后方的重要工业城市联了70多家工厂作为特约实施工厂。这些工厂可以优先利用中工所的研究成果，并逐渐发展成为行业内推广工业技术的示范工厂。

五、中央农业实验所的重建与发展

1942年7月，中农所正式从荣昌迁往北碚，但天生桥的房屋尚未竣工，中农所的办公室和实验室除小部分入住自建房舍，大多分散在北碚市区，农场和图书馆也距离天生桥较远，给研究工作带来诸多不便。1943年冬，中农所派往各省工作站的科研人员相继集中北碚。同年12月中旬，中农所借用北碚中国地理研究所所址，举行了抗战西迁以来的首次年会。与会人员有谢家声、沈宗瀚、吴福桢、孙本忠、胡竟良、张乃凤、柯象寅、徐季吾、朱凤英、赵连芳等29人，共讨论议案17件，临时动议7件。此次年会确定了中农所在全国农业建设中的使命，即"以科学方法，研究实验农业改进之理论与实施，以增进生产，而利运销"。其今后的中心工作是"以稻、麦、杂粮、蔬菜、果木、薯类、棉麻、蚕丝、虫产、油料、作物、茶叶、烟草、甘蔗、甜菜及饲料作物等农产及土壤肥料、农具、病虫、药剂等为实施对象"。①各项事业推进办法有：1.调查统计，包括农业调查、农情调查、乡村物价调查、农产运销及农场经营调查，农业资料的收集与统计等；2.基本研究，包括农业生物研究，农业化学研究，食物营养研究等；3.实验示范，包括育种、栽培、病虫防治、土壤改良、肥料施放、水土保持、引用机械、产品加工、分级检验等；4.生产指导，包括合理经营、纯种保持及良种美法等的指导应用；5.人才培养，主要是培养农业工作人员；6.计划设计，即对各种农业改进问题的设计、指导。此

---

① 王聿均：《抗战时期中农所之发展和贡献》，中央研究院近代史研究所编：《近代中国农村经济史论文集》，台北：中央研究院近代史研究所编印，1989年版，第89—90、93—94页。

外，年会还规定中农所今后的工作以全国为对象，除集中在北碚天生桥，分区工作仍需积极推进。其工作据点在西南各省有湄潭、贵阳、咸宁、草坝、开远、成都、西充、遂宁；在华中有长沙、耒阳、邵阳、常德、芷江；在西北有武功、兰州、泾阳；在华南有沙塘、桂平。在华北有安阳、灵宝、洛阳、南阳。[①]1944年2月，该所又就近购得财政部税务署位于天生桥的办公房屋，嗣后才将各研究单位集中在天生桥一处。[②]此后，中农所又陆续修建了天生桥农场的作物挂藏室、职工宿舍，兴办排水工程、蓄水池，将其作为川东农田水利的示范，开辟了西南各省规模最大的农业试验场。

　　成立之初，中农所的工作中心在华北和沿海一带。从1935年起，该所在进行区域试验的过程中也非常注重与后方各省建立合作关系，先后与四川、广西、贵州、云南等省农业机关进行稻作育种试验。1936年，中农所制定了《农林部中央农业实验所与各地农场技术合作办法》，因地制宜，根据各地气候、土壤的不同分别主次，湖南以稻作为主，棉作次之；四川以棉、稻、蚕为主，小麦、兽医次之；贵州以棉花、小麦和兽医为主，稻、烟草、油菜次之；广西以稻、麦、兽医为主，桐油等经济树木次之；云南以棉、蚕为主，稻、麦次之。主要从事推广新技术和农村经济调查、农产品分级检验与运销，为内迁后中农所在西南各省开展科研活动奠定了基础。[③]

　　全面抗战爆发后，华北、华东地区相继沦陷，农业资源损失惨重。大后方农业落后，中农所的重要使命便是将其建设成为中国抗战事业的粮仓，其长远目标是推动中国农业的科学化和现代化，眼前目标则是运用科学的方法增加农作物产量，以供应军需民用，支持长期抗战。内迁后，中农所在原有工作的基础之上，继续协助各省农业机关进行农业改进，在川、黔、贵、滇、湘五省建立工作站，并派所内技术人员与各省农业改进

　　① 王隶均：《抗战时期中农所之发展和贡献》，中央研究院近代史研究所编：《近代中国农村经济史论文集》，台北：中央研究院近代史研究所编印，1989年版，第94页。

　　② 沈宗瀚：《中年自述》，台北：正中书局，1957年版，第187—188页；王隶均：《抗战时期中农所之发展和贡献》，中央研究院近代史研究所编：《近代中国农村经济史论文集》，台北：中央研究院近代史研究所编印，1989年版，第88页。

　　③ 《本所各部分工作概要》，《中农所简讯》，1939年第9期。

所密切合作，协助各省农业机关集中组织，建立农业科学研究的基础，改进原有的农业技术，倡导战时农业。[1]其科研活动主要围绕以下几个方面进行：

（一）稻作的育种与推广

中农所进行的水稻育种试验可分为纯系育种、杂交育种和西南五省中籼区域试验，双季稻和再生稻的推广尤为重要。内迁后，该所便在四川推广再生稻，并将双季稻引入云南开远。赵连芳等在四川、湖南成立水稻育种场并检定地方水稻品种。不久，这种区域试验就遍及大后方各省。从1936年至1939年间，中农所在十二省二十八个场所进行区域试验，1940年至1942年间在西南五省举行区域试验，1942年至1944年间，在五省十二个场所举行双季稻试验，在五省六个场所进行高原稻米区域试验，试验成果都颇为理想。

1941年前后，大后方米荒、粮荒愈发严重，提高水稻产量的工作更加紧迫。1940年上半年，中农所协助湖南省推广水稻良种，采取直接贷种、留种换种、特约繁殖三种方式进行，在衡阳、郴县、零陵、耒阳、邵阳、常德、澧县等15县推广黄金籼、万利籼、胜利籼等稻种，在常德、澧县、安乡推广再生稻。同年下半年，中农所又开展了一系列稻作试验。在成都举行早籼及中籼区域比较试验；在柳州举行西南五省中籼区域试验，各品种当中以黔农10号产量最高；在贵阳举行西南五省区域试验，以湘农胜利籼、黔农2号、黔农28号三个品种产量最高，有望进行推广种植。1941年6月，中农所稻作系主任潘简良等人在四川泸县、合川一带推动双季稻栽培试验，结果显示双季稻在川东南极有成功的可能。次年八、九月份，中农所派人在泸州、江安种植双季稻。此后，双季稻种植面积大为增加，四川的宜宾、南溪、富顺、江津、永川、合川、内江、荣县、巴县、江北、万县等地都有大量种植。

（二）麦作育种与推广

小麦生产区域分布及育种研究是中农所长期开展的项目之一。内迁之

---

[1] 《本所设立各省工作站情》，《中农所简讯》，1939年第9期，第2页。

初，沈骊英在成都平原试种25H122号小麦，产量丰硕，抗倒伏、抗病力强，1939年由四川农业改进所在四川进行大规模推广，命名为"中农28"。为此，沈骊英还专门撰写了《中农二八小麦之改良经过》一文，发表在《农报》上。[1]此后，沈骊英在四川继续进行小麦杂交研究，根据历年各地试验结果选出9品系，小麦产量提高了百分之二三十，小麦适应力强，能够抵抗叶锈病、黑穗病等麦作疾病。1941年，中农所在四川荣昌、成都，贵州贵阳、湄潭，广西柳州，云南昆明，湖南芷江等七处进行小麦区域试验，其中仅荣昌一地就试种国内小麦800余种，国外小麦900余种，国内品种仅有"中农28"和"金大4197A"未患麦锈病，而国外小麦有184种均未患麦锈病。1942年，中农所又在四川荣昌、成都，贵州湄潭，江西泰和，湖南芷江，湖北恩施、云南呈贡开展小麦杂交良种试验，试验结果显示，"中农28"茎秆较强，抗倒伏能力强。因此，"中农28"很快便成为优良麦种在大后方得到推广。

中农所迁往北碚后，便协助北碚管理局指导区内自耕农种植小麦、甘蔗、蔬菜等优良品种，兴修水利，改进耕作方法，防治病虫害，北碚自耕农小麦、稻米收获总量逐年增加，从1942年的1839市石，增加至1944年的2150市石，1945年更达到2400市石。[2]

（三）棉花育种与推广

中国棉花种植区域主要集中在黄河流域、长江流域和西南地区，各地因自然环境不同而品种各异。全面抗战爆发前，中农所在棉花育种方面已取得突出成就，先后选出新品种棉花斯字棉（Stonevill No. 4）、德字棉（Delfos No.531）分别在黄河和长江流域推广。内迁后，中农所棉作将棉花育种、试验、改良、推广作为其主要任务。1940年，中农所分别在四川遂宁、简阳，云南草坝，陕西大荔、泾阳、武功，河南洛阳、灵宝进行中美棉育种与栽培试验，并协助四川农业改进所在射洪、三台、绵阳、德阳、广汉、金堂、遂宁、武胜、万县、梁山、丰都等57县，推广中、美两国棉

---

① 沈骊英：《中农二八小麦之改良经过》，《农报》，1940年第5卷第7—9期，第1—7页。

② 沈宗瀚：《中年自述》，台北：正中书局，1957年版，第183—185页。

种252925亩。1941年，中农所在陇海路西段的泾阳、武功、洛阳、灵宝、大荔等地进行优良棉种比较试验，发现四号斯字棉和L.S.33-12棉花棉种最优，德字棉No.531生产能力稳定，于是在陕西郃阳、大荔、华县、渭南、武功、郿县、富平等地推广斯字棉，仅1942年便推广种植20万亩。

除此之外，中农所副所长沈宗瀚也主持进行木棉改良。1938年8月，沈宗瀚发现开远木棉是多年生长绒棉，抵御水旱能力强，每亩年收子棉400斤左右，是中棉和退化美棉的7倍左右，于是便与该所技正冯泽芳进行实地考察，认为开远木棉具有推广价值。在云南省棉业处的帮助下，沈宗瀚收购木棉种子，在开远、蒙自、元江、广南、龙陵等地推广。后经中农所改良，木棉绒长细白整齐，可与埃及棉媲美。沈宗瀚为此撰写了《抗战期间棉业问题》一文[①]，发表在《新经济》杂志上。

（四）蔬菜、马铃薯的培育

中农所向来重视蔬菜作物的研究，特别是在中国生长范围较广的苋菜类、蔓生植物类，对蔬菜的营养价值、生产费用等也做过较为深入的探讨。1943年，中农所成立园艺系，专门进行蔬菜的育种与改良。除了对中国土产的萝卜、甘蓝菜的培育，中农所还从美国进口番茄70种、豌豆20种，从印度进口番茄11种，胡瓜24种，蚕豆13种，茄子5种，胡椒5种，苋菜9种，在北碚和成都试验农产进行种植。

马铃薯是中国最重要的作物之一。自16世纪传入中国，马铃薯已在西北各省得到广泛种植，成为当地居民的主要食粮，而在其他省份则多被当作蔬菜。对马铃薯的改进，不仅关系到抗战期间的军粮民食，更关系到中国的农业前途。1942年12月，美国政府派遣农业专家戴兹创（Theodore Dykstra）来华，携带了52种由美国培育或从国外引进的马铃薯的优良品种，协助中国改进马铃薯品种。戴兹创在北碚工作期间，与中农所技术专家共同讨论，并拟定了全国性的马铃薯生产计划，决定1943年的工作主要围绕以下四点：1.在杂交种子的子裔实生苗中选育良种；2.测定戴兹创引进的52个品种的适应性；3.在各省区收集不同品种的马铃薯一万枚；4.调

---

① 沈宗瀚：《抗战期间棉业问题》，《新经济》，1938年第1卷第2期。

查国内马铃薯的主要产区。此后，中农所将这52个品种的马铃薯在北碚、贵阳、武功三地进行试种。因各地土壤、气候条件不同，经比较选出Sebago，Warba，Houma，Chippewa四个优良品种，由中农所与成都的四川农业改进所合作推广。对于戴兹创的工作，中农所给予了很高的评价，认为他"不分畛域，竭诚协助我国粮食增产，其服务精神，至堪钦敬"。除此之外，中农所还在华中、西南、西北各省收集本土马铃薯品种，在各地进行试种。

（五）农作物病虫害的防治

抗战时期，中国粮食紧缺，民众食不果腹，要取得农业增产，推广良种与防治病虫害，二者缺一不可。内迁之后，防治农作物病虫害便成为中农所的主要工作之一。该所指导四川、陕西、云南、贵州、湖南、广西等地的农民消灭水稻螟虫、柑橘红蜡蚧壳虫，防治麦类线虫病、积谷害虫。1938年，中农所全力以赴，协助四川农林植物病虫害防治所在成都、华阳、新都、眉山、邛崃、彭山等10县消灭水稻螟虫，指导农民采除螟卵、螟及幼虫。1939年更派临时指导员80余人，协助当地政府分阶段消灭螟虫，编制治螟教材，制造螟虫标本，推行学校治螟教育，向农民教授螟虫的生活习性和防治办法，进行了一场规模宏大的治螟宣传，同时发动民众采除螟卵，劈毁稻椿。中农所的治螟活动一直持续到1940年，几乎完全消灭了螟害。

1940年至1941年，中农所的害虫防治全面推行。在川、陕、湘、鄂、桂、赣六省进行仓虫防治的推广和试验，训练仓储技术管理人员760余名；协助川、陕、滇、黔各省用碳酸铜粉拌种、温汤浸种、草木灰液浸种等方法防治小麦线虫病；协助川、陕、滇、豫、甘五省用各种方法消灭"地老虎"、蚜虫、红蜘蛛等棉虫；用中农所研制的砒酸钙、硬水、植物油、乳剂、烟草水防治瓜类、韭菜蚜虫，甘蓝菜青虫，萝卜卷叶虫等；指导华阳、金堂、广汉、德阳等四川11县，用松碱合剂防治柑橘红蜡蚧壳虫。除此之外，中农所还进行杀虫剂和杀虫器械的制造。仅1941年5月至12月，中农所便在成都制成中农砒酸钙7000市斤，砒酸铅650市斤，碳酸铜粉1300市斤，硬水、植物油、乳剂母液233市斤，波尔多液201万市斤。在杀虫器械的制造方面，中农所在重庆江北红纱桥设有机械制造厂，1941年制成单管困1000具，送往四川、陕西、广西、贵州各省。[①]

总之，中农所作为民国时期中国农业技术研究的最高机关，在中国近代农业史上占有极其重要的位置。抗战时期，中农所几经辗转，所内科研人员克服日机轰炸、经费紧张、物资短缺等困难，坚持工作，在稻作、麦作、棉花、蔬菜、马铃薯的培育与推广以及农作物病虫害的防治方面取得了杰出的成就，为战时中国农业发展和近代中国农业的科学化作出重要贡献。抗战时期的中农所不是一个庞大的农业机构，但却是农学专家最为集中的机构，它的研究工作兼顾理论与实践，不仅与各地方的农业机构建立了密切合作，同时也深入田间地头，与农民密切联系，其研究人员的足迹遍布西南、西北、华中各地，为战时中国农业建设作出了杰出贡献。

第三节　中国地理研究所与中国西部科学博物馆的创建

抗战时期中国科学机构的西迁是中国政治、经济、文化、科学重心西渐运动的重要组成部分。中国西部地区异彩纷呈的自然、文化资源，为内迁科研机构科学研究的开展提供了广阔的天地，内迁科研机构也为中国西部地区的科学事业的发展提供了千载难逢的机遇。作为大后方的科学重镇，抗战时期先后有二十多个学术机关迁入北碚，各机构之间建立了共同发展、相互帮助的良好关系，这才有了中国地理研究所和中国西部科学博物馆的成立。

一、中国地理研究所的成立与发展

清末民初，在欧风美雨的影响之下，中国知识界开始学习西方学术体制，在国内创设新式学术团体和研究机关。中国近代地理学的创制始于清末。1898年，京师大学堂开设地理学课程，是中国大学首次设置地理学课

---

① 以上内容主要参考王崇均：《抗战时期中农所之发展和贡献》，第106—116页。

程。①1909年，张相文在天津成立中国地学会，这是中国第一个地学学术团体，并创办第一份地学刊物——《地学杂志》。中华地学会、中国地理学会、禹贡学会相继成立。1921年，东南大学创办地学系并设置地理学专业，系统讲授地理学知识，培养地理学人才。此后，中山大学、清华大学等高校纷纷仿效，地理学专业如雨后春笋在各大高校陆续设立。与此同时，中国地理学会等学术团体也先后创建，并出版《地理学报》《地理杂志》等专业性刊物，中国地理学的发展渐入佳境。

然而，地理学团体始终是以一种较为松散的组织方式运行，"地理学会之会员散处四方，且又各有职业，非能专门从事地学之研究"，而大学地理学系"目的在培植人才，其功用偏重于教育"，各大学地理教授"虽于讲授之余，间亦从事实地考察与专著撰述，然究因课务忙迫，精力有限，不能有较多之成绩"，难以同地质、气象等学科并驾齐驱。②因此，专门的地理学研究机构的创建迫在眉睫。1937年3月，中央研究院决定增设地理研究所，由时任中研院地质研究所所长李四光负责筹办事宜，不久却因全面抗战爆发、中研院内迁而胎死腹中。

全面抗战爆发后，民族危机日益严重，地理学在国防、民生、经济等各领域的作用日益凸显，大后方的国防、交通、工业、农业、林业等各项事业建设，"莫不需要地理专才为之设计"③。地理专业人才的缺乏与抗战建国的需要之间的矛盾亟待解决。于是，成立专门的地理学研究机关便再次提上日程，而朱家骅则成为中国地理研究所创立的"关键先生"。

（一）中国地理研究所的创立及其沿革

抗战时期，朱家骅身居要职，历任浙江省政府主席、国民政府军事委员会参事室主任、中央调查统计局局长、中央执行委员会秘书长等职务，并于1940年3月担任中研院院长。作为国民党内"政学系"的代表，朱家骅向来重视自然科学的发展。为推动国内地理学的发展，1917年在北大任

---

① 阙维民：《中国高校建立地理学系的第一个方案——京师大学堂文学科大学中外地理学门的课程设置》，《中国科技史料》1998年第4期，第70—74页。

② 胡焕庸：《创设地理研究所之需要与计划》，《科学》，1936年第20卷第10期，第869—870页。

③ 黄国璋：《发刊词》，《地理》，1941年第1卷第1期，第1—4页。

教时，朱家骅便极力建议在北大增设地理学系，培养地理学人才；[①]1927年，他又创办两广地质调查所，认为要实现孙中山的建国方略，根本在于"土地测量"与"地质调查"；[②]在中山大学与中央大学任教期间，朱家骅多次向国民政府建议在国立大学内增设地理学系；在担任管理中英庚款董事会董事长期间，他提出在中英庚款留学生选拔时，每届都必须有攻读地理学的学生在内。[③]其心系中国地理学的发展，可见于此。

　　抗战爆发后，先前去往海外研习地理学的留学生陆续回国，国内各大学地理学系也培养了不少毕业生。然而，这些难得的地理学人才却面临着严重的就业难题。于是，朱家骅开始思考如何"筹设一纯粹的学术机关，举办区域考察"，一则为地理学人提供稳固的研究平台，为抗战事业贡献力量，二则在全国范围内开展实地考察，以解决地理学教育中实地考察不足之顽疾。而成立地理研究所所需经费，恰好可以由他担任董事长的管理中英庚款董事会提供。于是，中国地理研究所便应运而生。

　　1939年，管理中英庚款董事会通过朱家骅的提议，资助创办地理研究所。同年12月，朱家骅邀请黄国璋筹设中国地理研究所。次年8月1日，中国地理研究所在北碚正式成立，中国近代第一个地理学专门研究所就此诞生，也是中国最高的地理学研究机关，标志着中国现代地理学研究步入正轨。[④]

　　中国地理研究所成立后，由黄国璋担任所长一职，综理研究所事务，其组织结构大体分为行政与研究两部分。行政方面，所长以下设干事一人，辅助所长处理日常事务，设文牍员、事务员、会计员、图书管理员等负责具体事务。地理研究所设有所务会议作为最高决策机关，由所长、各组主任、专任研究员组成，负责决议所内预算编造、章程修改、年度工作计划拟定等重要事务。[⑤]研究方面，中国地理研究所下设自然地理、人生地

---

　　① 朱家骅：《签呈总裁报告中国地理研究所工作概况》，王聿均、孙斌编：《朱家骅先生言论集》，台北：中央研究院近代史研究所，1977年版，第395—396页。

　　② 朱家骅：《设立两广地质调查所意见书》，王聿均、孙斌编：《朱家骅先生言论集》，台北：中央研究院近代史研究所，1977年版，第1页。

　　③ 朱家骅：《中国地理研究之重要》，《地理》1942第2卷第1—2期，第1—2页。

　　④ 李承三：《中国地理研究所的六年和将来》，北碚：中国地理研究所，1946年版，第1页。

　　⑤ "中国地理研究所章程"，1942年12月3日，中国第二历史档案馆，档案号：393-1476。

理、大地测量和海洋四组，分别由李承三、黄国璋、曹谟、马廷英担任各组主任。各组设研究员、副研究员若干人，担任研究、考察、测绘工作，并设助理研究员、助理员、技术员、技术生，协助各项工作。全所共有研究人员四五十人，"可谓极一时之盛"。后来，海洋组为研究方便起见，在福建设立工作站，并在此处开展工作。1945年因经费限制，转隶于厦门大学。大地测量组长期与同济大学测量系合作，于1943年全部迁往南溪李庄。1945年9月，所长黄国璋前往中央设计局任职，所长一职改由李承三担任。[①]

除了组织机构的调整，中国地理研究所所址也几经变迁。1940年成立之初，地理所所址设于北碚中山路15号。1943年，因经费紧张，房租昂贵，地理所又迁往距离北碚6公里的偏僻乡间——状元碑。抗战胜利后，各机关纷纷复员，地理所向北碚管理局申请，暂借国立礼乐馆旧址，于1946年5月下旬迁回北碚中山路。[②]

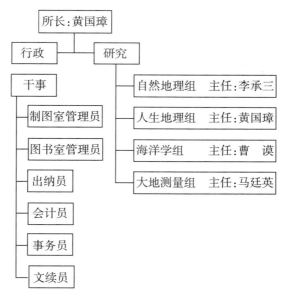

中国地理研究所成立初期组织结构图

---

① 李承三：《中国地理研究所的六年和将来》，北碚：中国地理研究所，1946年版，第1页；《中国地理研究所二十九年度概况》，《地理》1941年第1期，第117页。

② 李承三：《中国地理研究所的六年和将来》，北碚：中国地理研究所，1946年版，第1页。

（二）中国地理研究所的科研活动

近代以来，中国地理学发展缓慢，中外学术差距甚巨，这使得中国地理学人在接受西方学术范式时，往往面临着"每有外人越俎代谋而胜于国人所为者"的境况，继而产生"学不如人"的危机心理。正如李承三所说：

> 各地之自然地理背景与夫人民生活方式，语言习惯及信仰等则为一般人所不知；就以我们地理工作者已有的智识，和这些重要地理问题比较起来，也是渺小的很；对于辽远的边疆情形，更是隔膜了。我们遇到了边疆问题，须要参考外国地理学家和其他科学家如地质、生物等的旅行记载，这是多么可耻的事！[①]

因此，中国近代地理学在实现本土化的过程中，往往带有明显的政治色彩，地理学也由此成为一门兼具国家性与民族性的学问。[②]地理学人也将学术研究与国家尊严结合起来，将地理学的发展与国家危亡密切关联，急欲摘掉"弱国地理学"的帽子。于是，争取学术独立，"我们的事情要我们自己做"，就成为中国地理研究所成立的动机之一。[③]

实地考察活动。地理工作"以调查与研究并重"，二者相辅相成，缺一不可。[④]中国地理研究所成立于国家危亡之际，受战争影响，"国内外的交通很感困难，图书设备一时难期完备，室内研究工作进行诸感不便"。中国地理研究所因时制宜，确定了"以实地考察为主，室内工作为辅"的工作方针。[⑤]可以说，这既是客观环境使然，也是中国现实情况的需要。近代以来，"地理在中国，尚未脱离草创的时期，有计划的实地考察工作迄未大规模的举办，各地的真面目亦未曾充分暴露出来，可靠的地理资料至属难得"。所长黄国璋认为，要想对本国地理有所研究、有所贡献，除了从事实

---

① 李承三：《中国地理研究所的六年和将来》，北碚：中国地理研究所，1946年版，第1页。

② 唐晓峰：《中国近代地理学的"身世"》，《读书》1999年第8期，第14页。

③ 李承三：《中国地理研究所的六年和将来》，北碚：中国地理研究所，1946年版，第1页。

④ 胡焕庸：《创设地理研究所之需要与计划》，《科学》，1936年第20卷第10期，第870页。

⑤ 黄国璋：《中国地理研究所二十九年度概况》，《地理》，1941年第1卷第1期，第117—120页。

地考察工作以外，别无善法。①因此，中国地理研究所对于实地考察工作格外重视。

在1942年制定的《中国地理研究所章程》中明确规定："本所以研究中国自然地理、人生地理、海洋学与大地测量学暨有关地理之各种问题为任务。并以下列之工作为纲领：一、本国区域地理之考察与研究；二、大地测量方法之改进与研究；三、本国沿海属海内海之调查与研究。"1946年，所长李承三进一步强调："我国以往的地理工作者，大部偏重于编译参考，甚少实际观察，足不出户而畅谈宇宙奥妙。要知道室内研究而无野外实际考察做根据，则减低其科学上的价值。"②在实际工作当中，中国地理研究所也长期秉承"以实地考察为主"的方针，坚持为现实服务的学术理念，将地理研究与抗战建国相结合。考虑到大后方对于中国抗战的重要性，地理所因地利之便，以四川、重庆、陕西等周边区域作为重点考察区域。

地理所成立3个月之后，人生地理组与自然地理组便先后组织了嘉陵江流域考察团和陕南汉中盆地考察团。嘉陵江流域考察团由人生地理组林超带队，团员计有李承三、楼桐茂、周廷儒、郭令智、孙承烈、高泳源、王成敬7人。考察团于1940年11月1日出发，由北碚沿嘉陵江而上，越大巴山直抵甘肃徽县，详细考察沿途物产、交通、人口、聚落及其与当地自然环境之关系，考察工作历时9个月。李承三带领自然地理组人员参考参谋本部十万分之一及五万分之一地形图，详测嘉陵江河流及流域内的地形状况，对于嘉陵江的发育历史、险滩的成因、水运发展的可能性及矿产分布等问题尤为注意。

陕南汉中盆地考察团由王德基、陈恩凤、薛贻源、刘培桐、黄绍鸣等组成，考察范围西起沔县，东至洋县，南北达秦岭、巴山山脉，包括沔县、褒城、南郑、城固、洋县、西乡、镇巴等7县。汉中盆地北枕秦岭，南背巴山，"不仅为富有地理意义之自然区域，且为我国南北间之过渡地带，范围既非辽阔，境界亦甚显明"，易于进行全面、详尽的调查，作为区

---

① 黄国璋：《〈地理〉发刊词》，《地理》，1941年第1期，第1页。

② 李承三：《中国地理研究所的六年和将来》，北碚：中国地理研究所，1946年版，第1页。

域地理研究的蓝本。考察团于11月8日由北碚出发，12月10日抵达南郑，西走沮口，东赴洋县，考察沿途自然地理景象，两地地形、地层构造对于汉中盆地的形成及汉水河道形成的密切关系，以及汉水重要支流湑水河两岸的地形。嗣后，考察团又分别考察了秦岭和巴山山地居民的生活状况与山地环境的相互关系。嘉陵江流域与汉中盆地的实地考察开中国地理学实地考察之先河①，其成果《嘉陵江流域地理考察报告》和《汉中盆地地理考察报告》被誉为抗战时期中国地理学的代表性成果。②

此后，中国地理研究所又陆续组织考察队对川南滇北、广汉、灌县都江堰、北碚北川铁路沿线煤田、川东、大巴山、涪江流域、青海大河坝等地进行有针对性的考察。这些考察项目直接关乎国计民生，具有很强的现实意义。1941年，日军开始南进计划，中国西南国际交通线中断，国民政府提出开发西北，打通西北国际交通线。中国地理研究所也响应政府号召，计划成立西北地理组工作站，对河西走廊进行大规模考察，并编成考察报告，"以我们实际之所得供诸国家之参考"③。

然而，中国地理研究所活跃的地理考察并未能维持很久。1942年前后，大后方通货膨胀日益严重，地理所经费紧张，设立西北地理组工作站的计划未能实施，地理所也无力组织大规模的考察活动。但是，所内研究人员没有选择坐以待毙，而是以合作者的身份积极参加其他科研机构组织的考察活动，先后参加了中央研究院、中英庚款委员会和中央博物馆组织的"西北史地考察团"，中央研究院组织的"西北科学考察团"，中央设计局组织的"西北建设考察团"，农林部组织的"甘青考察团"，以及国父实业计划会举办的西北考察团等考察活动，同时撰写考察报告，为国民政府建设西北提供参考。这是近代以来中国科研机构首次对西北地区进行较为系统的考察，对明了战时西北地区地理形势具有重要意义。（考察活动详见下表）

---

① 吴传钧：《发展中国近代地理学的先驱》，《人文地理》，1996年第3期，第1—2页。
② 高泳源：《中国地理研究所（1940—1949）纪略》，《地理研究》，1985年第1期，第95—102页。
③ 李承三：《中国地理研究所的六年和将来》，北碚：中国地理研究所，1946年版，第2页。

表9-2　北碚时期中国地理研究所实地考察项目表①

考察项目	人员	时间	成果
嘉陵江流域考察	林超、李承三、楼桐茂、周廷儒、郭令智、孙承烈、高泳源、王成敬	1940年11月1日—1941年8月	《嘉陵江流域地理考察报告》
汉中盆地考察	王德基、陈恩凤、薛贻源、刘培桐、黄绍鸣	1940年11月8日—1941年5月	《汉中盆地地理考察报告》
川南滇北考察	李承三	1940年1月	《叙昆铁路北段游记》
国立编译馆之广汉地理调查	周立三	1941年	不详
灌县都江堰附近地理考察	李承三、王成敬	1941年春	《灌县都江堰附近之今昔地理》
福建省东山岛海洋考察	马廷英、唐世凤、成荫	1941年9月3日—1941年10月7日	《东山岛海洋观测通讯》
北碚北川铁路沿线煤田考察	杨克毅、钟功甫	1941年11—12月	《北川铁路沿线煤矿区区域地理》
农林部青甘考察团	陈恩凤、冯秀藻	1941年	不详
西北史地考察	李承三、周廷儒	1942年4—10月	《甘肃青海地理考察纪要》
川东地理考察	杨克毅、朱克贵、谢觉民	1942年4—8月	《川东地理考察简报(附图)》
合川渠河方山地貌调查	高泳源、孙承烈考察，王锡光绘图	1942年7—9月	《四川合川县方山景观》
大巴山地理考察	林超、楼桐茂、郭令智	1942年9—12月	《大巴山地理考察简报》
涪江流域地理考察	杨曾威、王成敬	1942年11月—1943年2月	《川西北步行记》
青海大河坝土壤调查	陈恩凤、冯秀藻	1942年	不详
成都平原东北部调查	周立三	1942年	《成都平原东北部农业地理》
国父实业计划西北考察	周立三	1943年	《哈密——一个典型的沙漠沃洲》
西北科学考察	李承三、林超	1943年	《新疆北部边界考察报告》
中央设计局西北建设考察	杨克毅	1943年	《西北边疆地理》
川西水利区域考察	施雅风、黄秉成	1946年2月13日—5月15日	《川西地理考察记》
长江三峡淹没区损失调查	黄秉成、施雅风、钟功甫	1946年夏—1946年底	《川东鄂西区域发展史》

① 该表格根据吴传钧：《施雅风中国地理学90年发展回忆录》北京：学苑出版社，1999年版，第238—252页；李承三：《中国地理研究所的六年和将来》，北碚：中国地理研究所，1946年版，第1—2页；黄国璋：《中国地理研究所成立三年来之概况》，北碚：中国地理研究所，1943年版；高泳源：《中国地理研究所（1940—1949）纪略》，《地理研究》，1985年第1期，第95—102页。

（三）室内研究及出版

中国地理研究所成立初期，即贯彻"以实地考察及实地测绘为主，而以室内研究为辅"的工作方针，其室内研究工作完全服务于实地考察和测绘。针对国内测量技术基础薄弱、测量设备短缺等问题，地理所在国内外搜集相关图书，为研究提供参考；设立测量标准，如长度高程标准、位置标准，研究基线检定方法；研究测量仪器及材料。在测量方法和测量技术的改进方面投入精力更多，主要围绕以下六个方面开展：

1.设立测量实验区 朱家骅指定巴县作为实验区，测量巴县附近及迁建区地形。地理所在北碚东阳镇附近设立基线及水准测量，选定线基一条，由迁建区公路向青木关一带扩展，进行三角测量，"建造观标，埋设标石"。目的在于运用各种方法实施测量，并研究其优缺点，拟定测量法式，统一测量计算标准。

2.改进航空摄影测量方法 中国西部多为山区，三角水准点极少，运用国外的测量方法进行航空测量较为困难。在航测计划尚未拟定前，地理所便开始从学理上探讨航空摄影测量方法，并尝试设计、制造简单的制图仪器。

3.战时测量学术研究 地理所参考战时测量方法，研究如何利用特种技术、简单仪器，在最短时间内完成前线作战部队所需地图的绘制，并派人赴前线考察，进行具体研究，直接服务于中国军队的作战需要。

4.各种尺度标准地图的编制 地理所参考欧美各国绘图新法，"对于地点之距离，注记之大小，线号之粗细，地貌之表示，分色之方法"，进行详细研究，统一标准和测量名词，力求精确，以绘制各种精美实用的标准地图，作为改进地图的模板。先后绘制了《川黔地形图及行政区》《四川经济地图集》等。

以上工作主要由大地测量组负责。除此之外，中国地理研究所也非常重视测量人才的培养。事实上，中国近代地理学起步较晚，发展缓慢，对地理教育重视不足，"多数国人对于国内外情形，甚为茫然"，生活在水利发达的成都平原或长江三角洲地区的人们，无法理解西北干旱高原地区人们的生活，对于世界地理的了解更是无从谈起。中国地理研究所所长李承三因此呼吁中国地理工作者"联合起来，从事地理教育之推动，以培植后进；完成全国的地理考察，以供国家建设之参考"。作为中国最高的地理学研究机关，中国地理研究所身先士卒，拟定测量教育制度，调整各级测量学校课程以改进测量教育，海洋组则专门训练海洋学专门人才。①

　　1944年以后，中国地理研究所经费短缺愈发严重，实地考察工作无以为继，室内工作便成为该所的工作重心。抗战胜利后，所内的工作重心以整理和出版先前实地考察成果为主。据统计，截至1946年8月，中国地理研究所陆续发表各类论文118篇，兼顾学术与应用，内容涉及广泛，包括区域研究论文、实地考察报告、土地志书。②中国地理研究所整理出版的考察报告，代表了20世纪上半叶中国地理考察活动的最高水平，是中国近代地理学转型的开山之作。代表作有李承三、林超等编著的《嘉陵江流域地理考察报告》，堪称精密地形描述的典范③。王德基、薛贻源等编著的《汉中盆地地理考察报告》，被称为是"吾国完全区域地理学之第一种"④。林超等人编写的《乡土地理调查手册》，详细介绍了地理考察的具体步骤和方法，在中国近现代地理学史上具有指导意义。

　　学术刊物是现代学术发展的重要媒介，是传播学术资讯、促进学术交流的前沿阵地。一个机构发行刊物的多寡即代表了其学术地位之高下。抗战爆发后，《地学杂志》《禹贡》等地理学专业杂志陆续停办。为扩大学术影响，促进地理学界的学术交流，1941年，中国地理研究所创办了《地理》季刊，"一以传布地理的知识，增加一般人对于地理的认识和兴趣；一以借与海内同道相研讨，期收集思广益之效果"。⑤《地理》季刊先后发行6卷共24期，是20世纪40年代中国唯一连续出版的地理学季刊。中国地理研究所还出版有《地理集刊》《地理专刊》，大地测量组出版有《测量》季

　　① 李承三：《中国地理研究所的六年和将来》，北碚：中国地理研究所，1946年版，第2页。

　　② 李承三：《中国地理研究所的六年和将来》，北碚：中国地理研究所，1946年版，第4—9页。

　　③ 任美锷：《最近三十年来中国地理学之进步》，《科学》，1948年第4期，第106页。

　　④ 徐近之：《抗战时期我国之重要地理工作》，《地理学报》，1947年第3—4合期，第51页。

　　⑤ 高泳源：《中国地理研究所（1940—1949）纪略》，《地理研究》，1985年第1期，第95—102页。

刊、《测量》专刊；海洋组出版有《海洋专刊》。在短短数年之间，中国地理研究所克服重重困难，积极扩大地理学知识体系，将其建设成为名副其实的中国地理学最高学术机关。

除此之外，中国地理研究所下属的制图室，先后绘制并出版了《嘉陵江苍溪合川间阶地分布图》《嘉陵江苍溪合川间河道变迁图》《方山地形图》《四川经济地图集》《四川省分县图》等地图，其中《四川经济地图集》"以简明方法，表示四川省经济活动之实况及便利各项建设与研究"，该地图集包含有各类参考资料5000多种，主图71幅，附表55幅，对这一时期四川省内人口、农业、工矿、城市、交通等事业均有涉及。①这是中国近现代地图史上的第一部专业经济地图集。同时，为满足国内人士了解印度洋战区形势的需要，地理所还先后绘制了《印度全图》《南洋群岛全图》《缅甸全图》《泰越全图》等用作学校挂图。

总之，中国地理研究所作为中国近代第一个地理学专门研究所，在战争年代能取得如此成就实属不易。中国地理研究所应时代的需要而创办，在其发展过程中始终坚持"学术报国"，将科学研究与战时国家需要紧密结合，反映了中国近代科学家的学术民族主义意识，推动了中国近现代地理学的专业化与现代化。

二、中国西部科学博物馆的成立与发展

"抗战期间，国内公私学术机关迁来北碚者达二十余单位，多借用科学院房屋，利用其各种设备，以继续各自的研究工作。科学院予以最大协助，并与之密切合作"②，建立了共同发展、相互帮助的良好关系。

1940年，卢作孚认为各地科学家入川是前所未有的事情，机会难得，于是向翁文灏提出集中科学人才，开发地方富源的计划。③1943年夏，卢作

---

① 周立三、侯学焘、陈泗桥：《四川经济地图集》，北碚：中国地理研究所，1946年版，第1页。

② 高孟先：《卢作孚与北碚建设》，中国人民政治协商会议全国委员会文史资料研究委员会编：《文史资料选辑 第74辑》，北京：文史资料出版社，1981年版，第108页。

③ 《记北碚科学博物馆的成立及中国科学社的三十周年》，《民主与科学》，1945年第1卷第1期，第60页。

孚召集以普及科学文化知识为己任的中国科学社等六家重要学术机关在北碚召开联合年会，会后共同举办了一次大规模的科学展览。各学术机关将本机关的研究成果分门别类，陈列布置，公开展示三天。会后，各机关商议在北碚成立联合陈列所，几次讨论后达成要联合创建一座专门博物馆集中保存展示标本的共识，主要参加的机关有中央研究院动物研究所、植物研究所、气象研究所、经济部中央地质调查所、中央工业试验所、矿冶研究所、农林部中央农业实验所、中央林业实验所、中央畜牧实验所、中国科学社生物研究所、江苏医学院、中国地理研究所及中国西部科学研究院共十三个科研院、所。[1]随后，卢作孚再次邀请各学术机关负责人会商，基于"科学教育亟待普及，学术研究急需发扬"，与会者决定由各机关代表组成以翁文灏担任主任委员、卢作孚担任副主任委员的博物馆筹备委员会主持博物馆筹备工作。

（一）中国西部科学博物馆的成立

1943年12月14日，筹备会成员在中国西部科学院院长室召开第一次博物馆筹备委员会会议，确定本馆名称——"中国西部科学博物馆"，议定陈列部门，计分工矿、农林、生物、地质、医药卫生以及气象地理六组，由各学术机关负责设计布置，所占面积大致为工矿组（工业中包括手工艺）占有30%、农林组（包括水利）占有20%、生物组占有15%、地质组（包括土壤）占有15%、医药卫生组占有10%、气象地理组占有10%。陈列品以西部各省的物品为主，在其他各省选具有代表性的物品加入，还有在全国范围内有代表性或能体现全国大部地区特征的陈列品。除由各发起机关供给外，还接洽各商业、工业、矿业等机关、单位捐赠。博物馆还将邀请各相关方加入为会员（或发起人），分机关会员及个人会员二种，机关会员以学术研究机关为主，个人会员以政府长官、各研究机关各事业首长及对博物馆事业有兴趣能赞助其发展者为主，名单由翁文灏、卢作孚商定。[2]

---

① 《记北碚科学博物馆的成立及中国科学社的三十周年》，《民主与科学》，1945年第1卷第1期，第60页。

② 《北碚科学陈列馆筹备会第一次会议记录》，1943年12月14日，档号：0252000100056000123000，重庆市档案馆藏。

1943年12月31日，筹备组第二次开会，馆长李乐元报告称修缮房屋等工程的单位已经联系好、陈列柜数量与材质已经确定。经筹备组成员讨论，请胡定安负责医药卫生组，黄国璋、郑子政负责气象地理组。在博物馆筹备期间，另添用绘图员三人、标本剥制职员一人、模型制造职员一人，共计五人，暂以六个月为期。

两天后，筹备组再次开会，李乐元报告称原来保留在中国西部科学院内的实验室决定全部搬出，将整个惠宇大楼让作博物馆陈列使用。但因科学院全部移出惠宇，需要另外加建实验室，预计大约需要增加一百万元经费（即全预算总额在二百五十万元左右），前期预计的开办费一百四十余万元已经请翁文灏部长批准，行政院拨款一百万元，加上向有关事业筹募的金额，前期预算已筹集完毕，新增加的约一百万元经费尚待筹募。因惠宇大楼全部用作博物馆陈列，各组陈列空间得以重新分配为：一层工矿组七个房间、地质组三间，二层农林组四间、生物组三间、医药卫生组占一间、气象地理组占一间。中国西部科学博物馆筹备委员会由各机关代表任筹备委员，推定翁文灏部长为主任委员，各组推选委员丙负责本组具体事务。各组委员有工矿组顾毓瑔、朱玉仑，农林组谢家声，生物组钱崇澍、王家楫，地质组李春昱，医药卫生组胡定安，气象地理组黄国璋、郑子政，总务组李乐元。惠宇大楼原有的一部分小房间由各组自行决定是否拆除或改作通道，由总务组办理。本次筹备会对各组陈列内容及标本模型的征集处理进行了进一步的说明，规定矿石标本归地质组；采冶工程归工矿组；木材标本归农林生物二组共同布置，并请中工木材试验室参加；土壤陈列由中央地质调查所布置，并请中央农业实验所参加。惠宇巷道及全部墙壁应尽量利用布置，如光线不够可利用电灯照明。资委会展览会上的标本模型（如资中酒精厂模型等项）、中国兴业公司炼钢模型、天府公司全部采煤工程模型、兵工署各工厂各项出品及模型希望能在博物馆正式开幕前运来博物馆，此事由顾毓瑔负责联系。如有不能赠送永久陈列的物品，希望能够借来陈列一段时间，其余各组的标本模型请各组负责委员分别接洽。北碚动物园原有猫熊标本请北碚管理局运交中国西部科学博物馆，由生物组装制陈列。

1944年3月11日、6月11日两次筹备会主要讨论了修理惠宇大楼、陈列室布置、陈列品集中、图表标签大小、玻璃标本瓶购置等事项，并暂定于当年九月底以前集齐陈列品，作一次预展，并于十月二十五日正式开幕。面临的最主要问题是由于米价飞涨，工人的伙食费、工资增加，开办费预算不够的情况。到8月26日第六次筹备会议时，房屋的建筑和修理已大致完成，继续完成陈列品搜集、陈列柜制作、标签制作等工作，并决定各组于九月十日分别开始布置各馆。沈宗瀚提议推荐的沈成章公推为本会副主任委员并统筹本会农林组设计分配事项。第七次筹备会议（10月24日）时，因房屋修缮已全部完成，但大部分陈列柜虽已制造完工还没有嵌装玻璃；标签委托重庆印刷厂印制中；大部分陈列品已送来馆正着手布置，但仍有一部分模型等正在赶制中；开支太多经费实为紧缺（两次预算共5576660.00，已收到5100352.72，尚差476307.28）等各方面筹备未达到开馆要求，开馆仪式决定与中国科学社三十周年纪念会一同改期至1944年12月25日举行，并规定陈列品最迟于十一月底以前全数送馆，十二月十五日全部布置完成，十二月十六日再开筹备委员会举行预展。

经过短短一年多的筹备，各机关、单位的相关人员用他们的热忱解决了短促的时间、有限的经费、有限的人员、繁多的陈列品等诸多困难，中国西部科学博物馆的建筑工程及各部布置、材料搜集，在1944年12月全部完成。工矿、农林、生物、地质、医药卫生及气象地理等六馆由各学术机关负责设计布置；陈列室物品由各机关供给、并洽商各工矿事业捐送；陈列地点全部利用中国西部科学院惠宇大楼，原有研究室、实验室等部门另建办公室及实验室；所需开办费承行政院、四川省政府、经济部、农林部、教育部及经济事业、金融事业各捐巨款。自1944年1月开始修理建筑至2月告成计建筑楼房二幢、平房三座，共合七十余方丈；惠宇大楼均按各门部性质设计装修所需陈列柜亦经陆续制就，随承各机关及工业捐送标本模型；各项陈列物品多有因赶制本馆陈列品致影响其本身工作者，是皆足以表现各方对此之热忱。①

中国西部科学博物馆于1944年12月25日正式开馆。"开馆礼启门之际，正面为一巨型中国球面模型地图，将使每一个参观者面对锦绣河山，认识我们富源无穷，知道我们需要科学，我们需要科学家。"正如开馆仪式的主持人翁文灏所说，西部科学博物馆代表着科学的大众化。北碚这样一个工矿业方始萌芽的小城市，本质上还是带着浓厚的农村社会气息，而博物馆大规模介绍科学的遗产和新的发明制作，使科学家的劳绩和中国科学教育的新倾向传播到普通民众的心中。②当日出席开馆典礼的贵宾多达500余人，在重庆的政界、学界及实业界重要人士几乎悉数到场。开馆时所藏标本、模型、图表等项陈列品共计13503件③。

(二) 中国西部科学博物馆机构设置

中国西部科学博物馆为中国西部科学院与中央研究院动物研究所、植物研究所、经济部中央地质调查所等共十三个科研院、所创建的联合陈列所，地址位于中国西部科学院惠宇大楼。惠宇大楼共三层，除顶层做储藏室，一二楼全部共开陈列室28间，分为工矿、农林、生物、地质、医药卫生以及气象地理六馆，各馆由不同专业科研院所设计布置。陈列品分标本、模型、挂图、表格、照片、绘画等6种，共计13503号。④

工矿馆分为工业部门与矿业部门两部分。工业部门由中央工业试验所设计布置，由中央工业试验所、矿冶研究所、全国度量衡局等19家单位参与陈列，共计陈列品974件。陈列品以四川西康之工业品为主，其他各省之工业品为副；以新式工业与旧时工业并列，并对战后工业有所展望。⑤主

---

① 《中国西部科学博物馆概况》，1945年6月1日，档号：008100040594200000243000，重庆市档案馆藏。

② 《记北碚科学博物馆的成立及中国科学社的三十周年》，《民主与科学》，1945年第1卷第1期，第60页。

③ 侯江：《精英科普——中国西部博物馆科学的管理、设计人才》，2005年中国科协学术年会论文集，第287页。

④ 《北碚科学博物馆概略》，1945年7月10日，档号：008100100000350000024000，重庆市档案馆藏。

⑤ 《中国西部科学博物馆工业部分陈列计划草案》，档号：011200010001230000001000，重庆市档案馆藏。

要展出后方重要工业（如桐油、煤、造纸、制革、纺织等）的图表、样品、模型以展示工业原料的成分、制造方法以及成品的种类。工矿馆内将若干工业历年来的发展情况和轻工业的未来发展计划结合图片展示给普通民众。矿业部门开馆之初只有由天府煤矿设计布置煤矿陈列室三间，将天府煤矿的地面设备、井下工程全部用模型并附各种表格说明。

农林馆是由农业、林业和畜牧兽医三部分组成。农业部门的陈列室由中央农业实验所设计布置，共四间，分为食粮作物、织维作物、油料作物、糖类作物、刺激作物、园艺作物、肥料、病虫害、经济昆虫和农业经济十类①的图表、标本、模型、绘画共861件。林业部门由中央林业实验所设计布置共有标本、图表259号，对造林保护、林产利用及林业调查推广均有简要说明，向民众宣传林业的重要性。畜牧兽医部门是由中央畜牧实验所设计制作，包括各种重要家畜的品种和解剖模型以及使用中央畜牧实验所历年搜集之资料编制的各种统计图表共170号。

生物馆分为植物部门和动物部门两部分。植物部门共有7429件标本，是中国西部科学院历年调查采集所得，由中国科学社会生物研究所及中央研究院植物研究所协同整理，分类陈列，井然有序。动物部门的陈列品均为中国西部科学院所藏，由中央研究院动物研究所整理，并有大幅油画及图表三六幅。陈列品包括脊椎动物及无脊椎动物两部分，共计陈列鸟类标本354号，兽类爬虫类及鱼类标本136号，及昆虫标本等1712号。

地质馆由中央地质调查所设计布置、四川省地质调查所及中国西部科学院共同展示的陈列馆。全部标本模型图表绘画，共计2152号，主要由中央地质调查所捐赠，陈列主要可以分为矿物岩石、地层古生物、脊椎动物化石、土壤四个陈列室。矿物岩石室陈列各种矿物岩石标本及图表；地层古生物室陈列全国各地地层及生物标本；脊椎动物化石室陈列许氏禄丰龙及北京人模型；土壤室陈列中国各省土壤标本中国土壤图表。

医药卫生馆由江苏医学院设计布置，分为解剖学、生理学、药理学、

---

① 《中国西部科学博物馆农业部分陈列品暂定下列各项》，档号：01120001001230000018000，重庆市档案馆藏。

卫生学、病理学、细菌学和寄生虫学七部分，标本模型共计322号，并配图表77张解释说明。

气象地理馆由气象和地理两部分构成。气象部门由中央研究院气象研究所设计布置，计气象分布图12幅（中国温度分布图、中国雨量分布图、中国雨日分布图、中国气压风向分布图各3幅）、中国天气特征图6幅[1]、总说明1幅，仪器陈列4件（风信仪、气压计、气温计、量雨筒），模型制造2种；地理部门由中国地理研究所及中央地质调查所设计布置，有以四川、西北各地为主、其他各地为副的128幅照片，中国立体地形图、亚洲立体地形图、方山地形图、北碚附近地形图、北碚街道沿进图、北碚至合川地形图、北碚战时人口异动图等挂图，三峡区、北碚模型[2]，并存有一件二百万分之一中国地形浮雕。[3]

（三）中国西部科学博物馆组织架构

中国西部科学博物馆开馆后，博物馆筹备委员会任务完成，"近接翁詠霓先生函谓博物馆收罗布置具有成规，现目前基础已立，筹备委员会似已可结束"。1945年6月10日上午9时，中国西部科学博物馆筹备委员会第九次会议在西部科学博物馆会议室召开。李乐元在会议上汇报了博物馆开办费收支情况及管理经过，博物馆筹办期间开办费收入为7196456.88元，支出为10691309.17元，尚差3493840.29元。[4]最终会议决定解散筹备委员会、公推翁詠霓、卢作孚、张岳军、杨千惠等为中国西部科学博物馆第一届理事组织，理事会主持筹备资金清偿筹备期间收支差额、维护博物馆事业持续发展并推定翁詠霓为第一届理事会召集人，由总务组函各理事并请翁詠霓于最短时期内召开第一届理事会。理事会下设立由各学术机关主持

①《中国西部科学博物馆气象地理组气象部分陈列计划》，1944年3月21日，档号：01120001001320000009000，重庆市档案馆藏。

②《中国西部科学博物馆气象地理组陈列计划》，档号：01120001001320000009000，，重庆市档案馆藏。

③ 各馆情况总结自《北碚科学博物馆概略》，1945年7月10日，档号：00810010000350000024000，重庆市档案馆藏。

④《中国西部科学博物馆筹备委员会第九次会议记录》，1945年6月10日，档号：00810004059420000243000，重庆市档案馆藏。

人及各科专家组织的设计委员会以负责博物馆设计工作并谋求博物馆与各学术研究机关之间的联系与合作。

1945 年 7 月 4 日，翁文灏、卢作孚等 13 位理事参加了中国西部科学博物馆第一届第一次理事会。理事会通过了中国西部科学博物馆组织大纲，大纲规定"本馆办理博物馆事业，从事科学教育之推广及专门学科之研究为宗旨；本馆设馆长一人，由理事会聘任之，馆长承理事会之命，综理馆务并任命全馆职员；馆长之下设总务、物品管理、研究及制造四组与图书、化学试验两室，必要时得裁并或增设之；总务组办理文书、会计、出纳事务及不属其他各部之事项；物品管理组办理采访、编目、保存、陈列及陈列品交换等事项；研究组办理各学科之研究、讲演、宣传等事项；制造组办理模型制造、标本制造、标本修理、绘图、金工、木工等事项；图书室办理参考书籍、各种资料之保管及编释、印刷等事项；化学试验室办理物品保存之化学试验及其他有关本馆工作之化学试验工作；组室各设主任一人，承馆长命指导所属职员，各部室职员名额视需要决定之；本馆视工作需要得与各机关团体及个人合作办理调查、采集、研究、展览及其他有关事项，其办法另定之"①。

理事名额定为 13 人至 31 人，理事会开会以过半数理事出席为有效。决议案以出席过半数可决行之可否。同数时则由理事长决定。常务理事由理事互选选出，理事长由常务理事互选选出。常务理事会每四个月开会一次。如有必要时，由理事长召集临时会。理事会每年开常会一次，如有必要时，由常务理事会召开临时会，主要职责为代表理事会执行其任务和选聘馆长。理事任期为四年，期满改选可连选连任。理事会负责决定博物馆经营方针、筹集经常费及基金、审核博物馆经费之预算及决算、推选常务理事。②中国西部科学博物馆第一届理事会理事长翁文灏，常务理事张群、孙越崎、何北衡、卢作孚，理事朱家骅、杨森、吴鼎昌、张嘉璈、任鸿

---

① 《中国西部博物馆组织大纲》，1945 年 7 月 4 日，档号：011200010014900000003000，重庆市档案馆藏。

② 《中国西部科学博物馆理事会简章草案》，1945 年 7 月 4 日，档号：011200010014900000003000，重庆市档案馆藏。

隽、钱永铭、吴晋航、范锐。"热心提倡科学研究及博物馆事业者"、"捐巨资发展本馆事业者"或"从事于专门科学研究之特具成绩者"有资格成为理事会成员。①

　　理事会下设设计委员会，选拔标准为"学术研究机关团体之主持人"、"各科专门学者"或"有助于本馆教育工作及研究工作之推进者"②。中国西部科学博物馆第一届设计委员会设计委员有中央地质调查所的李春昱（主任委员），中央研究院动物研究所的王家楫（副主任委员）、伍献文，中央研究院植物研究所的裴鉴、罗宗洛，中央研究院气象研究所的赵九章，中国科学社生物研究所的钱崇澍、卢于道、尹赞勋、杨钟健、黄汲清，矿冶研究所的朱玉仑，中央工业实验所的顾毓琭，北平工业实验所的顾毓珍，中央农业实验所的沈宗瀚、谢家声，中央林业实验所的朱惠方，中央标准局的向贤德，中国地理研究所的李承三，四川省地质调查所的常隆庆，天津商品检验局的李尔康，国立江苏医学院的洪式间、胡定安，国立北平师范学院的黄国璋，上海商品检验局的蔡无忌，中国西部科学博物馆的馆长李乐元在设计委员会中担任秘书。③设计委员会的主要职能为计划陈列物品的收集、保藏、陈列、研究等事项，规划博物馆与其他学术研究机关团体合作；设计其他与博物馆教育工作及研究工作有关的事项。④

　　（四）中国西部科学博物馆的成就

　　1944年中国西部科学博物馆的成立，对于博物馆的经营方式、藏品搜集展示方式有所创新，为战时和建国后的博物馆建设有借鉴意义。首先，中国西部科学博物馆建立了较为健全的组织机构。理事会负责主持经营事务，理事会选聘馆长一人，馆长承理事会之命，综理馆务并任命全馆职

　　① 中国西部博物馆：《中国西部博物馆概况》，中国西部博物馆中华民国三十六年编印，第2—3、20—21页。
　　② 中国西部博物馆：《中国西部博物馆概况》，中国西部博物馆中华民国三十六年编印，第22页。
　　③ 中国西部博物馆：《中国西部博物馆概况》，中国西部博物馆中华民国三十六年编印，第22页。
　　④《中国西部科学博物馆设计委员会规则草案》，1945年7月4日，档号：02400016000600000015000，重庆市档案馆藏。

员；馆长之下设总务、物品管理、研究及制造四组与图书、化学试验两室负责博物馆具体事务，另聘请专家学者组成设计委员会负责博物馆的教育与研究职能的发挥。其次，中国西部科学博物馆在藏品搜集与展示方面也颇有建树。中国西部科学博物馆内六个陈列馆分别由各领域专业科研院所设计、布置，各科研院所也负责本馆内的藏品收集，这在一定程度上保证了陈列的科学性、专业性。

表9-3　中国西部科学博物馆内各馆负责单位

馆别	分类	负责单位
工矿馆	工业部门	中央工业试验所设计布置,19家单位参与陈列
	矿业部门	天府煤矿
农林馆	农业部门	中央农业实验所
	林业部门	中央林业实验所
	畜牧兽医部门	中央畜牧实验所
生物馆	植物部门	中国科学社赠送药用植物标本和中国西部科学院历年调查采集所得,由中国科学社生物研究所、中国央研究院植物研究所协同整理
	动物部门	西部科学院所藏,中央研究院动物研究所整理
地质馆	矿物岩石室、地层古生物、脊椎动物化石室、土壤室	中央地质调查所设计布置,四川省地质调查所、中国西部科学院共同展示
医药卫生馆	解剖学、生理学、药理学、卫生学、病理学、细菌学、寄生虫学7部分	江苏医学院
气象地理馆	气象部门	中央研究院气象研究所
	地理部门	中国地理研究所、中央地质调查所

中国西部科学博物馆在民众之中认知度较高，在民众教育方面做出了突出的贡献。中国西部科学博物馆自开馆以来，除周一与年假休息外，开馆时间均免费开放。参观者在签名处签名后便可进馆参观，如果想要对陈列品有更加细致的了解，可以邀请其他有需要的参观者超过10人请求博物

馆派工作人员进行讲解说明。[1]北碚附近的各大中小学的教师常领着学生来陈列室上课；春秋两季，重庆市的学生来博物馆旅行、参观的人数非常多。[2]除了日常开放时间，在节假日还特别延长开放时间，并在农民节、青年节、儿童节、妇女节、教师节等做专题活动，宣传博物馆、普及科学教育。自1943年12月26日博物馆正式开放起，至1945年5月31日止，中国西部科学博物馆共开馆158天，除星期一及年假补行休息24天，实际开放134天，每日参观时间上午8点到11点半、下午2点至5点半，参观人数总计为20456人（根据签名），平均每日152人。[3]

"抗战时期，是纯粹科学的严冬。我们目前的责任，便是准备好优良的种子，细心地加以栽培维护，不使它遭受任何损害，静待着和煦的春风"。[4]抗战时期中国科学事业西迁，是一项具有战略意义的举措，它在战火中基本完整地保存了中国近现代科学事业的根基，并在抗战烽火中得以发展、壮大。各研究机关及其科学工作者历经艰辛，跋山涉水，从灯火辉煌的上海、南京，辗转江西、湖南、湖北、广西、香港等地，来到偏与西南一隅的小镇北碚。他们克服研究经费短缺、大后方物资缺乏、通货膨胀等诸多困难，在抗战烽火中进行重建，并因地制宜、因时制宜继续开展科学研究，将科学研究与抗战建国相结合。广大科学工作者在大后方艰难的生活及科研环境中，不忘抗战救国，将科学研究与维护民族独立、夺取抗战胜利的神圣目标紧密结合，以其独特的方式支援民族抗战，为中国抗日战争的胜利做出了不可磨灭的贡献。

---

① 《北碚科学博物馆参观规则》，1945年7月，档号：011200010015600000032000，重庆市档案馆藏。

② 施白南：《介绍中国西部博物馆》，《北碚月刊》，1949年第4卷第1/2期，第91页。

③ 《中国西部科学博物馆概略》，1945年7月10日，档号：00810004059420000243000，重庆市档案馆藏。

④ 陈遵妫：《抗战时期内我国的天文界》，《东方杂志》，第39卷，第1号。

第十章　抗战大后方文化重镇的形成

　　全面抗战爆发后，短时间内，全国各类政府机关、科研机构、教育机构及各类文化名人一时云集北碚，中国的科教文卫事业重新在北碚生根发芽，并开出璀璨的花朵，使得北碚成为战时后方文化的诺亚方舟。在人们的砥砺奋斗之下，中华文化之魂不仅得以保存，而且教育、文艺、传媒等各项事业都有新的开拓与探索，为战后重建积累了宝贵的北碚经验。

第一节　教育事业的发展

　　北碚成为疏建区后，外来人口的迁入，使得北碚一方面短期内迅速增加了生源、客观上增进了战时北碚教育的需求，另一方面也为战时北碚教育的发展带来了大量人才。北碚教育原本同北碚经济一样滞后，在卢作孚经营下，尤其是战时文化教育机构迁建北碚推动下，不仅北碚教育得以有长足发展，而且为保全中国教育火种做出了难以磨灭的贡献。

一、高等教育的蓬勃发展

　　全面抗战爆发前，北碚的学校教育只有若干小学，以及卢作孚创办的私立兼善中学、僧人太虚创办的世界佛学苑汉藏教理院。直到抗战爆发后，大批大中院校迁建北碚，北碚才有了真正意义上的高等教育。此间，在北碚展开高等教育的，除了西迁而来的高校外，还有勉仁书院等新建高校。包括迁建和新建院校在内，抗战期间在北碚开展高等教育活动的各类大专院校共计15所。

世界佛学苑汉藏教理院创建于缙云山缙云寺，僧人释太虚任院长，教职员都是汉藏僧人。学校1932年秋季开学，除授课诵经外，学校每天早晚各举行一次宗教仪式。根据该校简章显示，该校主要以"招收汉藏青年，研究汉藏佛学，沟通汉藏文化，团结汉藏精神，巩固西陲边防并发扬汉藏佛教，增进世界文化为宗旨"。该校分设普通科和专修科两种，报考普通科要求具备初级中学毕业或佛学院毕业或具有同等学力等资格，年龄在18岁至25岁之间；报考专修科者，年龄在20岁至30岁之间，要求曾在公私立高级中学该校普通科毕业或汉文佛学藏文佛学成绩俱高者。普通科学制四年，专修科则"切从实际出发年毕业"。其课程设置较为丰富，普通科开设了《党义》《藏文》《藏文佛学》《汉文佛学》《农业常识》《卫生常识》《国文》《法学》《史地》《伦理学》《体育》，专修科主要学习《藏文佛学》《教授翻译》《西藏文化史》《西藏地理》《汉文佛学》。[1]其余时间自修。此外，该校还编辑了院刊，出版了《现代西藏》《西藏传弥勒菩萨修法》《辨了不了义议》《西藏民族政教史》等著作，翻译了《菩提道次第广论》《密宗道次第论》等。抗战全面爆发后，汉藏教理院从有利于"抗战建国而增加边疆民族团结计"，对各科学生要求更加严格，总体来看，该校注重沟通汉藏文化，增强汉藏民族团结，同时为适应抗战建国要求而增设了不少实用课程，诸如物理、化学、生物等科学课程和网球、篮球等体育课程，后又将体育课程改为劳作。[2]除了正常的课程研习，汉藏教理院的师生还以实际行动投身抗日救亡运动。1937年11月，汉藏教理院以"国难严重，外患日亟，吾辈僧伽亦国民之一分子"，召开院务会议，决定组建"汉藏教理院防护训练班"。该班分为防守班和救护班。经过军训后，该校学生组成僧侣救护队，到各地开展救护工作。这产生了极大影响，各地佛教界也纷纷效法

---

① 重庆市档案馆、重庆师范大学编：《中国战时首都档案文献 战时社会》，重庆：重庆出版社2014年版，第254—256页。

② 重庆市档案馆、重庆师范大学编：《中国战时首都档案文献 战时社会》，重庆：重庆出版社2014年版，第262页。

组织僧侣救护队，从事抗战救护工作。[①]该校师生还组织抗日宣传队，在巴县各乡镇进行抗日宣传、组织募捐。此间，更有部分学生"毅然脱去袈裟着战袍"，在重庆兵役处报名参军，成为轰动一时的"青年和尚的壮举"。这些僧侣战士后来随青年军远征缅甸，很多人战死沙场。[②]

　　抗战期间，首先迁至北碚的高校是复旦大学。七七事变爆发后，战火很快就烧到了上海，国民政府随即命令上海高校迁往大后方。其中复旦大学与大夏大学组成的复旦大夏第一联合大学，辗转牯岭、宜昌后于1937年12月底来到了重庆。复旦大学迁至重庆后，原本打算在菜园坝的复旦中学开课。不过，校长吴南轩认为菜园坝人员繁杂，日军轰炸频繁，不适于作为学校新校址。经过多方考察，他最终选择了北碚。因为，"北碚距重庆不过二百里，陆路以车，二小时可达；水路以舟，三小时可达。北碚是一乡村，背山临水，风景奇丽，曾经卢作孚先生经营为试验区，故乡村中又略带城市化，以此建校，最称合适"[③]。最终复旦大学部分师生"西迁内地，几经周折，在重庆北碚立校"[④]。为了帮助损失严重的复旦大学恢复办学，教育部给复旦大学每月补助1.5万元，四川省政府一次性补助10万元（其中5万元分给重庆菜园坝复旦中学）。[⑤]1938年1月17日，复旦大学在北碚重新开课。开学之初，学校举行了连续八场"国防教育联合讲座"，对全校师生进行强化国防教育。后经一系列摸索调整，复旦大学逐渐恢复战前平时教育。此间，复旦大学共设有文学院、理学院、法学院、商学院和农学院等5院22系和2个专修科，另设有科学馆、新闻馆（1945年4月5日成立，为重庆第一座新闻馆）、文摘社、商科研究所、文史研究室、社会科学研究室、茶叶研究室等。先后在此任教的有梁宗岱、方令孺、童第周、顾颉刚、陈望道、张子让、周谷城、洪深、章靳以、孙寒冰等百余名著名学者。1942年1月1日，学校正式挂牌"国立复旦大学"，由私立改为国立。

①尘空记：《太虚大师在首都欢迎大会开示》，见《海潮音》第二十七卷第6号，第3页。

②《僧人抗敌史话》，《海潮音》第二十七卷第5号，第2页。

③刘重来：《1938年复旦大学迁校北碚夏坝》，《炎黄春秋》2018年第1期，第83页。

④《复旦大学百年纪事》编集委员会编：《复旦大学百年纪事（1905—2005）》，上海：复旦大学出版社2005年版，第99页。

⑤同上，第98页。

1946年7月，复旦大学部分师生返回上海继续办学。在北碚办学的近八年间，共培养毕业生2918人[①]。留渝复旦校友在北碚夏坝旧址创建私立相辉文法学院，于右任为董事长，原复旦大学教务长许逢熙为院长。相辉文法学院共设有文史系、外语系、经济系、会计系、法律系、农艺系等6系10个班，吴宓、方敬、金企渊等学者曾在此任教。该校在1952年全国高校院系调整中分别划入四川财经学院、西南农学院等校。

1938年4月，迁至北碚不久的国民政府教育部开始收容来渝师范学生，随后在北碚中山路创办四川中学师范部，同年9月更名国立二中师范部。1940年3月，师范部独立出来单设国立重庆师范学校，首任校长为马客谈。为提升教学质量，该校除聘有专任教师外，还特聘北碚一些大专院校的学者兼职授课。1946年夏该校停办后，该校多数师生到江苏新办学校；留在北碚的少部分师生与其他多所院校留川师生则创办了省立北碚师范学校。

1939年4月，由南通学院医科和医政学院合并建立的国立江苏医学院一路辗转迁至北碚牌坊湾，自此在北碚勉力办学逾6年。此间邵象伊、陈友浩、王仲侨、徐佐夏等著名学者在此任教。学校除常规医学教学研究外，还在1939年8月成立分科诊疗的附属医院，在1940年11月成立公共卫生事务所，供学生实习。1942年8月，开设医科研究所寄生虫学部。1942年9月，学校依托自身师资力量又开办附设高级护士职业学校，培养护理干部。该校组织大纲确定该校宗旨为"从事研究高深医学学术、培养医政专才"。由此该校在渝期间亦坚持正常教学和科研，而且还由寄生虫学部展开二年制的研究生教育。在渝期间，国立江苏医学院共培养各类毕业生327人，其中研究生1人、本科生259人、卫生教育专修科12人、高级护士职业学校14人、护士助理职业训练班31人。[②]

1941年，国立国术体育师范专科学校在四川江津创建。1942年迁至北碚蔡锷路19号，遂在渝继续展开教学。该校依据第三次全国教育会议决议

---

① 数据引自《复旦大学百年纪事（1905—2005）》。

② 国立江苏医学院出版组编：《国立江苏医学院概览》，国立江苏医学院出版组1947年版，第24—28页。

案而创建，以"造就优良体育师资"为使命，直面当时我国体育教育薄弱的困境和战时环境的艰辛，一直勉力办学，是当时全国唯一的五年制体育专科学校。该校最初仅限川渝两地招生，后逐渐扩展至武汉、长沙、南京、南昌、广州、开封、西安等地。至1947年，已有两届毕业生共30人①。

国立歌剧学校于1943年迁至北碚中山路。该校前身为山东省立剧院，抗战初期迁至重庆，其附设的训练部负责招生培训。1940年秋，山东省立剧院更名为国立实验剧院。后在其训练部的基础上，扩建学校，于1942年正式成立国立歌剧学校，设有编剧、作曲、舞台艺术、声乐、器乐、舞蹈等科，并附设幼年班。著名艺术家郑志声、戴爱莲、林声、马国霖、陈田鹤等曾在此任教。该校师生曾创作演出儿童舞剧《狐狸与山羊》、歌剧《荆轲》等。1945年夏，该校与国立戏剧专科学校合并。

国立戏剧专科学校几经辗转、更名，于1945年7月迁至北碚，不久奉令与国立歌剧学校合并。该校此时学制改为两年制专科，所招学生为高中毕业生。其新生入学后插班至本科四年级学习。1946年秋，该校复员到南京。此间，该校除坚持日常教学外，还利用专业特点积极参与各项抗战戏剧演出活动，还多次举办戏剧讲座、战时戏剧工作训练班等，为培养抗战戏剧队伍作出了贡献。

值得一提的是，除卢作孚外，1920年代以来乡村建设运动中几位活跃的社会活动家也都曾在北碚开展各种形式的高等教育。其中，梁漱溟于1942年将勉仁中学迁至北碚金刚碑，在此基础上创办勉仁书院。1946年和1948年，该校先后更名为勉仁国学专科学校和私立勉仁文学院。梁漱溟亲任该校董事长和校长，并亲自授课。该校主要教授国学，遂开设中国文学、历史、哲学等三系。

晏阳初于1939年率中华平民教育促进会迁至歇马场，并着力筹建了乡村建设育才院。该院1940年10月成立，1945年8月更名为私立中国乡村建设学院，由晏阳初兼任院长。学校设有乡村教育系、社会学系、农学系、

---

① 国立体育师范专科学校编：《国立体育师范专科学校六周年纪念特刊》，国立体育师范专科学校，1947年版，第129页。

农田水利系四个系部，先后聘请瞿菊农、孙伏园、梁仲华、白季眉等著名学者授课。该校特别注重研究与社会实践，在歇马镇、金刚碑等地开设实验区。

教育家潘序伦创立了私立立信会计专科学校。该校1940年从上海迁至重庆，与重庆第一分校合并，1942年迁至北碚中山路。1941年，学校增设短期职业训练班，分初级、高级两种，分别招收初中、高中毕业生。该校注重实训和技能培养，并制定了严格实用的培养方案。1945年8月，该校迁回上海。

此外，军令部所属的中央军需学校和中央测量学校先后迁至北碚办学，培养战时急需的军事专门人才。

二、中小学教育的持续发展

相比高等教育主要靠外来高校迁建而发展，战时北碚的中小学教育的发展一方面是在原有学校规模的扩大，一方面是在各界社会人士新建学校。客观上，受国民政府迁都影响，大量人员迁居北碚，短时间内北碚地区适龄学生猛增；主观上，第三次全国教育会议之后，无论是国民政府还是重庆市地方政府，都更加重视重庆地区的中小学教育事业。概而言之，相比战前，北碚的中小学教育在质量和数量上都有了长足发展，一度呈现出繁盛景象。卢作孚、卢子英在战前为基础教育的发展已打下了坚实的基础，抗战期间，北碚的中小学教育则迎来了快速的发展。

在卢作孚的着力探索和推动下，北碚的中小学教育终于在全面抗战期间迎来突飞猛进的发展。卢作孚及深受其影响的卢子英都将促进北碚教育事业发展视为自己的志业，尤其是卢子英主持的北碚管理局为北碚教育的深化发展提供了诸多支持。北碚中小学教育事业发展很快，主要表现在学校和学生人数的快速增加、入学率的快速提高。据统计，截至1936年时，北碚已有完全小学4所、初级小学14所，在校生共计1300余人。另有私塾学生1200余人。当时北碚有适龄学龄儿童11759人，入学率提高至21%。到了1945年，适龄儿童入学率已进一步提升至80%。中学教育方面，抗战期间在北碚展开教学的中等学校主要有卢作孚创建的兼善中学、陶行知创建的育才学校、地方集资创办的相伯女子中学、勉仁中学、三峡中学、力行中学、大雄中学等。

　　兼善中学创建于战前的1930年7月，这是北碚第一所中学。该校创办之初，卢作孚即将其作为中国西部科学院的附属学校，因而兼善中学可以获得较为充沛的教学条件和充实的教学力量。卢作孚还支持兼善中学创办了兼善实业公司，从而保障了该校的发展。该校校长由中国西部科学院代理院长张博和兼任，他为兼善中学手书"智仁勇恒"的校训，这成为兼善中学学生勉力求学的座右铭。作为私立学校，该校别具一格，花了更大的功夫放在建立健全学生人格上。当时兼善中学的生源相当一部分是贫困学生，除了减免学杂费外，兼善中学还设置了奖学金，而奖学金的授予前提是要考查学生的学习成绩和操行成绩及学生在社会服务中的表现。这样的考查标准，自然引导学子们更加注重学习和德行的全面发展。后来随着战区迁入青少年的增多，在国民政府教育部的明令之下，兼善中学的规模也在不断扩大，并增办了高中部。这也无形中增加了学校的经费困难。兼善中学便让免去学杂费的很多学子勤工俭学以减轻负担。勤工俭学也成为该校的优良作风。

　　育才学校创建于1939年，由主张"战时教育彻底改革"的陶行知开办。陶行知一直十分重视儿童教育，一系列教育实践和战时辗转多地的见闻逐渐促成其形成了培养天才儿童的主张，创建于北碚的育才学校正是践行这一教育理想的学校。这是一所带有实验性质的学校，以陶行知生活教育理念为指导培养战时落难儿童。学校以特定方法从各个战时儿童保育院中选拔出首批一百多名难童，于1939年7月20日正式开学。与传统育人模式不同，育才学校对学生除了一般的基础知识教育外，还同时进行特殊教育，以及时发现学生的优秀潜质并进行针对性指导。为此，学校建制上最初按专业将学生划分为社会科学、自然科学、文学、戏剧、绘画、音乐六组，邀请各领域名家任教。后为适应社会发展的客观需要，先后增设舞蹈组、普通组。为了防止与社会现实脱节，育才学校严格贯彻"教学做合一"的主张，积极引导学校参加具体的社会实践活动，如戏剧组公开演出、音乐组定期演奏、绘画组开办画展、文学组和社会组开展社会调查等。

梁漱溟在1940年1月撰写了《创办私立勉仁中学校缘起暨办学意见述略》，2月在重庆璧山来凤驿创办勉仁中学，第二年将其迁至北碚金刚碑。此后，梁漱溟在勉仁中学的基础上又陆续开办了勉仁书院、勉仁国立专科学校、勉仁文学院等，被统称为"勉仁学系"。勉仁中学由张俶知担任校长，他秉持"人生以服务为目的，社会因教育而光明"的办学理念，使得勉仁中学在当时的学校教育中别具一格。该校主要有以下办学特色："1.所收学费比其他私立中学低一半，让更多的学生有受教育的机会。2.校内不挂蒋介石像，不订《中央日报》，只订《新华日报》。3.学生必须参加校农场的劳动锻炼，实行勤工俭学，培养体劳结合的建设者。4.增选《论语》中的精华作为教材，让学生了解教育家孔子的言行思想和修齐治平的主张，批判继承丰富的文化遗产，弘扬民族文化。5.培训学生独立工作能力，由学生自办伙食团，管理宿舍、教室、公共处所、环境卫生等。6.学生必须记日记，以利学生'品德'、'学业'、'身心'的健康发展。7.实行班主任责任制，每天主持朝会，对学生全面负责，进行指导、督促、检查。"①

三、社会教育的有序展开

抗战时期北碚的社会教育，可视为卢作孚等社会活动家从事乡村建设运动的一部分。换句话说，正是在卢作孚等人声势浩大的乡村建设运动的推动下，北碚的社会教育活动才得以有效展开。

卢作孚曾写有《四川嘉陵江三峡的乡村运动》②一文，表达了他力行乡村运动的主张。他认为在乡村运动中，既要"吸引新的经济事业"，又要"创造文化视野和社会公共事业"。落实到实践层面，居于中心地位的是"民众教育"，即在广泛的社会生活领域对民众进行针对性的再教育。为了

---

① 何建廷：《北碚文史资料 第4辑 抗日战争时期的北碚》，政协重庆市北碚区委员会文史资料委员会编，1992年版，第314页。

② 卢作孚：《四川嘉陵江三峡的乡村运动》，中国人民政治协商会议重庆市北碚区委员会文史资料委员会编：《北碚文史资料 第3辑 北碚开拓者卢作孚》，1988年版，第8—16页。

更有效地推进民众教育，卢作孚专门在峡防局下设民众教育处（后更名民众教育委员会），成立民众教育馆，并要求各学校师生和机关干事积极参加民众教育活动。

细究起来，抗战时期的社会教育活动，主要包括两部分内容。一是设立专门的社会学校、民众学校针对不同民众展开"再教育"，二是学校、图书馆、博物馆等文化教育机构等师生和工作人员兼顾开展社会教育活动。

在卢作孚倡导下，北碚迅速开办了各种形式的众多"民众学校"：既有走进民众家里的"挨户教育"，也有船上的"船夫学校"和酒馆茶社里的"力夫学校"，还有专门训练女性职业技能的"妇女学校"。据统计，到1937年4月，已开办各类学校25所，接收成年学生1031人。分析起来，这大概是系统的、有计划的民众教育运动。北碚管理局首先推动现代生活运动，提供图书馆等各类文化场所和图书电影等文化产品，营造出新的现代生活氛围；其次开展识字运动，只有识字才可能有进一步的技能训练；再次是职业运动，提升职业技能，增进谋生的机会；最后是社会工作运动，使民众心有余力时更多参与社会事务尤其是公共事务，进而养成社会意识和公民意识。以此不断深入，从辅导和改良人们的生活开始，逐步解决一个个政治问题、社会问题、经济问题、教育问题等等。这些活动虽然因本身的超前性和时代环境所限没有充分展开，却为后来的社会教育探索提供了宝贵的经验。

与此同时，各小学也陆续开办专门的民教班。据《北碚管理局工作概况》载，截至1945年春，各类民教班开有211个，入学人员10475人次；从1942年开始，三年多时间内自民教班毕业30144人[①]，相当于补救了百分之六十的失学民众。在民教班的带动下，各级各类学校的师生也在课余积极从事社会教育活动，一方面作为其社会实践活动巩固教育质量，另一方面这些师生作为社会一分子为社会发展尽一份力。如兼善中学师生组织识字班服务社会等等。

---

① 《如何彻底改革教育》，《嘉陵江日报》1948年4月22日第4版。

此外，当时集聚北碚的一些著名教育家，也在根据自己的设想、通过自己创办的教育机构努力参与着北碚的社会教育事业。

陶行知的育才学校试行"小先生制"并得到大面积推广。所谓"小先生制"，是陶行知倡导的一种教学方法，他主张"知识公有"，"即知即传人"，"以教人者教己"，以小学生做小先生来展开人民大众的教育。为了推广这种方法，陶行知专门撰写了小先生制指导法《怎样做小先生》。[①]可以说，"小先生制"是陶行知教育普及工作中探索出来的行之有效的方法，是其教育理念的重大发展。这一方法引导学生探索生活资源，把生活和教学有机地结合起来，进而学以致用，解决生活中的实际问题。

晏阳初所理解的社会教育即其"四大教育"在落实过程中所采取的方式之一，即"社会式"的教育。"社会式"的教育，就要深入社会现实。而中国最广泛、最深刻的现实便是乡村。因此，其创建的乡建育才院组织学生到农村推广优良品种、兴修水利、给农民办理贷款、组织织布合作社、建立妇幼保健院、办平民夜校、供应识字课本和画册等。

此外，梁漱溟理解的社会教育基本等同于民众教育或乡村建设。他认为，"中国民众多在乡村，故民众教育即乡村民众教育，中国是乡村社会，故社会教育即乡村社会教育。此种教育是很活的很实际的教育，此教育即乡村建设"[②]。

第二节　文学艺术的繁荣

全面抗战时期，北碚汇聚了大批文学艺术界知名人士，他们有的长期在北碚生活、工作，有的专程到北碚开展了一段时间的工作。尽管在北碚停留的时间长短不一，但他们都有一个共同点，即以天下为己任，创作出了一部部文学、艺术、文化精品，演出了一场场宣传抗战的剧目，极大促

---

① 陶行知：《怎样做小先生》，上海：商务印书馆1935年初版，1936年再版。

② 梁漱溟：《社会教育与乡村建设之合流》，《梁漱溟全集·第五卷》，济南：山东人民出版社1992年版，第133页。

进了北碚文学艺术的繁荣。整个抗战期间，在北碚编辑出版的刊物有51种，报纸4种，各种书籍、读物近500种；在北碚创作的长篇小说11部，话剧43部，电影10部，短篇小说、散文、诗歌集43部，文化专著23部①；在北碚演出的剧目有220多个②。

一、相关文学艺术组织及机构

（一）中华全国文艺界抗敌协会

卢沟桥事变后，作为对战事最为敏感的群体之一，文艺界迅速组织各类联合抗敌组织，寻求共同御敌之道。1938年初，由阳翰笙首倡③，经王平陵、老舍等文化官员及文艺界人士的共同努力，该年3月27日，抗战时期最大的文艺界官方组织团体——"中华全国文艺界抗敌协会"（以下简称"文协"）在武汉正式成立。该协会囊括了当时文艺界的大部分力量，包括茅盾、郭沫若、巴金、老舍、胡风、田汉、丁玲、郁达夫、朱自清、冯乃超、郑振铎、朱光潜等一大批知名作家，也有徐悲鸿、丰子恺等画家，更有周恩来、冯玉祥、张道藩、叶楚伧、邵力子等政坛要人鼎力支持，还邀请了鹿地亘、罗曼·罗兰等支持中国抗战事业的国际名人。据统计，"文协"发起人包括各界代表共97人④，500多名代表全国各个抗日阶层的作家出席了大会⑤，规模可以说盛况空前。正如《中华全国文艺界抗敌协会发起旨趣》中所言："把分散的各个战友的力量，团结起来，像前线将士用他们的枪一样，用我们的笔，来发动民众，捍卫祖国，粉碎寇敌，争取胜利。"⑥"文协"的成立标志着抗战时期国内最大的文学统一战线团体的诞生，它抛开党派之分、立场之别，有力地团结了文艺界人士，将各方势力汇聚在一起，以集体的力量为抗战服务，使抗战初期文艺活动呈现生机勃

①李萱华：《北碚在抗战》，重庆：西南师范大学出版社，2016年第一版，第2页。
②北碚文史资料集第四辑：《抗日战争时期的北碚》，中国人民政治协商会议重庆市北碚区委员会文史资料委员会编，1992年10月，第217页。
③阳翰笙：《"文协"诞生之前》，原载1943年3月27日《文协成立五周年纪念特刊》。
④宋杰主编，武汉市武昌区档案馆编《倾城之战 武汉1938》，2016年，第70页。
⑤教材编写委员会编《中国现当代文学》，北京：开明出版社，1998年，第178页。
⑥《中华全国文艺界抗敌协会发起旨趣》，原载1938年4月1日《文艺月刊》第九期。

勃的繁荣局面。

　　"文协"自诞生起便承担了宣传抗战、鼓动士气、传播抗战文化的使命，受到社会各界的关注，为保持分散在全国各地的文艺界力量持续联络，"文协"在昆明、香港、成都、桂林、贵阳、延安、广州、长沙、晋察冀等城市地区均建立分会，其中也包括北碚。北碚"文协"分会（办事处）①成立于1940年左右，在当时，这里集聚了大量"文协"会员，并在抗战进入到相持阶段之后与总会密切配合，成为"文协"中后期处理会务、组织运营的主要力量，为"文协"工作的顺利开展发挥了重要作用。

北碚"文协"成立的背景

　　随着武汉会战失利，国民政府政要机关向重庆转移，"文协"总部也随之向后方撤退。1938年7月底，"文协"从武汉西迁至重庆，由当时总务部主任老舍及协会成员萧伯青、老向、何容四人携带"文协"印章、文件乘船，于8月12日抵达重庆。起初，"文协"落脚于青年会（现新华路），由老舍主持"文协"初搬入渝的各项事务。两个月后"文协"租得重庆市区内临江门横街33号的三四层楼屋4间②，作为临时会所，自此总会在重庆扎根。1939年重庆遭到敌机不断地轰炸，"五三、五四大轰炸"更是造成了极大的财产损失和人员伤亡，"文协"在这次轰炸中侥幸逃过一劫，会所虽紧邻临江门重灾区，万幸的是并没有人员伤亡损失。但在这场旷日持久的无差别轰炸中，"文协"总会办公地点终未幸免于难，在1940年4月的轰炸中，临江门会所遭劫，两间半房子毁坏，但总务部与两三会员仍在此坚持办公。6月再次被轰炸，房屋烧毁，水电系统被破坏，无法继续维持正常办公需求，总务部无奈之下搬离此地。临江门毁坏后，总务部搬到南温泉（建文峰桃子沟）处，继临江门之后，这里成为"文协"新的总会办公所在地。

　　差不多同一时刻，在北碚，又一个"文协"会所正悄然成形。相比于临江门和南温泉会址是经总务部等协会组织管理层选择而立，北碚会所的

---

　　① 关于北碚分会及办事处的辨析见下文具体说明。
　　② 《总务部报告》，原载1939年3月10日《抗战文艺》，第四卷第一期。

建立很大一部分是会员为了行事方便而自发成立的。国立复旦大学、通俗读物编辑社、国立编译馆、礼乐馆等机构均在北碚扎根，不少文艺工作者长期居住、生活、工作在北碚，其中就包括许多"文协"的成员。老舍也曾打趣道"北碚有这个好处，只要在街上走两趟，总会遇见熟人的"①。后来也曾提及建立北碚分会的初衷，"在碚的会员比在南温泉的还要多，大家都认为有设会所的必要，并推老向、以群、萧伯青几位先生租房"②。1940年6月21日，老舍在北碚北温泉邀请在碚作家商讨成立"文协"北碚分会及团结作家的相关事宜，出席会议的有田汉、老向、姚蓬子、梁宗岱、方令孺、陈子展、马宗融、艾青、以群、靳以、赵清阁、封禾子、向林冰、王冰洋、海戈、田鲁、沉樱、贺绿汀、舒尉青等20余人，初步将会址定在北碚汽车站旁的"止庐"③。赶巧的是，1940年6月中旬，林语堂在出国前将自己在北碚私人寓所捐予"文协"，作为"文协"北碚的会所，地址在北碚蔡锷路24号。林语堂给文协的信中说道：

　　"迳启者：鄙人此次回国，不料又因公匆匆去国，未得与诸君细谈衷曲，为憾。惟贵协会自抗战以来，破除畛域，团结抗敌，尽我文艺界责任，至为钦佩。鄙人虽未得追随诸君之后，共纾国难，而文字宣传，不分中外，殊途同归。兹愿以北碚蔡锷路廿四号本宅捐出，在抗战期间作为贵会会址，并请王向辰先生夫妇常以居住，代为看管。除王先生夫妇应住二间房间及需用家具外，余尽公开为会中器物，由理事会点查处置。聊表愚忱，尚希哂纳，并祝努力！弟与诸君相见之日即驱敌入海之时也。此致中华全国文艺界抗敌协会八月十七日林语堂敬上（盖章）"。④

　　①老舍《致南泉"文协"诸友》，原载《新蜀报》，1940年9月24、25日。
　　②老舍《会务报告》，原载1940年《抗战文艺》，第七卷第二、三期合刊。
　　③吴福辉：《抗战期间"文协"作家的重庆集聚地》，《汉语言文学研究》，2011年第5期，第100—102页。
　　④老舍《致南泉"文协"诸友》，《老舍全集·第15卷（散文·杂文·书信）》，北京：人民文学出版社，2008年，第564页。

9月初，老舍在北碚召开文协会员会，到会的有陈子展、马宗融、初大告、胡风、向林冰、王泽民、一文、田禽、光未然、陈学昭、赵清阁、老向、王洁之、高长虹、以群等20多人①，此次会议决定接受林语堂捐赠之屋作为总会在北碚的办公处，当场推定以群和光未然管理内部一切事务，"文协"北碚会所正式成立。

"文协"北碚会所与"文协"其他分会的性质完全不同，不能作为独立一方地域的"分会"存在，不在正式分会名单之中，也没有分会的运营机制和组织章程，更像是"文协"重庆总会在北碚的一个办事处②。因此，在"文协"的诸多分会之中，北碚会所显得有些特别，不同于其他城市或地区的分会根据当地情况开展文艺活动，北碚靠近重庆总会，其组织、工作、活动并非完全独立，而经常是依托配合总会开展。

"文协"北碚会所一直作为地方联络点为总会服务，它的成立成长是伴随政府文化公共事业搬迁入碚，不少文化工作者汇聚于此而形成的。随着北碚文化圈规模日益形成并盛大，"文协"北碚会所承担的功能也就更加重大和多样。事实上，"文协"的许多事务都是成员们汇聚在这里讨论协商、制定草拟、推行实施的。一直到总务处主任老舍搬到北碚定居，这里更是成为"文协"总会重要的支撑力量。

北碚"文协"活动

"文协"作为当时最大的文艺界抗敌组织，开展了一系列文艺抗战宣传活动，如"文章入伍，文章下乡""作家战地访问团""援助贫病作家运动"，举办抗战话剧公演等等。这些文化活动向更多民众、战士宣传抗战，提高了民族战斗的激情与自信心，也丰富了战时民众的精神文化生活。北碚会所自成立以来一直积极配合总部的活动，最初对它的定位便是与南温泉一起作为总会的"两翼"，"南泉距重庆较近：交通亦便，总务部设在那里，使文协的对外的关系不至中断。北碚呢，距重庆较远，可是会员很

---

① 李萱华：《老舍在北碚活动纪要》，王庄主编《北碚文史资料（第9辑）》，1997年。

② 段从学：《"文协北碚分会"说法考辨》，《重庆师范大学学报（哲学社会科学版）》，2007年第1期：第47—49页。

多，就不妨作为研究部的'势力范围'，作出点事情来"。①事实证明，后期这里甚至一度分担了总会的部分职能。除此之外，北碚会所还依托周边文化资源丰富、文化名人众多的优势，开展多种文学学习和交流活动，推动了战时北碚地区文化的繁荣。

　　首先是与总会的互相配合，这一项工作与老舍密切相关。正式会所建立后，老舍来北碚活动的时间就更多了，经常召开会员座谈会。诸如讨论通俗读物的民族形式问题、空袭期间作家应做些什么工作问题、《抗战文艺》在空袭期间改出临时特刊问题以及举行各种联欢会或纪念会等等。除老舍之外，因工作原因常驻北碚的会员包括田汉、伍蠡甫、陈子展、马宗融、胡绍轩、老向、蒋碧薇、方令孺、赵清阁、萧伯青等，虽然北碚"文协"看似人手众多，但因战争、交通等客观原因导致工作开展也是困难重重。"就以北碚一隅而论，散居在附近的会员不下四五十位，但大家每天的主要时间被警报占去。这种大热天在山洞里拥挤四五小时，往往警报解除后一身臭汗，洗洗澡，吃吃饭，就夕阳西坠，一天过去了。工作的人手是这样少，而可以安心工作的时间又这样有限，于是弄得大家有点干急。"②虽然在工作中面临不少主客观上的困难，但是北碚"文协"依旧组织开展了一些服务于当地的文艺活动。

　　其次是多次在当地举办文艺界联谊活动，如欢迎会、庆祝会等，广泛吸纳、团结有志于投身抗战的文艺界力量。因众多文化机关单位迁入北碚地区，不少文艺界人士相继到来，北碚"文协"对此专门举办欢迎会，例如1940年7月27日陈子展由上海到复旦大学任职，老舍率北碚"文协"同仁召开座谈会，以此欢迎陈的到来，同时了解上海沦陷三年文艺发展状况。陈望道等人也在日后多次参与"文协"活动和事务，与北碚文化圈联系甚密。1941年1月25日，北碚"文协"组织春节联欢会，邀在碚会员共话新年。1944年4月17日，"文协"在重庆百龄举办纪念老舍创作生活二十年活动。4月下旬，北碚"文协"会所同样为老舍举办庆贺活动，驻碚会员

　　①老舍《会务报告》，原载1940年《抗战文艺》第七卷，第二、三期合刊。
　　②出版部《关于会报及其他》，原载1940年11月1日《抗战文艺》第六卷第三期。

近30人来到现场，每人自愿凑份子钱，值班茶水、糖果、点心等，会上陈子展、魏孟克、周谷城等人发言，还准备了大鼓、朗诵、相声、魔术等节目，老舍本人同样非常高兴，当场唱起戏剧。此类活动有效加强了文化界人士的团结，将在碚文艺界人员凝聚在一起，扩大了北碚"文协"的辐射范围，源源不断为"文协"汇聚更多人才和力量。

除此之外，"文协"还在北碚开展文学讲习、鉴赏等活动。北碚"文协"曾举办"文艺讲习班"活动。这个决定是1940年老舍从重庆到"北碚"开会，宣读林语堂赠送会址后讨论决定的。会上明确由胡风统筹计划，作为北碚"文协"的一项日常工作，授课的目的以创作实用为主，导师由会员担任。"文艺讲习班"在多个地方均有开展，桂林、昆明、香港等分会都举办过类似的活动，旨在宣传抗战文艺，培养写作新人。北碚"文协"依托众多文化机关单位以及国立复旦大学等资源，可以说有着得天独厚的优势。胡风在1941年转移至香港，这项活动因此被搁浅。尽管如此，北碚"文协"仍会召开小范围的文学鉴赏活动，组织在碚会员共同讨论诗歌、小说、话剧等创作状况。会员会不时去复旦大学等单位，召开文艺讲座；积极为当地报纸、杂志、戏剧表演等提供稿件资源和剧本；积极配合国立编译馆等机关发起的筹款募捐活动，在某次北碚各大机关团体发起募款劳军的文艺晚会上老舍与梁实秋合作表演的相声《新洪洋洞》《一家六口》一时间成为佳话。

北碚"文协"在一定程度上帮助总会处理各项事务，分担总会的部分职能，同时又在当地配合各机关单位积极开展抗战文艺活动，与当地文化有效结合，为北碚地区抗战文化发展做出贡献，也是北碚文化圈形成的重要推动力量之一。

（二）国立礼乐馆

1932年9月，上海大同乐会事务主任王孝赍、乐务主任郑觐文向国民政府行政院请求设立国乐馆，"以研究整理国乐为职志"；当局虽颇为重视此案，但经费拮据决定暂缓设馆。直到1942年2月，因蒋介石下令"礼乐工作皆应由教育部负责主办，所有冠婚丧祭以及总理纪念周中全部之乐调词谱先行制定，限三个月内呈报为要"，并特别指定考试院、内政部、教育部三机关共同商讨订定后，必须于 1943 年 11 月 12 日内完成婚丧喜庆之礼。教育部随即召开礼乐工作谈话会议，陈立夫、顾毓琇、闻钧天、洪潘、蒋复璁、郑颖荪、彭百川等参会，就"关于礼乐工作与制定冠婚丧祭以及总理纪念周中全部之乐调词谱问题"进行商讨，随即陈立夫再次提交议案，拟请成立国立礼乐馆①。最终，1943 年 4 月 20 日②，国立礼乐馆在重庆成立，馆址最初位于青木关教育部址，后迁至北碚中山路③。

国立礼乐馆内设"礼制""乐典""总务"三组，首任馆长顾毓琇。顾毓琇是我国近代一旷世奇才，理、工、文、艺、教、宗无所不通。1938 年起，顾毓琇任国民政府教育部政务次长，两年后，当局在青木关建立国立音乐院，顾毓琇代理院长、并任管弦乐团团长、国立交响乐团首任团长。在任期间，他从席勒原著中翻译出"欢乐颂"的歌词，第一个将贝多芬的名曲搬上中国的舞台④。除了自身兴趣使然外，顾毓琇对礼乐的教育意义本十分看重，他曾刊文强调：中国在承袭西人法治精神外，不应忘记传统礼治，而礼治要兼容乐教，"实实在在能使国民心理振奋，社会风气革新的，还是礼和乐二者，要以礼和乐为教，才是最有效的工具"。⑤

1943 年底，上任馆长后的顾毓琇在重庆《社会教育季刊》上发表文章，介绍礼乐馆成立后的工作成果，包括"八月下旬，邀集各专家，举行

---

① 汤斯惟：《国立礼乐馆述略》，《中央音乐学院学报》，2017 年第 1 期。

② 关于国立礼乐馆成立时日，顾毓琇本人在《国立礼乐馆概况》一文中写道"本馆奉令于本年四月二十日正式成立"，但 1943 年 3 月 20 日刊发的《教育通讯（旬刊）》（第六卷·第八期）中的《教育消息及教育法令·国立礼乐馆成立》一文却称："教育部国立礼乐馆业已正式成立"。另外，上世纪 80 年代顾明远主编的《教育大辞典·10 卷：中国近现代教育史》称国立礼乐馆成立于 1943 年 5 月。

③ 具体门牌地址有"中山路 23 号"（《四川省志·文化艺术志》，成都：四川人民出版社 2000 年 11 月版，第 195 页）和"中山路 72 号"（周顺之：《抗日战争时期迁驻北碚的国民政府机关和科研文教单位》，《北碚文史资料·第 4 辑·抗日战争时期的北碚》，政协重庆市北碚区委员会文史资料委员会 1992 年 10 月版，第 13 页）两说，原因不明。

④ 解瑉：《文化巨匠顾毓琇》，《北京文史资料·第 71 辑》，北京：北京出版社 2006 年 12 月版，第 161—162 页。

⑤ 顾毓琇：《乐教与家庭教育》，《国民教育指导月刊（成都版）》（第一卷·第十一期），1942 年 9 月 15 日。

礼制讨论会，就内政教育两部二十七年合订之礼制草案，详加研讨，嗣奉""总统手令，限期完成中华民国礼制，举凡国家大典，人民仪节，悉详为厘定，因于十月除旬由考试院戴院长季陶主持，复邀请内政、外交、军政、教育、铨叙各部长官，及党政军学各界三十余人，在碚集会九日，详考礼制沿革，审度国情，制定中华民国礼制"①。顾毓琇所言"总统手令"指的是1942年2月1日蒋介石手书"礼乐工作皆应由教育部负责主办，所有冠婚丧祭以及总统纪念周中全部之乐调词谱先行制定，限三个月内呈报为要"②。礼乐馆正式建立后，1943年8月27日，教育部在馆举行礼制谈话会，参会人闻钧天在发言中透露蒋介石指定考试院、内政部、教育部商定，需于1943年11月12日前完成婚丧喜庆之礼，其中礼乐馆被安排审议制定工作③。在高层指令的压力下，顾毓琇、戴季陶等很快行动起来，顾毓琇所言"礼制讨论会"最终于1943年10月3日④在缙云山北温泉召开。

　　这次会议可谓热闹非凡，据记载，参会出席者除顾毓琇、戴季陶外，还包括中央党部委员丁惟汾、副秘书长狄君武、内政部长周钟岳、教育部长陈立夫、铨叙部长贾景德、外交部次长胡世泽、典礼局局长田士捷、考试院秘书长史尚宽、秘书陈百稼、军事委员会周亚卫、宣传部主任秘书章渊若、礼俗司长闻钧天、帮办李安、甄核司长陈曼若、社会教育司长刘季洪、教育部秘书段天炯，以及时任礼乐馆礼制组长庐前（应为"卢前"，此以文献本身写法为要，下同）。此外，不少社会名流列席，"济济一堂，高谈典礼"⑤。会议按照吉礼、凶礼、军礼、宾礼、嘉礼分类分组讨论，会议最终形成了《北泉仪礼录》一书，于1944年出版。

---

　　① 顾毓琇：《国立礼乐馆概况》，《社会教育季刊》（第一卷·第四期），1943年12月31日。

　　② 《为函总裁伤定冠婚丧祭乐调词谱手谕请查照由》，原件藏于中国第二历史档案馆，可见汤斯惟：《国立礼乐馆述略》，《中央音乐学院学报》，2017年第一期。

　　③ 《国立礼乐馆礼制谈话会记录》，原件藏于中国第二历史档案馆，可见汤斯惟：《国立礼乐馆述略》，《中央音乐学院学报》，2017年第一期。

　　④ 此日期有争议，据庐前所言为10月3日（庐前：《北泉仪礼记》，《新重庆》（创刊号），1947年1月30日），而据顾毓琇言为11月2日（顾毓琇：《北泉仪礼录序》，《新重庆》（创刊号），1947年1月30日），不难发现，两种说法虽然不一，但出处一致，皆为1944年北泉图书馆刊印的《北泉仪礼录》前序内容，但为何如此，原因不明。

　　⑤ 邓子琴：《读北泉议礼录》，《中国文化》（第一期），1945年9月15日。

北碚北泉"礼制讨论会""实开国盛事"①"定民国礼制之基"②，其形成的"北泉礼仪"以中华古典政治之"五礼"分野，每一项内又包含众多，如"嘉礼"中即有"崇敬""庆祝""就职""觐谒""荣典""飨宴""抚幼""婚礼""学礼""考试""集会"十一项之多。北泉仪礼大大扩充了当时常用的"婚丧祭相"四种礼仪，同时更突破了帝制时期的繁文缛节，主动提出"不当背现代文明国家之共同趋势，然亦有独立创进之精神"③，视野不可谓不开阔，体现了抗战大环境下的国家主义精神，也为当时国家国民的凝聚力建设做出了有益尝试。

1944年1月，顾毓琇因"政务繁忙"调离了礼乐馆长职务，继任者为汪东④。汪东早年曾经随孙中山参加反清革命，而在从戎之时，汪东并未放弃其文学功夫。他早年师从章太炎习学文字学，与黄侃、钱玄同可谓同门。1943年前，汪东曾任教于第四中山大学（后改组为国立中央大学），为文学院院长，"七·七"事变后随校入渝，后来又任教于迁入重庆的复旦大学，为中文系主任。此外，他还兼任国民党政府监察院监察委员。汪东本人对音乐亦有造诣，国立中央大学校歌即为汪东作词⑤。

礼制建设之外，国立礼乐馆亦专注于音乐工作。这一年礼乐馆完善了一些礼仪礼制工作，如制定"通礼草案"等，这其中牵扯一些关系到孔子的礼制⑥问题，又引出了对孔子诞辰日的考据⑦。音乐工作，礼乐馆向社会征集婚、祭、会、礼、授勋、接元首、宴使节等十二礼仪场合的乐曲，后

---

① 庐前：《北泉仪礼记》，《新重庆》（创刊号），1947年1月30日。

② 顾毓琇：《北泉仪礼录序》，《新重庆》（创刊号），1947年1月30日。

③ 顾毓琇（辑）：《北泉仪礼录》，重庆：北泉图书馆1944年版，第1页。

④ 《乐坛动态：汪东氏任国立礼乐馆馆长》，《乐风》（17），1944年4月。

⑤ 吴县汪东作：《国立中央大学校歌》，《国立中央大学校刊》（复员后第十四期），1947年7月6日。

⑥ 如"至圣先师孔子礼"，李定开（本卷主编）：《重庆教育史·第2卷》，重庆：西南师范大学出版社2006年5月版，第428页。

⑦ 鲁实先：《答国立礼乐馆问孔子生日》，《真理杂志》（第一卷·第四期）1944年9月。

选出六十首左右的合格乐曲，并进行装订①。1943—1944年间，礼乐馆曾邀请过国立音乐院，以及在渝高校、单位等进行音乐演出、合唱大会，演出音乐不仅包括《义勇军进行曲》《大路歌》《长城谣》等抗战音乐，亦包括民间昆曲和《第九交响乐》等外国名曲②。在"韶乐教民"的同时，礼乐馆员也意识到，音乐教育的前提是需要完善"乐器标准"③。因而，乐典组的职员们昼夜钻研古典文献，并仿制了一些古代乐典中记载的乐器。此外，礼乐馆还尽心尽力地编纂、整理了包括《先汉乐律初探》《古乐丛考》等音乐典籍。

　　1945年是抗战的最后一年，礼乐馆的学人们都绝没有一丝一毫懈怠他们的工作。除继续完成前一年工作计划以外，礼乐馆出版了《礼乐》《采风》两大期刊。《礼乐》出版于当年底的"复兴节"，登载了包括罗常培（莘田）、杨宪益、杨荫浏等著名学者的论文④，《采风》出版于当年九月，是乐制组几年来艰苦搜集云、贵、川、鄂、粤等地民歌活动的结晶……毫无疑问，礼乐馆的乐典工作与礼制建设相"配套"，也带有强烈的"复古""返古"倾向，与之前有声有色的"新音乐运动"形成"鲜明对比"，因而，礼乐馆的一些工作一直以来受到了不高的评价⑤。不过，"新音乐运动"力图深入民间，但礼乐馆也一直未放弃在民间采风，从民间寻找传统音乐的资源，此外，礼乐馆还经常举办抗战歌曲合唱活动，努力编订抗战建国各项歌曲，以昂扬的旋律动员民众抗战热忱……礼乐馆的工作人员们在艰难的环境下，体现了学人的专精与情怀，在北碚抗战的宏图上应有他们浓墨重彩的一笔。

---

　　① 《第二次中国教育年鉴》，上海：商务印书馆1948年版，第1136页，关于此工作的详细考证工作可见冯雷：《陪都重庆三个音乐教育机构之研究》，上海音乐学院博士学位论文，2010年6月，第101—112页。

　　② 汤斯惟：《国立礼乐馆述略》，《中央音乐学院学报》，2017年第一期。

　　③ 《制造标准乐器奖励国乐人才提案》，藏于上海音乐学院，见汤斯惟：《国立礼乐馆述略》，《中央音乐学院学报》，2017年第一期。

　　④ 《期刊介绍：礼乐（第一册）（国立礼乐馆编）》，《图书季刊》（新第七卷·第一二期），1946年6月。

　　⑤ 汪毓和编著：《中国近现代音乐史》，北京：人民音乐出版社、华乐出版社，2002年10月版，第296页。

1945年底，礼乐馆转隶内政部，但后者因种种原因一直未办交接，次年，礼乐馆随中央政府迁回南京，完成了其在大后方北碚的历史使命。

（三）戏剧组织

全面抗战时期，在北碚的许多大专院校和社会单位，分别成立剧团、剧社、剧组或演出队等戏剧组织。他们都向社会公演或义演，开展抗战宣传。当时，北碚各种戏剧组织有22个，复旦剧社、复旦青年剧社、复旦评剧社、重师话剧社、重师特殊教学话剧组、育才学校戏剧组、育才学校实验剧团、育才学校夜莺剧社、女师附中剧团、立信怒潮歌咏剧社、兼善中学话剧团、北碚民众剧团等。

1941年秋，国民党中央宣传部"中央实验剧团"在北碚成立，每月演剧一次，通常每个剧目演出三天。1942年6月4日，中央实验剧团以长居北碚主人身份会同复旦剧社，在复旦大学举行茶话会，招待旅居北碚戏剧界及文化界人士，到会的有复旦大学校长吴南轩、中央实验剧团团长吴漱予以及郭沫若、阳翰笙、陈望道、陈子展、陈白尘、张骏祥、赵太侔、金山、辛汉文、郑伯奇、秦怡、梁宗岱、白杨、舒绣文、陈鲤庭、赵慧深等百多人①。

1941年10月10日，中华全国戏剧界抗敌协会北碚分会在重师礼堂成立，负责人有赵太侔、吴漱予、傅心一、徐世霖等。为庆祝第四届戏剧节，在剧协北碚分会组织下，中央实验剧团和复旦青年剧社通力合作，在北碚新营房联合演出了由张逸生导演的曹禺名剧《日出》，连演数场，场场爆满。随即，北碚成立了青年剧社，中国礼乐馆、国立编译馆、中国银行和重师等单位联合成立了北碚国剧研究社。1943年，国立歌剧学校迁来北碚，1945年，与从四川江安迁来的国立戏剧专科学校合并，增强了北碚演出抗战戏剧的实力。该校在北碚演出多幕剧百余种，独幕剧59余种，宣传剧40余种，如《青春不再》《春寒》《蜕变》《水乡吟》《家》《日出》《杀敌

---

① 北碚文史资料集第四辑：《抗日战争时期的北碚》，中国人民政治协商会议重庆市北碚区委员会文史资料委员会编，1992年10月，第223页。

救国》等，共计演出700多场①。

北碚的戏剧团体，除经常在北碚演出外，还在相邻地区及重庆城演出。1939年2月，复旦剧社在赵丹、施超、顾而已和朱今明等担任担任导演及帮助下，在重庆国泰大剧院公演马彦祥的《古城在怒吼》，受到观众欢迎。育才学校戏剧组还自己创作剧本，在北碚、合川、重庆城演出。1944年，日军占领贵州独山，前锋直逼贵阳，重庆人心惶惶。育才学校戏剧组创作了多幕四川方言剧《啷咯办》，提出就地坚持抗战的主张。该剧公演后，在重庆引起轰动，一时成为大家议论的中心话题。

大后方各戏剧专业团体，也经常到北碚演出，产生很大影响。七七事变爆发后不久，重庆文化界救亡联合会移动演剧队，自带行李伙食，到北碚公演了《保卫卢沟桥》《东北一角》《月亮上升》《烙印》等抗战戏剧，震动很大，观众反映很强烈，有力激发了民众抗日热情。其中，《保卫卢沟桥》由上海剧作者协会夏衍等集体创作，由《暴风雨的前夕》《卢沟桥是我们的坟墓》和《全民抗战》三个连续性独幕剧组成。1939年秋，导演顾而已率领演员白杨、施超等30余人组成的中央电影摄影厂乡村巡回演剧队，为前线将士募寒衣来北碚公演，演出《故乡》《群魔乱舞》《樱花栗》《屠场》《晚香玉》等剧目，连演数场，场场爆满。1942年春，郭沫若的五幕历史话剧《屈原》在重庆城演出，受到国民党特务的刁难和破坏，被迫停演。4月底，卢子英邀请中华剧艺社到北碚公演。6月下旬，中华剧艺社到北碚公演《屈原》和《天国春秋》。6月28日开始，北碚上演《屈原》，连演5天，盛况空前。很多江北、巴县、璧山、合川等邻近县的民众，赶来北碚看戏，旅馆人满为患，使得有的观众看完戏后，只好深夜步行二三十里回家。

据不完全统计，抗战期间，有16个大型剧团到北碚演出，有的甚至来过五六次，共演出剧目近百个，绝大部分深受民众欢迎②。

---

① 北碚文史资料集第四辑：《抗日战争时期的北碚》，中国人民政治协商会议重庆市北碚区委员会文史资料委员会编，1992年10月，第218页。

② 北碚文史资料集第四辑：《抗日战争时期的北碚》，中国人民政治协商会议重庆市北碚区委员会文史资料委员会编，1992年10月，第226页。

二、抗战期间北碚的文学家群体

全面抗战时期，有一大批文学家或长或短地驻足于北碚，王冰洋、马宗融、巴金、方令孺、冯雪峰、叶圣陶、田汉、艾芜、艾青、光未然、刘白羽、朱自清、老向、老舍、阳翰笙、孙瑜、何其芳、吴祖光、陈伯吹、陈子展、林斤澜、林语堂、矛盾、姚雪垠、柳亚子、洪深、胡风、赵清阁、夏衍、徐迟、郭沫若、顾毓琇、曹禺、梁宗岱、梁实秋、章靳以、萧红、萧乾、端木蕻良、臧克家（以姓氏笔画为序）等，他们有的在这里留下了流芳百世的文学作品，如长篇小说有老舍的《四世同堂》《火葬》，靳以的《前夕》，路翎《财主底儿女们》《饥饿的郭素娥》和姚雪垠的《春暖花开》等；短篇小说有萧红的《旷野的呼唤》，以及端木蕻良、路翎、王冰洋的短篇小说集等；话剧有洪深的《包得行》《鸡鸣早看天》，老舍的《张自忠》以及与赵清阁等合作的《桃李春风》《王老虎》，夏衍的《法西斯细菌》《水乡吟》，吴祖光的童话剧《牛郎织女》等；电影剧本有阳翰笙的《塞上风云》《草莽英雄》，夏衍的《复活》，孙瑜的《春到人间》《火的洗礼》等；散文有赵清阁、方令孺、陈子展、陈伯吹等的散文集。有的即使短暂停留，如萧红，却也为北碚播种下了文学的种子，留下了深厚的文学底蕴。

（一）老舍

著名作家老舍先生是随"文协"一起搬迁入渝的。1938年7月30日，老舍等人从武汉乘船出发，经历了近半月的颠簸，于8月14日到达重庆，这一待就是八年，而他在重庆近一半的时间都是在北碚度过的。

起初老舍居住在"文协"重庆总会临江门附近，由于工作原因，他经常到北碚，与会聚在这里的"文协"成员商讨会中事务、创作出版等工作，也曾多次在北碚长住，休息养病。"文协"北碚会所成立之后，老舍来往更加频繁。例如，1940年创作话剧《张自忠》的时候，老舍与吴组缃经常到陈家桥调研考察，走访当年张自忠身边的工作人员[①]，了解张自忠本人的资料和事迹，写成之后也经常在北碚向各位文友征求创作意见、召开座

[①] 李萱华《老舍在北碚活动纪要》，王庄主编《北碚文史资料》，第173页。

谈、修改定稿。除了创作，老舍更多地因工作事宜来往北碚，报告总会的情况及各部门工作计划，也时不时在北碚小居。1941年1月25日，老舍因创作话剧《面子问题》写稿辛劳，再加上抗战期间营养不全，导致劳累过度，患头晕症，动身前往北碚长住。相比重庆市区，这里环境安静、依山傍水，且大部分友人在北碚，也能免去他两地奔波之劳。其实这也不是老舍第一次在北碚养病了，早在1939年12月，老舍随战地访问团回渝之后便体力不支，那时就在北碚休息，才得以恢复体力。

1942年夏，老舍彻底搬到北碚居住，就住在北碚"文协"会所里，一边休息一边办公一边写作。来到北碚后不久，他又患上了盲肠炎。当时，老舍夫人胡絜青携带3个子女从已经沦陷的北平一路赶赴而来，其间穿越了日军的封锁线，历经50多天终于到北碚与老舍团聚①。11月老舍一家人终于在分开四年后重聚，一直到抗战胜利后老舍去美国访问后离开，胡絜青还居住在此，直到1950年才回到北京。老舍因自己常被头昏所扰，将此屋起名为"头昏斋"，并曾用头昏斋的笔名发文。之后不久，他又将"头昏斋"改名为"多鼠斋"，因西南地区闷热潮湿，多被鼠患所困扰而得名。"头昏"和"多鼠"也是生性幽默的老舍为自己贫病交加的生活所抓取的最诙谐而尖锐的具象。

在北碚居住期间，老舍除了主持"文协"各项工作之外，也创作了不少文学作品，其中包括《贫血集》《火车集》，小说《火葬》《不成问题的问题》，以及传世之作《四世同堂》的前两部《惶惑》《偷生》。

在创作了各式各样的通俗文艺作品后，老舍终于打算回归新文学创作。他下定决心，在北碚写一部以抗战为题材的长篇小说，即《火葬》。1943年6月起，老舍每天早起打太极拳，上午写作，中午睡一小时午觉，过午即不再写作，或读书，或看朋友，参加一些社会活动，生活很有规律。夏天天气奇热，他早上五点起床，写到上午八点即止，每天写一千多字。原计划写个中篇，但写到五六万字，仍然收不住笔，遂改作长篇。到了九月底，已有八万多字，他原计划在十月截稿，却被盲肠炎所耽误。11

---

① 见胡絜青为1979年四川人民出版社出版，老舍《四世同堂第一部·惶惑》所作前言。

月，老舍又开始继续《火葬》的写作，在伤口未愈，疼痛难忍的情况下，他仍坚持完成了自己的心血之作，终于在1943年12月定稿，并于次年元旦交付黄河书局刊印。在《火葬》的序言中，老舍直言自己写作时的感受：

> 天气奇暑，又多病痛，非极勉强的把自己机械化了，便没法写下去。……这不是文艺的创作。而是由夹棍夹出来的血！[1]

胡絜青由北平来到大后方的日子里，老舍在盲肠炎开刀后的痛楚和举家团圆的快乐中静静地思考，终于有一天，他兴奋地对胡絜青说："谢谢你！你九死一生地从北平来，给我带来一部长篇小说，我从来没写过大部头！"[2]这便是《四世同堂》最初构思的来源。在这本书中，有苦难，有幸福，有人罹难，有人抗争，有人苟活，阴影下有多少人又不是在"惶惑"中"偷生"呢？战争的天空下一个个鲜活的生命，他们复杂的所思所感，他们对于战胜的渴望，战败的惶恐，对寻找存活下去的可能性和意义的追问，老舍将这些思考全部融汇在这部小说中。《四世同堂》给予了老舍困苦中坚持下去的理由。在北碚"墙上可以烤面包"的酷暑下，在"头昏和疟疾时常来捣乱"的折磨下，他坚持着"文牛"的耕耘，"不肯偷懒"。在不懈的坚持下，到抗战胜利前夕，老舍完成了作品的三分之二，在回忆《惶惑》与《偷生》的创作时，他仍有些后怕："这简直不是写东西，这是玩命！"[3]

1944年夏末，日本军队发动了桂柳战役，白崇禧部惨遭失利，桂林沦陷。随后，日军沿黔桂铁路继续北犯，12月2日，独山沦陷，日寇一把火烧掉了这座有"小上海"之称的边陲小城。独山与陪都重庆仅有400公里左右距离，此时大后方可以说岌岌可危，有人已经开始西迁成都和更远的城市。独山失守的消息给老舍以重大打击，他暗暗下了决心，如果日寇从南边打来，他就向嘉陵江去，那滔滔江水便是他的归宿，宁死也决不落在

---

①老舍《火葬（序）》，上海文汇出版社，2009年版，第2页。
②老舍《八方风雨》，原载1946年4月4日—5月16日北平《新民报》。
③老舍《八方风雨》，原载1946年4月4日—5月16日北平《新民报》。

日寇手里……

1945年9月，苦熬八年的战争终于结束，老舍在胜利的欣喜之中也完成了《四世同堂》的第二部《偷生》。次年一月，他和曹禺接到了美国国务院的邀请，即将赴美讲学，告别他坚守了七年之久的大后方。

1946年2月，老舍告别北碚，动身前往美国。

（二）胡风与艾青

胡风，原名张光人，现代著名评论家、文艺理论家、翻译家，《七月》杂志主编，"七月派"作家团体核心人物。1924年，加入中国共产主义青年团。1930年，在日本留学时参加日本发战同盟和日本共产党，并担任中共左翼作家联盟（即"左联"）东京分盟负责人。1933年，因从事革命活动，被日本政府驱逐回国。在上海任"左联"宣传部部长和行政书记，并大量撰写文艺评论。

1937年9月11日，胡风主编的《七月》周刊，在上海创刊。在创刊号上，他以高荒为笔名发表诗《敬礼》代创刊词，同时发表他的诗作《血誓》，誓与日寇抗战到底。9月25日，《七月》出版第3期后停刊。10月1日，胡风由上海撤离到了武汉。10月16日，《七月》半月刊在武汉创刊，随着战火临近武汉，再次被迫停刊。1938年"文协"成立时，胡风被选为理事及研究部副主任。因无固定高收入，经济拮据，8月，老舍到达重庆后，即到复旦大学，为胡风找到了在中国文学系任教的工作。接到老舍和伍蠡甫从重庆发来约他到复旦大学任教的电报后，胡风立即启程前往重庆。12月2日，胡风与夫人梅志、儿子晓谷到达重庆。

胡风到重庆后，在教书的同时，还忙于"文协"研究部的工作，以及《七月》在重庆的复刊事宜。后来，他又被推选为中苏文化协会候补理事。

《七月》是抗日战争爆发后在国民党统治区最早创办的进步文艺刊物，发表各种形式的文艺作品，包括诗歌、报告文学、小说、散文、剧本、杂感、文艺专论、译著、绘画、木刻等等。1939年7月，在胡风多方的奔波和努力下，《七月》得以在重庆继续出版，因战时条件艰难，由半月刊改为月刊。复刊后的《七月》，一如既往地保持了它的特色，既公开发表陕甘宁边区作家的来稿，又刊登国统区进步作家的力作。如白危的《毛泽东片段》，介绍延安窑洞里的伟人；曹白的《在敌后穿行》，丁玲的《警卫团生活小景》，歌颂了八路军和游击队；绿川英子的诗《失去了的两个苹果》，号召日本士兵参加反战同盟。同时，还发表了一些特写，记录日军轰炸重庆的滔天罪行。

胡风又编辑出版了"七月诗丛"。先后出版了合集《我们是初来的》，以及个人专辑胡风《为祖国而歌》，艾青《向太阳》《北方》，田间《给战斗者》《她也要杀人》，阿垅《无弦琴》，鲁藜《醒来的时候》《锻炼》等。"七月诗派"的诗人们，继承和发展我国诗歌的现实主义传统，揭示时代生活中最本质的东西，使新诗走向广大劳动群众，走向火热的战斗生活。

艾青原名蒋正涵，是"七月诗派"的主心骨之一，全面抗战初期，他以《旷野》《北方》等著名诗篇，鞭挞日寇的侵略罪行，心忧灾难深重的祖国和人民。1940年初，艾青来到重庆，住临江门"文协"总会，继续写作修改其代表作《火把》。

《火把》是一部抗日战争为背景的叙事长诗。正当《火把》脱稿时，日寇轰炸重庆，"文协"总会办公地点被炸，艾青来到"文协"北碚办公处。

在北碚，艾青与胡风每周都要碰头，商讨《七月》杂志相关事宜。他以它亲身经历日寇对"文协"总会的轰炸，写了《炸后》一文，控诉日寇对重庆的惨无人道的轰炸。他担任育才学校文学组主任，教授"文学讲话"课。

皖南事变后，在周恩来亲自安排下，艾青去了延安，胡风去了香港。梅志和孩子到了上海，次年才去香港与胡风团聚。1942年香港被日军占领后，胡风一家在东江纵队帮助下，脱险前往桂林。1943年才又回到重庆。

胡风先后在北碚居住了四五年，主编两个刊物，培养了路翎等一批文学青年[1]。

---

[1] 李萱华：《北碚在抗战》，重庆：西南师范大学出版社，2016年3月第一版，第157页。

（三）路翎

路翎，原名徐嗣兴，中国现代著名作家，代表作品有《财主家底儿女们》《饥饿的郭素娥》等，与胡风等同为"七月派"作家。路翎几乎在重庆度过了整个抗战时。与早已声名显赫的老舍、胡风不同，年纪尚轻的路翎正是在重庆，在北碚，开始了自己的文学创作生涯。

1937年12月底，16岁的路翎随抗战流亡学生一起从武汉转移至重庆。次年春，路翎被安排到四川省国立第二中学继续学业，学校位于毗邻北碚的文星场。当时在学校念初二的路翎此时已经展现出在文学创作方面的天赋，他爱好写作，思维活跃，关注抗战时事和民生，时常有文章发表在各类报纸杂志中。1938年上半年《大声日报》聘请这位中学生担任该报"哨兵"副刊编辑，职务是"哨兵文艺社主编"。

路翎满怀热情地走马上任，可是不久便陷入困顿。整个副刊编辑部只有路翎一人，稿件来源严重不足，从写稿到编辑排版再到出版，他需要包揽所有工作。此种情况下，路翎以"丁当""莎虹""烽嵩""流烽""哨兵"等多个笔名发表散文、诗歌、小说数篇，还鼓动自己的同学在副刊上发表文章。即使这样，文章稿源依旧捉襟见肘。为扩大副刊影响，同时发展抗战文艺，鼓舞民众士气，当年12月，路翎以编辑身份在"哨兵"副刊上刊登《哨兵征文》，这次征文活动历经两个多月，依旧以了无回应告终，但是却收获了徐嗣兴以"流烽"为笔名创作的小说《朦胧的期待》①。这部小说获得征文比赛一等奖，这也是路翎的第一篇小说，文中塑造了一个日军飞行员的形象，他厌恶战争，不明白打仗的意义，只能不断麻痹自己"皇军总是没错的"。小说中充分展现了主人公心理的迷茫和矛盾，以及对战争的反思。从这篇小说开始，路翎展示了他过人的心理描写能力。

在编辑"哨兵"的同时，路翎进入合川县的濮岩寺国立二中本部学习，但在高二只念了半年不到的时间，就被学校开除，同时也卸任"哨兵"副刊的编辑。关于路翎被开除的原因，他自己在晚年的年谱中说是因

---

①流烽（路翎）《朦胧的期待》，原载《大声日报》1939年1月8日、15日、22日、25日四期连载。

编辑报纸副刊和在课堂上看课外书籍，再加上和一个"思想反动的国文教员"发生冲突，被学校以"思想左倾"的罪名开除①。1939年4月2日，路翎离开《大声日报》，以"莎虹"的名义发表文章《告别了"哨兵"》。

　　……朋友，我去了！

　　这个时代是黑暗的顶点！靠近黎明我是特别的寒冷呀！"哨兵"用你的力量去（前进）吧，战斗着，向黑暗丢下的攻击！不要（停留）着。一个黑暗遗留下来的人，但是不要将自己的尸体喂养黑暗！

　　告别了"哨兵"！

　　祝你

　　健康

　　莎虹三月十五日于濮岩寺②

　　退学回家后，路翎更专注于阅读和创作，这一时期他广泛阅读了各类名著，也在不断打磨自己的创作，完成长诗《妈妈的苦难》、小说《"要塞"退出以后》等。路翎一直敬仰胡风，他将这两篇创作投寄给《七月》杂志，并随作品附加了一封满含崇敬之情的信件。出乎路翎意料的是，胡风不仅仔细阅读了他的作品和稿件，还亲自回信，在信中提出了诗歌的修改意见，并对他加以鼓励。虽然《妈妈的苦难》最终也没能刊登，但胡风的鼓励在路翎心中产生了重大的影响，也成为路翎坚持文学创作的动力之一。此后，路翎与胡风二人一直保持书信联系，胡风的指导提点，帮助路翎在文学道路上迅速成长。

　　1939年下半年到1940年，路翎先后在三青团宣传队、育才学校短暂工作，1940年夏，路翎被安排到白庙子国民政府经济部矿冶研究所工作。工作期间，路翎曾多次到矿井里参观，与采矿工人们密切接触。他了解到工

---

①引自朱珩青《路翎传》，大象出版社，2003年，第57页。关于路翎被开除的原因，并未有定论，本文仅引述路翎自己晚年的回忆说法。

②莎虹（路翎）《告别了"哨兵"》，原载《大声日报》1939年4月2日。

人们工作的真实情况：每天披星戴月，严寒酷暑不能休息，煤窑里没有任何的安全防护设备，经常出现矿工意外身亡的事件，甚至这附近还有专门埋葬死亡工人的乱葬坑。这给路翎带来了极大的冲击和震撼，他将自己的所见所闻记录下来，写成《黑色的子孙之一》、《卸煤台下》等小说，向大众揭露这些工人们的生存困境和精神挣扎。

1940年末的时候，经与路翎同在矿冶所工作的章心焯介绍，路翎结识了方管（即舒芜），三人一见如故，相谈甚欢。之后，路翎与方管结下了深厚的友谊，两人的创作和理论在不断地沟通交流中互相完善。每当方管聊得兴起时，路翎在一旁聚精会神地听这些经历，从这些见闻和描述中补充自己不曾体验过的生活，同时也酝酿新的创作，这就是《财主底儿女们》。这本书后来使路翎名声大噪，而书中蒋纯祖在石桥长小学那一段故事就包含了方管的影子。1941年2月，20万字的《财主底儿子》完稿，路翎将稿子交给胡风，请胡风审阅修改，但这时胡风已经接到党的任务要撤退到香港。来不及细看内容，胡风便带着这份手稿一起转移，不幸的是，在太平洋战争中，香港沦陷，手稿在战乱中遗失。

很快，他又开始构思自己的新小说。这部小说的来源是天府煤矿区一个卖香烟的寡妇，对于她的经历很少有人知道，但是人们却乐此不疲地在背后谈论她的私生活，这一幕被路翎捕捉到，感慨良多。路翎把自己这两年在矿场所经历和见闻的一切都融汇在《饥饿的郭素娥》里，他觉得郭素娥这样的女人才是最底层人所拥有的"原始的张力"，这才是底层民众生活的状态。

正在路翎描绘郭素娥这个女性画像的时候，胡风从香港返回重庆了，这使路翎喜出望外，重新构思《财主底儿子》也被提上了日程。

1942年5月间，路翎经方管介绍在南温泉国民党中央政治学校的图书馆作助理员。此后两年，路翎白天工作，晚上就在方管的小屋子里重新写作《财主底儿女们》。重庆的夏天潮热难耐，夜晚创作还要忍受蚊虫叮咬，除此之外路翎还有患有胃病，他经常忍着胃痛坚持写作，实在疼得受不了了，就把抽屉拉出来顶在疼的地方，然后接着写。在这样的环境中，路翎将两年的心血凝结成这部80万字的鸿篇巨制。《财主底儿女们》一经面世便引起轰动，获得文学界的一致好评和认可，路翎这个名字也牢牢镌刻在中国现代文学史上。

路翎还沉浸在作品被认可的喜悦之中，爱情的果实也接着成熟了。1944年8月15日，路翎和余明英正式结为夫妻。婚礼在北碚的兼善公寓举行，除了路翎的家人同事们，胡风也专程赶来给两位新人送上祝福。

进入1945年，8月10日晚，电台广播报道日本投降的消息，瞬间举国沸腾！路翎听到广播后非常兴奋，当即写了《中国胜利之夜》。8月下旬，余明英带着还未满一周岁的女儿先随中央通讯社乘飞机回到南京，路翎单独留在了重庆，等待机关的安排。直到第二年5月，他才与朋友从重庆坐车，一路穿山越岭到达宝鸡，5月26日晚在徐州乘坐直达浦口的"胜利号"特别快车，向南京的方向奔驰而去。

从少年到壮年，路翎人生最多姿多彩的十年留在了重庆，留在了北碚，在这里他朦胧的期待变为真切的现实，这片土地见证了路翎的成名成长。

（四）梁实秋

梁实秋，中国现代著名散文家、学者、文学批评家、翻译家，代表作散文集《雅舍小品》创造了中国现代散文著作出版的最高纪录，译作《莎士比亚全集》成为权威之作。

1938年秋天，梁实秋于武汉接受了张道藩的邀请，参加教育部"中小学教科用书编辑委员会"的工作，并担任教科书组组长，随后与部分迁渝政府部门一起来到重庆。随着日军频繁轰炸重庆主城，教科书编委会为躲避轰炸、寻求稳定的编辑环境，于1939年5月初，将办公地点迁至北碚，梁实秋一同前来。在北碚，为编好教材，梁实秋邀请了不少人参与具体的编写工作，他曾说："抗战期间我有机会参加了这一项工作，私心窃慰，因为这是特为抗战时期需要而作的。"[1]

到北碚不久后，梁实秋与清华同窗吴景超与龚业雅夫妇合资购得平房

---

[1] 宋益桥，《梁实秋传》，百花文艺出版社，2005年版，第352页。

一栋，作为居室。为便于和外界邮递交往方便，梁实秋建议用龚业雅的名字命名为"雅舍"。"雅舍"名字虽然风雅，但居住环境简陋，不仅与雅清无关还整日整夜遭受老鼠的侵袭，遇到疾风暴雨等恶劣天气时，经常要忍受屋内漏雨、屋顶灰泥崩裂的状况。梁实秋心态乐观，能寻觅到独特的乐趣，如他所说："细雨蒙蒙之际，'雅舍'亦复有趣。推窗展望，俨然米氏章法，若云若雾，一片弥漫。"①梁实秋在"雅舍"寓居了七年之久，其间无论是在文学创作上，还是在编译馆等的工作上，都成绩斐然。他在文学创作上首屈一指的要数带给他无限声名的散文集《雅舍小品》。

　　《雅舍小品》的创作契机源于一组约稿。当时，在重庆主办《星期评论》的刘英士约梁实秋在该刊物上支撑起一个专栏，言明每期一篇，每篇两千字。写过几篇后，相继获得好评。梁实秋的创作热情不断迸发，几十篇美如珠玑的散文在报刊上陆续刊出。作品先是在刘英士的《星期评论》上发表，此刊停刊后，又先后刊发于重庆《时与潮副刊》、南京《世纪评论》以及天津《益世报·星期小品》等报刊。直到抗战胜利后，梁实秋返回故乡北京，《雅舍小品》的创作也随之结束。

　　在北碚，梁实秋除了文学创作，还担任国立编译馆社会组主任兼翻译委员会主任。社会组主管战时民众读物以及剧本的制作，在梁实秋和老向（王向辰）的主持下，编出了二百多种民众读物。而梁实秋翻译委员会主任期间也颇有建树，其中，杨宪益与戴乃迭夫妇汉译英的《资治通鉴》尤为工程庞大、引人注目。这是梁实秋与编译馆馆长反复研究后确定要翻译的历史巨著，目的是为了向世界介绍中华民族的悠久历史。而作为翻译家的梁实秋，在抗战期间翻译了莎士比亚剧作《亨利四世下篇》，小说《咆哮山庄》及《吉尔菲先生的情史》等，推动中外文化的传播与交流。

　　1940年1月，国民参政会组织"国民参政会华北慰问团"，到前线慰问抗敌将士，梁实秋积极参加了这次行动。同年3月初，梁实秋回到北碚。1944年夏，其夫人程季淑带着三个孩子从北京出发，一路颠簸到北碚，历经一个月零四天，终于迎来全家团聚。一家人在北碚寓居两年后，于抗战

①　梁实秋，《梁实秋告辞》，原载《中央日报·平明》（重庆），1939年4月1日。

结束次年，踏上了返乡的路程，最终向北碚告别。

（五）端木蕻良与萧红

端木蕻良，"左联"著名作家，代表作品有《科尔沁旗草原》《大地的海》《江南风景》等。

萧红，中国现代文学著名女作家，代表作品《弃儿》《生死场》《呼兰河传》等。1938年与端木蕻良结为夫妻。

1938年8月，端木蕻良与新婚妻子萧红因战争在武汉滞留，两人商议之后，决定由端木独身一人先前往重庆，为两人安家置办做准备。①中旬，端木先行抵达重庆，随后前往复旦大学任教。一个月后，即将临盆的萧红经历了一路颠簸来到了山城。

端木蕻良到达重庆之后被复旦大学教务长孙寒冰聘任为新闻系兼职教授和复旦大学《文摘》杂志的主编，住在《文摘》杂志的门市部。由于先行的一个月中端木蕻良并没能为两人找到安置之处，萧红只得先在朋友范世荣家落脚。10月，萧红即将生产，需要有人陪伴照顾，端木蕻良无法整日从北碚到市区往返，萧红只能再次搬到好友白朗所住的江津白沙，等待生产。一个月后，萧红在江津的一家小医院内产下一男婴，产后第四天，孩子不幸夭折。

1938年11月底，萧红乘船离开江津，返回重庆北碚。回到重庆的萧红受旧友池田幸子邀请，入住米花街巷1号，与她同住的，还有日本友人绿川英子。②在米花街巷短暂停留了数日后，端木蕻良终于在重重困难下为两人找到了居住之所，房子位于歌乐山云顶寺上，这是端木蕻良为了萧红创作和休养而专门租赁的。1939年6月，萧红完成了散文《放火者》，并发表在七月份的《文摘战时旬刊》和八月份的《鲁迅风》上。这篇文章记叙大轰炸的真实情况，是萧红的亲身经历和个人感受，也是战时普通人生活状态、内心活动的真实写照。在歌乐山居住期间，萧红创作了大量的作品，包括散文《牙粉医病法》《滑竿》《林小二》《长安寺》及短篇小说

---

① 袁培力：《萧红年谱长编》，陕西人民出版社2019年3月版，第317页。

② 叶君：《从异乡到异乡——萧红传》，中国社会科学出版社2009年3月版，第339页。

《逃难》等。

为使端木蕻良免于奔波，1939年秋，得到学校批准，端木蕻良与萧红迁入复旦大学在北碚的教授宿舍秉庄。

萧红在北碚居住一年多，任复旦大学文学系教授，除教课外，还举办文学讲座，经常参加各种抗日宣传活动，完成长篇回忆录《回议鲁迅先生》，并开始动笔创作长篇小说《呼兰河传》。

在北碚期间，端木蕻良完成了长篇小说《大江》的创作。他的长篇著作《科尔沁旗草原》，这部从上海被日军轰炸时的火海中抢救回的佳作，历经六年坎坷，终于在此时再次获得了出版的机会。住在嘉陵江边的端木蕻良，无限思念家乡的乌苏里江，创作了歌词《嘉陵江上》：

那一天，敌人打到了我的村庄，
我边失去了我的田舍、家人和牛羊。
如今，我徘徊在嘉陵江上，
我仿佛闻到故乡泥土的芳香。
一样的流水，一样的月亮，
我已失去了一切欢笑和梦想。
江水每夜呜咽地流过，都仿佛留在我的心上。
我必须回到我的家乡，
为了那饿瘦了的羔羊。

我必须回去，
从敌人的枪弹底下回去！
我必须回去，
从敌人的刺刀丛里回去！
把我打胜仗的刀枪，
放在我生长的地方。

端木蕻良的同学、好友方殷（诗人，笔名芳茵，主持"文协"诗歌组工作）专程把这首歌词送去育才学校，请育才学校音乐组主任、创作了著名的《游击队歌》的贺绿汀（中共党员）谱曲①。

歌曲《嘉陵江上》，慷慨激昂，立即传唱开来。

1940年1月，孙寒冰邀请端木蕻良为香港大时代书局主编一套"大时代文艺丛书"。1月17日，端木蕻良和萧红离开重庆，前往香港。②在香港，萧红的《呼兰河传》完稿。

（六）部分文学家在北碚情况简介

除上述详细介绍的人士外，还有不少文艺工作者也于战时北碚留下过身影。他们或是跟随复旦等高校西迁至此而居，抑或主要在重庆工作，就近到北碚开辟新的文艺阵地。在北碚，这些文艺工作者们积极参加公共活动，他们以笔为剑，或鼓或歌，用灵动而充满力量的文字调动北碚民众的抗敌热情，也为战时北碚的文艺繁荣做出了努力。

郭沫若：七七事变后，在国共双方共同斡旋下，郭沫若由日本归国，担任国民政府军事委员会政治部第三厅厅长，统领战时文艺宣传工作，并于之后又担任文化工作委员会主任。自1939年起，郭沫若多次来到北碚工作，常住北碚兼善公寓和北温泉琴庐。在北碚期间，他多次到复旦大学、缙云山汉藏教理院等地演讲。1940年7月31日，郭沫若陪同法国总领事扬克列维奇夫妇参观汉藏教理院时，遇日军空袭，教理院太虚法师赶忙派管事将他们带往刚开凿的相思岩下防空洞躲避。警报解除后，郭沫若举目四望，黑烟滚滚，"日光为暗淡"。同行三人气愤难平，久久不能言语。回想5月北碚空袭，复旦大学教授孙寒冰罹难，郭沫若便题诗一首："无边法海本汪洋，贝叶群经灿烂装。警报忽传成底事，顿教白日暗无光。"③1942年，郭沫若所作的抗日爱国作品《屈原》在北碚上演，大获好评。热映同时，郭沫若在北碚做《屈原悲剧的意义》的讲座，引起极大反响。此外，他在北碚创作的作品还包括散文《雨》，诗作《游北碚》《晨浴北温泉》《和寿昌

① 李萱华：《北碚在抗战》，重庆：西南师范大学出版社，2016年3月第一版，第160页。
② 袁培力：《萧红年谱长编》，陕西人民出版社2019年3月版，第364页。
③《北碚发现田汉郭沫若墨宝先后题词见证重庆大轰炸》，《重庆晚报》，2013年12月17日。

原韵一首》《赠赵清阁》《赠张瑞芳》《题吴碧柳手稿》《敬吊寒冰先生》及《北温泉即兴》等①。

田汉：现代剧作家、电影编剧、小说家、诗人、文艺批评家。九一八事变后，田汉就开始在作品中表达民族情感和爱国精神，由其参与创作的电影风云儿女主题曲《义勇军进行曲》（词作者）、《毕业歌》（电影桃李劫主题曲）等皆为脍炙人口的抗日文艺作品。卢沟桥事变后，田汉辗转上海、武汉、长沙等地，参加文化界救亡工作，推动戏剧界抗日统一战线事业。参与组织中华全国戏剧界抗敌协会。1938年2月，到武汉参加国民政府军事委员会政治部第三厅，期间同洪深等人组建了10个抗敌演剧队、4个抗敌宣传队和1个孩子剧团。1940年田汉赴重庆。据载，是年6月，田汉以左翼文艺运动组织领导人的身份，携夫人来北碚视察，14日，应北碚实验区区长卢子英之邀，田汉在民众会场向北碚各界人士作了题为《巩固抗战必胜信念》的演讲，赢得民众阵阵掌声和欢呼声。6月16日，由陈子展等人陪同，游览了北碚缙云山。恰逢太虚法师率中国佛教国际访问团赴安南、缅甸、印度及南洋群岛访问归来，布置了一间陈列室展出各国政府、团体和佛教信众赠送的珍品、宝物。田汉一行作为第一批观众，由太虚法师亲自为他们进行介绍。兴致正高时，遇空袭警报，是日上午11时40分，北碚得到空袭警报，有日本军机进川。下午2时许，敌机经缙云山上空分批来袭，沿嘉陵江南下轰炸重庆市区。眼看敌机擦顶而过，田汉激愤地挥笔写下七言绝句一首："太虚浮海自南洋，带得如来着武装。今世更无清净地，九天飞锡护真光。"并题言："偕太侔、子展、双云诸兄及姗姊、维中等，登缙云山瞻仰太虚法师携归宝物，适遇警报，云敌机百五十架又来肆其残暴。今日为光明与黑暗之战，我僧伽同志在太虚法师领导下必能成为文化抗战之生力军也。"②（后郭沫若游山至此地再遇空袭，题诗为此诗续）（见上文）。在北碚期间，田汉还留下诗作《游缙云山》《登缙云山赠赵清阁》和《悼张自忠上将》等③。

---

① 政协北碚区第九届文史资料委员会：《抗日战争时期的北碚》，第422页。

② 《北碚发现田汉郭沫若墨宝先后题词见证重庆大轰炸》，《重庆晚报》，2013年12月17日。

③ 政协北碚区第九届文史资料委员会：《抗日战争时期的北碚》，第405页。

　　洪深：现代著名剧作家，戏剧、电影艺术家，30年代曾参与左翼文艺运动，全面抗战爆发后，洪深立即投身到抗日洪流之中。淞沪会战后，他组建救亡演剧第二队，奔赴徐州、开封、洛阳、郑州、武汉等地城乡进行救亡宣传，担任队长、编剧、导演和演员。1938年春，在武昌一次国民党召开的茶话会上，他当场怒斥汪精卫悲观亡国论。同年4月，国民政府军委会政治部第三厅成立，洪深任戏剧科科长。他和田汉一起，在周恩来、郭沫若的领导下，组建了10个抗敌演剧队，1个孩子剧团以及其他团队。年末，他还参与了长沙大火后的救灾工作。1939年2月，洪深跟随第三厅由桂林北上重庆，是月下旬抵达，与文协汇合开展抗战文艺工作[1]。据复旦校史资料记载，8月，洪深受邀来到北碚，向各界人士演讲《对于抗战前途的估计》，宣传"中国必胜，日本必败！"的结论[2]。此间，他还率国民政府军政委员会政治部教导剧团，在川北巡回演出，回到北碚后，创作带有川渝地域文化特质的四幕话剧《包得行》，被誉为"抗战以来可喜的丰收"。1944年独山失守，山城震荡，各处气氛微妙。据当时报刊记载，12月上旬，复旦大学校园人心惶惶，洪深受邀向学生做分析时事的公开演讲。洪深称自己不懂政治，只会写话剧，愿以话剧题材的处理方式来看待当前的局势。他把中国比作一个大家庭，认为只有兄弟团结，全家才能得救。懂事的小弟弟，根据救国大道理，提出团结合作的要求来；而不争气的老大哥却仍执迷不悟，真实令人心痛。在场学生深受感动，但特务学生却偷偷在夜晚贴出标语，辱骂洪深"色盲的'红'教授"，引起了进步师生的愤慨[3]。在北碚期间，洪深创作的剧目包括《醉梦图》《樱花晚宴》《黄白丹青》《五十年代》《西红柿与小锄头》《女人女人》《鸡鸣早看天》和英文剧《鹤顶红》等作品，导演了《法西斯细菌》《祖国在呼唤》《春寒》《黄花岗》等等。

　　[1] 古今，杨春忠编：《洪深年谱长编》，北京：中国戏剧出版社，2009年6月出版，第244—245页。

　　[2] 《复旦大学百年纪事》编纂委员会编：《复旦大学百年纪事1905—200》，上海：复旦大学出版社，2005年5月出版，第120页。

　　[3] 古今，杨春忠编：《洪深年谱长编》，北京：中国戏剧出版社，2009年6月出版，第298页。

曹禺：现代剧作家，戏剧艺术家。1938年到重庆，并随国立戏剧专科学校到川南江安县。1942年冬，受聘任复旦大学教授，授课包括《戏剧选读》、《英国文学史》等①，同时在国立戏剧专科学校工作②。翻译了莎士比亚名剧《柔密欧与幽丽叶》（即罗密欧与朱丽叶）。1943年3月，他曾为北碚社会服务处筹集事业基金③。在北碚期间，他主持演出了《清宫外史》《春寒》《日出》《家》和《蜕变》等话剧。

夏衍：现代剧作家，电影理论家，报告文学作家，早年参与左翼文学运动。1942年夏，夏衍在北碚北温泉疗养期间，创作了四幕话剧《水乡吟》，并把托尔斯泰的小说《复活》改编成剧本。《水乡吟》由中国万岁剧团在澄江镇排练公演。在北碚期间，夏衍与曹禺、陈白尘等名家合编《戏剧月报》，并曾在民众会场戏剧讲座上作《从事戏剧工作者的艺术良心》讲座。

王冰洋：现代作家，评论家。1938年来到北碚，在通俗读物编刊社任编辑。编辑出版了六七十种抗日通俗读物，如《血战垣曲》《大战午城镇》《开荒献粮》《将计就计除间谍》等。在北碚六年中，创作有《妻孥》《连翘树》《手枪和黄牛》《茶客》《荒谷早春》《远客》《毒根草》和《惠堂老伯》等作品④。

方令儒（女）：诗人，作家。1938年，任重庆国立戏剧专科学校教授。1939年，到北碚，任国立编译馆编审至1943年，后任复旦大学文学系教授。在北碚出版有散文集《信》和译文集《钟》等。

以群：原名叶以群，现代作家，文艺理论家。1932年加入中国共产党，担任"左联"组织部长。全面抗战时期，加入"文协"，任《抗战文艺》月刊编委。1940年夏，参加留碚作家北温泉座谈会后，在北碚召开通俗读物编刊社座谈会，讨论空袭期间，作家应做些什么工作，以及"文协"会刊《抗战文艺》出特刊等问题。"文协"北碚办公处成立后，他负责

---

① 田本相，阿鹰编：《曹禺年谱长编》，上海：上海交通大学出版社2017年1月出版，第320页。

② 兼任至1943年3月左右。

③ 田本相，阿鹰编：《曹禺年谱长编》，上海：上海交通大学出版社2017年1月出版，第317页。

④ 政协北碚区第九届文史资料委员会：《抗日战争时期的北碚》，第401页。

管理内务。1944年，任重庆文化联络处总编辑①。

卢前：原名卢冀野，现代诗人，古典词曲研究家。全面抗战时期，受聘为国民参政会议员。在国立礼乐馆工作，同时受聘为复旦大学教授。在北碚创作了《游北温泉诗》《嘉陵江晚渡》《梅花山张自忠上将墓》《国殇·悼张上将自忠》及《北碚赋》等诗歌。主要词曲著作有《南北曲溯源》《明清戏曲史》，诗集《春雨》等。1943年任《中华乐府》编辑，1946年任通志馆馆长，主编《草书月刊》。

叶圣陶：现代作家、教育家。1938年初夏来到北碚，写有《夜自北碚至温泉》五律一首。

史东山：剧作家、电影艺术家，中国电影奠基人之一，左翼作家联盟成员。全面抗战期间，在北碚任中国电影制片厂任编导、国立社会教育学院电影专业教授。拍摄由抗战四部曲《保卫我们的土地》《好丈夫》《胜利进行曲》《还我家乡》等影片。

杨村彬：原名杨瑞麟，现代剧作家。1940年，到国立戏剧专科学校任教授及教务主任。1942年秋，创作四幕历史话剧《光绪皇帝三部曲》②。

杨宪益：文学翻译家。1943年来北碚国立编译馆任编纂。在北碚三年中，将《资治通鉴》，鲁迅的《野草》《彷徨》，郭沫若的剧本《屈原》，阳翰笙的剧本《天国春秋》《离骚》《陶渊明》等翻译成英文③。

陈子展：现代作家、古典文学研究家、教授。全面抗战爆发后，任"文协"理事。1938年，随复旦大学来到北碚，任复旦大学中国文学系主任。在北碚的诗作有《寿郭沫若五十》《寿矛盾五十》《次韵剑岚》《张自忠将军挽诗》《诗人吴剑岚居北温泉在缙云山下，意有不适为作长句以广之》，散文《渝北学府区散记》等作品。

陈伯吹：现代儿童文学家。1942年底来到北碚，在国立编译馆工作，兼任复旦大学教授。在北碚三年中，创作的散文和诗歌有《乡心》《海思》《嘉陵江畔千人大合唱》《光荣人家》《题纪念册》《日历篇》和《嘉陵江纤

---

① 政协北碚区第九届文史资料委员会：《抗日战争时期的北碚》，第403页。
② 政协北碚区第九届文史资料委员会：《抗日战争时期的北碚》，第411页。
③ 政协北碚区第九届文史资料委员会：《抗日战争时期的北碚》，第412页。

夫曲》等。

陈树人：画家、诗人。全面抗战时任国民党中央党部海外部长，国民政府侨务委员会委员长。1939年，海外部迁来北碚蔡家场天印村余家院。曾在缙云山写生，吟诗："满囊画稿满囊诗，何悼烦寻造化师。不负蜀中好山水，大峨眉又小峨眉。"从此，缙云山"小峨眉"之名不胫而走①。

赵清阁（女）：现代文学家，剧作家。全面抗战爆发后，参加"文协"。1938年来到北碚，先任教科书编辑委员会委员，后专业写作。主编有《弹花》文艺月刊和《弹花文艺丛书》。在北碚六年，创作有五幕话剧《女杰》及多幕话剧《生死恋》《话》《潇湘淑女》《此恨绵绵》等。同老舍等合作有《桃李春风》《王老虎》等多幕话剧。其散文《卖琴》发表后，引起了社会广泛同情。在重庆《新民报》上化名连载杂文《骚人日记》。②

顾毓琇：现代剧作家，科学家。任国立礼乐馆副馆长。1940年，兼任国立音乐学院首任院长。1944年春，发起并参与编纂北碚地方志工作，担任修志委员会委员，负责撰写了《工业志》。在北碚期间，创作有《古城烽火》等9个剧本、一部长篇小说及大量诗词，诗词中有悼张自忠《挽诗》一首。后来，其创作的诗词编辑成《焦舍岑草》出版③。

梁宗岱：现代诗人，文学翻译家。1938年，随复旦大学来到北碚，任外文系主任。有论文《屈原》《非古变古与科学精神》，译文《罗丹》，传记《歌德悲德汶》，小说《交错集》，词集《芦笛风》以及《直觉与表现辩》等作品④。

靳以：原名章方叙，现代作家。1938年10月，到复旦大学任教，讲授国文，兼《国民周报》文学副刊《文群》编辑。在北碚期间，除写了大量短篇小说和散文外，1941年，发表了长篇小说《前夕》。《前夕》以日帝侵入中国后一系列重大的政治事件为背景，通过一个大家庭众多成员不同的经历遭遇，反映了抗战爆发前三年内动荡的社会生活。《前夕》触怒了国民

---

① 政协北碚区第九届文史资料委员会：《抗日战争时期的北碚》，第415页。
② 政协北碚区第九届文史资料委员会：《抗日战争时期的北碚》，第418页。
③ 政协北碚区第九届文史资料委员会：《抗日战争时期的北碚》，第421页。
④ 政协北碚区第九届文史资料委员会：《抗日战争时期的北碚》，第424页。

党当局，靳以被教育部解聘。1944年，重回复旦大学任教。[①]

三、有影响的美术活动

全面抗战时期，北碚的美术活动十分活跃，许多书画家来到北碚，他们勾勒山水，漫卷江川，以绘画和书画展等方式积极推动抗日救亡运动，深受地方民众的喜爱。

1940年初，北碚火焰山文艺社邀请中华全国木刻界抗敌协会在北碚展出木刻画300余件，引来2000余民众参观。同年夏，部分留日同学主办步行两万里文化长征抗敌诗画展览会，8月8日到达北碚，展出诗画作品800多幅。育才学校绘画组经常在北碚举办"星期画展"，并在《新华日报》上定期刊出《抗敌儿童画刊》，还出版过木刻画集《幼苗》。此外，冯玉祥也在北碚以写对联、画条幅等方式为抗日救国募捐。

1943年，潘韵、傅抱石、宋步云等来北碚写生、作画多幅。宋步云所创作的《白衣观音》，后塑立于温泉寺观音殿中。潘韵则创作了《前哨雄姿》《高风亮节》等抗日宣传画以及《孟良梯奇险》《黑白二水洗牛心》《峨嵋清音阁全图》《飞瀑漱苍崖》山水画。同年，徐悲鸿在北碚举办画展，为抗战募捐[②]。此前，他随中央大学内迁赴重庆，任教于艺术系。1941年，徐悲鸿由印度回国，辗转槟城、怡保、吉隆坡等地，举办画展，并将几年来卖画所得近10万元美金全部捐出用于抗战。次年，徐悲鸿还在重庆磐溪筹备成立中国美术学院。

1944年，丰子恺在北碚举办诗画展览。陈倚石在北碚举办侍女画展。

1945年，北碚举办各种画展10余次。其中，展出的"江西画派"先驱吕凤子的国画《罗汉》，深受赞美。吕凤子于1940年任国立艺术专科学校校长，1942年又在璧山创办正则艺术专科学校。此外，该年还举办了柳亚子和尹瘦石的"柳诗尹画联展"，获得郭沫若、徐悲鸿、翦伯赞、丰子恺、刘开渠、陈迩冬、陈翔鹤等名家的好评。此次展出作品中，包括尹瘦石于

---

① 政协北碚区第九届文史资料委员会：《抗日战争时期的北碚》，第426页。

② 政协重庆市北碚区委员会：《北碚老照片》，重庆：重庆出版社，2013年7月第一版，第69页。

国共和谈期间为毛泽东所作的写生肖像。同年春，汪子美、高龙生在北碚举办漫画展。高龙生的《忍痛奋斗呢还是当奴隶》《教授、教授、越教越瘦》，汪子美所作反映前方战士的鲜血滴滴落到贪官污吏举起的高脚杯里的《葡萄美酒夜光杯》，对国民党黑暗统治给予了无情揭露和鞭挞。近百幅震撼人心的漫画力作，受到广大观众交口称赞。周恩来、郭沫若参观预展后给予很高的评价。该画展后又在成都、万县、雅安等地巡回展出，历时3个月，观众达20万人次。汪子美是20世纪三四十年代非常有影响的漫画家，和丰子恺、张乐平、叶浅予、丁聪等老一辈漫画家同为我国第一届全国漫画展览会和全国漫画协会筹委会成员。全面抗日战争爆发后，他创作了大量漫画，刊登在《救亡漫画》《抗战漫画》等刊物上。而高龙生则是中国著名漫画家。九一八事变后，他参加抗日宣传队伍，转战于天津、上海、南京、武汉、桂林、成都、重庆等地，与老舍、叶浅予、赵望云等编刊物，出画报。《新民晚报》从南京迁重庆出刊，其特点是每天必有一幅漫画。读者打开当天报纸抢先看的就是漫画，其作者即是时称怪才的高龙生。

1946年3月，廖冰兄"猫国春秋"漫画展在北碚首展。作品多以猫鼠为题材对当时社会上的贪污、复员、竞选等现状，作了揭露和讽刺。漫画展得到王若飞、邓发、郭沫若、田汉、闻一多、李公朴等人的肯定。同年，杨仲子篆刻展、沈子善书法展分别在北碚举办。杨仲子在篆刻艺术和音乐教育等事业上颇有建树。1941年，他就已出任1940年在青木关成立的国立音乐学院院长。沈子善是复旦大学教授，从事书法教育、书法研究。1943年4月2日，沈子善与于右任、陈立夫、沈尹默等共同倡导成立中国书学研究会，会址就设在北碚。该会定每年的3月3日为书法节。1944年7月，沈子善创办了《书学》杂志，并任社长兼总编，聘请了六十多位专家学者作编辑指导委员。为了不辜负海内外同仁厚望和为了杂志社的生存，他于1944年7月登报碧书，创作书法一百种，在北碚举行展售，展品全部订购一空，共售二十四万元，全部捐赠杂志基金。①

---

① 重庆市北碚区地方志编纂委员会：《重庆市北碚区志》，重庆：科学技术文献出版社重庆分社，1989年12月第一版，第471页。

第三节　社会科学成就

一、中山文化教育馆

1933年3月12日，中山文化教育馆成立于南京，"致力于文化运动，推进民族文化之动力，阐明总理之主义及学说，树立我国新文化之基础"①，馆址位于南京总理陵园白骨坟一带（灵谷寺附近）②。自建馆起，馆长一直由孙科担任。孙科系孙中山长子。除为人熟知的政界活动外，孙科亦很早涉入学界。中山文化教育馆内分编译、研究两大部以及图书馆、事务室、文书室等部门。1937年11月，中山文化教育馆迁至北碚。

卢沟桥事变后仅3个月，中山文化教育馆研究部"根据总理遗教，研究国际上种种问题及复兴民族及各种方案，对于敌人的内部问题及抗战时的各种策略尤为注重"，从而制定发行《抗战丛刊》，力求指导包括"分析敌人虚实，暴露敌人弱点"、"宣布敌人阴谋、残暴和蛮横"、"暴露侵略者的罪状于世界人类面前"、"研究及计划全面抗战的方策"等四大项，"供抗日民众及民众指导者参考"③。内迁大后方，在陪都和北碚，《抗战丛刊》被赋予了更深层的时代意义。

离开南京后，《抗战丛刊》于武汉、重庆市区④、北碚柑子湾等地先后建立了办事处⑤，其栏目涉及内容不仅涉及广泛，且紧贴"抗战"的命题，目前已搜集1938年后出版的部分《抗战丛刊》主题列表如下：

---

① 黄英：《中山文化教育馆之成立》，《国际现象画报》（第二卷·第三期），1933年3月。
② 王鹏善主编：《中山陵志》，南京：南京出版社，2013年9月版，第247—248页。
③ 《特载：本馆研究部编行抗战丛刊缘起》，《时事类编·特刊》（第三期），1937年10月25日。
④ 具体地址先后位于"重庆商业场永龄巷四号"、"重庆新市区中一路四德里廿一号"、"重庆新市区中一路一百九十四号"。
⑤ 迁至北碚的时间应该不早于第92期的刊发时间，即1938年8月。

刊号	时间	主题	编著者
5	1938.2	《中国青年与抗日运动》	徐冰
9	1938.3	《我们必需要打个结果出来》	刘列夫
10	1938.3	《封锁海岸与对策》	李景禧
15	1938.3	《边疆民族问题与战时民族教育》	卫惠林
16	1938.3	《日本铁蹄下之东北农民》	陈正谟
18	1938.2	《日本人之病态心理》	张君俊
19	1938.2	《全面抗战与国民外交》	尹衍钧
21	1938.3	《长期抗战的收获是什么》	张君俊
22	1938.4	《抗战中的征兵问题》	唐崇慈
24	1938.4	《抗战与建国》	蒋星德
25	1938.4	《怎样才能彻底动员民众》	磷石
30	1938.5	《战时粮食动员问题》	殷锡琪
31	1938.5	《抗日经济战略》	寿进文
32	1938.5	《长期抗战的经济策略》	高叔康
34	1938.5	《抗战与体育》	黄金鳌
35	1938.6	《论日机轰炸我国之违法》	郭长禄
36	1938.6	《抗战时期的下层政治机构》	何曾源
37	1938.6	《抗战军事与新闻动员》	陈文干
38	1938.6	《人类公敌之日本帝国主义》	尹衍钧
39	1938.7	《抗战中之湖北形势》	蒋君章
41	1938.7	《战时小学教育实施法》	吴鼎
42	1938.7	《汉奸问题》	唐崇慈
43	1938.7	《怎样动员渔民大众》	刘铭基
44	1938.7	《抗战咯言集》	姚庆曾
46	1938.7	《战时儿童保育运动》	彭毓炯
47	1938.7	《日本金融动员之透视》	殷锡琪
50	1938.8	《抗战以来之外交与国际形势》	邓公玄
52	1938.8	《苏联出兵问题》	郑乐敷
53	1938.8	《战时乡村政制之改善问题》	何会源
54	1938.9	《抗战时期之地方财政》	黄豪
55	1938.9	《抗战建国中之农业经济政策》	胡元民
57	1938.9	《中日宣战问题》	杨一夫
67	1938.11	《中国的战时财政》	金天赐
71	1938.12	《战时新闻纸》	张友鸾
74	1938.12	《战时汽车安全驾驶法》	伍无畏
76	1938.12	《战时节约论》	王适
78	1939.1	《战时警察》	吴光韶
79	1939.2	《抗战戏剧概论》	赵清阁

续表

刊号	时间	主题	编著者
5	1938.2	《中国青年与抗日运动》	徐冰
80	1939.3	《怎样进行敌人后方工作》	王一青
82	1939?①	《抗战与天时》	宛书城
83	1939.4	《日本南进与太平洋形势》	黄德禄
86	1939.7	《西南工业建设方案》	施建生
92	1939.8	《抗战建国的文化运动》	侯外庐
94	1939.11	《战时的地方自卫》	何炯
95	1939.11	《怎样粉碎日寇的以战养战》	陈正谟
98	1939.12	《现阶段之征兵问题》	崔昌政
100	1940.2	《国民兵训练计划》	何会源
101	1940.3	《中国历史上的民族战争》	郭节述
103	1940.5	《密合战时教育的青年营》	吴溯初

当然，被迫内迁也确实多少影响了中山文化教育馆的工作，譬如此前在南京发行了三年有余的《中山文化教育馆季刊》并未随着该馆迁渝而立即复刊。作为一部综合性学术刊物，通过主编左恭、馆员王昆仑"牵线搭桥"，甚至在孙科的"默许"下，《中山文化教育馆季刊》曾一度颇为微妙地登载一些宣传马克思主义哲学、史学、经济学的进步文章，从而于国民政府的政治中心中显出一丝"亮色"②。一个"绝对排斥一切宗派成见"，以"集合全国学术人才""以最公允的态度，作各种学术专门研究"③为准则的开放思想平台被迫停刊，确实不得不让人深感遗憾。直到1943年4月，在各方努力下才以《中山文化季刊》之名复刊。在"重生"的发刊辞中，作者强调：《中山文化季刊》任务在于"阐明中山先生的主义和树立新文化的基础"，具体而言，"阐明国父主义必须同时观察认识中国的现状，比较研究各国的进步思想，接受并应用最新的科学方法"。针对当时中国的"现状"——"全民族的抗日战争"，作者强调"我们有一部分领土沦陷

---

① 原稿残缺．

② 吴小燕：《〈中山文化教育馆季刊〉及其党派色彩考察》，《中山大学研究生学刊（社会科学版）》，2011年第4期。

③ 《编后记》，《中山文化教育馆季刊》（创刊号），1934年7月31日。

了，但也有政治经济文化改造""必须把这些对于新形势的认识与从新的革命实践中获得的经验充实到国父主义里面去"。《中华文化季刊》的复刊发刊词表现出了的其紧扣构建"三民主义文化"的强烈诉求①，这一点也体现在其征稿启事上②。

但就其刊发的文章来看，其关注点其实十分宽泛，涵盖政治、经济、文化、教育、法律、文艺、民族、自然科学等多方面。可见"三民主义文化"的最终落脚点更多还是在于较为实际的学理问题上。在此列举1944年5月出版的《中山文化季刊》（第一卷·第四期）所录文章：

序号	文章标题	作者
1	《中国学术思想之演变与三民主义思想的渊源》	杨幼炯
2	《"民生主义计划经济"当前之实施》	饶荣春
3	《私有国营实现民生主义》	吴成
4	《中国的利息形态与利润形态》	王亚南
5	《中国银行业的起源》	寿进文
6	《落后国家工业化与国际分工问题》	杜若君
7	《论战后世界币制问题》	刘耀燊
8	《货币诸机能之分析》	戴明雯
9	《殷代帝国名谥世次世系家族与继承制研究》	吴泽
10	《吐蕃种族来源考》	翦伯赞
11	《中国中古时期之门阀》	方壮猷
12	《乾嘉时代的汉学潮流与文化史学的抗议》	侯外庐
13	《戴东园的哲学思想》	杨荣国
14	《笛卡尔之哲学及其在哲学史中的地位》	梁嘉
15	《莎翁悲剧"黎琊王"底最初版本写作年代与故事来源》	孙大雨

1945年9月，随着抗战胜利，《中山文化季刊》停刊。据统计，在后

① 《发刊词》，《中山文化季刊》（第一卷·第一期），1943年4月。
② 《本刊稿约》，《中山文化季刊》（第一卷·第一期），1943年4月。其中第一条即为"阐扬三民主义及三民主义为理论指导之学术论著"。

方，该刊物一共发行6期①。

中山文化教育馆另一个刊发的重要刊物是《时事类编》。《时事类编》创刊于1933年8月，以"研究世界上经济的、政治的诸种事实拿来作我们的参考"为己任，并制订三大"工作方针"：

（一）选译各国刊物上重要的政治的、经济的、文化的重要著述

（二）蒐集现世界各种重要统计

（三）介绍外人对于我们中国的政治、经济、文化、教育以及社会问题的批评与观察②

《时事类编》主要撰稿人有梅汝璈、陈洪进、李孟达、陈石孚等。值得注意的是，著名文学家胡风曾经在该刊物上发表了众多的翻译性文章，甚至《时事类编》和左联工作一度成为了胡风工作的中心③。全面抗战爆发后，《时事类编》亦跟随中山文化教育馆内迁，先行于1937年12月25日前往武汉，后于次年1月至重庆商业场永陵巷④，在汉期间，董必武曾经在该刊发表《怎样动员民众》一文⑤。内迁陪都后，梅汝璈担任该刊主编，李孟达担任副主编，编委会成员包括左恭、李庚、张君俊、陈洪进、高璘度和陈斯英。与《中山文化教育馆季刊》一样，《时事类编》刊载内容亦十分博杂，涉及学科范围极其广泛，其中对于政治、经济与外交层面关注较多，并且紧扣抗战时事。以1940年新年特刊为例，该期除一般文章外，还包括三个专栏，"短评"专栏包括《世界大战变化的关键》《美应对日实行全面经济封锁》《日本的"政治季节"》《国营工业中的劳动组织》等四篇文章；"敌情解剖特辑"专栏包括《一九三九年日本概观和一九四零年》《我们的斗争方针》《关于日本对外动向的若干参考资料》《中日战争与日本人民》《走向危机的日本对外贸易》等九篇文章，另有"转载"专栏，包括孙科《民国二十九年的新展望》和宋庆龄《中国工业合作社之意义》两篇文章。

① 王绿萍：《四川报刊五十年集成（1897—1949）》，成都：四川大学出版社，2011年11月版，第664页。

② 《卷头语》，《时事类编》（创刊特大号），1933年8月10日。

③ 千野拓政、朱晓进：《胡风与〈时事类编〉》，《中国现代文学研究丛刊》，1992年第1期。

④ 《本刊启示》，《时事类编·特刊》（第十八/十九期合刊），1938年8月1日。

⑤ 《怎样动员民众》，《时事类编·特刊》（第八期），1938年1月10日。

1941年12月7日清晨，日本海军悍然偷袭珍珠港，太平洋战争一触即发。《时事类编》对此也迅速做出反应，1942年新年特号中即登载有袁孟超《太平洋大战的初期战局》、李孟达《论太平洋战场》《短评：太平洋战争爆发以后》、临渡《短评：大战零感》等反映战况实时的文章，此外还刊发了孙科的《抗战最后胜利内外同胞应有的努力》及其在中枢纪念周报告……但颇为遗憾的是，这一期《时事类编》恰恰因太平洋战争爆发所导致的"物价波动，纸料印工价格飞腾上涨"而成为了绝唱。念及每期"出版数日即销售一空"[1]的盛况，不禁令人唏嘘。最终，《时事类编》自南京内迁后，留下出刊5卷101期的记录。

除了《抗战丛刊》《中山文化教育馆季刊》和《时事类编》外，中山文化教育馆还刊行了《天下月刊》、《中山文库》和《民族学研究集刊》。《天下月刊》是一部英文期刊，主攻文化学，力求传译中国文化自海外，自七七事变后南下香港出版，后因战事于1941年停刊，《中山文库》则为编译部的主业务之一，主攻翻译著作[2]。《民族学研究集刊》受战事影响，全面抗战期间仅出版5期，主攻民族、人类学，主编黄文山。1943年，在孙科的主导下，中山文化教育馆还曾建立"战后世界建设研究会"，刊印《战后问题论文》4集。

二、国立编译馆

1932年，国民政府教育部"为发展文化，促进学术暨审查中等以下学校用图书起见"[3]，特设国立编译馆，为此，教育部裁撤了编审处，原处长辛树帜（1894—1977）担任新的国立编译馆首任馆长。除审定图书外，其章程规定任务还包括编译审查各种专著图书、标本、仪器，编订学术译名，征集保藏奖进国内出版物[4]等，时有舆论认为"国立编译馆的责任至少

---

① 梅汝璈：《时事类编之第十年》，《时事类编·特刊》（第六十九/七十合刊），1942年1月1日。

② 王鹏善主编：《中山陵志》，南京：南京出版社，2013年9月版，第249页。

③ 《国立编译馆组织规程》，《教育部公报》（第四卷·第十九/二十期合刊），1932年5月22日。

④ 《国立编译馆组织规程》，《教育部公报》（第四卷·第十九/二十期合刊），1932年5月22日。

与中央研究院一样重大……编译馆办的不好可以把已成的知识成绩搅一个混乱"①。国立编译馆馆址初位于南京市成贤街，后迁至现玄武区天山路一军工厂址。1938年1月，国立编译馆内迁至陪都重庆，因日军轰炸，次年4月迁至江津白沙，到1942年8月再迁至北碚蔡锷路34号（现解放路一带）②，与原在此的一些机构合并。

迁往北碚前夕，编译馆曾经进行了组织扩充，在原总务、人文、自然三组的基础上增添教科用书、教育、社会三组，由教育部长陈立夫亲自担任馆长，原馆长陈可忠改任副馆长③。陈立夫早年求学于北洋大学，并远赴匹兹堡留学，担任过黄埔陆军军官学校校长办公厅机要秘书、国民党中央组织部调查科主任、国民党中央党部秘书长、国民党中央组织部部长等职。陈可忠清华学校毕业，后获公费求学耶鲁大学，次年得芝加哥大学硕士学位。1926年获芝加哥大学化学博士学位。1924年曾协助建立中国最早的化学团体——中华化学会，1926年起担任中山大学教授。编译馆改组建立前，陈可忠正因罹患肺病休养。

教科书审定一直是国立编译馆的主要工作之一，恰逢1942年教育部开始施行中小学教科书由国家统筹编订，陈立夫强调"用国家的力量，集合全国优秀的人才而编订的教科书"④，各地学校被要求采用国定教材；而合并了原本为"专编辑中小学各种教材用最"⑤而设立的教科用书编纂委员会后，国立编译馆的功能即由"审定"者转为"国定"者——它自然而然承担起国统区各地中小学教科书的编订工作。当时发行的国定教科书分"暂行本"与"修订本"，暂行本经多次修订后便成为所谓的"标准课本"⑥。

---

① 《长短评：国立编译馆》，《华年》（第一卷·第十一期），1932年6月25日。

② 朱敬平：《八年抗战中重庆的城镇住房》，《重庆文史资料·第9辑》，重庆：西南师范大学出版社，2006年10月版，第51页。

③ 《国立编译馆扩充组织》，《图书月刊》（第二卷·第一期），1942年1月。

④ 陆殿扬：《国定教科书编印经过及其现状》，《出版界》（第一卷·第六、七期合刊），1944年8月15日。

⑤ 《教部编辑中小学教科书》，《图书月刊》（第三卷·第一期），1943年11月。

⑥ 陆殿扬：《国定教科书编印经过及其现状》，《出版界》（第一卷·第六、七期合刊），1944年8月15日。

这其中，"国语常识"课本成为编译馆最先出版的国定教科书①，此后，编译馆还先后编辑了初小国语、常识两科，高小、初中的公民、国文、历史、地理四科。此外，编译馆还积极联络专家，帮助编辑包括初中博物、高中理化和师范教育教材……②从某种意义上来讲，由于当局禁止民间书局自行编订的教材进入课堂，国定教科书被认为带有思想钳制的色彩，"凡不符合三民主义的教材一律不用"③；但不可否认的是，抗战环境下，国定教科书对于宣传抗日作战，鼓舞国民士气也有着重要的意义，"七七"事变后，官方就要求其编辑中小学教材须重视"发扬国家民族意识道德以配合抗战军事"④，战时编定教科书的过程甚至可谓"把战争意识形态推向了前所未有的极端"⑤。

除了编订中小学国定教材外，国立编译馆也聚力编纂教育部"部定"大学用书，虽然不像国定中小学教材一样具有"强制""统一"色彩，但编译馆对此工作也绝没有一丝松懈。早在1940年9月6日，教育部便在北碚成立了大学用书编辑委员会，由顾毓琇主持。1942年，该部门与国立编译馆合并，编纂大学用书之务便由编译馆主导。据民国教育部《第二次中国教育年鉴》统计，北碚期间国立编译馆大学用书编辑出版数目情况如下：

年份	采选成书	公开征稿	特约编著	小计
1943	20	82	89	191
1944	1	1	6	8
1945	3	8	9	20
1946	2	11	3	16

① 张文、石鸥：《国定教科书:时代价值及其局限——从南京国民政府的国定教科书说起》，河北师范大学学报（教育科学版），2016年第6期。

② 陆殿扬：《国定教科书编印经过及其现状》，《出版界》（第一卷·第六、七期合刊），1944年8月15日。

③ 陆殿扬：《国定教科书编印经过及其现状》，《出版界》（第一卷·第六、七期合刊），1944年8月15日。

④ 中国第二历史档案馆辑：《国立编译馆关于编辑中小学课本注意发扬国家民族意识道德以配合抗战军事呈》，《中华民国史档案资料汇编·第5辑·第2编·教育1》，北京：档案出版社，1997年9月版，第455页。

⑤ 张文、石鸥：《国定教科书:时代价值及其局限——从南京国民政府的国定教科书说起》，河北师范大学学报（教育科学版），2016年第6期。

　　这其中在北碚期间成书的较为出名的"部定"大学用书包括钱穆《国史大纲》、朱自清《大学国文选》、王凤喈《中国教育史》、金毓黻《中国史学史》、刘仙洲《机械原理》等等，数目十分可观。据研究记载，北碚期间，编译馆完成了教育部相关书稿审查工作共计263部凡630册，本国及世界地图98例，大学用书250部，民众丛书50种，民众文库500种等等①。

　　国立编译馆的另一项重要工作是统一厘定科学名词。长期以来我国自然科学与技术发展落后于西方，晚清民国时期有了奋力追赶的趋势，也造成了相关领域内译名不一的窘境。如植物园林学中的"嫁接"（grafting）一词，在当时盖有"嫁接"、"接换"、"接木"、"接枝"、"接树"等译法，"学者苦之"②。针对于此，国立编译馆与各科学专门学科社团通力合作，担负起了统一科学名词的重责。据资料记载，截至全面抗战爆发前，国立编译馆已经完成了天文学、物理学、数学、化学命名原则、化学仪器设备、地质学、发生学、比较解剖学、气象学、矿物学、组织学、植物形态学、植物解剖学以及应用科学之药学、细菌学、免疫学、精神病理学、人体解剖学、电机工程、化学工程等的名词统一工作，并已计划将这一工作进展至人文社会科学领域③。内迁的颠沛过程并未影响国立编译馆的这项工作，在大后方他们还"取得比较理想的成绩"④，仅在北碚期间，编译馆又完成了关于昆虫学、人体解剖学、病理学、经济学、电机工程、化学工程名词厘定工作，增订了原有的《化学命名原则》，并为"还都"后出版相关学科名词标准的著作做好了准备⑤。

　　自建馆起，国立编译馆就一直翻译、发行了众多国内外科学、学术论著。而著名翻译家杨宪益（1915—2009）就曾经在北碚期间的编译馆担任过翻译工作，据其回忆，他与夫人合作翻译了《资治通鉴》从战国到西汉

　　① 苏朝纲：《国立编译馆与"部定大学用书"》，《出版史研究·第3辑》，北京：中国书籍出版社，1995年9月版，第191页。

　　② 曾勉之：《园艺术语》，《园艺》（第一卷·第二期），1935年8月。

　　③ 《人文学科名词工作近闻》，《国立编译馆馆刊》（第二十五期），1937年5月10日。

　　④ 廖七一：《抗战时期重庆翻译研究》，天津：南开大学出版社，2015年1月版，第256页。

　　⑤ 马祖毅等：《中国翻译通史·现当代部分·第3卷》，武汉：湖北教育出版社，2006年12月版，第133—134页。

的部分，翻译了《老残游记》；翻译了鲁迅的散文诗集《野草》、散文集《朝花夕拾》、小说集《呐喊》与《彷徨》；翻译了当代诗人艾青、田间等人的诗；当代戏剧家郭沫若、阳翰笙等人的戏剧作品，翻译了英国散文家查尔斯·兰姆（Charles Lamb，1775—1834）的代表作《伊利亚随笔》中的两篇、爱尔兰剧作家约翰·米林顿·辛格（John Millington Synge，1871—1909）的几部独幕剧、英国骑士派诗人罗伯特·赫里克（Robert Herrick，1591—1674）以及其他英国近代诗人作品。工作之外，杨宪益还翻译了陶渊明、李贺等人的诗、温庭筠的词、唐代说唱佛经的底本（变文）、从佛经典籍《法苑珠林》里选出的梁武帝时代沈约、范缜等人有关"神灭论"的辩论、苗族神话叙事创世诗等古籍[1]。在北碚期间有国立编译馆出版、翻译、整理的其他著作包括《日本通史》（古田良一著，张[2]钦亮译）、《法学通论》（高维濬著）、《无机化学》（华惕庵著）、《国文法详说》（陈子达著），等等。

1946年6月，国立编译馆"还都"南京，令人痛心的是，在东归过程中，由于所搭轮船在云阳县境内失火，其图书馆资料设备三十七箱尽数烧毁，编译馆工作人员5死3伤……至8月才返回南京天山路旧址，工作随机火热地展开，1949年4月，因内战等因素，馆务彻底走向停顿。[3]

三、《中国教育全书》编纂处

《中国教育全书》编纂处于1939年4月在中国辞典馆基础之上成立[4]。中国辞典馆由杨家骆主持，1930年成立于南京。抗战爆发后，中国辞典馆内迁北碚。新成立的《中国教育全书》编纂处就辞典馆馆址，位于北温泉公园观音殿[5]。

---

[1] 杨苡，赵蘅主编；李伶伶，王一心著：《五味人生——杨宪益传》，哈尔滨：北方文艺出版社，2015年2月版，第113—114页。

[2] 亦有写作章钦亮。

[3] 杨长春：《国立译馆述略》，《出版史研究·第3辑》，北京：中国书籍出版社，1995年9月版，第199页。

[4] 吴永贵：《民国出版史》，福州：福建人民出版社，2011年6月版，第253页。

[5] 《杨家骆发起创修〈北碚志〉》，http://www.beibei.gov.cn/ztzl/bbdfz/lsgs/content_48837

自晚清起，有志之士就一直在为提升国民科学文化素质而不懈努力。其中，编纂百科全书是一项重要且有意义的工作。清光绪二十九年（1903年），中国出现了最早用"百科全书"的出版物——《普通百科全书》。此后，由王云五主持的商务印书馆也计划出版一部大型百科全书，但可惜未能成行①。直到30年代，"国民党四大元老"之一的李石曾又有了发起出版《教育百科全书》的计划。

李石曾，早年曾发起和组织赴法勤工俭学运动。1925年，李石曾任清室古物保管委员会会长，随即在北京紫禁城建立"故宫博物院"。李石曾对于文教工作一直躬耕不辍，他极其仰慕法国百科全书派代表人物狄德罗，早在1906年就在撰写的《近世界六十名人》中介绍了狄德罗的《百科全书》②。1935年，他与夏承枫、李悚清、马客谈、沈子善开始酝酿《教育百科全书》事业。1938年，李石曾把百科全书编纂计划交国民政府教育部，并要求下拨经费予以支持，发起人中又增加了刘季洪和吴俊生。次年，教育部批准了李石曾的计划，并将书名改作《中国教育全书》，由教育部长陈立夫任总纂，李石曾、杨家骆、刘季洪、吴俊生、沈子善等任正副主编，《中国教育全书》编纂处也由此成立③。

作为编纂处的"东家"，中国辞典馆主持者杨家骆对于《中国教育全书》起到重要作用。杨家骆（1912—1991），他在建立中国辞典馆前曾担任商务印书馆《万有文库》编辑，1931年主编的《四库全书大辞典》出版，深受好评，此外，他还先后主编了《图书月刊》《时论提要月刊》④……辞典馆内迁北碚并接到编纂《中国教育全书》任务后，杨家骆负责了起草纂例和实际成书之责。1941年冬，杨家骆考虑到出版经费和印刷方面的困难，还曾决定与世界社与世界书局合作，由世界社提供资金，世界书局承担印刷任务，中国辞典馆负责编纂事宜。除几位主编外，一些知名学者也

①　宋应离，袁喜生，刘小敏编：《20世纪中国著名编辑出版家研究资料汇辑·第8辑》，开封：河南大学出版社，2005年9月版，第83页。

②　黄鸿森：《现代辞书过眼录》，北京：商务印书馆，2013年9月版，第16页。

③　倪海曙：《关于百科全书》，《辞书研究·1985年·第4期（总第32期）》，上海：上海辞书出版社，1985年7月版，第9页。

④　杨歆：《杨家骆先生及其文献学成就》，《图书情报工作》，2006年第2期。

被邀请参加编务，如钱基博就被邀请参与"东林书院""东林党""顾宪成""高攀龙"四个专题的撰写[1]，黄炎培日记提及其曾为编纂处之约，"草文一篇——《杨斯盛》"[2]、许寿裳日记也都提到了为编纂处撰写《俞曲园先生传》[3]……

至1942年前，在李石曾、杨家骆等编纂处、辞典馆学人的不懈努力下，《中国教育全书》已经完成了8000万字的集稿，并完成了《中国教育全书条目目录初编》。但令人遗憾又费解的是，在这关键时期，李石曾突然选择辞去编纂一职，《中国教育全书》的编纂工作也随即中止，编纂处亦于1942当年并入国立编译馆[4]，后者虽也有意继续完成出版《中国教育全书》，但不知何故未能成行……杨家骆与他的中国辞典馆则继续在缙云山下继续奋战书斋，取得了卓越的成绩，直至战后"还都"。

四、战时社会科学研究

除了上述平台外，还有众多云集北碚的学人们，烽火连天的日子里，他们用自己一腔热血在这片小城中留下了瞩目的成果。

（一）翦伯赞《中国史论集》

1940春天离开重庆后，翦伯赞（1898—1968）来到了北碚西向的歇马街道（当时行政上尚属于巴县）结缘于重庆郊外，这个小场镇留下了他人生中的六载岁月。据翦伯赞记述，当时的歇马场"不论新的元素怎样涌进，这个市镇始终保持着中古时期的面貌"，他居住在歇马场刘家院子，对附近的农民生活颇感兴趣，甚至见过一个为逃兵役的乡民砍掉自己手指的骇人场景。在这里，他撰写了一些零散的历史论文，尔后成《中国史论集》第一、第二辑，其中第一辑写于1940年，第二辑则写于1942年到1946年。

① 吴忠匡：《毕生勤奋读书著述的钱基博教授》，《中国当代社会科学家·第10辑》，北京：书目文献出版社，1987年12月版，第307页。
② 《黄炎培日记·第8卷（1942.9—1944.12）》，北京：华文出版社，2008年9月版，第63页。
③ 《许寿裳日记·1940—1948》，福州：福建教育出版社，2008年4月版，第668页。
④ 苏朝纲：《国立编译馆与"部定大学用书"》，《出版史研究·第3辑》，北京：中国书籍出版社，1995年9月版，第190页。

其间他曾往返于歇马、重庆市区和草街育才学校，奔波于教学和研究。在撰写第二辑的同时，翦伯赞也完成了巨著《中国史纲》的第一、二卷。

收录入《中国史论集》一二辑的文章共计40篇（第一辑21篇、第二辑19篇），其中除去两篇回忆性文章（《我所知道的董维键博士》《我的氏姓，我的故乡》）外，全为研究中国历朝代各领域的史学、文学论文，涵盖范围十分宽广，从先秦（《诸夏的分布与鼎高文化》《说中国的母系氏族社会》等）两汉（《论王莽改制及其失败》、《两汉的尚书台与宫廷政治》等）、魏晋（《西晋末年的"流人"及其叛乱》等）、唐宋（《杜甫研究》《论刘知几的历史学》《两宋时代汉奸及傀儡组织》等）、元明清（《元代中原人民反对鞑靼统治者的斗争》《论明代海外贸易的发展》《清代宫廷戏剧考》等）至近代（《论辛亥革命与中国历史之新的转向》《略论十八年前的"首都革命"》等），另有边疆学（《吐蕃人种起源考》等）和历史研究概论性文章（《略论中国史研究》《略论中国文献学上的史料》等）……尤其值得注意的是，结合全民族抗日战争的历史实际，翦伯赞专门撰写了《泛论中国抗战的历史原理及其发展逻辑——纪念抗战三周年》一文，全文分"中国历史走上了变革过程"、"抗日的民族革命战争是历史的必然"、"最后的胜利必然属于我们"等部分，以历史唯物主义的视角全面分析当下对日抗战的重要意义，并指出"抗日战争所担负的任务，是把中国从一个历史阶段转化到另一个更高的历史阶段，因此，它是进步的、革命的战争"[①]。

翦伯赞本计划撰写一个长达八卷本的中国通史，而在抗战时期仅完成了史前、殷周、秦汉三部分写作，尔后，翦伯赞将《史前史》《殷周史》合编，成为《中国史纲》第一卷，《秦汉史》为《中国史纲》第二卷。第一卷又分为前氏族社会、氏族社会、古代社会和前封建社会四个部分，分别介绍了中国人种起源、氏族社会形成、商族形成、初期封建社会形成以及关

[①] 翦伯赞：《泛论中国抗战的历史原理及其发展逻辑——纪念抗战胜利三周年》，《翦伯赞全集·第三卷》，石家庄：河北教育出版社，2008年1月版，第285页，此文最初登载于重庆《中苏文化》抗战三周年纪念特刊（1940年7月7日），原名《中国抗战的历史原理及其发展的逻辑——纪念抗战三周年》。

于先秦各时期生产力、家族制度、意识形态的问题，第二卷则主要介绍秦汉两朝起源、社会构造、经济构造、政权形式等诸多问题，值得注意的是，翦伯赞在《中国史纲》中，集中阐述了"西周封建论"的说法①，这使得《中国史纲》成为建国后史学界"古史分期论战"中的重要文本。《中国史纲》出版后，迅速引起较大反响，其所坚持的历史唯物主义原则也引起了一些非议。《图书季刊》称"与其名此卷曰史纲，毋宁名之史论"②，有读者赞其"这无疑是杰出之作，值得我们向一般学人推荐"③，而考古学家安志敏称"对翦氏之治史精神，固不胜钦佩，而其内容，则觉错误累累"④……

在并不算富饶的乡镇歇马，翦伯赞患了贫血病，"比一个正常人少一百万左右个红血球"，敌机不时来袭，他却只能自己挖掘一个仅能容纳两三人的防空洞。⑤冬冷夏热的气候，他也难以适应，这样的艰难时世让他深感"像一场怪梦"，但却在多年后仍说"一切的过去，我都怀念"⑥。正是在抗战的大时代里，身为历史学家的翦伯赞"栖迟重庆附近的山谷之间，书斋昼闭，鸦雀无声，日读古史，夜数繁星"，不忘"亡国覆社，感人之深且，而其史实之足以资吾人今日之鉴戒……"⑦。

抗战胜利后，翦伯赞携家人离开了歇马，两年后他发表了文章《回忆歇马场》。

（二）陈望道与复旦新闻馆

现位于北碚区东阳街道创造路社区 11 号有一大门顶端有镶嵌"潜庐"二字⑧的老屋，建于1939年，是一个木结构青瓦四合院，共有六间屋。抗

---

① 罗新慧：《说"西周封建论"》，《学习与探索》，2011年第3期。

② 《图书介绍：中国史纲（第一卷）》，《图书季刊》（新第五卷·第4期），1944年12月。

③ 余由：《"中国史纲"》，《国民日报星期增刊》（第1卷·第9期），1947年7月12日。

④ 安志敏：《书评：〈中国史纲〉》，《燕京学报》（第三十二期），1947年6月。

⑤ 翦伯赞：《回忆歇马场》，《人间世》（5），1947年7月12日。

⑥ 翦伯赞：《回忆歇马场》，《人间世》（5），1947年7月12日。

⑦ 翦伯赞：《中国史论集·序》，《翦伯赞全集·第三卷》，石家庄：河北教育出版社，2008年1月版，第5页。

⑧ 中共重庆市委党史研究室编：《重庆市革命遗址通览》，北京：中共党史出版社，2014年1月版，第141页。

战期间，复旦大学西迁北碚夏坝，潜庐原主人刘少隆为支持抗战，将其捐赠给复旦大学，之后成为了复旦大学著名学者陈望道（1891—1977）的居所。至离开前，陈望道共在这里居住了六年。

在夏坝复旦大学，陈望道任新闻系主任，讲授伦理学和修辞学两门课程。他授课常常于严谨中展示出不拘一格的特点，擅于从身边找寻课例。有次讲到动词用法，适逢阿图岛战役，他便特意谈到《大公报》以"美军登陆阿图岛"为标题，将"登陆"作为动词，比大多以"美军在阿图岛登陆"为报道标题更佳，显得很有力量。陈望道识才爱才，1944年复旦大学招生，一位名为张啸虎的考生作文考得一百分，打破复旦纪录，但数学仅得零分，陈望道认为其文笔极佳，为其争取到了破格录取资格，这些逸事后来也传为佳话。[①]……更重要的是，抗战胜利前夕，陈望道在复旦大学主持建立了第一个"新闻馆"，也是重庆第一个新闻馆，1945年4月5日，复旦新闻馆在嘉陵江旁林荫道的几座平房中落成，于右任亲自题写"复旦新闻馆，天下记者家"的对联，陈望道在典礼上发表《新闻馆与新闻教育》的演讲，强调："现在中国新闻教育机关急需解决的问题似乎有两个，一个是如何充实教学的设备与内容，使有志新闻事业的青年更能学以致用，二是如何与新闻事业机关取得更密切之联系，使学与用不至于脱节。筹建新闻馆便是想尝试解决第一个问题的一部分，以为解决第二个问题的基础"[②]。当天下午，复旦还在邵力子的主持下举办了"新闻事业机关与新闻教育机关如何取得密切之联系"的研讨会。[③]……陈望道的新闻馆内包括新闻系的办公室、会议室、资料室和图书馆，以及一个学生实习室，并校办复兴通讯社予以学生方便实践，同时不定期向重庆各新闻社发稿。[④]可以说，它不仅是中国新闻学研究中的有益探索，更让北碚成为中国新闻学教育之重镇。

---

① 李麟编：《复旦大学凭什么出名》，北京：同心出版社，2012年6月版，第93—94页。

② 陈望道：《新闻馆与新闻教育》，《陈望道全集·第5卷·论说》，杭州：浙江大学出版社，2011年5月版，第255页。

③ 《复旦新闻馆落成，上周举行开幕礼》，《燕京新闻》，1945年4月11日。

④ 游仲文：《北碚断忆》，《抗日战争时期的北碚》1992年10月版，第284—286页。

　　除了教书育人外，陈望道还在嘉陵江畔的东阳小镇留下了一些论著。作为文法革新的提出者，早在战前，他就曾经与陈子展、胡愈之、叶圣陶、沈雁冰发动"大众语运动"，创办刊物《太白》。七七事变后，陈望道发表《谈动词和形容词的分别》，涉及语法体系问题。紧接着，傅东华《一个国文法新体系的倡议》和金兆梓《炒冷饭》两篇文章掀起了文法革新的序幕，陈望道读了两篇文章后很快撰写读后感以跟进。1939年初，他发表《文法革新的一般问题》，提出"妥帖""简洁""完备"的三大目标，并主持了方光涛、傅东华、张世禄等人之间展开的文法革新论争。[①]……1940年秋，寄住北碚的陈望道继续发表文法革新研究文章，主要包括《论文法现象和社会的关系》《文法的研究》以及《〈评黎锦熙的新著国文法〉书后》三篇文章。《论文法现象和社会的关系》接续许杰《中国文法革新泛论》，再讨论语文、文法与社会关系的话题，特别指出不能将"文法现象"作为"社会的说明"，"五四以来，男女的地位的差别比以前少得多了，而文法的现象却就在那时候出现了'他''她'有别的习惯"[②]；《文法的研究》一文中陈望道强调："文法就是组织词语为辞白的规律，文法的研究就是辞白的组织研究"[③]。后来，陈望道将这次文法革新运动的诸多论文集合起来，于1943年元旦编整为《中国文法革新论丛》一书。他在序言中回顾了中国文法思想的进展以及文法革新运动的主张和论争，尤其在篇末写道："今天正是习俗所谓万象更新的日子，四周正狂放爆竹送旧迎新，我们这部革新论丛恰巧在这时候编成，希望它也能在文化建设上尽一点革故鼎新的使命。"[④]

　　潜庐的六个春秋不仅见证了陈望道的学者岁月，同样也见证了一段轰轰烈烈的进步文化斗争史。皖南事变后，国共关系出现紧张状况，但陈望道毫不畏惧当局的高压政治。复旦新闻馆随时可以听到延安的广播，他也

---

① 龚千炎：《中国语法学史（修订本）》，北京：语文出版社，1997年10月版，第108页。

② 陈望道：《论文法现象和社会的关系》，《中国文法革新论丛》，重庆：文韦出版社，1943年8月版，第226页。

③ 陈望道：《文法的研究》，《中国文法革新论丛》，重庆：文韦出版社，1943年8月版，第228页。

④ 陈望道：《〈中国文法革新论丛〉序》，《中国文法革新论丛》，重庆：文韦出版社1943年8月版，第1页。

曾运作周恩来与复旦民主、进步人士的接见①……虽然陈望道因此受到了校方与官方的恐吓与打压，但他始终坚持进步，坚持联合抗战，坚持民族国家利益。桂林会战后，他曾发文强调"中国的农民实在太对得起国家了！他们将'抗建'的重担，压在肩上，经过长长的七年了！""中国的青年们是否能在最后胜利的获得时，表现最大的动劳？是否能为上一代补过，作下一代示范？是否能与同盟国的青年们在战场上大大施展好手？"②……

1946年8月，陈望道跟随复旦复校回沪，离开了东阳小镇的潜庐。有报道称，离开北碚前的他生活已有些许艰苦，为筹措旅费甚至需要去"摆地摊"③。

（三）中国史地图表编纂社与《文史杂志》社

著名的历史学家、民俗学家顾颉刚（1893—1980）也曾经与北碚结缘。1943年冬，顾颉刚由四川宜宾柏溪来到重庆北碚。此前，他曾经历了丧妻之痛，又逢经济拮据，可谓走到了人生的一个低谷。

顾颉刚一直有编纂中国地图沿革图的希冀。此前，他曾经创办《禹贡》半月刊，当时他与金振宇策划合办中国史地图表编纂社，于是便来到北碚，寓居于黑龙江路8号的社址中④。中国史地图表编纂社致力于编纂地图、图表和爱国主义读物——包括中国和世界地理教课图、中国和世界地图、中国各省分县详图、中国及四川省立体模型以及第二次世界大战日记⑤，力求在历史上振奋中华民族精神，在地理上认识我国国情与世界现势。同年年底，顾颉刚与陈铎、金振宇、丁君匋、金擎宇等人商议，扩大编纂社为大中国图书局，经销和印制原上海亚光舆地学社和武昌亚新舆地学社的地图，邀丁君匋负责经理事宜，并在衡阳、桂林、贵阳、成都、昆

---

① 邓明以：《陈望道传》，上海：复旦大学出版社，1995年3月版，第183—186页。

② 陈望道：《"成败利钝，在此一举"》，《中外春秋》（第卅卷），1944年2月。

③ 涂闻：《陈望道摆地摊》，《海潮》（第二十八期），1946年10月27日。

④ 顾颉刚与胡适来往的书信，见［马来西亚］郑良树编：《顾颉刚学术年谱简编》，北京：中国友谊出版公司，1987年4月版，第231页。

⑤ 周顺之：《抗日战争时期迁驻北碚的国民政府机关和科研文教单位》，《北碚文史资料·第4辑·抗日战争时期的北碚》，政协重庆市北碚区委员会文史资料委员会，1992年10月版，第13页。

明等地设立大中国分局或办事处。图书局用新化国产纸印制的地图，供应大后方机关团体学校需要，普遍受到欢迎①。

顾颉刚另一工作是主编《文史杂志》，《文史杂志》创刊于1941年，据顾颉刚回忆，杂志创刊之时，正值敌机疯狂轰炸重庆，面对战争的残酷和敌人的疯狂，顾颉刚感慨"战事不知何日终了，我们不知再可活几天，如果我们不把这星星的火焰传衍下去，说不定我们的后人竟会因此而度着一个长期的黑暗生涯。历史的传统是不能一天中断的，如果中断了就会前后衔接不起来。我们都是服务于文化界的人，自己的生命总有中止的一天，不值得太留恋，但这文化的蜡炬在无论怎样艰苦的环境中总得点着，让好孑遗的人们或其子孙来接受这个传统。这传统是什么，便是我们的民族精神，立国根本"②。《文史杂志》社址最初位于重庆上清寺聚兴新村21号，后迁小龙坎戴家院、柏溪宁静山庄，最后来到了北碚黑龙江路8号。而《文史杂志》先后由独立出版社、商务印书馆、中华书局、中国出版股份有限公司印行③。《文史杂志》侧重哲学、文学、历史学、民族学等问题，曾推出包括"中国社会史"、"古代史""近代史"、"西北专号"、"四川专号"等多种专号，并紧贴抗战时事，反对"为研究而研究"，"所讨论的问题务使之与现实发生联系，俾能对于国家有相当的贡献，并窃不自揣，希望能借此以造成一种新的学术风气"④。

以1944年7月在北碚出版的第四卷·第一/二期合刊为例：

---

① 钟凤：《顾颉刚普及史地知识》，《文史资料选辑·总第39辑》，上海：上海人民出版社，1982年6月版，第145页。

② 李丛：《顾颉刚与〈文史杂志〉》，《重庆文史资料·第4辑》，重庆：重庆出版社，2001年1月版，第233—234页。

③ 王绿萍编著：《四川报刊五十年集成 1897—1949》，成都：四川大学出版社，2011年11月版，第588页。

④ 王绿萍编著：《四川报刊五十年集成 1897—1949》，成都：四川大学出版社，2011年11月版，第588页。

序号	篇名	作者
1	《论历史癖》	杨钟健
2	《秦汉时代的民族精神》	史念海
3	《汉志郡县名释例》	康光鉴
4	《许慎之著述》	张震泽
5	《辛亥招募革命骑兵记》	张西曼
6	《文人画之源流及其评价》	陈中凡
7	《伦敦煌千佛洞的管理研究》	方囘
8	《〈老残游记〉一集考证(附刘鹗年略)》	蒋逸雪
9	《关于蒋逸雪先生所作〈刘鹗年略〉》	刘大钧
10	《费嘉乐的婚姻》	〔法〕包马晒 吴达元

除了担任主编之外，居北碚期间，顾颉刚也积极在《文史杂志》上发表文章，如1944年，他在一二期合刊发表《齐桓公的霸业》，1945年发表《黄河流域与中国古代文明》《诗经通论序》《题敦煌千佛洞壁画留真》《北碚扩大联谊会题名记》（10月，抗战已结束）。在此期间，顾颉刚还在《真理杂志》上发表《读左传杂记》①。

自抗战结束前，顾颉刚还在北碚担任边疆语文编译委员会副主任委员、中央大学中文系和历史系教授兼出版部主任②、中国史学会常务理事、齐鲁大学国学研究所主任，复旦大学教授等职，并于1944年前往大足、合川等地考察。

（四）金刚碑勉仁书院

金刚碑（原名金刚碚③）古村位于北碚缙云山麓，嘉陵江畔，温塘峡口。抗战时期，金刚碑所在地坡陡林茂，不易被前来轰炸的日机发现，其周边建有大量的机关单位和学校，包括国民政府统计局、草堂国学专科学

①〔马来西亚〕郑良树编：《顾颉刚学术年谱简编》，北京：中国友谊出版公司，1987年4月版，第232页。

②王煦华：《顾颉刚先生主要学术活动年表》，《文献》丛刊编辑部编：《文献·第8辑》，北京：书目文献出版社，1981年10月版，第14—15页。

③傅振伦：《〈北碚志〉列目》，《傅振伦方志论著选》，杭州：浙江人民出版社，1992年4月版，第538页。

校，国立国术体育专科学校、正中书局等。因之，众多学人也云集于这里，至少包括晏阳初、傅抱石、竺可桢①，以及地质学家翁文灏、杨钟健（曾在金刚碑附近发现恐龙化石）和被称为"国术大师"的武术家张之江等等，……如果说北碚是"小陪都"的话，那么当时的金刚碑就可谓是"小北碚"。

在金刚碑的众星熠熠中，梁漱溟虽然居住时间不算最长，但他却给这个偏远的山野之地带来了不可磨灭的启蒙之光。1941年，梁漱溟（1893—1988）将在璧山来凤驿创办的勉仁中学迁至北碚金刚碑，并同时成立大名鼎鼎的勉仁书院（旧址位于现川仪四厂内）。梁漱溟采用低收费的方式，接纳更多有意愿学习的青年，学校坚持"非党化"原则，不上官方安排的公民课。近一步来讲，勉仁中学和书院是梁漱溟新儒学教育思想研究与实践相结合的产物。梁漱溟规定将《论语》作为教材，他亲自编写讲义，教授仁义礼智信，了解儒家先贤孔子的言行思想和"修身齐家治国平天下"主张，继承文化遗产，弘扬民族文化。同时，学生还需要必须参加校农场的劳动锻炼，实行勤工俭学，培养脑体结合的建设者，自办伙食团，管理宿舍、教室、公共处所、环境卫生等；学生必须记日记，以利学生"品德"、"学业"、身心的健康发展；实行班主任责任制，每天主持朝会（类似勉仁斋朝会），对学生全面负责，进行指导、督促、检查。②……"勉仁"二字本就是梁漱溟对儒学思想的一种提炼，"仁以立志，奋勉求学"、"勉以行仁"。他曾描绘理想的教育景观："大家互勉共进，讲求策励，极为认真。如在冬季，天将明未明时，大家起来后在月台上团坐。疏星残月，悠悬空际；山河大地，一片静寂，唯闻更鸡喔喔作啼。此情此景，最易令人兴起。特别的感觉心地清明、兴奋、静寂，觉得世人都在睡梦中，我独清醒，若益感到自身责任之重大……"③，此中颇有"沂水舞雩"之气质。勉

---

① 杨力：《解放行动委员会会址》，《重庆文史资料·第8辑》，重庆：西南师范大学出版社，2005年8月版，第320页。

② 杨孝容：《梁漱溟"勉仁"学校的定位及其文化价值：以重庆缙云山为例》，《重庆社会科学》，2010年第8期。

③ 梁漱溟：《朝会的来历及其意义》，《梁漱溟全集·第2卷》，济南：山东人民出版社，2005年5月版，第40—41页。

仁中学和勉仁书院因其私立自办性质，官方几无赞助，全靠私人捐赠，抗战期间，要获得足够的资金，实属不易，端赖梁漱溟苦心经营，学校终究坚持到了抗战结束。

梁漱溟亦聚力建构自己的儒学理论。1941年，南赴香港途中他正式动笔著作《中国文化要义》，几经周转，梁漱溟最终于抗战后回到北碚金刚碑勉仁书院（时已迁至三花石"花房子"，现四川省总工会重庆北温泉疗养院内），此书也于解放前夕写成。

（五）《北碚志》修订始末

中国历朝地方政府历来重视修志工作。1942年，经四川省政府转报国民政府行政院批准，北碚由原来的实验区署改为北碚管理局，成为完全的县一级地方政府，因之，北碚的修志工作也迫在眉睫。1943年春，北碚地方政府"迁建区内机关、学校、邑绅合修志书"①，其中，顾颉刚被任命为主任委员，傅振伦、杨家骆为副主任委员（傅振伦兼任修志馆长）；参与编修的还包括史念海、苏渊雷、方诗铭、严耕望、侯光炯等等②。

1944年12月28日，傅振伦于北碚天津路25号拟定出《北碚志》例目。其前言论其力图涉及"政党之活动，政治之情况，迁建事业之设施，社会经济之动态，以及人民抗敌情绪之表现"③。根据例目制定，《北碚志》凡例纲目的大体结构如下④：

① 诸葛计编：《中国方志两千年通鉴·上》，桂林：广西师范大学出版社，2016年9月版，第756—757页。

② 邵建鸣：《传统的新变与当代的启示——论民国〈北碚志〉的创修与价值》，《第三届中国地方志学术年会两岸四地方志文献学术研讨会论文集》，北京：方志出版社，2014年12月版，第680—681页。

③ 傅振伦：《〈北碚志〉列目》，《傅振伦方志论著选》，杭州：浙江人民出版社，1992年4月版，第536页。

④ 傅振伦：《〈北碚志〉列目》，《傅振伦方志论著选》，杭州：浙江人民出版社，1992年4月版，第537—550页。

考略目	篇目
卷首大事谱	
地理考	释名篇
	疆域篇
	地形篇
	气象篇
	地质土壤篇
	物产篇
政治略	户口篇
	地政篇
	粮政篇
	财政篇
	警卫篇
	兵役篇
	建设篇
	礼制篇
	司法篇
	外事篇
	迁建事业篇
	参议篇
经济略	农业篇
	水利篇
	工业篇
	商业金融篇
	民富篇
	交通篇
文教略	教育制度篇
	学校篇
	社会教育篇
	学术事业篇
	古迹古物篇
	艺文篇
	民间文艺篇
	民间艺术篇
社会略	社会组织篇
	社会事业篇
	社会灾害篇
	社会病态篇
列传	
聚落	
别录	

　　顾颉刚后来对列目进行了些许修改，如对经济略的篇目进行了大大的细化，包括农林、土地利用、森林、畜牧、桑蚕、渔业、交通、水利、工业、矿冶、电力、金融、商业、民富、合作事业等，并对每个略目、篇目的编纂对象做出了具体安排。如文教略中，马客谈负责学校篇，李清悚负责社会教育篇、杨家骆负责学术事业和艺文篇，方诗铭负责民间文艺篇，朱锦江负责艺术篇，古迹古物篇由傅振伦负责①，志书编纂调动了包括中央研究院气象、物理、动物、植物、物理、语言、历史等研究所、中央地质调查所、矿冶研究所、中国地理研究所、中央农业试验所、中华教育电影制片厂、国立礼乐馆、国立编译馆、中国辞典馆、复旦大学、江苏医学院、《文史杂志》社、中国林学会、汉藏佛学苑等大量北碚及重庆相关机构学人、职工参与，"集中实力之雄厚，为方志史上所罕见"②……经过诸多同人日以继夜的奋战，《北碚志》部分篇章于抗战胜利前夕编成。

　　最终，定稿下来的《北碚志》与《遵义新志》《城固县志》共同成为区域地理学派所修之三部代表志书。地理学者陈正详称：我国所有方志，除抗日战争时期所编著的极少种外（如中国地理研究所代理之《北碚志》、国立浙江大学史地系所编之《遵义新志》、西北联合大学史地系所编《城固县志》等），皆未能名符相实，成为真正的地方志"③，有学者称其"开方志体例之先河"，《北碚志》还影响到了后来编纂的《大足石刻略》《鹿港镇志》《宜兰县志》……相对于之前的地方志，《北碚志》也凸显了对新生事物的重视。在交通志中所记录的航空、滑翔机等，可谓"传统的新变"④。

　　① 全部编目可见：《附录：〈北碚志〉篇目及作者》（原载于《纪念顾颉刚学术论文集》，巴蜀书社，1990年版），《傅振伦方志论著选》，杭州：浙江人民出版社，1992年4月版，第551—554页。
　　② 傅登舟：《民国时期方志纂修述略》，《文献》，1989年第4期。
　　③ 曾星翔：《傅振伦方志思想研究》，北京：中央文献出版社，2007年11月版，第139页。
　　④ 邵建鸣：《传统的新变与当代的启示——论民国〈北碚志〉的创修与价值》，《第三届中国地方志学术年会两岸四地方志文献学术研讨会论文集》，北京：方志出版社，2014年12月版，第679页。

<h2 style="text-align:center">第四节　报刊媒体的勃兴</h2>

　　抗战时期，随着高校等文化机关的内迁，原本在上海、北京等中心城市的各种报纸、杂志也纷纷转移。重庆作为战时陪都，发行的刊物"达到900种以上，数量之多，品种之全，在全国居首位"①。而对于当时有"小陪都"之称的北碚而言，由于地理环境优越以及地方当局的重视，进驻文化机关的数量也相当可观。这些进驻北碚的文化机关，一方面建立了一批如《新华日报》北碚发行站、中苏文化杂志社等重要的刊物发行机构，另一方面还出版了种类繁复的报纸、杂志。这些刊物发行机构和报纸杂志，成了陪都文化语境中的一道新景观。与刊物发行机构不同，抗战时期北碚刊物的情况要复杂许多。它们大致可以分为三类：其一是以复旦大学、兼善中学为代表的校办刊物，如复旦大学的《复旦同学会会刊》《复旦青年》《文摘》，兼善中学的《突兀文艺》等；其二是国立编译馆、国立礼乐管、大中国图书局、中山文化教育馆等各种文化机关，在北碚的编印机关出版的刊物，如国立礼乐馆出版的《采风》《礼乐》，中山文化教育馆出版的《抗战特刊》《抗战丛刊》《中山文化》季刊等；其三是北碚实验区署名的本地类刊物，如《嘉陵江日报》《北碚月刊》《北碚实验剪报》等。这些命名繁杂，风格各异，理念不同的刊物的创办，及其各种刊物发行机构的建立，在表明北碚报刊媒体勃兴的同时，也揭示着它作为抗战时期大后方文化诺亚方舟的光辉历史。

一、《嘉陵江日报》

　　《嘉陵江日报》创建者为卢作孚，他"自任社长，并主持社务工作"②。报纸创刊于1928年3月4日，终刊于1949年12月15日，历时20多

　　① 向纯武：《抗日时期的四川报刊》，《抗战时期西南的文化事业》，成都出版社，1990年版，第364页。
　　② 文履平：《重庆市志·报业志》，重庆出版社，2000年版，第34页。

年之久。《嘉陵江日报》原名为《嘉陵江》报，初为3日刊，石印，同时附刊《新生命》画报（该报1930年停刊）一起发行。1928年10月改为间日刊，1931年1月1日正式更名为《嘉陵江日报》，并将间日刊改为日刊，每日发行约500份。1931年起，报纸开始尝试独立经营，经费单纯依靠报费收入。1934年5月16日，报纸正式开始独立经营，报纸印刷也由石印改为铅印，日出一中张，日发行量增加到了700份左右。1936年北碚峡防局改组为试验区，《嘉陵江日报》改由试验区管理。抗战爆发后，由于大量文化机关与学术机构迁入北碚，《嘉陵江日报》的发行量再次增加到每日1000份以上。1946年到1947年11月，《嘉陵江日报》停刊一年多时间，复刊后报纸并更名为《北碚日报》。直到终刊，《嘉陵江日报》共出版6358期。就发行范围而言，《嘉陵江日报》主要是在北碚峡防局48场内，试验区建立后，发行范围则主要围绕北碚所属的5个乡镇。[①]《嘉陵江日报》主要报道北碚本地事件，发行范围也集中在北碚所辖区域[②]。

按照卢作孚的计划，初创期《嘉陵江日报》的传播内容"只以现代的国防、交通、产业、文化四大问题为中心"，其目标在于使北碚读者能逐渐认识到"现代是一个什么样的世界"。正如卢作孚在《介绍嘉陵江》中所言："三峡有许多地方，我们要在三峡做许多什么事业，做到什么程度，怎么做，各位朋友，都可以从《嘉陵江》上看出来呵！我们是专门帮助三峡的——不止三峡的——各位朋友的，我们很关心各位朋友：家庭好吗？职业好吗？居住的地方好吗？身体上健康吗？精神上快乐吗？却苦不能一个一个地来与各位朋友闲谈闲谈，谈些好的生活方式，只好请这位小《嘉陵江》当代表登门拜访。"[③]《嘉陵江日报》因诞生在北碚乡村，所以报纸在创办伊始就定下了六大特色：白话浅显、编法简要、新闻丰富、送报渠道迅速、有娱乐消遣、有常识介绍。[④]事实上，早期的《嘉陵江日报》在编辑

---

① 高瑜：《基于现代化视野的北碚乡村建设传播实践研究——以〈嘉陵江日报〉为例》，重庆大学2010年硕士学位论文，第19—20页。

② 张瑾：《抗战时期中国共产党在重庆的舆论话语权研究》，重庆出版社，2015年版，第70页。

③ 卢作孚：《介绍嘉陵江》，《嘉陵江》1928年3月4日。

④ 卢作孚：《请看嘉陵江六大特色》，《嘉陵江》1928年3月4日。

理念上确实践行着卢作孚所规划的发展蓝图。据不完全统计，早期的报纸上经常刊载的议题包括：教育改革、妇女解放、农业科技推广、银行理财、医院就诊等现代生活观念。在栏目设置上，除去讨论上述严肃的问题外，报纸还设有"余闲"、"随变谈笑"、"游记"等消遣娱乐栏目。报纸语言，基本采用白话文，通俗易懂。

从1934年7月开始，《嘉陵江日报》由石印改为铅印，版面扩为对开四版，报纸容量增大，增加了副刊、广告版，基本摆脱了之前本地小报的发展模式。在版面安排上，第一版为中外新闻和本省新闻；第二版为峡区新闻和转载（开始转载《大公报》等报纸）；第三版为专刊和机动处理（专刊、副刊/重要讲话和文件）；第四版为广告（不仅有北碚，还有四川和重庆的银行、商号广告）。①

1938年，北碚成为国民政府陪都的迁建区，大量文化机构和文化人迁移到北碚。读者群的变化使《嘉陵江日报》随之改变。在《今后本报的新姿态》中，编者说道：

本报在最近几个月中，几乎一个月有一个改变。在几次变革当中，除了自我评判之外，更多接受各方面及爱护本报的读者底评判。我们在最近，归纳研究的结果，觉得我们可怜的乡村，实在没有什么可供阅读的报纸，虽然一般的报纸，是够好了，可惜我们的兵农工商大众，无法接受，因此，深深地感觉到我们乡村报纸，要为我们可怜的乡农小工商业的人们，另开一条道路，与我们的兵农工商大众生活息息相通，一方面使抗战的消息迅速而经济地传达到每个乡村的角落，一方面使我们兵农工商大众，在每天除了得到抗战消息之外，还可得到丰富的'常识'和有趣的'文艺'，这些都力求适合大众的程度和需要，并要制民众课本，供大众每日的读诵，我们情愿不受宗绅先生的欢迎但我们不能不使劳苦大众满意，这是本报今后的动向。②

显然，这不仅明确了《嘉陵江日报》的读者群和办报理念，还指明了

———————————————————————

① 高瑜：《基于现代化视野的北碚乡村建设传播实践研究——以〈嘉陵江日报〉为例》，重庆大学2010年硕士学位论文，第26页。

② 《本报今后的新姿态》（完），《嘉陵江日报》1938年8月7日第2版。

今后的发展方向：一是加强对普通群众的抗日宣传；二是服务群众的日常生活和休闲的需求。同时，在报纸的版式上也出现了新变化，报头"嘉陵江日报"使用的是国民政府主席林森的题字，报纸恢复了中张篇幅，为对开两版，报头不再位于右上方，而是出现在正上方的中间，左右两端均留有报眼。报纸的头版和报眼等醒目位置，"每日必有抗战收音消息"①。此外，副刊也是1938年后《嘉陵江日报》的一大变化之一。1938年的副刊十分单一，仅有《嘉陵副刊》，一般登载抗日散文与诗歌。从1939年1月起，报纸上逐渐出现了《地方教育》（每周出版一期）、《现代园地》《农民周刊》（均为一年前因篇幅缩减而停刊）、《通俗文艺》《社会问题》（新设副刊）等副刊，丰富了报纸内容。

　　1945年11月23日，《嘉陵江日报》宣布胡弗主持编辑工作。胡弗本是一位国民党中统特务，他的到来使北碚管理局一时难以应付。1946年8月28日，政府借口经费不足，宣布停办《嘉陵江日报》，这才摆脱了这位特务对报纸的控制。②1947年11月，《嘉陵江日报》复刊，复刊后的报纸改进了印刷、整理了编辑部、调整了编辑人员，报纸质量有所提高。报纸在版面和内容上较之以前，变化不大。副刊以《现代园地》为主，并不定期出版《北碚农民》《妇女与家庭》《讲习资料》等。

二、《北碚月刊》

　　《北碚月刊》原名《工作周刊》，创办于1933年，创办者为卢作孚。《北碚月刊》是由嘉陵江三峡乡村建设试验区《工作月刊》编辑部出版，嘉陵江日报社发行的杂志。1933年3月23日至1934年3月3日该刊名为《工作周刊》（从第10期起刊头分别用赵仲舒、卢作孚、卢子英、黄子裳等人题字），共出12期，1936年8月25日更名为《工作月刊》，并启用新的卷号和期号，1937年1月1日更名为《北碚月刊》，1949年11月30日在出完第4卷第1、2合刊后停刊。

---

　　① 文履平：《重庆市志·报业志》，重庆出版社，2000年版，第34页。

　　② 高瑜：《基于现代化视野的北碚乡村建设传播实践研究——以〈嘉陵江日报〉为例》，重庆大学2010年硕士学位论文，第29页。

　　《工作周刊》时期，刊物每周四出版一次，刊物是免费的，随着《嘉陵江日报》赠送给订阅者。关于《工作周刊》的创刊目的，卢作孚在《〈工作周刊〉所贡献的和所贡献于〈工作周刊〉的》中有详尽阐述：

　　　　我们的工作，工作的方法，和工作所得的成绩，是我们自己应得知道的，是在我们一个集团当中共同工作的朋友应得共同知道的，是在凡社会上工作的朋友都应得知道的。

　　　　有两个推进工作的原动力：第一个是时间的，随时需要知道我们工作的进程；第二个是空间的，随时需要比赛有人。

　　　　报告我们的工作，兼有这两个意义。

　　　　有两个指示工作的罗列：第一，明日工作的计划，须根据于今日工作的成绩；第二，自己工作的错误，须借鉴于他人的指陈。

　　　　报告我们的工作，兼有这两个利益。

　　　　所以我们自有工作便有周会，自有周会更有报告，所报告都是工作，工作的方法和工作所得的成绩，有时因工作丰富而使报告丰富，亦有时因报告有意义而使工作有意义。

　　　　我们曾研究它，欣赏它，抓住它。然而只有批评没有记载；只有影子，没有痕迹……遂决定从这周起将报告内容记载起来，发行一种（工作周刊）由科学院与峡防局联合举办，我们的工作是继续不断的，我们将从《工作周刊》看出各位前进不断地而且加速率地前进，即以此祝各位。[①]

　　　　正因如此，《工作周刊》所刊载内容较为单一，主要是各种工作报告。

　　《工作月刊》时期，刊物出现了许多新变化。首先，在办刊宗旨上，除

――――――――――――――

　　[①] 作孚：《〈工作周刊〉所贡献的和所贡献于〈工作周刊〉的》，《工作周刊》1933年3月23日第1期。

了服务于乡村建设外，新文化建设、民族复兴运动成为刊物的奋斗目标之一。正如其《刊行要旨》所言：刊物的要旨有"一、介绍各地农村实况。二、传达各地乡建之进行办法，及其精神与成绩。三、研究农村服务之方法，及农村改良之技术。四、联络乡建事业，并相互讨论策进乡村工作。五、表达乡村运动者，对于国家民族前途的意见和批评。六、报告本区实验工作之方法及记录。总上各点，皆为本刊最低限度之任务，他如新文化之建设，复兴民族运动之推进……等皆为吾人努力之标的。"①其次，刊物的版面丰富了起来。《工作月刊》的版面一般包括：插图、论著、调查、计划、报告、科学、随笔等。再次，刊物的内容更为充实。随着刊物版面的丰富，《工作月刊》一改《工作周刊》只刊载工作报告的单一模式，增加了插图、文学随笔、科普文章、工作计划，本地新闻、编后记等专栏，并在刊头和刊尾附上了《本刊发行章程》《本刊代售章程》《工作月刊征稿条例》。又次，刊物由以前的赠阅变为订阅。由此可见，《工作月刊》较之于以前的《工作周刊》，内容更加丰富、印刷更加精美、编排更为考究，刊物更加的正规化、市场化。

　　1937年1月1日，《工作月刊》在出完第4期后更名为《北碚月刊》。之所以更换名称，是因为"多数阅读者之建议，同时敝刊亦深觉《工作月刊》在顾名思义上，取材每多拘束，不如改名'北碚'两字后之较活动。"刊物改名后，"其内容质量，多仍其旧"②。事实上，刊物自从由周刊改为月刊后，刊物视野就已经不仅仅局限在了北碚内部，而是放眼全国甚至全世界，比如刊物第3卷第11、12合期的征稿启事中就希望稿件有"中国新兴工业的介绍"、"中国抗战建国的名人讲演"、"世界各国建国故事"等。总体而言，《北碚月刊》作为地方刊物，详细记载了北碚地区之中各种机构的工作动态，以及当时的社会生活的方方面面，是这一时期北碚社会发展变迁最详尽、可信的史料。

---

　　①《刊行要旨》，《工作月刊》1936年9月1日第1期。
　　②工作月刊编辑室：《本刊更名启事》1937年1月1日。

三、复旦大学刊物

从1938年11月迁入北碚复课到1946年10月复员上海止，复旦大学在北碚历时8年多时间。其间，复旦大学师生开展了丰富多彩的文化活动，各种文化刊物的创建与发行更是取得了令人瞩目的成绩。

复旦大学迁址北碚夏坝后，对创建各种文化刊物可谓是不遗余力。首先，积极寻求与北碚本地报纸《嘉陵江日报》的合作，并力图促进《嘉陵江日报》的发展创新。复旦新闻系主任谢六逸曾与《嘉陵江日报》商议，"选高年级学生来社工作，以帮助本报改进"[①]。为了达到预期效果，合作双方还制定了详尽的合作细则。细则除去有关经费、组织、纸张、印刷等事务性事件外，还特别指出"关于今后日报之改进，由双方共同商定之"[②]。复旦大学的加盟，使人们对《嘉陵江日报》充满了期待，正如当时报社记者所言："今后本报得复大新闻学系之助，将以崭新的姿态出现在读者面前。"[③]令人遗憾的是，据嘉陵江日报档案记载，这项合作计划因报纸自身设备等原因，未能最终实施，但此事本身已足以说明复旦大学对于创建各种文化刊物的浓厚兴趣。其次，利用自身的文化与人才优势，创建了一系列校办刊物。这些刊物一部分由学校直接创办，一部分由各种学生社团创办。战时复旦大学在校人数并不多，大约一千多人，但几乎人人都入社团，而许多社团皆有刊物支撑，有的社团甚至直接以刊物命名，故而刊物种类繁多，出版数量也不少。这些刊物主要有《复旦大学校刊》《复旦同学会会刊》《复旦青年》《复旦学报》《新蜀报·文种》《国民公报·文群》《中国学生导报》《新血轮》《文摘》《新鲁会刊》《学生评论报》等。此外，各种社团所创办的壁报，也十分可观。上述刊物存世时间各异、宗旨理念不同，现对其中重要刊物介绍如下：

《复旦大学校刊》1931年10月3日创刊于上海复旦大学，后因战乱停刊，1939年1月1日复刊于重庆北碚。刊物为半月刊，重庆复旦大学校刊社

---

① 重庆市档案馆藏北碚管理局全宗，档案号：0081-4-3463。

② 张瑾：《抗战时期重庆的媒介生态研究——以北碚〈嘉陵江日报〉为例》，《民国研究》2014年秋季号，第61页。

③ 述亨：《谢六逸先生与本报今后的新姿态》，《嘉陵江日报》1934年4月8日第2版。

编辑发行。刊物主要目的在于"专载校务近况，各地同学会消息，校友简讯，学生生活等"①。比如，1939年第1期上刊发的文章有《师生夹道欢迎》《菜园坝训话》《法律学系》《王家花园进餐》《经济学会》《同学会欢宴》《女同学动员起来了——本校妇慰支会成立》《西南行散记》《文史地学会欢迎新教授》《钱代校长莅校视察》《大学生上街喊卖报，钱校长十元买一份》《生物学系》《招待教职员》《募书运动》。从上述文章来看，刊物的登载内容与创刊目标保持一致。1940年出满第3期后，刊物重新编号。刊物的停刊日期还有待考订，不过现存最晚一期，是1942年1月出版的第14、15期合刊。

《复旦同学会会刊》是复旦同学会的机关刊物，编者为复旦同学会出版委员会，刊物为不定期期刊，每期定价一角。刊物创刊于1929年，后因抗战爆发而一度停刊。复旦定址北碚后在费香曾教授的努力之下再度复刊。刊物最初由费香曾负责，待其离任后改由复旦学生负责，杨鸣盛、刘道周等都先后编辑过该刊物。刊物的办刊理念，主要在于交流情谊、图谋学校和学生发展，这在其《会刊意义之阐明》中有详尽阐述：

> 校之有同学会之组织也，盖所以联络同学情谊增进同学互助合作之任务也。以吾校上下垂卅余年之历史，纵横广布千万余之同门；凡读吾校者，皆知吾校有校刊以报道学校当代之动态；出乎吾校者，要当知有同学会刊以集纳新旧交谊于笔端，综聊远近呼唤于字行者也，此为本刊之一义。一校有同学会，为必然之组织，但吾校之同学会始终基于合作之精神，此凡有关于吾母校之前途者，凡有谋于吾同学之发展者，同学会莫不悉力以赴，而会刊即为同学会之喉舌，所以发挥学谊之精神，实践连锁之本质，是为本刊之又一义。国有史，党有籍，宗有谱，地有志，盖所以纪往载来也。吾校为学术之大洪炉，为文化之大宗族，代有杰出，年有门人；及其踪迹他处，就食远疆；其身子离校固日以久，而追本

---

① 王绿萍：《四川报刊五十年集成1897—1949》，四川大学出版社，2011年版，第487页。

思源，为人之常情，同学会刊所以话旧纪故，寄慰散踪远迹之同门，并以之唤起当年求学之情绪，此为本刊之又一义也。①

因此，刊物所刊发文章多为介绍同学会近况、复旦新闻、学生生活以及学习情况等。

《新蜀报·文种》《国民公报·文群》皆为文艺副刊。《新蜀报·文种》是复旦文种社与《新蜀报》合作的产物。虽然刊物是由文学社团支持创办的，但是因刊物旨在支持抗战，因而并未将其定位为社团期刊。这在《〈文种〉的诞生》中有明确说明：《文种》的诞生虽"极其偶然的；但本质却具有必然性"，因为刊物"没有忘记时代所给予的伟大的指示"。所以，《文种》"惟其不是专门以研究纯文学为范围的刊物"，"愿意听见现阶段神圣的民族抗战中的种种声音，尤其欢迎关于目前青年本身实际问题的种种文字"。他们坚信"最大的光还是发射自有力的热情的青年本体"，而抗战需要团结，因而"在来稿的收容上，绝没有任何范围和界限的划分"②。刊物创刊于1938年1月31日，在出满45期后停刊。《国民公报·文群》编者为复旦教师靳以。靳以担任编辑后，该副刊就成为了罗淑、巴金等青年作家，"尤其是复旦学生们共同耕耘的园地"③。这突出表现在《文群》对复旦诗垦地诗人的支持，1942年2月2日到1943年5月29日期间，《文群》每月让出两期版面编辑《诗垦地》副刊（共出25期），成为诗垦地诗人们除《诗垦地》丛刊外的主要阵地。

《中国学生导报》是北碚复旦大学《中国学生导报》社筹办的报纸，创刊于1944年12月22日，停刊于1946年5月10日，共出37期。报纸为周刊，报名用鲁迅行书遗墨集成。报纸创刊之日，《新华日报》在第一版醒目位置刊登了广告，并称其为"活的报道！动的反映"，"学生们自己的报

---

① 沈麟：《会刊意义之阐明》，《复旦同学会会刊》1940年12月第2期。
② 王洁之：《忆文种》，中共北碚区委党史工委编：《北碚党史研究资料（内部资料）》1985年第5期。
③ 李本东：《重庆复旦大学的校园文学活动考略》，《中国现代文学研究丛刊》2001年第4期。

纸，读者群习作的园地"。①报纸登记时填报的发行人甘祠森，是当时三民主义同志会的负责人，在重庆大学任教。编辑人廖毓泉，为复旦大学四四届毕业生。不过，报纸的实际负责人是社长杜子才，副社长陈以文，总编辑戴文葆。该报第一版主要报道教育新闻，设有短评、学府风光、学风景线等栏目。第二版是学习版，通过时事述评和各种专论及文章，对学生的生活、学习与斗争，提供指导性意见，设小言论、读者园地、书刊介绍、中导箱、活用字典等栏目。报纸第三版是文艺版，有《艺文》副刊，其目的在于用文艺的形式，反映学生的生活。第四版是各地校园通讯。《中国学生导报》创办的目的，在于反映国统区广大学生的生活和斗争，以各种形式抒发他们的闷气，喊出要民主的心声，表达坚持抗战，坚持团结，坚持进步愿望和要求。因此，该报的稿件经常被扣压，只得"开天窗"表示抗议。不过，该报的发行地较广，经常覆盖到重庆以外的许多地区；发行量也保持在五千多份左右（最高时达七千多份）。②

除了刊物、报纸外，复旦大学还成立了各式各样的壁报社，创办了形形色色的壁报。1938年到1941年夏，"有人统计，复旦各派社团超过二百个，壁报超过五十种"③。其中，影响最大的壁报是经济系张天授主办的《夏坝风》，它是一个以刊登散文为主的文学性壁报。《夏坝风》出现不久，自称"《夏坝风》副页"的《文学窗》接踵而至。较之于《夏坝风》，《文学窗》的现实性更强，内容更为丰富，编排更有新意。因此，《文学窗》在复旦校园中"展现出强劲气势和雄厚实力……它基本上荟萃了全校办壁报的积极分子，这当是别的壁报群体无法与之比拼的"④。随着《文学窗》实力的增强，现有的版面已经难以支撑其丰富的内容，《文学窗》随即分出了《风马牛》《榴红》《声音》三个壁报。这三个壁报在格调、板式上与《文学窗》有明显继承关系，只是形式更为灵活，内容更为丰富。此外，姚奔发起的《文艺垦地》，评议国家大事的《时事论坛报》，以及幽默风趣的漫画

① 《中国学生导报》，《新华日报》1944年12月22日第1版。
② 王绿萍：《四川报刊五十年集成1897—1949》，四川大学出版社，2011年版，第718页。
③ 许有成：《复旦大学大事记（1905—1948）》，台北复旦校友会，1995年版，第55页。
④ 李麟：《复旦大学凭什么出名》，同心出版社，2012年版，第103页。

壁报《旦复旦》等，都曾名噪一时。值得注意的是，这些丰富多彩的壁报不仅丰富了学生们的文化生活，也对当地民众产生了积极影响："壁报的对象是黄桷镇民众，篇幅虽小，但有社评、有国内外时事、有社会新闻、有抗战图画、有读者的通讯，这种壁报对于民众有相当的影响。"[1]

四、中苏文化杂志社

中苏文化杂志社，是中苏文化协会的下属机构。中苏文化协会是在国民政府力主"民国外交"以及中苏关系回暖的背景之下，于1935年10月25日成立于南京的一个文化机构。后因全面抗战爆发，中苏文化协会不得不几易其地，先后从南京迁往武汉，最后于1938年7月迁址到了重庆。孙科任该会会长，蔡元培、于右任、陈立夫、颜惠庆、鲍格莫洛夫、卡尔品斯基为名誉会长，张西曼、徐悲鸿等15人为理事。1936年5月，中苏文化协会将《中国与苏联》杂志定位中苏文化协会刊物，更名为《中苏文化》，孙科为其题写刊名。为此，协会设立了中苏文化杂志社专门负责该刊物的编辑出版工作，由中国国民党中央执行委员会的两名委员担任正副社长，其中徐恩曾任社长，负责国民党对外联络的张冲任副社长。[2]随着1938年中苏文化协会来渝，中苏文化杂志社也在当年迁至北碚歇马镇白鹤林刘家院。

中苏文化杂志社作为国民政府掌握的中苏文化协会的下属机构，原本是为了编辑出版《中苏文化》杂志，促进中苏文化的交流与沟通。随着国共合作的达成与统一战线的建立，在中国共产党的影响下，中苏文化协会进行了全面的改组。1940年5月，中苏文化协会副会长邵力子奉命出任驻苏大使。为了适应中苏关系增进的形势和加强中苏文化协会工作的需要，孙科指定王昆仑以常务理事名义，代表他主持中苏文化协会的会务。王昆仑乘此机会，对中苏文化协会的工作机构进行改组。改组后的中苏文化协会机构包括：秘书处、杂志委员会、编译委员会、研究委员会、妇女委员

---

① 谢德风：《复旦迁到黄桷镇以后》，《复旦同学会会刊》1938年7月第4期，第62页。

② 林克勤：《抗战时期重庆对外文化宣传阵地研究》，重庆出版社，2012年版，第105页。

会、财务委员会。而改组前的中苏文化协会，主要有两个机构分管工作，一个是主管日常事务的秘书处，另一个是《中苏文化》杂志编辑部。《中苏文化》杂志编辑部的工作主要由秘书主任掌握。显然，协会改组后削弱了秘书主任对《中苏文化》杂志的领导地位，使刊物编辑有了较大的自主权。在人员任命上，郭沫若、阳翰笙分别担任研究委员会正副主任；西门宗华、曹靖华担任编译委员会正副主任；李德全任妇女委员会主任，曹孟君、谭惕吾等任副主任。

事实上，在中苏文化协会的改组前，中苏文化杂志社就已经进行了改组。1939年6月，中苏文化杂志主编袁孟超、编辑于绍文、黄操良因事辞职。经邵力子代会长核准，王昆仑任杂志委员会主任，侯外庐任杂志主编兼副主任，翦伯赞任副主任。编委人员则更加广泛，包括邓初民、郭沫若、曹靖华、梁寒操、洪瑞剑、郑伯奇、沈志远、葛一虹、林苑文、西门宗华等，曹靖华、李陶甄、赵康、葛一虹为专任编辑。许多国民党元老、民主党派人士、社会知名人士，都是《中苏文化》的撰稿人。经过此次改组，中苏文化协会和中苏文化杂志社，"实际上成为中共中央南方局领导下的进步组织"①。《中苏文化》杂志的编辑理念上，也呈现出了新的特征。首先，与中国、苏联的抗战紧密结合，密切注视国际形势的变动；其次，对苏联社会主义建设进行全面而系统的介绍；第三，配合中苏文化协会的各种纪念活动；第四，翻译介绍苏俄文学以及其他艺术形式。②可以说，经过这次改组，中苏文化杂志社以及所编《中苏文化》的面目为之一新，不仅大量报道苏联革命和建设成就，发表斯大林的讲话和文章，而且用相当的篇幅宣传马列主义理论，刊登抗战时期中国国内政治、文化等方面的文章。例如，1939年9月28日，《中苏文化》杂志上就发表了毛泽东的文章《苏联利益和人类利益一致》，这也是毛泽东在国统区内唯一一篇公开发表的文章。1946年9月，中苏文化协会迁回南京，中苏文化杂志社随即结束了自己在北碚的活动。

---

① 王锦辉：《中苏文化协会研究》，中共中央党校2010年博士学位论文，第1页。

② 重庆市博物馆《巴渝文化》编辑委员会编：《巴渝文化（第2辑）》，重庆出版社，1991年版，第142—144页。

五、《新华日报》北碚发行站

《新华日报》是抗日战争时期和解放战争时期，中国共产党中央委员会在国统区创办的一张大型机关报，该报于1938年1月11日在武汉创刊，1947年2月28日停刊于重庆，历时9年，为中国共产党的新闻与文化传播事业留下了光辉的业绩。北碚发行站，作为《新华日报》的一个重要发行机构，在《新华日报》的发展史上留下了浓墨重彩的一笔。

一方面，卢沟桥事变爆发后，中日民族矛盾成为中国的主要矛盾。中国共产党倡导的抗日民族统一战线的策略，得到了全国人民的积极响应。随着以国共合作为基础的抗日民族统一战线的正式建立，中国共产党合法地位得到了国民政府的承认。这不仅提高了其在全国的地位和影响力，也为共产党"建立在全国公开的党报及发行网"①提供了可能。另一方面，北碚作为抗战时期重庆的一个卫星城，是一座名副其实的文化城。该区域不仅集聚了诸如复旦大学、勉仁学院、乡村建设学院等文化机构，也是许多知名人士如老舍、陶行知、梁漱溟、翦伯赞、洪深等的居住地。在北碚建立党报发行站，对于传播党的理论主张，扩大党的影响有着重要的价值与意义。《新华日报》北碚发行站，正是在这样的背景之中应运而生。

《新华日报》北碚发行站于1942年9月由经理于刚、营业部副主任彭小彭，以及复旦大学学生鲁掖等人建立于北碚，1947年3月4日被迫停止运行，历时4年多的时间。北碚发行站的建立得到了时任北碚管理局局长卢子英的帮助，"卢子英热情友好，并答应尽可能帮助解决筹建过程中的问题"②。1942年11月27日，《新华日报》社长潘梓年曾亲函北碚管理局："兹应读者要求，敝报拟于北碚设立发行站，自行发报，必能及早送达订户。除公函外，相应函请贵局予以保护。"③而后，《新华日报》派遣营业部副主任彭小彭带着郭沫若的信，会见了卢子英，并阐明了具体意图。《新华日报》北碚发行站两次更换地址，初为北碚广州路40号和48号民房，后搬

---

① 毛泽东：《目前抗战形势与党的任务报告提纲》，中共中央文献研究室编：《毛泽东文集》（第二卷），人民出版社，1993年版，第60页。

② 左明德：《回忆〈新华日报〉北碚发行站》，《新闻传播研究》，1987年第4期，第27页。

③ 重庆市档案馆藏北碚管理局全宗0081，第4目，第2294卷，第14页。

迁至天津路8号（遗址现位于北碚区朝阳街道天津路8号）。

《新华日报》北碚发行站的主要职责是发行《新华日报》，同时也发行《群众》周刊以及其他的革命书刊。该站在其4年多的发展历程中，先后有4人担任过主任（即站长）之职，分别为：顾造时、张茹莘、钟纪明、左明德。发行站工作人员除主任外，还有营业员、报童、报丁等发行人员，人数少时为七八人，多时则有十余人。事实上，发行站建立之初，并没有组建专门的发行队伍。皖南事变后，随着国民党对报刊出版发行的严格审查，出台了一系列报刊审查条例，《新华日报》的发行工作遭遇到了极大的困难，于是发行站才决心组建自己的发行队伍。这群年龄一般都在20岁以下的青年发行队伍，在工作中恪尽职守，有的甚至为此付出了宝贵的生命，他们为《新华日报》的发行工作做出了突出的贡献。

《新华日报》在北碚发行站的发行量，少则一天两百多份，多则有两千多份（最高纪录为一天两千六百多份），一般保持在一天一千多份的发行量。[1]报纸的发行范围包括：北碚市区的机关学校；黄桷镇、夏坝、东阳镇、蚕种场（包括复旦大学）；白庙子、文星场（包括天府煤矿）；水土沱、悦来场；金刚碑、北泉、澄江镇、草街子、古圣寺（育才中学）；合川；状元碑、歇马场、大磨滩（乡建学院）；小湾、五云山（当时国民党集中营所在地）；青木关、璧山、川北及川东的一些县。[2]这几乎覆盖了北碚所有重要区域，并充分发挥了北碚交通咽喉的地理优势，辐射到了川东、川北地区。1947年2月底，蒋介石命令南京、上海、重庆、成都、昆明等地方当局，查封我党的办事机构和《新华日报》。同年3月初，在中共四川省省委书记吴玉章的关怀下，北碚发行站的工作人员和重庆《新华日报》的成员会合，一道撤回了延安。《新华日报》北碚发行站，在成功完成自己的历史使命后，停止了它的运行。

---

① 中共重庆市委党史研究室：《重庆市革命遗址通览》，重庆出版社，2014年版，第142页。

② 左明德：《〈新华日报〉北碚发行站的斗争》，中国人民政治协商会议四川省重庆市委员会文史资料研究委员会：《重庆文史资料选辑》（第21辑），重庆印制一厂1984年，第144页。

第十一章　战时北碚的社会建设

全面抗战时期，北碚地区的社会行政内容十分丰富，其中主要体现在人口、医疗卫生、福利、民生以及社会团体等方面。纵观全面抗战爆发之后的北碚发展情形，通过一系列的社会建设措施，北碚区域社会已经发生了较大变化：一方面是外来人口、机构增多，促进了北碚当地政治制度的转变，提高了区域社会治理能力；另一方面则是北碚地方政府积极应对和努力争取，成为了国民政府诸多基层民政措施的实验地，提升了北碚的历史地位。

第一节　战时北碚的人口与医疗

随着全面抗战爆发和重庆市内的人口疏散，迁到北碚生活和工作的人口、机关日益增多。人口增多之后要解决的一个重要问题就是医疗，因此，在本节中我们将探讨战时及战后北碚地区的人口规模、医疗机构及战时医疗工作等内容。

一、人口增长与结构

（一）战时人口迁移与北碚人口数量

虽然国民政府各中央机关和各个学校、学术机构迁驻北碚，增加了当地的政治影响力，但真正带来繁荣景象的是大量人口的迁入。

1927年初，卢作孚出任峡防局局长时北碚场有300余户，人口约2000人。战时北碚人口数量逐年增加，其增速还极高，到1942年时北碚地区的人口数量已经超过9万人。详细如下表：

表11-1　北碚保甲、人口数量表（1937—1942年）

年度项目	保数	甲数	户数	男性	女性	总人口数	备注
1937年	100	1055	12477	—	—	65284	据何景熙统计，人口数为64479人
1938年	100	1009	11689	35090	28882	63972	
1942年	130	1400	16299	50626	36918	87544	

资料来源：1.《嘉陵江实验区署一年来之工作》，《北碚》1937年第1卷第9—10期，第7页；2.《嘉陵江三峡乡村建设实验区概况》，1938年版，第7、10页；3.《北碚概况表》（1942年），重庆市档案馆藏，档号：0055-0002-00021；4.《北碚概况》，1948年版，第2页；5.《北碚概况》，1949年版，第2页。

上表数据中除1937年外，都以常住人口为统计对象，如1938年的统计中各厂矿工人、迁碚机关学校人员等流动性较大者未计算在内。[1]从上表数字来看，北碚地区的人口大致呈逐年递增之势。实际上，全面抗战时期北碚作为重庆市的卫星城，"接受了大量来自战区的移民人口"，其1937年至1948年间的人口年均增长率高达3.75%，比作为省府的成都市更高，仅次于重庆市。[2]从具体数字上看，1936年春"同区域内只有65284人，六年之间增加了22260人，约当百分之三十四"，其中各乡镇中增加最多的是朝阳镇，共增加10500人。[3]

（二）战时北碚人口的结构

由于在嘉陵江三峡的乡村建设活动中，为了"明了本区整个社会之实

---

[1]《嘉陵江三峡乡村建设实验区概况》，1938年版，第6—7页。

[2] 何景熙：《民国时期（1912—1949）四川的人口变动及其原因》，《四川大学学报（哲学社会科学版）》1992年第1期，第96页。

[3] 社会部统计处编：《北碚社会概况调查》，第34页。

际情况，俾便一切设施有所依据"①，因此，北碚地区历年都有人口的调查统计。由此，我们根据这些调查统计可以对战时北碚的人口结构进行进一步的探讨。

一是北碚地区人口受教育的情况。根据1937年的调查结果显示，嘉陵江三峡实验区全区共有5个乡镇，人口数为65284人。但就其教育水平而言，此时的北碚地区的人口受教育水平仍然较低。其中"识字者占全人口百分之十六"，学龄儿童"一万一千余"中"失学者占四分之三"，此外，"曾受中等教育者有一六五人，受高等教育者仅大学十五人，高中二十六人"②。随着战时迁碚学校的增加和北碚地方政府对成人教育的重视，到1940年调查时，北碚地区全体人口中"识字人数不过百分之十五，其余百分之八十五都不识字"，以性别分开计算，男性识字率为21%，女性识字率为7.4%。③

截止到1949年，北碚地区的教育情况大致分为三类：一是高等教育，有高等学校5所，其中学生人数分布为私立相辉文法学院1883人、私立勉仁文学院153人、世界佛学苑汉藏教理院74人、私立立信高级会计职业学校201人、私立健生艺专校41人，中等教育有国立女师院附中附师580人、国立实验中学329人、私立兼善中学721人、私立勉仁中学108人、私立三峡中学350人，初等教育有中心国民学校17所，保国民学校47所，幼稚园4所，私立小学5所，教师共计578人，学生11450人入学。④

二是职业情况及贫困人口数量。在1940年的社会调查中，北碚的户口被分为四类：一是普通户，"指同居共灶共同生活着，住户和店铺都属这一类"，共计72465人；二是船户，"以在陆上无一定住所而系以船为家者"，共413人；三是寺庙户，"凡寺、庵、观、宫、庙、禅林、洞、刹、教堂、教会、清真寺等"，共235人；四是公共处所，如公署、兵营、监狱、习艺所、学校、工厂、医院、祠堂、会馆、公所、合作社、银行、金库、堆栈

---

① 《嘉陵江实验区署一年来之工作》，《北碚》1937年第1卷第9—10期，第7页。
② 《周年的检讨》，《北碚》1937年第1卷第9—10期，"封面"第2页。
③ 社会部统计处编：《北碚社会概况调查》，第45页。
④ 《北碚概况报告书》（1950年），重庆市档案馆藏，档号：0081-0006-00762。

等，共14431人。①

上述仅为分类，就职业划分而言，1940年调查时北碚农户数量为7695户，"占总户数47.2%"，由于北碚境内多山，农业并不发达，因此"这个数字较国内各地调查结果为低"。此外，根据此次调查显示，三峡实验区内有业人数为40704人，占总人数46.5%，其中男性22715人，女性17989人；无业人数46840人，占总人数53.5%，其中男性27911人，女性18929人。②就具体职业而言，各行业数据如下表：

表11-2　北碚人口职业分配表（1940年）

职业类别	男性		女性		总计	
	人数	百分比	人数	百分比	人数	百分比
农业	7941	21.3	277	8.7	8218	20.9
矿业	8078	21.6	43	1.4	8121	20.0
工业	5279	14.1	662	20.8	5941	14.7
商业	4247	11.4	322	10.1	4569	11.2
交通运输业	5271	14.2	92	2.8	5363	13.2
公务	3282	8.8	139	4.4	3421	8.4
自由职业	1550	4.2	372	11.7	1922	4.7
人事服务	1087	2.9	1209	37.0	2296	5.7
不详	590	1.5	74	2.2	664	1.2
总计	37325	100	3190	100	40515	100

资料来源：社会部统计处编：《北碚社会概况调查》，第45、49页。

从上表来看，截止到1940年北碚的职业人口主要分布为农业和矿业，工商业与交通运输业其次。其中矿业主要为煤矿，"从事煤矿人口达八千余人，其中矿工至少七千五百人"；工业类"以土木织造业人数最多，纺织业次之，建筑公厕及服用品制造业再次之"；商业类"以贩卖业人数最多，生产供应业次之，生活供应业包括旅馆饭铺、理发店、茶社等，故人数也多"；交通运输业"人数最高的是挑挽业，其次为水运业，多系江上船

① 社会部统计处编：《北碚社会概况调查》，第33—34页。
② 社会部统计处编：《北碚社会概况调查》，第45、49页。

夫"；公务人员"包括党政军三界，但北碚党务工作人员为数甚少，政务人员及军警各约一千五百余人"；自由职业中"以教育及学术研究人员最多，次为医生，再次为宗教事业者"；人事服务"包括不受资薪的家庭妇女，系仅指侍从佣役而言"。[①]

上述人口统计仅是分类划分，就人口的贫困程度而言，亦有探讨的必要。随着战时大量人口迁入北碚地区，其中贫困人口亦逐年增多，整个抗战期间大体上呈上升趋势。[②]具体数字，从每年冬北碚管理局发放赈济的统计中即可看出：

表11-3　北碚管理局赈济人数统计表（1941—1948年）

年度	1941	1942	1943	1944	1945	1946	1947	1948
贫困人数	2995	4048	5326	4962	5874	6310	1848	3567

资料来源：《北碚概况报告书》（1950年），重庆市档案馆藏，档号：0081-0006-00762。

二、医疗机构的发展

早在卢作孚主持北碚乡村建设之时，医疗卫生就是其中的重点工作之一。到全面抗战爆发后，北碚地方政府对于医疗卫生事业更为重视，一方面完善卫生机构，规范卫生机构管理规则；另一方面加强医疗卫生工作，努力服务后方社会。

（一）北碚地区医疗机构的演变

北碚地区的卫生院所发展主要分为三个阶段，第一阶段为1927年至1939年的初设时期，第二阶段为1940年至1945年的初步发展时期，第三阶段为1946年至1949年的完善时期。以下分别详述：

1927年"为民众预防和治疗疾病"，北碚地区开始成立地方医院，1939年设立三峡实验区卫生所，1942年扩充为卫生院，同时"在各乡镇成立卫

---

① 社会部统计处编：《北碚社会概况调查》，第45页。
② 《北碚概况报告书》（1950年），重庆市档案馆藏，档号：0081-0006-00762。

生分院二所，卫生所三所，每保均设置卫生院一名"①。根据《北碚管理局卫生院组织章程》的相关条文，北碚卫生院"隶属于北碚管理局，兼受省卫生处之指导监督"，机构方面，卫生院设置总务室、医务室、卫生指导室、防护检验室、烟毒检验室、卫生教育室等；人事方面，卫生院"设院长一人，由管理局商承省卫生处遴委，综理院务，并督导所属各部门之工作"，另外设置"医师二至四人，药剂士一至二人，护士长一至二人，护士三至八人，助产士一至三人，助理护士各若干人，事务员、卫生检查员若干人，会计、文书、出纳等若干人"；职责方面，卫生院执掌以下主要事务："1.办理局辖区医药救济事项；2.办理局辖区内学校卫生事项；3.办理局辖区内妇婴卫生事项；4.办理局辖区内环境卫生事项；5.办理局辖区内防止传染病事项；6.办理局辖区内卫生教育及烟毒宣传事项；7.实施医药管理；8.举办局辖区病理及卫生检验；9.调查研究及防治地方病；10.办理局辖区生命统计；11.检验及勒戒烟毒人犯；12.办理其他有关卫生事项"。②

抗战胜利后，北碚地区的卫生事业并未终止，而是进一步向前发展。1946年8月北碚医院正式成立，至1949年有职员30人，"各科均有专科医师，有各种新式医疗设备，能同时收治病患者及产妇六十人"，"门诊部设于中山路，每日门诊八十人到一百二十人"。③北碚医院的设立，从初衷上看是为了方便平民医疗，其中"凡贫苦民众，经保甲证明，完全免费医治"。设立之后，"邻县远道来此求治者日益增加"，以至于在解放初期，北碚管理局在工作计划中还"拟增设新医院，充实设备，添聘专科医师，多对病人服务"④。

除北碚卫生院的设置外，北碚地方政府还在各乡镇设置有卫生所，各保设置有保卫生员。以保卫生员为例，北碚管理局根据行政院《县各级卫生组织大纲》而制定了相应的《北碚管理局设置保卫生员办法》，根据该办法，北碚管理局计划在每保设置卫生员一至二人，聘用条件下列之一："现

①《北碚概况》，1949年版，第8页。
②《北碚管理局卫生院组织章程》（无日期），重庆市档案馆藏，档号：0081-0004-01208。
③《北碚概况》，1949年版，第9页。
④《北碚概况报告书》（1950年），重庆市档案馆藏，档号：0081-0006-00762。

居各保之西医从业人员"；"现居各保之中医从业人员"；"本局所属学校教师"；"曾受相当卫生训练之保民"，所有卫生员在乡镇卫生所"未经成立前，概受本局卫生院院长之指挥及乡镇保长之督促，办理该保卫生事宜"，其工作职责为"1.检查道路沟渠厕所之清洁，随时督率各甲各户整理扫除；2.为保内儿童及成人种痘；3.处理保学生、壮丁、居民之损伤，急救及各种轻微疾病；4.凡有疾病发生时，即呈报卫生院；5.调查本保各户人口之出生死亡，汇报卫生院；6.利用时机宣传卫生意义；7.介绍重病至附近卫生机关；8.办理其他有关卫生事宜"。[①]

除上述外，各迁碚机关也设置有相应的医疗机构，如天府医院，该医院是天府煤矿公司所设置，其"内分门诊与住院两部分，设有病床50张"，除了针对该公司员工治疗外，"并为附近居民免费医治"。[②]此外，还有江苏医学院附设卫生事务所等。

（二）战时医疗事业的发展

就战时北碚卫生机构的工作来看，主要可以分为医疗、卫生两个方面，医疗方面包括门诊、住院、传染病隔离室、分诊所等；卫生方面包括防疫运动、环境卫生、保健工作、劳工卫生、地方病扑灭等方面。这两方面以医疗方面更为重要，而医疗工作中尤以门诊工作最为重要，以1940年的门诊为例，全年共诊疗12928人次。其具体情形如下：

表11-4　卫生所门诊人数统计表（1940年）

诊别科别	外科	内科	儿科	妇科	产科	总计
初诊	3680	865	167	65	97	4874
复诊	6717	981	250	47	59	8054
总计	10397	1846	417	112	156	12928

资料来源：《三峡实验区卫生所二十九年度工作报告》（1940年），重庆市档案馆藏，档号：0081-0004-00049。

---

① 《北碚管理局设置保卫生院办法》（无日期），重庆市档案馆藏，档号：0081-0004-01208。

② 《北碚概况报告书》（1950年），重庆市档案馆藏，档号：0081-0006-00762。

在进行门诊的同时，卫生所的一些具体工作如下：一是开展临床化验工作，自1940年5月份成立化验室开始，全面共"检查门诊及住院病人之大小便、血液、痰涕供给二一七人，又化验烟犯小便三〇九名"；二是调查恶性隐疾，1940年"曾派员调查澄江镇、转龙场、八塘镇、临江场一带恶性疾病"；三是进行疾病防治，如布种牛痘，"全区春秋二季计接种人数一〇六四六人"，霍乱注射由卫生所与中国红十字总会合办，"计注射人数一二八二一人"。①

此后，门诊工作仍在增加。1942年1月至5月，北碚地方卫生机构在医疗方面，门诊人数为"收费者九四三三名，免费者一九一三名"，住院治疗人数"收费者共四六名，免费者一〇六名"，同时对普通民众进行健康检查。"人数共二四六名"；防治水积病方面，主要是成立地方病防治委员会，并"派员赴各镇乡，逐保实施病理检查"，共检查人数为617人。②到1943年时，北碚卫生院"每日平均治疗三十人门诊，每人收挂号费医院二角，内有二分之一为赤贫免费"③。

随着战时和战后"物价高昂，医药随之飞涨"，北碚管理局即令北碚卫生院附属医院"拟定病人减费或免费规则"，对贫困民众进行免费或减费医疗。④根据该规则，请求免费或减费诊疗的患者需要出具证明："甲、北碚管理局所属员工及眷属减费须有该部分主管人证明，免费须加具人事室之证明；乙、征属直系血亲须得该管乡镇长之证明，并由本局军事科复核；丙、确系赤贫之人民，其应减或免者，须取得各该乡镇长、保长证明并由本局民政科复核"，对于应当减免的病人，"诊病或住院，均以普通号及普通三等病房为限"⑤。

---

① 《三峡实验区卫生所二十九年度工作报告》(1940年)，重庆市档案馆藏，档号：0081-0004-00049。

② 《北碚管理工作报告》(1942年)，重庆市档案馆藏，档号：0081-0004-01129。

③ 《北碚管理局卅三年度施政计划》(1943年)，重庆市档案馆藏，档号：0081-0004-01896。

④ 《为检发征属及赤贫民众减费或免费规则及证明书式令仰遵照由》(1947年5月27日)，重庆市档案馆藏，档号：0081-0009-00062。

⑤ 《北碚管理局卫生院附属医院病人减费或免费规则》(1947年5月)，重庆市档案馆藏，档号：0081-0009-00062。

除了日常诊疗病人外，北碚卫生院还进行了一系列的卫生工作，如妇婴卫生工作。1943年北碚卫生院呈报北碚管理局，称其妇婴工作"前因人员不敷，经费奇绌，多未按照预定计划实施"，计划从1943年开始"先行着手办理朝阳者挨户调查访问及登记等"初步工作，以后渐及其他地区。①根据卫生院制定的同推进计划，北碚妇婴工作由北碚卫生院主持，"其范围以市内之妇婴为限"，分为产科、儿科两部分。产科工作主要有：甲、妇女健康之辅导，包括"定期举行解答，预先收集之询问，提供卫生主义事项以充实妇女之卫生常识"，"定期举行检查，其发现有病状者并为之医疗"，乙、产妇卫生辅导，包括"举行孕妇登记，就其产期及症状分类记录之以便分别处理""举行孕妇产妇卫生座谈会解答问题及提供建议""举行孕妇定期检查，以便及时处理应注意之事项""举行孕妇产妇访问，以便及时获得应有之处理""实施助产"；婴儿卫生工作主要有：甲、月婴卫生辅导，包括"设置月婴卫生座谈会，以传授月婴卫生常识及处理办法""设置月婴访问专员""设置月婴健康检查"，乙、一般儿童保健，包括"设置儿童保健会，实施一般儿童之保健事项""设置儿童健康比赛，促进广大之注意"。②与此同时，北碚卫生院还呈文北碚管理局，要求北碚管理局转令各乡镇切实调查辖区"各镇乡孕妇名额及其分布情形"③。

总之，到1949年解放时，北碚卫生院的主要工作可以分为以下几个方面：一是种痘，"每年春秋两季，到所属区内及邻县各乡镇，免费普种牛痘"，从1927年到1949年"种痘人数计已逾一一〇万人"；二是防疫，"每年夏季推行夏令卫生，作饮水消毒，扑灭蚊蝇，市街公共卫生指导，及清洁检查，并大量注射伤寒霍乱疫苗，配发滴滴梯杀虫油液"；三是助产，早在1936年时实验区署即"曾训练助产稳婆及江湖医生，同时举办婴儿健康比赛"，随着受训人数的增加，"各卫生分院均增

---

① 《为呈报卅二年度妇婴卫生推行计划大纲恳予鉴核示遵由》（1942年1月9日），重庆市档案馆藏，档号：0081-0004-01952。

② 《北碚市妇婴卫生推进计划》（1942年），重庆市档案馆藏，档号：0081-0004-01952。

③ 《为举办孕妇检查及推行妇婴卫生工作恳转令各镇乡切实调查孕妇俾凭计划施行由》（1943年1月15日），重庆市档案馆藏，档号：0081-0004-01952。

设助产士，均受助产训练，随时深入乡间，调查孕妇，实行产前检查，并完全帮助免费接生"[1]。

三、其他医疗机构与战时北碚卫生事业

除了北碚卫生院的诊疗工作外，其他医疗机构也积极参与到战时北碚的卫生事业之中。如对钩虫病的调查与防治、公医制度的推行、其他医疗事业等。

（一）战时北碚防治钩虫病的防治

对于防疫与扑灭地方病的规划，在1940年卢子英的提案中即有规划。卢子英认为"欲贯彻公共卫生之目的，谋得种族之量的增加与质的改进，而一切迫害人类之病原应设法防杜与扑灭"，以此目的为基础，"今日卫生之中心工作可云莫过于防疫"。北碚地区钩虫病"于农村滋蔓甚为剧烈，据检查统计结果全区人口钩虫病感染度约50%强""感染钩虫病病人，非如急性传染病立刻予其生命以极大威胁，其慢性经过可使患者工作能力减低"，因此为了防御和治疗钩虫病，卢子英提出：1.防疫方面，一是"组织防疫通讯网"，一旦发现疫情"迅速通知附近各县严防"，二是"成立检疫站"，"于水路陆路各设检疫站一所，专检查过往旅客，若有传染病可疑者，通知卫生机关送往隔离"，三是"建立隔离病院"，四是训练卫生警察；2.扑灭地方病方面，一是成立钩虫病检查站，"聘请专门技术人员两名、护士两名"，二是组织巡回治疗队，巡回治疗，"遇严重病人须住院治疗者，可送地方医院与卫生所住院治疗"[2]。

根据随后制定的《北碚水积病防治实施草案》，由三峡实验区署"筹到一部分防治经费"后，"即开始工作"，并以"流行最烈之北碚镇（感染率占百分之三〇点二）"为防治之起点，渐及澄江、二岩、黄桷、白庙、文星各镇"。其具体计划为：1.组织水积病检查队，担任普查工作，"就本区所有居民分镇逐保按户实施普遍检查"；2.组织水积病治疗站，担任治疗工

---

① 《北碚概况》，1949年版，第8—9页。

② 《联防防疫与扑灭地方病》（1940年），重庆市档案馆藏，档号：0081-0004-01122。

作，"检查完一镇，随即开始治疗，拟利用前卫生所地方医院旧址与原有设备，成立治疗站，暂设病床五十位，劝令各镇感患人民来站治疗"，"视实施上之需要，于北碚镇治疗工作告一段落后，移设他镇或派医师携带看护就适宜地点设立临时治疗站"；3.组织水积病预防宣传队，担任宣传工作，"凡关于粪便之应如何处置以及如何可以避免水积病之感染等宣传工作"，"应调集小学教师与各地保甲长授以水积病之预防尝试，令其广为宣传，唤起民众注意，以期收事半功倍之效"。①

1942年，北碚管理局计划设置地方病防治委员会，根据管理局拟定的该委员会章程，该会"防治北碚流行地方病为宗旨（第一期专以防治水积病为对象）"，该会委员无固定名额，"以北碚管理局民政科长、教育科长、卫生所长为当然委员，其余由局聘请局属公正士绅充任，就中公推正副主任委员各一人"，委员会下设技术委员会、宣传股、文书股、会计股、乡镇分会等，其中技术委员会"设委员七至九人，由北碚管理局聘请北碚医学专门人员担任之，就中互推正副主任委员各一人"②。该委员会于3月21日在重庆师范大礼堂正式成立。

1943年，北碚管理局正式设置地方病防治队的主要工作是治疗和防治地方病，首先针对重病患者360人进行治疗，其后以巡回治疗的方针，"并指导人民作粪便管理"，到1947年"受检查者四万人，已治愈二万五千人"。③与此同时，鉴于地方性疾病的猖獗，陈果夫、胡定安等"筹组中国西部地方病防治所，由洪式闾先生任所长""任务以研究及改进民众健康为主"。

（二）推行公共卫生和公医制度的实验

1945年1月蒋介石手令卫生署"指示本年度工作之重心应在协同社会、内政二部推行公共卫生与公医制度，如设立公立医院、产科医院等，关于公共卫生可先从清洁与保健二项做起，并先以重庆及其附近各县为实

① 《北碚水积病防治实施草案》（1942年），重庆市档案馆藏，档号：0081-0004-01208。
② 《北碚地方病防治委员会组织章程》（1941年），重庆市档案馆藏，档号：0081-0004-01208。
③ 《北碚概况》，1949年版，第9—10页。

验区，然后推广至四川全省及其他各省"。随后，卫生署制定《卫生署卅三年推行公共卫生与公医制度实施办法》，并决定实验区域为"重庆市级迁建区江北、巴县、璧山三县，并派本署兼任视察陈万里视察重庆市及江巴两县，推行卫生业务，刘冠生视察巴县卫生业务，高梅芳视察江北县卫生业务，前往协助"①。

根据卫生署制定的《卫生署卅三年推行公共卫生与公医制度实施办法》，其具体分为两个部分：推行公共卫生及公医制度之实验；推行全国公共卫生及公医制度。其中与北碚密切相关的是公医制度的实验方面：一是实验范围及内容，范围方面指定重庆市及迁建区、江北、巴县、璧山为范围，实验内容分为：1.清洁方面，"包括道路清洁、垃圾处理、污水宣泄、改善厕所、改良市容清洁及住户之清洁习惯养成等"；2.保健方面，包括"妇婴卫生、学校卫生、工厂卫生及传染病预防四种，并由中央卫生实验院先在各该市县调查国民营养状况，以为改进之依据"；3."建立三县市各级医疗卫生机构，及其设备工作等标准"。二是推行办法，除前三条针对重庆市外，其余有关于江巴璧三县的规定，如"应每二乡镇设立一乡镇卫生所，已设者调整期人员、设备""各市县区乡镇应增雇清洁及打扫公共厕所并利用国民义务劳动改善公共环境""由卫生署指定国民清洁公约，督促保民大会宣传实施并实行户管清洁制""利用乡镇民代表大会保民大会国民月会召集等宣传清洁卫生之意义，专员、县长出巡是应尽量倡导并随时积极施行"。三是经费来源方面，实施公医制度所增加的经费，"由各县市局通局筹划编具概算""卫生署得酌予补助药品或经费，并得呈请行政院指拨专款"。②

与此同时，卫生署还制定了《卫生署派遣推行公医制度人员办法》，用于规定"派遣推行公医制度人员，分赴各地办理地方卫生工作"。根据该办法，其条件为"凡医师、护士、助产士，曾在教育部认可之各该学校毕

---

① 《为奉令抄发本年度推行公共卫生与公医制度实施办法仿遵一案转仰遵照办理由》（1944年5月14日），重庆市档案馆藏，档号：0081-0009-00061。

② 《卫生署卅三年推行公共卫生与公医制度实施办法》（1944年5月14日），重庆市档案馆藏，档号：0081-0009-00061。

业，领有毕业证书及卫生署颁发之职业证书"，同时应符合以下条件：1.
"曾在公共卫生医药机关担任专门技术工作二年以上者"，2. "工作确有成
绩卓著声誉者"，3. "对于所任工作具有心得及特殊贡献者"；接受派遣的
人员赴地方后，"以担任省市政府所属医药卫生机关专门技术工作及县卫生
院院长、医师、护士、助产士等工作为限"，其薪津、生活补助费等"照中
央公务员待遇，分别按照工作地区规定标准，由卫生署在实施公医制度经
费内统筹拨发"。①

其后，公共卫生与公医制度在重庆市及迁建区、江北、巴县、璧山等
地推行，1945年1月四川省政府训令江、巴、璧三县及北碚管理局，要求
"将三十三年度改善饮水、改善厕所、养成人民清洁习惯、推行妇婴卫生、
学校卫生等项实施情形迅即分别列表专案呈报"②。就北碚管理局而言，以
二岩乡为例，其推行效果尚可，在其呈复中表示"推行公共卫生，早经分
层办理，例如厕所及饮水流出地点，均已改善，并于三十三年八月成立卫
生所，一般民众疗病方便，沾德无量，近又举行清洁大扫除，挨户检查，
成绩均佳"③。

1945年12月，卫生署又以"原办法尚有未尽之处"，将该办法进行修
订。④修订内容主要有三个方面：一是规定主体和时间期限，推行公医由地
方负主要责任，"由卫生署派往地方协助工作"，其期限为3个月，"必要时
得延长之，但不得超过六个月"；二是经费和人事问题，"期满之后，所有
薪津即在服务地点支给，并免去职务""如地方并无薪津可支或无继续工作
必要时，由卫生署更调地点，仍照前项规定办理"；三是差旅费，推行公医

① 《卫生署派遣推行公医制度人员办法》（1944年），重庆市档案馆藏，档号：0081-0004-04361。

② 《准卫生署电催汇报推行公共卫生与公医制度实施情形一案令仰迅即专案呈报由》，重庆市档案馆藏，档号：0081-0004-03625。

③ 《为遵令呈报推行公共卫生与公医制度实施情形由》（1945年2月6日），重庆市档案馆藏，档号：0081-0004-03625。

④ 《准卫生署函送卫生署派遣推行公医制度人员办法补充规定一案令仰知照由》（1945年12月），重庆市档案馆藏，档号：0081-0004-04361。

制度人员的差旅费依相关法规办理。①此后，其推行效果及情形则未见有回报或总结。

（三）其他医疗卫生事业

其他医疗卫生事业既包括在碚机构的事业，也包括北碚地方政府所采取的促进地方医疗卫生发展的事业，主要包括健康竞赛、防疫、卫生训练等。

一是健康竞赛方面。有四川省主导办理的学校清洁卫生竞赛。早在全面抗战爆发之前，四川省政府就颁布了多种预防疾病的政策措施，其中既有预防措施也有治疗措施。如1937年5月颁布的《四川省各中小学校整齐清洁竞赛办法》，即是四川省新生活运动促进会"为鼓励各学校实践新生活之兴趣，培养向上奋斗之精神，保持卫生预防疾病"而制定。②该办法要求各市县新生活运动促进会会同各该市县政府联合办理，办法为"在本年四月内选定一星期为整齐清洁竞赛周，在此周内各市县会互通各该市县政府聘请评判员若干人，轮流前往各校评判考核"，考核内容以校园、厕所、住室、膳室以及学生教员衣着等为重点。③

此外，战时北碚管理局还与其他迁碚机关进行合作，举办儿童健康比赛。健康比赛，"与其他之竞技比赛不同，乃根据吾人体格检查之记录，查比优劣，加以比较之一种方法"，其用意"在使吾人能明了自己体格上之优点而知保持，缺点则知矫治，并启发其竞争，发挥其本能，以期达到人人皆具有健全体格之目的"，因此，健康比赛也是"卫生教育之一法"。④1942年，北碚管理局与江苏医学院附设卫生事务所合办了北碚婴儿健康比赛。为办理该比赛，北碚管理局与该卫生事务所合组了"合办北碚婴儿健康比

---

① 《卫生署派遣推行公医制度人员办法补充规定》（1945年12月），重庆市档案馆藏，档号：0081-0004-04361。

② 《为奉省令检发四川省各中小学校整齐清洁竞赛办法仰遵照并转饬所属一体遵照由》（1937年5月1日），重庆市档案馆藏，档号：0081-0003-00671。

③ 《四川省各中小学校整齐清洁竞赛办法》（1937年5月），重庆市档案馆藏，档号：0081-0003-00671。

④ 《北泉公园、战时儿童保育会医院主办北泉区儿童健康比赛会章程》（无日期），重庆市档案馆藏，档号：0081-0004-01230。

赛会"，设置名誉会长若干人，会长二人，总干事二人，旗下分总务股、宣传股、体检股、奖品股等，各股设股长一人、干事若干人，另设评判委员会，并请顾问若干名。①该会成立后，即发布通知举办婴儿健康比赛，参赛者为"实足六个月至五岁"者。②

　　二是防疫方面。一方面是四川省政府主导的防疫注射，1937年四川省政府转发教育部的训令，以"际此霍乱流行时期，本部为顾及各级学校员生健康起见"而颁发《各级学校实施霍乱伤寒预防办法》。③其中要求各级学校，"凡年满十六岁之学生，应注射以中央防疫处出品之霍乱伤寒混合疫苗注射三次（至少两次）"④。另一方面是北碚管理局与其他卫生防疫机关合作进行的防疫。如协助卫生署汉宜渝检疫所在北碚开展防疫工作。1942年卫生署汉宜渝检疫所在"川黔公路交通重要地区乡场地方设置陆路检疫站，实施车辆检查，以防湘省鼠疫经水道或陆路而传入后方"，6月份之后，即按计划"开始夏季临时预防霍乱检疫工作"，由此"在渝市及附近四郊各交通要冲地区分设临时检疫站，办理预防霍乱疫苗注射及水陆进出口舟船检疫事宜"，其中北碚站的工作"与江苏医学院合作"，"除由本所派定工作人员并发给药械经费外，再由该院增派技术人员以加强人力"。⑤该检疫工作，由江苏医学院和汉宜渝检疫所合作实施，"自六月一日起至十月卅日止，逐日由本所派员至北碚汽车站及轮船码头检查疫情，同时施行霍乱疫苗注射"，凡是过往旅客，"须持有本所或其他卫生机关发给之预防注射证，方准购票"⑥。

---

①《国立江苏医学院附设公共卫生事务所北碚管理局卫生所合办北碚婴儿健康比赛会章》（无日期），重庆市档案馆藏，档号：0081-0004-01230。

②《国立江苏医学院附设公共卫生事务所北碚管理局卫生所合办婴儿健康比赛办法须知》（无日期），重庆市档案馆藏，档号：0081-0004-01230。

③《四川省政府训令》（1937年10月），重庆市档案馆藏，档号：0081-0003-00671。

④《各级学校实施霍乱伤寒预防注射办法》（1937年10月），重庆市档案馆藏，档号：0081-0003-00671。

⑤《汉宜渝建议所卅一年预防霍乱工作报告》（1942年），重庆市档案馆藏，档号：0081-0004-01225。

⑥《江苏卫生院致北碚管理局函》（1942年5月6日），重庆市档案馆藏，档号：0081-0004-01225。

三是医疗普及和卫生知识训练。战时北碚管理局与社会医疗机构合作进行了大规模的医疗卫生普及的工作。如迁驻北碚的国立江苏医学院1943年在北碚市区开办饮食店工役卫生训练班，开展对饮食店工人的训练。根据其所拟定的办法，主要目的在于"训练饮食店工役卫生，预防疾病传染"，训练班学生每班30人，其原则是由北碚管理局通令各饮食店配合，"就北碚市区饮食店现役工人抽训，每店一次抽训一人，轮流抽至完全受训为止"；训练内容为："1.几种可以由饮食而来之传染病，2.饮水消毒，3.食品卫生，4.用具消毒，5.污水处理，6.垃圾处置，7.个人清洁，8.精神讲话"。①

第二节　战时社会福利事业的推进

一、难民救济与日常救济

抗战期间，北碚虽位于大后方，远离正面战场，规模战争对其辐射影响相对较小，但由于日军多次轰炸、大量难民迁入、自然灾害频发、物价飞速上涨，北碚也出现了诸多社会问题，如入迁难民流离失所、房屋设施遭空袭炸毁、灾民生活难以维持、难童缺失基本教养、老弱妇孺废等弱势人群生活困难等。为救助民众、稳固后方、支持抗战，政府及民间各方兴起多种形式的社会救济。

（一）难民救济

战火之下，沦陷区及前线生产破坏、房屋被毁，无数百姓"生活无办法、工作无出路"②而成为难民，游徙各地，生活困苦。社会各界人士对难民问题加以讨论，难民救济事业成为战时一大重要社会问题③，如何安置、

①《国立江苏医学院附设公共卫生事务所北碚市区饮食店工役卫生训练班办法》（1943年），重庆市档案馆藏，档号：0081-0004-03625。

② 张劲夫：《难民问题》，黑白丛书社，1937年版，第2页。

③ 李公朴：《救济难民工作计划大纲》，《抗战》，1937第2期，第11页。

救济难民亟待解决。

抗战初期，为救助各地难民，行政院于1937年通过《非常时期救济难民办法大纲》，提出在南京以及各省、院辖市及其市县设立非常时期难民救济委员会，办理难民之收容、运输、给养、保卫、救护及管理与配置等事项，依其自救能力颁发难民证，将难民移置安全地带或遣送回籍①。1938年4月，为统一救济机构及事业，国民政府成立赈济委员会，掌全国赈济行政事务②，各省、市县"将原设赈济救灾各机关合并设置赈济会"③，开展救济事业。后行政院于1941年8月修正发布《修正非常时期救济难民办法大纲》，由赈济委员会负责各项救济事务，细化难民运输、管理、配置等事项，明确"难民因无法遣送回籍或因敌人久驻而必须运送后方者送达后应由省市县赈济会设所临时救济，妥予配置"④。后方各地逐渐承担起战区难民的接收、后续给养、救助等多项救济事务。

为有效开展入境难民救济工作，1938年四川省赈济委员区颁布《四川省救济难民法规》，遵照"难民之管理注重分组配置"⑤之条例，通过难民登记，依其难民证种类、经济状况、有无自救能力等情况分别对待：收容衰老残废及无力自救之妇女，分配职业救济少壮难民、设寄托所保育难童婴孺⑥，对难民疏散、收容、配置、教养、保育各办法及开支加以规定。同时，兼采多种救济方式：筹设各项工厂广收难民、增加生产；开垦生熟荒地成立"四川省救济难民垦殖委员会"；筹办小本借贷于难民不得已时酌贷

---

① 《法规：非常时期救济难民办法大纲（二十六年九月九日行政院第三二八次会议通过）》，《法令周刊》，1937年第375—376期，第4—6页。

② 《法规：赈济委员会组织法（二十七年十二月八日修正公布）》，《国民政府公报（南京1927）》，1938年渝字108，第5页。

③ 《赈济–各省振济会组织规程》，《行政院公报》，1938年第1卷第5期，第9页。

④ 《抄发修正非常时期难民救济办法大纲的训令，附大纲》（1941年10月），重庆市档案馆藏，档号：0081-0004-00427。

⑤ 难民之配置酌情分为四种：无工作能力者应指定地点收容、有工作能力者应给予相当工作、适合兵役年龄并自愿者应征服兵役、失学儿童及青年应插入相当学校借读或施以临时之教育。参见：《法规：非常时期救济难民办法大纲（二十六年九月九日行政院第三二八次会议通过）》，《法令周刊》，1937年第375—376期，第4—6页。

⑥ 《四川省救济难民法规（第一辑）》（1938年），重庆市档案馆藏，档号：0081-0003-00383。

资本；实行难民服役办法；动员各慈善团体、同乡会、同宗会、各会馆、各自由职业团体从事救济等等。①后不断完善救济办法，下发多项补充办法，严加查处"隐匿足敷生活之职业者"，根据难民实际情况适时调整其救济程度与方法②，与总会及各省支会取得联系，达成衔接合作③等，改进救济办法，推进社会救济事业。

北碚地方政府接收国民政府及四川省政府多份难民救济办法与训令，成立北碚区赈济委员会，落实入境难民的管理、收容、救助、配置、教养等多项工作。

来碚难民日增，"为防止汉奸间谍乔装难民入境刺探军情、破坏建设、扰乱治安"，实验区署拟具《嘉陵江三峡乡村建设实验区署管理难民入境办法》，"以战区官署所发之难民证为主要证件"，入境难民"无论住家、营生均须向到达之乡镇联保办公处办理户籍登记并请求难民入境登记，倘不履行登记手续者，不得在本区居住"④，严格审核、管理出入境难民。

住房问题：为供应入境难民居住，实验区号召全区民众"本诸良心，对于难民，热烈援助"，参照最高当局暨重庆疏散委员会核准规定："本区不论市场乡村，房屋不分公私，须尽量让一部分，暂供难民居住"；且"房主不得借故高抬租价及押金"。⑤后房屋有限不敷应用，实验区"在毛背沱一带建筑大量住宅"，建设难民居住区，至1939年5月"竣工者有房屋十七幢，可住五十余户，有小学一所"，且"所定售价，均极低廉"⑥。并筹设北泉新村，"以疏散难民为原则"，"划定自北碚至温泉金刚碑沿公路两旁距路基一华里以内之土地为建筑新村范围"⑦，兴建房屋及公共建筑，尽量解

① 《法规：本省法规：救济难民纲要》，《四川省政府公报》，1938年第124期，第37页。
② 《法规：本省法规：四川省救济战区来川难民补充办法（民国三十年十月十七日公布）》，《四川省政府公报》，1941年第60期，第12—14页。
③ 王缵绪：《四川省政府公函》，《四川省政府公报》，1939年第145期，第21页。
④ 《嘉陵江三峡乡村建设实验区署管理难民入境办法》，重庆市档案馆藏，档号：0081-0008-00057。
⑤ 《告知嘉陵江三峡乡村建设实验区各场镇应尽量腾让房屋供给难民居住的布告》（1939年5月），重庆市档案馆藏，档号：0081-0003-00383。
⑥ 《实验区署建筑难民住宅区缘起》（1939年），重庆市档案馆藏，档号：0081-0004-00889。
⑦ 《三峡实验区建设北泉难民新村办法》，重庆市档案馆藏，档号：0081-0004-00900。

决难胞居住问题。

收容救助问题：为方便迁来难民熟悉地方情形，减少纠纷，实验区于1938年春设旅客服务处，"派员专为旅客解决居住及其他一切问题"，"到境难民请求救济者，即由该服务处负责办理，设法介绍职业，以维持其生活"①。并依据难民救济法规对不同情况难民施以不同配置：为救助行乞的穷苦难民，区署"邀请地方士绅及各事业机关首领发起组织贫民教养院一所以资收容"，兼施生活救济、基本教育及"安定社会秩序之生产建设"②，收容来碚难民以及贫苦游民；区赈济委员会依据《办理难民职业介绍办法》，"指定或委托机关团体办理之"，开展难民技能调查，并介绍合适职业③。

而在针对各个群体的救济事业中，尤以难童收容救济事业发展最为完备，发展起一定规模的儿童救济所：赈济委员会第三儿童救养院与北泉慈幼院，主要收容战区儿童④。赈济委员会第三儿童救养院于1939年由渝迁碚，收容儿童多由各地难民收容所登记后送来，向难童提供食宿以及基本教养，并开展农事生产补贴经费⑤。北泉慈幼院于1939年4月由红十字会创立，专收战区难童，兼有部分抗属子女及无依孤儿。院内设有婴儿院、幼稚园以及小学一至六年级，在收容、救助的同时，施以教育。至1945年，慈幼院共救济儿童873名，其中，后升入大学者3人，专科者7名，职业学校者50名，高中者70名，初中者200名，就业者213名⑥，培养众多儿童成才。

（二）日常救济

关于社会日常救济事业，北碚在建设初期已较为重视，曾有筹备峡区

---

① 《嘉陵江三峡乡村建设实验区署抗战时期中心工作报告（自民国廿六年七月起至民国廿七年八月止）》，《北碚月刊》，1938年第2卷第7—12期，第6页。

② 《三峡实验区贫民教养院计划》（1941年），重庆市档案馆藏，档号：0081-0004-00431。

③ 《抄发办理难民职业介绍办法》（1939年7月），重庆市档案馆藏，档号：0081-0010-00127。

④ 《北碚社会概况调查》，《社会调查与统计（第二号）》，社会部统计处编印，1943年7月。

⑤ 《重庆第三儿童教养院公函》（1942年3月），重庆市档案馆藏，档号：0081-0004-01239。

⑥ 《北碚志（1945）》（四），重庆北碚区地方志办公室编印，2016年5月版，第82页。

感化院计划，但因经费不足未能付诸实践。1936年，实验区署成立后，救济工作被正式列为区署工作之一，在组织规程中明确规定内务股应办理消防火灾、旱灾等救济事务，后"在区署组织业务系统表内于内务股下列有'社会'一组"，承担"养老、育幼、济贫、赈灾及其他公益慈善事项"①，救济事项已成为当地政府的工作之一，但其发展并不完善，仅以紧急灾害的赈济和年关急赈为主，日常的救济事业尚未发展起来。

由于战争形势发展，灾害不断，后方物价飞涨，北碚民众生活困苦急需救济。实验区将"公益"事务列入民政工作之中②，社会上也涌现出多个社会组织从事社会救济事业，保障民众的多种基本需要，提供基本生活、医疗卫生、职业生计等多个方面的救济。具体有以下几个方面。

一是灾害赈济。1936年以来，由于气候异常，夏季以来少雨，秋季继续干旱，北碚发生多次旱灾，粮产骤减，饥荒蔓延，米价飞涨，灾民"待赈极殷"。

面对严重的灾荒，实验区署依情势办理急赈。筹设本区赈务分会，派员赴各乡调查灾民人数与受灾情况，并实地统计区内现存若干粮食。同时，组织游艺会、开展剧目演出，向社会各界募款，用于赈济饥民、救济粮食。1936年旱灾即募得捐款1592元，济米72旧石③。并设置灾民收容所，以防外出觅食饥民"发生骚乱，影响治安""将各地募得赈米赈款项各提五分之一举办收容所"④，为灾民提供餐食、住宿之地，保障其基本生活，所内成立运输、炊烹、洗浆、手工、劳作、清洁、看守七组，通过训练灾民使其加入各工作小组进行劳动，开展救济的同时发展生产，培养灾民劳有所得的观念。除此之外，印制传单提倡节俭，北碚各事业机关减少

---

① 《北碚社会概况调查》，《社会调查与统计（第二号）》，社会部统计处编印，1943年7月。

② 《嘉陵江三峡建设实验区7月份民政建教工作概况》，《嘉陵江日报》，1940年7月29日，第2版。

③ 《北碚社会概况调查》，《社会调查与统计（第二号）》，社会部统计处编印，1943年7月。

④ 赵仲舒：《嘉陵江三峡乡村建设实验区署二十六年二月份工作报告》，《北碚月刊》，1937年第1卷第8期，第84页。

开支，倡导改食两餐，禁止熬汤煮酒、宴客送礼。

实验区为缓解灾情，"约商区内各绅士及各赈务委员发起春赈，自量家产之高低，分特甲乙丙丁五等，暂由各人垫款，办理平籴"①，垫款购进粮食以赈济，垫款在以后募得捐款中扣还。

北碚又因临近嘉陵江，雨季河流水位上升，易发生水灾淹没江边房屋与田地，民众受灾，房屋尽毁。实验区署快速应对，搭建浮桥，派兵帮助人们搬运器具，并指定驻地收容灾民，募款设厂施粥进行救济。

由于灾害频发，灾民生活困难，常有弃婴现象，甚至一日之内能发现五六名之多，实验区令下属一中队设法暂时收容弃婴，同时劝导当地无子富绅领养或以半年为期寻找人家寄养②。但弃婴人数增长，此类方法难以维持。由此当地富绅李会极筹办孤儿院，先后收容孤儿70名，以募款维持日常开支，后因资金不足难以继续由重庆孤儿院收容孤儿，北碚孤儿院结束。

二是年关急赈。从峡防局时代开始，北碚便有一年一度的年关急赈。1936年底，年关急赈开始大规模实行，"以赈务分会为主办机关""发动保甲长向各事业、各地方士绅征募"③，并挨家挨户调查各家情况，形成"具赤贫表册报告区署核定"，经过复查，"凡确属老、幼、残废、鳏寡、孤独的贫民才有领赈资格"④，并散发领赈据。后由账户分会将各镇赈米赈款进行分配，在指定日期（旧历元旦前数日）发放赈济物品。灾年之际，调查受饥灾民，将募得赈粮、赈款充作年关急赈，施以赈济⑤。

三是冬令救济。一直以来，由于冬天天气寒冷，衣食匮乏，对于百姓，过冬即是一年中的一大难关，再逢天灾人祸，难民、游民极易产生而

---

① 吴定域、刘文襄：《嘉陵江实验区署一年来之工作》，《北碚月刊》，1937年第1卷第9—10期，第10页。

② 赵仲舒：《嘉陵江三峡乡村建设实验区署二十六年二月份工作报告》，《北碚月刊》，1937年第1卷第8期，第84页。

③ 《各乡镇正办急赈》，《嘉陵江日报》，1944年1月11日，第3版。

④ 《北碚社会概况调查》，《社会调查与统计（第二号）》，社会部统计处编印，1943年7月。

⑤ 吴定域、刘文襄：《嘉陵江实验区署一年来之工作》，《北碚月刊》，1937年第1卷第9/10期，第10页。

成为社会隐患。

最初主要针对冬季游民增多、预防盗匪事宜，着手施以冬防。实验区"一面督令各镇联保办公处加紧壮丁训练，一面积极配备区署防务，并规定壮丁队晚间轮流守护更棚以防万一"①，特别注意"奸宄异动之防范、盗匪之侦缉、壮丁之整训"②等情况。但防护只是治标不治本，1936年以来水旱频仍、民生凋敝、物价飞涨，每逢冬天，各镇赈务委员会及后来的赈济委员会便征募赈款或粮食，实行"普遍赈济，施惠贫民"③，实行冬令救济。

后随着冬令救济组织不断完善，1943年，依据社会部颁布之冬令救济实施办法，北碚成立北碚冬令救济委员会，下设筹募委员会、监核委员会、总务组、查放组，分别负责办理"款物之筹募征集及保管事项"、"监督审核事项"、"会计庶务人事交际及不属于各会组事项"、"调查统计及一切救济之实施事项"④。该会每年于十一月中旬或十二月一日起至来年三月底施以救济，以无职业之难民、鳏寡孤独残废者、灾民、抗属、赤贫者及流浪儿童为救济对象，设有多项救济设施："工振；小本贷款；举办平粜或施放米榖；开办施粥厂；发售或施送衣被；发放代金；贫病儿童医疗；设置冬令临时收容所"⑤。

四是空袭救济。1940年，北碚遭到日军轰炸四次，分别为"五·二七"轰炸、"六·二四"轰炸、"七·三一"轰炸以及"双十节"轰炸。敌机在北碚、黄桷两镇人口密集区域投下燃烧弹，破坏性强。为"救济遭受

---

① 《嘉陵江三峡乡村建设实验区署廿五年十一月份工作报告书》，《北碚月刊》，1937年第1卷第5期，第77页。

② 《北碚镇冬防实施办法》，重庆市档案馆藏，档号：0081-0009-00056。

③ 《嘉陵江三峡乡村建设实验区署抗战时期中心工作报告（自民国廿六年七月起至民国廿七年八月止）》，《北碚月刊》，1938年第2卷第7—12期，第6页。

④ 《北碚冬令救济委员会组织章程》（1943年），重庆市档案馆藏，档号：0081-0004-019890。

⑤ 《北碚冬令救济委员会救济办法》（1943年），重庆市档案馆藏，档号：0081-0004-019890。

敌机轰炸，以致伤亡失所之被灾民众"，北碚成立三峡实验区空袭紧急救济联合办事处以及陪都空袭救护委员会北碚办事处。重庆市空袭服务救济联合办事处向其抄发多项空袭紧急救济办法、条例与发放急赈办法[①]，指导其开展空袭救济。

抢救生命。北碚空袭紧急救济联合办事处专门成立救护组，空袭发生时，组内各队驻于各大医院与诊疗所，并有一担架队，在各队附近以待抬运[②]。空袭结束后，区署立刻出动消防队扑火，减少人员伤亡、财物损失。同时，救护组开始紧急救助，抢救伤员。"卢区长率领区署全体职员及北碚防护团等立即出动抢救，将受伤者抬到卫生所江苏医学院附属医院"[③]，以及专为"受敌机轰炸的重伤病人作疗养"的重伤医院[④]进行医治。后中医救济医院、江苏医学院附属医院、北碚区卫生所、红十字会四川第一流动空袭医疗队及各乡镇防护人员与青年团等纷纷出动救护队赴各个轰炸区域抢救伤员，运往医院[⑤]。

收容灾民。空袭后，灾民难以维持生活。为"免餐风露宿之苦""区署在旅客服务处煮粥，抬至受灾区域，招待难胞，继续数日之久，直至各难胞食宿问题解决时为止"[⑥]，"六·二四"轰炸后，"灾民伙食，集中北碚民众会场散发"[⑦]；"震毁房屋，立即盖上残瓦，以避风雨"，后"暂定北碚两民众会场及复旦宿舍，为灾民居留地"[⑧]，满足难民基本食宿需要。除此之外，重庆市空袭紧急救济联合办事处特派服务车来碚救护，各机关单位、社会团体也协助招待救助难民、施发食物。

---

① 参见：《陪都空袭救护委员会发放急赈办法》，重庆市档案馆藏，档号：0063-0001-00823；《被炸难民疏散或安置办法》，重庆市档案馆藏，档号：0061-0015-01678。

② 《北碚市区及黄桷镇救护准备联络办法要点》（1940年6月7日），重庆市档案馆藏，档号：0169-0002-00015。

③ 王培树：《北碚三次被炸的损害及救济情况》，《北碚月刊》，1940年第3卷第5期，第73页。

④ 李爵如：《北碚防空工作概况》，《北碚月刊》，1940年第3卷第3期，第22页。

⑤ 《代电：报告五月二十七日敌机在北碚轰炸救济情形由》（1940年5月），重庆市档案馆藏，档号：0169-0002-00015。

⑥ 《双十节北碚第四次被炸灾情》，《北碚月刊》，1940年第3卷第6期，第54页。

⑦ 《北碚二次被炸后 当晚举行紧急会》《嘉陵江日报》，1940年6月27日，第3版。

⑧ 《北碚二次被炸后 当晚举行紧急会》《嘉陵江日报》，1940年6月27日，第3版。

赈济灾民。实验区署飞电成渝军政各机关报告空袭灾情，中央赈济委员会派员考察其情况，并慰问北碚受难同胞，拨发赈款。实验区署同时筹集款项，与区空袭紧急救济联合办事处发放赈款，按照规定"无法维持生活的被难同胞大口十元，小口（十二岁以下者）五元，重伤二十元，轻伤十元，最轻伤五元，死亡者发给家属殓埋费30元"[①]，救助灾民的基本生活。

善后事宜。发生在北碚的四次轰炸破坏力度大，炸毁数条道路，交通阻塞，区署立即加以清除修缮，恢复原状，以利行人；炸毁数间房屋，致民众无家可归，北碚区赈济委员会努力推进空袭善后事宜[②]，向区内各事业机关、各界人士发起募捐，动员土木石工人，修缮被炸房屋、防空洞及区署房间。

五是北碚管理局社会服务处。为推行社会福利政策，增进社会福利，北碚管理局于1943年12月筹组社会服务处，下设总务、业务、服务、计核四股。1944年1月1日，正式办理服务工作，包括：职业介绍、生活服务、人士咨询、文化服务、经济服务、公共救济等[③]。具体来看：联合本区名医轮流在各处为人诊疗，积极办理贫病儿童治疗，开展一年以来，诊疗成人634人，儿童2233人，成就显著；为失业者介绍工作，1944年3月至12月，共有151人求业登记，介绍成功者119人[④]。该服务处并计划"逐渐解决社会人群衣、食、住、行、育、乐及生、养、病、死、苦、难等一切有关问题"[⑤]，推动战时社会福利事业丰富发展并逐渐转向平时。

六是其他机构的救济活动。随着区内贫苦百姓数量日增，北碚成立有多个从事救济活动的机构，提供基本生活、医疗卫生、职业生计等方面的救济，保障民众基本需要，包括：社会部委托儿童福利诊疗所向妇孺婴孩提供医疗卫生救济；江苏医学院附属医院北碚卫生院为贫民提供看病、吃

①　王培树：《北碚三次被炸的损害及救济情况》，《北碚月刊》，1940年第3卷第5期，第72—76页。

②　《本区赈委会发起募捐》，《嘉陵江日报》，1940年6月12日，第3版。

③　《北碚管理局社会服务处概况》，重庆市档案馆藏，档号：0081-0004-03463。

④　《北碚志（1945）》（四），重庆北碚区地方志办公室编印，2016年5月版，第86页。

⑤　《北碚管理局社会服务处概况》，重庆市档案馆藏，档号：0081-0004-03463。

药、住院的机会，使贫病之人有病可医；世界红十字会北碚分会开展有多项救济事务：夏季施送暑药、冬季赈济贫民；平时施送棺木，使去世贫民得以殓埋，办理临时赈济等等①；澄江镇蔡家沟由洪渊全组织"仁人善士"成立蔡家沟慈善社，对矿场工友及贫困之人，"加强办理慈善事宜"②。除此之外，仍有多所机构办理救济活动，不在此一一赘述。

二、儿童福利事业

于国家而言，儿童是国家的幼苗、民族的希望，是未来社会的继承者；儿童之福利，也不仅是针对孤苦难童的消极救济，而是对于社会全体儿童的多方位救济，维护其身心健康、人格权利，是"关系下一代国民身体德性之健全"③的重要事业。但在战火不断蔓延中，儿童成为难民中一个重要群体，生存环境恶劣，弃婴、伤残、流亡儿童、遗孤数量日渐增长。国民政府重视战时儿童的救济与教养，认识到儿童福利事业为建国之基础，提出"善种、善生、善养、善教、善保"五目标，与众多社会团体与组织开展儿童福利事业，改善儿童生活，给予儿童教养，维护儿童身心健康，健全儿童人格。

（一）社会部北碚区儿童福利实验区

国民政府社会部以"倡导及改进儿童福利"④为宗旨，在北碚区设立儿童福利实验区，以科学的方法，"将一般儿童及特殊儿童之福利事业，分别作有体系之设施，并以实验结果，供各地参考，藉期普及⑤"，推广实施儿童福利的科学方法、完备设施与制度系统，推动儿童福利事业之进步。

1943年1月18日，社会部设立北碚儿童福利实验区筹备处，派章柳泉任筹备主任，拟定实验区计划。经社会部批准，在北碚管理局所辖境内筹

---

① 《北碚志（1945）》（四），重庆北碚区地方志办公室编印，2016年5月版，第83页。

② 《北碚澄江镇蔡家沟慈善社会议记录》（1944年10月），重庆市档案馆藏，档号：0081-0010-00171。

③ 章牧夫：《儿童福利的意义》，《教育通讯月刊》，1947年，第3卷复刊第12期，第3—4页。

④ 章柳泉：《社会部北碚儿童福利实验区暨托儿所业务概况》，北碚儿童福利实验区托儿所编印，1947年，第1页。

⑤ 《社会部北碚儿童福利实验区三年来工作概况》，1946年12月版，第1页。

设实验区：购买中山路32号民房以及四亩基地，建造房屋，购置设施。

经过多方筹备，儿童福利实验区于1943年春正式成立，下设多个工作组室与业务机构，以"研究、实验、推广"[1]的工作路径，从研究方案，到付诸实践，同时思考改进，收获成果，再行推广。在抗战期间，开办多项儿童福利事业与机构以救济、教养儿童，成效显著。

从儿童实验的组织上来看，实验区内设主任一人，由社会部任命总理全区事务，并设副主任协助办理事项。另设设计考核委员会，作为最高设计机构。由社会部聘请二十九位与儿童福利事业相关的各界人士及专家[2]担任委员，负责计划与考核工作，主持工作设计。

行政部门设有总务、业务、推广、研究训练四组。各组各设组长一人，秉承区主任之命，掌理各项事务，并根据事务繁简程度下设若干名助理、干事、研究员等。总务组办理"文书、出纳、庶务及不属于其他各组的事项"；业务组负责"各项儿童福利事业的规划与实施事项"；推广组掌理"儿童福利事业的推广事项"；研究训练组负责"福利事业的调查、研究以及统计翻译事项"[3]。另设有会计室、人事管理室、统计室三室，掌理财务、人事管理及统计事项，后将统计事宜纳入会计组[4]。

实验区下设有多个业务机构，专门开展儿童福利，包括托儿所、托儿站、儿童福利所、自谋生活儿童福利站、金刚乡儿童福利站等。并通过与公务机关及工厂等合作，办有多种形式的儿童福利事业。

在实际运作中，实验区实行行政三联制，即"设计，执行，考核"[5]。每月月初，各组室设计制定本月工作进度表，经核定后，各组室据其切实执行。至月末，设计考核委员会对各组室单位进行考核，检验其工作进度

---

① 章牧夫：《区务第四年——社会部北碚儿童福利实验区第四年工作概述》，《社会工作通讯》，1948年，第5卷第1期，第20—25页。

② 《社会部北碚儿童福利实验区设计委员会组织规程》，社会部公报，1943年第10期，第71页。

③ 《社会部北碚儿童福利实验区组织规程》，《社会部公报》，1943年第10期，第68—69页。

④ 《社会部北碚儿童福利实验区组织规程》，《社会部北碚儿童福利实验区三年来工作概况》，1946年12月，第27页。

⑤ 章牧夫：《区务第四年——社会部北碚儿童福利实验区第四年工作概述》，《社会工作通讯》，1948年，第5卷第1期，第20—25页。

及完成情况。各组室单位也需对本月工作逐项进行总结、检讨，进而改进下月工作。除此之外，还建立了较为完备的个人考核机制，制作"实验区职员工作操行学识成绩考核表"①，由各组室主管人员为其——打分，并每月统计工作成绩，以落实工作监督。月终考核平均在八十分以上且通过核定者，可获得月终奖金，鼓励员工努力工作。

经费来源方面，实验区经费由国民政府社会部拨发，主要类别有经常费、工役膳食补助费、临时费（用于建筑设备等）以及公务员生活补助费、儿童医疗补助费、公种费②等等。由于战时物价飞涨、政府财政困难，实验区兴办各项消费性福利事业，开支较大，其经费常面临拖欠、缩减等情况。但实验区"想穷主义，打穷算盘""务使一钱当做百钱用，务使一人当作十人用"③，尽量缩减开支、达到收支平衡。

表11-5　社会部北碚儿童福利实验区经费情况(1943—1946年)

年度	年度经常费	临时费
1943年	409460元	1499311元
1944年	1402900元	4310667元
1945年	6977060元	7000000元
1946年	12131000元	20252000元

资料来源：《社会部北碚儿童福利实验区三年来工作概况》，1946年12月，第14页。

就具体工作而言，儿童实验区各组室的工作主要有以下几个方面的内容：

其一，研究训练组。该组主要从事儿童福利事业的理论性建设。开展有关北碚儿童、妇女、家庭情况的调研；翻译他国有关儿童教育、福利事

---

① 《社会部北碚儿童福利实验区职员工作、操行、学识成绩考核表》，重庆市档案馆藏，档号：0105-0001-00013。

② 《社会部北碚儿童福利实验区三年来工作概况》，1946年12月版，第14页。

③ 《社会部北碚儿童福利实验区工作概况》，1948年5月编印，北碚印刷所承印，第2页，西南大学图书馆藏。

业、难童救济的相关文章、书目，加以学习与借鉴，至1948年已完成14本①；加强对儿童群体心理、智力、行为的研究，针对不同年龄、职业与心理状况的儿童分别进行研究，区分特殊与一般儿童，重视儿童心理卫生②。在学习、研究、调查的基础上，该组为实验区各业务机构拟定实施办法、业务计划、规章制度、改进建议等，以成为落实工作的文件依据；先后完成托儿所课程设定方案以及幼儿阅览材料的编写，如儿童故事选辑、幼儿游艺选辑等二十余种；编纂《父母教养子女自我检讨表》、《怎样做母亲连环图书》③等，推广家庭教育；发行儿童福利半年刊、举办儿童福利座谈会等，宣传儿童福利事业；举办实验区保育人员训练班及讲习班，教授科学的儿童培养方法，训练合格的保育人员。

其二，业务组。根据实验区研究方案、拟定计划，执行实际工作，筹备指导或配合协助各项实验业务，监督工作的推进程度与考核实施情况。并于每月召开业务会议，向社会部呈报业务报。

其三，推广组。实验区以推广、普及儿童福利事业为最终目标，因而引起民众对儿童福利的重视与支持亦是其中一项重要工作。实验区采取多种宣传方式与宣传载体进行儿童福利的宣传：1943年，在北泉举办儿童夏令营，进行家庭访问，开展巡回健康服务：免费诊治贫病儿童、指导妇婴卫生、宣传母子健康问题等；1944年，在巴县、磁器口、北碚、合川等地举行巡回儿童福利"五善"展览，举办儿童书画展览会等；1945年，举行新年团拜，开展儿童演讲比赛，并举办11次儿童晚会，到会儿童人次共达10718人④。同时，供应重庆广播电台以儿童福利事业相关的广播资料⑤，借助广播扩大宣传，推广实验区研究与实验结果，普及儿童教养理念与福利

---

① 《儿童福利消息：北碚儿童福利实验区近况》，《儿童福利》，1945年，第1卷第3期，第25页。

② 《儿童福利消息：北碚儿童福利实验区近况》，《儿童福利》，1945年，第1卷第3期，第25页。

③ 《社会部北碚儿童福利实验区工作概况》，1948年5月编印，北碚印刷所承印，第14页，西南大学图书馆藏。

④ 《社会部北碚儿童福利实验区三年来工作概况》，1946年12月，第4页。

⑤ 叶锦华：《儿童的乐园——介绍社会部北碚儿童福利实验区》，《家》1948年第29期，第260页。

事业。

儿童实验区以保育儿童为主要任务，因此在儿童托养、保育方面有较为突出的贡献，其主要工作内容为：

一是托儿所工作。1943 年 2 月 18 日，实验区开始筹备设立托儿所，7 月 5 日开工，建造教室、寝室、膳堂、运动场、盥洗室等，购置多种运动器具、游戏玩具。基本完成基础设施建设后，于同年 11 月末开始托儿报名，12 月 15 日正式开始受托，托儿以"年龄二至六足岁、体格健全、无传染病患、并能走路者为合格"①，再经过寄托儿童甄选委员会甄选，确定取录儿童，以半年为一期，定期招收或依登记顺序甄选递补。首次取录儿童共计 80 人，分别有"全费者 44 人，半费者 21 人，免费者 10 人，不详者 5 人"②。社会部确定托儿名额为 100 名，后增至 115 名。至 1948 年 5 月，该所共受托儿童 409 名，其中男童 224 名，女童 185 名③。

托儿所所长由区主任兼任或选派，下设有保育、教导、健康三股。各股股长由所长选派或社会部核派，并根据实际情况雇佣若干名教师、保育员、保姆、医师等。保育股负责"儿童出入所注册登记、日常生活辅导事项"；教导股负责"儿童编制、教学实施、课外活动、成绩考核等事项"；健康股掌"儿童健康检查、疾病预防及治疗、卫生设施及衣食用品检查等事项"④。另设收容儿童审查委员会与儿童营养指导委员会，分别负责审查申请入所的儿童事宜、解决有关儿童营养的问题，如日常膳食费用、改进儿童营养等。

托儿所特别"注重儿童健康与保育"⑤两方面。首先，保障在所儿童的人身安全，由教师、保育师及保姆共同负担监护之责，并兼顾衣、食、

① 《北碚儿童福利试验区托儿所第一次招收托儿昨甄选完毕》，《嘉陵江日报》，1943 年 12 月 10 日，第 3 版。

② 《甄选结果录取八十人》，《嘉陵江日报》，1943 年 12 月 10 日，第 3 版。

③ 《社会部北碚儿童福利实验区工作概况》，1948 年 5 月编印，北碚印刷所承印，第 11 页，西南大学图书馆藏。

④ 《社会部北碚儿童福利实验区托儿所组织章程（三十二年六月十九部令核准）》，《社会部公报》，1943 年第 10 期，第 69—71 页。

⑤ 《儿童福利消息：北碚儿童福利实验区近况》，《儿童福利》，1945 年，第 1 卷第 3 期，第 25 页。

住、行、学习、娱乐各个方面，为儿童制定充实的生活安排表：由保育股、健康股及儿童营养指导委员会根据营养搭配为儿童提供安全、健康、营养的餐食，尽管物价高涨、资金稀缺，托儿所仍尽量保障儿童最低限度之营养标准；注重儿童清洁卫生，勤清洗、勤换衣；开展园地活动、社交活动、康乐活动等多种形式的活动。培养儿童良好的生活习惯，建立健康且充实的生活方式。

在托养的同时，也进行相关教育。所谓教育，主要指"生活技能的培养、正常情绪的陶冶、良好习惯的培养"[1]与智力素质的启蒙。首先，托儿所根据国民政府教育部颁布的幼稚园课程标准，编订"我们的课程标准"试用。按照儿童年龄分为四组：亲：两岁至两岁半；爱：两岁半至四岁；精：四岁至五岁；诚：五岁至六岁[2]，并酌情根据智力测试结果与平时学习情况升降组别。课堂主要以老师教导唱歌、画图、做游戏、做手工以及常识问答等为主，并无课本，但对于不同组别，教授的具体内容与程度不同。

同时，托儿所关注儿童的身体状况，定期进行身体检查，如晨间检查、每月身体检查等，按期进行天花、白喉、霍乱、伤寒等疾病的疫苗接种注射。并保障托儿所的卫生清洁状况，严格检查餐食、饮水的卫生安全以及屋舍的清洁状况，营造干净整洁、安全卫生的环境。除生理卫生外，托儿所还重视儿童的心理健康：许多儿童由于亲人去世、战争残忍等原因，缺乏温暖及安全感，以致性情孤僻、呆板、情绪失常，存在一定心理问题。托儿所注意观察记录儿童的情绪，并研究、处理其情绪问题，弥补儿童缺失的关爱，改善其心理状况。

因托儿所自身的实验性质，为加快儿童适应新生活，特实验"家庭化机关教养"[3]：改寝室为家庭小客室，使儿童感觉如在家中；举行各种"家庭活动"，如集体生日会、家庭同乐会等；工作人员为儿童做衣服补鞋袜，

---

① 叶锦华：《儿童的乐园：介绍社会部北碚儿童福利实验区》，《家》，1948年第29期，第242页。

② 《社会部北碚儿童福利实验区工作概况》，1948年5月编印，北碚印刷所承印，第6页，西南大学图书馆藏。

③ 章牧夫：《区务第四年：社会部北碚儿童福利实验区第四年工作概述》，《社会工作通讯》，1948年第5卷第1期，第24页。

儿童改称保育人员为妈妈、嬢嬢，尽快消除儿童与工作人员心理上的距离与隔阂。托儿所还建立"生活记载簿"，记录每个儿童的体格、学业、生活、技能、习惯等情况，每三个月举行一次家庭访问，并举办恳亲会和儿童成绩展览，询问父母们的看法、意见，改进托儿所工作。根据工作情况，托儿所每三个月完成一份计划与实施报告，包括托儿保育方法、教材大纲、教材教法实验报告及家庭化机关教养初步报告等内容，为全国儿童保育事业提供经验。

二是儿童福利所。1944年6月18日，儿童福利所建筑工程开标，建造屋室，拟定章则，于11月建设完成，12月3日先行开放，12月25日正式开幕。福利所成立以来，以"儿童福利，健康第一"为工作目标，开办多种类型的福利事业，儿童及其父母依其志趣与需要来所参加各项活动。据统计，至1948年5月来所总人数高达72651人①。

该所下设有保健、康乐、学艺、指导、服务五股。保健股承担医疗卫生工作，诊治生病儿童，为产妇免费检查、接生，推行妇婴保健工作，定时进行健康检查，种痘、防疫等。每月就诊儿童在两千人以上②。康乐股备有丰富的游戏器具、乐器、棋类、球类等，组织儿童进行体育、音乐、游戏等活动以及比赛，培养儿童丰富的兴趣。学艺股"以善教为范围③"，下设自然室、社会室、美术室、工作室、图书室五室，并备有相关设施与器材，在不同领域进行儿童启蒙与兴趣培养。工作室指导儿童制作玩具或工艺品；美术室组织儿童进行绘画与创造，培养其审美能力；图书室提供丰富的儿童图书，儿童可以随时入室阅览，并有老师指导阅读思考、组织作文练习；自然室为儿童提供物理仪器与化学制品以进行实验，并帮助附近国民学校进行实验教学；社会室供儿童开会探讨时事、研究问题、社会调查等④。指导股开办幼儿园、儿童团、儿童行为指导等组织，指导儿童培养

---

① 《社会部北碚儿童福利实验区工作概况》，1948年5月编印，北碚印刷所承印，第6页，西南大学图书馆藏。
② 叶锦华：《儿童的乐园：介绍社会部北碚儿童福利实验区》，《家》，1948年第29期，第242页。
③ 《北碚志（1945）》（四），重庆北碚区地方志办公室编印，2016年5月版，第76页。
④ 《社会部北碚儿童福利实验区三年来工作概况》，1946年12月，第7页。

良好的习惯、团体精神以及正常行为；组织父母会，举行座谈会，推广科学的教养方式；创立儿童会，六岁至十四岁的儿童可加入，至1948年已有会员八百多人①。服务股主要负责入所儿童的日常生活管理，包括膳食、起居住宿、卫生等，并负责救助弃婴儿童。为发动社会力量参与儿童福利事业，还设有北碚儿童救助委员会，邀请地方人士筹募资金、救助儿童；以及儿童福利幻灯片编制委员会，与中华教育电影制片厂合组编制儿童福利幻灯片，丰富儿童福利工作。

三是北泉托儿站。1943年，实验区为方便北温泉附近的机关公务员与居民照料子女，并实验简易托儿所的经营方法，发展托儿事业，在北泉公园内设立一处日间托儿站，后迁至北温泉大佛殿，设施及组织以简单经济为原则，仅设置站长与保姆各一人，花费三万元开办费②。收容儿童以二十名为限，受托时间为上午八点至十一点半，下午一点半至五点，不收取任何费用。儿童在站期间，学习多门课程，获取知识；参与园艺活动，浇灌田地；进行游戏，获得乐趣。同时，托儿站重视儿童健康，定时进行健康检查，并加强与托儿家长的交流联系，进行家庭访问，组织恳亲会。

四是自谋生活儿童福利站。由于家庭贫困、家庭破裂，出现许多年幼儿童进入社会从事各式工作——卖报、擦鞋、小贩、苦力等——而被称为职业儿童，他们生活艰难，无法参与教育。为改善职业儿童的生活而"作积极救助、收容、辅导"③，1947年1月，实验区与北碚儿童救助委员会合办自谋生活儿童福利站，设指导员一名，干事一名，顾问五人，由实验区推广组组长、业务组组长、儿童福利所所长、北碚管理局社会科长、教育科长担任之④，共收容20名14岁以下的职业儿童，在生活、教育、医疗方面提供救助，进行职业儿童福利实验。针对职业儿童已参与工作的特殊身份，在白天他们出去工作，在每晚空闲时间进行基本生活技能的教学以及

---

① 叶锦华：《儿童的乐园：介绍社会部北碚儿童福利实验区》，《家》，1948年第29期，第242页。

② 章柳泉：《北工纪实：北泉托儿站概况》，《社会工作通讯》，1944年第1卷第12期，第20页。

③ 《社会部北碚儿童福利实验区暨托儿所业务概况》，1947年6月编印，第6页，北碚图书馆藏。

④ 《北碚志（1945）》（四），重庆北碚区地方志办公室编印，2016年5月版，第76页。

精神训练，培养其思考能力与优秀品质，或介绍他们去学习专业技能、从事其他工作。

五是金刚乡儿童福利站。农村地区，由于经济发展缓慢、远离城市，相关的基础设施、教育水平往往较为落后，乡村中流浪儿童、贫苦儿童的数量更多。针对这一现象，实验区特为乡村儿童开办福利实验，选取较为贫穷的金刚乡设置儿童福利站，分办"学艺、保健、康乐、服务"①工作，力图把儿童福利普及到更多乡村中去②。

作为首个由中央政府主办的普惠性儿童福利实验区，北碚儿童福利实验区的创设开展具有许多特点与优势。

其一是实验性质。由于我国的儿童福利事业只处于初创阶段，且逢战时，无论是理论、实践，还是设施、组织、工作模式，都不够完善且存在一些空白与问题，需要探索与发掘。因此实验区将理论与实践并重，针对不同年龄、地区、身份的儿童，开办多种形式的儿童福利实验。在学习他国理论进行儿童福利理论研究的同时进行福利事业的实践，再从实践中获得经验推动理论创新，再用以完善实践，开辟多种形式的儿童福利，为我国儿童福利事业贡献巨大。但其根本性仍是实验性，在实施过程中往往会出现问题与不足，如因资金、资源的缺少而致可参与福利的儿童数量较为有限，福利事业的相应设施、设备较为缺乏，福利的实施程度不高、未落到实处等等问题。

其二是创新儿童福利推广形式。社会事业的倡导与推进是一个漫长曲折的过程，不能只是依靠政府或社会组织或个人的单方力量来艰难努力，而要发动社会、组织不同群体参与进来，纳入更多力量。关乎民族希望的儿童福利事业更是如此。因此实验区创新多种推广方式：加强与儿童家庭的联系，采取父母会、恳亲会、家访等多种形式，向儿童父母普及儿童福利理论与方法，使家庭教养为人所知、有所发展；与机关、学校、社会组

---

① 《社会部北碚儿童福利实验区暨托儿所业务概况》，1947年6月编印，第7页，北碚图书馆藏。

② 《社会部北碚儿童福利实验区工作概况》，1948年5月编印，北碚印刷所承印，第9页，西南大学图书馆藏。

织建立友好关系，多次达成合作，开办新形式的儿童福利服务，如儿童健康夏令营、托儿站等；邀请社会人士及专家担任顾问指导事业；注重社会宣传，举办多种形式的宣传活动，使用多种传媒工具——广播、报纸、书籍等扩大宣传，使更多的社会人士加入；与各国开展交流互动，举办儿童福利展览会邀请各国参加，发起陪都儿童慰劳盟军万信运动，扩大国际影响力。实验区融合家庭，学校，社会为一体，充分发挥各方面的力量来推广儿童福利，同时也力图尝试家庭教育、学校教育与社会教育的配合与联系。

其三是开创"保、教"合一的科学救助模式。实验区开办多个托儿站、福利所，在理论与实践基础上，从生活管理、教育指导、卫生健康三方面来展开工作，将儿童保育与教导合一的模式运用于实践中，秉承"健康第一"的观念，贯彻于日常的膳食、起居、用具、疾病的防治、个人及环境的清洁卫生等生活的方方面面，培养儿童良好卫生的生活习惯，使之成为健康的儿童。同时，注重儿童启蒙，充分考虑儿童的天性，设置丰富的课程，包括知识性课程与兴趣性课程，并因材施教，针对不同年龄程度的儿童教授不同课程，启发智力、培养兴趣，并引导儿童自己用脑、自己动手、自己研讨，自己学习，养成自发自动自作自学的精神，对儿童的成长具有重要意义。"保、教"合一模式，在儿童的生活、学习、娱乐各个方面加以管理，为儿童提供了一个安全、卫生、充实、愉悦的场所，成为当时儿童福利事业的典范。

（二）儿童救济事业

北碚儿童福利的发展相对较好，设有针对不同年龄、不同情形儿童的多种形式的福利事业。除社会部北碚儿童福利实验区外，还有多个由政府或社会团体举办的儿童福利事业，包括主要针对战区难童救济的北泉慈幼院、赈济委员会第三儿童救养院、北碚贫民教养院难童收容所、重庆慈幼院以及北碚平民小学等。在针对各个群体的救济事业中，尤以难童收容救济事业发展最为完备，发展起一定规模的儿童救济所——赈济委员会第三儿童救养院与北泉慈幼院，主要收容战区儿童。[1]

一是北泉慈幼院。1939年5月，北泉慈幼院由世界红十字会于北碚缙云山下绍隆寺[2]创立，主要为救济战区难童，兼有部分抗属子女及无依孤儿。同年7月，西康教养院百余名儿童并入。该院最高组织机关为董事会，聘请周之廉女士为院长，总揽一切事务，下设总务、保育、教务三处，经费主要由世界红十字会、赈济委员会、盐务总局等机构[3]拨发，但慈幼院经费时常入不敷出。院内设有婴儿院、幼稚园以及小学一至六年级，在收容、救助的同时，施以教育。至1945年，慈幼院共救济儿童873名，后升入大学者3人，专科者7名，职业学校者50名，高中者70名，初中者200名，就业者213名[4]，培养众多儿童成才。

二是赈济委员会第三儿童救养院。1939年，该救养院由渝迁碚，设于禅岩寺。院长为黄元汉，下设事务、教导、生产三组，并有伙食、采购、经济稽核、卫生委员会[5]，经费由赈济委员会拨发。收容儿童多由各地难民收容所登记后送来，教养院为其提供食宿以及基本教养，并组织儿童开展农事生产补贴经费[6]，以科学方法改善生产力量。至1942年6月，该院实收儿童人数有三百零三人[7]。

三是北碚贫民教养院难童收容所。贫民教养院难童收容所又被称为"流浪儿童之家"，"收容本区饥寒交迫之流浪儿童"[8]。由实验区于1941年开办，聘请董事27人组成董事会，一半为各企业首领，一半为地方士绅。该所"除注重教养外并授以生活技能"[9]。但因设备经费有限只收容难童30人，为其提供餐食、住宿、衣服，采用民众学校编制施以教育。但因所内经费困难，难童的生活水平较低，教育设施也较为缺乏。

---

① 社会部统计处编：《北碚社会概况调查》，1943年版，第149页。

② 段宣怀：《回忆抗日战争时期的北泉慈幼院》，《纵横》，2005年第8期。

③ 段宣怀：《回忆抗日战争时期的北泉慈幼院》，《纵横》，2005年第8期。

④ 《北碚志（1945）》（四），重庆北碚区地方志办公室编印，2016年5月版，第82页。

⑤ 社会部统计处编：《北碚社会概况调查》，1943年版，第149页。

⑥ 《重庆第三儿童教养院公函》（1942年3月），重庆市档案馆藏，档号：0081-0004-01239。

⑦ 《四川省北碚管理局儿童教养院所调查表》，重庆市档案馆，档号：0081-0004-01234。

⑧ 《收容饥寒交迫之流浪儿童的函》，重庆市档案馆，档号：0081-0006-00453。

⑨ 《致陈布雷先生书》，重庆市档案馆，档号：0081-0004-05568。

四是重庆慈幼院。于1937年四川天灾后热心社会事业的人士发起组织。该院收容流浪儿童，特色在于"做工重于读书"，提倡生产教育、自给自足，为儿童提供膳宿以及工作，许多儿童在附设的猪鬃工厂、农场工作，或在简易工厂学艺，并依其所劳给予奖金。但外界对其有一定争议，认为该院变相地利用童工[①]。

五是北碚平民小学。北碚妇女生活改进实验区为救济贫苦失学儿童，特举办平民小学，"招收三四级以上及初小一级以下的学生"，"凡赤贫无力入学，年龄在八岁至十五岁者，均可前往报名入学，除免学费外，并由校方供给书籍文具等"[②]。以两年为期，采取半工半读的方式，"教导儿童生活的经验和常识，并给以技术的培养，使各科内容与抗战有密切的配合"[③]。

三、荣誉军人及抗属福利

随着战局扩大，越来越多的士兵奔赴前线与敌厮杀，战火之下，无数士兵受伤、牺牲，我国军队的伤亡数量不断上升，伤兵群体的安置也成为一个亟待解决的问题。为表示对抗战中受伤将士的尊重与崇敬，1940年5月1日，军政部特令各伤政机关将"残废军人""伤兵"等字样一律改成"荣誉军人"。为使荣誉军人"心有所安，身有所托，生活有保障"[④]，国民政府及社会团体发展荣誉军人的福利事业，开展"虽残不废"运动，举办农垦、推行工合、倡导荣誉服务、成立伤兵之友社、荣誉军人职业协导会[⑤]等福利事业。

而军人往往又是一个家庭中的顶梁柱，支撑整个家庭的生计。当军人出征甚或遭遇不幸受伤、牺牲时，多为耄耋老人、孤苦妻儿的抗属的生活

---

① 《北碚社会概况调查》，《社会调查与统计（第二号）》，社会部统计处编印，1943年7月。

② 《北碚妇女生活改进实验区继续举办平民小学》，《嘉陵江日报》，1940年9月21日，第3版。

③ 樊毓明：《通讯：我们在北碚的平民小学：教育流浪儿的一个新试验》，《妇女新运通讯》，1940年第2卷第15—16期，第8页。

④ 《倡导"虽残不废"工作之重要：孔理事长祥熙于三十二年二月十九日新运九周年纪念时广播词》，《残不废月刊》第1卷第5期，第7页。

⑤ 李德柄：《荣誉军人的福利》，《荣誉军人月刊》1942年第1卷第2期，第9—14页。

则面临巨大困难而成为一大社会问题，且影响国家对社会兵源的征调能力，因而政府一向重视征属问题，开展抗属福利事业，以"减少诸君之窘迫，增进诸君之福利，保障诸君之生活，安慰诸君之心灵"[1]，使前线士兵无后顾之忧。在大后方征调兵役支援前线的过程中，北碚开展"自愿抗日从军运动"，北碚的男儿自觉主动地从军参战，妇女们积极鼓励她们的父亲、丈夫、儿子前往战场，形成志愿从军热潮，为前线输送兵源。因而北碚的抗属不在少数，抗属福利事业有一定发展：政府定期下发优待金，社会组织逢节日发慰劳金、慰问品，召开慰劳抗属大会，对抗属子女施以优待。具体而言，战时北碚的荣军及抗属优待事务如下：

（一）荣誉军人自治实验区

1943年10月15日，中国妇女慰劳自卫抗战将士总会（简称为妇慰总会）于北碚澄江镇正式成立荣誉军人自治实验区，收容荣誉军人及家属，训练其生活技能养成自给自足的能力以及新生活的习惯，解决荣军安置问题。1941年冬，妇慰总会主任委员宋美龄令国民参政会参政员罗衡筹办荣誉军人自治实验区（简称为荣区），并任命罗衡为荣区筹备处主任。1941年12月，罗衡至湘南多地进行考察，但因担心战争形势危及该地，又在陪都附近寻觅合适之地，在"土地肥沃物产丰厚、自然环境能自成区域、邻近交通便利地方而不致受空袭之扰害"[2]的要求之下，最终定址于北碚澄江镇碑泥坝，后展开筹备工作。

荣誉军人自治实验区拟占地区域为"北碚管理局所辖区内澄江镇西南，占该镇十三保全体面积，地名碑泥坝及沙岚垭，山地、水田约七百余亩"[3]，总占地达千亩。因此，收购土地成为一个最实际的问题。为尽量克服人们安土重迁的心理，首先请北碚管理局向土地所有人报告创办荣区的相关事宜，并组建评价委员会进行土地登记事宜，开始的登记较为顺利，

---

① 《告慰抗属书》，《总裁言论》1944年第6期，第15页。

② 罗衡：《荣区创设经过及感想》，《妇女新运》，重庆新运妇女指导委员会，1944年第6卷第10期。

③ 《中国妇女慰劳自卫抗战将士总会征收北碚澄江镇碑泥坝建设荣誉军人自治实验区计划书》，重庆市档案馆，档号：0081-0004-04030。

但之后地主联合起来拒绝售地，出现购地困难。为解决难题，获得谅解，罗衡邀请地方士绅举办茶会，说明实验区的意义，并与地主和士绅成立征购委员会，减少阻力。1942年7月，征购委员会考察土地，多次讨论，按照土质不同设置不同价格，令当地地主与农民积极向镇公所登记售地，同时使用两种购地方式：以公平交易方式收买与收买困难情况下的征收，对仍然拒绝售地的地主采取政府干预的征收方式。同时，考虑到出卖土地的民众无地可种，划分部分田地予其耕种。1942年10月，购地正式开始，但在收购土地过程中仍有拒绝售地的现象，还出现土地纠纷，北碚管理局澄江镇公所以"暗中煽惑，蓄意破坏土地征购顺利进行"为名对拒绝登记售地的地主进行传讯扣留。这类土地纠纷一直延续到1944年1月才解决。

购地完成后，便开始进行荣区内的各类建设。1942年冬，"雇农冬耕并进行畜牧工作"，后"筹办渔业、工业工作"。1943年1月，建筑事宜开始动工，7月全部房屋竣工：共修建房屋三十余栋，包括工厂一栋、餐厅一栋、办公厅一栋、教室两栋、医疗室一栋、荣军住室十七栋等①。"增设藤竹器、雨伞、皮鞋、棉织等轻便工作"②，添置区内所需的家具设备与一切应用之物。

在进行土地收购与建设的同时，荣区向军政部荣誉军人总管理处征调荣誉军人，经过多次协商确定征调办法，首批调来荣军192名，于1943年7月28日入区，分配工作，着手训练。经过两年多的精心筹备与建设，于1943年10月15日在荣区举行开幕典礼，宋美龄主持大会，蒋介石到场致辞、检阅荣军，各界人士出席典礼③。荣誉军人自治实验区正式成立。

在组织架构和运行方式方面，荣誉军人自治实验区设主任一人，总理区内外事务。主任下设秘书室，聘任秘书一人，干事四人，协助主任处理事务。主任下分设总务、财务、生产、教育四组，各组聘请组长一人，干

---

① 《荣誉军人自治实验区》，《社会服务公报》，1943年第18期。

② 《中国妇女慰劳自卫抗战将士总会荣誉军人自治实验区概况》（1944年9月23日），重庆市档案馆，档号：0081-0004-03052。

③ 《受伤将士乐园 荣誉军人区昨举行开幕礼 蒋主席蒋夫人均莅临训词》，1943年10月16日，第3版。

事两到三人。总务组负责"管理警务室、医务室、保管室事务";财务组负责"会计、出纳、稽核等"事宜,并下有产品推销部;生产组管理农场和工厂,农场下设有农艺班、园艺班、畜牧班,工厂下设有皮鞋部、雨伞部、藤器部;教育组负责管理公民教育班、自治工作人员训练班、生产技术训练班。除此中心组织之外,实验区聘请海内外专家组织设计委员会、考核委员会和顾问室,完善组织方式,并设劳动荣军学校、棉织厂、荣军厚济渔业公司、消费合作社、荣军中队部,辅助荣军业务①。

荣军实验区在自主管理的基础之上,军政部派长官来区协助管理荣军的生产生活,明确各部门的事业计划与运行程序,并拟定本区的组织条例及各项法规与办事细则,制定荣誉军人管理训练准则,完善实验区的管理模式。财务方面,荣区经费由妇慰总会按月拨发,以1944年为例,"每月预算经费十四万余元"。荣军粮饷由军政部供给,另有其他社会机关与团体予以一定的资助。并规定"三年以后一切悉出自给","由手工业推进到机械工业,由自给自足入到自享自乐"②,鼓励荣军积极生产。正式开工后,编造各部门的经常预算,予以经费支持。在生产产品卖出获利后,每个生产组扣除成本,将一部分盈余平均分配给每位荣军,以使其获得工作收入③。

在荣区的组织与管理之下,荣誉军人主要开展生产与劳动、训练与教育两项工作。

一是生产与劳动。主要分为农业、工业等生产。

农业生产,主要分为以下四个方面:农艺上,荣军耕种土地,从事农事生产,栽种多种农作物;园艺上,荣区保护树林,禁止砍伐,种植花卉,并向四川省农业改进所园艺改进场引进多种果树及观赏性树种,于实验区内栽种;畜牧上,修建牧场及牧舍,购进大量家畜,荣军从事家畜生产;渔业上,联合三溪厚济渔场成立荣军厚济渔业公司,从事采子孵化及

———————————

① 《北碚志(1945)》(四),重庆北碚区地方志办公室编印,2016年5月版,第91页。

② 《中国妇女慰劳自卫抗战将士总会荣誉军人自治实验区概况》(1944年9月23日),重庆市档案馆,档号:0081-0004-03052。

③ 《荣誉军人的家》,《嘉陵江日报》,1943年12月12日,第2版。

成鱼捕捞等工作，但由于河面广阔、河水较深，捕捞存在困难。农业收获所得"稻作、杂粮、菜蔬、牛羊乳供应市面"。

工业生产种类较多，从小手工艺生产入手，逐步设立草工部，制作草鞋、草绳、草席等；竹工部，制作雨伞、竹席等；皮革部，制作皮鞋、皮带、皮包等；纺织部，制作毛巾、布匹鞋袜等。荣区生产的成品可在澄江口设的门市进行零售，也可由妇慰总会代为批发至各商店零售。实验区在实业家以及多方人士的协助下不断开办新的生产部门，使荣军加入生产。但由于资金困难、原料有限，实验区的工业生产成果较为有限。自1944年1月至1945年8月，荣区生产成果有："农作物价值121870元；渔业产量达3485斤；工业生产出皮鞋1699双；雨伞11218把；棉布2522匹"[1]。

二是训练与教育。可以分为技术训练、职业教育、公民教育等方面。

为了使荣军更好地从事生产劳动，实验区专门组织生产训练，采取分组合作制使其相互学习，精进生产技能，参加生产。尤其在工业生产中，由工厂各部门组织训练，兴办教学班，如雨伞班、皮鞋班、棉织班等，使无技能的荣军获得生产技能加入生产，培养其生存技能与独立精神。

以教授荣军专业知识，培养职业性人才为目的的职业训练也逐步展开。荣区设立了工作人员训练班。从荣军中挑选一部分进入其中，分为文书、事务、会计三组，根据个人性格与能力进入不同的组进行专门培养，经过六个月的学习与六个月的见习后，升为实验区服务员在各部门从事管理工作。

公民教育方面，为提高荣军教育程度而成为现代公民，施行"智识教育与精神教育"[2]。在工厂和农场都设立班级进行教学，设置科目有识字、常识、算术三科，并根据能力和兴趣意愿进行分组，组织三民主义讨论小组，使荣军们具有基本知识与学习能力，培养其优良品德、完善人格与自治精神。

抗战胜利后，荣誉军人自治实验区于1945年12月更名为联合勤务总司

---

[1] 《北碚志（1945）》（四），重庆北碚区地方志办公室编印，2016年5月版，第92页。

[2] 《中国妇女慰劳自卫抗战将士总会荣誉军人自治实验区概况》（1944年9月23日），重庆市档案馆，档号：0081-0004-03052。

令部荣誉军人模范生产队。后由于内战爆发，国民党政府无暇管理，颁布《荣誉军人回籍办法》，1948年6月，荣誉军人模范生产队遣散荣誉军人，宣布解散。

荣誉军人自治实验区的设立，创新了以往安置荣誉军人的方法，在为荣军提供生活住所与生活保障的同时，设置工作场所与教育机会，教授生产技能与基本知识，使其通过劳动有所收获，培养独立自治精神，使荣军真正实现"残而不废"。但在实际的开办过程中，由于战争期间，出现资金困难、原料稀少、土地纠纷等问题，致使实验区的发展短暂而坎坷。

（二）北碚出征军人家属工厂

1940年3月，为了保障后方抗敌军人家属的基本生活，稳定前线士兵坚定抗战的决心，并大力发展后方的生产，中国妇女慰劳总会与北碚区兵役协会联合，决定在北碚开办出征军人家属纺织工厂。经过双方多次会议，确定工作计划和组织办法，并确定陈逸夫为厂长。陈厂长来渝后勘定厂址、购买工厂所需材料，筹划建厂事务，最终定址于东阳镇，配有二十余部纺纱机，准备开工。后由于交通不便、敌机轰炸等因素，工厂多次迁址，最终定于毛背沱[①]。

最初，抗属工厂的最高执行机关为工厂管理委员会，由妇慰总会推选的四位代表与区兵役协会推选的三位代表构成，组织工厂的各项工作，并聘请一人担任该厂厂长，总揽全厂厂务及事宜。厂内设总务、工务、营业三股，每股设股主任一人。总务股设文书、会计、保管、庶务、人事五课，负责"办理文书、会计出纳、保管物资、管理教育"等事宜；工务股设纺纱、织造、缝纫三课，"掌理生产事宜"；营业股"设营业员负责办理采购及推销事宜"，每股下设课员若干[②]。

后北碚区兵役协会改组，专注征兵工作，根据抗属工厂的现实工作与人员情况，工厂的组织方式发生变化。全厂的厂务和事宜由厂长来总理，下设四课：总务、工务、营业，增设会计，每课设主任一人，下设一至三

[①] 《发展抗属工厂 保障抗属生活》，《嘉陵江日报》，1942年2月7日，第2版。

[②] 《中国妇女慰劳自卫抗战将士总会 三峡实验区兵役协会合办北碚出征军人家属工厂组织大纲》：《慰劳专刊》，中国妇女慰劳总会出版，1941年专刊，第81页。

人①。各课的职能基本不变，但分工更加清晰，并对组织人员进行精简。

在管理制度方面，征属工厂在人员管理和财务管理两个方面比较突出。人员管理方面，该厂厂长由妇慰总会聘任，下设的各课主任与职员由厂长提请妇慰总会，总会通过后聘任；参与征属层面上，工厂对其也有明确的要求：年龄在十六岁以上，五十岁以下，身体健全，无不良嗜好；同时需要具有身份证明文件或总会的介绍，两点要求符合才有机会进入抗属工厂。进厂后，工厂对征属也有相关优待：如离厂太远，可在厂内寄宿包食；训练期间，厂方供给膳食，并给若干元零用费。财务管理方面，一是经费来源，工厂开办费由妇慰总会承担80%，兵役协会承担20%，日常费用由妇慰总会承担40%，兵役协会承担60%。二是收入分配，将工厂盈余与收入按比例进行分配。将20%作为公积金，15%作为公益金，5%作为职员酬劳金，60%作为工人分配金。工人的工资除了由其工作数量决定以外，每个月生产能达到工厂所定标准的员工另下发奖金，以示鼓励。

在实际工作的开展中，征属工厂主要有以下几项工作。

一是发展生产。在工厂开工之前，各镇镇长与区兵役协会便在北碚区内进行抗属调查与登记，并请各镇长调查能来厂工作者②。在多方协助与积极筹备下，工厂大体就绪，并于1940年4月20日开始报道，招收抗属工人，兵役协会也发函通知各位抗属进厂。但因工厂内大厂房尚未建造完全，因此从小规模开始组织生产，最后招入四十名抗属妇女，为培养工厂干部做准备，并于5月15日举行大会，宣布开工。正式开工后，首先进行工人的技术训练。工厂已聘请纺纱技师，对工人进行纺纱、织造、缝纫等基本技能的训练，并同时展开生产，工厂职员每日工作八小时，进行纺纱及织造各种慰劳品，如布匹、纱布、毛巾等，以救济抗属和慰劳抗战将士。

二是开展教育。在生产的空余时间，工厂对抗属展开教育，启发其求知欲并教授知识，主要内容有：国语、算术、常识、音乐、三民主义浅说

①《中国妇女慰劳自卫抗战将士总会北碚征属纺织工厂组织大纲》，《中国妇女慰劳总会专刊》，中国妇女慰劳总会出版，1943年专刊，第76页。

②《关于劝导抗属前往中国妇女慰劳自卫抗战将士总会北碚征属工厂工作的往来函》，重庆市档案馆，档号：0081-0009-00039。

等，使抗属们能够识字、写字，具有基本常识与记账能力。传授知识的同时，培养妇女抗属们的独立精神。工厂为她们建造了一个新的团体环境，她们在其中参与劳动、参加工作、接受教育、加入组织，获得技能、知识、自治能力与良好的生活习惯，认识到"自食其力，是现代女子做人的必要准备[①]"，塑造其独立自强的现代女性的人生观。

三是兵役宣传。利用参与工厂的抗属进行兵役宣传。抗属工厂为抗战将士的家属在后方提供工作、教育的机会，为其生活提供基本保障。在赶场时，工厂中的抗属讲演队便去往各镇做访问和宣传的工作，以亲身经历向各地妇女讲述抗属工厂的好处，来鼓动家属们让家里的男子参加兵役："姐妹们！生活程度高，米粮贵，日本鬼子不打走，我们过不到快活年。老实话，劝你的男子去当兵，你还可以到我们工厂来做工，得到我们一样的优待……"[②]，以起到兵役宣传的作用。

四是开展志愿服务活动。除了日常的生产与教育活动外，抗属工厂还发起节约储金运动，为服务与慰劳等社会事业献金，并在工作之余举行劳动服务活动与比赛，比如清洁比赛运动，合作洗衣运动，激发抗属工人们的积极性与主动性。工厂内还设有健身游戏场可供游戏。妇女抗属们在工厂内的生活较为丰富。

五是开办公益事业。为完善抗属工厂的福利事业，在工厂附近开办学校、医院、家庭宿舍等公益事业。最典型的便是为使更多的妇女抗属加入工厂，附设托儿所，用以收养和教育来厂工人的子女，使抗属子女得到合理教育，同时使妇女抗属们安心工作。

北碚抗属工厂的兴办，不仅解决抗属的家庭困难与生活保障问题，使前线的士兵安心抗战，同时为战时经济做贡献，发展后方的生产力，稳定后方社会。

---

① 程亚兰：《抗属工厂的成长》，《慰劳专刊》，中国妇女慰劳总会出版，1941年专刊。

② 程亚兰：《通讯：抗属工厂在么店子》，《妇女新运通讯》，1940年第2卷，第21—22期，第11页。

第三节　社会建设中对土地问题的探索

土地问题是中国历史上最为重要的问题之一，战前国民政府曾在浙江等地实验二五减租政策以缓和土地问题，全面抗战时期国民政府为了坚持长期抗战，提高农民生产和抗战积极性，改进农佃制度，缓和地主与佃户的矛盾也曾致力于解决土地问题。例如为了"接触本市自耕农受高利贷剥削之痛苦"，中国农民银行重庆分行拟定，并经总行批准颁布了《扶植自耕农放款接触高利债务办法》。[①]根据该办法，凡是"忠实、勤俭之自耕农或半自耕农"，且为"乡镇合作社或土地信用合作社社员"者，因为"购买或赎回其赎回其现属自耕土地之负债"或者"自耕土地遭受水旱或其他不可抗力之重大灾害而负债"，其借债又超过"市场平均利率以上，无力偿还，势须丧失土地"时，可以依照该办法向农民银行重庆分行借款。借款金额，"每户贷款最高额不得超过其担保土地之价之六成，其金额并以所在五亩之地价总和为限"；借款期限，"最长不得超过三年"；利息"依照土地金融放款一般利率之规定办理，其有情形特殊者，得专案陈请核定变更"。[②]

就北碚管理局而言，也有众多对于解决土地问题的尝试，如1942年开始的保民公耕运动，虽然该运动并未普遍展开，但管理局解决土地问题的意向即可从中看出。除发动保民公耕以解决基层教师待遇问题外，战时北碚管理局对土地问题的探索还有更为重要的内容，这种探索可以分为两个方面：一是进行扶植自耕农实验；二是对北碚地区的地籍进行整理。

一、扶持自耕农实验

北碚地区虽然"地面多山，农业不甚发达"，但根据1940年的调查，北碚以农业为生的农户有7695户，"其中自耕农1852户，半自耕农241

---

① 《中国农民银行重庆分行致重庆市政府函》（1946年8月10日），重庆市档案馆藏，档号：0053-0002-01339。

② 《扶植自耕农放款结束高利债务办法》（1946年8月），重庆市档案馆藏，档号：0053-0002-01339。

户，佃农5602户"。由此可见，扶植佃农逐步转变为自耕农实属必要。根据北碚管理局制定的程序大纲，战时北碚扶植自耕农工作主要分为以下几步：第一步是"订定章则计划"，包括拟定扶植自耕农法规并呈准施行，拟定办理扶植自耕农的业务计划等；第二步是"择定示范区域"，包括调查土地概况、择定示范区域、办理精细调查等；第三步是"宣传工作意义"，包括"取得一般人民之了解与认识"、"取得佃耕农及自耕农之拥护"、"取得地主及社会人士之赞助"等；第四步是"实施土地征收"，包括洽商贷款、评定地价、协商购地、补偿地价、地权登记等；第五步是"重划改良"，包括合并田地、划定公有土地、分划农场等；第六步是"农场放领"，包括农民申请领地、选核领地农民、放领农场、督导偿付地价等；第七步是"自耕农之维护"，包括限制农场分割、限制农场转移、限制土地负担等。①就北碚扶植自耕农的具体工作而言，主要分为三个部分：

（一）扶植自耕农的政策制定

1941年12月，国民政府通过了《土地政策战时实施纲要》，1942年6月，成立了国民政府以扶持自耕农委中心的地政署，制定了《战时扶持自耕农实施草案》和《试办扶持自耕农实验区方案》②。1942年2月7日，四川省政府正式训令三峡实验区署，以"中国农民银行土地金融处派熊课长鼎盛来省商洽办理川省土地金融业务，当经议定关于扶植自耕农之实施区域，暂定为巴县及北碚实验区"，其余地区，"视中国农民银行土地金融处资金情形及各县事实需要，陆续推行"③。实际上，在此之前的2月2日中国农民银行已经致函三峡实验区署，一方面阐述了熊鼎盛与四川省政府商议扶植自耕农的办法，其内容为四条：其一，确地办理土地金融业务，"各项工作所需资金由本府（四川省政府）随时商请中国农民银行土地金融处尽量贷放现金"；其二，选定巴县及北碚为实验区域；其三，规定实施机

①《北碚管理局扶植自耕农示范区实施办理程序大纲》(1942年)，重庆市档案馆藏，档号：0081-0004-04017。

②李萱华：《北碚在抗战》，重庆：西南师范大学出版社，2016年3月第一版，第265页。

③《四川省政府训令（地字第42号）》(1942年2月7日)，重庆市档案馆藏，档号：0081-0004-01643。

构，"凡实施土地金融业务县份之县政府，应即成立地政科，俾与中国农民银行土地金融处分支机关协同推进工作"；其四，关于土地金融业务的具体实施，由四川省政府地政局"根据法令之规定，随时与中国农民银行土地金融处洽商"，另一方面明确表示对扶植自耕农运动进行支援，主动提出三峡实验区署"举办扶植自耕农、土地改良、土地重划、土地征收及照价收买土地等事宜，有需要资金之融通，即请就近与本行北碚办事处洽商办理"。①

随后，中国农民银行北碚办事处与三峡实验区署经过数次协商，正式确认与实验区署议定的实施注意事项三点：一是关于贷款办法，"扶植自耕农放款项下关于农民购赎土地自耕，请求贷款办法一节，经商定先由贷款农民呈由乡镇公所转呈区署核准，即转介绍向农行接洽贷款"；二是关于征购土地，"扶植自耕农放款项下关于政府征购土地，直接创设自耕农办法"，由熊鼎盛与实验区署商定"在去一是关于辖区内选择一保或二保为扶植自耕农示范区，由区署实施土地区段征收，分配农民承领耕种，其资金由农行按放款规则贷放"；三是关于贷款问题，"土地改良、重划土地、征收及照价收买土地，各项放款，俟区署需要资金时，即将该举办事业，具体计划，提示农行洽商，在条例及各项放款规则之规定范围内，农行应尽量贷放"。②

1942年3月北碚管理局成立，4月即发布布告，宣布与中国农民银行土地金融处"商定扶植自耕农实施办法"③。随后，北碚管理局与中国农民银行制定了《推行地政及土地金融业务合作办法草案》，其中内容主要分为三个方面：一是扶植自耕农的办法，由北碚管理局"于每乡选定地段，实施土地区段征收，创设扶植自耕农示范区"，其所用资金由农行贷放，其中最先办理的地区为朝阳镇第一保；二是农民办理购赎土地办法，农民购赎土

① 《中国农民银行总管理处致嘉陵江三峡乡村建设实验区署函》（1942年2月2日），重庆市档案馆藏，档号：0081-0004-01643。
② 《中国农民银行北碚办事处致嘉陵江三峡乡村建设实验区署函》（1942年2月14日），重庆市档案馆藏，档号：0081-0004-01643。
③ 《北碚管理局布告》（1942年4月），重庆市档案馆藏，档号：0081-0004-01643。

地需要资金贷款时，"应呈请乡镇公所，转呈北碚管理局，介绍向中国农民银行商洽贷款"；三是土地重划、改良，这类业务是分阶段进行，其中1942年土地重划方面仅办理"1.扶植自耕农示范区；2.其他农地；3.朝阳镇市地"，土地改良方面仅办理"1.扶植自耕农示范区农田水利工程；2.其他小型农田水利工程；3.公有荒地之开发"。[①]

同年5月，北碚管理局《北碚管理局扶植自耕农规则》，作为实施扶植自耕农的根本性法规，同时根据该规则制定并颁布了《北碚管理局扶植自耕农示范区实施办法草案》。随后，四川省政府指令北碚管理局，以该草案"所拟办法尚属可行，准予备查"[②]。由此，北碚管理局正式开始办理扶植自耕农事务。

（二）扶植自耕农的制度规范

就健全制度而言，正如1942年制定的《北碚管理局扶植自耕农示范区实施办理程序大纲》所规定的那样，北碚管理局在具体实施扶植自耕农工作之前就拟定了相应的规则，其主要可以分为以下几个方面：

一是组织建构与总体规则方面。为了推进扶植自耕农工作，北碚管理局还成立了扶植自耕农示范区工作推动委员会。根据该会组织简章，该会"设主任委员一人，委员若干人，由北碚管理局聘请之"，并下设行政组、技术组、金融组，各组"设组长一人，组员二人或三人，由主任委员商北碚管理局、农林部、中国农民银行分别派用"，就职责而言，该会职责分为五方面："1.拟定各种实施方案及建设计划；2.指导示范区内农业技术之改良；3.供给示范区内农业上应用之资金；4.调解示范区内一切土地及人事之纠纷；5.考察示范区各项工作实况"[③]。

在总体规划方面，北碚管理局颁布了《北碚管理局扶植自耕农规则》，作为实施扶植自耕农的根本性法规，根据该规则，北碚管理局扶植自耕农

---

① 《北碚管理局与中国农民银行推行地政及土地金融业务合作办法草案》（1942年4月），重庆市档案馆藏，档号：0081-0004-01643。

② 《据呈送扶植自耕农师范去实施办法草案恳予核示一案令准备查由》（1942年5月6日），重庆市档案馆藏，档号：0081-0004-01643。

③ 《北碚扶植自耕农示范区工作推动委员会组织简章》（1942年），重庆市档案馆藏，档号：0081-0004-04021。

的目的在于"推行土地政策，实施扶植自耕农工作，以达到耕者有其田之目的"，为了实施扶植自耕农政策，"有关土地征收及土地重划事项，依《土地法》及《土地法施行法》之规定办理"，资金方面由"本局商请中国农民银行依照土地金融放款之规定贷款办理"①。

随后北碚管理局根据上项规则制定了《北碚管理局扶植自耕农示范区实施办法草案》，作为具体实施办法。该草案共21条，规定"示范区之设置，得视当地情形，先选定一乡办理，以后陆续推行"，示范区内土地由北碚管理局实施征收，用于"创设自耕农之用，自耕农之土地得免予征收或经征收加以重划改良后发还"；"征收之土地经重划改良后，划为单位农场，由农民承领自耕"，每一农场的面积"水田以田面十石至三十石，旱地以土面五石至二十石为准"；农民承领土地有条件限制，其中有不良嗜好者、行为不方正者、耕作能力薄弱者，不能承领土地，有资格的承领者，依照次序排定："1.原来承耕之农民；2.在示范区内从事耕作满三年之农民；3.在本局辖区内从事耕作满三年之农民"，其中"抗战军人家属自为耕作者，由优先承领权"；放领土地的地价，"由承领人一次获分次缴付，其分次缴付者，由本局按规定利率计息，于规定期限内由承领人以缴付地租方式分期缴清""地价未缴清前，由本局发给领地证书，俟地价缴清时，依法换发正式产权凭证"；承领人所承领的土地禁止转租，"非经核准不得转卖""经核准转卖时，本局有优先购买权"，同时，在继承方面，"放领之土地，不准分割，并以一子继承为原则"；最后规定，承领的土地如"使用不良或无力续耕或无子继承时，由本局收回重行放领"②。

二是土地征收与放领方面。对于示范区内土地的征收和放领，除了上述总则性规范外，还有诸多详细规定。如规定在土地征收前的测量时，有"1.田地经界不清或原测遗漏错误或山地并坵过多，2.生产受益与田面租石出入过大，3.田地插花分散过远，4.地权发生纠纷，5.估计地价困难，6.有特殊情形之定着物"等情形时，应进行复查补测，复测时"应按图实地检

---

① 《北碚管理局扶植自耕农规则》（1942年），重庆市档案馆藏，档号：0081-0004-04017。

② 《北碚管理局扶植自耕农示范区实施办法草案》（1942年5月），重庆市档案馆藏，档号：0081-0004-01643。

查，通知业主及四邻关系人到场指界"①。同时，在土地房屋的征收过程中，对于免征情形进行了规定，具体有以下情形者，可以免征："1.价值过高，非农场所需之房屋及其所在宅地，2.不合农用之大院落住在房屋及其宅地，3.被征收土地之自住业主或自耕农之房屋及其宅地，4.坟地"②。与此同时，为了避免土地征收过程中的纠纷，北碚管理局还制定了土地征收过程中查验契据的注意事项。在查验中，要求检查"有无红契及其他证明文件是否齐全，以明所有权之真伪"，要求"新契据与旧契据应一并呈验"，并检查契据上所盖印鉴的文字、材质、印色、墨色等。③

　　除征收外，就是对于土地放领及放领后管理的规范。北碚管理局制定的《示范区耕地放领规则》是对土地放领的具体规范，该规则规定"示范区农场分水田农场与旱地农场两种，每户以承领一种为原则"，承领水田的条件为"1.区内之水田自耕农耕作能力强者；2.区内之水田佃户耕作能力强者，3.区内之土佃有耕作水田经验、耕作能力强且经审查合格者"，承领旱地农场的条件为"1.原为旱地自耕农者，2.原为旱地佃户者，3.原为自住地主不能从事它业，有耕作旱地能力且经济情形困难者"，除了肯定条件外，该规则还规定有不能承领的条件，不能承领水田、旱地的条件各6条。④在规范放领耕地的同时，为了维持创设自耕农的初衷，北碚管理局制定了相关规则用以规定土地放领之后的权益问题。根据该规则，对于有"不自耕作土地出租于人者""插花本保土地之所有权人""过小农场雇工耕种之所有权人"情形的所有权人，"应移转其所有权"；对于有"以佃方为目的经营它业，附带佃耕少许旱地之佃户""无耕作能力，以住家为目的附带耕作少许旱地之地主""他保农户附带佃耕本保之土地者""零星插花于

---

①《北碚扶植自耕农示范区土地复查补测注意事项》（1942年），重庆市档案馆藏，档号：0289-0001-01048。

②《示范区免予征收土地房屋实施准则》（1942年），重庆市档案馆藏，档号：0289-0001-01045。

③《北碚扶植自耕农示范区土地征收契据审查注意事项》（1942年），重庆市档案馆藏，档号：0289-0001-01048。

④《北碚扶植自耕农示范区耕地放领规则》（1942年），重庆市档案馆藏，档号：0081-0004-04021。

本保之田地之使用人""本保佃农经佃得他保田地耕种者""耕作能力极为薄弱又无耕作经验者""原为他种从业人，不悉农事，可以恢复其原业者"等情形的使用人，"应取消其土地使用权"。①

除了对于土地征收和发放的相关规范外，在示范区内的地权登记也有相应的规范。根据《示范区土地权利登记办法》，北碚管理局"设立临时登记处，指派专员负责办理之，必要时得请由农民银行派员协助之"，登记时主要登记"1.土地坐落、面积、生产量及其定着物情形；2.土地及其定作物使用情形；3.共有及他项权利情形；4.管业契据及所有权人印鉴"，登记完成后"经查验符合者，产权证据当场盖戳发下"，有疑问者，由管理局调查处理。②

三是土地征购补偿方面。这一方面的规定主要有两个，一个是地价评定办法，一个是地价方法办法。关于土地评定办法，北碚管理局制定了《示范区土地征收补偿地价评定办法》，该办法共11条，规定"示范区地价之评定，由本局平价委员会正式开会负责评定，必要时得酌请农行主办土地金融业务人员参加评议"，评价标准"依地方习惯，以田地产量面积为准，按当时市价评定，每石单位价格为若干元，必要时得依实测面积为给价标准"，水田"依产量面积计价后，其所有旱地及其他地类与房屋，依土地习惯作为水田之附属物，不另给价"，其中"仅有旱地者，其旱地同于水田，按产量面积计价后，其他地类及房屋依地方习惯作为旱地之附属物，不另给价"，对于房屋"特别优美，与其田地显然不相配合其价值占其田地价值之比例甚大时，由评价委员会按实际情形特别评估其价金，附加于其田地价值内"，所有田地经评定价格后，由北碚管理局公告周知，"业户对依本办法之评价结果，如有异议发生时，得于公告期内依法请求公断，一经公断确定，则不能再有异议提出"③。同时，北碚管理局还拟定了《示范

① 《北碚扶植自耕农示范区土地所有权人及使用人取缔准则》（1942年），重庆市档案馆藏，档号：0289-0001-01048。
② 《示范区土地权利登记办法》（无日期），重庆市档案馆藏，档号：0081-0004-04021。
③ 《示范区土地征收补偿地价评定办法》（1942年12月），重庆市档案馆藏，档号：0081-0004-01643。

区农场估价办法说明书》，该说明书中认为北碚当地"农家之纯收益不易查计，而流行利率，亦殊难确定，且农家多不习惯"，因此不能运用收益还原法，而倾向于采取时值评价法。但战时大后方社会物价上涨，并且当地"土地交易不多"，因此最终拟定评价办法三种：以产量面积为准、以实测面积为准、以平均产量为准。①

关于补偿地价的发放办法，北碚管理局规定，在地价评定之后，在"公告期满十五日内，为发放补偿地价时期"，其形式为"一律以现金偿付"，由"中国农民银行北碚办事处以代付之方式分户一次偿清"；业主领取地价需要注意以下几点：一是业主在发放补偿款期间，"偕同他项权利关系人，携带业经登记之产权证件"到北碚管理局领取代付补偿地价委托书；二是业主携委托书向中国农民银行北碚办事处领款；三是"领款时除缴付委托书及产权证件外，并应书立正副收据二纸，交付农行收执"；四是领款时"应将该宗土地原有之押金或典价扣还佃农或典主，其扣还押金即以该佃户名义存入中国农民银行，作为将来领地价金"；对于被征收土地的业主属于自耕农者，暂时不领取补偿金，待"农村发放时按所领农场地价与原有土地价之比差，再核计其应行承领或补偿地价之数额"②。

（三）扶植自耕农的具体施行

在法规制定完成后，北碚管理局即以朝阳镇第19保为范围展开扶植自耕农的活动，至1943年底办理完成时，共"扶植自耕农七三户，占地一四二八亩，颇具成效"，后又对相关地区进行间接扶植，"规定于土地转移时，佃农有优先承买权，其地价由地方商请中国农民银行贷借"③。具体而言，北碚管理局扶植自耕农的主要工作可以分为：征收土地、划分单位农场、创设自耕农户、实施农村建设等内容。

一是关于土地征收。北碚管理局制定征收计划之后，"即召开评价会议，评定该区被征土地价格，并依法公告一月，同时布告登记被征各地主

① 《示范区农场估价办法说明书》（1942年），重庆市档案馆藏，档号：0081-0004-04021。

② 《示范区土地征收补偿地价发放办法》（1942年12月），重庆市档案馆藏，档号：0081-0004-01643。

③ 《北碚概况》，1949年版，第16页。

之产权"，"迨公告期满"后即"开始发放地价征购土地，区内原为自耕农者，暂不补偿地价，俟其承领农场决定后，在视其田地面积之增减而核计其应缴或应收之地价"，对于不耕作的地主"则一律以现金补偿征购其土地，二其自住之宅地与自用之园圃，则酌予保留"。①土地征收完成后，北碚管理局即发布布告，要求业主承领地价。根据北碚管理局发布的布告，要求示范区内各业主在"国历一月六日至三十日"，"持管业证件，前来本局具领领款凭单，转往中国农民银行北碚办事处领取应行补偿地价"，按照先前评价委员会的评定，补偿价格为"每旧石以国币三千三百原计算"，同时，北碚管理局还着重强调，逾期不领取的，"本局即按照《土地法》第379条之规定处理，该宗土地应即视为征收完成，放与自为耕作之农户承领管业"，"倘有不肖业户或其他人等，意图阻挠，借故延抗，定予依法严惩，绝不宽待"。②

二是划分农场。土地征收完成后，即进入土地重新划分阶段。根据土地测量调查的结果，1943年3月起北碚管理局"派员会同中国农行主办土地金融业务人员，先就该区原有各户农场田地房舍之分布情形，加以设计整理，复就籍图上予以比拟规划，构成各单位农场田地交换分合之初步图廓"③。随后又对实地进行考察，并征询自耕农意见，最终确定各农场的具体范围。

三是创设自耕农。单位农场划分完毕后，即开始放领土地，1943年4月起北碚管理局正式布告放领土地，"直接创设自耕农"。领地人按照"自耕农、原佃农、其他佃农及雇农等次序，分别来局，备具申请领地手续，再予以慎重审查，核准其承领适合耕种之农村二主义放款"。④

---

① 《为遵令办理北碚扶植自耕农示范区完成该区土地征收暨分配放领工作呈祈鉴核备查由》(1943年11月3日)，重庆市档案馆藏，档号：0081-0004-04017。

② 《为通知承领征收扶持自耕农区域地价仰各业户即遵照由》(1943年1月4日)，重庆市档案馆藏，档号：0081-0004-01658。

③ 《为遵令办理北碚扶植自耕农示范区完成该区土地征收暨分配放领工作呈祈鉴核备查由》(1943年11月3日)，重庆市档案馆藏，档号：0081-0004-04017。

④ 《为遵令办理北碚扶植自耕农示范区完成该区土地征收暨分配放领工作呈祈鉴核备查由》(1943年11月3日)，重庆市档案馆藏，档号：0081-0004-04017。

　　在朝阳镇第19保的扶植自耕农办理完成后，为了支持北部管理局与中国农民银行的扶植自耕农活动，农林部还于1942年12月组织成立了辅导北碚自耕农合作农村办事处。该办事处以"采取合作方式经营农业，以期于局部业务之合作经营中表现大规模经营之效果起见，引起一般农民对合作经营农业之兴趣，以逐渐达于集体耕作之理想，实现合理化之农业经营"①。在扶植自耕农的同时，为了保障佃农的利益，北碚管理局"常在保民大会讲解地主不得加租加押与无故撤佃等，有关保障佃农的法令，并予以彻底执行"，此外，北碚管理局还"办理租佃登记，以减少主佃的纠纷；普遍推行合作租佃制度，以调整租佃关系"②。

　　北碚扶植自耕农工作的成效得到了较为广泛的认可，到1942年10月时，自耕农示范区被四川省政府在全省范围内推广，其中绵阳县也经指定成为扶植自耕农实施区域。③

　　1944年6月20日，美国副总统华莱士飞抵重庆访问。华莱士是分管农业的副总统，他决定访问中国时，就提出要访问中央农业试验所所在地、中央农业实验区、国民政府"扶持自耕农实验区"北碚。

　　6月22日上午，在国民政府农林部部长沈鸿烈及两位副部长陪同下，华莱士及拉铁摩尔、范宣德和中外记者、随从数十人抵达天生桥中央农业实验所合作农场。卢子英和农场负责人陪同他们参观了各项良种农作物试验基地、试验种植设施、作物生长情况等。参观结束后，受卢子英邀请，华莱士一行继续在北碚参观。北碚管理局组织各机关及学生、市民代表在平民公园大门前夹道欢迎华莱士一行。下午，北碚滑翔站专门为欢迎华莱士举办了高级滑翔表演。事前，还专门从成都调来一批新滑翔机参加表演。由于事先通知了表演的消息，表演时，人山人海的群众齐聚在嘉陵江两岸和民众体育场旁滑翔机场一带，观看这北碚自有滑翔机表演以来场面

---

　　① 《农林部辅导北碚自耕农合作农场办事处概况》（1949年），重庆市档案馆藏，档号：0081-0004-2723。

　　② 《北碚概况》，1949年版，第16页。

　　③ 《为函请惠赐扶植自耕农实施办法一份以便参酌办理请烦查照由》（1942年10月11日），重庆市档案馆藏，档号：0081-0004-01643。

最为热烈的一次表演。①

　　到1945年时，北碚管理局也致力于扩大实验范围，并制定了《北碚管理局三十四年度扶植自耕农业务计划书》。根据该计划书可以看出，战时北碚朝阳镇的扶植自耕农工作"两年来各自耕农户已大半还清地价""自耕农生活情况已日起富裕，足期达到小康之境，以臻于地尽其利"，因而拟定计划"扩大办理区域"。该计划中，1945年实施区域"除间接扶植自耕农工作以本局所属各乡镇为实施范围外，直接扶植自耕农工作，本年暂就澄江镇择定一保卫示范区，施行区段征收，由自耕农户承领耕作"②。由此可见，北碚的扶植自耕农工作一直持续至战后。

二、地籍整理实验

　　北碚地籍整理是一个连续的过程，早在1939年时四川省政府就已经训令各县市进行土地呈报。当时北碚正属于三峡实验区时期，实验区虽直接隶属于第三行政督察区专署，但其对下辖五个乡镇仅有民政、保安、教育、建设等权，其余司法权、稽征权为江巴璧三县分别所有，因此实验区署只得呈文四川省政府，要求指定巴县统一办理。③最终此次呈报因各种原因而未能完善，因而北碚管理局成立后，即在北碚举行地籍整理实验。

　　1942年国民政府颁布《非常时期地籍整理实施办法》，其中就规定"非常时期地籍整理程序如左：一、土地测量，二、土地登记，三、规定地价"，应当"尽先举办"的地区为"一、省会所在地方，二、已设市地方，三、交通要冲、商业繁盛之城镇地方"④。北碚的地籍整理、土地测量、土地登记、地价评定等工作自北碚管理局成立之后即相继展开，"亟承地政署与四川地政局之扶持指导"。1942年11月，因中国农民银行与北碚管理局在朝阳镇第19保办理扶植自耕农实验"成效卓著"，因此，四川省政府决

　　①李萱华：《北碚在抗战》，重庆：西南师范大学出版社，2016年3月第一版，第265、266页。
　　②《北碚管理局三十四年度扶植自耕农业务计划书》（1945年），重庆市档案馆藏，档号：0081-0004-04017。
　　③《为本区土地陈报工作工作拟请令巴县土地陈本处同时一并办理免先后迁延而资早日完成仰祈检核示遵由》（1939年12月3日），重庆市档案馆藏，档号：0081-0003-00185。
　　④《非常时期地籍整理实施办法》，《中农月刊》1942年第3卷第7期，第91—92页。

定将北碚划为地籍整理实验区，并城市成立北碚地籍整理办事处及土地测量队"办理北碚全境市地及农地土地测量、登记、规定地价三项业务"①。划定北碚为地籍整理实验区域的原因主要有两个方面：一是北碚"畿辅陪都，地理环境优胜，文化水准亦高"；二是"中国农民银行与北碚管理局先有扶植自耕农之创办，成效卓著"。②北碚地籍整理办事处成立之后，积极推行地籍整理，"凡属地政范围业务，……均竭力办理"，到1944年7月，北碚地籍整理结束。③北碚地籍整理分为三个部分：土地测量、土地登记、规定地价，其中前两项工作为重点，其着力较多，由于各种原因，对于地价的规定则相对较少。

（一）关于土地测量工作

土地测量工作分为三角测量、图根测量、户地测量、求积、制图等工作，从1943年2月起至1944年4月北碚地籍整理办事处"完成三角点二二点，利用中国地理研究所三角点三零点完成三角面积一一三点，交会点三二一一点，导线点四五七点，地籍面五百分之一者二六幅，一千分之一者七六一幅，二千分之一者四二幅，并求积完竣，同时并完成二万五千分之一北碚全境平面图一幅"。④土地测量完成之后，即展开土地所有权的登记工作。

由于在登记过程中存在一定的异议，因此1943年5月四川省政府第645次省政府委员会通过了修正《四川省土地复丈规则》，用以规范土地面积的复测。根据该规则，"业三于申请第一次土地所有权登记时，倘认为登记图上之亩分或界址有错误时，得依照本规则之规定声请复丈"，申请复丈需填写申请表及缴纳相关费用，"登记机关收到复丈声请书后，应先予以审核"，认为不必复丈者发还复丈费用，"认为应实施复丈者，应于最短期内指定复丈日期、实践，派员前往复丈，并先期发复丈通知书通知声请人及

① 《北碚管理局地籍整理经过》（1945年4月3日），重庆市档案馆藏，档号：0081-0004-03557。

② 《北碚地籍整理报告》，"前言"，第1页。

③ 《北碚地籍整理报告》，"前言"，第1页。

④ 《北碚管理局地籍整理经过》（1945年4月3日），重庆市档案馆藏，档号：0081-0004-03557。

关系人准时到场"。①

（二）关于土地登记工作

土地丈量完成之后，即进行土地登记。1942年10月四川省政府颁布《四川省土地登记施行细则》，规定"本省各县市土地及其附着物，不论公有或私有，其所有权地上权、永佃权、地役权、典权、抵押权，处依《土地法》及《土地法施行法》规定外，均应依照本细则之规定声请登记"，已经经过登记的土地，"其一切权利之取得、设定、移转、变更、消灭，非经登记不生效力"②。在实际操作中，登记前由北碚管理局会同北碚地籍整理办事处发布布告。以朝阳镇为例，1943年6月土地测量完成，随后公告自7月1日至7月31日办理土地所有权登记，"期间并由本处散发通知单，仰各业主等接到是项通知单后携带证明文件、红契、私章及登记费（登记费由申报价千分之二征收），前赴朝阳镇土地登记收件分处声请登记，倘逾期不办理声请登记手续，即视为无主土地，依法处罚"③。根据北碚地籍整理办事处的统计，北碚土地登记从1943年4月开始，至1944年7月完成，共划分地号131946个，其中完成登记的有123874个，占总数94%，共测出面积190043.415亩，其中178695.488亩完成登记，占总数94%。④

土地所有权登记完成之后，北碚地籍整理办事处再根据《四川省土地登记施行细则》的相关规定，举行其他权益的登记。以黄桷镇为例，1943年7月发布公告，称按照"《四川省土地登记施行细则》第二十五条之规定，凡在公告期前或期间在他人土地上设定之地权、永佃权、地役权、典权、抵押权等各项权利，应在土地所有权公告期内举行他项权利登记，以重权益"，因而要求其他土地权益人携带相应文件到黄桷镇土地登记收件分处办理。⑤

---

① 《四川省土地复丈规则》（1943年），重庆市档案馆藏，档号：0081-0004-02659。

② 《四川省土地登记施行细则》（1942年10月），重庆市档案馆藏，档号：0081-0004-02648。

③ 《北碚管理局北碚地籍整理办事处联合布告》（1943年6月），重庆市档案馆藏，档号：0081-0004-02648。

④ 《北碚地籍整理报告》，第7页。

⑤ 《北碚管理局北碚地籍整理办事处联合布告》（1943年7月），重庆市档案馆藏，档号：0081-0004-02648。

截至1949年，北碚管理局"先后颁发农地和市地所有权状四三五六〇张，完成地籍图八二七幅，测量全局二万五千分之一地形图，及四千分之一的北碚市区地形图各一，以作市区建设和地质土壤矿产等调查的依据和设计"①。

第四节　社会行政与社会团体活动

对公共生活和社会团体的管理和引导，是战时北碚地方政府社会行政的又一重要内容。具体而言，战时社会行政包括引导和组织公共活动、管理社会团体、支持社团活动等方面。

一、社会行政与公共活动

战时北碚地区的大多数公共活动都是对乡村建设过程中的活动的继承，如纪念周会、读书会、教师讲习会等内容。当然，战时北碚地区的公共活动也有所发展，如外来行政力量开始在北碚地区办理公共服务。

（一）各种公共活动的组织与开展

一是纪念周会的继续开展。与全国其他区域一样，三峡实验区的纪念周会原本在于纪念孙中山而设，但就其特色而言，三峡实验区的周会具有使得从事共同事业的同仁了解三个方面的内容："一个是一切中间的新的意义的提起；二个是随时需要知道我们的进程（新方法与新精神及新成绩）；三个是随时造起有比赛性的要求"。根据这样的设定，纪念周的周会"不仅有报告，而且有指导，有督策"，以此收"认清事业与环境进展之情势，兼可群策群力，相互应行，相互切磋砥砺"之作用。就纪念周的报告内容而言，主要有三个方面的要求："1.有积极之意义者；2.有教育与修养之意义者；3.有同仁必须知道者，或须参考，或须警戒，或须有所应有，凡与大众无关者，不得报告"。②

---

① 《北碚概况》，1949年版，第15页。
② 《实验区各种集会须知》，《北碚》1940年第3卷第4期，第75页。

作为一个由实验区署组织的集体活动，对于纪念周的出席，实验区署有严格规定，"任何工作除紧急剿匪等非常事变外，任何工作皆须暂时停止，一齐参加，不容一人例外"，针对某学校"缺席教师尤多"的情况，实验区署通知认为"自然学校星期应通融相当之休假，但际此国难紧急关头，上峰迭有明令，增加办公事件，充实办公内容，何况周会每月仅仅至多不过两次，即使教师工作劳苦，但同人中敢谓大多数人并不在教师之下"，因此，"今后任何机关，任何人物，再有玩忽，则机关不惜解放，人物不惜开除"①。

二是读书会的继续开展。在全面抗战爆发前的乡村建设过程中，实验区署就相当重视民众教育工作，战时的三峡实验区署及随后成立的北碚管理继续开展了相关工作。就读书会的作用而言，在于"提高办事的兴趣和能力，足以坚定为社会为事业的志向，足以扩大为人的或作事的眼光，并可参考建设共同社会之理想，和造就美满前途的有效办法"。从1939年11月28日开始，"除星期一外，即恢复自习时间读书办法""有家庭之人员应在家努力自修，住各机关之职员兵役，应齐集各该机关发愤讲学，视读书即工作""读书成绩即作为服务成绩之一部，其读书成绩特佳者，并得享受文化的奖励"，同时，要求各机关主管人员对职员"严格督导，即家庭自修人员，亦须严予考成，不可视为例外，急宜逐日检讨内容与成绩"，否则"连坐"②。

为规范读书会，实验区署颁布了《自习时间读书会办法》，规定了读书会的组织、阅读、报告等方面的内容，其中，读书会的组织主要有五个方面的规定："1.区署设读书总会，区署各部分、各机关设读书分会；2.读书总会设干事一人，主持读书事宜，由区长指派之；3.读书分会设干事一人，主持分会读书事宜，由各机关主管人兼任之；4.凡区署及所属各机关职员与兵夫均为本会会员；5.总会及分会会员得按照其性能之程度分别编组"。阅读的内容也有相应的规范，概括为四个方面："1.关于做事的，与

① 《通报（二十八年三月）》，《北碚》1940年第3卷第4期，第78页。
② 《通报（二十八年十一月二十八日）》，《北碚》1940年第3卷第4期，第79页。

职务或职务之技能有关的；2.关于为人的，与思想意志人格精神等修养有关的；3.关于社会问题的，与解决各种社会问题升值国际问题有关的尤其是建设性质；4.关于一般常识的"。①

　　三是教师研习会的组织与开展。教师学术研究会也是战时所组织的公共活动之一，这类教师研习活动，大多是根据四川省政府或国民政府教育部的相关要求进行的，如1942年北碚管理局进行的国民教师暑期讲习会，即根据"四川省政府三十一年教三字第〇三三一七号训令颁布之《四川省各县市三十一年度办理国民教师讲习会要点》举办"②。为推动北碚国民教育，"研讨寒暑假国民教师进修及讲习会办法"，北碚管理局制定了《北碚管理局国民教师讲习会会务委员会组织办法》，根据该办法，该会"由局长任主任委员，各主管科室及有关机关负责人任常务委员，督学、农林指导员、乡镇长任会务委员"，委员"须分别担任讲习会各组职务"，并且应当"言行谨慎以为学院模范，期收身教之效"，该会主要职责为"讲习会筹备时开幕讲习会，结束后闭幕"。③随后，根据该组织办法，北碚管理局又制定了讲习会组织办法，其中指出国民教师讲习会"以加强国民教师之进修及发展国民教育之功能"为宗旨，设置"会长一人，由本局局长兼任之"，"分设总务、教务、生活指导、教育研究、农经研究、编纂及人事等七组"，"各组设组长一人，由本会会务委员会委员分别担任"。④在具体的实施中，讲习会"设会长一人，由局长兼任，副会长一人，由教育科长兼任"，并设教育主任、生活指导主任、事务主任各一人，干事若干人；讲习期间，参与学员不分乡镇，"其共编为一大队，三中队，每一中队编为三区对，每区队编为两班，

　　① 《自习时间读书会办法》，《北碚》1940年第3卷第4期，第79—80页。
　　② 《北碚管理局三十一年度国民教师暑期讲习会实施办法》（1942年7月），重庆市档案馆藏，档号：0081-0004-01427。
　　③ 《北碚管理局国民教师讲习会会务委员会组织办法》（无日期），重庆市档案馆藏，档号：0081-0004-01427。
　　④ 《北碚管理局国民教师讲习会组织办法》（无日期），重庆市档案馆藏，档号：0081-0004-01427。

每班以十至十六人为限"①。

此外，北碚管理局还制定了一系列的相关文件，用以规范讲习会的活动。如对于讲习会期间的座谈会的规定，座谈会"以区队为单位，必要时以中队为单位举行"，以"活泼、自动之方式，使学员彼此间交换经验，以收观摩切磋之实效"为宗旨，谈话范围包括"1.对本会各部门工作之意见或建议，2.各种实际问题之讨论，3.国内外时事之讨论，4.自我批评与训练"②。除座谈会外，还有小组讨论会。讲习会"为提高学员自觉自动之研究精神起见，特设定小组讨论会"，小组"以十人至十六人为一小组，推选组长一人"，小组讨论会每周开会2次，每次1小时，其程序为"1.全体肃立，2.默读国父遗嘱，3.主席报告，4.讲解题目大意，5.讨论，6.主席结论，7.指导人员批评，8.散会"，开会期间由"组员轮流担任主席，并由主席临时指定一人为记录"，讨论中"每人至少发言以此，但以三分钟为限，每次发言须以所讨论之题目为范围"。③另外，还有对于讲习期间学员行为的相关规定，规定学员所住寝室"经规定后不得任意选择或移动""随时保持清洁，不得抛置垃圾、废纸等物""寝室墙壁应保持整洁，不可涂写字迹"等。④

就讲习内容而言，根据相关文件和办法，各次讲习会所提主旨内容不同。如北碚小学教师学术研究会是由"请专家讲演"和"实际问题的探讨"两种方式组成，其中探讨的问题有：学科心理学、心理卫生、教育统计、教育社会学、教育心理、小学教材教法、民生教育的研究、实际问题的研究等。⑤1945年国民教师寒期讲习会的考察内容为学校概况及实施报

---

① 《北碚管理局三十一年度国民教师暑期讲习会实施办法》（1942年7月），重庆市档案馆藏，档号：0081-0004-01427。

② 《北碚管理局国民教师暑期讲习会座谈会规则》（无日期），重庆市档案馆藏，档号：0081-0004-01427。

③ 《北碚管理局国民教师暑期讲习会小组讨论会实施办法》（无日期），重庆市档案馆藏，档号：0081-0004-01427。

④ 《北碚管理局国民教师暑期讲习会寝室规则》（无日期），重庆市档案馆藏，档号：0081-0004-01427。

⑤ 《北碚小学教师寒假学术研究会办法》（无日期），重庆市档案馆藏，档号：0081-0003-00165。

告、下期工作计划、工作准备、制作搜集及研究等内容。[①]

四是其他公共活动。除了上述纪念周讲演集会、读书会外，全面抗战爆发后，在实验区署的公共行政中还有很多公共活动的组织。与之类似，由于音乐对于"吾人人格，精神，身体，皆有影响，对于性格之陶冶与心境之快乐，关系尤大"，由此，实验区署对于音乐会的活动亦采取强制措施。1939年11月27日开始，音乐会由实验区署"每星期日晚举行一次"，"各较资深之职员，尤应身体力行，共同推进"，对于不参加、不配合者，"不但有负群众关系，并有反社会意义"，"凡有不到者，决予存记，但此种存记两次，即作为小过一次"。[②]

此外，重新开展的晨间运动也是战时公共活动之一。当然，早晨运动也有强制性，如1939年9月的一份通报即指出北碚地区的"晨间运动由来已久""夏季炎热之际多改为自由参加"，其意义"兼有提倡早起之意，习于早起与运动颇有自强不息之义，如早起与运动而不能者，遑论服务社会，更遑论共同强国"，因此，"吾人振作应自早起始"。同时，对于运动缺席者征收"苟安之捐款""用累进法征收，即第一日不到捐金一角，第二日不到捐金二角，由此类推办理"。[③]

（二）民政事务中的社会服务

战时在北碚地区开展社会服务事业的机构和学校很多，如民众代笔问事处、社会服务处等。民众代笔问事处方面，早在三峡实验区成立之前的乡村建设运动中，北碚地区即有民众代笔问事处的成立，北碚管理局成立之后，各个民众代笔问事处虽然"业已设立者固多，而因循敷衍、迄未成立者亦复不少"，因此管理局颁布《民众代笔问事处实施办法》，要求各私立学校、中心国民学校一律成立。[④]根据该实施办法，问事要"以日常的普通事项为限"，"询问要有诚意，解答要忠实"，"所问事项如一时不能明白

①《北碚管理局三十四年国民教师寒假研究考绩标准》（1945年），重庆市档案馆藏，档号：0081-0004-01427。

②《通报（廿八年十一月二十五日）》，《北碚》1940年第3卷第4期，第81页。

③《通报》（1939年9月26日），重庆市档案馆藏，档号：0081-0004-00010。

④《为令饬加强实施民众代笔问事处案由》（无日期），重庆市档案馆藏，档号：0081-0004-01425。

解答，答复者当代为转询后再行解答"，问事解答的范围为"1.识不得的文字，2.看不懂的书信，3.算不妥的账目，4.不明白的事情，5.不能解决的问题"；代笔时，"请求人讲述要明白，代笔人记述要忠实"，"代笔人记叙后要读一遍给请求人听，如遇眉目不清者应马上改正"，代笔的范围为"1.书信，2.便条，3.请柬，4.契约，5.对联"。①

社会服务处方面。黄桷镇自全面抗战爆发后，"文化机关及战区民众，撤移来此者，络绎不绝"，在重庆市区被炸后，又疏散到该镇的人口众多，由此，按照《各级党部设立社会服务处办法》，由国民党中央直属重庆市执行委员会主管成立黄桷树区社会服务处，并派遣冯嗣忠为该处主任，夏德崑、龙之鹏为该处副主任，1941年该服务处正式成立。②在组织方面，该服务处分为文化、经济、救济事业、卫生、生活指导、人事咨询、战时服务、总务等组，分别负责相应工作。工作重心方面，主要有四个：1.文化建设；2.抗战意识；3.辅助政府推动行政；4.培植技术人才。③实际工作方面，该处成立之后即参与社会建设和社会行政，到1942年4月时该处共经办了成立图书室、主办复兴小学、筹设小酒精厂、组织消费合作社、组织民众诊疗所、设置民众代笔处等19项工作。④从数字统计上看，该处工作如下表：

表11-6　黄桷树区社会服务处六月来各项工作数字统计表(1941年11月至1942年4月)

月份 项目	书报阅览 人数	诊所施诊 人数	民众代笔 次数	介绍待出 款数	旅居指导 次数	咨询解答 次数	升学就业 介绍
十一月	5428	0	39	1900	2	13	5
十二月	5993	270	30	1500	4	28	2
一月	2007	230	27	1700	5	24	1

---

① 《民众问事代笔处实施办法》（无日期），重庆市档案馆藏，档号：0081—0004—01425。

② 《重庆市黄桷树区社会服务处六月来之工作概况》（1942年），重庆市档案馆藏，档号：0081—0004—01157。

③ 《重庆市黄桷树区社会服务处登记表》（1942年），重庆市档案馆藏，档号：0081—0004—01157。

④ 《重庆市黄桷树区社会服务处六月来之工作概况》（1942年），重庆市档案馆藏，档号：0081—0004—01157。

续表

月份 项目	书报阅览 人数	诊所施诊 人数	民众代笔 次数	介绍待出 款数	旅居指导 次数	咨询解答 次数	升学就业 介绍
二月	4826	265	46	1970	1	17	1
三月	4630	403	52	1030	2	38	4
四月	5413	382	39	1780	3	19	3
合计	28397	1550	223	9880	17	139	16

资料来源:《重庆市黄桷树区社会服务处六月来之工作概况》(1942年),重庆市档案馆藏,档号:0081—0004—01157。

此外,在社会服务的具体形式上还有其他的活动,如保民公耕运动的开展。1942年6月,管理局就曾向第三区专署呈文,要求在辖区内从速发起"提倡公耕,增加生产,改良教师生活"的保民公耕运动。[①]该运动是北碚管理局根据教育部颁布《保国民学校及乡镇中心学校基金筹集办法》的规定而发起,在北碚管理局制定的实施办法中,规定"凡保国民学校附近公有荒山荒地之处,一律拨为各该保国民学校公有田地",凡是附近荒山荒地"可资利用者,得向该校附件地主租赁田地若干亩,按照公耕田地办法耕种""凡租赁地主之田亩,每季收益采对分收获办法分配,学校所分黄谷即拨作该保学校之经费"。[②]根据管理局随后制定的办法,"保国民学校公有田地或租赁之田地,视田地作物之需要,于商得保民同意后,发动人民公耕",其中以"保内壮丁及保民雇佣之佣工为主要对象",保国民学校民教部学生有"抗不入学或中途辍学,依法处罚工役者,得劝导其为学校耕作",公耕时间"每日以八小时为准",学校酌给耕作者伙食费。[③]

二、社会团体概况

随着内迁北碚的人口和机构逐日增多,战时北碚的社会团体组织也较

①《为拟具公耕办法仰祈检核示遵俾便施行由》(1942年4月20日),重庆市档案馆藏,档号:0055-0006-00038。

②《北碚管理局保国民学校公地及租地公耕运动实施办法》(1942年),重庆市档案馆藏,档号:0055-0006-00038。

③《北碚管理局运动保民公耕办法》(1942年),重庆市档案馆藏,档号:0081-0004-01493。

战前更为活跃。这一时期北碚的社会团体一方面按照国民政府颁布的相关法规备案并从事活动，一方面在社团类型方面又有自身独有的特色。

（一）战时社团概况

这一时期的新兴社会组织大多以抗日救亡为宗旨，如全面抗战爆发前新华殖边社的组织，在其成立宗旨中表明"同人等学识谫陋，未敢放言救亡图存，发为伟论。然亦未能妄自菲薄，只愿一人一家眼前之享乐，而于来日之大难，如秦人视越人之肥瘠于不顾"，因此组织"道同志合具有同情者"的知识分子，讨论边疆开发与保护。①同样，1938年12月吴鹏等人组织北碚民众体育社时亦强调体育与抗战的关联，在呈文中虽然以北碚"市政日臻繁荣，人口激增，虽早有运动场之设置，并备有各项运动器械，但运动员中除机关学校人士享有运动权利外，其余一般工商民众对于体育素感兴趣者，亦苦无法加入，其原因并非运动场不予练习，实则学校机关本身运动员已分别组织各种团体，如篮、足、排各种球类等"为发起缘起，但最终还是落脚到"藉以养成群众健康，俾作抗敌基础"。②

根据1942年2月国民政府颁布的《非常时期人民团体组织法》的相关规定，人民社会团体的主管官署，"在中央为社会部，在省为社会处，未设社会处之省为民政厅，在院辖市为社会局，在县市为县市政府""目的事业，应依法收该事业主管官署之指挥监督"，要求"各种职业之从业人员，均应依法组织职业团体，并应依法假如各该团体为会员"，同时规定各种人民团体组织完成后，"应即造具会员名册、职员略历册，连同章程各一份，呈报主管官署立案，并由主管官署造具简表，转送目的事业主管官署备查"。③正是出于这个组织法的规定，所有社会团体在成立之前由主管官署派员参加成立大会，成立之后均需呈文备案。

1943年6月唐怀清等人在北碚发起成立中国妇女服务社时，呈文北碚管理局要求备案，但卢子英的批复为"该社依法为人民团体组织，应事先

---

① 《新华殖边社组织概述》，《北碚》1937年第1卷第8期，第77页。

② 《为拟成立北碚民众体育社恳予备案存查事》（1938年12月21日），重庆市档案馆藏，档号：0060-0004-00335。

③ 《非常时期人民团体组织法》，《立法院公报》1942年第118期，第36—38页。

呈由主管官署批准发起组织后，再拟具简章定期开会员大会，报由主管官署派员指导，依法成立"。①当然，并非所有的社会团体组织都能够顺利备案成立，如 1943 年 1 月曹志宏等呈文组织"新村蔡锷路 26 号房客联合会"，以旅居北碚新村蔡锷路 26 号的"流亡入蜀"房客为对象，以加强房客联系为目的。②根据其呈报的章程，该会"以谋公共住局之福利为宗旨"，具体而言，即提倡其"拒绝非法加租之权利"。③这个组织在呈递给北碚管理局备案时，管理局即以该类房客组织，北碚管理局已经"另有整个组织"，因此对于该房客联合会的组织"碍难照准"。④

就战时北碚地区的社团数量而言，目前尚未有较为精确的统计。抗战胜利后，北碚地区的社团持续发展，至 1949 年有人民团体 78 个，在经济方面的作用主要在于"促成各行业的合作运动，以合作方式提高生产效率，发展运销业务，以协助地方经济建设"⑤。其"部分书记系由本局派遣，除担任文书及联络工作外并担任民众教育"。⑥

（二）战时社会团体的具体组织

战时北碚社会团体的种类有很多，如同乡会、同学会、各种经济组织、联谊会等等，名目繁多、规模不一。具体而言，由于北碚仍为"乡村城市"，因此，其社团组织以同乡会、同业公会最多。

一是关于同乡会的组织。同乡会的组织，按照《非常时期人民团体组织法》的规定也属于人民社会团体的一种，对于其组织，除了有国民政府中央层面的相关规定外，地方政府也有相应的规范。1942 年四川省政府就训令各县市局，规定所有同乡会、同学会、校友会、联谊社等组织，根据中央司法部解释《人民团体法规》关于"不准为有系统之组织，且应

---

① 《唐怀清呈文》（1943 年 6 月 18 日），重庆市档案馆藏，档号：0081-0004-01977。

② 《为组织房客联合会恩请准予备案由》（1943 年 1 月 16 日），重庆市档案馆藏，档号：0081-0004-01980。

③ 《新村二十六号房客联合会组织章程》（1943 年 1 月），重庆市档案馆藏，档号：0081-0004-01980。

④ 《为请组织二十六号房客联合会一案由》（1943 年 1 月 30 日），重庆市档案馆藏，档号：0081-0004-01980。

⑤ 《北碚概况》，1949 年版，第 7 页。

⑥ 《北碚概况报告书》（1950 年），重庆市档案馆藏，档号：0081-0006-00762。

以所在地之县市为单位，不得迳以旅居之省为范围"的解释，要求各县市在核定同乡会等组织时，"以所在地之县市为单位，不得迳以旅居之省为范围，并不得作有系统之组织及于各地设立分支会社或相当于分支会社而有隶属性质之附属单位"①。此外，在地方官署的批示中也有一些具体的规定，如北碚管理局在审核湖北旅碚同乡会的组织时，就提出了关于组织同乡会的几项条件："（一）不得有违反三民主义之言论及行为；（二）接受中国国民党之指导；（三）遵守国家法律，服从政府命令；（四）社会团体会员以有正当业务者为限；（五）有反革命行为或剥夺公权及开除党籍处分者，不得为会员；（六）除例会外，各项会议须得党部及主管官署之许可"。②

就具体的组织而言，同乡会的组织既有维护共同利益因素，也有情谊因素。1943年铜梁、合川、璧山三县人士组织"铜合璧三县边区旅碚同乡会"，即提出发起成立同乡会的理由是，发起人等"来碚服务及学校读书已届六年有余，并先后入本区国民党及三民主义青年团，兹为加强友谊联系与学行砥砺，准备将来开发岚槽资源（煤矿、荒山、石灰、纸业）及兴办教育文化事业"③。在其组织章程中，即规定该同乡会会务为："一、筹办会员公益事业；二、调处会员间纠纷事宜；三、保管本会设置之财产；四、扶助病苦孤孀及事业被难；五、建设本乡镇；六、协助政府推行教育文化事业"④。当然，同乡会更多的发起是出于情谊，主要目的在于团结同乡、服务乡梓。如1942年6月王海清等人成立湖北旅碚同乡会，提出的理由就是"抗战以来，旅碚鄂人甚多，而各行其是，迄少联系，事关公益

① 《为转令核定同乡会同学会校友会联谊社组织应以所在地县市为单位不得迳以旅居之省为范围并不准为有系统之组织由》（1942年7月6日），重庆市档案馆藏，档号：0081-0004-01168。

② 《申请准予组织湖北同乡会》（1942年6月17日），重庆市档案馆藏，档号：0081-0004-01168。

③ 《杨应良、曾国光、邹明芳等呈文》（1943年11月16日），重庆市档案馆藏，档号：0081-0004-01979。

④ 《铜合璧三县边区旅碚同乡会章程》（1943年11月），重庆市档案馆藏，档号：0081-0004-01979。

者，或感步调难齐，责无旁贷者，尤恐人力未尽"。①此外，组织同乡会也是一种报效国家的体现。如合江旅碚同乡会，在呈请成立的呈文中即指出，"逮自抗战军兴，士皆投袂奋起，虽远托异乡，亦风起云涌，先后组织同乡会，期联合一分之力量，尽一分国民之天职"②。

同乡会的组织并不复杂，从其章程即可看出。以《合江县旅碚同乡会章程》为例，该同乡会以"联络情感，增进服务效能，集中意志，致力抗战建国工作"为宗旨；会员方面，规定"凡合江县旅碚人士，不论性别，经本会会员介绍，旅行入会手续者"为会员，其中"褫夺公权者、有反动行为及不良嗜好者、损害本会声誉有据者"不得为会员；组织方面，有会员大会、理事会、监察股、总务股、服务股、财务股、学术股等。③当然，不同的同乡会其相关规定有不同。如邻水旅碚同乡会，会员方面规定符合各项规定并"经本会会员二人以上之介绍并填具入会志愿书者，均得加入本会"，其条件为："一、在北碚有一定住所者；二、品行端正有正当业务者"，会员申请退会需"离开北碚至一年以上者"，而有"一、有不法行为者；二、违反本会章程及决议者；三、妨害本会名誉者；四、欠缴会费满三年以上者但经理事会决议准予免缴者不在此限"应当清除出会；权利与义务方面，会员除了有选举权与被选举权外，有"优先享受本会公益设施权"，同时会员有"遵守本会章程及决议、按期缴纳会费、办理本会临时委托事项"等义务；组织方面，邻水同乡会设置总务股、组织股、福利股、文化股、会计股等，同时"得依理事会之决议，设立各种委员会"④。

二是关于行业公会的组织。近代以来兴起的行业公会，既是一种经济组织，也是一种社会团体组织。随着经济的日益繁盛和人口的增多，战时北碚地区的行业公会逐渐兴起。如箧货业公会的组织，1943年罗银廷等呈

---

① 《申请准予组织湖北同乡会》（1942年6月17日），重庆市档案馆藏，档号：0081-0004-01168。

② 《为厘定会章定期成立合江县旅碚同乡会恳予备案由》（1942年12月），重庆市档案馆藏，档号：0081-0004-01168。

③ 《合江县旅碚同乡会会章》（1942年12月），重庆市档案馆藏，档号：0081-0004-01168。

④ 《邻水旅碚同乡会章程》（1943年4月10日），重庆市档案馆藏，档号：0081-0004-01979。

文北碚管理局称1943年1月2日该筹备委员会"召集全体会员开成立大会"，并经管理局民政科何一平"莅会指导一切"，会议选举了职员和通过了会章，以此要求北碚管理局"备案存查"。①根据该公会的组织章程，该会以"供应需要、服务人群、公平交易"为宗旨，"会员入会基金为五十元"，"常备金分甲、乙、丙三等派收"，同时对于经营贸易的具体事务进行了规范，如不得有抬高市价、操纵居奇等行为。②

与之类似，朝阳镇大力业公会也是在1943年组织起来的。根据章程，朝阳镇大力业公会以"服务社会、便利商家及公私人士，搬运物品"为宗旨，其会员40人，"设常务理事一人、理事五人、监事一人、股长三人，共同负责办理会务"，此外，还规定了营运期间的行为，如"不得高抬需索"、不得"私窃"或其他"不法情事"等。③

战时北碚的行业公会类社会团体，组织规模较大的是土布织造业，1943年苏承谟等发起成立朝阳镇土布制造业公会，于"4月14日午前八钟假北碚乐天茶社二楼召开成立大会，当日出席与议会员及来宾，计有七十余人"，并通过了社章、选举了职员。④根据该会章程，该会"遵照《非常时期人民团体组织法》并参照《工商业同业公会法》组织"而成，其"以改进、扶持、增加生产，以期服务社会，便利人群为宗旨"，基于此，该会办理事务包括："1.筹议同业之改进及业务发展事项；2.关于同业之征调及通报事项；3.关于同业之调查及编纂事项；4.关于同业调处及公共事项；5.办理主管灌输及商会应办事项"，此外还规定了会员的权利与义务、入会会金、会议、组织及职权等内容。⑤

---

① 《罗银廷呈文》（1943年1月14日），重庆市档案馆藏，档号：0081-0004-01973。

② 《北碚管理局朝阳镇篾货业同业公会章程》（1943年1月），重庆市档案馆藏，档号：0081-0004-01973。

③ 《北碚管理局朝阳镇大力业公会章程》（1943年2月），重庆市档案馆藏，档号：0081-0004-01973。

④ 《苏承谟呈文》（1943年4月），重庆市档案馆藏，档号：0081-0004-01973。

⑤ 《北碚管理局土布织造业同业公会简章》（1943年4月），重庆市档案馆藏，档号：0081-0004-01973。

三、社会团体活动概况

就目前的资料来看，战时社会团体的活动很多，但大多都记载较为零散，因此不能很好地展现出战时社会团体的活动风貌。就目前的资料来看，战时社团活动主要有以下方面：

一是经济活动方面，如办理战时抗属工厂。"要加强抗战力量，须使抗战将士们无内顾之忧，能安心地在前方抱着他们的枪"，由此，中国妇女慰劳总会和三峡实验区兵役协会联合创立了抗属工厂。因为最初厂址狭小，"所收之抗属只四十余名，暂开织布机，毛巾机，纺纱机各数部"，经过慢慢训练，工人养成了"生活纪律化的习惯"，工厂也"走上轨道而货品亦一天天的可观"。①

二是重视体育锻炼。改良市政当然包括公共基础福利设施的兴建，以民众体育活动设施为例，早在战前实验区署就已经注意设置，全面抗战期间实验区署以"增高民众之平均年龄及健康率""指导后方服务、与国防上军事上之应用技能""发扬勇敢、合作、忠诚、团籍、奋斗、牺牲之精神""养成民众以运动及游戏为正当娱乐之习惯"等为目标，进行包括个别运动指导、组织各种体育设团、举办各种运动训练班、举行运动比赛、举办体育表演及集团活动、协助办理民众卫生之指导等，其中组织体育社团方面，"以民众职业性质及居住区域为单位，就集团中选择才能优秀者为领导，订定办法，按时来场运动，例如：1.农民，以乡村或保甲为单位；2.工人，以工会或工厂为单位；3.商人，以同业工会为单位；4.妇女，以住区为单位；5.其它，混合组织"，举办训练班方面"每年按照时季及运动性质分别举办，先用宣传劝导办法，……然后用科学方法分组指导训练"，其中有国术训练班、早操训练班、机械运动训练班、田径赛训练班、球类训练班、游泳训练班、韵律活动训练班等。②

1938年3月正式成立的北碚民众体育社则以"联络感情，砥砺学行"为成立宗旨，以"锻炼体魄，促进各个健康"为目的，同时亦将该体育社

---

① 《峡区抗属工厂是怎样创办起来的》，《北碚》1940年第3卷第5期，第83—84页。
② 《北碚民众体育场工作计划大纲》，《北碚》1940年第3卷第8期，第74—76页。

的成立当作为获得抗战最终胜利，团结民众的一种表示。[1]这种社团组织以倡导锻炼，增强抗战精神，得到了当地国民党党部的认可，认为"该民动机可嘉，热忱可佩，出于诚意，并无其他行动"，因此可以简化相应手续。[2]根据《北碚民众体育社组织章程》，凡是"居住北碚镇之公民，不分性别，经本社社员二人以上之介绍，填写入社志愿书并经执行部审查合格者"均可入社，社员分为永久社员、特别社员、赞助社员、当然社员、普通社员等五类，该社每年度兴办的活动项目有足球、篮球、排球、网球、乒乓、田径赛、越野跑、游泳、国术、器械等，同时按月举行及提倡各种运动会。[3]

全面抗战时期，兴起了一项国防体育运动——滑翔运动。当时，国民政府为强化防空，寄希望于滑翔运动"不但可以补助空军，还可以增进国民体力"[4]，于1941年4月4日，在重庆成立了中国滑翔运动总会。滑翔总会以培养空军干部，促进航空建设，发展国民体育，普及青年教育为宗旨，为培养民众航空兴趣，增强国防意识，积极谋求推行滑翔运动。由于北碚青年学生云集，具备发展滑翔运动的基础，因此，滑翔总会把推行滑翔运动的重点放在北碚，决定在北碚选址修建滑翔机场。为确保滑翔运动顺利开展，为滑翔训练提供必需的滑翔机，1942年1月15日，滑翔机修造所在北碚金刚碑成立，由航空工程专家钱自诚博士任所长[5]。1942年2月，中国第一个滑翔机场——位于火焰山下的嘉陵江河滩上修建的滑翔机场竣工，机场跑道场400米，宽100米，靠山一面在牌坊湾修筑了一个纵横50米的停机坪，并建有一座高15米的初级滑翔台，下筑一条倾斜马路通向机场，滑翔台和马路供滑翔机依靠橡筋绳的弹力及借助风力腾空起飞。后

---

① 《北碚民众体育社成立大会记录》（1938年3月16日），重庆市档案馆藏，档号：0060-0004-00335。

② 《余登光来函》（1938年2月2日），重庆市档案馆藏，档号：0081-0003-000148。

③ 《北碚民众体育社组织章程》（1938年3月），重庆市档案馆藏，档号：0060-0004-00335。

④ 北碚文史资料集第四辑：《抗日战争时期的北碚》，中国人民政治协商会议重庆市北碚区委员会文史资料委员会编，1992年10月，第168页。

⑤ 北碚文史资料集第四辑：《抗日战争时期的北碚》，中国人民政治协商会议重庆市北碚区委员会文史资料委员会编，1992年10月，第169页。

来，又修建了一座机库，放置滑翔机。2月15日，滑翔总会在滑翔机场举行了隆重的落成暨滑翔机捐献典礼。典礼由国民政府教育部长、航空委员会副主任陈立夫主持。卢子英代表北碚民众捐献"北碚"号初级滑翔机1架，中国电影制片厂厂长郑用之代表该厂捐献"中国电影"号中级滑翔机9架。当时中国滑翔运动的佼佼者韦鼎烈、韦鼎峙作了精彩的滑翔特技表演。后来，为了开展高级滑翔训练，北碚滑翔站在滑翔机场对岸的来龙山牛角庙修建了中国第一座高级滑翔台（1942年9月竣工）。滑翔台为梯形，前宽30米，后宽15米，长85米，距离滑翔机场高度为350米，远为2500米。为缓解滑翔机场地使用紧张的矛盾，1943年9月，北碚滑翔站又对滑翔机场进行了扩建，并将跑道延长为540米，可供小型飞机升降起落。[①]

为配合滑翔运动的顺利开展，北碚在普及滑翔的宣传教育方面做了大量工作。《嘉陵江日报》登载介绍滑翔知识的文章、《县市滑翔支会章程》《滑翔俱乐部章程》，报道滑翔运动的动态和消息，发表《青年到天空去》社论，广泛宣传滑翔运动的意义，激发青年学生积极投身滑翔运动的热情。北碚滑翔站为普及滑翔教育，主编了《北碚滑翔》半月刊，专门介绍滑翔知识，报道滑翔消息。该刊于1943年11月15日正式创刊，辟为《嘉陵江日报》的副刊园地，到1944年4月12日止共编辑出版9期。[②]

随着滑翔运动的兴起，推行滑翔运动的组织机构也相继成立。1942年12月10日，复旦大学、国术体育师范专科学校、重庆师范学校、江苏医学院滑翔俱乐部成立。1942年1月6日，北碚滑翔支会成立，名誉会长为吴南轩、胡定安、张之江，会长为卢子英，副会长为马客谈、江一平，理事有张博和等22人。[③]1942年3月1日，中国第一个滑翔站——北碚滑翔站成立，首任站长韦鼎烈，继任站长胡希文。1944年，胡希文调滑翔总会，由黄运娟继任站长。1943年3月12日，北碚滑翔俱乐部成立，附设于北碚滑

①北碚文史资料第四辑：《抗日战争中的北碚》，中国人民政治协商会议重庆市北碚区委员会文史资料委员会编，1992年10月，第169页。

②北碚文史资料第四辑：《抗日战争中的北碚》，中国人民政治协商会议重庆市北碚区委员会文史资料委员会编，1992年10月，第170页。

③北碚文史资料第四辑：《抗日战争中的北碚》，中国人民政治协商会议重庆市北碚区委员会文史资料委员会编，1992年10月，第171页。

翔站。这些组织机构成立后，即广泛发动，吸收体格健壮、对滑翔运动有兴趣的青年为基本会员，定期参加滑翔站的滑翔训练。

滑翔站成立后，一般在夏秋两季组织复旦大学、国术体育师范专科学校、重庆师范学校、江苏医学院、戏剧专科学校、立信会计学校、兼善中学等学校学生及天府煤矿、大明纺织厂等企业的职业青年定期参加滑翔训练。1942年5月初，举办了第一期滑翔训练，参训人员100名，其中女生36名。以后由各校选拔学生，限额20名，分期分批参加训练。至1945年，共计1560名青年参加了训练。此外，滑翔站还多次举办短期训练，训练来自重庆、北碚的大、中学生①。

除开展滑翔训练外，北碚滑翔站还在元旦、空军节，以及为来碚参观滑翔站和滑翔机场的外国使团（1942年11月21日英国议会访华团，1943年8月19日泰国代表团，1944年6月美国副总统华莱士一行）举办滑翔表演，共计23次。

北碚的滑翔运动，开创了中国滑翔运动史上多个"第一"：1943年3月12日，举行了中国第一架双座滑翔机表演；1943年8月22日，举行了中国第一座高级滑翔台首次高山高级滑翔试飞；1945年2月12日晚，举行了首次夜间滑翔飞行；1945年10月，中国第一架水路两用滑翔机在北碚试制成功，在10月28日陆上试飞成功后，11月2日，举行了水路两用滑翔机试飞表演，取得成功。

1945年11月15日，北碚滑翔机场奉命关闭，所有器材装备移交重庆滑翔站，北碚滑翔站撤销。

北碚的滑翔运动自一开展，就成为青年们十分喜爱的一项国防体育运动。尽管它只开展了几年，但开创了中国滑翔运动的纪录，推动了中国滑翔运动发展，成为中国滑翔运动史上重要篇章。

---

① 北碚文史资料集第四辑：《抗日战争时期的北碚》，中国人民政治协商会议重庆市北碚区委员会文史资料委员会编，1992年10月，第172页。

第十二章　抗战胜利与复员工作

　　全面抗战时期，北碚被誉为"后方的后方"，但是也没有逃脱战争的侵袭。所以当抗战胜利的消息甫一传至北碚时，便掀起了一股巨大的欢庆浪潮。然而，在短暂的欢庆过后，严峻的复员工作也随之而来。在尽力帮助战时迁碚机构东返的同时，北碚也经受着机构迁返所带来的阵痛。为了谋求战后的新发展，北碚地方政府在继承迁碚机构公产的基础之上，进行了艰辛的探索。

第一节　北碚人民迎接抗战胜利

　　历经十四年的艰苦抗战，中国人民终于迎来了抗战胜利的曙光。当抗战胜利的消息传到北碚后，这座后方名城的民众开始欢呼雀跃，欣喜若狂，以各种方式狂欢庆祝，爆竹声响彻大街小巷。此后不久，随着抗战胜利纪念日的确定，北碚地方政府也积极筹划庆祝活动，包括召开庆祝胜利大会，组织民众火炬游行等。在政府和民间的极大参与中，整个北碚成了欢庆胜利的海洋。

一、胜利的消息传到北碚

　　1945年8月10日，日本即将投降的消息传至重庆。[1]自九一八事变爆发

------

① 《日向中美英苏投降 并以照会托瑞典转四国政府 日方广播声明毕即哀不再声》，《嘉陵江日报》，1945年8月11日，第4版。

以来的十四年抗日战争以胜利告终，这标志着近代以来加之于中华民族的屈辱与羞耻被一洗而尽，中华民族从此屹立于世界之林。重庆人民闻此消息后，激动的心情难以言表，重庆顿时成为一片欢庆的海洋，鞭炮齐鸣，人声鼎沸。田苗在《红岩春秋》中回忆1945年8月10日听闻胜利的消息的盛况时写道：

> 大约是下午四点左右，我听见一声喊"号外"，卖号外的人手一扬又叫："日本投降的号外！"我即冲出书店，抓到一张后他就被人群紧围，号外只有撒向天空了，人们都兴奋地抓抢着。号外是32开大小，几个大字"日本准备投降"，正文只有百余字。大约胜利消息来得太快太突然，思想精神一下子沉入喜悦欢快中转不过弯来，居然是好久以后才听见放鞭炮。听见一声鞭炮响后，陆陆续续四面八方便都是鞭炮声大作了，但没有多久便很少鞭炮再响。据说是店子的鞭炮都已卖完。大大小小好多饼鞭炮确实都已售尽。老板说没有准备，已派人去乡下进货了，可能半夜会有。鞭炮声的响起，也就意味着庆祝开始了。①

此后不久，国民党中央和重庆地方政府当局便开始筹备有关"庆祝抗战胜利"各种事宜。8月13日，国民政府文官处致电重庆市政府，将由蒋介石核准的庆祝抗战胜利之节目通知各机关，以便准备实施。当时国民党中央核准的《庆祝胜利节目》包括：

（甲）中央

（一）悬旗三日，如备有联合国旗或英美苏法国旗者，应常悬挂；（二）放假一日，定为第一日；（三）遥祭陵寝，定为第一日；（四）鸣礼炮101响，定为第一日正午12时；（五）庆祝大会，定为第一日；（六）主席茶会招待使节及盟国军事长官，日、时、地点由外交部请示办理；（七）主席广播，广播日、时及演词均由党部拟定并请示办理；（八）各界游行（火炬游行），定为第三日。

（乙）地方

（一）悬旗三日，如备有联合国旗或英美苏法国旗者，应一并悬挂；（二）庆祝大会；（三）放假一日；（四）鸣礼炮101响；（五）有盟军地方由当地军政首长会同茶会接待盟军军事官员；（六）各界游行（火炬游行）。①

北碚人民得知抗战胜利的具体时间为8月10日晚上八时许。当时，《中央日报》北碚报社门前贴出了一张红字白底的新闻报道，上书"日本宣布接受波茨坦公告，无条件投降"。胜利来得如此突然，以至于让北碚人民有些措手不及，"胜利与和平到来的还比我们预想的早，我们迎接他不免有些手忙脚乱"。②

胜利的消息瞬间引爆了北碚街头，川流不息的北碚市民纷纷涌向报社门前，都想要亲眼目睹这一重要时刻。很快，人们又涌向鞭炮铺，争相购买爆竹，霎时间，爆竹声震动了嘉陵之滨的小城北碚，漫天的火光映照着此刻欢畅的北碚人民的笑脸。"市民们身处街头欢乐游荡的人群当中，张着嘴巴破口大笑，小孩子则欢乐地穿梭在人群当中，四处大叫大跳。"③燃放鞭炮和火炬游行成为北碚民众迎接胜利的庆祝方式。

位于澄江镇的中央测校于12日晚9时左右从澄江镇电报局收到了日本"无条件投降"的消息，全校学生欣喜若狂，当即开始了火炬游行：他们手持竹竿或蜡烛，一路高呼着"联合国万岁！""胜利万岁！"等口号走在镇子的街道上。澄江镇当晚爆竹声声震天，火光四射，测校学生们游行于其中，空中军帽飞扬，时人称：其"兴奋之情形为生平所未有"。④游行结束之后，测校学生们在镇公所前方体育场的中央围坐一团，中央工校驻测校的实习生闻凯俊，将实习时候用来测量大地的木桩堆成一堆，将其点燃，

① 唐润明：《衣冠西渡：抗战时期政府机构大迁移》，北京：商务印书馆，2015年版，第441—442页。

② 《举行火炬游行 北碚市民庆祝胜利 通夜供电大放光明》，《嘉陵江日报》，1945年8月12日，第4版。

③ 《如狂如醉的不夜市》，《嘉陵江日报》，1945年8月12日，第4版。

④ 《澄江镇大狂欢 中央测校火炬游行》，《嘉陵江日报》，1945年8月13日，第4版。

形成一个巨大的篝火，光芒映照在天边，成为一个象征和平的火炬。工校歌咏队则在一旁表演歌咏，大出风头，测校也不甘人后，也表演了许多精彩节目，这些节目引起了人们的欢乐情绪。记者在记述这一场景时说道：此种情景"非吾之秃笔所能形容"。①北碚的学生则涌向南京路的十字路口，对每一个迎面而来的过路人报之以狂笑，他们故意捉弄小孩子，将他们抓起来，像皮球似的往空中抛起来，再接住，循环往复。被扔起来的孩子们也不恼，只是享受着这一刻的快乐与满足。同样的行为也发生在学生们和他们的亲朋好友之间。②

北碚的富源电力公司为了庆贺抗战胜利，决定8月11日和12日彻夜供电，全城因此而大放光明。灯光与火炬交相辉映，将北碚映照成了一座明亮的不夜城。同时，富源电力公司还决定，待国民政府正式公布庆祝日期以后，还将继续通宵供电。③电力的持续供应，烘托了北碚的胜利气氛。而北碚一些书店的老板，为了庆祝胜利的降临，决定将店中书目废价十天销售，以传播文化的方式迎接着这场战争的胜利，被誉为"难得的好人"。④

在街头欢庆中，北碚民众还通过燃放鞭炮的方式来表达心中的喜悦。北碚的商家店铺在门口分张红联，沿街放起了爆竹，将北碚的街头迅速营造出一幅欢庆的景象。澄江镇的民众在收到胜利的消息以后，也纷纷涌向鞭炮铺，争相购买鞭炮。一时间，平时不起眼的鞭炮铺竟成为人潮涌动之所在，鞭炮则是有了供不应求之势。店家老板开心地说着："硬是打胜仗才要得嘛！"一边做着生平第一次的大拍卖，着实发了一笔胜利财。⑤

"砰砰的炮竹声，惊动了缙云山。""店家们燃着土红色的火炮，爆竹声震抖了嘉陵江之滨的北碚。"⑥

鞭炮是如此的受欢迎，以至于北碚的鞭炮很快脱销。

"听见一声鞭炮响后，陆陆续续四面八方便都是鞭炮声大作了，但没有

① 《澄江镇大狂欢　中央测校火炬游行》，《嘉陵江日报》，1945年8月13日，第4版。
② 《如狂如醉的不夜市》，《嘉陵江日报》，1945年8月12日，第4版。
③ 《富源电力公司庆祝胜利　昨夜再度通宵供电》，《嘉陵江日报》，1945年8月13日，第4版。
④ 《狂欢后的北碚》，《嘉陵江日报》，1945年8月14日，第4版。
⑤ 《澄江镇大狂欢　中央测校火炬游行》，《嘉陵江日报》，1945年8月13日，第4版。
⑥ 《如狂如醉的不夜市》，《嘉陵江日报》，1945年8月12日，第4版。

多久便很少鞭炮再响。据说是店子的鞭炮都已卖完。"①

8月12日以后，民间仍有零零散散的庆祝，以及一些企业团体自发举办的纪念胜利活动，但已经不成规模。

此后不久，庆祝活动的策划者由民间转向官方。8月17日，北碚管理局同北碚各界代表进行了初次商议，于18日下午4时，正式邀请党、团、民及各事业单位在北碚管理局会议厅召开了庆祝胜利筹备会，商讨北碚的庆祝办法。出席会议的各界人士极多，最终通过了五项议案：

（一）庆祝仪式案，决议为：遵照中央广播日期决定本市庆祝日期，庆祝大会时间为午后6时，于公共体育场举行；以到会的各事业机关为主席团，杜召棠书记为主席团主席，以国民兵团的张谦副团长担任总领队；参加提灯游行的各单位自行决定灯式，自行准备灯火。

（二）游行案，决议为：敲定游行路线由市场出发，经过农民银行，达到老车站、中山路，其间多次回至市场；由国民兵团张谦副团长决定游行秩序；制作中英美苏四面大旗以及四国领袖的肖像，从渝市购买或托付重师绘制国父与罗斯福总统的遗像。

（三）经费案，决议为：经费由北碚党政文化事业机关公摊，大会经费五十万九千，其他烟火灯彩费不在其内。

（四）游艺案，决议为：游艺包含化装表演（由汉剧班和歌剧学校联合担任）、戏剧表演（由平剧川剧等各种舞蹈参酌表演）、音乐（由重师、立信、育才等联合表演音乐，同时由国民兵团集合各校的号兵组织乐队，以及青年团联合各校口琴队组织口琴乐队）、龙灯彩灯表演、烟火、制造牌楼等。

（五）市价物资供应案，决议为：通知商品加倍供应，同时限制涨价，以备市民可以举办大宴庆贺盛事。②

在庆祝胜利大会筹备会召开以后，根据筹备会所议定的游行路线，途经各处开始按照计划动工赶扎松柏彩花牌坊，用以记录这一重大的历史欢

---

① 田苗：《抗战胜利在重庆》，《红岩春秋》，2005年4月，第32页。

② 《北碚各界昨举行庆祝胜利大会筹备会》，《嘉陵江日报》，1945年8月19日，第4版。

庆时刻。随着胜利日的公布在即，尚未完工各段开始加紧动工赶制，到8月20日已有大多数工程告成，仅有少数未完工的牌坊，也在陆续加紧着工作进度，以期能够在胜利日之前全部完工。时人云："牌坊高大华贵，行人路经此处，从牌楼之下穿过之时，竟有通过巴黎之'凯旋门'的感觉。"①

除了北碚"凯旋门"的建立，北碚民众也投入了为胜利大会营造欢乐氛围的工程之中。为了迎接胜利日的宣布，满街店户门前都张灯结彩，红联分张，用以庆祝这一平生最大的喜事。

> 胜利归来龙吟虎啸 和平实现鱼跃鸟飞
>
> 小倭奴不战自焚破亡早已注定 大中华得道多助胜利并非偶然
>
> 还乡切记离乡苦 建国须凭爱国心
>
> 公理战胜 民族复兴
>
> 以抗战精神完成建国大业 凭复兴信念达到世界和平
>
> 庆祝盟邦胜利 建立世界和平
>
> 忽闻捷报宜狂喜 更为兴邦好尽心
>
> 血战八年山河还我 兴邦次日金石同心
>
> ——《北碚各界庆祝抗战胜利对联》②

> 小试一枚原子弹，宏关千座收降城
>
> 解除德日强暴武力，建立世界永久和平
>
> 庆祝同盟胜利，奠定永久和平
>
> 承蒙邦协助，感领袖英明
>
> ——《抗战胜利门联续辑》③

在庆祝式中，时人不仅创作了别具匠心的胜利对联，其所应用的灯式也多以往未见。洋溢在胜利氛围中的北碚民众是这样布置他们的家门的：

---

① 《本市庆祝胜利松柏牌坊布满街头》，《嘉陵江日报》，1945年8月21日，第4版。
② 《北碚各界庆祝抗战胜利对联》，《嘉陵江日报》，1945年8月21日，第4版。
③ 《抗战胜利门联续辑》，《嘉陵江日报》，1945年9月4日，第4版。

大红的喜联，左右联多用"原子弹""同盟国"等新名词穿插其间，横联则以"世界和平""中国万岁"等词语为多，一反往常俗态。房门前高高挂着他们以飞机、坦克等武器做模型装制而成的灯饰。时人记载："即任何快乐之年节，亦莫能比拟于第一。"此景之盛"亦不过表达国人心境之一小部分而已"。①

二、举行抗战纪念日庆祝活动

随着日本正式签字投降的临近，国民政府将9月3日定为抗战胜利纪念日："奉主席规定，9月3日为悬旗庆祝抗战胜利之第一日，并着全国各地方同于是日上午9时正鸣放解除警报或汽笛10分钟后，随即鸣放礼炮101响，以归一律。"②9月2日，日本正式向同盟国投降并在停泊于日本东京港的美国军舰"密苏里"号上举行了投降签字仪式。当这一世人渴望已久的消息传来，整个重庆再次沸腾起来：各商店门前均贴出了大小一律的"V"字形红纸标语，连日来因日晒雨淋而倒塌的街头牌坊重新修饰一新，商人、市民们大事采购着鞭炮、柏枝等庆祝胜利的货物，以备胜利日之用。

从9月3日开始，庆祝活动正式开始。上午8时半，国民政府主席蒋介石率国民党中央委员、国民政府委员及各院部会首脑，在国民政府花园东向遥祭国父孙中山陵寝，然后在国民政府礼堂举行庆祝会和纪念周会。上午9时整，"和平之声"在重庆上空骤然响起：市电力公司拉响了解除警报的长音，各工厂、轮船亦同时鸣放汽笛，持续长达10分钟之久。随着嘉陵江上的军舰鸣礼炮101响，"陪都各界庆祝胜利大会"在较场口广场隆重举行。陪都所属每个单位均可派10人参加，市民则可以自由参与。晚间8时，重庆市内举行音乐会，同时放映电影，欢迎各界民众免费前来观看。最后，放射成"V"字形的探照灯，昭示着胜利之光的映射。9月4日上午8时起进行胜利大游行，与会的五六万市民浩浩荡荡地从较场口广场出发，向着预定的路线蜿蜒前行，《国民公报》记者对此有如下详细的描述：

①《张灯结彩祝胜利 家家红联庆和平》，《嘉陵江日报》，1945年8月21日，第4版。
②唐润明：《衣冠西渡：抗战时期政府机构大迁移》，第443页。

　　"远远地是军乐队奏着'联合国歌'，渐渐地出现了胜利大游行的队伍，像一道洪流，在人造的两岸缓缓流过。于是我们看见两瓶杜松子酒，看见五丈来长的游龙，数不清的同业公会，雄赳赳的武装队伍。在这里面，服装整洁的海军，最受欢迎，流浪人多年没有看见海，现在又引起他们对海洋的憧憬。……化装的行业，光怪陆离，山海关参加游行，绿色雄狮在大街漫步；川剧名角筱桐风，扮演木兰从军，中电明星章康健，做了和平女神；……原子弹挂在绿色机下，石油塔也搬上'舞台'。盟军来了，这些拜伦式的英雄，受人特别的尊敬，他们擎起 V 形的双臂对人们的回答是自然的'顶好'。一位年轻的美国士兵，在侍役扛着的胜利酒筵上，端起一盘菜肴，意味深长的说：'哈哈，……顶好'！"①

　　晚8时则召开平剧公演，同时仍然放映电影，欢迎各界民众免费观看。9月5日上午慰劳荣军家属，晚间8时在胜利大厦、青年路的国际舞厅以及民族路的盟友餐厅举行招待盟友的宴会，以招待盟国使节、高级军官和妇女服务团等。同时晚间仍然放映川剧、电影等，还有舞龙舞狮及燃放烟火等庆祝活动，仍然欢迎市民们自由参观。②可见重庆市内庆祝胜利大会之盛况。

　　北碚最初也将9月3日定为召开庆祝胜利大会之日，但由于澄江水灾的影响，不得不将庆祝胜利大会推迟至9月5日。③5日当天正午，北碚管理局宴请所属各机关的职员工友，参加人数达到六十余席，可谓盛况空前，北碚管理局长卢子英即席发表祝词，以庆祝伟大胜利的到来。下午6时整，

<hr>

　　① 唐润明著：《衣冠西渡：抗战时期政府机构大迁移》，第445页。

　　②《渝市庆祝胜利大会将分三日举行，并鸣礼炮以示祝贺》，《嘉陵江日报》，1945年8月22日，第4版。

　　③ 8月26日，澄江水位不断上涨，暴发成灾，此次水灾水量大，影响范围广，持续时间长，其间水位回落后又多次复涨，一直到9月10日左右方才逐渐平息。

北碚管理局以及北碚附近各机关单位，市民们庆祝胜利大会正式开幕。胜利大会在北碚体育场举行，到会民众达万人以上。考虑到民众进行晚间火炬游行的迫切心理，大会并没有进行太长时间。夜幕刚刚降临，火炬游行的队伍便从体育场出发了。在汇入了几支迟到的队伍以后，原本规模庞大的队伍就变得更为壮观。游行队伍的位次如下：首先是军乐队，后面紧跟着联合国旗队和联合国领袖像队（包括中英美苏四国领袖的肖像），再后是凯旋门和国旗队以及马上英雄队，然后是化装队伍和举着和平神的队伍，压阵的为各机关提灯队，游行队伍最后则跟着各个公会的代表队伍、北碚市民们以及龙灯狮灯锣鼓等队，可见游行行列的漫长。①国立重庆师范学校和国立戏剧专科学校的同学们扮演着各样的角色，有自由神、希特勒、日本侵略者等等，笑料百出。随着队伍的前进，爆竹声也从来没有停下，有人估计这晚放的爆竹不下一百万盘。②游行队伍在街上绕了三圈，再转向新村后解散。从晚上七点开始，一直持续到九点钟，两个小时的游行充分地调动起市民们的积极性，整座城市洋溢在热烈的庆祝氛围之中。于是，9月5日的北碚便出现了这样一幅景象：满街张灯结彩，红联分张，北碚市民共庆抗战胜利。而入夜以后，则灯饰辉煌，路人瞩目，行人们彼此笑颜相对，共同道贺世界和平！③

北碚的商铺店家则通过降价让利销售的方式来庆祝胜利的到来。北碚的粤来饼干厂，于9月4日（庆祝日的第二天）在《嘉陵江日报》上刊登消息："庆祝胜利，九折三天"。④此举虽有广告之嫌，但并不能否定其对胜利日来临的庆贺之意。除此以外，一些厂矿集团为了迎接胜利，还专门设宴招待荣军家属。如位于二岩乡的和平矿厂及复兴隆煤矿，就为了迎接抗战胜利，感念军人功绩之伟大，特别于9月5日设宴宴请全体抗战军人的家属。据载这场宴会规模盛大，设席共三十七桌，盛况非凡。⑤宗教人士也对

---

① 《关于告知各机关准备节目参加北碚各界庆祝胜利大会并检送游行路线等的函（附路线图、游行序列）》，重庆档案馆，0081000403666000002000。

② 《火炬游行盛况追忆》，《嘉陵江日报》，1945年9月7日，第4版。

③ 《张灯结彩，共庆和平》，《嘉陵江日报》，1945年9月5日，第4版。

④ 《嘉陵江日报》，1945年9月4日，第4版。

⑤ 《二岩乡二矿一校，五日宴请抗属》，《嘉陵江日报》，1945年9月8日，第4版。

胜利表达了欢迎与庆贺。9月5日，基督徒布道会为了庆祝胜利日，特在北碚蔡锷路的福音堂召开感恩祈祷会。9日，福音堂再一次进行"感恩礼拜"，此次活动汇集了北碚所有的基督徒，他们聚集一堂，为盟军的胜利献上"感谢祭"。①

第二节　迁碚机构的复员

庆祝胜利的热潮尚未平息，复员还乡的工作又摆在战时迁碚的各机关单位面前了。日本宣布投降以后，国民政府宣布尽快筹备还都事宜，在碚的众多机构也随之开始筹划复员，按照国民政府所制定的办法陆续离碚还乡。在复员工作的实际展开中，政府机关以其便利条件，在较短时间内顺利完成了复员。科研单位与文教单位则依照政府所颁复员办法筹备复员，虽有交通上的种种不便，但是大部分仍顺利复员回到原址。工矿企业则因接收沿海敌伪厂矿不利，以及复员成本过高等因素，多数复员失败，厂矿负责人只身东返，所留产业或与本地企业合并重组，或破产解散。

一、国民政府机关

抗战胜利以后，率先面临复员工作的便是国民政府各机关。早在1942年12月的"总理纪念周"上，蒋介石就曾特别指示将复员准备纳入1943年度的施政计划中。1943年4月24日"中国经济学社第十六届年会"在北碚举行，经济动员与战后复员问题就是此次年会的主要议题。进入1945年，还都复员工作进一步加紧。7月20日，国民政府行政院院长兼外交部部长宋子文出席国民参政会第四届第一次会议第18次大会，除报告赴苏联与斯大林会谈的经过外，宋子文还要求各机关提出复员实施方案，然后由行政院做整个计划。8月13日，蒋介石在中枢纪念周上致辞，又专门对有关复员工作做了具体指示。②1945年8月15日，日本宣布接受《波茨坦公告》，

---

① 《基督教布道会开感恩祈祷会》，《嘉陵江日报》，1945年9月5日，第4版。
② 唐润明著：《衣冠西渡：抗战时期政府机构大迁移》，第457页。

无条件向盟国投降。仅仅三天以后，8月18日，重庆国民政府发言人就对中央社记者发表谈话，表示"国民政府将于最短期内还都南京"。①因此随着抗战胜利已成定局，复员还都也随之提上日程。

1946年2月，国民政府行政院颁布《中央党政机关还都办法》，严格规定了还都人员名额、携带行李额、机关公产运送办法以及还都经费预算核定等问题，成为党政部门机关还都的纲领性文件。②并分别于三四月两次颁布了解释和补充办法，成为党政机关部门还都复员的纲领性文件。

表12-1　战时迁碚的党政机关

迁入单位	迁入地点	迁入时间—迁离时间	机关负责人
国民党中央组织部	蔡家岗镇石龙村赵家湾赵家大院	1940—1946年	陈果夫
国民党中央海外部	蔡家岗镇天印村余家院	1939—1946年	陈树人(继任吴铁城)
国民政府立法院	歇马镇农云村独石桥	1939—1946年	孙科
国民政府司法院	歇马镇莲池村莲池沟	1939—1946年	居正
国民政府司法行政部	歇马镇小湾村许家院	1939—1946年	谢冠生
最高法院	歇马镇红旗村涂家片	1939—1946年	焦易堂
最高法院检察署	歇马镇互援村刘家沟	1939—1946年	郑烈
行政法院	歇马镇石盘村何家下院	1940—1946年	茅祖权
中央军委战地党政委员会	歇马镇盐井坝	1940—1946年	蒋介石兼任
中央公务员惩戒委员会	歇马镇农兴村高台丘	1939—1946年	王用宾
中央执委革命勋绩审查委	龙凤桥滩村何家漕房	1940—不详	林森兼任
国民政府主计处统计局	金刚碑	1936—1946年	吴大钧
财政部税务署	天生桥	1939—不详	陈少基
财政部禁烟督察处	中山路85号	1939—不详	黄为材
经济部日用品管理处	天津路37号	1943—1946年	左文宣
全国度量衡局	蔡锷路13号	1939—1946年	郑礼明
国防部最高委员会文卷管理处	东阳填天子庙	1940—1946年	张述乐
军政部兵工署驻北碚办事处	蔡锷路38号	1942—1946年	杜巍
行政院水利委员会水利示范工程处	中山路62号	1940年—不详	江鸿
交通部重庆公共汽车管理处	天生桥9号	1940年—不详	王孝

①　吴雪晴：《抗战胜利后国民政府还都纪实》，《世纪》，1999年第6期，第32页。

②　《行政院颁发〈中央党政机关还都办法〉训令》(1946年2月21日)，中国第二历史档案馆编：《中华民国史档案资料汇编》第5辑第3编《政治》(1)，档案出版社，1999年版，第1—5页。

迁入单位	迁入地点	迁入时间—迁离时间	机关负责人
经济部嘉陵江煤焦管理处	民族路2号	1939年12月—不详	丁继明、李厚延、张济东、游帛铭
内政部敌国人民第一收容所	静宁路	1942年—不详	王国磐
国民大会代表选举总事务所	天生桥吴家祠堂	1939年1月—不详	张维翰
中国地理研究所	蔡家湾	1943年—不详	

资料来源：周顺之：《抗日战争时期迁驻北碚的国民政府机关和科研文教单位》，北碚文史资料委员会编：《抗日战争时期的北碚》第四辑，政协重庆市北碚区委员会文史资料委员会，1992年版，第2—5页。

实际上，国民政府机关实际的复员工作早在《中央党政机关还都办法》颁布前就已经分期分批地开始了。根据《申报》的报道，首批还都人员150人，于1945年12月13日乘飞机到达南京。①

以司法行政部为例。战时迁入北碚歇马的司法行政部很早就开始筹划复员工作。1945年8月18日，司法行政部长谢冠生便已决定短期内飞回南京安排复员事宜，同时命令其部所属各司长官都随之同行，用以加快推进工作计划。②12月13日，司法行政部60人乘飞机抵达南京。③立法院方面，当时的国民政府立法院是以北碚歇马临时租赁的一间祠堂为院址，另设办事处于城内。抗战胜利后，立法院院长孙科曾经于1945年9月飞往南京，进行复员工作的安排。④但是，立法院的复员工作实际迟至1946年4月10日，才陆续展开。根据《大公报》的报道，直到1946年4月，包括立法院600人在内的国民政府中央党政机关4200名复员人员才分得机位返京。"在空运方面，除国民大会代表与参政员之运送赴京1000人左右外，中央党政各机关还都人员共4200人，由10日起，陆续飞京。其机位之分配情形，计中央党部506人，国防最高委员会100人，国府文官、主计两处共280人，

---

① 《本月中下旬配运人数行政院已予核定》，《嘉陵江日报》，1945年12月13日，第1版。

② 《司法复员：谢部长将回南京，所有司长均将随行》，《嘉陵江日报》，1945年8月18日，第4版。

③ 吴雪晴：《抗战胜利后国民政府还都纪实》，《世纪》，1999年第6期，第32页。

④ 《孙院长九月初飞南京 立法委员会陆续随往》，《嘉陵江日报》，1945年8月18日，第4版。

国府参军处120人，青年团200人，立法院600人，司法院120人，考试院250人，监察院420人，行政院所属秘书处、外交、财政、经济、交通、农林、粮食等部共1700人，外交使馆人员200人，其余普通还都人员，不免略受限制。"①从中可以看到，这批复员人员中还包括了司法院的120人。

另外，行政法院也是在1946年复员东下的。1939年3月，行政法院奉令疏散下乡，首先移驻南温泉，赁房办公。同年9月，又迁到了歇马乡大石盘何家大院办公。又因距歇马场太远，再于1943年5月，移至盐井坝杨家院。截至1945年抗战胜利前后，有特任官1人、简任官9人、荐任官5人、委任官10人、雇员19人，共计45人。抗战胜利后，行政法院随即派评事杨玉清、总务主任张施武，赴南京部署复员还都工作，并料理房屋购置家具。一切准备就绪后，1946年6月起，开始将各职员及其眷属，分批运京："（一）一部分重要职员及眷属，系陆续乘飞机；（二）一部分职员及眷属，系陆续乘轮赴汉，转船下驶；（三）部分职员及眷属，连同卷箱84件，行李百余件，乘大木船用火轮拖带下驶。截至三十五年十一月中旬止，全部齐抵南京中山北路法官训练所旧址，照常办公。"②

二、科研机构

抗战胜利以后，战时迁居后方的科研机构开始筹备回迁。以中央研究院为例，当时有五个研究所迁居北碚：中央研究院动物研究所、中央研究院植物研究所、中央研究院气象研究所、中央研究院物理研究所和中央研究院心理研究所。

整体上来说，中央研究院的复员经历了筹备，运输与遗留问题处理等三个环节。首先是筹备环节。抗战以前，中央研究院所属各研究所分设于南京、上海两地，因此，在复员筹备时便不得不对两地作分别考量。1945年4月，动物研究所所长王家楫偕同化学研究所所长吴学周共赴京沪两地

① 郑洪泉，常云平总主编；唐润明本册主编，《中国战时首都档案文献·战时政治》,重庆：西南师范大学出版社，2016年版，第273页。

② 郑洪泉，常云平总主编；唐润明本册主编，《中国战时首都档案文献·战时政治》，第217页。

对研究院原有房舍进行考察与接收。勘察结果表明，"原在南京之院址，幸尚未受重大损毁，惟上海之理、化、工3研究院则损失颇大，修复甚为不易"①。考虑到战时增设的3个研究所，以及战后各研究所势必加以扩充，中央研究院不得不对现有之院产进行统筹分配，最终划定结果如下：

"决定将数学研究所筹备处、物理研究所、化学研究所、动物研究所、植物研究所、医学研究所筹备处、工学研究所、心理学研究所等8个单位暂设于上海（祁齐路320号为总通讯处），以便短期内得以恢复工作。并设本院驻沪办事处统办上海各所处之一般行政事宜（初由王所长家楫荐任该办事处主任，现聘陈荻帆任之。）其余中办事处及天文、地质、气象、历史语言、社会等5研究所共6单位则设于南京（鸡鸣寺路1号为总通信处）。"②

1945年9月，中央研究院奉命还都，但鉴于交通工具严重缺乏，又处处受到国民政府的掣肘，因此研究院对复员工作的安排和处理较为慎重。中央研究院专门在重庆设立了复员委员会，又在所属单位所在地也分别设立了复员委员会，以统筹复员工作，进行前期筹备工作，例如装箱等事。北碚区即为当时三个复员委员会之一，另外两个区为昆明区和李庄区。1946年6月，中央研究院于南京举行院务会，会议决定在重庆设立留渝办事处，用以办理还都工作，聘请中央研究院秘书余又荪担任主任。该办事处于7月1日正式成立办公，与此同时，中央研究院之行政中枢也动身前往南京。③

其次是运输阶段。1946年6月至9月间，北碚区、昆明区、李庄区的人员携公物先后到达重庆。④在渝候船期间，中央研究院将其公物存放于南岸卜内门仓库，以其消防、防湿设备尚佳。⑤当时主持轮船运输分配事宜者，初为中央党政军机关留渝联合办事处，后为重庆行辕。由渝复员返

---

① 郑洪泉，常云平总主编；唐润明本册主编：《中国战时首都档案文献·战时政治》，第255页。

② 郑洪泉，常云平总主编；唐润明本册主编：《中国战时首都档案文献·战时政治》，第255—256页。

③ 郑洪泉，常云平总主编；唐润明本册主编：《中国战时首都档案文献·战时政治》，第256页。

④ 郑洪泉，常云平总主编；唐润明本册主编：《中国战时首都档案文献·战时政治》，第256页。

⑤ 郑洪泉，常云平总主编；唐润明本册主编：《中国战时首都档案文献·战时政治》，第256页。

京的水路，计有如下几条：一是由渝赴宜，再由宜转乘赴京沪；二是由渝赴汉，再由汉转成赴京沪。当时政府仅拨配渝宜段舱位，尚且不可载运公物。①这给中央研究院的复员带来了困难，因其携带公物多为科研仪器设备，且有众多古物善本，"为国内外学术界所珍视，苟于复员之际遭受意外，实为不可补救之损失"②。基于这种考虑，复员委员会以"押运其平素研究所用之公物平安到达京沪为原则"③。因此，在运输环节，中央研究院决定以直航为原则，这样可以保障公物不在多次装卸运输中受损，同时也可降低运输费用。

出于这种认识，中央研究院选择自行设法租赁船只东下。最初租赁怡庆直船局的一艘福邦旋轮，但出于安全性的考虑而解约。最终租得由民生公司大轮船拖运的"小三北"拖轮以及分租交通大学所包国庆轮吨位之一部，将北碚区及昆明区全部公物以及部分人员运抵京、沪。④1946年11月上旬，中央研究院获得国民政府的分配轮位，搭乘民联轮将一部分历史语言研究所公物运抵南京。11月中旬又搭乘轮船招商局的202号登陆艇将李庄区以及其他各区留渝公物全部运回南京。至此，中央研究院的公物运输完毕。⑤至于研究院的职员及其眷属的返京，除搭乘上述轮船以外，其余人员则是携带公文及重要文件等乘坐联合办事处分配的"民权轮"20席船位以及国民政府行政院分配的飞机位还都。⑥到1946年12月中旬，中央研究院留渝办事处工作也宣告结束，并奉命撤离。至此，中央研究院的留渝人

---

① 郑洪泉，常云平总主编；唐润明本册主编：《中国战时首都档案文献·战时政治》，第256页。

② 郑洪泉，常云平总主编；唐润明本册主编：《中国战时首都档案文献·战时政治》，第255页。

③ 郑洪泉，常云平总主编；唐润明本册主编：《中国战时首都档案文献·战时政治》，第256页。

④ 郑洪泉，常云平总主编；唐润明本册主编：《中国战时首都档案文献·战时政治》，第256页。

⑤ 郑洪泉，常云平总主编；唐润明本册主编：《中国战时首都档案文献·战时政治》，第256页。

⑥ 郑洪泉，常云平总主编；唐润明本册主编：《中国战时首都档案文献·战时政治》，第256页。

员全部返京，复员还都工作也正式结束。

最后是遗留财产处理问题。中央研究院复员以后，抗战期间于重庆、昆明、北碚等地设置的房屋院舍等，全部交由当地有关机关保管。

三、文教单位

抗战爆发之前，北碚除小学外，只有一所1930年由卢作孚创办的私立兼善中学，和太虚和尚于1931年在缙云寺创办的世界佛学苑汉藏教理院。全面抗战爆发后，一大批大、中学校内迁北碚，在校大学生有3000多人，中等学校学生有2000多人。根据周顺之的统计，战时迁碚的大中院校有13家之多。[①]在碚办学期间，内迁高校与北碚地方之间形成良性互动，前者丰富了后者的教育文化资源，后者则享受着前者的大力支持。然而战争刚一结束，在碚各校便投入复员工作中，时值一年有余便全部返回原地。兹以复旦大学和江苏医学院回迁为例，其他不一一赘述。

（一）复旦大学

1938年3月，复旦大学迁至北碚黄桷镇，并于此地租赁房屋以便上课，后又征收东阳镇夏坝土地，用以建造校舍。1939年5月，重庆市区遭受日机轰炸，故而位于菜园坝的新闻学系、经济学系及商学院各系迁回北碚。1941年，复旦大学全部迁至东阳镇夏坝的新校址上课。[②]

---

① 周顺之：《抗日战争时期迁驻北碚的国民政府机关和科研文教单位》，北碚文史资料委员会编：《抗日战争时期的北碚》第四辑，政协重庆市北碚区委员会文史资料委员会，1992年版，第8—11页。

② 《国立复旦大学概况》，重庆市档案馆藏，档案号：0065000500155000000001000，日期不详。

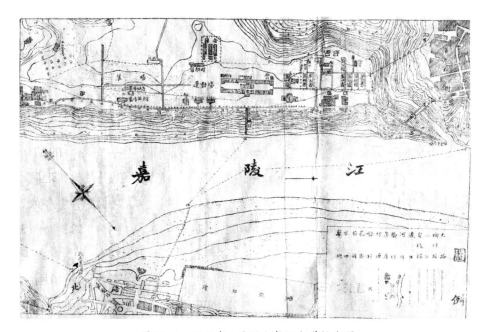

图 12-1　1943 年 6 月国立复旦大学校舍图

　　资料来源：《国立复旦大学概况》，重庆市档案馆藏，档号 0065000500155000000100。

　　复旦大学在碚 8 年间受到北碚地方民众的倾力支持，而复旦大学也秉持"开发西南建设四川"①的原则，在北碚兼行学术研究与社会服务，为北碚地方事业发展也提供了颇多助益。抗战胜利以后不久，复旦大学即将回迁的消息便已经流传出来："复旦大学打算搬往江苏的无锡，那儿有吴先生赠给该校的三千亩地作为新校址，这里有人正在设计把那块地划成若干区分别建筑新校舍，并命名为夏坝嘉陵北碚等以为纪念"②。

　　但是，由于当时上海江湾的复旦大学校舍已经遭到日本人的破坏而损失巨大："学生第一、第二宿舍、女生宿舍、体育馆、校外宿舍等建筑物，已全部毁坏无遗，实中宿舍、第五宿舍均减去一层，宫殿式的简公堂已改

---

①　钱永铭讲，沈善铉记录：《本校永久留川》，《复旦大学校刊》1939 年第 1 期，第 2 页。

②　《凯歌归——迁碚各教育文化机关的复员计划》，《嘉陵江日报》，1945 年 8 月 27 日，第 4 版。

为平顶。"①再加上沪渝两校合并，师生员工共计三千余人，江湾校舍也不
敷使用。所以，抗战胜利后的1945年，复旦大学并未急于迁校。但私下里
已经开始筹划复员事宜，1945年10月初，重庆复旦大学校长章益乘飞机赴
沪，联系迁校事宜。10月中旬章与金通尹赴锡接洽，颇受当地人士欢迎。②

时值1946年，复旦大学东迁的消息流传更为广泛，有消息称复旦大学
将于3月中旬开始迁校，将社、商等学院迁上海，文、理、农等学院迁回
无锡。③1946年1月8日，复旦大学复员委员会召开紧急会议，按照教育部
指令，开始筹备东迁。复旦大学设立调查、运输、人事、卫生、纠察五
股，每股设置常务委员三人，分别负责各自的工作。预计交通工具筹备完
善以后便开始进行搬迁，预计在1月底就将有部分人员迁回上海、无锡等
地，先行整理校园。④

当时复员计划分两步走。首先，学校管理机构分成两组。一是"先遣
组"，由校长带领一批人员先回到上海江湾，与原补习部的机构合并，负
责接待、安排由重庆分批到沪的人员、准备下学期开课和招收新生等各项
工作。二是留守组，由总务长何恭彦负责，在夏坝管理和送分批出发的复
员回沪人员登程；并托运仪器设备、图书资料等。⑤之后又经国民政府行
政院的准允，收回了上海江湾原校址附近地区，所以复旦决定仅将农学院
迁往无锡，而将其余学院迁往能容纳万余学生和二百余栋教授宿舍的江湾
校区。⑥

2月6日，复旦大学迁校委员会正式举行会议，会议自上午8时一直
持续到下午4时，与会者包括章益校长及该校院系主任20余人。在这场会
议上，议决了关于迁校的诸多事宜：首先，本学期的开学日期定于2月的
8、9、10日，办理注册手续，于11日起正式上课；其次，迁校日期约定

① 复旦大学校史编写组：《复旦大学志》第1卷，上海：复旦大学出版社，1985年版，第455页。
② 复旦大学校史编写组：《复旦大学志》第1卷，第179页。
③ 《复旦迁校有希望，夏坝校址将出售》，《嘉陵江日报》，1946年1月11日，第4版。
④ 《复旦委员会召开会议筹备东下》，《嘉陵江日报》，1946年1月11日，第4版。
⑤ 毛昭晰：《我的1945：抗战胜利回忆录》，上海：同济大学出版社，2017年版，第249页。
⑥ 《复旦迁校有希望，夏坝校址将出售》，《嘉陵江日报》，1946年1月11日，第4版。

于五月底至六月初，分两个批次出发，将农学院迁往无锡（复旦于无锡所借校区尚在修筑之中），而其余各学院迁回上海。①从1946年7月开始，复旦大学陆续分批公布由陆路复员回上海的师生名单。"每批4—6辆汽车，组成大队。由总领队带领：每车各设领队一人。领队、总领队都由教职人员担任。各车都领经费，交通、住宿费由领队统一掌握，实报实销；伙食费按份额发给每个人。"②根据《嘉陵江日报》的报道，最后一批复员师生离开北碚的时间是1946年7月20日："复旦大学出川陕公路复员。专车已开出三批，第三批专车已于前日上午开出三辆，由该校新闻系教授曹享文领队，由四挂四辆车于十六日离碚，最后一批车定于二十日开出，该校教务长训导长等均于是日离碚，一切未了事均由该校的夏坝办事处主任何恭彦主持办理。"③1946年8月，复旦大学师生返回上海，回迁工作暂告完成。

复旦大学回迁上海、无锡以后，所遗校产成为北碚地方当局关注的焦点所在。复旦大学迁碚以后，于夏坝建造的校舍、购置的田地设备等款项均由国库所拨，国民政府曾有明文规定，因复员所遗的产业，一律交由地方当局以作公益之用。④而复旦大学回迁之时，确曾联系地方交代校产交接问题，但是由于相辉学院的建立，复旦大学便直接与相辉学院进行了产业的交接。地方人士和地方政府认为，在大量文教单位迁返以后，相辉学院隐隐成为当地的最高学府，地方人士理所当然应该对该学院进行支持，竭力赞助与拥护。⑤然而1949年2月，相辉学院申报上峰，要求将复旦大学迁返以后在夏坝遗留的校产拨归本院管辖之下，这一举动触动了地方人士。

---

① 《复旦迁移委员会昨日举行大会》，《嘉陵江日报》，1946年2月7日，第4版。

② 毛昭晰：《我的1945：抗战胜利回忆录》，第252页。

③ 《复旦复员专车第四批明离碚》，《嘉陵江日报》，1946年7月15日，第4版。

④ 《关于北碚管理局黄桷镇夏坝前国立复旦大学复员后所遗校产由地方接管的呈、令》，重庆市档案馆藏，档案号：0081000600792000016000，1949年2月22日。

⑤ 《关于北碚管理局黄桷镇夏坝前国立复旦大学复员后所遗校产由地方接管的呈、令》，重庆市档案馆藏，档案号：0081000600792000016000，1949年2月22日。

表12-2　国立复旦大学主要房产一览表

用途	数量（幢）	包括间数	备注
办公室	2	37	
教室	6	71	含大礼堂
图书馆	2	25	含书库
教授宿舍	12	130	含校长住宅
男生宿舍	15	95	
女教职员宿舍	1	7	
工人宿舍	2	4	
研究室	4	32	含化学器材储藏室
导师室	1	2	暂时占用男寝储藏室
复旦小学	1	5	实际分作7间使用
动物养殖	17	59	
作物栽培	6	11	
食堂	2	11	
厨房	6	24	
厕所	5	7	
总计	82	520	

（资料来源：《国立复旦大学房产一览表》，重庆市档案馆藏，档案号：01440001001120000061000，日期不详。）

　　1949年2月12日，朝阳镇镇长李爵如、黄桷镇镇长杨相成联名向北碚管理局当局呈文，称希望当局能够按照过去之公例，将复旦大学所遗公产交由地方管理分配，以作地方公益事业之用。并附有熊幼明、冯智舒、明宗光、黄鼎铭等两镇20余人共同署名的呈文原件。[1]2月14日，刘融钊、张光宇等九人再次联名呈请北碚管理局，称："盖该院为北碚最高学府，地方人士固应赞助与拥护，但主权各别，不应混淆，为顾全公是公非，毋使黑白颠倒。"[2]2月23日，北碚参议会参议院熊明甫等也提议，将北碚夏坝迁国立复旦大学复员后所遗留的校产及产权依法划归地方。经参议会讨论

---

　　① 《关于北碚管理局黄桷镇夏坝前国立复旦大学复员后所遗校产由地方接管的呈、令》，重庆市档案馆藏，档案号：00810006007920000016000，1949年2月22日。

　　② 《关于北碚管理局黄桷镇夏坝前国立复旦大学复员后所遗校产由地方接管的呈、令》，重庆市档案馆藏，档案号：00810006007920000016000，1949年2月22日。

以后，一致通过按照提案送交北碚管理局，由北碚管理局办理该事。

熊明甫等人提案（部分）

针对北碚管理局收回夏坝校产及产权的合理性及合法性的理由为：

一、在抗战时期迁产事业经复员后所遗公产依照三十四年十一月院颁发"中央因迁建区各机关公产处理办法"之规定，应交由地方接管作地方公益事业之用。

二、查前国立复旦大学所遗土地校舍及设备等均系国家公款所购置，拨归地方方称允协。

三、前复旦大学在复员时曾数度联络地方接管以作办理公章事业，今闻私立相辉学院竟迳向教部蒙请拨交该校产业于上引行政院颁布办法殊有违背。

四、按迁建区域中央机关复员后所有产业及设备均照拨归地方如国立体育专科学校国立江苏医学院等均拨交地方校收管理使用。

五、相辉学院虽系教育事业，但只可由地方接收后再向地方借用，应将主权划分清楚，不可混淆。①

需要明确的一点是，镇民所请，并非单为地方谋私利，而是确系为地方公益事业发展所计。收回复旦校产产权以后，再以地方名义借与相辉学院使用，如此一来，既能够扶持当地教育事业发展，同时也可以从容应对相辉学院他迁所带来的不利情况。这一点可以从镇民提案当中看到："复旦大学复员后所有公产应不能例外，即应交与地方管理分配，作为地方公益事业之用，方称允当。吾人基于真理正义为爱护地方计，未便含默，为此联名呈请转恳主管机关将复旦产权拨归地方，再借与该院使用，以符定章，不胜迫切，待命之至。"②

---

① 《关于北碚管理局黄桷镇夏坝前国立复旦大学复员后所遗校产由地方接管的呈、令》，重庆市档案馆藏，档案号：0081000600792000016000，1949年2月22日。

② 《关于北碚管理局黄桷镇夏坝前国立复旦大学复员后所遗校产由地方接管的呈、令》，重庆市档案馆藏，档案号：0081000600792000016000，1949年2月22日。

（二）江苏医学院

抗战军兴，迁至湖南沅陵的江苏省医政学院与迁至衡阳的第七重伤医院（由南通学院医科改办而来）[1]同感经费困难，对战时的发展感到艰难困苦，因此，于1938年8月9日，经教育部呈奉最高国防会议通过，两院得以合并改组，定名为国立江苏医学院（以下简称"苏医"）。长沙会战爆发以后，因沅陵接近战区，故于1938年12月迁至贵阳。又因寻不到适当院舍，故最终决定迁往重庆，于1939年4月在北碚勘定暂时院舍，正式迁碚。寄寓北碚的7年时间，苏医惨淡经营，在北碚地方的支持下，获得了较好的发展：成立附属医院、筹划附设公共卫生事务所、办理附设高级护士职业学校。

1945年，抗战胜利的曙光日渐显现，苏医开始筹备复员计划。1945年7月27日，便函请各行政单位、附属机关等咨询复员计划[2]。8月10日，日本将要投降的消息传来，苏医以陈友浩、洪百容、徐益甫、邵象伊、朱鹤年、许本谦、张致果等七位教授以及奚权中秘书和王剑尘校长（护校校长）等9人组成复员委员会，同时任命胡定安院长为主任委员，陈友浩为副主任委员，专门商讨复员计划。苏医复员委员会于8月16日举行第一次全体会议，通过委员会简章，并开始着手准备复员计划，草拟经费概算，调查复员家属人数、院产器物吨位等工作。1946年1月召开第六次会议，决议在复员委员会之下分设经济、运输、交通、膳食、纠察、卫生、辅助七个小组，分别执掌具体工作。苏医在原址所在地镇江和战时所在地重庆分别设立复员办事处，为保证讯息联通，又在汉口设立复员通讯处。4月11日，复员委员会第十次会议决定增设八名委员，通过全体教职员的记名公选，选出丁尔乾、胥志善、赵慰先、濮季南、陈少伯、宋锦章、马允平、王家颖等担任委员。随后，据此推定各组负责人（此处所谓"组"已

---

① 江苏省立医政学院于1934年9月由胡定安筹备创立，1937年12月受到战事影响迁至长沙，后又迁至沅陵；南通学院医科沿革可追溯到1912年，初名南通医学专门学校，1930年教育部批准以南通学院立案，下设农、医、纺织三科，战争爆发后因位于淞沪战区，迁至扬州并改办第七重伤医院。

② 国立江苏医学院出版组编：《国立江苏医学院概览》，1947年10月版，第11页。

与前文所述有所变化），开展具体工作。这次会议还通过了设立驻渝办事处暨留碚办事处的决定，同时任命奚权中秘书为留碚办事处主任，兼任驻渝办事处主任，以庶务组主任钱敏哉以及注册组主任宋锦章为副主任，共同办理交通运输以及移交产物等相关事宜。

在对外交涉方面，复员委员会派遣朱鹤年与奚权中分赴江苏省政府驻渝办事处和善后救济总署江苏组以及卫生署等相关机构商洽复员与救济等相关事务。旋即经教育部指令苏医迁返镇江原址以后，苏医迅速应对，一方面指令滞留于上海的前庶务主任沈一民担任接收专员，负责接收保管院产，包括院舍以及院具等；另一方面派遣朱鹤年前往上海代表本院接洽医院设备，后又由胡定安院长亲自前往镇江筹划复员事项。后因镇江原址经常被过境的军队进驻，苏医的接收复员工作受到了困难与阻碍，1946年2月又被江苏省政府借用为地方行政干部训练团的所在地，训练团结束以后又依次为江苏省临时参议会、青年军、八七师等部队借住，对复员的进度影响极大；另一方面，苏医本身的回迁过程也极为曲折，受到了交通工具缺乏的影响，不得已化整为零，分批复员东下，直到1946年10月方才全部迁回镇江。[①]

至此，苏医历时一年有余的复员进程正式完成。关于苏医复员还有值得一提的是院址使用权的问题。苏医复员两年以后的1948年11月30日，苏医曾向北碚管理局致电，要求保留院址，以备将来再次使用：

子英局长有道：敝院在碚八载，种承爱护，多方辅助，回溯云情，至深级感！回忆复员之初，曾将在碚院产，委托保管，又承盛意接受，载在文约。今川时局演变，恐又将有东川之行，在碚院产，又将使用，再为贵治尽其绵力，想先生亦表赞同也，特先奉达，即请赐复为荷！[②]

但是，对于电文中"将在碚院产，委托保管"的说法，北碚管理局似乎并不认同。最终，北碚管理局以"国立江苏医学院在碚院址已配于四川

---

① 国立江苏医学院出版组编：《国立江苏医学院概览》，1947年10月版，第11—12页。
② 《关于国立江苏医学院在碚院址已配与四川省立北碚师范学院及北碚医院修整使用的往来函》，重庆市档案馆藏，档案号：0081000406196000039000，1948年11月30日。

省立北碚师范学院及北碚医院修整使用"为由拒绝了苏医所请。①

四、工业机构

1943年底，随着抗战胜利曙光的逐渐清晰，国民政府开始考虑包括工业复员在内的战后复员问题。1943年1月，经济部长翁文灏撰写了《战后中国工业化问题》一文，该文对于战后中国工业建设的轮廓、利用外国资金技术、合作发展中国经济建设等问题进行了较为详尽的阐述。1943年4月27日，蒋介石邀约以中国战区参谋部副参谋长身份刚从美国访问回国不久的熊式辉到重庆黄山官邸晚餐，其间蒋介石向熊式辉提出了由其担任中央设计局秘书长以企划战后复员建设同时兼任复员委员会秘书长的问题。1944年7月31日，国民政府国防最高委员会第141次常务会议通过了由中央设计局拟定的《复员计划纲要》，其中关于后方者有经济部负责的后方国营工况事业调整计划、后方民营事业调整计划、省营企业调整计划等。到了1945年上半年，经济部在其上半年工作报告中明确提出了经济部门尽快赶编复员计划的要求。②1945年8月17日，抗战甫一胜利，国民政府行政院秘书长蒋梦麟即对外界宣称："政府正集中力量，经办复员工作，预计本月二十日以前，所有人员调动与复员配备整个计划，均可赶办完成。"③因此，随着抗战胜利的到来，后方工业的复员也随即展开。

尽管如此，由于国民政府的工业复员工作自一开始就有轩轾，将重心放于接收收复区敌伪资产处理及国营工厂，因此，后方工业复员问题在事实上被搁浅。"经济复员政策原亦是定了一个符合'经济原则'的远大目标，正确点说，是幻想了一个超越真实的目标，即接收的敌人在华产业，可能的敌人物资赔偿，特别是美国的对华投资，以及美国某些战时工厂，可以整个的移植到中国来，使人想像这些工业，数量既较后方工业大到多少倍，质量亦较自有设备新过多少年，所以为了准备接收，首先使后方工

---

① 《关于国立江苏医学院在碚院址已配与四川省立北碚师范学院及北碚医院修整使用的往来函》，重庆市档案馆藏，档案号：0081000406196000039000，1948年11月30日。

② 张守广：《抗战大后方工业研究》，重庆：重庆出版社，2012年版，第314—315页。

③ 《蒋梦麟谈全国复员计划》，《大公报》，1945年8月18日，第3版。

业计划地关歇起来。"①

　　而对于后方的国营工厂，国民政府则进行了统一的整理，共有22个单位继续经营，13个单位逐步收缩经营规模，13个单位移交省营或租让民营，12个单位暂时停工，剩下18个单位直接停工结束，还有11个单位筹划复工。相比之下，民营工厂则被认为是不合经济原则的破铜烂铁，复员工作无从谈起。"大后方民营工厂的复员几乎完全在'自生自灭'的混乱中进行，陷入凄风苦雨的凄惨境地。"②本以为随着抗战胜利而迎来发展曙光的后方民营工业，却不知大多数已被国民政府放弃。对后方工业而言，以重庆为例，自抗战胜利到1946年5月，共计367家工厂中，仅有3家得以迁移，11家于当地进行改组，5家受到增资，349家歇业。分类统计列表如下：

表12-3　重庆内迁工厂战后分类去向表

类别	共计	歇业	改组	迁移	增资
冶炼	7	7	—	—	—
机器	165	163	2	—	—
电器	29(28)	28	—	—	1
化学	78	68(60)	4	2	4
饮食	1	—	—	1	—
纺织	84	79	5	—	—
杂项	4	4	—	—	—
总计	368(367)	349(344)	11	3	5

　　资料来源：《中华民国经济发展史》第2册，第772页。括号中为原表所列数字，似有误。转引自陆仰渊，方庆秋主编，《民国社会经济史》，第882—883页。

　　从表中可以看出，在整个重庆地区，多数内迁工厂在战后面临的是歇业的处境，只有极少数者得以迁移，剩下的多在当地进行了改组，成为当

①李紫翔：《经济复员政策的检讨》，《新中华》第6卷第13期，1948年，第5页。
②张守广：《筚路蓝缕——抗战时期厂矿企业大迁移》，北京：商务印书馆，2015年版，第280页。

地工业发展的契机。相比之下，战时迁碚的9家工厂复员命运如何呢？

表12-4　战时迁碚工厂

工厂名称	迁入时间	迁入地址	复员时间	复员地点	负责人	备注
常州大成纺织染厂	1938年1月	北碚	—		刘国钧	合并组建大明纺织染厂
大鑫火砖厂	1938年4月	黄桷镇麻柳湾	——	—	谢诗箴	战时已停办
汉口隆昌织染厂	1938年6月7日	北碚	—	—	刘汉方（代）	合并组建大明纺织染厂
河南中福煤矿	1938年2月5日	白庙子	—	—	孙越崎	与天府煤矿合并
上海机器厂	1938年	北碚	1945年	上海	颜耀秋	
美亚织绸厂重庆分厂	1938年	北碚			虞幼甫	留驻当地
正中书局印刷厂	1940年9月	朝阳镇金刚碑	1945年	南京	范献臣	印刷总厂迁回南京，分厂仍留在重庆
重庆印刷厂第二工厂	1941年12月	朝阳镇天生桥	不详	不详	唐崇李	
广利肥皂厂	1941年	澄江镇马家坨	不详	不详	牟欧平	

（资料来源：《工矿调整处重庆办事处办理迁川工厂有关事宜报告》，《民国档案》，2016年第1期，第36、38、39、44、45、47页；李文海主编，夏明方、黄兴涛副主编：《民国时期社会调查丛编（二编）》城市（劳工）生活卷上，福州：福建教育出版社，2014年7月版，第314—315页；寿充一等编《近代中国工商人物志》第2册，北京：中国文史出版社，1996年，第396页；《重庆出版志》编纂委员会编纂，《重庆市志·出版志（1840—1987）》，重庆：重庆出版社，2007年，第323页。）

从上表可见，战时迁碚工厂以轻工业为主，共有纺织厂3家，印刷厂2家，火砖厂1家，肥皂厂1家。唯有的两家重工业，河南中福煤矿和上海机器厂，在当时而言是属于知名度较高的重工业工厂，它们的迁碚对北碚的战时工业发展起到了重要作用。

这9家企业中，河南中福煤矿早在战时就已经和天府煤矿合并，而大成纺织染厂和北碚三峡布厂以及汉口隆昌染织厂也在1939年合并组建了大明纺织染厂，由卢作孚担任董事长，经理刘国钧，厂长查济民。1946年，刘国钧和查济民在上海又组建了新的"大明纺织公司"，下辖北碚和丁堰两个纺织厂，因此北碚的大明厂成为上海总厂的分厂。大鑫火砖厂为渝鑫钢铁厂第二分厂投资所建，抗战胜利后，由于战时生产局停止订货，渝鑫钢铁厂改业不及，立陷危局，延至年终，被迫办理遣散。此后由于连带生产民间用品如饭锅、盐锅、电石等业务，逐渐好转。朝阳金刚碑的正中书局印刷厂实为第二印刷厂（习惯称北厂），总厂位于重庆南岸觉林寺，称正中书局印刷总厂（习惯称南厂）。抗战胜利后，正中书局总管理处及印刷总厂迁回南京。[①]北碚的印刷厂则并入重庆南岸印刷厂。[②]

相比这些通过合并延续企业生命的迁碚工厂，上海机器厂则代表了另一种复员路径。抗战胜利后，对迁居后方的工业企业而言，真正的沃土在于开埠较早，经济繁荣的东部地区，偏居后方一隅对工厂的生产、销售等都造成了不可轻视的影响，正如战时迁至北碚的上海机器厂的负责人颜耀秋所说："抗战胜利后，我们都归心如箭。"[③]这也是当时大多数迁居后方的工业企业主共同的想法。

但是，上海机器厂也没摆脱后方民营工厂"自生自灭"的命运。1945年8月抗战胜利后，由于重庆战时生产局宣布终止订货合同，停止付款。上海机器厂总负责人颜耀秋无路可走，只得贱卖机器和原材料，遣散职工。10月16日，颜耀秋搭乘民生公司的"民联轮"出发东下，26日抵达上海。胜利后的上海闹市区已恢复了以往的灯红酒绿，工业区却极为冷清。[④]这说明虽然胜利已经有了一段时间，然而中国并未恢复正常的工业生产秩序，上海工业区尚且如此，其余地方更是亦可想见。后方工厂负责人陆续返沪以后，迁川湘桂工厂联合会上海办事处成立起来，颜耀秋担任办事处

---

① 《重庆出版志》编纂委员会编纂，《重庆市志·出版志（1840—1987）》，重庆：重庆出版社，2007年版，第323页

② 党德信总主编；李树人，方兆麟主编，中国人民政治协商会议全国委员会文史资料委员会编：《文史资料存稿选编（23）文化》，中国文史出版社，2002年8月，第411页。

③ 上海市工商行政管理局等：《上海民族机器工业》下册，第698页，转引自严鹏著：《战略性工业化的曲折展开：中国机械工业的演化（1900—1957）》。

④ 《前上海机器厂资本家颜耀秋访问记录，1961年10月21日》，引自中国社会科学院经济研究所主编：《上海民族机器工业 下》，北京：中华书局，1966年2月版，第698页。

主任，该处以共同筹商协助内迁工厂复员为主要任务。

对于上海机器厂而言，复员上海以后，首要工作即为觅一生产场地，加紧投入生产。迁川工厂联合会上海办事处开会达成一致想法："认为凡沦陷区的日伪军政机关应归政府接收外，工厂企业应由内迁工厂来接收接办。当时各自物色自己的地盘，选择合适的日伪工厂，然后备文向国民党行政院、经济部呈送计划、办法、意见，申请接管日伪工厂，作为补偿内迁工厂在战时所受到的损失。"[①]简言之，就是他们认为凡沦陷区的日伪军政机关应归国民党政府接收，而工厂企业应由内迁工厂来接收接办。但国民党政府只是分给他们一点残羹，将一些小工厂交由他们优惠承购。1946年8月国民党政府行政院核定了22家后方复员工厂可优惠承购敌伪工厂，这批工厂大都属于五金机器钢铁工业等行业。1947年起，陆续订约，出售价格自2亿至10亿元不等；付款办法是先付总值三成，第六个月付二成，第十八个月付二成半，第二十个月付二成半。[②]

在这22家内迁工厂优先承购敌伪的名单中，就有颜耀秋的上海机器厂。他用4亿多元法币，收购了敌产江南造机厂，改名为上海机器股份有限公司，自任经理。通过这种方式，上海机器厂的"复员"工作算是结束。但是好景不长，1948年由于物价飞涨美货倾销，公司最终还是倒闭。

第三节　机构回迁的冲击与北碚的应对

在抗战胜利前夕，国民政府进行了初步的复员准备工作，当日本正式投降的消息甫一登报，另一个版面上便登出了国民政府拟就的复员交通计划。应该说，1945年抗战胜利前后，面对着大量机构迁离北碚的特殊新形势，北碚管理局也开始着手积极应对。机构的回迁对于恢复全国经济产生了极为重要的催动作用，然而对于北碚来说，机构回迁却较容易造成北碚

---

① 《前大中铜厂资本家樊景云访问记录，1961年6月30日》，引自中国社会科学院经济研究所主编：《上海民族机器工业 下》，北京：中华书局，1966年2月版，第700页。

② 全国政协文史资料委员会编：《文史资料存稿选编》，北京：中国文史出版社，2002年版，第108页。

产业减少、地位下降、经济发展迟缓、影响力减弱等不利的局面。北碚管理局面对这些问题与挑战做出了相应的调整与应对。

一、北碚管理局的调整与因应

（一）复员工作有条不紊

北碚管理局对复员工作始终持积极态度，其对于复员工作的应对较为及时和完备。8月18日，日本正式投降的第三天，北碚管理局便发布饬令，让局属各机关尽快拟定计划，用以应对当前的复员工作。"本局对于战后复员及建国问题，务须集思广益，俾收实效，兹拟定计划内容及范围如下：（一）内容：1.本区地方性的，2.协助区内省外人士的。（二）建设范围：1.自己主管业务范围以内的，2.与全局有关的，3.可供省或国家参考。凡各科室及所属机关主管，须与各该部门属员先行研究，拟定大纲，以便于主干会商讨。"①同时，北碚管理局积极与联谊会磋商，专门讨论复员大计并且设立专门机构——复员服务处——用以帮助迁碚事业单位和民众进行迁返复员工作。②联谊会拟定的主要复员工作步骤为："战后之复员，已为当前之急务。复员之首要任务为协助境内外省机关人士之迁返，管理局有鉴于此，特于短期拟定义详尽之广泛计划，以期适当处理各项问题。顷悉此项协助外省机关人士之返里计划，主要内容为一部：首为成立一完善之机构，次为进行调查，以期及早准备交通工具，运输人力，及其需要物资，第三为善后处理，如留下房舍及家具，其有关事务均应事先料及，以免到时措手。"③

由此可见，北碚管理局对待复员工作一事具有非常清醒的认识。首先，管理局将复员工作内容清楚地划分为区内和区内省外人士，在做好区内复员工作的同时，尽可能地对区内省外人士的复员提供帮助，做到了统筹全局，内外兼备；其次，管理局极富宏大长远的战略眼光，并不仅仅将目光局限于一隅，而是放眼全省乃至全国，期望能以此探索出一条可以为

① 《管理局饬所属制定复员及建国计划》，《嘉陵江日报》，1945年8月18日，第4版。

② 《北碚联谊会今晚举行》，《嘉陵江日报》，1945年8月22日，第4版。

③ 《协助外省人士返里，管理局已制定计划》，《嘉陵江日报》，1945年8月26日，第4版。

国家整体所用的复员工作指导方法。

对北碚管理局而言，当即要务乃是在为复员工作提供周全服务的同时，思考并实践在战后面临机构回迁所带来的地位回落，以及科学文化教育卫生等事业发展载体——战时迁来北碚的机关单位——离去所导致的北碚各方面建设发展疲力等严峻的挑战。与收复区相反，大后方在战后复员工作中面临的是产业离心倾向，战时被迫迁来的机关单位基本都热切希望迁回原址——即京沪、平津等东部沿海地区，两个区域面临两个不同的现实问题，颇具吊诡意味的是，这两个截然相反的现实问题却指向同一个问题的根源，即战后的经济建设。"复员"决不能等同于"复原"。对其他参与二战的国家，"复员"与"复原"似能混同，但对于中国而言，又具有其特殊性。因为中国的经济问题自起源开始，到发展的各个阶段，本质上就与一般其他国家是不同的。[①]战前中国处于一个半殖民地半封建的社会，又经军阀混战，社会经济受到了极大的破坏，在长达十四年的抗战里，中国虽遭受多重劫难，人民和财产受到极大的损伤，但是，中国的"命运"也在这场战争中得到了彻底的扭转。因此，战后的中国决不能再度成为战前中国的翻版，因此，完全的"复原"是决然要不得的。

北碚管理局深谙这一要旨，并将其贯彻到复员的工作中去。首先，北碚地方政府对迁离单位的原址加以接收，并妥善加以处置。卫生署在碚建立的中医救济医院，就由北碚管理局全部接收，并立即改组，加以地方医疗救济等公共事务之用。[②]当然在接收迁离单位所遗留物产时，因为资产分配、产权归属、嗣后用途等问题，北碚管理局与迁离单位也发生过争执。例如前文所述及的复旦大学遗留校产直接由其后继者相辉学院继承，因此而引发了复旦、相辉与北碚地方当局之间产生的矛盾与争论；还有一例是江苏医学院迁离以后与北碚管理局之间产生的院产纠纷。以上两例若究其共同原因，无非是地方利益与集体利益之争，在每个时代每个地区都是司空见惯，但是在复员时期则有其特殊性，因为"集体"脱离了"地方"而

①罗敦伟：《中国经济复员的特质》，《中央银行经济汇报》第九卷第七期，中央银行经济研究处编印，1944年4月1日，第5页

②《管理局将接收》，《嘉陵江日报》，1945年9月4日，第4版。

存在，北碚地方利益与复旦大学、相辉学院（当其传闻迁离北碚而去他处办学发展时才产生了纠纷）以及江苏医学院的利益在其迁离以后便出现了冲突，北碚管理局既要接受各方事业离去所带来的空窗与不便，又要为当地谋划新的发展机遇，则出现以上种种争论便无可厚非。

（二）复员的冲击与因应措施

抗战胜利后，复员的目的原本是将战时经济恢复到平时经济。战时生产的主要目的是支持抗战，战后则需要从战时军需转向民需民生，并取消战时管制，放宽经济，努力恢复和发展生产。从全国来看，尽管早在1943年国民政府就已经开始考虑战后复员的问题，但是"后来的实施证明，国民党和国民政府当局谋划的战后复员政策彻底失败了"①。而从北碚地方来看，战时体制的转换对北碚的经济尤其是工业的冲击也是比较大的。

1937年，抗日战争爆发后，先后从江苏、上海、河南、湖北等省、市迁来30多家采矿、纺织、化工、建材、印刷等企业和研究单位，或与北碚同行业合营，或开办新厂，带来了一批较先进的生产设备和生产技术，促进了北碚工业第一次大发展。1942年，有各类工矿企业40多家。到1945年，增加到约百家，其中煤矿（不包括小煤窑）60家、化工14家、建材10家，纺织6家、印刷5家、机电4家、食品3家，员工约1.5万人，产品有300多个品种，主要有煤、布、葡萄糖、盐酸、润滑油、液体燃料、纸、肥料、医疗器械、面粉、耐火砖等。抗日战争胜利后，多数工厂迁离或撤停。到1949年，仅存天府煤矿、大明纺织染厂、大新药厂等工矿企业17家，员工10441人，以及小煤窑和各类手工业工场、作坊861户。从工矿企业数量的变化就可以看出，战后复员对北碚工业的影响是巨大的。

首先是工业发展的资金问题。在战时，因为环境的特殊性，政府实行战时工业政策，大力发展国营企业，奖助民营工业。当时后方的民营工业虽然艰苦，但还能在政府订货的支持下勉强生存。抗战结束后，因为经济环境的剧烈变化和战时长期亏损，各个工厂都面临资金周转不灵的难题，所以后方工业界人士纷纷请求政府在工业复员结束以前依旧向后方工厂提

---

① 张守广：《抗战大后方工业研究》，第310页。

供工业贷款，适当降低贷款利率；同时也希望能够继续战时的政府订货，帮助工厂度过复员时期；对支持抗战有功的企业给予奖励等。[①]

以煤炭工业和天府煤矿为例。抗战胜利后，天府煤矿就由于"政府取消生产贷款，又不能向用户预收煤款，致资金周转时感不敷，阻碍业务进行甚大"[②]。1945年10月18日，北碚嘉陵江区煤矿业公会就在兼善公寓召开联席会，议讨复员整理紧急救济贷款问题，并以停产相威胁："国民政府暨行政院，请转饬生产局立商四联总处，发行矿贷，并×电生产局迅商四联矿贷事宜。至于贷款一致议决为十八亿七千五百万元，各矿矿贷以矿场机器钢铁材料房屋及地皮产品（煤焦）矿业×执照为抵押品，该项贷款拟定需于十月一日发放，俾适合合同各矿紧急救济贷款是目的，各矿贷款利息为月息二分，自贷款满一年后始归还，分六个月还清，××为十八个月，将来归还外并得以煤焦抵还，最后又共同决定贷款无着，则自下月一日起停产及供应，候政府收购矿场云云。"[③]但是，国民政府不为所动，认为关于天府、嘉阳、全济三矿的处理，因各方面均投有资金，资源委员会乃决定任其"自行经营、自行维持"，即在资金上、业务上、生产上均自谋解决、自求生存。同时将工业复员重点放在国营企业的调整与收复区厂矿的接收、复工，将资金大量东调，视后方工矿业生死如无物，甚至直接提出"国家行局停止贷款"[④]。

为解决资金不足的问题，卢作孚首先让天府煤矿总经理黄志烜亲自致函当时已是资源委员会副主任委员的孙越崎求救，要求援照淮南煤矿贷款20亿元的先例，准咨四联总处贷款6亿元（法币）以渡难关，结果遭到孙的谢绝。之后，又向该会呈请调整煤价，奉批改向地方官署申请；在向国

① 艾青：《抗战胜利后工业复员对重庆地区经济的影响》，《长江文明》，2019年第1期。

② 洪泉，常云平总主编；唐润明本册主编：《中国战时首都档案文献：战时经济》，重庆：西南师范大学出版社，2016年版，第701页。

③ 《嘉陵江区煤矿业电请当局贷巨款，贷款不允下月起停止生产》，《嘉陵江日报》，1945年10月29日，第4版。

④ 蒲希平：《重庆工业的今昔》，《经济周报》，1948年第6卷第10期，第14—15页。

民政府经济部呈请给予战时所受损失的赔偿，结果亦遭批驳。[1]种种要求均成泡影。

在此情况下，1946年1月，卢作孚将"天府矿业股份有限公司"改为"天府煤矿股份有限公司"，以天府为基础，在重庆机房街71号设置"四矿联合秘书室"。所谓四矿是天府、嘉阳、全济和三才生煤矿公司。1945年11月10日，天府矿业公司、嘉阳煤矿公司、全济煤矿公司举行联合股东大会，正式通过三矿合并改组方案和新公司组织章程，新的公司定名天府煤矿股份有限公司。12月，三才生煤矿股份有限公司由于经营管理不善，亏损日深，濒于资不抵债的状况，也与天府煤矿股份有限公司达成合并协议，并入天府煤矿。四矿联合后，卢作孚提出实行"统一资金、统一业务、统一行动"方针，以及"自产、自运、自销"和"着眼将来，多积累，少分配，以事业为重"等一系列经营决策，一定程度上解决了资金不足给企业发展带来的制约，奠定了战后天府煤矿公司的发展基础。

其次是技术工人的流失。胜利以后，国民政府还都，人心东向，内迁工厂东迁回原址复工，"对于西南弃如敝屣、不值一顾"[2]。在1946年，所有内迁重庆的工厂企业就有122家停业或者迁移，虽然仅占重庆工厂总数的13%，但大多都是后方的中坚企业，拥有较为先进的技术、设备和人才。随着这批工厂迁走、倒闭，大量的人口也流回了沿海地区，在1946年的前10个月，就有50万人离开重庆，其中当然也包括许多技术工人。[3]同样是以煤矿业为例。抗战胜利后不久，北碚天府煤矿的总经理孙越崎调任东北接收敌伪厂矿特派员，并准备从北碚的三大煤矿企业（天府、嘉阳、全济）中抽调管理与技术人员一百余人随同前往。《嘉陵江日报》也注意到了技术工人流失的问题："天府最近人事的更动很大，大多数技术人员，不断的回到沦陷区或去东北接收去了，余下的外来职工，于明年春亦将全部离开，留下的事务当然另找人接力，至于大部份机械，乃不会搬走，所以

① 中国人民政治协商会议四川省委员会，四川省省志编辑委员会编：《四川文史资料选辑》第9辑，成都：四川省新华书店，1963年版，第128页。

② 《卷头语》，《西南实业通讯》第16卷第1、2、3期合刊，1947年9月30日，第1页。

③ 艾青：《抗战胜利后工业复员对重庆地区经济的影响》，《长江文明》，2019年第1期。

天府除人事而外，将来不会有变更，就事实及一般人士的推测，将来主持人对于天府的繁荣影响，比其他条件都值得重视。"①北碚地方当局的解决之道是在时任天府煤矿总经理的孙越崎与卢作孚商议后，通过联合的方式以应人才不足之急，也就是前文所说的四矿联合的办法。

最后是市场销路的问题。抗战结束后，重工业产品的需求降低，市场出现供大于求，国营企业都开工不足，民营企业的情况自然无须多言。还是以北碚的煤矿业为例。天府煤矿在抗战时期根本不愁销路，连远在泸县的二十三兵工厂都跟天府签订了长期的购销合同。由于天府在整个抗战时期中一直在市场上占据优势，所以它的煤炭销量也和产量一样不断上升。但是抗战胜利后，经济部燃料管理处奉命撤销，燃料管制分配政策亦随之废止，煤炭销售复进入自由竞争状态。当时因复员而倒闭和迁走的厂矿不少，在这种情况下，天府煤矿的销路日窄，所面临的自由竞争也日趋激烈。

天府面临这种新的局面，在生产经营上不得不力求维持现状，保持原有销量，使生产得到稳定。为此，采取了积极的措施，首先在长江的南岸区和大渡口等地，积极巩固自己的销路。这一地带厂矿甚多，本为天府主要销售区域之一，每月拥有万吨以上的销煤量，占天府每月总煤量的四分之一。过去是用木船装载由嘉陵江驶入大河，但因大河江流急湍，必须雇工拉纤上行，费用很大，成本也高，而且时出危险，耽误用户需要。天府乃多方设法，于1946年冬派员专程赴上海购买了"虹飞"拖轮一艘，从此即以拖轮拖挂装煤木船溯江而上，既运速安全，费用亦有所减少，于是这个地区的原有销量不仅得以保持，并还略有增加。其次，天府煤矿积极与重庆较大的零售商直接发生业务关系，签订长期性的供销合同。这些零售商一般每月可销煤约千吨，个别有达二千吨的。于是天府因复员而减少的销量，得到一定的弥补。此外，天府还曾一度作远销京、沪、汉的尝试，企图能在外区开辟销路。但是，终因水程遥远，滩险甚多，以及时间过程较长，资金周转缓慢等原因而停止。②

①涤尘：《今后"天府"之展望》，《嘉陵江日报》，1945年10月6日，第4版。
②中国人民政治协商会议四川省委员会，四川省省志编辑委员会编：《四川文史资料选辑》第9辑，第129页。

二、勉仁文学院和相辉学院的成立

国立复旦大学等战时迁来北碚的文教单位多于1946年之前完成了回迁工作，这对北碚的文化教育事业产生了巨大的影响。但是，北碚的文脉并未因此而中断。此后不久，勉仁文学院与相辉学院相继成立，很大程度上弥补了因文教机构回迁带来的不利影响。两个学院的成立，亦可视作北碚地方在文化事业方面的一种复员应对。

（一）勉仁文学院的成立

勉仁文学院是梁漱溟"勉仁"系列学校中的一个重要组成部分。梁漱溟早在1921年便将其位于清华园的居所"勉仁斋"一步步变化成为师生同处共学之所。[1]1940年，勉仁斋的成员陈亚三、黄艮庸、王平叔、张俶知等人秉承梁漱溟的意愿，在璧山创立勉仁中学，梁漱溟为此撰写《创办私立勉仁中学校缘起及办学意见述略》。1942年，在卢作孚、卢子英的大力支持下，勉仁中学迁往北碚金刚碑。1946年，张俶知、陈亚三等人于缙云山支脉五指山建立勉仁国学专科学校[2]，1948年，因在校学生的要求及社会各方面的建议，认为国学专科不如直接称之为文学院更为合理，故董事会决定将勉仁国学专科学校改为勉仁文学院，内分文学系、哲学系、史学系等三系。[3]聘请熊东明先生为勉仁文学院院长，陈亚三先生为副院长，定于1949年9月正式开学上课。[4]10月，共招收新生155人，全院3系共7班。

据梁漱溟《勉仁文学院创办缘起及旨趣》一文，勉仁文学院的成立得益于梁漱溟本身对此的一段"心愿"和朋友们的倾力赞助，而成立勉仁文学院之目的在于"要作当前文化问题之研究"。这也是梁漱溟自身的"心愿"，即创办一所文化研究机构，用以进行专门对文化的研究。梁漱溟认

────────────

[1] 杨孝容：《梁漱溟"勉仁"学校的定位及其文化价值：以重庆缙云山为例》，《重庆社会科学》，2010年第8期。

[2] 杨孝容：《梁漱溟"勉仁"学校的定位及其文化价值：以重庆缙云山为例》，《重庆社会科学》，2010年第8期。

[3] 《关于请示证明私立勉仁文学院已有财产的公函、证明。附统计表》，重庆市档案馆藏，档案号：0055000600041000048000，1948年6月18日。

[4] 《关于聘定熊东明为私立勉仁文学院院长并报送私立勉仁文学院董事会钤记启用日期等致北碚管理局的公函》，重庆市档案馆藏，档案号：0081000405937000001000，1948年9月20日。

为，近代中国所遭遇的祸事之惨烈，危机之严重，根源大抵在于面对文化的根本改变之时并未做出合理的应对，以至于产生文化矛盾，文化矛盾难以解决，故而祸事繁复。文化矛盾指中国三百年来固有的伦理本位文化与近百年来迅速传入中国的近代西欧的个人本位文化之间的矛盾，第一次世界大战后社会本位文化又在东欧兴起，继而传入中国，使本就混乱的中国文化矛盾更为混乱，矛盾之上再加矛盾，于是困难重重。因此，梁漱溟将"如何创造文化之新局"作为其文化研究的落脚点，解决文化矛盾的关键在于深刻的理解这一矛盾，从矛盾中求取解决矛盾的方法，将旧文化、新文化、东方文化、西方文化融会贯通，不能轻视其中任何一个，要学习它们，领悟它们，才能走出一条正确的解决文化矛盾的路子来。

为了确保师生能够顺利进行文化研究，勉仁文学院在制度的制定上下了一番功夫。首先，勉仁文学院成立院务共进会，该会成立目的是让全体教职员和学生能够有机会预先得知院内一切公共事务。院务共进会委员由一名董事会代表、院长、全体教授及讲师、一名职员代表、若干学生代表组织而成。同时，委员会内还包含教务委员会、学生生活辅导委员会、经济委员会等三个各司其职的专门委员会。这样一来，从组织层面上就确立了公正、平等的组织原则，使院务得以顺利开展。其次，为了确保学生权利得以有效保障，勉仁文学院院务委员会制定了学生代表的推选方法，以10∶1的比例推选出14名学生担任院务委员。

推选原则为各单位自行推选，但如果一单位代表人数在二人以上，则以不出自同一个学习小组为原则。学生院务委员中有三人参加教务委员会，五人参加生活辅导委员会，二人参加经济委员会。这样一来，便达到了学生参与学校管理的目的，使学生的权益更加得到保障，无后顾之忧，学习热情从而高涨。最后，勉仁文学院还试行新的教学制度。新制由导师制和学习小组制相互配合而成，导师制可以加强教师和学生之间的联系，学习小组制则可以加强同学之间的友谊，两制并行，有利于加快建立彼此之间亲密友好的组织关系。治学是学院的第一要务，学生以其所习课业之教授讲师为导师，导师负责学生的学业，理会其请求，领导其学习；做人与治学并重，教学和生活辅导亦不可分割，导师在负责学生学业的基础上，也要负责对学生生活上的辅导和监督。为了最大限度上发挥导师制和学习小组制的优越性，导师领导的学生以10至20人为宜，如果过多就需要教务委员会从中协调；学习小组人数则以3至7人为宜，同学之间互相探讨学习，对所学知识进行合作研究。[①]

　　勉仁文学院所开课程自然以文史哲为主，且以弘扬中国传统文化为重点。勉仁文学院所开课程，目的在培养国学人才。故开设了《尚书》《易经》《四书》《墨子》《荀子》《逻辑学概论》《魏晋南北朝史》《中国通史》《中国近代史》《唐宋诗词》《中国文字学》《古文辞类纂》《中国文化要义》《昭明文选》《英语》等课程。教授都亲自上课堂。如梁漱溟讲《中国文化要义》、陈亚三讲《四书》、邓子琴讲《墨子》，赵放卿讲《中国通史》、蒙继甫讲《荀子》等。"教师在教学上，不囿于一说，重在推动学生独立思考，重在启发而非填鸭式教学。"[②]勉仁文学院办学开课后不久，1949年12月2日，北碚即解放。1950年1月，应毛泽东、周恩来邀请，院长梁漱溟去北京（教师陈亚三、黄艮庸、李渊庭随梁赴京），邓子琴以院务委员会副主任委员名义代理院长。

　　但是由于学生人数的骤减（1950年初春季招生仅58人），作为私立高校的勉仁文学院，其主要办学经费来源——学生缴纳学费已近于枯竭，学院完全无法维持，因此学院的结束不得不提到议事日程上来。4月，梁漱溟从北京来信，商谈学院结束计划。并电托教师席朝杰代表院方向西南军政委员会文教部和中共西南局统战部洽谈结束学院事宜。5月7日，院务委员会副主任委员邓子琴与西南文教部部长楚图南商洽，达成了结束学院的有关问题。

　　（一）本院本期（指1950年上学期——编者注）预算不足经费由文教部拨特别补助费食米一百五十市石，以九十市石补助本期经常费，六十市

---

　　①《勉仁文学院院务共进会组织大纲、院务委员会本期学生代表推行方法、本期试行之教学新制等》，重庆市档案馆藏，档案号：0065000500159000006000，1949年10月。

　　②武沛：《回忆梁漱溟创立勉仁文学院的办学思想及勉仁校风》，唐宦存等编《梁漱溟在北碚》，1993年10月编印。

石作结束费，由学院编造预算具领。

（二）本院四年级学生由部（指西南文教部——编者注）统分配工作，二三年级学生由部依照本人志愿分发国立大学或人民革命大学继续修业。

（三）教职员工之就业或还乡问题，亦由文教部负责办理。[①]

7月17日，学院举行期末结业典礼，"邓子琴代表院长在大会上说明这个结业式的三个意义：（一）毕业班同学的结业；（二）三年级同学期末的结业；（三）整个学院的结业"[②]。至此，勉仁文学院正式结业。部分教师吴宓、李源澄、曹慕樊、黎涤玄、邓子琴、赵放卿等先后转入西南师范学院。

（二）相辉学院的成立

自抗战胜利，机构回迁以来，战时大批迁来北碚的文教单位也大多返回原址，这样一来，北碚的高教单位顿时产生不敷之感，学生数量日益增多而教学单位日益减少，莘莘学子的求学之路变得极为艰难，另一方面，各原有大学的招生人数也被迫不断攀升，以至于超出其所能承受的限额，甚至对教学质量都产生了一定的影响。为了有效缓解这种局面，卢作孚致力于创办学院，增加学校数量。在这种背景下，相辉学院应运而生。

1946年8月，卢作孚为创办相辉学院致电教育部，电报中说道："以有限之学校，何能容纳如此众多之学子远道而来，此多因升学失所而流落，且有因时久，旅费耗尽，而质其衣物，其状至为可怜。"[③]求学的学子难以就学，甚至因其流离失所，穷困潦倒，为了帮助青年学生继续就学，是卢作孚决心创办学院的初心所在。"（学子）其志实当嘉许，况彼青年意志尚未坚定，甚易受人诱惑而误入歧途。且四川人口众多，每期升学人数逐渐增加，似此现象，值此建国时对于国家实为重大损失，似有立予救济之必要。"[④]青年学子心智尚不成熟，若不加以正确引导，不仅不会为建国大业

---

①邓子琴、陈亚三等编：《勉仁文学院通讯录》，载重庆市北碚梁漱溟研究会1997年10月编《会刊》第3期，第9—10页。

②黄蓉生，许增纮主编：《西南大学史》第1卷，重庆：西南师范大学出版社，2016年版，第458页。

③《卢作孚为创办学院致电教育部》，西南大学校史馆藏。

④《卢作孚为创办学院致电教育部》，西南大学校史馆藏。

作出应有贡献，反而会成为社会一大害处，这是卢作孚在理性思考之后所阐发的创办学院的必要性。

卢作孚邀集众多社会贤达，共同筹划组织创办学院一事：拟设文史、英文、经济、会计、银行、农艺等系，借调时任东北大学代理校长的许逢熙先生做院长，借用国立复旦大学北碚原址，以建立相辉学院。1946年8月3日，许逢熙致电卢作孚，表示设立相辉学院一事已与教育部朱部长谈妥，上级首先肯定了相辉学院便利青年升学的出发点，其次要求学院优先办理农学院，暂缓办理工商等科系。随后，国民政府教育部在顾念事实的考虑下允许相辉学院在依法推行立案手续的前提下提前办理招生。

1946年9月1日，相辉学院从重庆和北碚两地共招生550人。10月5日，正式开学，设农艺、文史、外文、经济、银行会计5系。为了纪念复旦大学创始人马相伯及老校长李登辉，特将两人姓名各取一字，将新学院定名为相辉学院。1949年5月，由于时局动荡不安，物价飞涨，学生无法安心读书，至5月底，全校学生纷纷回家，学校处于停课状态。12月2日北碚解放后，相辉学院不少学生由于参加土改、征粮、参军、转业、到革命大学学习等，学院学生骤减4/5，致使主要靠学生缴纳学费支撑的相辉学院也无法维持下去。在相辉学院档案中，有一段解放后不久学院对"解放后本院所遭遇的困难"的论述，十分贴切描述了当时学校经济上的困难：

本院目前最大困难是经济问题。本院过去从董事会方面未得补助，只从一两位校董偶尔得到一二次不定期的补助。全部费用都有赖于学费收入。解放后学生数由一千八百八十三人下降为四百人，经济困难的理由似更不用烦言说明。在此情形下，原有住在城里的兼课教授全部不能来校授课，因来往车船费无着。住校专任教授有离校他去的，无法另聘新人替补，本来应开的课程无法开，应加添的新课无法加添，继续在本院支持这片文化阵地的因阵容不整，待遇微薄（不及国立学校一小学教师），新图书杂志刊物贫乏不免影响教学……经济困难已是本院同人面对的一个够顽强的敌人。①

1950年9月13日，相辉学院校委会举行第85次例会，认为校委会"苦心撑持学校，迄今三月有余，现以困难多端，实在无法继续"，请求校董会"即日敦促许院长（许逢熙）返校，或由董事来校主持，并立即发给八九两月份薪金"②。到1951年9月，西南军政委员会文教部发出指示，正式撤销私立相辉文法学院建制，存在五年之久的相辉学院就此终结：相辉学院原先的文史、外文、法律、经济四系和农业专修科一律停办，而停办系科的师生员工统由文教部安排转学、就业、转业或参加学习。对于经济、会计银行系和会计专修科则准予续办。农艺系和农业专修科师生则与四川省立教育学院农艺、园艺、农产制造三系及华西协合大学农艺系师生组成西南农学院。

三、联合国教科文组织对北碚的考察

战后教育复员对北碚文教事业的发展构成了冲击，但是战时北碚文教事业的繁荣依旧奠定了其战后获得新发展的基础。联合国教科文教组织在对北碚进行考察以后，决定将北碚设立为联合国基教实验区。实验区的设立体现了当时国内外对北碚基础教育事业的信任与支持，更体现了北碚地区兴办民众教育的良好效果。

（一）北碚成为联合国基教实验区

1947年9月3日上午10时，联合国教育科学文化组织远东基本教育研究会会议在南京中央研究院举行开幕式，到会者分别有中国、印度、缅甸、暹罗（泰国）、不丹、尼泊尔、新西兰、澳大利亚、菲律宾、巴基斯坦、马来西亚、新加坡、锡兰、沙捞越（印度尼西亚）等国代表及顾问、专员140余人。大会公推中国代表杭立武为主席，印度代表赛吉杜、澳大

---

① 《私立相辉文法学院成立之史略》，载《相辉文法学院校史资料》，西南农业大学校史办公室，1990年12月编。

② 黄蓉生，许增纮主编：《西南大学史》第1卷，第411页。

利亚代表高伯兰为副主席。①所谓基本教育，根据1946年联合国教育科学文化组织的定义："基本教育（Fundamental Education）包括又不止于民众教育（Mass Education）、成人识字运动、国民教育和小学教育。"在1946年7月的伦敦预备会议上联合国教科文组织成立了专门的"基本教育委员会"，其宗旨即为"扫除文盲，于较落后之国家中，促进初等教育，以及倡导民众教育"。这一观点于1947年联合国教科文组织在我国南京召开远东地区基本教育会议上，得到了国内外同行的认可，"基本教育"这一概念遂成为学界通用术语。②

本届联合国教科文组织的基教会由哈佛哲学与教育学博士瞿世英主持，这也是联合国教科文组织的基教会首次在中国举办。③大会讨论了语言、阅读教材、识字训练及教学工具与工具之使用等基本教育问题，并研究了国际基教组织机构行政问题，包括经费、人事、国际间教育合作问题和乡村教育问题等等。④除此之外，联合国教科文组织还拟在中国建立一个新的基本教育实验中心计划。为此，联合国教育科学文化组织远东区基本教育研究会到重庆实地参观。1947年12月，联合国教育科学文化组织代表胡本德又专门到北碚考察民众教育。"13日午后，有平教会华西实验区辅导委员田凭农，管理局教育科科长刘文精，及农推所主任陈显钛引导参观朝阳镇各导生传习处，夜宿温泉公园。十五日即与孙专员同赴巴县歇马乡参观乡建学院后，再到璧山考察平教会民教工作。"⑤考察过后，胡本人甚为满意："胡本德先生考察过后，对此间基本教育施展的情形甚表称许。现在联合国文教组织决定在远东中国设立两个基层实验区，一处设在芜湖，一处就设在北碚。北碚的基教实验已经委托平教会代办，平教会瞿菊农先生

---

① 楼开照，徐博东，刘启民主编；梁怡，徐理德，顾军副主编：《中华民国实录》第4卷，长春：吉林人民出版社，1997年版，第3692页。

② 楼开照，徐博东，刘启民主编；梁怡，徐理德，顾军副主编：《中华民国实录》第4卷，长春：吉林人民出版社，第3692页。

③ 吴世勇：《王承绪学术思想研究》，广州：广东高等教育出版社，2018年版，第38页。

④ 楼开照，徐博东，刘启民主编；梁怡，徐理德，顾军副主编：《中华民国实录》第4卷，第3692页。

⑤ 《联合国文教会代表胡本德到碚考察民教》，《嘉陵江日报》，1947年12月16日，第2版。

为了此事，已赴京和教育部洽商去了，并定正月十五日回北碚来，实验区的举办计划，那时就可以作一个决定。"[1]1948年2月，联合国教科文组织决定北碚为基教实验区。[2]

（二）设立缘由

北碚之所以被联合国教科文组织定为基本教育的实验区，主要得益于北碚地区民众教育的悠久历史和平教会总干事晏阳初的大力推动。

早在1927年，时任民生公司总经理的卢作孚被任命为江巴璧合四县峡防团务局局长的时候，便开始在以北碚为中心的嘉陵江三峡地区进行乡村建设运动："处处从教育着眼，用教育的方法，从事各项活动"。峡区的民众教育主要进行文艺、公民、生产、休闲、电化等教育，1938年2月公布了《嘉陵江三峡乡村建设实验区战时失学民众强迫入学暂行办法》和《嘉陵江三峡乡村建设实验区战时民众补习教育实施办法》，要求16—30岁的男女失学民众接受一定期限的教育，加强成年民众教育。北碚采取多种民众教育方式，如民众学校、改良私塾、民众问事处、民众会场、布置识字环境、集团参观、巡回展览、季节开放、春节活动、夏节竞赛等。学校老师、学生作为民众教育重要的成员积极参与这项工作，峡防局的少年义勇队、学生队、特务队自身受到教育，也是民众教育的重要力量。他们还开办了众多民众夜校，如妇女职业学校、妇女读书会、三峡染织厂工人学校、船夫学校、力夫学校、场期学校（农民赶场时的短期培训学校）等，北碚民众读书学习蔚然成风。

据统计，从1936年4月到1937年4月，北碚共举办半日校和夜校25所，成年学生达1031人；至1945年春，北碚仅各国民小学办的民教班就有211个，入学民众达10475人；而自1942年以来的三年多时间中，民教班毕业生累计达30144人。卢作孚主张"利用每一个地方有人进出的时候"，实施民众教育，例如：每周由各机关服务的青年演两次新剧或川剧；设置书

[1]《北碚作为基教实验区，联合国文教会已决定》，《嘉陵江日报》，1948年2月19日，第2版。

[2]蒋国昌主编，重庆市教育委员会编：《重庆教育志》，重庆：重庆出版社，2002年版，第776页。

报阅览处；"在各茶社、酒店里都张贴着一切国防的、产业的、交通的、文化的和生活常识的照片、图画，都悬着新闻简报的挂牌"；"在市集正繁盛的时候都有人去作简单的报告"。由于出色的民众教育成就，联合国教科文组织经考察后，遂于1948年2月决定将北碚作为"基教实验区"；同年4月，国民政府教育部为适应教科文组织的计划，委托中华平民教育促进会在北碚筹设第一委托实验区。①

　　除此之外，北碚基教实验区的获得，还离不开平民教育家晏阳初的大力推动。晏阳初是四川巴中人，幼年受教于四川阆中县一所教会学校——华英学校。11岁时接受洗礼，成为童子基督教徒。1907年入成都华美高等学堂就读，1913年毕业。同年9月，考入香港圣保罗书院（香港大学前身）政治学系。1916年9月入美国耶鲁大学攻读政治经济学和教育，1918年夏毕业，获学士学位。时适值第一次世界大战爆发，晏阳初赴欧，在法国北部战地服务。其间，为华工开办了"工余识字班"，编写了"常用千字课"，创办了《华工周报》，深得好评。1920年8月，晏阳初归国后，即矢志不移地从事平民教育，首倡识字扫盲运动。1923年8月，第一届全国平民教育大会在北京召开，并成立了"中华平民教育促进会总会"（简称"平教会"），晏阳初任总干事。1929年秋，"平教会"总部由北京迁至定县，晏阳初也举家前往。在定县，他创造性地用"三大方式"推动"四大教育"，成绩斐然。1932年，晏阳初应召赴南京，拟定了《县政改革方案》。1940年9月，晏阳初将"平教会"迁至重庆北碚，创办了"乡村建设育才院"并任院长。1943年5月，晏阳初被国际学术界推选为"全球十位具有革命性贡献的伟人"之一。②

　　1945年10月24日联合国成立后，联合国教科文组织不久开始工作。教科文组织注意到愚、穷、弱、私在发展中国家普遍存在的事实，要求晏阳初帮助拟订一个计划。并邀请晏阳初去中东、印度、南美和非洲，通盘考察这些国家，以便平教总会能够计划出一个全球性的方案，这样就可以把

　　① 谢文庆：《本土化视域中的近代西部地区办学取向研究："融入式"与"互摄式"办学之比较》，北京：教育科学出版社，2015年版，第121页。
　　② 叶青，马怀忠主编：《中国现代文化史》，长春：吉林大学出版社，1990年版，第170页。

中国的平民教育与世界的平民教育联系在一起，不是地区间相孤立的，而是真正的全球式的平民教育运动。①

1945年11月，联合国教科文组织在巴黎举行首次会议,平教总会瞿世英是中国代表之一。"当文教组织讨论工作大纲时，他根据中国平民教育的经验提出建议，终使基本教育计划完成。"②1946年3月11日，晏阳初与美国道格拉斯大法官一起到白宫拜见杜鲁门总统，介绍中国推行平教运动意义。杜鲁门表示："我正尽我所能以支持中国。"③1947年7月16日，联合国教科文组织秘书长赫胥黎致电晏阳初，征求他的意见，可否担任该组织基本教育计划主任。晏考虑到中国平教运动责任重大，婉言谢绝。8月25日，晏阳初出席联合国教科文组织在巴黎召开的研讨会，以《平民教育与国际了解》为题作演讲。④正是由于晏阳初以及瞿世英的努力，再加上中国是平民教育的先锋，又在现代世界居重要地位，所以才能邀集亚洲及南太平洋各国专家前来南京集会。⑤此后不久，晏阳初更是直接参加了联合国教科文组织的管理。在婉言谢绝赫胥黎后不久，9月17日，赫胥黎再次函请晏阳初担任该组织基本教育特别顾问。这一次，晏阳初没有拒绝，复信表示同意，并派瞿菊农赴巴黎主持基本教育，为时半年。⑥可以说，如果没有晏阳初的大力推动，北碚能否顺利成为联合国基教实验区就未可知了。

抗战胜利以后，内迁的政府机关、工矿企业及文教单位相继回迁，战时首都重庆的战略地位回落，北碚地方事业的发展也随之受到巨大冲击。北碚管理局对此积极应对，一方面有条不紊地配合进行复员回迁工作；另一方面则注重对迁碚机构旧产的接收，并在此基础上进行资源的合理分

① 张颖夫：《晏阳初："平民教育"理论与实践研究》，昆明：云南民族出版社，2011年版，第225页。

② 吴相湘：《晏阳初传：为全球乡村改造奋斗六十年》，长沙：岳麓书社，2001年版，第383页。

③ 晏鸿国编著：《晏阳初传略》，北京：天地出版社，2005年版，第325页。

④ 晏鸿国编著：《晏阳初传略》，第325页。

⑤ 吴相湘：《晏阳初传：为全球乡村改造奋斗六十年》，第386页。

⑥ 晏鸿国编著：《晏阳初传略》，第325页。

配，以满足复员语境下地方对于新的发展路径的诉求。然而国民政府复员政策的失当以及随后中国政局的急剧变动，加深了战后中国社会的失序状态，在这种背景下，北碚发展地方事业的诉求自然得不到充分满足。

后 记

在中国人民伟大的抗日战争中，北碚成为战时首都重庆的重要疏散区和迁建区，也是抗战大后方最重要的科技文化重镇、能源基地和一些重要事业的试验基地，为抗日战争的胜利作出了重要历史贡献。北碚抗战史是重庆抗战史的重要组成部分，同时也是中国人民抗日战争史的不可或缺的组成部分。

20世纪80年代以来，北碚区政协根据人民政协文史资料工作的"三亲"（亲历、亲见、亲闻）原则，一直注重收集、整理、研究、编辑、出版与北碚抗战史相关的文史资料，在"存史、资政、团结、育人"等方面发挥了独特的作用。北碚区相关部门、西南大学及社会各界，也从不同角度开展对北碚抗战史料的收集、整理、保护、研究工作，出版了较为丰富的相关文史书籍、刊物。但是，目前已出版的相关文史书籍，只是从局部反映了北碚抗战历史，迄今为止，还没有一部能够系统全面反映北碚抗战历史的学术著作。因此，编纂一部《北碚抗战史》，是北碚区政协和北碚史学界的历史责任，也是广大关心关注北碚历史的有识之士多年的凤愿。

为真实记录战时北碚对民族解放战争的重大贡献，全面展示战时北碚社会变迁和现代化艰辛历程，系统总结战时北碚独特的发展模式和有益经验，科学认识战时北碚在抗战中的特殊作用和地位，2018年，经北碚区委同意，北碚区政协联合西南大学中国抗战大后方研究中心共同开展"北碚抗战史料整理与研究"（以下简称"本项目"）工作。项目成果为编纂出版

《北碚抗战史》和《北碚抗战史资料汇编》。本项目被列入 2018 年度重庆市社会科学规划项目抗战工程专项重大委托项目（批准号 2018ZDKZ01），后期研究也得到国家社科基金抗日战争研究专项"中国抗战大后方文献资料整理与研究"（批准号 19KZD005）的资助。同时，也被列为北碚区和西南大学校地合作重点项目之一。

在编写过程中，我们重点把握三个原则：真实性、学术性和全局性。在真实性方面，编写组广泛系统地搜集国内外相关原始资料，既努力还原历史原貌，又细致考订相关传闻，避免史实叙述过程中的错漏及舛误；在学术性方面，坚持"一分史料说一分话"，编写组既高度重视与以往研究成果进行积极的学术对话，又特别注重学术观点的原创性；在全局性方面，编写组一方面全面系统地论述抗战时期北碚整个情况，另一方面，将北碚抗战放到重庆抗战及中国抗日战争过程中进行审视，即在整个抗日战争，乃至第二次世界大战的宏观全局视域中来认识北碚抗战贡献。

"北碚抗战史料整理与研究"工作由周继超、潘洵主持。《北碚抗战史》主编周继超、潘洵，副主编赵国壮、郭亮，总撰、总审校潘洵，结语、审校赵国壮，第一章至第十二章执笔者分别是：第一、二、三章李军，第四章林坤，第五章谢健，第六章冯辰煜、陈志刚，第七章第一节刘小苑，第七章第二、三节郭亮，第八章第一节王秋菊、朱明钰，第八章第二、三、四、五节赵国壮，第九章第一、二节高佳，第九章第三节闫李熠，第十章张武军、翟二猛、邱迁益、李怡，第十一章谢健、王梓璇，第十二章高少博、陈志刚。

在项目研究工作中，我们得到重庆市、北碚区相关部门和单位以及社会各界广泛重视和积极支持。重庆市委宣传部、重庆市委党史研究室、重庆市社科联、重庆市社科院、重庆市档案馆等市级部门和单位，中国抗日战争史学会、重庆市历史学会、重庆市地方史研究会、重庆市抗战大后方历史文化研究会等相关学术团体对项目研究工作给予了精心指导。重庆市档案馆、重庆自然博物馆、北碚区委党史研究室、北碚区档案馆、北碚区文化旅游发展委、北碚区地方志编纂中心、北碚图书馆、北碚博物馆等部门和单位对我们收集、整理、研究北碚抗战史资料给予了鼎力相助。陈廷湘教授（四川大学历史文化学院）、江沛教授（南开大学历史学院）、金以林研究员（中国社科院近代史研究所）、徐勇教授（北京大学历史学系）、张生教授（南京大学历史学院）、周勇会长（重庆市地方史研究会）、曾维伦副部长（重庆市委宣传部）、徐光煦副主任（重庆市委党史研究室）、唐润明副馆长（重庆市档案馆）、刘重来教授（西南大学历史文化学院）、刘志英教授（西南大学历史文化学院）、张守广教授（西南大学历史文化学院）等重庆市内外相关专家，部分政协委员，以及北碚区委党史研究室、北碚区地方志编纂中心的相关专家认真审阅《北碚抗战史》书稿，提出了许多具体和宝贵的意见，对我们全面系统地对书稿进行文字修改和史料核实给予了很大帮助。

谨此，我们向对本项目的研究工作给予大力支持的各级领导，对本项目研究作出重要贡献的老同志和专家学者以及各方面的同志们表示崇高的敬意和衷心的感谢！

今年是中国共产党成立100周年，是抗日战争爆发90周年，也是中国人民抗日战争暨世界反法西斯战争胜利86周年。在中华民族十四年艰苦卓绝的抗日战争中，中国共产党发挥了中流砥柱作用。《北碚抗战史》的出版，既实现了北碚人多年的愿望，也是我们献给伟大的中国共产党成立100周年的一份厚礼。

由于我们学识水平有限，《北碚抗战史》不足或错漏之处在所难免，敬请广大读者批评指正。

编 者

2021年10月